Bruni Löbel

Eine Portion
vom Glück

Für Holger und Felix,
meine beiden Männer

Bruni Löbel

Eine Portion vom Glück

Erinnerungen

Mit 115 Fotos
sowie Rollenverzeichnissen
für Theater, Film und Fernsehen

Herbig

Bildnachweis

Allegrofilm/Siegel-Monopol/Ewald: 41, 42; Archiv der Autorin: 1–32, 34, 38, 39, 43, 51–54, 57–59, 61, 64, 65, 67, 75, 77–79, 83, 86, 87, 89–92, 100, 102, 105, 109, 110; Berlin, Stiftung Stadtmuseum Berlin/Fotograf: Hans-Joachim Bartsch, Berlin: 35; Rudolf Betz, München: 70; Peter Bischoff, Worpswede: 106; Bischof & Broel, Nürnberg: 84, 85; Constantin Film: 44, 45; li erben, München: 94; Deutsches Theatermuseum, München/Archiv Rudolf Betz: 73, 74, 82 / Archiv Hildegard Steinmetz: 50, 68, 69; Photo Giessner, München 71; Foto Felicitas, München: 56; Paul Filipp, München: 97; Filmdokumentationszentrum Wien: 33, 40, 62, 63; Theo Huster, München: 36, 46, 47, 55, 72, 81; Hamburger Theatersammlung / Walter Boje: 60 / Archiv Rosemarie Clausen: 66; W. Junker, Wunsiedel: 104; Kövesdi-Presse-Agentur, München/Berlin: 114; Johannes F. Muth, Hamburg: 103; NDF/Deutsche London/Brünjes: 96; Joe Niczky, München: 48; Chris Nowotny, München: 80, 101; Ingrid v. Paleske, München: 98, 99, 108, 111, 112, 115; Real-Film/Lilo: 95; Thielbeer, Düsseldorf: 76; Klaus Tischendorf, München: 88; Hanns Tschira, Baden-Baden: 49; Zeyn/Schorchtfilm: 37, 93; ZDF: 107, 113

Schutzumschlag-Rückseite: Archiv Hildegard Steinmetz (oben links), Archiv Rudolf Betz (oben rechts) – beide Deutsches Theatermuseum, München; Archiv der Autorin (unten)

Der Verlag konnte in einzelnen Fällen die Inhaber der Rechte an den reproduzierten Fotos nicht ausfindig machen. Er bittet, ihm bestehende Ansprüche mitzuteilen.

© 1995 by F. A. Herbig Verlagsbuchhandlung
GmbH, München
Alle Rechte vorbehalten
Umschlaggestaltung:
Bernd und Christel Kaselow, München,
unter Verwendung eines Fotos
von Ingrid v. Paleske, München
Satz: Filmsatz Schröter, München
Gestzt aus: 10,6/12 Punkt Janson Text
in QuarkXPress auf Apple McIntosch
Druck und Binden:
Graphischer Großbetrieb Pößneck GmbH
Printed in Germany
ISBN: 3-7766-1907-4

Inhalt

Kindheit und Jugend

»Ach Gott, schon wieder so'n Junge!« seufzte Melitta und ließ sich erschöpft in die Kissen zurücksinken.

Die Geburt war nicht leicht gewesen. Als es endlich vollbracht war und der Neuankömmling – ich – den ersten Schrei tat, hatte sie sich mit letzter Kraft vorgebeugt, um zu begutachten, was sie da produziert hatte. Nun ja, wieder einen Jungen – nach dreien, die sie schon gehabt hatte. Nur der älteste von ihnen, Rudolf, war noch am Leben. Herbert und Heinz hatten die schweren Jahre des Ersten Weltkrieges nicht überstanden und die Erde schon im Baby-Alter wieder verlassen. Melitta wollte nun so gern ein Mädchen haben und hatte Müller Mariechen, der Hebamme, fünf Mark ins erste Badewasser versprochen, wenn sie ihr diesmal endlich eines hervorbrächte. – Was meine Mutter für mein männliches Attribut gehalten hatte, war die Nabelschnur gewesen, die sich zwischen meine Beinchen gelegt hatte. Und Müller Mariechen bekam ihre fünf Mark. Meine erste Benefiz-Vorstellung!

Bei meiner Geburt am 20. Dezember 1920 in Chemnitz-Altendorf war meine Mutter, Melitta Löbel, geborene Goldammer, einunddreißig Jahre alt. Rund zwölf Jahre zuvor hatte sie das kleine Dorf Biesern bei Rochlitz verlassen, wo sie mit ihrem jüngeren Bruder Alfred und drei Halbgeschwistern aufgewachsen war. Melitta liebte ihre Eltern und Geschwister, aber als sie flügge wurde, drängte es sie hinaus in die Großstadt. »Ich bin zwar *auf* dem Land, aber nicht *fürs* Land geboren«, pflegte sie zu sagen. In Chemnitz wollte sie eine Schneiderinnen-Lehre absolvieren und sich selbständig bewähren.

Für so eine wahre Unschuld vom Lande war das nicht ungefährlich; aber sie fühlte sich gegen jegliche Versuchung gefeit. Sie war ein »richtiges Blümchen Rühr-mich-nicht-an«, bis – ja, bis sie einem begegnete, der zwei Jahre älter als sie und schon ein »richtiger Mann« war.

Sie wohnte damals bescheiden zur Untermiete, und wenn sie einmal ausging, dann nur mit einer Freundin aus der Schneiderstube. Diese hatte einen »Bekannten«, der sie ab und zu zum Tanz führte. Er muß wohl nicht allzu begeistert gewesen sein, daß seine Flamme jedesmal mit einer »Anstandsdame« auftauchte. Deshalb bat er seinen Freund, doch einmal mitzukommen. Der Freund hieß Richard Löbel.

Mit achtzig Jahren erzählte er von dieser ersten Begegnung: »Da standen die beiden Mädels an der Ecke. Wir sahen sie schon von weitem. Und noch bevor wir dort waren, sagte ich: ›Die kleene Dicke, die is für mich.‹« Und dabei blieb es fast sechzig Jahre lang.

Paul Richard Löbel wurde als Sohn von Karl Löbel und seiner Frau Ida 1887 in Rottluff bei Chemnitz geboren. Der Vater, ein tüchtiger Tischlermeister, war nicht mit irdischen Gütern, wohl aber mit einer großen Kinderschar gesegnet. Dem Stammhalter Richard folgten sechs Schwestern.

Der Löbel Karl hatte es schwer, so viele hungrige Mäuler zu stopfen. Auch schon als Kind hatte er es durch seine uneheliche Geburt nicht leicht gehabt. Mich hat die Geschichte seiner Herkunft immer sehr berührt: Da war der junge Sohn Karl Gottlieb des wohlhabenden Bauern Löbel aus Lugau im Erzgebirge, der sich in die kleine Magd Wilhelmine Schettler verliebte, die sich bei seinem Vater verdingt hatte. Es war eine bittersüße Liebesgeschichte, die irgendwann einmal ein Ende haben mußte, denn Karl durfte die niedere Magd nicht heiraten. Alles, was er noch tun konnte, um das gemeinsame Kind »ehrlich« zu machen, war, ihm seinen Namen zu geben: Vor- und Zunamen. So behielt Wilhelmine mit dem Knaben doch noch einen Karl Löbel.

Als ich 1942 die Filmrolle der Stallmagd Schellebelle mit ihrer unglücklichen Liebe zum Hoferben spielte, habe ich viel an meine Urgroßmutter und ihr Schicksal denken müssen. – Ihr Karlchen wuchs zu einem schönen jungen Mann heran, der durch die Heirat mit der heiteren Ida Sonntag wohl für vieles Traurige entschädigt wurde. Nur, schwer hatten es die beiden ihr Leben lang.

Ihr Ältester, der Richard, wurde mit dreizehn Jahren zu einem Bauern als Hilfskraft gegeben – ein Esser weniger. Dort bekam er seine Mahlzeiten und eine Schlafstelle in einer Ecke im Stall, wo er auch seine Schularbeiten machte. In seinen Träumen führten seine Gedankenflüge ihn in Höhen, die er mit den gegebenen Voraussetzungen nie erreichen konnte. Immerhin schaffte er eine kaufmännische Lehre und zog mit neunzehn Jahren in die Welt hinaus. Zwei Jahre später war er zurück in der Heimat. Von seinem selbstverdienten, gesparten Geld kaufte er sich sechs Bände der *Bibliothek des allgemeinen und praktischen Wissens*, aus der man aber auch *alles* erlernen konnte, wie im Vorwort versprochen wurde –. Welche Anstrengungen Richard unternahm, um sich autodidaktisch zu bilden! Alles wollte er packen, von Stenographie über Sprachen und Kontorwissenschaften bis zu Physik und Chemie. Daß das nicht gelingen konnte, lag auf der Hand.

Zudem hatte er bald andere Sorgen, als er das Fräulein Melitta Goldammer kennengelernt hatte. Im Jahre 1911 mußte geheiratet werden – ein Kind war unterwegs. Dadurch wurden die zwei aneinander gebunden, ohne zu ahnen, was ihnen da widerfahren war. Ihre Tragik bestand darin, daß sie aufgrund ihrer charakterlichen Verschiedenheiten nie zu dauerhafter Harmonie zusammenfanden. Das warf auch schwere Schatten auf einen großen Teil meiner Kindheit.

Meine Mutter war eine bedächtige, fürsorgliche Frau, die es verstand hauszuhalten, und deren Kinder ihr »ein und alles« waren, wie sie oft sagte. Daß wir Kinder das später nicht immer so empfanden, lag an der ungeheuren Bürde, die ihr im Laufe der Zeit auferlegt wurde. Zuverlässig, gewissenhaft, bescheiden und treu war sie. Mein Vater hingegen nahm es wohl mit der Treue nicht so genau, was ihm meine Mutter nie hat verzeihen können. Er war ungeheuer unternehmungslustig, und es wurde ihm oft Leichtfertigkeit vorgeworfen. Aber solange er bei seinen manchmal sehr kühnen Unternehmungen immer wieder auf die Füße fiel, fühlte er sich bestätigt und blieb bei seinem Motto: Wer wagt, gewinnt.

Das Haus, in dem ich geboren wurde, gehörte ihm damals bereits, und wenige Jahre danach hatte er es zu einer Strick- und Wirkwarenfabrik gebracht. Meine ersten Kinderjahre waren also behütet und voller Frohsinn. Ich erinnere mich an eine heitere Mutti, die viel lachte und sang. Sie betonte oft, daß sie im Kirchenchor in Seelitz, wo sie auch zur Schule gegangen war, die »Bieserner Nachtigall« genannt wurde.

Meine allerersten eigenen Erinnerungen schwimmen zwischen nebelhaften Eindrücken und glasklaren Bildern hin und her. An meinen fast zehn Jahre älteren Bruder Rudolf erinnere ich mich nur im Zusammenhang mit bestimmten Situationen. Er hatte einen Photographier-Apparat, mit dem er einmal zu Weihnachten ein Familienfoto machte. Wir sahen alle ganz verblinzelt darauf aus, weil das Beutelchen, das er anzündete, so einen schrecklichen Blitz gemacht hatte. Und er konnte natürlich wie alle großen Brüder viele Sachen, die man selbst nicht zustande brachte. Einmal hat er sogar einen Geldschein fein säuberlich wieder zusammengeklebt, den ich sehr sorgfältig in der Mitte auseinandergerissen hatte, weil ich ihn mit Ruthchen, meiner kleinen Schwester, hatte »teilen« sollen.

Ruthchen war eineinhalb Jahre jünger als ich. Es gab für mich keine Zeit, zu der sie nicht dagewesen wäre. Wir wuchsen auf wie Zwillinge. – Unser Kinderfräulein Ilse liebte ich fast mehr noch als Mutti, weil sie soviel Zeit hatte und mir eine Menge beibrachte; nicht nur Spiele, Gedichte und Lieder, sondern auch schöne Bastelarbeiten, die ich mit Eifer betrieb. Unter ihrer Anleitung habe ich mit fünf Jahren schon zwei Nachttischdeckchen gestickt, ein Weihnachtsgeschenk für die Eltern. Ich saß dabei auf einer Bank im Wald, und viele Spaziergänger schauten staunend zu. Das fand ich schön.

Ach, der Wald! Jeden Tag, so kam es mir vor, ging Fräulein Ilse mit Ruth und mir in einen der Wälder, von denen Chemnitz umgeben ist. Sie waren für mich voller Wunder, und immer entdeckte ich Neues: Sternchenmoos und Binsen, Farnkraut und Tannenzapfen. Und der Kuckuck rief, als ob er mit uns Versteck spielen wollte. Ich habe damals den Wald ganz und gar in mich aufgenommen, und er ist auch nicht mehr wegzudenken aus meinen alten Tagen.

Gegen Abend fuhr uns Fräulein Ilse in unserem tollen Sport-Kinderwagen, einem »Doppelsitzer«, nach Hause. In der Regel kamen wir fröhlich heim, jede ein Blumenkränzel im Haar, das Fräulein Ilse uns gebunden hatte.

In fast jedem Haus des kurzen Abschnitts der Weißenburgstraße zwischen Koch- und Gustav-Adolf-Straße wohnten Freunde und Verwandte, darunter auch drei meiner Paten. Sobald ich mich wegschleichen konnte, besuchte ich sie alle der Reihe nach: Onkel Alwin Töpfer, der die Bäckerei an der Ecke hatte und mich immer in der Backstube zuschauen ließ. Dann zu Tante Minna Schulze: In ihrem Kolonialwarenladen durfte ich jedesmal in das hohe Glas greifen und mir »Sahnmalzeln« herausnehmen, so viele wie meine kleine Hand halten konnte. Gegenüber bei Tante Anna Schirmer, Vatis Schwester, suchte ich mir auf dem glänzenden schwarzen Flügel Lieder zusammen, die Fräulein Ilse mir beigebracht hatte. Dann ging's wieder auf die andere Straßenseite. Dort wohnten Tante Marthel Heinig, auch eine Schwester von Vati, und ihr Sohn Herbert. Auf ihrem Vertiko stand eine Fotografie von einem jungen Soldaten, das war ihr Mann, der im Krieg gefallen war. »Warum isser denn nich wieder aufgestanden?« wollte ich wissen. Im Krieg fallen sei etwas anderes, sagte Tante Marthel traurig, »das verstehst du noch nicht«. Ich verstand es wirklich nicht. Krieg? Fallen? Was sollte das sein?

Einmal brachte mir Fräulein Ilse ein kleines Gedicht bei und sagte, daß ich es bei der Hochzeit von Lindners im Haus gegenüber aufsagen und auch Blumen streuen sollte. Na, der Stolz! Ich war immerhin schon vier. Als der große Tag gekommen war, zog mir Mutti ein selbstgeschneidertes hellfliederfarbenes Seidenkleid mit Rüschen an. Die Krönung war eine gleichfarbige Schmetterlingsschleife, die sie mir ins Haar band. In der Kutsche saß ich gegenüber dem Brautpaar – es war genau so eine, wie die, in der der Prinz und die Prinzessin auf den Bildern im Märchenbuch immer fuhren. Nach der Trauung in der Kirche wurde ich mitgenommen zum Fotografen, Herrn Horn. Als danach all die vielen Leute in der Lindnerschen Wohnung um den schönen U-förmigen Tisch herumsaßen, stellte man mich auf einen Hocker, damit alle mich besser sehen könnten – direkt dem Brautpaar gegenüber. Ich machte einen Knicks und deklamierte, was ich gelernt hatte. Applaus! Das war ja was Tolles! Alle lachten und busselten mich ab, und ich durfte zur Belohnung neben der Braut in der Sofaecke sitzen, so eng, daß ich sie richtig spüren und mich in ihren Schleier einwickeln konnte und eigentlich gar nicht mehr da war, sondern nur alles unbemerkt beobachtete – auch, wie der Bräutigam die Braut unter dem Schleier in die Taille kniff. Sie lachte ganz leise und kieksend. Ich bekam rote Backen vor Aufregung; vielleicht war mir auch zu warm unter dem Schleier? Aber ich zog ihn nur fester um mich und fühlte mich wohlig eingehüllt in etwas, was wahrscheinlich Glückseligkeit war. Ein Wort dafür kannte ich noch nicht...

Um diese Zeit fand die erste Ortsveränderung in meinem Leben statt: Vater hatte seine Fabrik in den oberen Stockwerken einer alten Kaserne eingerichtet. In der ersten Etage war auch eine Wohnung für die Familie. Man konnte sich verlaufen in den sechs großen Zimmern. Natürlich mußte ich in jedem nach dem rechten sehen. Bei diesen Erkundungsgängen geriet ich auch in die »gute Stube«, in der schöne, geschnitzte Möbel standen, und die Stühle hatten Ledersitze. Eine Standuhr in der Ecke läutete eine schöne Melodie. Auf dem Buffet war eine Schale mit herrlichem Obst. Der Apfel, von dem ich kosten wollte, ließ sich leider nicht anbeißen und die Banane auch nicht schälen. Wahrscheinlich waren sie verzaubert worden, zur Strafe, weil ich naschen wollte...

Ich ging selbstverständlich auch den seltsamen Geräuschen nach, die von oben durchs Treppenhaus herunterdröhnten. Je höher ich hinaufstieg, desto bedrohlicher klang es. *Was* war das? Als ich mit einiger Anstrengung die breite Tür geöffnet hatte, stand ich in einer Zauberwelt, einem Wald aus Eisen. Eine Arbeiterin nahm mich lachend auf den Arm und hatte begonnen, mir zu erklären, wie diese Maschinen es machten, daß sie so schönen, bunten Stoff ausspuckten. Aber da kam schon der Chef und beförderte mich auf der Stelle wieder nach unten in die Wohnung. Dort zog ich mich schmollend in mein Lieblingszimmer zurück, das kleinste, gleich hinter der Küche – und umgab mich mit meinem Teddybär und den Puppen, die mehr Verständnis für meine Neugier hatten als Vati.

An meinem sechsten Geburtstag im Dezember 1926 wohnten wir schon etwas länger als ein Jahr in der Zschopauer Straße. Kommende Ostern sollte ich eingeschult werden und freute mich auf die Schule, in der ich bereits eingeschrieben worden war.

Aber es kam alles ganz anders und ganz plötzlich, und war viel zu kompliziert, als daß Ruthchen und ich es hätten verstehen können. Nur Rudolf, der Große, wußte wahrscheinlich, was das bedeutete: Vater ist in Konkurs gegangen.

Daß das etwas ganz Schreckliches sein mußte, bekam auch ich ziemlich bald mit. Die Erwachsenen redeten zornig oder traurig darüber. Von Onkel Walter Schirmer, Vatis Schwager und meinem lieben Patenonkel, war viel die Rede. Er war von nun an nicht mehr lieb, sondern nur noch »der Schirmer«. Er habe Vati hintergangen und als Prokurist alles an sich gerissen, hieß es. Mein kindliches

Gemüt war zutiefst verwirrt. Ich sah und hörte nie mehr etwas von diesem Onkel; nur, daß er – viel später – ein »großes Tier« bei der SA geworden sein sollte.

Vati ging mit düsterem Gesicht umher. Tante Anna weinte, Mutti weinte, Fräulein Ilse weinte. Und es gab auch Streit, weil Muttis »eingebrachtes Gut« – vor allem die Westminster-Standuhr – mit in die Konkursmasse fiel. Von all dem begriff ich nichts, außer, daß wir uns verkleinern und umziehen mußten, auf den Kaßberg. »Weststraße Nr. 62, Erdgeschoß rechts« hieß die neue Adresse.

Mir gefiel diese Wohnung gut. Sie hatte einen schönen Vorgarten und einen grünen Hinterhof, und im Haus wohnten viele Kinder, mit denen man spielen konnte.

Sehr schlimm war, daß Fräulein Ilse nicht mehr zu uns kommen konnte. Ich erfuhr es, als sie mit Mutti im Flur der neuen Wohnung stand. »Wann ist es denn bei Ihnen soweit?« fragte Fräulein Ilse weinend, und Mutti antwortete unter Tränen: »Anfang Oktober.« Wir wußten zwar nicht, was Anfang Oktober soweit sein würde, aber Ruthchen und ich fingen nun auch an zu weinen. Fräulein Ilse tröstete uns: Ruth dürfe auf eine Weile zur Großmutter nach Biesern, und ich sei ja nun schon bald ein Schulkind und brauche doch kein Kinderfräulein mehr. Natürlich nicht, ich war ja schon groß! So hielt sich der Trennungsschmerz in Grenzen.

Ab Ostern ging ich in die achte Klasse der Westschule. Man zählte damals rückwärts. Ich bekam eine große Zuckertüte und einen »Nürnberger Trichter« voller Süßigkeiten. Damit stieg ich stolz, wie die anderen Schulanfänger, die Stufen zur Schule hinauf.

Es war ein herrlich aufregender Tag. Fräulein Dora Zenker, die nun meine Klassenlehrerin für die kommenden vier Jahre sein würde, ließ mich mit bunter Kreide die ganze Tafel voller Osterhasen malen und lobte mich sehr. Nur, daß ich danach nicht, wie die anderen Kinder, mit meiner Zuckertüte zum Fotografen gehen durfte, machte mich sehr traurig. Warum denn nicht?

»Wir haben kein Geld mehr, wir müssen sparen«, sagte Mutti, und ich merkte wie leid es ihr tat.

Ein Jahr darauf, als ich schon in die siebente Klasse ging, durfte ich das Versäumte dann nachholen. Gott weiß, wie Mutti sich das Geld zusammengespart hatte!

Aber zunächst einmal freute ich mich jeden Morgen auf die Schule. Ich lernte gern und gut und genoß bald den Status der Klassenersten, vor allem aber das Beisammensein mit so vielen Gleichaltrigen. Und die Lehrerin liebte ich sehr. Sie ließ mich später auch bei Weihnachtsaufführungen den siebenten Zwerg in *Schneewittchen* spielen und den bösen Bauern, der Josef und Maria von der Tür weist. Dabei hätte ich viel lieber die Maria gespielt.

Auf Muttis Rat hin streute ich nun jeden Tag Zucker auf die Fensterbank, damit der Storch bald ein neues Geschwisterchen brächte. Aber der brauchte schrecklich lange dafür, und bald wurde dieses Spiel uninteressant. Es gab ja auch soviel Neues zu entdecken, die Kinder aus der Nachbarschaft und ihre Spiele kennenzulernen, die ganz andere waren, als die, die Fräulein Ilse mit uns gespielt hatte.

Mutti wurde sehr dick und brauchte mehr Ruhe als früher. Deshalb schickte sie Vati mit Ruthchen und mir an den Sonntagen immer auf Ausflüge. Sonntags war er nämlich stets zu Hause und in der Woche immer unterwegs. Er hatte nun einen neuen Beruf: Textilvertreter. Mit seinen schweren Musterkoffern zog er jeden Montag los und klapperte die kleinen Textilläden in der nahen und weiteren Umgebung ab. Die Kasse stimmte nie. Mutti hatte ihn im Verdacht, daß er unterwegs unnötig viel Geld ausgäbe, und unterstellte ihm auch bald unmoralische Beziehungen. Und dann gab's Streit. Es war nicht mehr so schön zu Hause wie früher ...

Darum freuten Ruth und ich uns schon immer sehr auf die Sonntagsausflüge. Vati führte uns in Lokale mit Rutschbahnen und Karussells, auf den Jahrmarkt und in den Zoo – und auch einmal ins Vereinshaus der Laubenkolonie »Frischborn«. Dort gab ich meine inzwischen autodidaktisch gereiften Klavierkünste zum besten. Tante Gretel, ehemalige Chorsängerin und seit Tante Klaras Tod die Stiefmutter meiner vier Otto-Cousins, war des Lobes voll und gab mir von da an kostenlos Klavierunterricht.

Eines Tages aber ging Vati mit uns beiden in ein Lokal, in dem auch eine kleine Bühne mit rotem Vorhang war. Ich wußte natürlich nicht, was das war. Aber hinter Vorhängen vermutete ich immer Geheimnisvolles. Und tatsächlich kamen nacheinander Leute heraus, mit ganz roten Mündern und schönen Kleidern. Sie sangen und tanzten und machten Späße, über die die Leute unten lachten.

Dann wurde ein Schild gezeigt, das ich schon lesen konnte: PAUSE stand darauf, und auf einmal waren all die Sänger und Spaßmacher verschwunden. Wohin? Das mußte ich doch herausbekommen! Vati las Zeitung, Ruth unterhielt sich mit Leuten vom Nachbartisch, und ich konnte mich unbemerkt wegschleichen, schnell über die kleine Holztreppe hinauf zu dieser »Bühne«! Ich legte mich auf den Bauch und war – schwupp – hinter dem roten Vorhang verschwunden. Plötzlich umgab mich ungemütliche Dunkelheit. Ich tastete mich zur Mitte des Vorhangs, von wo durch einen kleinen Schlitz etwas Licht kam.

Als ich die Öffnung neugierig ein wenig auseinanderzog, nahmen die Dinge ganz von selbst einen Verlauf, der nichts mehr mit meinem Erforschungsplan zu tun hatte. Die Leute unten lachten und klatschten, fast so wie damals bei Lindners Hochzeit. Nun mußte ich ja etwas machen. Aber was? Das Gedicht vielleicht, das ich neulich in der Schule gelernt hatte? Ich fing an, und alles wurde mucksmäuschenstill. Ich wollte es sehr schön machen, unterstrich die Handlung dieses Gedichtes mit ausmalenden Gebärden und verwendete auch verschiedene Stimmlagen für die Mutter und ihre kleine Tochter, von denen es handelte. Dann wollte ich mich mit einem artigen Knicks zurückziehen, denn nun wußte ich nichts mehr. Aber dazu kam ich nicht: Jubel, Gelächter und Händeklatschen brachen aus. Ein Mann hob mich von der Bühne herunter und setzte mich im Reitersitz auf seine Schultern, während ein anderer mit einem Teller vor ihm herging, auf den die Leute Geldstücke warfen. Sooo viele! Ein großes Glücksgefühl stieg in mir auf – und Stolz: Ich hatte ganz unvermutet Geld verdient. Wie würde sich die Mutti da freuen! Als ich mit dem Geldteller am Tisch bei meinem Vater abgeliefert wurde, sprang er – rot vor Verlegenheit – auf, packte Ruth und mich am Handgelenk und zerrte uns fort. »Man muß sich ja schämen«, murmelte er.

Der Sturz von der höchsten Höhe des Glücks in diese trostlose Tiefe war gewaltig. Was hatte ich denn so Schlimmes getan? Das ganze schöne Geld hatte er liegengelassen – meine erste »Gage« – futsch! Meine Tränen flossen, und es hat lange gedauert, bis ich meinem Vater nicht mehr böse war.

Biesern war der schönste Ort auf der Welt für mich. Oft durften wir dort Muttis Eltern, den »Bieserner Vater« und die »Bieserner Mutter«, besuchen. Die beiden waren schon sehr alt, mit vielen Runzeln im Gesicht und vielen grauen Haaren. Aber sie neckten sich und lachten miteinander wie ein junges Paar. »Lügen-Moritz« war der Spitzname für den Großvater. »Erzähl doch mal 'ne Geschichte, wenn's ooch Lüschen sinn.« Thekla, die Großmutter, protestierte dann lachend, aber wir konnten nie genug davon kriegen. Einmal erzählte er von einem Walfisch, der ihn im Bach verschlungen und kurz vorm Tunnel-Durchfluß wieder ausgespuckt hätte. »Hast du ihm nicht geschmeckt?« wollte ich wissen. »Jaaa«, lachte die Bieserner Mutter, »das wärd's wohl gewäs'n sinn.«

Sie sprachen ein ganz anderes Sächsisch als wir Städter, und manchmal gab es sogar Mißverständnisse. Einmal trug mir der Bieserner Vater, der gerade beim Heuen war, auf, von der Mutter die »Haiseele« zu holen. Auf dem ganzen Weg überlegte ich, wozu er wohl eine Fischblase brauchte, denn die nannte man ja »Seele«, und der Hai war doch ein Fisch. »Heuseile« war des Rätsels Lösung! Ich war froh, daß ich nichts Glibbriges zurücktragen mußte.

Ich lag gern eingekuschelt in einem der wohlriechenden Heuhaufen, guckte in den Himmel und erdachte mir alle möglichen Geschichten über die Wolken oben, die sich ständig veränderten, von Menschengesichtern in Tierfratzen, von lieben in gefährliche, die sich jagten und auflösten – herrliches »Fernsehen«!

Hier war das Paradies für mich, und fast alle Ferien meiner Kindheit habe ich in Biesern verbracht. Nichts Vorfabriziertes hatten wir dort zum Spielen, aber unsere Phantasie machte uns erfinderisch und ließ ein altes Wagenrad oder bunte Steinchen zum kostbarsten Spielzeug werden. Und die kleinen Kätzchen und Zicklein, die Glucke mit ihren gelben Watteküken – all das war schöner als jede Puppe und sogar der Teddybär.

Onkel Alfred, Muttis jüngerer Bruder, lebte mit seinen Eltern in Biesern. Über seinen Augen lag ein trauriger Schleier, selbst wenn er lachte. Und auf seinem Trichtergrammophon und seiner Ziehharmonika spielte er immer traurige Lieder. Manchmal sah man ihn ein, zwei Tage lang überhaupt nicht. Dann war die Bieserner Mutter sehr besorgt und mahnte uns, leise zu sein, weil's Onkel Alfred nicht gutginge.

Ruth durfte länger in Biesern bleiben, die Glückliche! Aber ich mußte nach Ferienende wieder zurück in die Schule.

Eines Tages wartete Tante Elsa am Schultor auf mich und sagte, ich dürfe heute einmal bei der Löbel-Mutter bleiben, auch über Nacht. Das war mir recht, es war Abwechslung, und Mutti brauchte wahrscheinlich wieder ihre Ruhe.

Die Löbel-Mutter wohnte noch immer in meinem Geburtshaus, wo sie zusammen mit Tante Elsa und Tante Rosa eine sehr kleine Zweizimmerwohnung hatte. Alles spielte sich in dem kleineren Raum, der Küche, ab, wo auch zwei Betten standen und ein Waschgeschirr neben dem Herd. Sie hätten viel mehr Platz haben können, wenn das große Zimmer nicht die »gute Stube« gewesen wäre, die nur für besondere, festliche Fälle genutzt wurde. Hier war auch der Schrank, in dem die Tanten ihre Hüte, Stöckelschuhe und Federboas aufbewahrten. Die stibitzte ich oft und stakste, vornehme Dame spielend, vorm großen Wandspiegel auf und ab.

Ein Bett war für Elsa und Rosa, und in dem anderen schlief ich schön kuschelig zusammen mit der Löbel-Mutter. Ich hätte sie fast aus dem Bett gestrampelt, sagte sie am nächsten Morgen, sie habe kein Auge zugetan. Aber ich glaube, es war deshalb, weil sie eine wichtige Nachricht erwartete.

Tante Elsa kam auch gegen Mittag damit an. Aber ich erfuhr sie nicht, weil die Erwachsenen wieder einmal tuschelten. Auf dem Heimweg fand ich die ganze Weststraße bunt geschmückt mit Fahnen und Wimpeln. Tante Elsa sagte, das sei deshalb, weil heute Hindenburgs achtzigster Geburtstag sei. So? Und wer war Hindenburg? »Unser Reichspräsident«, erfuhr ich. Das war mir zu kompliziert.

Es war auch total unwichtig geworden, als ich daheim neben Muttis Bett ein Körbchen sah mit etwas ganz Winzigem darin, das krähte wie ein junger Hahn bei der Bieserner Mutter und mit klitzekleinen Fäustchen fuchtelte. Der Storch war also doch noch gekommen und hatte mir ein Schwesterchen gebracht: Margot. Sicher war *deshalb* geflaggt! Ich konnte mich gar nicht fassen vor Freude.

Auf Margotchen müsse ich nun immer ganz gut aufpassen, legte mir Mutti ans Herz und ich versprach es feierlich.

Ruthchen kam auch bald aus Biesern zurück. Sie war nun nicht

mehr das Nesthäkchen und spürte, wie sich alles um das Baby drehte. Auch mich hatte sie nicht mehr ungeteilt, denn ich war inzwischen ganz närrisch mit der Kleinen, fuhr sie oft spazieren und ließ Ruth den Kinderwagen nicht schieben, damit sie ihn nicht umwarf. Manchmal, wenn Ruth allein bei dem Baby im Zimmer war, fing es unerklärlicherweise an zu schreien. Kam man dann ins Zimmer, war Ruth liebevoll über das Körbchen gebeugt und redete auf Margot ein: »Bis ruuusch, mei dleenes Bawie, bis ruusch!« Für sie lag da offenbar eine Art Puppe, wie ihre, die »Mama« plärrte, wenn man sie kippte. Da Kippen hier nicht ging, zwickte sie einfach – das funktionierte auch. Als ich sie dabei überraschte, haute ich ihr auf die Finger. Das mag eine Initialzündung für Ruths Eifersucht gewesen sein und der Grund, warum sie und Margot in den frühen Kinderjahren oft wie Hund und Katze stritten, sich hauten und einander kratzten. Wenn Mutti ins Zimmer kam, war immer ich schuld: Versuchte ich, die zwei zu trennen, sollte ich mich »schämen, als die Älteste mittendrin«. Hielt ich mich raus, hörte ich: »Kannst du als Älteste nicht für Ruhe sorgen?!«
Auch sonst fühlte ich mich oft ungerecht behandelt, und meine bedingungslose, kindliche Liebe wandelte sich langsam; das um so mehr, je überlasteter und nervöser Mutter wurde. Sie hatte sich ans Untervermieten gemacht, was in unserer nicht sonderlich großen Wohnung sehr schwierig war, zumal sie je nach Wunsch dieses oder jenes der zwei in Frage kommenden Zimmer anbot, so daß ein ständiges Umräumen stattfand.
Für uns Kinder waren das willkommene Abwechslungen, aber für Mutter eine Arbeitslast, bei der sie jahrelang nie mehr als fünf Stunden Schlaf hatte. Heute sehe ich, daß es nur zu natürlich war, daß ihr manchmal die Nerven durchgingen und die Hand ausrutschte. Aber als Kind wurde ich dadurch immer verbockter. Und frech wurde ich auch, schon durch den Umgang mit den vielen Nachbarskindern auf der Straße. Wenn Mutter zum Beispiel drohend ausstieß: »Das eine sag'ch dir heute ...«, dann antwortete ich: »Das andre sag'ch dir morsch'n«, stand aber dabei schon in den Startlöchern. Trotzdem erwischte sie mich oft, und dann setzte es Backpfeifen. Meine Impertinenz wurde dadurch nicht geringer, im Gegenteil. Wenn Schläge nicht zu vermeiden waren, baute ich mich trotzig mit verschränkten Armen und höhnischem Gesicht

vor ihr auf und nahm meine Abreibung entgegen, ohne den kleinsten Schmerzenslaut, so als ob ich nicht das Geringste spürte. Ich glaube, Mutti hat sich dabei oft mehr weh getan als mir. War ich dann aber allein, brach Jähzorn durch und ich schmiß mit Sachen um mich und schwor, daß ich von daheim weggehen würde, sobald ich nur groß genug wäre. Oh, ich muß manchmal ein schreckliches Gör gewesen sein. Dabei war ich voller Sehnsucht nach Liebe und Verständnis. Und als Mutti sich nach einer Auseinandersetzung mit Vati einmal in der Küche eingeschlossen hatte, nachdem sie etwas von Gashahn aufdrehen gesagt hatte, war ich panisch. Ruth und ich schleppten die schwere Leiter aus dem Keller herauf, denn um an die Gasuhr dicht unter der Decke zu gelangen, waren wir zu klein. Ich stieg zitternd hinauf, und die Schwestern hielten. Als ich verzweifelt versuchte, den schweren Hebel umzulegen, öffnete Mutti die Küchentür. Es gab ein Bad in Tränen.

Mein Geburtstag – vier Tage vor Heiligabend – wurde nie als solcher gefeiert. Geburtstags- und Weihnachtsgeschenk fielen zusammen. Mein siebenter Geburtstag 1927 war besonders traurig. Die Bieserner Mutter und Mutti standen weinend in der Küche: Der Bieserner Vater sei in der Nacht gestorben, sagten sie mir. Tot? Nur sehr langsam begriff ich es. Ich würde ihn nie wieder sehen können und seine lustigen Lügengeschichten hören? – »Geh spielen«, sagte Mutti. Ich ging zu dem Baby und erzählte es ihm. Irgend etwas in mir tat sehr weh. Ich starrte zum Fenster hinaus wie durch einen Schleier und beobachtete die Leute auf der Straße. Manche trugen einen Tannenbaum unterm Arm, als wäre nichts geschehen ...
Die Bieserner Mutter mußte ihr Leben nun völlig umstellen, denn mit Onkel Alfred allein war der Grund nicht mehr zu bewirtschaften. Sie verkaufte die Felder an einen Großgrundbesitzer, auch das schöne, alte Bauernhaus, für das sie sich aber das Nutzrecht bis zu ihrem Lebensende gesichert hatte. Nur genug Land um ihr Haus herum behielt sie, um anzubauen, was sie allein, mit Onkel Alfreds Hilfe, bewältigen konnte. Das herrliche Edelobst, Beeren und Gemüse brachte sie in der Erntezeit nach Chemnitz und baute sich dort einen kleinen Kundenkreis auf. Sie fuhr immer gemeinsam

mit ihrer Schwester, die sich dem »Unternehmen« angeschlossen hatte. Mit ihren schweren Kiepen kamen die beiden, im Gepäckabteil der Bahn reisend, an, und nachdem sie ihre Ware abgesetzt hatten, wurde großer Kaffeeklatsch bei uns abgehalten. Natürlich bekamen auch wir etwas von ihrer Ernte, aber dafür wollte sie kein Geld nehmen. Nicht einmal dem Argument war sie zugänglich, daß wir ja in ein paar Tagen von Zeisig, unserem Grünwarenhändler, teuer kaufen mußten, was er ihr billig abgenommen hatte, wie Rudolf ihr vorrechnete. Aber da war nichts zu machen. »Von meinen Kindern nehme ich kein Geld.« Und damit basta.

Rudolf war immer seltener daheim. Er hielt sich meist bei seiner Tanzstunden-Flamme Ilse Heinicke auf, deren Familie auf höherem Niveau als wir lebte, und die ihn auch sehr förderte. Er und seine zukünftigen Schwiegereltern fanden es unverständlich, wie man sich »in diesem Alter« (Mutter war 38!) dazu hinreißen lassen konnte, noch ein Kind in die Welt zu setzen. Er war knapp siebzehn Jahre älter als Margot und genierte sich schrecklich für seine Eltern, zum großen Kummer von Mutti, die die angebotene »Hilfe« eines Arztes abgelehnt hatte. »Wo drei satt werden, wird auch noch ein viertes satt«, hatte sie beharrt.

Mit dem Sattwerden war das allerdings so eine Sache. Finanzielle Reserven gab es nicht, und mit Vaters magerem Verdienst und Muttis Einnahmen durch Untervermieten war kein rechtes Auskommen. Der Gerichtsvollzieher war häufiger Besucher. Wenn Mutti ihn kommen sah, versteckte sie schnell kleinere Dinge, die sie für wertvoll hielt – wie ihren Ring mit dem synthetischen Aquamarin. Dann führte sie unter Tränen lange Debatten mit ihm, bevor er den Kuckuck klebte. Einmal wollte er das Klavier pfänden; als *ich* dann auch noch anfing zu weinen, ließ er es sein, blinzelte mich an und sagte sehr ernst: »Natürlich brauchst du das für deine Berufsausbildung, stimmt doch?« Ich nickte emphatisch und fand, daß Schwindeln manchmal sehr nützlich sein kann.

Es gab viel Pellkartoffeln bei uns, mit Butter, sauren Gurken, Quark oder Hering. Aber wir Kinder waren doch oft hungrig und sehr froh, wenn wir bei Verwandten eine »Butterbemme« kriegten. – Mutti nähte aus jedem übriggebliebenen Restchen Kleider und Blusen für uns, wendete Vatis alte Mäntel und machte daraus neue für uns Kinder. Jeder Pfennig wurde umgedreht.

Als ich einmal zum Einkaufen geschickt wurde und im tiefen Schnee einen Zehn-Mark-Schein verlor, war das eine unbeschreibliche Katastrophe. Ich kam voller Angst weinend heim. Aber Mutti wurde nicht zornig, sondern rubbelte meine eiskalten Hände, strich mir übers Haar und sagte ganz leise!»Dadroff kommt's nu auch nich mehr an.«

An jedem Monatsersten wurde ich zum Hausbesitzer Heisterbergk geschickt. Wenn Mutti mir die sechzig Mark mitgeben konnte, wurde das ordentlich in dem kleinen, blauen Mietheft quittiert, ich kriegte einen Keks, machte einen Knicks und ging wieder. Aber sehr oft sollte ich,»sehr höflich!«, noch einmal um Stundung bitten. Auf dem Weg dachte ich mir alle möglichen unwiderlegbaren Gründe aus. Nur den Gerichtsvollzieher durfte ich nicht erwähnen. Wenn ich dann mit hochrotem Kopf klingelte, kam das nicht vom Treppensteigen! Frau Heisterbergk war eine sehr liebe Frau. Sie strich mir beruhigend übers Haar, ließ Mutti grüßen und entließ mich mit etwas zu Knabbern. Nur wenn das drei Monate hintereinander so ging, sagte sie nach einer kurzen Pause sanft:»Sag der Mutti: Diesmal noch. Aber das nächste Mal müßte sie schon Geld mitschicken.«

Manchmal weinte ich auf dem Heimweg vor Scham. Warum mußte es arme und reiche Leute geben?

Man sollte meinen, daß meine Mutter mit drei heranwachsenden Töchtern schließlich doch viel Hilfe im Haushalt hätte haben können. Aber sie sagte immer:»Geht zu euren Schulbüchern und lernt ordentlich, damit es euch später einmal besser geht als mir.« Ich nahm die Freistellung von häuslichen Pflichten nur allzu gern an – nicht um zu lernen, sondern um meinen eigenen Vorstellungen vom Weg in eine schönere Zukunft nachzuhängen – oder mich auf der Straße mit den anderen Kindern herumzutreiben. Das waren ja fast ausschließlich Jungen, und mädchenhafte Gesittung lernte ich von denen natürlich nicht. Ich galt bald als eine wilde Pflanze, gar als Anführerin bei vielen Streichen.

Mit mir war auch nicht gut Kirschen essen, denn ich entwickelte eine ausgesprochen lockere Hand. Der erste, dem ich eine schmierte, war der arme Hofmann Willy, als er lauthals verkündete, er würde mich heiraten, wenn er groß sei. Heiraten!! So eine Frechheit!

Wenn ich etwas ganz bestimmt nie und nimmer wollen würde, dann das! Etwa immer tun, was ein Mann anordnet und alles einstecken müssen wie meine Mutter? Nicht mit mir! Als Margotchen etwa vier Jahre alt war, kam sie eines Tages weinend um die Ecke angerannt. Ein Junge hatte sie angehalten und sehr streng gefragt:»Bist du Nazi oder Kommunist?« – »Nazi«, hatte sie geantwortet. Sie hätte ebensogut Kommunist sagen können, denn sie wußte weder was das eine noch das andere sein sollte – genausowenig wie wir Größeren. Aber *das* wußten wir, daß diese Ohrfeige nach Rache schrie. HA! Ich als Beschützer meiner kleinen Schwester erwies mich als große Strategin. Ich schickte je eine Hälfte unserer »Bande« in entgegengesetzter Richtung ums Karree, und so rannte der Missetäter, verfolgt vom Buberl Heinz und Hofmann Heinz direkt dem Arnold Hans und mir in die Arme. In seiner plötzlichen Ausweglosigkeit flüchtete er ins nächstbeste Haus und dort bis in den Keller. Aber ich konnte auch rennen, und im Keller kam er an eine Wand, an der es nicht mehr weiterging. Dort habe ich ihn höchstpersönlich verkloppt. Nein, mit mir war wirklich nicht gut Kirschen essen!

Manchmal forderte Mutti doch Hilfe an. Ich hatte lieber »Außendienst«, wie etwa zur Mangel oder einkaufen gehen, anstatt Geschirr abtrocknen oder Staub wischen. Am liebsten holte ich für Fritzsche Martin Zigaretten. Er war Vertreter wie Vati und mit ihm befreundet – ein clowniger Mann, der uns alle, sogar Mutti, oft zum Lachen brachte.
Das dicke Fräulein Breuer in ihrem Kramladen fragte immer: »Was darf's denn sein?« Bei mir durften es sein: »Zwanzig Hänsom von Jasmatzi bitte und für den Rest Sahnmalzeln mit Nuß«, denn das Wechselgeld durfte ich immer behalten.
Noch wilder als auf die Malzeln war ich aber auf die kleinen, braungetönten Filmbilder, die jeder Hänsom-Packung beilagen: jedesmal ein anderer Filmstar! Die bekam ich als zusätzlichen Botenlohn und sammelte sie sorgfältig in einer ausgedienten Zigarrenkiste von Vati, die mein größter Schatz wurde. Mit der Zeit wuchs diese Sammlung ganz ansehnlich. Ich sortierte die Bilder mal nach Blonden und Dunkelhaarigen, nach Männern und Frauen, und ich kannte sie alle: Anna May Wong, Maria von Tasnady, Buster Keaton

oder Dolly Haas. Mein Superliebling war Lilian Harvey. Ich machte all ihre Fotoposen vorm Schlafzimmerspiegel nach und wünschte mir nichts sehnlicher, als so eine schöne Nase zu haben wie sie und so viele blonde Locken.

Angeregt durch die Filmbilder wurde ich bald eine leidenschaftliche Kinogängerin. Wenn ich von irgendwem 50 Pfennige ergattert hatte, ging ich sonntags in die erste Nachmittagsvorstellung des kleinen Kinos in der Zwickauer Straße. Dort gab es immer Tom-Mix-Filme, drei Vorstellungen am Nachmittag. Natürlich reichte mein Geld nur für eine. Aber kurz vor ENDE fiel mir immer irgend etwas unter den Sitz, das ich natürlich suchen mußte. Erst wenn die Besucher für die nächste Vorstellung hereingelassen wurden und es wieder dunkel war, fand ich »es« und setzte mich – tralala – wieder auf meinen Seitenplatz. So kam ich fast immer zu drei Vorstellungen.

Aber wie kam ich regelmäßig zu Eintrittsgeld? Ich begann bei Verwandten oder sonstigen potentiellen Gönnern mit meinen Einsern in der Schule zu prahlen; das brachte einiges. Eine weitere, recht ungewöhnliche Geldquelle entdeckte ich auf Tante Marthas Kopf – besser, in ihren Haaren. Ich fragte sie schmusend, aber mit ganz üblen, ausbeuterischen Hintergedanken, ob ich sie mal frisieren dürfe. »Wenn de mich nich ze sehre ziebst!« machte sie zur Bedingung und fragte sicherheitshalber: »Was gost's denn?« – »Ooch, nicht viel. Fünf Pfennige für den Zopf?« antwortete ich. Das galt. Es war erstaunlich, wie viele winzige, ganz schmale Zöpfe ich aus Tante Marthas dünnem Haar flechten konnte – unerbittlich, wie sehr auch mein Opfer protestierte. Als ihr schließlich aus dem fachmännisch vorgehaltenen Spiegel ein Medusenhaupt entgegenschaute, brach sie in schallendes Gelächter aus – und zahlte. Für zwei, drei Nachmittagsvorstellungen hatte ich durch diesen einmaligen Trick ausgesorgt – der aber wirklich leider nur einmal funktionierte.

So wie viele Mütter wünschte sich auch die meine eine glückliche Zukunft für ihre Kinder. Die erste Voraussetzung dafür war »Bildung«, und die konnte man nur auf einer höheren Schule »lernen«, wie zum Beispiel auf der Höheren Mädchenbildungs-Anstalt, kurz HÖMBA, die günstigerweise nur eine Viertelstunde von uns entfernt auf dem Kaßberg lag.

Aber dort kostete es Schulgeld, 25 Mark monatlich! Woher nehmen? Es sollte in Ausnahmefällen Schulgelderlaß geben, hatte Vati gehört und stellte einen entsprechenden Antrag an die Schulleitung. Die Genehmigung hing – außer von der sozialen Indikation – vor allem von »außergewöhnlichen Leistungen« ab. Die waren durch gute Abgangsnoten von der Grundschule und eine gutbestandene Aufnahmeprüfung zu belegen.

An dem Tag, an dem die zustimmende Entscheidung gefallen war, holte mich meine Mutter von der Schule ab, feingemacht in ihrem beigen Kostüm und dem passenden Hut. Ihre Augen glänzten und liefen fast über vor Stolz und Glück. Ich habe sie selten so hübsch gesehen. Am Obststand vom Nickert Alfred kaufte sie mir zur Belohnung ein Pfund Pfirsiche. Ich mochte die eigentlich gar nicht so gern, wegen ihrer pelzigen Haut. Aber ich wollte Mutti ja nicht kränken und biß kräftig hinein. Sie schimpfte nicht einmal, daß ich mich dabei bekleckerte.

Der Abgang von der Volksschule fiel mir nicht sonderlich schwer. Der Kontakt mit den Mitschülerinnen der ersten vier Jahre verlor sich allmählich. (Nur mit einer, der Traudel Recak, bin in noch in loser Verbindung.) Das liebe, weißhaarige Fräulein Zenker allerdings habe ich bis heute nicht vergessen. Abgesehen von der Freude und dem Spaß, die bei ihr das Lernen bedeutet hatten, ersparte sie mir einmal einen großen Kummer.

Sie war zufällig Zeugin eines Gesprächs geworden, bei dem mir einige Mädchen endgültig den Klapperstorch ausredeten. Die drastische Art, in der sie mir kichernd klargemacht hatten, wie Babys tatsächlich »gemacht« würden, hatte mich schockiert und in totale Verwirrung versetzt. Daß sich trotzdem eine seltsame Art Neugier in mir regte, entsetzte mich noch mehr. Wenn Mutti davon wüßte, würde sie sicher wieder sagen: »Da guckt der Löbel raus«, wie immer, wenn ihr etwas an mir mißfiel. Und das Allerschlimmste: Fräulein Zenker wollte mit meiner Mutter über diesen Vorfall sprechen.

Tränenüberströmt bat ich sie, doch bitte bitte keinen Brief zu schreiben. Sie versprach es, legte den Arm um meine Schulter und führte mich ins Lehrerzimmer, mich immer weiter tröstend. Das sei absolut nichts Schlimmes, sagte sie. Schlimm sei es nur, so schmutzig darüber zu sprechen. Ich solle doch in aller Ruhe einmal mit Mutti darüber reden – wenn es ginge...

Es ging nicht. Ich lief noch lange mit meinem nur halb entsorgten schlechten Gewissen herum. Dabei hatte ich doch nichts getan als zuzuhören...

Die neue Schule war viel größer als die Westschule, hatte breitere Flure, geräumigere Klassenzimmer und Spezialräume für Biologie, Physik und Chemie. Vor allem gab es da einen Festsaal, die Aula. Das war ein hoher, langer Raum, der am Kopfende von einem bühnenartig erhöhten Podest begrenzt wurde. Dieses Podium beeindruckte mich besonders, vor allem wenn ich es später bei mancherlei Anlässen in strahlender Glühbirnen-Beleuchtung sah. Ich stellte mir vor, was man darauf alles aufführen könnte! Gleich von Anfang an war ich gern in der HÖMBA. Nun ging ich also nicht in die »Sechste« der Volksschule, sondern in die Sexta der höheren. Allein die neuen Bezeichnungen für die verschiedenen Lehrfächer gaben einem ein gehobenes Gefühl von angehender Gelehrsamkeit: Mathematik (statt Rechnen), Geographie (statt Erdkunde), Biologie (statt Naturkunde)! Unser erster Klassenlehrer hieß Dr. Felber. Aber in fast jedem Fach wurden wir nun von einem anderen Lehrer unterrichtet. Sie waren alle Doktoren, Studienräte und Oberstudienräte. Und einer war sogar Professor: Professor Dr. Thiem. Den mochte ich besonders gern mit seinen verschmitzten Äugelchen und den wirr abstehenden grauen Haaren – ein Bilderbuch-Professor. Er erzählte uns manchmal voller Stolz, daß er aus armen Verhältnissen stamme, und daß es oft nichts als »Pellkartoffeln und Heringsschwänze« zu essen gegeben hätte. Wie bei uns, dachte ich. Das machte mir Mut und bewies, daß man es trotz Armut zu etwas bringen konnte. Die Namen meiner neuen Mitschülerinnen weiß ich fast alle noch, schon allein deswegen, weil sie für jede neu hinzukommende Lehrkraft immer wieder hergebetet werden mußten, inklusive Schreibweise. Dorle Heller war meine Nachbarin in der Doppelbank, vorderste Reihe, Mitte, weil wir die Kleinsten der Klasse waren. Wir trieben trotzdem eine Menge Unfug: Papierkügelchen werfen oder Grimassen schneiden, damit die anderen lachen sollten. Ach, meine Dorle! Wir liebten einander sehr, vielleicht auch, weil wir wegen unserer Kleinheit die gleichen Hänseleien einstecken mußten und uns zu zweit sicherer fühlten gegen die größeren Kinder. Auch daß ihre Eltern ebenfalls arm waren, verband uns. – Dorle war ein hübsches Kind mit dunklem, kurzgeschnittenem lockigem Haar. Ihre übergroßen, runden schwarzen Augen blitzten meist lustig. Aber manchmal blickten sie auch plötzlich ein wenig traurig.

Dorle war Jüdin und brauchte deshalb nicht am evangelischen Religionsunterricht teilzunehmen – genau wie Susel Meier, die Katholikin war. Ich beneidete die beiden sehr um die freie Stunde, denn »Reli« langweilte mich. Ich kannte das ja alles schon genau von einigen Jahren Kindergottesdienst.

Unsere Klasse war bald als die frechste der ganzen Schule bekannt und gefürchtet, wahrscheinlich nicht zuletzt wegen meiner Ideen, mit denen wir ungeliebte Lehrer – möglichst straffrei – piesacken konnten.

Einmal verübten wir eine wirklich schlimme Untat gegen eine neu zugewiesene Mathe-Lehrerin, die wir nicht gegen unseren geliebten Dr. Bauer eintauschen wollten. Das einzige, was wir gegen sie hatten, war, kindischerweise, daß sie sehr dick und klein, also nicht schön war. Wir nannten sie unter uns höhnisch »die optische Täuschung«, weil sie nicht höher als breit sein konnte.

Wir legten, als sie uns das erste Mal unterrichten sollte, einen mit Tinte vollgesaugten Schwamm auf ihren Stuhl, auf den sie sich auch prompt setzte.

Es ist absolut unvergeßlich, wie Fräulein Dr. Witting, die eine wirklich große Pädagogin war, die Angelegenheit behandelte: Nicht mit üblicher Strafe, verbunden mit Tiraden, worauf wir eigentlich gefaßt waren, sondern durch Beschämung. Sie tat, als sei nichts geschehen und ließ uns nur ganz sachlich und mathematisch durchrechnen, was ihr von ihrem monatlichen Nettogehalt nach Abzug von Miete, Nebenkosten und der Versorgung ihrer kranken Mutter übrigblieb – und wie viele Monate sie auf ein neues Kleid sparen müßte.

Wir saßen alle mit hochrotem Kopf da, ich war kurz vorm Weinen. Sie aber verabschiedete sich freundlich mit »Bis zum nächsten Mal also...« und verließ mit ihrem Riesentintenklecks am Po unser Klassenzimmer.

Am nächsten Tag brachten wir ihr Blumen, und von nun an nannten wir sie »die liebe Sonne«.

1932, als ich bereits Quintanerin und schon elf Jahre alt war, erschien der Schularzt, der am Schluß aller seiner Untersuchungen feststellte, daß ich die allerkleinste von der ganzen Schule sei – also noch kleiner als die kleinste Sextanerin und auch kleiner als Dorle. Kurz darauf teilte das Sozialamt der Stadt Chemnitz meinen Eltern mit, daß ich einen kostenlosen, sechswöchigen Aufenthalt im Kinder-Erholungsheim in Lohme auf Rügen erhalten solle. Der Schularzt hielte mich für erholungsbedürftig. Ich fühlte mich aber pudelwohl – und gar jetzt, wo mir diese große Reise bevorstand, weit über Biesern, ja über Sachsen hinaus! Ich tanzte mit Freudengeheul im Zimmer umher und steckte sogar Mutti mit meinem Überschwang an. Obwohl es noch längst nicht soweit war, begann sie sofort mit der Vorbereitung meiner Reiseausstattung. Von Rudolfs Ilse bekam ich dafür auch noch ein abgelegtes Kleid aus ihrer Kinderzeit, aus rosa Voile mit einer applizierten Rose. Das wurde mein Lieblingskleid. Ich fand, darin sähe ich aus wie ein Kind reicher Leute.

Zu Beginn der großen Ferien trat ich also mit Rucksack und Köfferchen, zusammen mit vielen anderen Chemnitzer Mädchen, die lange Fahrt an. Auf all den vielen Bahnsteigen tauchten Städtenamen auf, die ich bis dahin nur als rote Kringel auf Landkarten in Geographie kannte. Irgendwann schliefen wir, voll von so vielen neuen Eindrücken in unseren Abteilen ein, fanden uns schlaftrunken auf einem Schiff wieder, das uns zur Insel Rügen schaukelte, und standen zuletzt als total übermüdetes Häuflein in der großen Eingangshalle des Kinderheims. Wir bekamen unsere Schlafsäle zugewiesen und sanken fast übergangslos in die Betten.

Erst am nächsten Tag waren wir wieder aufnahmefähig. Ich empfand große Dankbarkeit und Wohlbehagen, eine Weile in diesem schönen Haus bleiben zu dürfen, in dem alles hell, luftig und geräumig war. Mit Tante Wally, unserer Betreuerin, verbrachten wir herrliche Wochen mit Ausflügen an den steilen Kreidefelsen entlang und mit Spielen am Strand. Donnerkeile konnte man finden und sogar kleine Bernsteinstücke. Viele Kinder konnten schon schwimmen – ich nicht. Meine Mutter war der Meinung: »Wer ins Wasser geht, der ertrinkt.« Darüber ließ sie nicht mit sich diskutieren, und als letzter Trumpf kam dann wieder mal: »Wenn deine Mutter das sagt, dann ist das auch so.« Basta. – Eines der Dinge, die ich tun würde, wenn ich endlich selbständig wäre, war Schwimmunterricht zu nehmen. Das war längst beschlossen, und in diesen Ferien festigte sich mein Vorsatz.

Als ich nach sechs Wochen wieder heimkam, war Mutti überglücklich über ihr braungebranntes, pausbäckiges Kind. In der Schule konnte ich nun auch mit Weitgereistsein prahlen, nicht nur die reichen Mädchen, die immer von Schweiz, Bodensee, Zugspitze und ähnlichen fernen Orten sprachen, wenn sie von ihren Ferien erzählten: Ha, Lohme war viel weiter weg! Und Professor Thiem ließ in Biologie sogar meine Donnerkeile und Bersteinchen herumzeigen.

An Ausschlafen war bei uns sonntags nie zu denken. Vati paukte und trompetete die gesamte Familie um sechs Uhr morgens lautstark mit dem Radioprogramm »Hamburger Hafenkonzert« aus den Federn.

Nach dem Frühstück wurde der Tisch abgeräumt für unsere Hausaufgaben, mit denen wir es allerdings nicht sehr ernst nahmen, sobald Mutti aus dem Zimmer war. Wenn wir behaupteten, fertig zu sein, entließ sie uns zum Spielen.

Sonntags wurde nicht auf der Straße gespielt. Dafür machte ich manchmal im Treppenhaus meine kunstvolle »Ballprobe«: Viele Varianten, wie man einen Ball ein- oder zweihändig gegen die Wand schmettern und wieder auffangen konnte. Ich war meisterhaft darin und hätte selten von allein aufgehört, wenn nicht der Protest der Hausbewohner über »das eebsche Gebummere« dem ein Ende gesetzt hätte. Dann wurde ich energisch hereingerufen und stieg murrend – »Nischt darf mor!« – auf Beschäftigung in der Wohnung um.

Manchmal schauten wir drei Mädels, mit verschränkten Armen auf die Fensterbank gelehnt, einfach nur auf die Weststraße hinaus. Margotchen brauchte dafür eine »Hitsche« (= Fußbank), weil sie noch zu klein war. Wir waren angehalten, alle Bekannten, die da im Sonntagsstaat vorbeispazierten, höflich zu grüßen. Das taten wir, aber es war langweilig. So grüßten wir lieber besonders höflich gerade diejenigen, mit denen wir totsicher nicht bekannt waren, kicherten über die verblüfften Gesichter und schickten noch »Schööönen Sonntag!« hinterdrein.

Aber an einem Sonntag gingen ganz andere Menschen draußen vorbei: in geschlossenen Vierer- und Fünferreihen, mitten auf der

Fahrbahn, Männer und Frauen. Und sie schrien so laut, daß man sie einen Häuserblock weit weg schon hören konnte. Uns hielt es nicht mehr an der Fensterbank, wir liefen hinaus und stellten uns an den Bordstein, um aus nächster Nähe die Sensation mitzubekommen, die da angerollt kam. »Rot Front! Rot Front! Rot Front!« war das erste, was wir verstehen konnten, je näher diese mageren, finster blickenden Menschen kamen. Was sollte denn das heißen, »Rot Front«? Zornig sahen sie alle aus und drohten mit geballten Fäusten. Nie vergesse ich das wutverzerrte Gesicht einer dürren Frau, die ganz dicht bei mir auf einmal anfing zu schreien: »Arbeit und Brot! Arbeit und Brot!« Das schrien nun plötzlich alle anderen auch mit. Was wollten die? »Brot« – das konnte ich verstehen. Aber dann sangen sie etwas von »Internationale« und »Menschenrecht«. Was bedeutete denn das nun wieder? Sie schwenkten rote Fahnen dabei. Ich begann mich zu fürchten. – Der ganze Spuk, der es für mich war, ging wahrscheinlich ziemlich schnell vorbei. Aber mir kam es vor wie Stunden.

Als Mutti uns besorgt von der Straße wegholte, fragte ich sie, was das denn gewesen sei. »Ach, das waren nur Kommunisten«, antwortete sie beruhigend. – Nachträglich fand ich es jetzt ganz richtig, daß meine kleine Schwester auf die Frage des frechen Jungen: »Bist du Nazi oder Kommunist?« geantwortet hatte: »Nazi« – obwohl ich natürlich nach wie vor weder wußte, was ein Kommunist noch was ein Nazi sein sollte...

Was Nazis waren, erfuhren wir nur allzu schnell. »Nazi« gehörte bald zum allgemeinen Sprachgebrauch und wurde anfangs oft als Schimpfwort gebraucht. Aber langsam, fast unbemerkt, sickerte eine andere Beurteilung ein, bis die »verachteten Nazis« für die große Masse zu »stolzen Nationalsozialisten« geworden waren.

Auch sie kamen in breiten Marschkolonnen die Weststraße entlang – die Nazis, als sie dann eines Tages da waren. Auch sie schrien Parolen. »Deutschland erwache!« und »Juda verrecke!« skandierten sie – exakt und einheitlich, wie sie auch gekleidet waren und marschierten »im gleichen Schritt und Tritt«.

Das »Ordentliche« daran gefiel mir. Das schwarze Runenzeichen, das Hakenkreuz, symbolisiere das Sonnenrad, lernten wir später in der Schule, ein uraltes Zeichen für Zukunft und Hoffnung. Ein schönes Zeichen, dachte ich...

Wie schrecklich leicht, wie ahnungslos und naiv junge Menschen ihre Sympathien verschenken können – wenn sie nicht das Glück haben, eines Besseren belehrt zu werden! Die meisten aus der Generation unserer Eltern hatten an Belehrung kein Interesse. Sie hielten es, wie sie es von ihren Eltern gelernt hatten: Die Obrigkeit ist unantastbar.

Die vielen, die damals arbeitslos und in Armut lebten, glaubten, daß die Nazis ihnen aus ihrer Misere helfen würden – wohl weil sie es glauben wollten, und weil die wenigsten Menschen sich kaum je die Mühe machen, über ihre eigene Nasenspitze hinauszusehen.

Für die Jungen wurde ein zusätzlicher Köder ausgelegt mit Sprüchen wie »Ihr seid die Wegbereiter einer neuen Zeit, die Garanten der Zukunft«. Wer hätte nicht eine bessere Zukunft gewollt? Und welcher Jugendliche wäre nicht geschmeichelt gewesen, angesprochen zu werden wie eine ernstzunehmende Person?

Aber trotz dieses Hochgefühls, das auch mich zunächst ansteckte, fing ich bald an zu zweifeln: Warum schrien die Nazis so etwas Schreckliches wie »verrecken«? Und wer war Juda? Warum sollte er sterben? Was hatte er Schlimmes getan?

Das stehe für »der Jude«, erklärten mir einige ältere Schülerinnen, die auch wichtig und geheimnistuerisch von einem »Mädchenbund« sprachen, dem sie angehörten. »Der Jude« sei schuld an unserem Elend, sagten sie. Er betrüge und reiße alles Geld an sich, wodurch so viele deutsche Leute verarmten. Dorle Hellers Eltern auch? überlegte ich. Die waren ja auch Deutsche – und Juden –, sie würden sich doch nicht selbst arm gemacht haben. Oder waren vielleicht so ähnliche Leute gemeint wie »der Schirmer«, der Vati arm gemacht hatte? Aber nein, der war ja selbst Nazi.

Verwirrung, Aufruhr und Empörung brachten mein kindliches Denken völlig durcheinander. Viele andere Mitschülerinnen, neben Dorle, waren ja auch Jüdinnen – Eva Lewin, Netty Eichhorn, Ruth Seliger und Ruth Haskiel – und auch die Ruth Brust vom Nachbarhaus, mit der wir manchmal spielten. Die sollten allesamt schlecht sein?

Nein, hieß es, vielleicht nicht alle. Manche seien »zwar jüdisch, aber trotzdem anständig«. Und wie war das mit mir? Ich war ja dann auch – wie der Schirmer – »zwar evangelisch, aber trotzdem anständig«. Oder? Wie ich dieses »zwar… aber« bereits damals zu hassen begann!

Wie kam es, daß mein innerer Widerstand nicht so leicht zu überwinden war! Möglicherweise, weil ich selbst oft unter Ungerechtigkeit litt, generell voller Widerstand und überhaupt kein »gehorsames« Kind war? Vielleicht liegt gerade auch darin paradoxerweise die Erklärung, weshalb ich dann doch eines Tages ganz gern ein sogenanntes Jungmädel war: Es verhalf mir ganz einfach zu größerer Bewegungsfreiheit. Durch Heimabende und sonstige Veranstaltungen konnte ich mich leicht der kurzen Leine entziehen, die Mutti mir üblicherweise anlegte.

Aber noch war es nicht soweit.

Hitler sei Reichskanzler geworden, las Vati eines Tages aus der »Chemnitzer Allgemeinen« vor. »Nu ja, dann sinn ehm mal de Nazis für 'ne Weile am Ruder«, kommentierte er das mit Achselzucken. Veränderungen kamen, bei denen sich zunächst die wenigsten etwas dachten. Marschmusik, lautstarke Reden und Sieg-Heil-Geschrei tönten aus allen Radios, und bei jeder Gelegenheit wurde geflaggt – nur noch mit Hakenkreuzfahnen. Alle anderen wurden verboten. »Verboten!« Auch das wurde ein häufig gehörtes Wort. Die HÖMBA bekam einen neuen Rektor: Oberstudiendirektor Horbach. Er erschien in SA-Uniform mit hohen Rangabzeichen und war ein »alter Kämpfer«. Seine erste Verfügung war, daß es an seiner Schule keine Schülerin geben dürfe, die nicht Mitglied des Bundes Deutscher Mädchen, des BDM, sei. Das also war dieser Mädchenbund, von dem die älteren Schülerinnen gemunkelt hatten. Die waren nun auch alle »alte Kämpferinnen« und gaben sich plötzlich stolz zu erkennen. Es waren eine ganze Menge. Sogar in unserer Klasse kroch eine aus ihrem Versteck. Als Zeichen des Auserwähltseins trugen sie schwarze Uniformjacken, von manchen Kindern sehr darum beneidet, weil die Neulinge nur die scheußlichen senfgelben tragen durften – nein, mußten. Nur ganz wenige ließen die ausliegenden Aufnahmeformulare unausgefüllt. Ich war nicht unter ihnen. Die Freiheit vom Elternhaus lockte. Und wie hätte ich als Stipendiatin mich weigern sollen?

Dorle Heller füllte kein Formular aus. Sie wurde immer stiller, wie auch Esther Küntzelmann, deren Vater Mitglied einer besonderen religiösen Glaubensgemeinschaft war und deswegen eingesperrt wurde. – Eine Ahnung stieg in mir auf, daß ich drauf und dran war, die elterliche Strenge gegen eine viel furchtbarere einzutauschen ...

Meine Dorle verabschiedete sich von mir. Sie wußte ihre neue Adresse nicht, aber sie würde mir schreiben, versprach sie. Ich habe nie mehr von ihr gehört – ebensowenig wie von den anderen jüdischen Schulfreundinnen, die nach und nach einfach wegblieben. Erklärungen gab es keine dafür, nur fadenscheinige Ausflüchte, die von den jeweiligen Lehrern in großer Verlegenheit vorgebracht wurden.

Als Dorle, Eva Lewin und die anderen jüdischen Mädchen sich damals verabschiedeten, waren wir traurig, wie einander vertraute Kinder immer und überall traurig sind, wenn sie sich trennen müssen, aber ohne allzu großen Kummer. Mit dem grauenhaften Wissen von heute kann ich nie mehr ohne Herzweh an sie denken ...

Für uns, die wir an der HÖMBA verblieben, ging der Schulalltag scheinbar unverändert weiter. Die Fachlehrer wechselten sowieso hin und wieder während des Schuljahres; also fiel es nicht sonderlich auf, daß der eine oder andere Lehrer nicht mehr gesehen wurde. Die meisten hatten sich »angepaßt«. Bald war es auch nichts Neues mehr, daß am Morgen mit dem neuen deutschen Gruß »Heil Hitler« gegrüßt werden mußte. Auch jeder Lehrer, der uns irgendwann und -wo begegnete, hatte so gegrüßt zu werden. Das sickerte bald ins Unterbewußtsein, und es verkam zu »Litler!«.

Eines Tages begab ich mich wagemutig zur Lehrertoilette, was verboten war, aber alle Schülertoiletten waren besetzt. Mehr als verriegelt kann sie ja nicht sein, dachte ich. Sie war tatsächlich unverriegelt, aber – o Schreck – nicht unbesetzt! Ich hatte Fräulein Studienrat Weber bei ihrer privatesten Verrichtung aufgescheucht. Verwirrung und Entsetzen auf beiden Seiten. Dann lüpfte Fräulein Studienrat halb – aber dennoch spontan – ihr Gesäß, reckte verschreckt und fast beschwörend den rechten Arm stramm in die Höhe und bellte »Heil Hitler!« Noch eindringlicher hätte mir die Lächerlichkeit dieses Grußes nicht vor Augen geführt werden können.

Nach drei Jahren HÖMBA war die Entscheidung fällig, ob man bis zum Abitur bleiben wollte. Meine Eltern waren dafür, und ich

schließlich auch. So wurden die Klassen neu eingeteilt, und ab Untertertia besuchte ich, nun zwölfeinhalb Jahre alt, die Abiturientenklasse. Die alten Klassenkameradinnen sah ich nur noch auf dem Schulhof – die bisherigen Kontakte schliefen langsam und schmerzlos ein und andere wurden geknüpft.
Meine neue Klasse setzte sich aus Abiturwilligen der ehemaligen Parallelklassen und auch aus Mädchen von anderen Schulen zusammen. Eines von letzteren hieß Evamaria Böttcher, kurz Ev genannt. Ev und ich waren einander auch äußerlich verblüffend ähnlich und fast ohne Übergang ein Herz und eine Seele. Ev hatte nur dunkleres Haar als ich und trug den Scheitel rechts, während er bei mir links saß. Unsere Geburtstage lagen genau vierzehn Tage auseinander. Aber da ich im Dezember 1920 geboren war und Ev im Januar 1921, bestand sie darauf, daß sie ein Jahr jünger sei als ich. Das führte zu lebenslangen Foppereien, womit schon angedeutet ist, daß hier eine der ganz seltenen Schulfreundschaften entstanden war, die alle Wechsel der Zeitläufte überdauerte. Unsere Ähnlichkeiten gipfelten darin, daß sich unsere Handschriften zu unserer eigenen Verblüffung bis aufs Haar glichen. Diese Fügung des Zufalls wurde natürlich intensivst ausgebaut und genutzt: Wir verwendeten fortan gleiche Federn und Tinte, korrigierten kleine Abweichungen, die wir herausfanden, so daß schließlich oft wir selbst nicht mehr unterscheiden konnten, was von wem geschrieben war. – Diese Gottesgabe wurde bald auch bei den Hausaufgaben eingesetzt, die häufig abwechselnd von der einen oder der anderen übernommen wurden: Einmal nachdenken, zweimal schreiben – fertig!
Der Clou mit den Hausaufgaben war unser tollster Streich, dem jedoch viele weitere folgten. Ev und Bruni sind wie Max und Moritz, hieß es allgemein, und daran war gewiß viel Richtiges. Unsere Eltern verboten uns zeitweilig sogar den Umgang miteinander, weil sie der Meinung waren, daß wir einander »verderben«. Daraus entstand der Kosename »Derbsel«, den wir einander gaben. Und das blieben wir lebenslang füreinander, zuletzt als »Derbsel-Ost« und »Derbsel-West«, denn auch die Trennung Deutschlands hatte uns beide nicht trennen können.
Als Ev im Mai 1993 starb, ging auch ein Stück unserer gemeinsamen »Weißt-du-nochs« von fast sechzig Jahren mit.

In der Schule hatten wir nun auch »Rassenlehre«. Die Menschheit wurde hier systematisch kategorisiert, nach äußeren Merkmalen und Charaktereigenschaften. Die dinarische und die flämische hatten Vorzugsstellung. Aber die unübertroffene war natürlich die nordische Rasse. In meinem Biologieheft steht, daß sie »im Charakter edel, mutig, kämpferisch und heldisch sei, hochgebildet (!), mit Führereigenschaften und Rassenstolz«. Die jüdische Rasse wurde totgeschwiegen. Die Dinarier, sagt das Heft, »spielen gern Zither, tanzen und singen, spielen gern Theater, besonders aus der Heiligen Geschichte – und können vor Heimweh sterben«! Wegen des Theaterspielens wollte ich gern Dinarierin sein.

Uns umschwirrten täglich Wörter wie Heimat, Treue, Ehre, Vaterland – in allen Zusammensetzungen und Abwandlungen. Vaterlandstreue, vaterlandslos, ehrlos, und und und. Wer mit einem dieser Attribute belegt wurde, war gebrandmarkt, war gut oder böse, schön oder häßlich, schwarz oder weiß. Zwischenstufen gab es nicht. Wieviel Nachdenken, welche Erfahrungen waren notwendig, um dieses in der Kindheit aufgenommene »Wissen« später zu revidieren! Obwohl voller automatischer Opposition gegen die Erwachsenen, waren wir doch andererseits von einer heute kaum mehr vorstellbaren Naivität und Gläubigkeit. Dies ausgenutzt zu haben, ist meiner Meinung nach eine der schlimmsten Sünden der Nazis gewesen.

Als ich eines Tages von der Schule heimkam, wurde gerade vor dem Nebenhaus, Nr. 60, ein Möbelwagen beladen. Von einer der Schaulustigen, die herumstanden, wollte ich wissen, wer umzöge. »Umziehen ist gut«, grinste sie verlegen, »die Brusts sind abgeholt worden. Sie kommen in ein Lager, heißt es.« Was die denn verbrochen hätten, fragte ich weiter. Sie würden schon was auf dem Kerbholz haben, war die Antwort – ohne Grund würde niemand abgeholt. Allesamt hatte man sie mitgenommen, die ganze Familie, auch Ruth. »Aber die Ruth ist doch noch klein, die kann doch nichts so Schlimmes gemacht haben«, gab ich zu bedenken. »Die sind ja Juden«, sagte einer lakonisch.

In meinem Kopf wirbelte es, Mißtrauen kroch in mir hoch gegen die Abholer. Verstört und traurig geriet ich wieder ins Grübeln, dachte auch an die Dorle und die anderen, die verschwunden waren. Ob man auch sie abgeholt hatte?

Es bedarf sicher einer gewaltigen Motivation, gegen den Strom zu schwimmen, etwas aktiv zu unternehmen, obwohl es scheinbar sinn- und aussichtslos ist. Ich bewundere und verehre diejenigen, die es wirklich taten. Ich will nicht so weit gehen zu behaupten, es täte mir leid, nicht als Widerstandskämpferin – wie Sophie Scholl – hingerichtet worden zu sein. Aber ich habe ein tiefes Schamgefühl, daß ich, als ich begann, aus den Kinderschuhen herauszuwachsen, zu denen gehörte, die letztlich nichts gegen die Pest unternahmen.

Unsere ganze Familie war ein, zwei Jahre nach der Machtergreifung durch die Nazis »eingegliedert« – bis auf Mutti, die »für so was keine Zeit« hatte. Aber sie fand, daß Hitler ein feiner Mensch sein müsse, weil er nicht rauchte, nicht trank und keine Weibergeschichten hatte. Vater schloß sich dem NSKK, dem Nationalsozialistischen Kraftfahrer-Korps, an, weil er ein Auto besaß. Außerdem floß bei den sogenannten Kameradschaftsabenden jeden Freitag reichlich Bier, und am Wochenende gab's dann wieder Krach, weil die Kasse noch weniger stimmte. Wie ich mich täglich mehr sehnte, weit weg zu fliehen aus diesem unharmonischen Elternhaus!

Margotchen, erst sieben Jahre alt, wurde in die NS-Kükenschar geschickt. Die sahen wir als eine Art Kindergarten an – und die Jungmädels, zu denen nun auch Ruth gehörte, als eine Art weibliche Pfadfinder.

An meine zwei, drei Jahre bei den Jungmädels knüpfen sich keinerlei Erinnerungen an etwaige politische Diskussionen oder Indoktrinationen. Letztere wurden mehr unterschwellig eingeflößt, wenn wir zum Beispiel Lieder lernten wie »Es zittern die morschen Knochen der Welt vor dem großen Krieg...« oder »Wir werden weiter marschieren, wenn alles in Scherben fällt...« Aber wir erkannten es nicht als das, was es war, setzten es den Landsknechtsliedern gleich, die wir auch sangen: »Vom Barette schwankt die Feder...« Die Überlegung, daß einmal in Wirklichkeit alles in Scherben fallen könnte, fand einfach keinen Zugang in mein Denken, das doch ansonsten an Phantasie nicht arm war.

Man ließ uns Gleichaltrige zunächst noch unter sich. Wir bestimmten selbst, was wir an den Heimnachmittagen und -abenden unternehmen wollten. Bald vertraute man mir eine Jungmädelschaft an – ohne mich aber offiziell zur Schaftführerin zu ernennen.

Mit meinen zwanzig bis fünfundzwanzig Mädchen konnte ich unternehmen, was mir Spaß machte – und wofür ich sie begeistern konnte. Oft strolchten wir in meinem geliebten Küchwald herum und machten Schnitzel- oder Verbrecherjagden.

Das Schönste aber war, daß wir anfingen Theater zu spielen. Wir suchten uns Märchen aus und dramatisierten sie – laienhaft, aber mit Begeisterung. Zum Beispiel konnte ja ein Prinz zu einer Prinzessin nicht einfach sagen:»Ich nehme dich jetzt mit auf mein Schloß, und dann heiraten wir.« Der mußte sich schon feiner ausdrücken, etwa so:»Edle Prinzessin, ich werde dich jetzt auf mein Schloß geleiten und dich dort zu meiner Frau Gemahlin machen.« Das klang doch besser.

Nach der Rollenverteilung fabrizierten wir unsere Kostüme selbst und plünderten dafür mütterliche und großmütterliche Schränke und Truhen, ergatterten Pappe, Silber- und Goldpapier und verwendeten alles, was wir daheim an Glitzerschmuck erbetteln konnten.

Für *König Drosselbart* sammelten wir angeknackstes und zerbrochenes Porzellan.»Wollt ihr einen Polterabend veranstalten?« wurden wir gefragt. Es wurde so etwas ähnliches. – Als wir dieses Märchen das erste Mal in der Schule aufführten, brauchten wir das Porzellan nämlich für den Töpfermarkt, über den der zerstörungswütige Prinz reitet. Das fand alles hinter der Bühne statt, auch das Pferdegetrappel, das ich mit den Händen rasant auf eine Tischplatte trommelte. Im Vordergrund sichtbar war nur ein heiler Geschirrstand, dessen Marktfrau die Hände ringen und ihr Geschirr in Sicherheit bringen mußte, bevor die weinende Prinzessin erschien, um die Untat zu vermelden. Am meisten Spaß machte dabei allen das Zertöppern des Porzellans und das Geschrei und Gekreische hinter der Bühne. Der Spieleifer war schwer zu bremsen, als es weitergehen sollte, und der Applaus entsprechend stark.

Daß ein Friseurlehrling von uns angeheuert worden war, um uns zu schminken – er tat es geniert und mit rotem Kopf –, rief einige von unseren Eltern auf den Plan. Ein männliches Wesen hatte Einlaß bei den Mädchen gefunden, noch dazu im Umkleideraum! Daß Schminken nichts Unanständiges sei, wurde nicht akzeptiert. Bei mir natürlich »guckte wieder mal der Löbel raus«, was gleichbedeutend damit war, daß ich unweigerlich »auf die schiefe Bahn« geraten würde. Das verletzte mich, und ich fühlte mich jahrelang unter Beweiszwang, daß dem nicht so sein würde. Mein Verhältnis zum anderen Geschlecht verlief dadurch eine Zeitlang so unnatürlich, daß auch der harmloseste Annäherungsversuch in mir panische Abwehrreaktionen auslöste. Wer weiß, vielleicht gingen aus diesem Grund auch alle meine Backfisch-Verliebtheiten nach ganz kurzer Zeit in die Brüche. Auch später hatte ich lange, lange kein rechtes Glück in der Liebe.

Meine Liebe zum Theaterspielen hatte bis zu diesem Zeitpunkt lediglich von Schüleraufführungen Nahrung erhalten, vom Kasperletheater auf dem Jahrmarkt, von meinen häufigen Kinobesuchen und natürlich von unseren Märchenaufführungen bei den Jungmädels. Als ich aber durch die »Jugendbühne« zum ersten Mal in ein richtiges Theater kam, war die Verzauberung vollkommen. *Der Freischütz* im Chemnitzer Opernhaus war mein erstes richtiges Theatererlebnis, und von nun an ließ die Bühne mich nicht mehr aus ihrem Bann. Tante Gretel mußte mir sämtliche Partien aus ihrem Klavierauszug vorspielen und -singen; und ich trällerte selbst unentwegt »Kommt ein schlanker Bursch gegangen...« und alle sonstigen Ännchen-Melodien. Aber mein wirkliches Verlangen galt der Sprechbühne, der Schauspielerei.

Diesbezüglich hatte die Jugendbühne ebenfalls ein großes Programm, und ich ließ keine angebotene Vorstellung aus. Das Geld dafür erbettelte ich mir von Vati oder Mutti und wollte dafür auch auf alles andere verzichten, seien es Ostereier, Geburtstags- oder Weihnachtsgeschenke. Nie habe ich das Schauspielhaus ohne Glühbacken verlassen. Bald hatte ich auch meine Lieblingsschauspieler, für die ich in kindlicher Verehrung schwärmte. Maria Rouvel, die Naiv-Sentimentale des Chemnitzer Ensembles, verehrte, ja liebte ich auf eine seltsam vorpubertäre Weise: Ich bekam Herzklopfen, wenn ich ihr nur begegnete. Genau wie sie wollte ich werden und auch später einmal ihre Rollen spielen, wenn ich eines Tages Schauspielerin geworden wäre. Denn daß ich Schauspielerin werden würde, stand mittlerweile unumstößlich für mich fest. Nur wie das anstellen? Ich mußte jemanden finden, der mir raten konnte.

Ganz in unserer Nähe wohnte Axel Kreuzinger, der Bonvivant des Theaters. Er schien mir momentan der einzig Ansprechbare. Ich kundschaftete aus, wann er für gewöhnlich daheim war, und eines Tages nahm ich all meinen Mut zusammen und ging los. Als ich die Treppe zu seiner Wohnung hinaufstieg, war mir übel vor Aufregung; und als ich geklingelt hatte, fühlte ich mich wie elektrisiert von meiner eigenen Unverschämtheit.

Eine Frau öffnete und fragte, nicht gerade sehr freundlich, nach meinem Begehr. »Den Herrn Kreuzinger hätte ich gern gesprochen«, brachte ich gerade noch leise und verlegen hervor. Dann hörte ich ihn im Hintergrund mit seinem rollenden R fragen, worrum es gehe – und sauste wie gejagt die Treppe wieder hinunter. Ich hörte nicht auf zu rennen, bis ich die zwei Häuserblocks hinter mir hatte und – Gott sei Dank! – wieder zu Hause war.

Die nächste Gelegenheit, mein Anliegen zur Sprache zu bringen, bot sich fast von selbst an. Ich war mittlerweile schon vierzehn und Ostern 1935 konfirmiert worden. In der Schule wurden wir nun mit Sie angeredet, und meine Eltern fanden es vertretbar, mich auf ein Tanzvergnügen in den Marmorpalast zu führen. Von meiner Cousine Brunhilde hatte ich ein abgelegtes Tanzkleid bekommen: rot und schwarz, mit vielen Rüschen, unmöglich für mich! Aber ich kam mir darin ungeheuer erwachsen und sehr spanisch vor.

Auf diesem Ball sah ich Harry Fleck, der den Emil in *Emil und die Detektive* im Theater gespielt hatte. Auch andere »Kinder« hatten mitgewirkt, und ich war auf sie alle unsagbar neidisch. Der Emil hatte mir am besten gefallen. – Mein Herz schlug bis zum Hals, als nun dieser Emil/Harry auf unseren Tisch zusteuerte und höflich um einen Tanz mit mir bat. Meine Eltern lächelten freundlich und hatten nichts dagegen.

Jetzt war die große Gelegenheit da! »Ich möchte auch zur Bühne«, gestand ich ihm beim Tanzen, »wie macht man das?« – »Ach ja?« fragte Harry interessiert und sagte dann, das müßten wir einmal ganz ausführlich und in Ruhe besprechen. Sein Großvater hätte einen Schrebergarten mit einer romantischen Laube. Dort könnten wir uns doch einmal treffen.

Meine Arglosigkeit und Naivität waren unbeschreiblich. Harrys Küsse in der Laube, die ersten meines Lebens, machten mich übergangslos rasend verliebt in ihn. Aber als er sich im weiteren Verlauf des aufregenden Geschehens an meinen Blusenknöpfen zu schaffen machte, fiel mir schlagartig »die schiefe Bahn« ein. Ich begriff, worauf das seltsame Spiel hinauslaufen sollte und kühlte ebenso übergangslos wieder ab, verabreichte Harry eine Ohrfeige und flüchtete atemlos aus Laube und Schrebergarten. Wieder wußte ich nicht, wie man zum Theater kommt. So jedenfalls nicht!

Ich kam meinem Ziel nicht einen Schritt näher. Wenn ich von meinen Sehnsüchten erzählte, wurde ich ausgelacht. Also ließ ich es. Aber ich platzte ja vor Mitteilungsbedürfnis. In den Sommerferien in Biesern versuchte ich es bei Onkel Alfred. Der mochte mich und schien mir Phantasie genug zu haben. Aber da hatte ich mich gewaltig geirrt. Er sprach nur verächtlich von der Schauspielerei. Das seien faule, unmoralische, eitle Leute, diese Schauspieler, und lügen würden sie berufsmäßig. Also hier konnte ich nicht landen. Um Onkel Alfred, der sich immer mehr in Schmähungen hineinsteigerte, nicht weiter zu enervieren, versuchte ich einen Themenwechsel. Man dürfe ihn möglichst nicht aufregen, hatte die Bieserner Mutter immer gesagt. Ich fragte ihn ganz direkt nach seinem Befinden, und was denn die Ursache für sein häufiges Unwohlsein wäre. Es seien die Nerven, wich er aus, und als kleiner Junge sei er einmal auf den Hinterkopf gefallen. Mehr war aus ihm nicht herauszukriegen. Erst viele Jahre später erfuhr ich, daß er Epileptiker war, aber ich konnte mir noch nichts darunter vorstellen.

Ich war wieder bei Null und hörte mir bei den leisesten Versuchen, darüber zu sprechen, wieder alles mögliche an – von Überspanntheit und daß ich viel zu klein und keine Bühnenerscheinung sei und dergleichen Ermutigendes mehr. Auch schön genug war ich natürlich nicht.

Ich begann, mir auf alle möglichen Zeitungsinserate hin Proben und Informationsmaterial über Verschönerungs-Möglichkeiten schicken zu lassen: Nasenformer, Lockenkräusel-Kämme, künstliche Wimpern, Cremes zur Erlangung von Samthaut, Busenstützen und Gott weiß was. Aber mit dem Zeug kam ich nicht zurecht. Manchmal rieb ich mir Pfeffer auf die Lippen, damit sie schön rot würden. Doch das hielt auch nicht lange vor, und all der Kram machte ärgerlicherweise keine Lilian Harvey aus mir.

Es sollte noch eine Weile dauern, bis ich begriff, daß man an die Schauspielerei auch – und hauptsächlich – von innen herangehen muß.

Hoffnungsvoller Anfang

Das Jahr 1936 war in vieler Beziehung von umwälzender Wichtigkeit für mich. Ich war mittlerweile fünfzehn geworden, aber von unverändert kindlichem Gemüt. Noch immer erschöpfte sich mein Selbständigkeitsdrang im Grübeln und Pläneschmieden. Keinesfalls hätte man sagen können, daß die Schritte, die ich vorhatte, unüberlegt gewesen seien.

Von allen, die ich im Laufe der Zeit konsultierte, erwies sich Tante Gretel Otto als die ergiebigste Ratschlags-Quelle für meine Probleme. Sie war vor ihrer Heirat mit Onkel Fritz lange Mitglied des Chemnitzer Opernchors gewesen. Bei Familienfesten fehlte sie nie mit einer musikalischen Darbietung, die die Anwesenden meist in Gottergebenheit über sich ergehen ließen. Wir Kinder ahmten heimlich ihre »frisierte« Aussprache der Liedertexte nach, die sie sang (»Herrlz«, »Schmerrlz«, »dajin«, »majin«) und kicherten albern dazu. Sehr unreif! Ich versuchte immerhin, mir »Kunstverstand« anzuajignen und das schöjin zu findön – es ging nicht...

Aber sie hörte immer geduldig zu, wenn ich meine Theatersehnsucht an sie hinanseufzte und lachte mich niemals aus. Sie war eine ungeheuer stabile Klagemauer.

Alle Ottos waren »stramm ausgerichtete« Nationalsozialisten, auf eine wandervogelhafte, deutschtümelnde Art. Onkel Fritz, von Beruf Fußballtrainer, in der SA; seine vier Jungens in der Hitlerjugend und Tante Gretel folglich auch in der Frauenschaft.

Eines Tages verdonnerte sie mich dazu, sie bei einem Frauenschaftsabend zu ihren Liedern am Klavier zu begleiten, auf einem total verstimmten noch dazu. Es schien trotzdem sehr gefallen zu haben. Entsetzlicherweise wurde auch noch eine Zugabe von mir verlangt. Tante Gretel, die mit ihrer Schülerin Eindruck machen wollte, verordnete mir das »Frühlingsrauschen« von Sinding, das ich damals auswendig konnte. Es muß grauenhaft »gerauscht« haben. Ich jagte mit stümperhafter Rasanz meine Läufe herunter, noch schneller als gewöhnlich, um nur ja recht bald damit fertig zu sein. Aber dennoch: Beifall. Nach der Darbietung befand ich mich jedenfalls inmitten einer Ansammlung von begeisterten, biederen Hausfrauen, in zwar lebhaften, aber durch keinerlei Sachkenntnis getrübten Gesprächen über »Kunst«. Tante Gretel merkte wohl, daß ich mich langweilte und stellte mich einer jungen Frau vor: »Mit Fräulein Ebeling wirst du dich sicher gut unterhalten«, meinte sie – und hatte recht. Als das Gespräch sehr bald auf Berufswahl kam, war ich natürlich übergangslos bei meinem Thema Nummer eins: Theater! – und stellte beglückt fest: Endlich hörte mir wieder einmal jemand zu, ohne mich zu belächeln und ich ging sehr fröhlich nach Hause.

Am nächsten Tag, als ich gerade aus der Schule heimgekommen war, verkündete mir Mutti, der ich von meiner gestrigen Bekanntschaft erzählt hatte: »Dein Frollein Ebeling hat angerufen. De sollst heude noch hinkomm'. Hier is de Adresse. 's wär' dringend.« Nanu?

Es war kein Problem, das angegebene Haus zu finden. Eine nette, ältere Dame öffnete mir und bat mich herein: Fräulein Ebelings Mutter. Ob ich Lust hätte, eine hübsche Kinderrolle zu spielen, fragte sie mich. »Aber natürlich, sehr gern!« antwortete ich spontan – in der Meinung, es ginge vielleicht um eine Laienaufführung bei irgendeiner Veranstaltung. Aber Frau Ebeling schüttelte den Kopf: Nein nein, es handele sich um eine der nächsten Inszenierungen im Schauspielhaus. »Mein Mann ist dort Inspizient«, sagte sie, »Sie müßten sich ihm einmal im Theater vorstellen.«

Im Theater! – Vorstellen!! – Mein Herz schoß in die Höhe und flatterte mindestens einen Meter über mir. In meiner Exaltiertheit wollte ich sofort losgehen und mich bei Herrn Ebeling vorstellen. Ich überschlug mich fast, und Frau Ebeling hatte Mühe, mich auf dem Teppich zu halten. Jetzt, wo bald die Abendvorstellung beginne, komme das nicht sehr gelegen. Morgen gegen Mittag vielleicht irgendwann, schlug sie vor. – O Gott, wie sollte ich es bloß bis dahin aushalten?!

Ich saß die Schulstunden am nächsten Morgen ab wie in Trance und lief dann, so schnell ich konnte, die Kaßbergauffahrt hinunter. Da lag es schon, zwischen zwei Häuserzeilen – wie ein Tempel auf einer Insel – das Chemnitzer Schauspielhaus! Mein Herz dröhnte, als ob es gewußt hätte, daß ich nun, da ich die Klinke der Tür des

Bühneneingangs niederdrückte, in meine Welt eintrat. Es gibt Augenblicke im Leben, die bleiben klar und unauslöschlich im Gedächtnis. Dieser war so einer.

Der rothaarige Bühnenpförtner kam mir wie Petrus an der Himmelstür vor, und entsprechend ehrerbietig sagte ich mein Anliegen auf, wie ich es mir zurechtgelegt hatte: »Ich soll bei Herrn Ebeling vorstellig werden.« – »So so, vorstellisch wer'n«, schmunzelte er. »Nu, da woll'n m'rn ämal suchen.«

Er führte mich einige Stufen hinauf, durch eine eiserne Tür, in einen düster beleuchteten Gang, in dem Rüstungen, Spieße und Fahnen herumstanden. Viele Bilder und Kränze hingen an den Wänden. Durch eine kleine Öffnung im Boden konnte man tief hinunterschauen; auch da sah man wieder Dekorationsstücke, Wände und Möbel. Noch ein paar Schritte, und ich stand auf der Bühne, mitten auf einer richtigen Bühne! Viele Männer in blauen Arbeitsanzügen waren damit beschäftigt, das erste Bild für *Das Käthchen von Heilbronn* aufzubauen.

Und jetzt erschien er, von dem nun zunächst einmal alles Weitere abhing, Friedrich Ebeling: Nicht sehr groß, ein bißchen untersetzt, silbergraue, kurzgeschnittene Haare und in einem freundlichen Gesicht etwas hervorquellende, helle Augen, die durch kreisförmig umränderte Brillengläser noch runder wirkten, als sie ohnehin schon waren. Wenn er etwas kleiner gewesen wäre, hätte er mit Zipfelmütze wunderbar einen imposanten Zwergenkönig abgeben können.

»Ah, das kleine Fräulein Löbel, nehme ich an«, sagte er, als er auf mich zukam. »Du willst also bei uns mitspielen? Ja? Nun, unser Theater sucht ein kleines Mädchen für eine sehr schöne Rolle in einem Molière-Stück.« (Was mochte denn ein »Molière-Stück« sein?) »Ich könnte mir denken, daß du dafür sehr gut passen würdest. Natürlich müßte dich zunächst der Regisseur kennenlernen.«

Es war schön, daß er mich duzte. Das gab sofort eine Vertrautheit zwischen uns, die mir alle Scheu nahm. Er nahm mich am Ellenbogen, führte mich von der Bühne und sagte: »Ich werde dir jetzt unser Theater mal zeigen.«

Während mich Herr Ebeling nun durch das ganze Theatergebäude führte, hörte er sich mit viel Geduld meinen endlosen, glückseligen Redeschwall an, unterbrach mich aber nach einiger Zeit und blickte etwas besorgt drein:»Ihr jungen, theaterbesessenen Dinger stellt euch diesen Beruf immer wie das reine Honiglecken vor. So ist das nicht. Das ist ein hartes Leben mit viel Arbeit und viel Entbehrungen.« –»Das macht mir nichts«, erwiderte ich fröhlich,»ich kann sehr fleißig sein.« –»Ja, das ist eine Voraussetzung, ebenso wie Begabung. Aber dann kommt noch etwas Wesentliches hinzu, was du nicht lernen oder beeinflussen kannst, nämlich eine gehörige Portion Glück!« –»Hab ich ja schon dadurch, daß ich hier bin!« konterte ich. Friedrich Ebeling seufzte und beschloß nun offenbar, mir an konkreten Beispielen die Grausamkeit des Schauspielerberufes klarzumachen.

Er führte mich durch alle Stockwerke des Treppenhauses. Auf jeder Etage hingen gerahmte Fotoporträts von jungen und alten, schönen und weniger schönen Frauen und Männern.»Alles Schauspielerinnen und Schauspieler, die zu einer Zeit einmal an diesem Theater große Rollen gespielt haben«, erklärte er.»Und was ist aus ihnen geworden?«

Jetzt kam eine Moritat nach der andern. Eine hatte Selbstmord begangen, einer saß verlassen und verarmt in irgendeinem häßlichen Altersheim, dieser wiederum war nun auf die Sozialhilfe angewiesen, ein vielversprechender jugendlicher Held war zum Jahrmarktsausrufer verkommen, eine schöne, schwarzhaarige Dame verdiente sich jetzt in Berlin durch Filmstatisterie einen kärglichen Lebensunterhalt und dergleichen Dramen mehr. Meine Reaktion aber war nicht die von Herrn Ebeling erhoffte. So leicht ließ ich mir meinen jahrelang geträumten Traum denn doch nicht abkaufen.»Solche traurigen Dinge mögen all diese Menschen erlebt haben«, sagte ich,»aber mir passiert so etwas bestimmt nicht, mir nicht.« Ich kam mir vor wie in einem schönen Traum, und selbst die nüchternsten»Exponate« dieser Führung berauschten mich: die großen Garderobenräume. Die Schneiderei!

Schließlich wurde ich Herrn Direktor Kühne vorgestellt, einem freundlichen, älteren, weißhaarigen Herrn. Er tätschelte mir väterlich die Wange und meinte, ich hätte lustige Augen, und die Louison, dieser Frechdachs, würde sicher gut zu mir passen.

An Grasmatten, künstlichen Bäumen und Versatzstücken mit Erkern vorbei ging es noch einmal zurück zur Bühne. Ich sollte dem Regisseur, Herrn Mayerhoff, vorgestellt werden. Bis er erschien, zeigte mir Herr Ebeling noch sein Inspizienten-Pult mit der enormen Schalttafel, von der aus er die Schauspieler zum Auftritt einklingeln mußte, den Beleuchtungsapparat – und in der Höhe, ganz unterm Dach, den Schnürboden. Von dem konnten je nach Bedarf an vielen Stangen hängende »Rücksetzer« – Wald, Himmel, Wände und vieles andere – heruntergelassen werden. Auf der Vorderbühne war der Vorhang inzwischen geöffnet. Fußrampe und Souffleurkasten begrenzten die Spielfläche nach vorn, und dahinter: der dunkle Zuschauerraum. So viele, viele Sitze! Und von jedem würde jemand heraufschauen und etwas Ungewöhnliches von denen erwarten, die hier oben spielten. In meinem Magen kribbelte es bei diesem Gedanken wie eine Art angenehme Angst, wenn es so etwas gibt.

Konrad Mayerhoff schien sich aus der Düsternis der Hinterbühne heraus wie aus dem Nichts immer mehr zu realisieren, als er da langsam nach vorn ins Helle auf mich zukam. Wie er vor mir stehenblieb und mich prüfend betrachtete, ist ein Bild, das sich mir fotografisch genau in die Erinnerung eingegraben hat: Sehr markante Züge – große, gekrümmte Nase und belustigt zusammengekniffene Äuglein, um die viele Falten spielten – genau wie um den breiten, lächelnden Mund mit einem Gebiß, das viel zu groß schien für sein hageres Gesicht.

Von Herrn Mayerhoff erfuhr ich, daß es sich bei der vorgesehenen Rolle um die Louison in dem Stück *Der eingebildete Kranke* von Molière handle. (Aha, »Molière-Stück«, dämmerte es mir.) Diese Louison sei ein ungefähr zehn- bis elfjähriges Mädchen, das eine wichtige Szene mit dem Hauptdarsteller, dem Argan, habe. Klein genug sei ich ja, trotz meiner fünfzehn Jahre – und was ich denn vorsprechen wolle. Totales Nichtverstehen auf meiner Seite: »Vorsprechen? Was? Wie?« – »Keine Rolle parat? – Also dann irgendein Gedicht, das ihr in der Schule gelernt habt.« Aha. Tjaa. Kurzes, angestrengtes Nachdenken – dann: »Fest gemauert in der Erden steht die Form aus Lehm gebrannt. Heut' noch muß die Glocke werden, frisch, Gebrüder, seid zur Hand...« – »Frisch, *Gesellen*!« korrigierte Herr Mayerhoff lachend, »aber das macht nichts. Probieren wir's mal miteinander.« – Er war ja nicht schön, aber ich hätte ihn auf der Stelle küssen mögen.

»Wird das denn mit der Schule gehen?« wollte er noch wissen,

»wir probieren ja immer vormittags.« Ich war überzeugt, daß es gehen würde. Ich müßte nur Rektor Horbach steinerweichend beknien. Nach dieser Zusicherung war ich entlassen.

Mit einem Reclam-Heft mit angestrichener Rolle, das mir Herr Ebeling abschließend in die Hand gedrückt hatte, und mit dem für mein ganzes Leben unvergeßbaren Duft einer Mischung aus Kostümen, Farben, Leim, frisch geschnittenem Holz und seltsam aromatischem Staub in der Nase trat ich etwas somnambul den Heimweg an. Mein Glücksgefühl schwoll zu einem so unerträglichen Druck an, daß ich mitten auf der Weststraße stehenblieb und mir mit einem lautstarken, in höchsten Frequenzen quietschenden Juchzer Luft verschaffte. Mochten die Leute doch ruhig schauen. Das würden sie noch oft tun, sagte ich mir – auch nicht andeutungsweise von irgendwelchen Zweifeln geplagt.

Daheim schlug die Neuigkeit ein wie eine Bombe. Mutti schwoll zwar vor Stolz, ließ sich das aber wenig anmerken und versuchte eher, meine Überschwenglichkeit zu bremsen: »Wennde deine Rolle so schlecht lernst wie deine Vokabeln, dann wird das nischt.«

Meine ganze Klasse platzte fast und plante, bevor ich noch auf der ersten Probe gewesen war, geschlossen zur Premiere zu gehen. Mit Rektor Horbach hatte ich leichteres Spiel als befürchtet. Er war ein eitler Mann, und es gefiel ihm, daß einer Schülerin aus seiner Schule eine solche Ehre widerfuhr. Ich mußte ihm nur hoch und heilig versprechen, in meinen Leistungen nicht nachzulassen und durch Proben eventuell Versäumtes gewissenhaft nachzuholen. Was hätte ich nicht alles versprochen!

Nichtsdestoweniger ließ ich Vokabelhefte und sonstige Lehrbücher zunächst einmal liegen und stand endlose Zeit im zugeriegelten Schlafzimmer vor dem großen Spiegel und übte mir meine Rolle ein, die hauptsächlich aus den immer wiederholten Beteuerungen »Ja, Papa« und »Nein, Papa« bestand. Es war sagenhaft, auf wieviel verschiedene Arten man das sagen konnte! Ich probierte sie alle aus: artig, trotzig, gelangweilt, aufsässig, weinerlich und noch viele Nuancen mehr, bis ich mich selbst total verwirrt hatte und überhaupt nicht mehr wußte, was und wie ich es sagen sollte.

Für Friedrich Ebeling allerdings gab es diesbezüglich nur eine

Wichtigkeit. Schon von der ersten Probe an – und später dann bei jeder Aufführung – schärfte er mir vor jedem Auftritt strengstens ein: »Sprich ja nicht so sächsisch! Und sag ein klares Aah. Also wie heißt es?« Und ich betete es ihm jedesmal gehorsam vor: »JAA PAPAAA.« Das war meine erste Lektion in Sprecherziehung. Konrad Mayerhoff erklärte mir dann schon, wie ich es bringen sollte: Schüchtern, und sehr lieb, sagte er, weil die Louison ja noch so klein ist und gar nicht weiß, was denn der Vater überhaupt meint. Aber je öfter sich die Fragerei wiederhole, desto energischer müsse ich werden. – Es war schön, so geholfen zu bekommen. Überhaupt waren alle mitspielenden Schauspieler sehr lieb. Zum Beispiel sagten sie mir, was eine Denkpause ist: »Erst nachdenken und dann sprechen. Die Louison muß ja erst einmal hören, was sie gefragt wurde, und überlegen, was sie antworten soll.« Ach ja, das leuchtete ein. Manchmal sagten sie auch gar nichts, sondern schauten mich nur mit schiefgelegtem Kopf freundlich an. In der Erinnerung entdecke ich in ihren Blicken so etwas wie Rührung – ähnlich wie ich sie heute auch empfinde, wenn ich ernsthaftes Bemühen bei einem sehr jungen Menschen bemerke.

War das eine herrliche Zeit für mich! All meine inneren Nöte, alles verzweifelte Suchen nach dem »Besseren« schienen ein für allemal zu Ende. Das Glück umhüllte mich wie ein Schutzmantel, an dem auch alles Traurige, das zu Hause ja weiterging, ablief wie Wasser an einer Ölhaut. Ich löste mich innerlich langsam von daheim, wohl auch von meinen Schwestern, ohne mir dessen wirklich bewußt zu werden. Auch die Schule begann ich mehr und mehr zu vernachlässigen, trotz aller »hoch und heiligen« Versprechen. Das Theater wurde eine Art zweites Zuhause für mich. Und nur noch das zählte.

Vor der Premiere wurden an alle Litfaßsäulen die Theaterplakate geklebt. Ich sah gerne zu dabei. Vor Krummbiegels Fleischerladen, an der Ecke West- und Hübschmann-Straße, war auch so eine Säule. Und an der stand ich nach dem Einkaufen, mit meinem Schinkenfettpäckchen, und las auf dem noch leimfeuchten Plakat in ungläubigem Staunen und mit maßlosem Stolz in der Darstellerkolumne: »Louison ... kl. Löbel«. Wie angewurzelt blieb ich davor stehen und sog verliebt diese gedruckten Buchstaben in mich auf. Ich stehe auf der Plakatsäule, schoß es heiß in mir hoch, ich fange an, jemand zu sein! – Gespannt beobachtete ich alle Vorübergehenden, ob sie nicht stehenbleiben und die sensationelle Mitteilung ebenfalls lesen würden.

Alles war gut gelernt und ausgiebig geprobt. Trotzdem: Als ich am Premierenabend an meinem Auftritt bereitstand (lange vor dem ersten Klingelzeichen) und das Gemurmel hinter dem geschlossenen Vorhang vom Zuschauerraum heraufbrummeln hörte, überkam mich eine panische Angst: Mein so fleißig gelernter Text schien plötzlich wie ausgelöscht zu sein, in meinem Kopf war nur noch ein schwarzes Loch. Meine Hände waren naß, und ich wußte nicht, wo ich sie abtrocknen sollte. Doch nicht an meinem schönen rosa Kostüm! – Oh, was war ich schön! Endlich! Ich hatte herrliche Korkenzieher-Locken angehängt bekommen, meine Augen waren schwarz ummalt worden und meine Lippen und Wangen rot. Damals erlegte man sich noch keine Beschränkungen in bezug auf Make-up auf, wenn es sich um Bühnenschminke handelte. Die Leute im Rang wollen ja auch was erkennen, hieß es.

Noch war ich nicht an der Reihe, als sich der Vorhang hob und das Gemurmel unten verstummte. Ich stand in der Seitenkulisse beim Feuerwehrmann und schaute fasziniert auf die Bühne. Es war mir, als sähe und hörte ich das Stück zum ersten Mal. Die Reaktionen aus dem Publikum waren wie Balsam für mein Lampenfieber. Dann holte mich Friedrich Ebeling von meinem Zuschauerposten weg. Es war soweit. Noch einmal: »Wie heißt es?« – »JA, PAPAA« (Da war er ja wieder da, der Text!). Und ein letzter Rat: »Merke dir, ganz egal, was auch Unvorhergesehenes passieren mag: Nie aus der Rolle fallen, nur so reagieren, wie du als Louison reagieren würdest.« Ich grub diesen Rat in mein Gebotsregister ein. AUFTRITT! Luft holen, und raus: »Was befehlt Ihr, lieber PAPAA? Meine Stief-mAmAA hat mir gesagt, ich sollte zu Euch kommen.« – »Ja, komm einmal her«, sagte Theodor Wehrle – nein: Argan! Und ich trippelte artig zu ihm hin und sagte, zur absoluten Zufriedenheit von Friedrich Ebeling, ein klares »JA, PAPAAA«.

Was ich nicht wußte, war, daß in diesem Augenblick meine Mutter, die im ersten Rang Mitte saß, es nicht bei sich behalten konnte, ihre wildfremde Nachbarin anstieß und selig flüsterte: »Das is meine Dochder!« Ich genierte mich dafür, als sie es mir erzählte. Aber ich war auch wiederum sehr froh, daß ich Mutti auf diese Weise so stolz und glücklich gemacht hatte.

Nach der Vorstellung wartete meine Schulklasse am Bühnenausgang mit Blümchen, Umarmungen und Küssen auf mich. Das Sträußchen von Schneeglöckchen und Veilchen habe ich, gepreßt, noch immer! Ich bekam, was ich gesucht hatte: Zuneigung, Fröhlichkeit – und segelte auf einer rosaroten Wolke nach Hause. Das Theaterspielen war mir schnell unter die Haut gegangen und ich kam mir auch bald recht erfahren vor. Alle guten Winke und Ratschläge behielt und befolgte ich gewissenhaft. So kam es, daß ich in einer der kommenden Vorstellungen mein erstes »ad libitum« ablieferte, ohne noch zu wissen, was das war. Friedrich Ebelings Ermahnung, nie aus der Rolle zu fallen, war im Unterbewußtsein immer präsent. Und da passierte es auch einmal, das Unvorhergesehene, Ungeprobte: Argan hatte – unzufrieden mit Louisons negativer Auskunft – drohend zu sagen: »Sieh mir in die Augen!« Diesmal aber sagte er: »Sieh mir ins Auge!« Ein kurzes Rasseln in meinem Kopf, dann spurte ich: »In welches, PAPAAA?« – Von unten kam ein bei dieser Passage noch nicht dagewesenes Gelächter. Theo Wehrle kniff die Lippen fest zusammen, seine Backen blähten sich zu Luftballons auf, er wurde krebsrot vor Anstrengung, das Lachen zu unterdrücken. Und ich stand da, mit großen, verwunderten Augen und wartete, daß es weiterginge. – Es ging weiter – wie es immer irgendwie weitergeht auf der Bühne. Nach der Vorstellung konnte Wehrle seinem zurückgehaltenen Lachen dann endlich freien Lauf lassen. Er schüttete sich aus, und ich hörte, wie er dabei zu Sonja Karzau, die seine Frau spielte, sagte: »Die wird richtig, die Kleene!"

Meine Güte, 16 Mark 50! Meine erste Gage für elf Vorstellungen à 1 Mark 50. Als ich das viele Geld vom Theater nach Hause trug, fühlte ich mich schon wieder um ein beträchtliches Stück erwachsener und selbständiger. Stolz breitete ich meinen Reichtum daheim zur Besichtigung aus und verkündete, daß ich nun künftig kein Kinogeld mehr zu erbetteln brauchte. Und auch im Schreibwarenladen von Frau Baranius an der Kaiser-/Ecke Weststraße wollte ich meine Schulhefte und dergleichen selbst bezahlen. Das trug mir großes Lob von Mutti ein, die mich aber gleichzeitig ermahnte, sorgsam mit meinem Geld umzugehen und wenn möglich auch regelmäßig etwas davon zu sparen. Die Idee gefiel mir.

Es war erhebend zu sehen, wie mein Sparstrumpf allmonatlich dicker wurde; denn zu der Louison kamen nun laufend noch weitere Aufgaben auf mich zu. In einer ganzen Reihe von Stücken durfte ich mit statieren, zum Beispiel in Hauptmanns *Die versunkene Glocke*. Da mußte ich eine Elfe sein, von Schleiern umgeben, barfüßig und mit kleinen Schmetterlingsflügeln am Rücken. Zusammen mit anderen Elfen hatte ich einen Reigen mit dem Rautendelein zu tanzen, das von Maria Rouvel gespielt wurde. Ich wußte es so einzurichten, daß ich eine der beiden Gespielinnen war, die sie beim Tanzen an der Hand anfassen durften. Das machte mich für den ganzen Abend glücklich. – Fürs Statieren gab es nur eine Mark, aber um meinen Schwarm berühren zu dürfen, hätte ich auch umsonst getanzt. Und darüber hinaus bedeutete jede Stunde, die ich im Theater sein durfte, eine Glücksstunde für mich.

Mit der Zeit wurde ich im Chemnitzer Stadttheater so heimisch, daß ich ungehindert aus- und eingehen konnte, auch wenn ich nicht unmittelbar beschäftigt war. Alle begrüßten mich herzlich wie jemanden, der eben dazugehört, vom Pförtner bis zur ältesten Statistin, dem herrlich antiquierten, runzeligen Fräulein Püschmann, die auch im Privatleben Schwanenfeder-Boas trug und eigentlich immer kostümiert aussah. Mit den jüngeren Schauspielern, Harry Naumann, Horst Beck und einigen anderen war ich bald per du. Horst war immer voller lustiger Schnurren, und man konnte herrlich frotzeln und lachen mit ihm. Auch den älteren Ensemblemitgliedern war ich bald keine Fremde mehr, weder der Heldin Anna Budzinski, der wunderschönen Sentimentalen Carola Behrens, der damenhaften Hella Büsing, der aparten jugendlichen Salondame und Charakterdarstellerin Sonja Karzau, noch meiner Naiv-Sentimentalen Maria Rouvel, der ich einmal ein Bild von unserem Elfenreigen gemalt hatte, das nun über ihrem Schminktisch angebracht war. Ich sah das, als ich einmal von der Friseuse den Auftrag erhielt, etwas in die Solo-Damengarderobe zu bringen und wurde durch meine Entdeckung sofort von einem Blitzstrahl des Glücks getroffen. Aber ebenso schnell kam ich wieder auf die Erde zurück: Carola Behrens, die Edle, Hehre mit der warmen Samtstimme, hatte gerade etwas fallen lassen und hob es auf mit einem lauten, melodischen »Schaiße!«. Mein entsetztes Gesicht konnte niemandem entgangen sein, auch ihr nicht. Sie lachte laut auf und sagte: »Mein Kind, auch du wirst eines Tages feststellen, daß dies das befreiendste Wort der deutschen Sprache ist.« (Ich habe es festgestellt.) Auch Salonfähigeres lernte ich natürlich, wenngleich »normalen« Menschen nicht recht Verständliches. Zum Beispiel: Daß man auf der Bühne unmöglich seine private Kopfbedeckung aufbehalten darf – das hätte bedeutet, daß man nicht vorhatte, intensiv zu proben, sondern gleich wieder wegzugehen. Daß man im Theater um Gottes willen nicht pfeifen darf – sonst würde die nächste Vorstellung ausgepfiffen. Daß man jemanden anspuckt, das heißt, dreimal über die linke Schulter spuckt (nicht etwa über die rechte!) als Zeichen dafür, daß man gutes Gelingen bei einer Premiere wünscht – »Toi, toi, toi!« – und daß man sich nicht dafür bedanken darf. Daß man jemandem nie Glück, sondern immer nur Hals- und Beinbruch wünschen dürfe ... und ähnlichen althergebrachten Aberglauben, über den man zwar lachte, ihn aber dennoch nie versäumte zu praktizieren.

Aber was ich in dieser Zeit an Wesentlichem lernte, kann wahrscheinlich keine Theaterakademie in solch variabler, geballter Form als Lehrmaterial bieten: Fast in jedem Stück – nicht nur in denjenigen, in denen ich mitspielte – stand ich, wann immer ich konnte, in der Kulisse und sah mir die Vorstellung an – oder ich kroch leise in die hinterste Reihe des Zuschauerraums und beobachtete die Proben. Ich habe auf diese Weise jedes Stück, das angesetzt war, xmal gesehen und die bei den Proben auftretenden Probleme mit durchdacht. So lernte ich automatisch vom schieren Zuhören ganze Passagen der Dramen oder Lustspiele auswendig – und natürlich am intensivsten die Rollen, die ich gern selbst einmal spielen wollte. Ich beurteilte die Art der Darstellungen auch kritisch, hätte manches anders, vielleicht sogar besser gemacht – wie ich meinte. Aber ich verlor nie den Respekt vor denen, die bereits im Sattel saßen und bewunderte die Intensität ihres Einsatzes, ihre Disziplin und ihr Können. Letzteres wurde mir so recht klar, wenn ich daheim versuchte, das Gehörte selbst besser zu machen.

Da gab es ein Stück, *Thors Gast*, ein edles Germanenepos, eines von denen, die damals gefördert wurden. Stücken gegenüber war ich noch nicht kritisch. Ich nahm als selbstverständliche Gegebenheit, was ein Autor sich ausgedacht hatte. Meine kritische Betrachtung galt in der Hauptsache der Art der Interpretation einer Rolle; das aber auch erst nach mehrmaligem Sehen. Auch in *Thors Gast* hatte ich eine Lieblingsrolle, ein blondes, langzopfiges Germanenmädchen, das sich sehr tapfer und klug benahm. Eine junge Schauspielerin, Edith Zimmermann, spielte sie. Das war so ein Fall, bei dem ich mir im stillen schon einige andere Nuancen ausgedacht hatte, für den Fall, daß ich diese Rolle jemals spielen sollte. Die Premiere stand vor der Tür, die Generalprobe war in vollem Gange. Was war mit Edith Zimmermann los? Sie sprach wie mit vollem Mund, und schließlich kullerten ihr sogar Tränen über die Wangen. Es stellte sich heraus, daß sie so schreckliche Zahnschmerzen hatte, daß an ein Weiterspielen nicht mehr zu denken war. Ihre Tränen waren eine Mischung aus Schmerz und Verzweiflung, weil sie doch die Premiere nicht platzen lassen wollte. Geheimrat Kiesau vom Staatstheater Dresden, der als Gastregisseur das Stück inszenierte, schickte sie sofort zum Zahnarzt, und dann lief alles in heller Aufregung durcheinander. Was sollte nun geschehen? Bis morgen abend war nicht mit der notwendigen Wiederherstellung zu rechnen.

In mir reifte mit Lichtgeschwindigkeit ein kühner Plan. Ich schickte einen fragenden Blick zu Friedrich Ebeling am Inspizientenpult. Der war schon auf dem Weg zur Bühne. »Herr Geheimrat, wir haben da eine junge Anfängerin, die die Rolle, glaube ich, gelernt hat. Stimmt's?« fragte er in meine Richtung in der Kulisse. »Vielleicht könnte sie zumindest erst mal die Generalprobe…« Kurzes Palaver – »Aber die Gänge und Stellungen, die kennt sie doch nicht.« – »Dooch!« meldete ich mich nun mit großer Bestimmtheit aus meiner Kulissenecke. »Na, dann kommen Sie doch mal raus da«, bat Kiesau.

Ich spielte nicht nur die Generalprobe, sondern auch die Premiere. Es war die größte Anerkennung, die ich bis dahin geerntet hatte und beförderte mich ohne Zwischenstation in den siebten Himmel. Ab zweiter Vorstellung war Edith Zimmermann zurück und übernahm ihre Rolle wieder selbst. Das war vorauszusehen gewesen, und dennoch kam es mich hart an – ein bittersüßes Theatererlebnis, als sei man gerade mit einem herrlichen Geschenk überrascht worden, das einem aber sofort wieder weggenommen würde. Doch die lobenden Worte von Geheimrat Kiesau konnte man mir nicht

wegnehmen: »Gratuliere! Sehr beachtlich, kleines Fräulein. Machen Sie weiter so.«
O ja, das wollte ich!

Der Sommer 1936 brachte eine neue, ganz andersartige Überraschung: Ob ich Lust hätte, nach Ungarn zu fahren, wurde ich gefragt. Irgendeine Sozialstelle hatte einen Schüleraustausch organisiert, und eine Stelle war frei. War ich nicht ein Glückskind?! Ich hätte wieder einmal die ganze Welt umarmen mögen. Mutti wurde von meiner Vorfreude angesteckt und machte sich unendliche Mühe mit dem Kofferpacken. Sie nähte mir zwei neue Kleider. Die Stoffe zauberte sie immer irgendwo her; einmal aus einer alten Tischdecke, ein andermal aus einer Gardine. Ich sehe sie noch mit Heftfäden die Falten der Röcke fixieren, damit sie sich auf der Reise nicht verschieben konnten. So ging ich – gemeinsam mit vielen anderen Kindern meines Alters – wohl ausstaffiert auf die abenteuerliche Reise.

Denn ein Abenteuer war es für mich, in ein Land zu reisen, in dem die Menschen anders sprachen, vermutlich auch anders aussahen und sich anders kleideten – alles wäre eben anders, dachte ich. Ich verliebte mich sofort in den Klang der melodischen Sprache mit den klaren Konsonanten. Kein Sterbenswörtchen konnte man verstehen, aber die Leute auf dem Bahnsteig des Grenzbahnhofs lachten im Gespräch oder nickten ernsthaft. Ich fand das ungeheuer toll und aufregend.

In Miskolc (sprich Mischkolz) angekommen, standen wir etwas übernächtigt auf dem Bahnsteig und wurden von unseren jeweiligen Ferieneltern in Empfang genommen. Wir sahen viele freundlich lachende Gesichter, hörten viel sältsamm ausgeschbrochänäs Deitsch, und schließlich waren alle Kinder verteilt bis auf zwei: den Zetzsche Karl aus Zwickau und mich. Wir zwei müßten noch weiterfahren, sagte schließlich unsere Betreuerin, denn unsere Leute wohnten in Mezöcsát (sprich Mäsötschaht). Aber heute in einer Woche würden sich alle Kinder hier wieder treffen und gemeinsam etwas unternehmen und berichten, wie es ihnen ergangen sei. Dann wurden wir zum Anschlußzug gebracht und fuhren ein wenig verdattert los.

Mezöcsát bedeutet eine beklemmende Erinnerung für mich.

Ich kam auf einen Bauernhof. Die Frau lebte dort allein mit ihrer Tochter, die ständig muckschte, wahrscheinlich weil sie nicht nach Deutschland gedurft hatte. Und dann war noch der Knecht Viktor da, der dauernd hinter mir her war, so daß ich mich nicht einmal mehr aufs Häusel traute, das schräg über den Hof weit weg vom Wohnhaus lag. Er war immer auf der Lauer und faßte mich um die Taille und drehte mich im Kreis herum. Vielleicht war das Spaß, aber ich fürchtete mich vor ihm. Die Küche wimmelte so unerträglich von Fliegen, daß ich nur mit Ekel aß. Die Kissen des Bettes waren so hochgetürmt wie bei der Prinzessin auf der Erbse. Man mußte ganz umständlich hinaufsteigen. Und dann versank man in sie, und es war heiß, heiß, heiß. Ich versuchte der Frau anhand eines Kalenders, der in ihrer Küche hing, zu zeigen, daß ich an diesem bestimmten Tag nach Miskolc zum Treffen müsse. Aber da kam nur strenges Kopfschütteln, und ich begann mich fast wie eine Gefangene zu fühlen.

Einmal wagte ich mich hinaus und ging ein ganzes Stück die Dorfstraße entlang. Und da kam dieser große Schreck auf mich zu: eine Kuhherde! Keine Kühe wie bei uns daheim, schwarzweiß gescheckt und mit normalen Hörnern. Nein, diese waren hellbeige und hatten die größten, breitesten, spitzesten, bedrohlichsten Hörner, die ich je gesehen hatte. Eine besonders große Kuh löste sich aus der Herde und schritt stur und geradewegs auf mich zu. Ich ging wie hypnotisiert rückwärts vor ihr her, bis ich nicht mehr weiterkonnte, weil ein Holztor in meinem Rücken war. In Panik versuchte ich, hinter meinem Rücken eine Klinke an dem Tor zu finden, um mich dahinter zu retten – vergebens. Da gab das Tor plötzlich wie von selbst nach, eine junge Frau trat heraus und ließ die Kuh hinein, die auf diesem Hof schlicht und einfach ihren Stall hatte, in den sie wollte.

Während ich noch tief Luft holend den Rest der Herde an mir vorbeitrotten ließ, sah ich von weitem den Zetzsche Karl die Straße entlangkommen. Er war mir in dem Augenblick wie ein verlorener, wiedergefundener Bruder, und es war unglaublich schön, nach so vielen stummen Tagen wieder mit jemandem reden zu können, der einen verstand. Auch an seinem Platz stand nicht alles zum besten und wir waren beide der Meinung, daß wir so schnell wie möglich wieder nach Hause wollten. Wir beschlossen, nach Miskolc durchzubrennen und das angesagte Treffen zu erreichen. Drei Tage dauerte es noch bis dahin, in denen wir auskundschafteten, daß in aller Frühe ein passender Zug ging. Wir zählten das Taschengeld, das wir vor unserer Fahrt hierher noch bekommen hatten, und hofften, daß es reichen würde. Heimlich und mit Herzklopfen packte ich mein Köfferchen und schob es vorläufig wieder unters Bett. Und dann war es so weit. Ich hatte keinen Wecker nötig. Pünktlich zur abgemachten Zeit schlich ich – von niemandem bemerkt – mit meinem Gepäck vom Hof. Draußen stand schon verabredungsgemäß Karl. Und nun war wieder alles Abenteuer. Ich kam mir vor wie bei *Emil und die Detektive*. Wir hasteten zur kleinen Bahnstation, legten am Fahrkartenschalter unser ganzes Geld hin, sagten unentwegt »Mischkolz« und gestikulierten, was noch nötig schien. Es war ein stolzes Gefühl, als der Zug sich schließlich in Bewegung setzte. Wir schauten erleichtert aus dem Fenster und fanden die Gegend auf einmal wieder schön.

Beim Treffen gab's Bestürzung. So etwas war ja nicht vorgesehen! Ich landete, wie mir schien, vom Regen in der Traufe. Eine dicke Frau nahm mich mit, damit ich ihrem dicken, zwölfjährigen Sohn, der ihr Herzblatt war und ständig mit Süßigkeiten vollgestopft wurde, Deutsch beibringen solle. Ich glaube, er wollte außer dasitzen und Schokolade essen überhaupt nichts. Und die Frau rügte mich in schwerverständlichem holprigem Deutsch, daß ich ihrem Sohn nichts beibrächte.

Beim nächsten Treffen weinte ich. Ein junges ungarisches Mädchen, höchstens achtzehn Jahre alt, nahm mich einfach in die Arme, sprach mit der ungarischen Betreuerin und lud mich kurzerhand zu sich nach Hause ein. Mir war schon alles egal.

Aber nun kam ich in den Schoß einer Familie, die mich aufnahm wie ihr eigenes Kind. Lusys Mutter war Witwe, eine schöne Frau mit melancholisch verschleierten Augen, die mich nach einem kurzen ungarischen Diskurs mit ihrer Tochter freundlich lächelnd um die Schulter faßte und mich in recht gutem Deutsch fragte: »Willst bei uns bleiben? Haben wir kein Gästezimmer, aber kannst schlafen auf Récamier, gut?« Ich wußte zwar nicht, was ein Récamier war, aber ich sagte sofort ja – und mußte es nicht bereuen: Ich schlief wunderbar auf dieser Liege, die erste Nacht und noch dreißig weitere bis zur Heimreise.

Lusy hatte noch eine ältere Schwester Margit, die Baba (= Puppe) genannt wurde, und einen jüngeren Bruder, Elemér, den man Pötyi (= Pünktchen) nannte. Von den dreien sprach Baba das beste Deutsch. Manyi-néni (= Tante Manyi) nannte ich nun die Mutter, und die drei Kinder wurden eine Art Geschwister für mich. Die Freundschaft hat durch all die Jahrzehnte bis zuletzt gehalten. Nur Elemér ist heute noch am Leben. Balás hieß die Familie. Und damit lernte ich gleich, daß das ungarische s wie unser deutsches sch ausgesprochen wird, auch den Unterschied zwischen einem dunklen, kurzen a und dem klaren, offenen, langen á. Und das war erst der Anfang. Die fremde Sprache war eine Herausforderung, viel mehr als Englisch oder Französisch. Ich hatte diese beiden Sprachen nie im täglichen Gebrauch gehört. Aber hier! Ich hörte auf ungarisch erzählen, lachen, schimpfen, flüstern, singen! Es lebte.

Nach einer Woche konnte ich schon ein kleines ungarisches Lied singen und wußte sogar, was ich sang. Die ganze Balás-Familie platzte vor Begeisterung über meine unerwarteten sprachlichen Ambitionen. Einen stärkeren Anreiz hätte es nicht geben können. Und als ich bald darauf Daduka wegen ihrer Kochkunst lobte: »Igen jó a paprika csirke« (Sehr gut, das Paprika-Huhn), geriet sie außer sich und küßte mir die Hand. Ich war sehr erschrocken darüber, denn noch nie hatte mir jemand die Hand geküßt. Und nun ausgerechnet Daduka! Sie war das uralte Faktotum der Familie, runzelig, gebückt und mit einem lächerlichen, weißen, verfilzten Knäuel als Dutt auf ihrem schütteren Hinterkopf.

Die drei Geschwister unternahmen viel mit mir. Ich ging mit ihnen zum Tennisplatz und zum Baden an den Sájo (Schahjo), wo ich auch andere junge Leute kennenlernte. Als einmal ein Foto gemacht wurde, legte einer dem anderen die Arme um die Schultern, und obwohl meine Verklemmung Knaben gegenüber noch immer voll wirksam war, machte mich doch gerade diese »verbotene« Berührung verliebt in Cirmi, dessen Haut mich zu elektrisieren schien.

Einmal nahmen sie mich auch zu einem kleinen Fest in ein Gartenlokal mit. Dort hatte ich den ersten Schwips meines Lebens von Tokajer Wein und sang der Reihe nach alles, was ich bis dahin gelernt hatte. Alle lachten und klatschten dazu, und als sie wollten, daß ich Csárdás auf dem Tisch tanzen sollte, schleuderte ich meine Schuhe von den Füßen und tat es voller Ausgelassenheit. Von den vielen Freunden der Familie verliebte ich mich – wie gesagt – glühend in den blonden Cirmi, während für mich der dunkelhaarige Zoltán entbrannte. Aber es war nur ein Überschwang an Gefühl in allem, was diese jungen Ungarn von sich gaben. Sie konnten sich biegen vor Lachen, und gleich darauf über ein trauriges Lied Tränen vergießen. Auch ich vergoß Tränen, und zwar als es an die Heimreise ging. Ich wollte noch viel viel länger bleiben. »Im nächste Jahr mußt wiederkommen«, sagte Manyi-néni, und das war ein tröstlicher Gedanke. Ich konnte mich nun schon auf ungarisch verabschieden und hatte als Glanzstück sogar einen zungenbrecherischen Schnellsprech-Liedertext gelernt, den manche Ungarn nicht fertigbrachten, und gegen den unser gefürchtetes »Fischers Fritz fischt frische Fische« ein Tralala ist.

Ich war nun nicht nur weitgereist, sondern *sehr weit* gereist: nach Norden bis Rügen und nach Süden bis Ungarn – und erst fünfzehn Jahre alt!
Die vielen Erlebnisse in diesen sechs Wochen lieferten Erzählstoff für Monate – sowohl in Familie und Verwandtschaft als auch in der Schule und im Theater. Rosel Paur, mit der ich in der *Versunkenen Glocke* statierte, hatte sich durch mein Erzählen so für Ungarn erwärmt, daß sie wie wild darauf war, auch Ungarisch zu lernen. Ich sollte es ihr beibringen. Das in mich gesetzte Vertrauen stachelte mich an.
Von meiner nächsten »Gagen«-Auszahlung kaufte ich mir eine ungarisch-deutsche Sprachlehre, aus der ich freiwillig diese unmögliche Grammatik studierte, die so grundlegend anders ist als alle abendländischen Sprachen. Für jede Unterrichtsstunde mußte ich mich ja selbst erst einmal klug machen, und da ich mich nicht blamieren wollte, tat ich das auch. Außerdem zahlte mir Rosel zwei Mark für die Stunde!
Zwischen den Balás's und mir entwickelte sich außerdem eine lebhafte Korrespondenz, halb deutsch, halb ungarisch. Und auch daraus lernte ich. Es war aufregend, auf diese kuriose Weise in eine total fremde Sprache hineinzukriechen.

Neben sprachlichen Erklärungen und Hinweisen tauchte irgendwann in einem der Briefe eine beklemmende Frage auf:»Mausi, was wollen die Deutschen von uns?«Mir fiel ein Gespräch ein, das wir in Miskolc geführt hatten. Darin war es um Angst vor den Deutschen gegangen, die ich wegzuwischen versucht hatte. Und Hitler? Ja, was war mit Hitler? Ich hatte all das Positive hergebetet, das uns die Propaganda gelehrt hatte: Autobahnen, Winterhilfswerk, Kraft durch Freude, Sport (die Olympischen Spiele waren gerade in Deutschland mit Glanz und Gloria im Gange!) – Die Juden? – Ja, ich hatte schon gehört, daß die, die nicht arbeiten wollten, die »betrügen und alles an sich reißen wollen«, daß solche in ein strenges »Arbeitslager« kamen. Aber nicht nur Juden. Auch andere, die gegen Hitler hetzten ... Eine Weile war Schweigen. Dann seufzte Manyi-néni:»Wir haben nichts gegen die Deutschen. Aber sie sollen uns in Ruhe lassen.« –»Ja, warum sollten wir das denn nicht?« fragte ich verständnislos. Dann wurde das Thema fallengelassen. Nun tauchte es in dem Brief wieder auf: Tibi, der lustige Junge mit dem breiten Lachen und der großen Nase, sei nicht mehr da. Er sei mit seinen Eltern nach Wien gezogen. Sein Vater habe gemeint, Hitler würde den Juden so etwas bald nicht mehr erlauben. »Siehst du«, schrieben sie,»er läßt uns doch nicht in Ruhe.« – Der Brief machte mich sehr nachdenklich.

Als ich beim sonntäglichen Mittagessen davon erzählte, hatte ich mir wohl eine ebenfalls nachdenkliche Reaktion vorgestellt. Statt dessen verkündete mein Vater, er fände es gut, daß den Juden nicht mehr alles erlaubt sei. Solange die jüdischen Handelsvertreter noch aktiv gewesen seien, habe er überhaupt keine oder nur sehr magere Aufträge bekommen. Jetzt hingegen sähe er endlich für seine Textilvertretung Hoffnung.

Ich dachte an Tibi, an Ruth Brust von nebenan, an Eva Lewin, Netty Eichhorn, an meine Dorle Heller und wie sie alle der Erdboden verschluckt zu haben schien. Und mich packte eine riesige, fast jähzornige Wut, die mich jeglichen Rest von schuldigem Respekt vergessen ließ. »Solchen blödsinnigen Quatsch bringst du wahrscheinlich von deinen dämlichen Bier- und Schnapsabenden beim NSKK mit«, sagte ich – und nicht sehr leise. Und ich kriegte die Kurve nicht und packte aus mit allen angestauten Vorwürfen gegen meinen Vater, angefangen damit, daß er Mutti schlecht behandelte bis zu seinen »Weibergeschichten«, von denen Mutti so oft mit rotgeweinten Augen ein Klagelied zu singen hatte. Vater war zuerst blaß geworden, dann – als er tatsächlich zu begreifen begann, was sich hier abspielte – wurde er krebsrot, sprang auf und jagte mich aus dem Zimmer, den Flur entlang, in die Küche bis in die Ecke beim Fenster, wo der Ausguß war und wo ich nicht mehr weiterkonnte. Unter dem Becken verkroch ich mich und hielt schützend die Hände über den Kopf. Mein Vater hatte mich noch nie geschlagen. Aber jetzt prasselte es auf mich ein, als wolle er alles nachholen. Ich hockte da zusammengerollt wie ein Igel und gab wie üblich keinen Mucks von mir. – »Dir werd ich die Aufsässigkeit austreiben«, schnaufte er kurzatmig, als er von mir abließ und aus der Küche ging. »Das wirst du nicht!« zischte ich hinter ihm her. Aber da war bei ihm schon der Dampf heraus.

Dieses Erlebnis war einer der größten Mosaiksteine, aus denen sich das Bild zusammensetzte, bei dessen Betrachtung mein Wunsch mehr und mehr wuchs: Weg! Nur weg von daheim! – Daß mein Verhältnis zu meinem Vater lange gestört war, wird nicht verwundern. Aber später habe ich ihm nichts mehr nachgetragen: Wann, wo und wie hätte er lernen sollen, differenziert zu denken? Er hat es nicht leicht gehabt. Immer hatte er sich bemüht, geschuftet – und nie ist ihm etwas wirklich gelungen, nicht auf Dauer jedenfalls. Wie wohltuend und anspornend Lob und Anerkennung sein können, hat er auch nie erfahren.

Natürlich kamen mir damals solche relativierenden Gedanken nicht. Ich sann nur auf die schnellstmögliche Art wegzugehen.

Zunächst wurde das Theater, mein eigentliches Zuhause, immer mehr zu einem Zufluchtsort für mich. Die Schule wurde mir eher lästig, und die Aussicht, noch drei weitere Jahre bis zum Abitur daheim ausharren zu sollen, verursachte mir Beklemmungen. Ich fühlte mich wie in einem Käfig und wollte doch fliegen. Im Theater wurde mir von erfahrenen Schauspielern geraten, so bald wie möglich mit dem Schauspielunterricht zu beginnen, wenn ich denn nun partout Schauspielerin werden wolle. Und das wollte ich partout!

Also fing ich daheim an zu bohren, ob ich nicht mit Beendigung des laufenden Schuljahres kommende Ostern von der Schule abgehen und Schauspielunterricht nehmen dürfe. Die Eltern waren doch begeistert gewesen von meinen verschiedenen Auftritten, die sie natürlich alle voller Stolz gesehen hatten. Aber eine solche schwerwiegende Entscheidung mochten sie nun doch nicht treffen. »Man kann ja eine Eignungsprüfung machen«, gab ich zu bedenken. »Und wenn ich sie bestehe, ist das das Urteil von Leuten, die etwas davon verstehen.« – Nach einigem Zögern waren sie damit einverstanden, wohl in der hoffnungsvollen Annahme, daß ich durchfallen würde. Denn Schauspielerei bedeutete damals weit mehr noch als heute für viele Außenstehende: unstetes Lotterleben, unmoralischer Lebenswandel, Schulden machen, Hunger leiden. – Genauso übertrieben und ahnungslos sah man auch die Kehrseite: das »Luxusleben« der Großen von Bühne und Film, die offenbar nichts anderes taten, als in herrlichen Kleidern in extravaganten Autos in teure Modeorte zu fahren, wo sie Sekt tranken, Kaviar aßen und in Badewannen voller Schaum saßen, mit teuren Parfumflaschen um sich herum, und pausenlos nach Übersee telefonierend. Derartige Vorstellungen hatte ich nie, geschweige denn Gelüste danach. Ich wollte Theater spielen. Punktum.

Ich meldete mich also beim Alten Theater in Leipzig für die Eignungsprüfung im Herbst 1936 an. Ein Chargendarsteller vom Chemnitzer Stadttheater bot sich an, mich darauf vorzubereiten. Er ließ mich die Doktorszene der Toinette aus dem *Eingebildeten Kranken* lernen und Rautendeleins Dialog mit dem Nickelmann am Brunnen. Und das arbeitete er dann mit mir in seinem Untermietezimmer, indem er mir – zunächst – nichts als Stichworte gab. Er verlangte kein Geld dafür und war überhaupt sehr freundlich zu mir. Als er nach kurzer Zeit aber für mein Empfinden zu freundlich wurde und mit mir Kußszenen üben wollte, die in den beiden Vorsprechrollen überhaupt nicht vorkamen, funktionierte mein eingeborenes Warnsystem vorzüglich: Ich blieb weg und arbeitete allein für mich weiter.

Als der Termin zur Prüfung nahe bevorstand, war ich bestens vorbereitet. Mein Vater, der unseren Zusammenstoß vor einiger Zeit offenbar nicht so ernst genommen hatte wie ich, versprach mir, mich mit seinem Wagen nach Leipzig zu fahren. Das war der erste Schritt auf dem Weg zur Versöhnung.

Jeder, der schon einmal eine wichtige Prüfung abgelegt hat, weiß,

welche Zentnerlast auf dem Prüfling liegt. Mir ging es nicht anders. Das Herz klopfte im Hals, und der Magen war eine zu kleine Höhle für zu viele Schmetterlinge darin, die alle herauswollten. So saß ich in einem Raum mit einer Menge anderer Aspiranten und versuchte verzweifelt, die ersten Worte einzufangen, die ich zu sagen hatte. Sie schienen in das bekannte, schwarze Loch gefallen zu sein. Und dort blieben sie zunächst auch, als man mich aufrief. Mir wurde fast schlecht. Als ich dann auf der kahlen Bühne stand, wurde ich merkwürdigerweise – trotz des unbarmherzigen Scheinwerfers, der mich anstrahlte – ruhiger: Diesen Schock hatte ich ja schon einmal erlebt, bei der ersten Premiere in Chemnitz.
»Was wollen Sie vortragen?« – »Die Doktorszene der Toinette aus *Der eingebildete Kranke* von Molière.« Alle Beklommenheit fiel von mir ab, als sei da plötzlich ein einengendes Band gerissen, und ich legte ohne Zögern mit der als Arzt verkleideten Toinette los.
Ich muß ungeheuer outriert haben, strich meinen imaginären, langen Bart, stieß mit spitzem Zeigefinger auf meinen Stichwortgeber ein und stolzierte wie ein größenwahnsinniger Gockel auf und ab. Von unten kam mühsam zurückgehaltenes Prusten. Dann: »Das ist ja sehr munter, Fräulein Löbel. Was haben Sie uns denn sonst noch zu bieten? – Aha, Gerhart Hauptmann, das Rautendelein. Bitte.«
Nun holte ich mir einen Stuhl in die Mitte der Bühne und verkündete, dies sei ein tiefer Brunnen, in dem der Nickelmann hause. (Leises Kichern.) Dann ließ ich mich elegisch auf dem »Brunnenrand« nieder und begann meine alternative, lyrische Nummer: »Du Sumserin von Gold, wo kommst du her? Du Zuckerschlürferin, Wachsmacherlein, du Sonnenvögelchen, bedräng mich nicht!...«
Ich liebte die Rautendelein-Rolle damals über alles und schwelgte in der blumigen Bildersprache. »Will der Herr Oheim böse sein, tanz ich für mich den Ringelreihn! Liebe Gesellen find ich genung, weil ich schön bin, lieblich und jung. Eia, juchheia! lieblich und jung!« jauchzte ich abschließend mit Begeisterung.
»Danke, das genügt«, sagte eine männliche Stimme trocken von unten, »warten Sie noch im Konversationszimmer, bis Sie Bescheid bekommen.«
Noch ein und eine halbe Stunde Bangen, während weitere Prüflinge hinausgerufen wurden. Aber schließlich kam es, das heiß-

ersehnte »Sie haben bestanden. Wir schicken Ihnen den Bescheid noch schriftlich zu.«
Ich taumelte hinaus, wie Rautendeleins Bienchen zum Waldrain. Alle Schmetterlinge aus meinem Bauch flogen nun befreit um mich herum. Mir war, als müßte ich mich nur einfach von ihnen in die Höhe tragen lassen, um auch wirklich in dem siebenten Himmel zu schweben, in dem ich mich fühlte! – Ich war fünfzehn Jahre alt...

Mein Glückstaumel hielt an, aber es war sehr schwer, noch fast ein ganzes Jahr vor mir zu haben, bis meine Pläne sich endlich verwirklichen würden. Ich war ständig auf der Suche nach Glück. Kein Wunder daher, daß ich eine Personifizierung des Glücks suchte. Ein Objekt für mein Schwärme-Verlangen mußte her. Es fand sich schnell in der Person des jugendlichen Helden des Chemnitzer Theaters, Otto Arneth. Ich hatte ihn als Ferdinand in *Kabale und Liebe* gesehen, mit seinem wunderbaren Profil, seiner wohltönenden Stimme und seinen strahlend-blauen Augen – und es war um mich geschehen.
Immer, wenn Otto Arneth laut Spielplan am Abend im Theater sein mußte, wußte ich es so einzurichten, daß auch ich in der Nähe war, um ihn nur zu sehen. Damit er davon nichts merken sollte, war ich auf einen sagenhaft guten Trick gekommen: Auf der Seite der Theaterstraße, die dem Theater gegenüber lag, reihte sich ein Schaufenster ans andere. Und in allen spiegelte sich in der von Straßenlampen erhellten Dunkelheit der Bühneneingang. Vor dem Porzellangeschäft fand ich den besten Sichtwinkel hierfür. Man konnte ganz genau sehen, wer herauskam und dieser Person dann nachschauen, bis sie aus dem Blickfeld verschwunden war. Und das alles, obwohl man mit dem Rücken zum Theater stand! Also etwas Unverfänglicheres konnte es nicht geben.
So stand ich also auch eines Abends, genoß die Nachwirkung des Anblicks meines Schwarms, der vor wenigen Augenblicken aus dem Bild gegangen war, als ich hinter mir eine Stimme, *seine* Stimme hörte: »Naa? Wollen Sie etwas für Ihre Aussteuer kaufen?« –
Mir wurde schlagartig so heiß, daß es mir wie eiskalt vorkam. – »O nein, nnein, ich-ich ich möchte meiner Mutter eine Vase kaufen, sie hat bald Geburtstag«, log ich stammelnd. Und nun schaute er mit mir auf die – Gott behüte – eine Vase, die im Schaufenster

stand und sagte schmunzelnd: »Die Auswahl ist nicht sehr groß, wie?« – »Neinein«, lachte ich etwas verkrampft, »ich werde noch einmal woanders suchen. Jetzt muß ich nach Hause.« »Darf ich Sie ein Stück begleiten?« fragte er. »Wo wohnen Sie denn?« Mein Herz klopfte wie rasend. »Auf der Weststraße wohne ich«, gab ich Auskunft, und er: »Ich wohne auch auf dem Kaßberg. Aber – hätten Sie vielleicht Lust, vorher noch ein Glas Wein mit mir zu trinken?« Wie hätte ich widerstehen sollen?

Der Weg zum Theater-Restaurant beim Centraltheater in der Zwickauer Straße war kurz, zu kurz, um mich wieder zu fangen. Im Restaurant saßen wir in einer Nische. Wein war ich überhaupt nicht gewöhnt, und das eine Gläschen, das ich akzeptierte, löste meine Verkrampftheit schnell. Er erzählte Theatergeschichten und ich von meinen Plänen. Wir lachten viel, und er schaute mir so tief in die Augen, daß ich wegschauen mußte und nur so dahinschmolz. Bald war es elf Uhr, und ich wollte aufbrechen. An das Donnerwetter, das mich wegen meines so späten Heimkommens erwarten würde, mochte ich nicht denken. Er, der Göttlichste von allen, hatte mich untergehakt, als wir die Reichsstraße hinauf zum Kamm des Kaßberges stiegen.

Der Kaiserplatz (später Hindenburg- und noch später Gerhart-Hauptmann-Platz), eine üppige Grünanlage, die auf meinem Weg lag, nahm die Fläche eines ganzen Häuser-Karrees ein, und es bedeutete eine Abkürzung, wenn man ihn durchquerte. Ich war also durchaus einverstanden, diese Route zu nehmen. Meine Naivität war unbeschreiblich.

Bei der ersten, durch eine kleine Hecke geschützten Bank lud er »zum Ausruhen« ein ... In keinem Film hätte es einen glühenderen Kuß geben können, dachte ich, als der, der mir nun auf den Lippen brannte. Und seine Arme um mich, in die ich mich selig hineinkuschelte! Wie unsagbar herrlich!

»Wie alt bist du eigentlich?« fragte er nach einigen Küssen ganz beiläufig. »Im Dezember werde ich sechzehn«, antwortete ich stolz. Ein langgedehntes »Oooh« – und: »Wann mußt du denn daheim sein?« – »Ach, schon längst«, lachte ich. »Tja, dann woll'n wir mal«, seufzte er, stand auf und begleitete mich noch das kleine Stück die Hübschmannstraße hinunter. »Du bist ein sehr liebes Ding«, sagte er,»bleib so« – und küßte mich auf die Stirn.

Er ist nie wieder mit mir ausgegangen, und ich durchlitt meinen ersten, großen Liebeskummer – zwar noch halb kindlich, aber darum nicht weniger schmerzlich.

Alle Sterne standen nun so günstig für mich, daß ich eigentlich aus dem Jubeln nicht mehr herauskam. Ich durfte von der Schule abgehen. Nur noch bis Ostern 1937 mußte ich ausharren; aber das war zu schaffen. Beneidet von fast allen Mitschülerinnen konnte ich mich nicht zurückhalten mit meinem Stolz und meinem Glück und ließ auch ganz ekelhaftes, joviales Mitleid heraus:»Ach, ihr Armen! Ihr müßt nun noch drei Jahre die Schulbank drücken!«

Aber je näher mein letzter Schultag rückte, desto nachdenklicher wurde ich und sah immer klarer, daß ein wichtiger Abschnitt meines Lebens zu Ende ging, den ich nun auf einmal gar nicht mehr so schrecklich fand. Ich war zwischen freudiger Zukunftserwartung und irritierender Bangigkeit hin- und hergerissen.

Als der Tag X herangekommen war und sich bereits alles von mir verabschiedet hatte, blieb ich noch ganz allein, vollbepackt mit den guten Wünschen der Lehrer und der vertrauten Freundinnen so vieler Jahre, auf meiner Schulbank im leeren Klassenzimmer sitzen.

»Ich muß noch in Ruhe meinen Kram zusammenpacken«, hatte ich vorgegeben. Dann saß ich da wie angeklebt und streichelte die Tischplatte meines Pultes, auf die ich im Laufe der Schulzeit verbotenerweise mit viel Eifer und Mühe so manches Geheime und Romantische eingeritzt hatte. Ich spürte, wie etwas von innen her drängend in meine Kehle kroch. Ev steckte ihren Kopf zur Tür herein:»Kommste denn nu endlich?« Ich mußte mir erst noch das Nasse von den Wangen abwischen, die Nase schneuzen, tief durchatmen – und eine Weile warten, damit mich niemand mit solch roten Augen aus der Schule gehen sah.

Dann traten wir zum letzten Mal den gemeinsamen Heimweg an. Derbsel begann, unser Max-und-Moritz-Duett zu singen, das wir zur Abschlußfeier im Restaurant Friedrichsburg vortragen würden. Sie wollte stets so gern schön singen, aber wie immer rutschten ihr alle Töne ins Undefinierbare ab wie einem Grammophon, das aufgezogen werden muß. Und darüber fand ich mein Lachen wieder.

Lachend blieben wir stehen, sahen uns an und beschlossen feierlich, daß unsere Freundschaft für immer halten sollte... Sie hielt bis zum Ende; und meine Gedenkrede an ihrem Grab, fast genau 56 Jahre danach, hat mich mehr Kraft gekostet, als ich sagen kann. Der Rest meines Schul-Abschiedskummers wich sehr bald dem herrlichen Gefühl des Freiseins. In den nun folgenden Osterferien, die ja für mich in diesem Sinne gar keine mehr waren, fuhr ich wieder nach Biesern und freute mich wie eh und je darauf.

»Guuuud!!« Es ist meinen Ohren unvergeßlich, wie die Bieserner Mutter das laut, hoch und gedehnt wie eine Lokomotive aus der Stube heraustönte, daß es auch vorm Haus nicht zu überhören war. Dort stand ich an der Pumpe, hierorts »Blumbe« genannt, und betätigte den Schwengel so lange, bis dieser Signalton ankündigte, daß der Behälter in dem großen Herdofen vollgelaufen sei. So gab es wieder für eine ganze Weile warmes Wasser im Haus.

Wie zufrieden und wohlig fühlte ich mich auch jetzt wieder in Biesern! Hätte ich geahnt, daß dies das letzte Mal sein würde, daß sich mir diese glückliche Kindheitsoase so unbeschwert darbieten würde, ich hätte sicherlich sofort angefangen zu weinen. Ich genoß den Aufenthalt wieder in vollen Zügen und erzählte mit großem Überschwang der Bieserner Mutter und Onkel Alfred – wie allen, die mir über den Weg liefen, ob sie es hören wollten oder nicht –, daß ich im Herbst meine Aufnahmeprüfung für die Schauspielschule des Alten Theaters Leipzig machen und anschließend dort studieren würde. Denn daß es so und nicht anders sein würde, stand für mich felsenfest. Davon, daß man eine wichtige Sache nicht beschreien soll, hatte ich noch nichts gehört.

Nach meinem Osteraufenthalt in Biesern lief das Jahr nun im Grunde wie gewohnt weiter: Ich spielte wieder im Chemnitzer Schauspielhaus in kleinen Rollen oder als Statistin mit und wurde allseits zur bestandenen Eignungsprüfung beglückwünscht. Da ja nun das »überflüssige« Schulbankdrücken wegfiel – und da ich mich zudem auch »wegen Zeitmangels« von den Jungmädels zurückgezogen hatte –, verbrachte ich noch mehr Zeit im Theater als bisher.

Das Glück schien ein Füllhorn ganz für mich allein zu haben, mit dem es mich ohne Unterlaß überschüttete: Im Sommer ging es wieder nach Ungarn. Meine geliebte Familie Balás war inzwischen nach Budapest übersiedelt. Die Aussicht, in diesem Jahr nicht in einer ungarischen Kleinstadt, sondern in der Hauptstadt, der Perle an der Donau, sechs Wochen verbringen zu dürfen, brachte mich wieder einmal völlig aus dem Häuschen. Außer meiner Heimatstadt kannte ich keine andere Großstadt. Mein Entzücken über Budapest war daher grenzenlos. Mit der Familie Balás verband mich auf Anhieb wieder die alte Herzlichkeit. Nichts hatte sich verändert – und doch so viel. Ich war gereift in diesem einen Jahr und spürte das auch sehr deutlich. Ich bildete mir ein, männliche Augen blickten seit einiger Zeit ganz anders auf mich als früher. Wenn ich das merkte, ging ich auf einmal sehr bewußt gerade – Brust raus, Bauch rein! – und reckte stolz hervor, was ich an Mini-Busen bereits aufzuweisen hatte. Nein, ich hatte durchaus nichts gegen das »Reifwerden«, wenn nur nicht jeden Monat diese Bauchschmerzen gewesen wären! Am Ende der sechs Wochen konnte ich nicht mehr verlorengehen, so relativ gut war ich in die ungarische Sprache eingedrungen. Der Abschied war diesmal nicht traurig wie im Vorjahr. Die Freundschaft mit der Familie Balás war nun besiegelt, und wir wußten, daß wir einander wiedersehen würden. Auch deshalb fuhr ich gern zurück, weil ja mein großes Abenteuer Leipzig bevorstand.

Flügge

Eine Bekannte, Lore Hollandt, wollte auch die Aufnahmeprüfung machen, und Vati nahm sie im Wagen mit nach Leipzig. Über eine Kundin hatte er dort schon eine Bleibe für unsere Studienzeit organisiert.

Auf halbem Wege bekam ich plötzlich Bauchweh, obwohl die vier Wochen noch gar nicht um waren. Vati mußte in der nächsten Ortschaft bei einer Apotheke anhalten, damit ich mich versorgen und Tabletten kaufen konnte. Die machten mich zwar immer ein wenig dösig, aber zumindest hatte ich keine Schmerzen mehr. Das hatte

mir gefehlt! Ich war mißmutig und aufgeregt, mehr als für mein
Vorhaben gut war, und versuchte – nicht sehr erfolgreich – Gelassenheit in mir herzustellen. Statt dessen bekam ich nur, wie leider
häufig bei innerer Erregung, was ich meine »Halbmonde« nannte:
blutleere weiße Ovale auf den Wangen, vor den Ohren, von
der Augenpartie bis zum Unterkiefer reichend – und zur Gesichts-
mitte hin scharf abgegrenzt von knallroten, heißen Wangen.
Hektische Flecken! Durch diese Flatschen sah ich aus wie ein
grotesk geschminkter Clown und fürchtete sie sehr, weil ich ja unter anderem auch schön sein wollte. Je mehr ich mich über sie ärgerte, desto geringer wurde meine Chance, daß sie wieder ver-
schwänden.
Pünktlich um fünf Uhr lieferte Vati uns am Alten Theater ab.
Im Konversationszimmer saß noch eine Menge junge Leute für die
Eignungsprüfung, die vorher angesetzt war. Fast eine Stunde mußten wir deshalb warten, was mich immer nervöser machte.
In diesem aufgeregten Zustand wurde ich – auch noch als erste! –
zu meinem großen, entscheidenden Vorsprechen auf die Bühne gerufen. Ich flatterte vor Angst, als ich mit der Toinette loslegte. Zum
ersten Mal tat ich, was ich damals noch gar nicht definieren konnte: Ich »gab meinem Affen Zucker«. In dem Wunsch, komisch zu
sein, übertrieb ich hemmungslos – mit dem Resultat, daß nicht das
leiseste Kichern von den Prüfern kam. Als nächstes wollten sie den
Puck aus dem *Sommernachtstraum* hören. Um des Himmels willen!
Das wilde Herumhopsen, das ich mir für diesen Kobold eingeübt
hatte, bei meinem Bauchweh! Meine dürftigen Ausflüchte – »die
Rolle strengt stimmlich sehr an, und ich habe noch keinerlei
Stimmtechnik« – wurden nicht akzeptiert: »Lassen Sie's ruhig an-
strengen. Sprechen Sie nur.« Also legte ich los.
Scampolo und die Edrita aus Grillparzers *Weh dem, der lügt!* sprach
ich noch vor. Aber ich stand auf eine beängstigende Weise neben
mir. In meinem Tagebuch von damals lese ich:
»Ein riesiggroßer Albdruck! Meine Stimme, nein, das war gar
nicht meine Stimme, die saß ganz ganz hinten. Und es würgte
mich, und ich zitterte.«
Man riet mir, wieder nach Chemnitz zu fahren und dort auf das
schriftliche Resultat zu warten. – Panik! Ich ahnte die Katastrophe
voraus.

Nach mir war Lore an der Reihe. Wir machten aus, bis morgen in Leipzig zu bleiben und uns um 19 Uhr das Resultat persönlich abzuholen. – Tagebuch: Wir haben Domino gespielt und versucht uns abzulenken. Und dann kam der Abend. Ich habe gezittert, als wir die Treppen hinaufstiegen. Meine Hände waren eiskalt, und in einem Wandspiegel sah ich, daß ich ganz weiß war. Und dann kam der schrecklichste Augenblick in meinem ganzen Leben:»Fräulein Löbel ist nicht in die Schauspielschule aufgenommen.« Da bin ich hinausgelaufen und hab mich am Türpfosten festgeklammert und geweint wie noch nie in meinem Leben. [...] Als wir dann im Auto durch die erleuchteten Straßen fuhren, hab ich immer daran gedacht, mit wie anderen Gefühlen ich am 1. Februar durch dieselben Straßen gefahren bin. Ich habe geglaubt, der ganze Himmel liegt auf mir und ich kann nicht weiterleben.

Ich weinte und weinte und hörte tagelang nicht auf zu weinen. Nachts schlief ich nicht. Ich hörte, wie meine Eltern miteinander redeten, daß ich nun Sprachen studieren müsse, Geld verdienen, jedenfalls etwas Vernünftiges machen. Das Leben war zu Ende noch ehe es begonnen hatte – das Leben, das ich mir gewünscht hatte. Nun würden sie mich einzuzwängen versuchen in die kleinbürgerliche Enge, der ich hatte entfliehen wollen.

Ich ging nicht mehr aus dem Haus, in der festen Überzeugung, daß jeder mit Fingern auf mich zeigen und grinsen würde, hämisch lachen über meine Überheblichkeit, mit der ich meine vermeintlich rosige Zukunft hinausposaunt hatte. Ich aß nichts, hockte nur im Schlafzimmer und lief aus – und sah binnen kurzem völlig verquollen aus und rot wie eine Tomate.

Mein Vater konnte dieses Elend nicht lange mit ansehen. Es rührt mich heute sehr, wie er – wenn auch vergeblich – versuchte, das Blättchen für mich doch noch zu wenden. Er schrieb nach Leipzig, an den Schauspieldirektor Smolny, ob denn gar nichts zu machen sei und ob er ihn nicht dieserhalb einmal aufsuchen dürfe. Nach drei Tagen brachte er mir den Antwortbrief. Nachdem ich ihn gelesen hatte, zerknüllte ich ihn und warf ihn weg. Aber Vati hat ihn wieder geglättet und aufgehoben. Und so habe ich ihn noch:

Sehr geehrter Herr Löbel,
auf Ihre Anfrage vermag ich Ihnen nur mitzuteilen, daß die Aufnahme für die neue Unterstufe der Schauspielschule kopfzahlmäßig beschränkt ist, und der Lehrkörper bei der vorhandenen Auswahl lediglich dem Grundsatz dient (wie er auch von der Reichstheaterkammer ausgegeben ist!), nur überdurchschnittliche Begabungen auszubilden. Im Falle Ihrer Tochter glaubten wir alle die eben genannten Voraussetzungen verneinen zu müssen. Immerhin steht nichts im Wege, bei einer anderen Schauspielschule um Aufnahme nachzusuchen bezw. Privatunterricht zu nehmen. Eine andere Auskunft vermag ich Ihnen bestens Wissens nicht zu geben, sodaß ich glaube, Ihnen die Mühe ersparen zu können, mich dieserhalb noch einmal aufzusuchen.
Heil Hitler!
Smolny
Der Prüfungskommission – das erfuhr ich später von Lore – hatte unter anderen Lina Carstens angehört, die auch durch viele Filme bekannte herrliche Charakterdarstellerin. Jahrzehnte später lernte ich sie anläßlich einer Hörspiel-Produktion in Köln persönlich kennen. Jetzt, wo durch den Lauf meiner Entwicklung das damalige Urteil widerlegt war, konnte ich es mir nicht verkneifen, ihr die trostlose Geschichte meines Durchfallens von damals zu erzählen. »O Gott! Wie furchtbar!« war ihr erschrockener Kommentar – und dann lachten wir. – Wann immer ich Lina Carstens später begegnet bin, machte sie schon vor der Begrüßung eine komischabwehrende Bewegung und rief mit gut gespielter Verzweiflung, ohne daß ich ein Wort gesagt hätte: »Bruni, bitte! Hör auf! Ich kann es nicht ertragen!« Und dann umarmten wir uns...
Da hatten es meine Eltern ja nun schwarz auf weiß, unterschrieben von einer Kapazität: Nicht überdurchschnittlich begabt! »Jetzt haben wir die Bescherung«, hieß es: »Von der HÖMBA abgegangen, auch das noch! Da gibt's nur eins: Sofort wieder anmelden, auf den Hosenboden setzen und nachholen, was versäumt wurde!«
Zum ersten Mal kam wieder eine Protestäußerung von mir: Alles, nur das nicht! Ich würde sterben vor Scham, wenn die ganze Schule über mich lachen würde. Nie-nie-nie würde ich zurückgehen! – »Tja, was also dann?« – Telefonfräulein, fand Mutti, sei doch ein

schöner Beruf.»Nein! Ewig nur diese Stecker stöpseln, da würde ich ja wahnsinnig.«–»Wie wäre es mit Sprachen?«–»Nein!«– »Dann sag, was?!«–»Schauspielerin, aber das darf ich ja nicht mehr sagen.«–»Nein, bestimmt nicht! Mit diesen großen Rosinen im Kopf ist jetzt ein für allemal Schluß! Du gehst ins Büro, basta.« Nie im Leben könnte ich im Büro sitzen und uninteressante Dinge tippen, protestierte ich. – Und ich konnte es doch.

Langsam, ganz langsam begann ich wieder zaghaft, einen Plan zu entwerfen. Wie hatte doch in dem Brief aus Leipzig gestanden? »Immerhin steht nichts im Wege... Privatunterricht zu nehmen«... Ohne Geld würde gar nichts gehen, also mußte ich Geld verdienen. Vielleicht sollte ich es doch als Stenotypistin versuchen. Vorläufig.

Steno hatten wir als Schulfach gehabt. Und Vati mußte mir nun jeden Tag Absätze aus der Zeitung diktieren, schneller und schneller, bis ich ein ganz ordentliches Tempo erreicht hatte. Dann brachte ich mir das Schreibmaschine-Schreiben bei, auf Vatis alter, klappriger Wanderer-Schreibmaschine. Vom Klavierspielen her waren meine Finger ja gelenkig, so daß ich das ziemlich schnell – und sogar blind – lernte (was mir heute noch zugute kommt).

Das Schauspielhaus meldete sich erstaunlicherweise wieder. Von mir aus wäre ich nicht mehr hingegangen, weil ich mich so schämte. Aber ich begegnete dort keiner Häme, sondern nur Verwunderung. – Meine einzige Freude waren nun die spärlichen Male, die ich noch im Theater zu statieren hatte. Aber immerhin brachten die wenigen Abende nach wie vor jedesmal eine Mark ein. Unter diesem Aspekt und unter der Bedingung, daß keine Berufsabsichten mehr mitspielten, wurde mir das auch von den Eltern erlaubt. Und so saß ich denn nun gewissenhaft Tag für Tag übenderweise an der Schreibmaschine und tippte das von Vati diktierte Stenogramm.

Nach ein paar Monaten dieses Selbststudiums setzte ich mich eines Sonntags hin und schrieb Bewerbungsschreiben auf Angebote für Kontoristinnen. Nach einer Woche schon hatte ich eine Stellung in einer Unterwäschefabrik, nur eine Viertelstunde Fußweg von unserer Wohnung entfernt. Als ich mich beim Chef, Eberhard Härtel, vorstellte, flunkerte ich eine Menge über angeblich seit langer Zeit schon für meinen Vater geleistete Büroarbeit und die damit verbundene große Erfahrung, die ich mitbrächte. Herr Härtel zeigte sich beeindruckt und engagierte mich für ein Anfangsgehalt von sechzig Mark im Monat.

Nicht schlecht! Dreißig Mark durfte ich für mich behalten und legte mir sofort ein Sparbuch an. Den Rest, der nach Abzug von Steuern und Rentenversicherung übrig war, gab ich daheim als Kostgeld ab. Und so begann für mich die Berufsmühle. Acht Uhr im Büro sein, Ablage einordnen, Post sortieren und vorlegen, Diktate aufnehmen, tippen.

Ach ja, tippen! Die Tippfehler, die ich tagtäglich fabrizierte, ließen Herrn Härtels wenige Haare zu Berge stehen, und er merkte nur zu bald, daß es mit meiner großen Erfahrung nicht weit her war und wurde sehr streng mit mir. Fast jeden Abend mußte ich nach Büroschluß nachsitzen – oft bis neun Uhr, denn die Korrekturen erlaubte er mir nicht während der regulären Bürozeiten. In den zwei Stunden Mittagspause ging ich heim, die Gravelottestraße hinauf zur Weststraße, und nach dem Essen wieder zurück. Dieser Weg – morgens, mittags und abends, sechsmal wöchentlich – war lange Zeit mein einziger Ausgang. Wenn mich manchmal dieses Leben, das nun so ganz anders verlief, als ich es mir ausgemalt hatte, gar zu hart ankam, versuchte ich Trost zu finden bei dem Gedanken an mein langsam wachsendes Sparkonto – und was ich eines Tages vielleicht mit ihm anfangen könnte.

Meine Tage vergingen recht öde, einer wie der andere. Die Bürosituation hatte sich eingependelt, und ich gab vor, mich nun in mein Geschick gefügt zu haben. In Wahrheit aber brodelten meine alten Pläne nach wie vor in mir. Ich hing ihnen oft nach und wirkte daher nicht selten geistesabwesend.

»Nu, zun Dräum' hab ich Sie nich engagiert«, monierte mein Chef. Der Mann hatte ja recht!

Ich gab mir Mühe, schon um nicht Abend für Abend nachsitzen zu müssen, und lernte, mich auf das im Moment Notwendige zu konzentrieren. Ich wußte damals noch nicht, welch gute Vorstudie das für den Schauspielerberuf war.

Meine einzige Abwechslung in dem Einerlei war es, wenn ich hin und wieder eine meiner Minirollen oder Statisterie im Theater hatte. Und eines Abends wendete sich mir das Glück, das mich so schnöde verlassen zu haben schien, plötzlich wieder zu – und launisch wie das Glück ist, natürlich gerade dann, als ich es am wenigsten erwartete. »Du sollst nach der Vorstellung noch warten«, sagte man mir, »Axel Kreuzinger möchte dich sprechen.« – Axel Kreuzinger mich?! Blitzartig schoß es mir durch den Kopf, wie ich ihn einmal hatte sprechen wollen und dann in Panik davongelaufen war. Verflixt! Schon hatte ich doch wieder meine Halbmonde. Aber Gott sei Dank schwanden sie rasch wieder, als er dann vor mir stand – kein Halbgott, sondern ein sehr freundlicher Mensch, der nach wie vor seine Rs enorm rrollte. »Sie gehen ja noch zurr Schule, nicht wahrr?« wollte er wissen. »Nein, nicht mehrr? Aha. Aberr Sie wissen ja noch, wie's da zugeht, nicht wahrr?« – »O ja.« Wir lachten beide, und nun erfuhr ich, daß Axel Kreuzinger ein Stück vorbereitete, *Die Primanerin*, in dem eine ganze Klasse junger Schülerinnen gebraucht wurde. Meine geliebte Maria Rouvel spielte die Primanerin, und für mich sei auch eine sehr hübsche Rolle im Stück. Er habe mich als Louison gesehen und könne sich gut vorstellen, daß mir das Spaß machen würde. Spaß machen? Selig machte es mich! – Aber die Proben! schoß es mir in den Sinn, die sind doch vormittags, und da bin ich ja im Büro... Axel Kreuzinger versprach mir, daß er es so einrichten wolle, daß ich immer nur ab 12 Uhr drankäme. Aber zwei Stunden würde er mich dann mindestens brauchen. Top – ohne langes Nachdenken war ich einverstanden! Es mußte einfach irgendwie gehen.

Meine Erfindungsgabe in kritischen Situationen war sagenhaft. Ich wurde mit der Zeit eine richtige Lügenmärchen-Tante. Aber: Was hat eine schöne Geschichte mit der Wahrheit zu tun? Meine schöne Geschichte ging folgendermaßen:

»Herr Härtel, meine Mutter läßt die ganze Wohnung ausmalen. Alles muß ausgeräumt werden. Es gibt ein Riesen-Durcheinander, und meine Mutter wird die nächste Zeit nicht zum Kochen kommen. Ich könnte mittags bei meiner Tante Anna in der Reitbahnstraße essen. Straßenbahn jeden Tag ist mir zu teuer. Und zu Fuß ist es ja ein ganz schönes Stück. Da komme ich mit zwei Stunden nicht aus. Dürfte ich ausnahmsweise die kommenden Tage schon halb zwölf weggehen und auch später wiederkommen? Ich schreibe die Zeiten ganz gewissenhaft auf und hole immer nach Büroschluß nach, was ich versäumt habe. Bittte.« – Herr Härtel schaute mich einen bangen Moment lang prüfend über seinen Brillenrand an. Begeistert war er nicht von dieser Idee, aber schließlich sagte er:»Na also guud, ausnahmsweise. Awer daß mir so was nich einreißd!« – Ich versuchte, nicht zu enthusiastisch über diese Erlaubnis zu sein und ihn nicht hören zu lassen, wie der große Stein mir von der Seele rollte.

Nun fuhr ich also jeden Tag zu den Proben – mit der Straßenbahn natürlich. Das brachte mehr Zeit für die Proben und würde ja schließlich durch die 1,50 Mark pro Aufführung wieder reinkommen. Das Stück war lustig und die Rolle auch, und schön groß dazu. Ich blühte auf wie eine Blume, die endlich wieder genügend begossen wird.

Außer Maria Rouvel spielten noch viele mit, die ich schon seit meinem Debut im *Eingebildeten Kranken* kannte, auch die von mir sehr bewunderte Sonja Karzau. Die Primanerinnen waren mit jungen Statistinnen besetzt, von denen zwei auch einige Sätze zu sprechen hatten. Die beiden freuten sich über ihre Mini-Rollen, weil sie ja dadurch auf den Plakaten und im Programmheft stehen würden.

Um Gottes willen, jaa! Ich meine neiin! Daran hatte ich ja noch gar nicht gedacht! Härtel das lesen und alles durchschauen, wäre eins. Und was dann passieren würde, war gar nicht auszudenken. Mein Name durfte auf keinen Fall erscheinen! – Ich breitete meine Sorgen vor Axel Kreuzinger aus und flehte ihn an, entsprechend Sorge zu tragen. Er erreichte es tatsächlich, daß mein Name nicht gedruckt wurde. Eberhard Härtel würde nichts von meinen Seitensprüngen erfahren, mein Name wurde nicht genannt. – Und dann kamen die Kritiken. Bumm! Im »Chemnitzer Tageblatt« vom 31.12.1937 schrieb Dr. Karl Bachler, ganz am Ende seiner Kritik: »Einen Namen nennt der Theaterzettel nicht, den ich gern hervorheben möchte, den der jungen Darstellerin der Inge Lorenz. Hier springt einem aus ein paar Bewegungen eine so unmittelbare, entwicklungsfähige Begabung entgegen, daß man im Sinne der Nachwuchsförderung wünschen möchte, daß dieser Theaternovizin sorgsame Aufmerksamkeit zugewandt würde.«

Das Glücksgefühl, das mich durchrieselte, schien mich für alle vergangene Schande, die mich gedemütigt hatte, zu entschädigen. Erst jetzt fühlte ich, wie verkümmert ich in den vergangenen

Monaten war. Ich las die Kritik wieder und wieder, als sei sie ein Liebesbrief.

Im Theater wurde ich von allen Seiten beglückwünscht; auch von Sonja Karzau, die mir sogar ein Veilchensträußchen zur Premiere geschickt hatte. – Wieso ich eigentlich nicht meinen Plan verwirklicht hätte, auf die Schauspielschule nach Leipzig zu gehen, fragte sie mich. Als ich ihr den Grund erzählte, schüttelte sie ungläubig den Kopf:»Sind die blind dort?« – »Ich habe sicher nicht genügt an dem Tag«, wandte ich ein. – »Aber du behältst hoffentlich deinen Kopf oben und gibst nicht auf«, sagte sie.»Nein, das nicht! Ich könnte ja Privatunterricht nehmen, aber dafür muß ich erst noch eine Menge Geld zurücklegen. Viel verdiene ich ja nicht im Büro. Mir bleiben nur 30 Mark im Monat zum Sparen.« – Es entstand eine kleine Pause. Dann sagte Sonja Karzau – und mir blieb fast das Herz stehen:»30 Mark, ja das ist normalerweise natürlich nicht genug. Aber wenn du willst, werde ich dich dafür unterrichten. Ich halte dich nämlich für sehr begabt, und es würde mir Freude machen zu sehen, was aus dir wird.«
– Auf dem ganzen Heimweg hab ich geheult vor Freude.
Zu Hause unterhielt ich mich kurz vor Mitternacht mit meinem intimsten Freund, meinem Tagebuch:
Sonnabend, d. 31. Dezember:
Heute ist der letzte Tag im Jahr 1937. Noch 13 Minuten, dann fängt 1938 an. Was wird's mir bringen? Heute nachmittag hab ich geweint, weil ich noch mal an alles gedacht habe, was 1937 war... Aber Schluß damit! Heute abend hab ich doch eine große Freude gehabt... PROSIT NEUJAHR!
Sonntag, d. 1. Januar 1938. – 1938 – meine es gut mit mir!!

»Naa«, sagte Herr Härtel einige Tage nach der Premiere, »is denn de Wohnung schön geworden?« – »Welche Wohnung?« fragte ich. »Nu Ihre. Hatten Sie nich de Maler?«« – »Ä – oo jaa! Natürlich. Wunderschön.« – »So. Na das is ja wunderschön«, kam zurück, »da komm Se ja ahmds nach'n Deader in ein wunderschönes Zuhause.« Härtel grinste. »Ich war gestern ahmd im Schauspielhaus... Hat mir gud gefall'n. Ich finde, das könn Se besser als Dibb'n«, merkte er noch an, und dann brach ein Gelächter aus ihm heraus.

Mir war nicht danach zumute einzustimmen, ich sah ihn nur mit Hundeaugen an, verzweifelt und Verzeihung heischend. Er sagte nichts mehr, zwinkerte nur, und ich fing beinahe an, ein bißchen zu weinen, weil ich ihm dafür so dankbar war. Ich wollte zu einer Erklärung ansetzen, aber er ließ mich nicht:»Nu machen Se mal heude nich so viel Fehler!« und verließ das Büro.

Es war nicht einfach, Sonja Karzaus und meinen Zeitplan für die Unterrichtsstunden zu koordinieren, aber wir schafften immer zwei Stunden in der Woche.

»Ich möchte so gerne das Gretchen studieren«, begann ich gleich in der ersten Unterrichtsstunde. Frau Karzau lächelte:»Ja, das wollen sie alle als erstes. Aber bevor du bei mir auch nur ein Gedicht arbeiten darfst, mußt du sprechen lernen und atmen, dein Handwerkszeug beherrschen.« Ich sehe noch heute Sonja Karzau am grünen Kachelofen ihres Untermietezimmers lehnen und mir erklären und demonstrieren, wie man mit seinem Atem umgeht. Es hörte sich alles ganz einfach an. Aber wenn ich es selbst versuchte, ging all meine eingeatmete Luft nur in den Bauch, und was ich als Stütze versuchte, fabrizierte einen lächerlich wackelnden Ton. Ja – üben, üben, üben! Wo immer ich ging, auf dem Weg ins Büro, in der Pause im Theater, daheim im Schlafzimmer, übte ich atmen.

Nach einiger Zeit begann Frau Karzau mit den Vokalen, denn »dein Sächsisch mußt du komplett loswerden«. Das war mir klar, und ich beobachtete mit großem Eifer die Mund-, Lippen- und Zungenstellungen, die mir vorgemacht wurden.

Als ich das einigermaßen zustande brachte, übten wir also die Vokale. Sonja Karzau demonstrierte mir mit engelsgleicher Geduld, wie ich es zuwege bringen sollte, ein klares Aaaa, Eeee, Iiii, Oooo, Uuuu aus meiner Kehle strömen zu lassen, anstelle der gemütlich-verwaschenen sächsischen Laute. Es war ein Phänomen, ein Rätsel: Mit allen Zwerchfell-, Zäpfchen-, Zungen- und Lippenpositionen korrekt brachte ich es dennoch fertig, meinen reinen, unverfälscht-sächsischen Vokalsalat in Sonja Karzaus beleidigte Ohren säuseln zu lassen. Ich kann das heute noch produzieren, wenn ich will. Und wer es hört, findet es meist ungeheuer erheiternd. Für mich war es damals freilich alles andere als das.

Mit den Konsonanten kam ich sowieso schneller zurecht, obwohl die Sprechübungen im *Kleinen Hey* dem Sinngehalt nach völlig blödsinnig und überdies wahre Zungenbrecher waren. Nach einigen Monaten erhielt ich endlich die Erlaubnis, ein Gedicht vortragsreif zu arbeiten.»An den Mond« von Goethe wurde gemeinsam ausgewählt. Es war eine Wonne, ein Rausch, mit jedem Vokal und Konsonanten zu spüren, wie das Artikulieren, die Luft, das Laut und Leise mir zu gehorchen begannen. Mein Fleiß und all die zähe Mühe waren nicht umsonst gewesen. Ich solle mich nun auch bemühen, generell hochdeutsch zu sprechen und nicht nur im Unterricht, meinte Frau Karzau. Daheim und bei meinen Verwandten wurde ich deshalb bald für »alworn« und »hochnäs'sch« gehalten.»Was hast'n du jetz' für 'ne eefält'sche, uhnadierlische Schbrächweise?« wollte meine Mutter wissen. Ach, es war alles so schwierig. Aber es war's wert.

Ich werde Sonja Karzau immer zutiefst dankbar bleiben für die Liebe und Sorgfalt, mit der sie mir sächsischem »Straßenkind« das Wesentliche der Schauspielerei beigebracht, und mich so auf ganz organische Weise aus meiner Backfisch-Schwärmerei heraus zur tiefen Liebe für diesen Beruf geführt hat.

Wieder stand die Bieserner Mutter in der Küche bei Mutti, ähnlich wie damals, als sie ihr von Großvaters Tod berichtet hatte. Diesmal weinte sie nicht, sie sah blaß und verängstigt aus und starr, wie versteinert.»Sie haben ihn abgeholt«, sagte sie, wie mechanisch, und »er hat so gebrüllt. Ich konnte nischt machen. Dann haben sie ihn einfach mitgenommen.« – »Wen?« fragte ich beklommen.»Den Alfred«, sagte meine Mutter leise, denn die Bieserner Mutter konnte nicht mehr weitersprechen. Es schien ihr den Hals abgeschnürt zu haben. Und auch mir legte es sich wie eine Klammer um die Brust, als ich in wenigen Worten erfahren hatte, was geschehen war.
Onkel Alfred hatte in der Zeitung irgend etwas von »unwertem Leben« gelesen, und plötzlich hatte er zu toben begonnen.»Wer hat hier ein unwertes Leben?« hatte er geschrien, »dieser Hitler, dieses Schwein! Was ist denn das Leben von diesem Verbrecher wert?!« Und so sei es fortgegangen und immer schlimmer geworden. Alfred hörte kein beschwichtigendes Wort seiner Mutter mehr; er riß sich los und rannte hinaus, rannte durch das Dorf und über die

Felder und schrie und schrie: »Dieser Hitler, dieses Schwein! Dieser Verbrecher!«, bis er schließlich Schaum vor den Mund bekam und geschüttelt von einem seiner epileptischen Anfälle zusammenbrach. Alles war im Dorf zusammengelaufen, und irgendeiner muß eine einschlägige Stelle verständigt haben. Jedenfalls waren – nachdem der Anfall vorüber war – Sanitäter zur Stelle, die den erschöpften Mann wegbrachten. Die Bieserner Mutter war weinend hinterhergelaufen: »Wo bringt ihr ihn hin?« wollte sie wissen. – »Wo er hingehört, nach Schadras«, war die knappe Antwort. Schadras war die Irrenanstalt.

Entsetzen! Ich erlebte blankes Entsetzen, zum ersten Mal in meinem Leben. Man müßte ihn doch um Gottes willen herausholen können! Er war doch kein Irrer! Er war schrullig und oft verschlossen und meist traurig. Aber er hatte doch nie jemanden mit seinem Leiden belästigt, nie über sein zu kurz gekommenes Leben geklagt oder irgend etwas Böses getan!

Ich ging ins Schlafzimmer und weinte. Aber es erleichterte mich nicht. Wieder kam ich nicht klar mit der Welt, wie sie nun einmal zu sein schien und zu akzeptieren war.

Die Bieserner Mutter machte mit zittriger Schrift Eingabe um Eingabe. Onkel Alfred ist nie wiedergekommen. Nach drei Wochen erhielt sie eine Nachricht: Ihr Sohn sei an einer Lungenentzündung gestorben. Er sei eingeäschert worden und auch schon beigesetzt. Für irgendwelche Unkosten war noch eine bestimmte Summe zu entrichten.

Großmutter zog zu uns, Mutti bestand darauf. In Biesern gab es nun keinen Menschen mehr, der ihr verwandtschaftlich nahestand. Und so schien die Lösung, zu uns in die Weststraße zu ziehen, zunächst die vernünftigste. Was weiter mit dem Hof geschehen sollte, würde man in Ruhe überlegen und miteinander beraten.

Die Bieserner Mutter fügte sich lethargisch in alles, was beschlossen wurde. Das kleine Hinterzimmer mit dem anschließenden Bad wurde für sie eingerichtet, und wir alle trachteten danach, es ihr so gemütlich wie möglich zu machen. Aber sie war wie erloschen; es greift mir noch heute ans Herz, wenn ich sie mir so aus der Erinnerung zurückrufe.

Ihres Bleibens bei uns war nicht lange. Sie, das Kind vom Lande, mit Natur und Grün aufgewachsen, konnte die Stadt nicht für im-

mer aushalten. Sie ging nach Biesern zurück. Man würde nach wie
vor bei ihr Ferien machen können, als sei nichts geschehen...
...als sei nichts geschehen? Nein! Nichts konnte für mich wieder so
werden wie früher. Nie wieder würde ich mit Onkel Alfred Exkur-
sionen in die Gegend machen, nie wieder, mit dem Apfelschimmel
Hans vor den Leiterwagen gespannt, stolz nach Rochlitz kutschie-
ren können. Der alte Hans wurde verkauft, und sein Fortgehen war
für die Bieserner Mutter ein zusätzlicher Schmerz über den Verlust
von Alfred, dem Hans sein bester Freund gewesen war.

Die Großmutter besuchte und schmückte nun zwei Gräber in Seelitz: das von ihrem Mann Moritz – und das von ihrem Sohn Alfred.
In letzterem, so glaubte sie, war die Asche des Verstorbenen in die
Erde gebettet. Man hatte ihr auf Verlangen und gegen Bezahlung
die Urne geschickt – irgendeine Urne, wie wir alle glaubten. Wer
hätte es fertiggebracht, ihr Zweifel einzuflüstern?

Wieder einmal war mir eine Liebelei in die Binsen gegangen.
Auf die Männer war kein Verlaß. Das hatte ich mittlerweile ein-
deutig festgestellt. Das einzige, was einen wirklich würde glücklich
machen können, war dieser herrliche Beruf, den ich mir auserkoren
hatte. Ich schwor mir, nie wieder so kleinmütig zu sein wie nach
der verkrachten Aufnahmeprüfung. »Du wirst noch mehr Enttäu-
schungen erfahren«, hatte mir Sonja gesagt, »du mußt als eines
der wichtigsten Dinge lernen, nicht gleich klein beizugeben und
an dich zu glauben.« – O ja, das wollte ich. Wie unendlich schwer
das späterhin oft noch sein würde, ahnte ich damals noch nicht.
Aber dieser erste schlimme Schock hatte letzten Endes doch
ein Gutes gehabt: Ich war wieder aufgestanden, ich begann, Steh-
vermögen zu entwickeln, ich wurde mit der Zeit ein Stehauf-Weib-
chen.
Fürs erste hatte die Zuteilung an Glücksentzug aber einmal gereicht. Ich schaute nicht mehr zurück, sondern war neugierig, wie
ich es auf anderem Wege schaffen würde. Denn die Überzeugung,
daß ich es schaffen würde, war nach dem harschen Stopp wieder
trotzig gewachsen.
Der ungeliebte Bürodienst war hart. Aber der Unterricht bei Sonja Karzau machte das alles wett. Langsam begann auch das Rollenstudium: Die Hermia aus dem *Sommernachtstraum*, später das Ann-

chen aus *Jugend* von Halbe. Es gab so viel zu lernen, und so viele Knöpfe gingen mir schon damals auf. Je mehr ich feststellte, was man alles beherrschen muß und was alles zu bedenken ist, bevor man davon sprechen kann, daß eine Rolle bühnenreif ist, desto mehr erschreckte mich nachträglich die kecke Unbekümmertheit, mit der ich mich bisher auf der Bühne produziert hatte, als sei es das Einfachste und Selbstverständlichste von der Welt.

Mit Sonja sprach ich auch oft darüber, daß ich so viel glücklicher wäre, wenn ich meinen Eltern reinen Wein einschenken könnte. Sie schlug vor, daß sie einmal beiläufig mit ihnen sprechen und ihnen klarmachen möchte, daß von Marotte bei mir keine Rede sein könne, und daß es sich lohne. Aber wie das einfädeln?

Da kam mir eine fabelhafte Idee, als Sonja einmal nebenbei sagte, ihre derzeitige Bleibe gefalle ihr überhaupt nicht, sie sei dauernd auf der Suche nach etwas anderem. Ich sprudelte ziemlich aufgeregt meinen Vorschlag heraus: Wir hatten ja zwischendurch sehr oft das große Erkerzimmer vermietet. Warum nicht auch an Sonja Karzau, wenn es ihr gefiele?!

Sonja fand den Plan glänzend und sah auch gleich, daß ich dann ja quasi daheim den Unterricht haben könnte und mir viel Wegzeit ersparen würde. Ich habe Mutti mit diesem Vorschlag förmlich überfahren. Sie war sofort einverstanden, wahrscheinlich weil die Mieteinnahmen so lange Zeit arg gefehlt hatten.

Eine wunderschöne Zeit begann damit für mich. Meine Eltern wurden von Sonja Karzau langsam, aber sicher kirre gemacht, und da sie vor der angesehenen, erfolgreichen Schauspielerin viel Respekt hatten, wurden sie auch allmählich mit dem Gedanken vertraut, daß ich vielleicht doch Schauspielerin werden würde.

Alles schien nun bestens geregelt, und ich hätte es mir nicht schöner wünschen können. Sicher, auf einer Schauspielschule gibt es außer Sprech- und Atemtechnik und Rollenstudium noch eine Menge andere Fächer. Aber ich war der Meinung – und Sonja mit mir –, daß man sich praktisch all dies auch auf andere Weise aneignen kann. Als erstes meldete ich mich einmal beim Städtischen Hallenbad zu einem Schwimmkurs an. Da hing ich nun an der Angel, inmitten von greinenden Kleinstkindern in der gleichen Situation. Diejenigen, die sich schon freigeschwommen hatten, setzten mir zu mit viel Gejohle. Es kostete mich eine gute Portion Überwindung, dennoch bei der Angelstange zu bleiben und bis zum Ende durchzuhalten. Und als ich schließlich eines Tages mit schier übermenschlichem Mut vom Dreimeterbrett sprang – Füße voraus natürlich – und nach vorübergehender Unterwasserpanik durch das angelernte Paddeln tatsächlich wieder an der Oberfläche erschien, war ich ebenso übermenschlich stolz auf mich. Tiefes Wasser konnte mich nun – vorläufig – nicht mehr schrecken.

Neben dem Lernen bei Sonja nahm ich einmal die Woche Unterricht im Florettfechten. Das kostete fünf Mark im Monat, was ich – wie auch den Schwimmunterricht – durch meine verschiedenen Mitwirkungen im Theater im wahren Sinne des Wortes spielend verdiente. Hier hatte ich ja auch jede Gelegenheit, Ensemblespiel zu beobachten und selbst auszuprobieren. Nur mit dem theoretischen Wissen haperte es noch gewaltig. Über die wichtigen Dramatiker wußte ich lediglich, daß sie herrliche Stücke geschrieben hatten mit ebensolchen Rollen, selbstverständlich vornehmlich mir auf den Leib geschrieben.

Aber noch stand ich ja am Anfang. Ich vermißte nichts und fühlte immer deutlicher, daß ich in der Lage wäre, die für mich wesentlichen Entscheidungen selbst zu treffen. – Daß man dabei aber auch stets auf die freundliche Mitwirkung des Schicksals, des Zufalls, angewiesen ist, lernte ich schnell.

Sonja mußte dringend nach München fahren, bekam einige Tage Urlaub und kehrte strahlend zurück mit einem Dreijahresvertrag an die Münchner Kammerspiele, zu Otto Falckenberg. »Ich hab mich so mit ihr gefreut!« steht in meinem Tagebuch, aber unmittelbar dahinter die bange Überlegung: »Dann bin ich ja ohne meine Lehrerin!!«

Dieses Problem trieb mich von nun an um. »Es wäre sehr schön, wenn du mitkommen könntest«, seufzte Sonja, »ich würde dich sehr gern weiter ausbilden. Aber es unterrichten hier ja auch noch andere.« Nein, ich wollte niemand anderen. Ich war überzeugt, daß ich bei keinem anderen Lehrer so intensiv arbeiten und so viel lernen könnte. Kurz, ich war auf Sonja Karzau fixiert, und da sie dieses Mal nicht ihren Einfluß bei den Eltern geltend machen wollte, fing es wieder langsam an, in meiner Pläneschmiede zu rasseln.

Nach noch nicht einmal einem halben Jahr stand das große Erkerzimmer wieder leer. Sonja fuhr in Urlaub, und unmittelbar danach
ging sie nach München. Zum Abschied schenkte sie mir ein Foto
von sich, auf das sie schrieb:»Meiner lieben, kleinen, begabten
Meisterschülerin Brunni mit den besten Wünschen für die
Zukunft, hoffentlich auf Wiedersehen in München – ihre Sonja
Karzau, Ch. d. 3. Juli 38«.

Eines Tages faßte ich mir den Mut, mit meiner Mutter darüber
zu sprechen. Ich könnte mir doch eine Stellung – ähnlich wie bei
Härtel – in München suchen, ein billiges Zimmer würde ich auch
finden. Ich würde nicht viel brauchen zum Leben, und ab Juli
könnte ich doch auch das Geld, das ich sonst monatlich für den
Unterricht ausgab, ansparen.

Ich glaube, Mutti hat überhaupt nur»München« verstanden, und
ihre Augen wurden immer ungläubiger:»Bei dir biebt's woh'?!
Dengste vielleichd, ich lasse dich halbwüchs'sches Ding alleine in
so 'ne große, fremde Stadt?! Ha! Un' so weid weg! Nee nee, das
schlaach dir ma' ganz schnell aus'n Kobbe!« Bei Vati fand ich genausowenig Unterstützung. Und als ich beharrlich das Thema zum
xten Male anschlagen wollte, gab es einen finalen Krach. Auf gera-
dem Wege war wieder einmal nichts zu erreichen. – So tüftelte ich
also Umgehungsstraßen aus.

Zunächst kaufte ich am Bahnhof die»Münchner Neuesten Nachrichten«, in denen ich hauptsächlich die Stellenangebote durchfor-
stete. Dann arbeitete ich mir ein 1A-Bewerbungsschreiben mit
Lebenslauf aus, ließ mir Paßfotos machen und verschickte das in
mehrfacher Ausführung, handschriftlich, an die verschiedenen
Chiffre-Nummern in München. Meine Gehaltsforderung war
enorm. Ich verlangte doch glatt 150 Mark monatlich und verwies
auf meine»jahrelange einschlägige Erfahrung«. – Ich versuchte
nun täglich, die eingehende Post abzufangen, was mir auch meist
gelang.

Es schrieben tatsächlich fünf bis sechs Interessenten und baten um
persönliche Vorstellung. O je! Wer denkt denn an so was?! Aber es
muß für alles eine Lösung geben.

Das war's: Ich hatte ja bei Härtel noch gar keinen Jahresurlaub gehabt. Also verschaffte ich mir zuerst die Gewißheit, daß ich Ende

August tatsächlich die zehn Tage, die mir zustanden, im Geschäft abkömmlich sei; und dann wagte ich einen kühnen Vorstoß bei meinen Eltern: Sonja habe mir angeboten, daß sie mir ein wenig München zeigen würde, wenn ich meinen Urlaub vielleicht dort verbringen möchte, ich könne auch bei ihr übernachten. Letzteres stimmte tatsächlich, denn ich hatte ihr in diesem Sinne geschrieben. Es ging ein wenig hin und her, aber schließlich – nachdem ich argumentiert hatte, ich sei ja immerhin auch schon in Budapest, einer noch viel fremderen und ferneren Stadt nicht abhanden gekommen – erhielt ich, wenn auch zögernd, die Erlaubnis. Uff!

Sonja holte mich am Münchner Hauptbahnhof ab und nahm mich mit zu sich in die Schellingstraße, wo sie ein großes Untermietezimmer hatte, in dem sie für die Tage meines Urlaubs auch mich unterbringen durfte. – Und dann begann ich meine endlosen Fußmärsche durch die große, fremde Stadt, bewaffnet mit meinen Interessentenschreiben, einem Stadtplan, guten Vorsätzen und großem Mut. Ich weiß nicht, wie viele zig Kilometer ich in dieser Woche gelaufen bin; denn für öffentliche Verkehrsmittel hätte mein Geld nicht gereicht. Abend für Abend kehrte ich enttäuscht in die Schellingstraße zurück mit nichts als bedauernden oder belustigten Absagen, einem Sonnenbrand auf der Nase und Blasen an den Füßen.

Als eines der letzten Geschäfte vor meiner Heimreise besuchte ich das Textil-Kaufhaus Goetzke am Weißenburger Platz. Der Chef, Herr Goetzke, war ein freundlicher, mittelalter Mann, blond und blauäugig und ein wenig mollig. Er befaßte sich ausführlicher mit mir als alle anderen bisher. Er erklärte mir, daß die angebotene Stellung eine Dauerstellung sein solle und zeigte sich äußerst erfreut über meine sächsische Abstammung. Seine langjährige Sekretärin, Fräulein Quielitz, deren Nachfolgerin ich unter Umständen werden sollte, war aus Thüringen, und er sah in ihr die leibhaftige Zuverlässigkeit. Ich geriet in einen argen Zwiespalt: Einerseits wollte ich diesen freundlichen Mann doch nicht enttäuschen, aber andererseits: Dies schien bis jetzt die erste konkrete Möglichkeit, meinen Plan wahr werden zu lassen. Also widersprach ich zumindest der »Dauerstellung« nicht. Meine hochgestochenen Gehaltsforderungen waren natürlich nicht erfüllbar. Also: »105 Mark brutto und ab viertem Monat 120 Mark. Können Sie am 1. November anfangen?«

Ich wäre Herrn Goetzke am liebsten um den Hals gefallen, obwohl ich noch keine Ahnung hatte, wie ich es anstellen sollte, mich von Chemnitz loszueisen. Aber daß ich es fertigbringen würde, war mir klar.

Voller Tatendrang und Unternehmungslust fuhr ich zurück. So müssen sich Pioniere vorm Aufbruch in ein neues Leben gefühlt haben.

Eberhard Härtel wunderte sich nicht, daß ich kündigte, und ich war ihm sehr dankbar. Er legte mir nicht nur nichts in den Weg, sondern sogar meinem Gehalt für die letzten beiden Monate noch zwanzig Mark zu. Obendrein gab er mir ein unverdient gutes Zeugnis mit auf den Weg.

Nun war viel zu bedenken und zu tun. Ich entwarf einen ausführlichen Plan und hakte ab, was erledigt war. In der Bodenkammer im vierten Stock entdeckte ich das Köfferchen, mit dem ich immer in die Ferien geschickt worden war. Was ich mitnehmen wollte, war nicht viel – auch aus dem einfachen Grund, weil ich nicht viel besaß. Ich packte über sechs Wochen hinweg, holte wieder heraus, gab Neues hinein. Es war eine aufregende Heimlichtuerei, von der niemand – sicherheitshalber nicht einmal meine Schwestern – etwas erfahren durfte.

Fräulein Quielitz, die Noch-Sekretärin bei Goetzke in München, hatte mir in der Zwischenzeit dort eine Bleibe besorgt: eine winzige, unheizbare Kammer mit schrägen Wänden bei der Witwe Fanny Geßler in der Enzensperger Straße 4 im vierten Stock: Bett, Stuhl, Mini-Tisch, kleiner Spind, schmales Fenster zum Hof hinaus und eine funzelige Deckenlampe. Was brauchte ich mehr? Siebzehn Mark Monatsmiete verlangte Frau Geßler. Ich fing schon an, meinen Haushaltsplan aufzustellen. Was mir von den Anfängen der Buchhaltung eingetrichtert worden war, kam mir hier zugute:

Brutto-Gehalt:	104,99
./. Abzüge:	15,50
./. Miete:	17,00
./. Unterricht:	30,00
Blieben übrig:	42,49.

Wenn man die durch dreißig Tage im Monat teilte, hatte man doch immerhin pro Tag 1,41 Mark. Damit konnte man auskommen, fand ich.

Je weiter sich der Oktober seinem Ende zuneigte, desto unruhiger wurde ich. Am Bahnhof erkundigte ich mich nach den Zugverbindungen nach München. Das war eine lange Fahrt damals, acht oder neun Stunden glaube ich. Es ging ein Zug am frühen Vormittag und einer am späten Nachmittag. Logischerweise wählte ich den ersten. So würde ich abends rechtzeitig ankommen, um zu Frau Geßler zu gelangen und mein erstes eigenes Quartier zu beziehen.

Nun ging's an die Finanzen: Ich hob mein Geld, das seit Sonjas Weggang natürlich um einiges zugenommen hatte, von der Sparkasse ab. Zu meinem grünen Quetschfaltenrock leistete ich mir im Kaufhaus Tietz eine farblich passende karierte Jacke mit tollen eckigen Schulterpolstern, wie sie damals modern waren, und ein braunes Hütchen. Mutti fand beides sehr schick, als ich es ihr vorführte, wobei mich das erste Mal so etwas wie ein schlechtes Gewissen beschlich. Aber das dauerte nicht lange. Ich fühlte keinerlei Bedauern, nur den ungeheuren, kaum mehr zu ertragenden Drang, fortzugehen.

Der Countdown war abgelaufen. Alles stand gut versteckt, aber leicht greifbar bereit. Sogar Reiseproviant hatte ich mir eingepackt. In der Nacht zum 31. Oktober habe ich kaum ein Auge zugetan, und beim Frühstück, das ich so alltäglich und normal wie möglich einnehmen wollte, bekam ich nicht viel hinunter.

Mutti arbeitete in der Küche, Vati war auf Tour, die Schwestern in der Schule. »Du mußd nu machen, daßde ins Geschäft kommst!« mahnte meine Mutter. – »Ja ja, ich geh gleich.«

JETZT! Jacke an, Hütchen auf, Mantel über den Arm, Handtasche, Köfferchen gegriffen und auf Zehenspitzen zur Flurtür. Am Hakenbrett hängte ich meinen Schlüsselbund an, ganz leise, damit er nicht rasselte. Ich brauchte ihn ja nun nicht mehr. Hinter der Küchentür hörte ich Mutti hantieren. Leise die Flurtür auf, hinaus, noch leiser zugedrückt. Ich war heraus aus dem Käfig und atmete ein wenig zittrig durch. Nach drei Schritten hielt ich inne. Das Topfklappern aus Muttis Küche drang noch bis hierher ins Treppenhaus... Nein! So ging es nicht! Das konnte ich ihr nicht antun! Zumindest »Auf Wiedersehen« mußte ich sagen – und dann nichts wie weg.

Nun stand ich vor der geschlossenen Wohnungstür, ohne Schlüssel. Es blieb mir nichts anderes übrig, als zu klingeln. Mutti öffnete, in einer Hand ein Trockentuch – ich sehe sie noch vor mir: Dieser fast ärgerliche, verwundert-fragende Blick! – »Mutti, damit du dich nicht sorgst: Ich wollte dir nur sagen, ich fahr jetzt nach München und werde –« Weiter kam ich nicht. Mutti ergriff mich wortlos am Handgelenk und zog mich Zeternde, Widerstrebende den Korridor entlang ins kleine, hintere Zimmer, warf die Tür zu und drehte von außen den Schlüssel um. Punktum.

Ich tobte, schrie, hämmerte gegen die arme Tür, trat sogar mit Füßen dagegen. »Laß mich raus, laß mich raus!! Mein Zug geht in einer halben Stunde! Ich verpaß den Zuuuug!!!« – Es nützte nichts. Es kam kein Wort, kein Argument – gar nichts. Alles aus – alles futsch! Nach all den sorgfältig verborgenen Heimlichkeiten! Ich Idiot! Ich hatte es doch schon geschafft. Welcher Teufel hatte mich geritten?! Ich heulte, tobte, schmiß die Stühle um, klatschte wahllos Bücher und Sofakissen an die Wand.

Langsam, ganz langsam ging mir die Puste aus. Mein schönes, frisches Reisetaschentuch war vollgeschneuzt. Aber jetzt war schon alles egal...

Tief durchatmen! Nachdenken! Wann ging der Abendzug noch gleich? Wie gut, daß ich den auch aufgeschrieben hatte. Ja, natürlich! Dann muß ich den eben nehmen. Nur, wie komme ich hier raus? Aber das wäre doch gelacht! Ich mußte eine List ersinnen. Was bloß? Ich brütete...

Das Ei, das ich ausbrütete, war enorm. Kaum war dieser Gedanke ausgeschlüpft, ging es mir wieder besser. Im Bad, das ja an mein Gefängnis anschloß, wusch ich mir das Gesicht mit kaltem Wasser und begann, meine Blitzidee in Ruhe zu analysieren, Vorgehensweisen zu überlegen. Bei *diesem* Generalstabsplan durfte nun nichts mehr fehlschlagen.

Also: Durch die Tür zu entkommen war absolut aussichtslos. Aber da gab es ja noch das Fenster. Es ging zum Hof. Schlimm wäre es freilich, wenn Mutti sich ausgerechnet jetzt im Hof zu schaffen machte. Aber um diese Zeit war sie meist beim Kochen. Man mußte nur ein bißchen Gottvertrauen haben, ganz ohne Risiko würde es nicht abgehen. Und wenn Mutti zum Küchenfenster hinaus auf den Hof schaute? Man mußte eben dicht an der Hauswand bleiben und geduckt schleichen. Ich schickte sicherheitshalber schon einmal ein paar Stoßgebete nach oben. Das Parterre lag ziemlich hoch und somit auch die Fenster. Ich mußte also sehr geschickt hinausklettern, durfte kein Geräusch machen und mir ja auch meine Kleidung nicht zerreißen. Der etwas höher gelegene Zaunsockel, der unseren Hof von dem desNachbarhauses trennte, war dabei eine ideale Hilfe. Man konnte zuerst auf diesen Sockel gelangen und sich von da in unseren Hof hinabgleiten lassen. Aber das Gepäck? Der Koffer mußte auf irgendeine Weise ganz sachte hinuntergelassen werden, quasi abgeseilt. In Muttis Nähzeug, das direkt vor meiner Nase stand, entdeckte ich schönen, stabilen Einziehgummi, ein ganzes Kärtchen voll. Es war genug davon da, daß ich ihn doppelt nehmen konnte. Der Koffer war ja nicht gerade leicht. Also los! Leise, leise das Fenster öffnen. Der Koffer schwebte lautlos hinunter. Nun Mantel, Handtasche und zuletzt Hut hinterdreingeworfen. Und jetzt nicht mehr lange gefackelt, keine Angst, es wird schon gehen.

Ja, es ging. Und niemand hatte es beobachtet. Danke, lieber Gott! Und jetzt hilf mir nur noch, daß ich ungesehen am Küchenfenster vorbeikomme! Es war verflixt schwer, in geduckter Haltung, fast kriechend, einen Koffer lautlos zu transportieren und als zusätzliches Handicap noch einen Mantel tragen zu müssen, der zu eng war, um ihn über die Jacke anzuziehen. Den Hut hatte ich mir, egal wie, auf die Haare gestülpt. Mein Herz pochte am Hals wie wild.

Geschafft! Ich hatte es geschafft! Ich hastete so leise wie möglich die halbe Treppe vom Hof hinauf, passierte unsere Wohnungstür, erreichte die Straße und raste, als seien sämtliche Höllengeister hinter mir her, die Weststraße hinab zur Straßenbahn-Haltestelle. Beim Café Freund drückte ich mich in eine Nische und schnappte keuchend nach Luft, immer spähend nach etwaigen Verfolgern. Die Straßenbahn kam schnell, aber viel zu langsam für mich. Ich ließ mich erschöpft auf einen Sitz fallen, auf der rechten, unserer Hausfront abgewendeten Seite, und bückte mich sicherheitshalber auch noch, als wir auf der Höhe der Nr. 62 vorbeifuhren.

Langsam kam ich wieder zu Atem und beruhigte mich etwas, denn vorläufig fühlte ich mich in Sicherheit. Von mir aus hätte die Fahrt nun doppelt und dreifach so lange dauern können; ich hatte ja jetzt endlos viel Zeit bis zur Abfahrt des Nachmittagszuges. Es wurden einige Stunden, in denen ich keine ruhige Minute hatte. Mittlerweile würde mein Verschwinden ja entdeckt worden sein, und was hätte näher gelegen, als zu versuchen mich am Bahnhof aufzuspüren und mit Gewalt wieder einzufangen. Umherzuwandern oder mich gar in das Bahnhofsrestaurant zu setzen traute ich mich nicht. Ich mußte immer Rückendeckung haben, damit man mich auf keinen Fall überraschend von hinten packen konnte. Der Zeiger der großen Uhr in der Bahnhofshalle schlich unerträglich langsam. Es war schon dunkel, als der Zug nach München abfuhr. Erst jetzt konnte ich wirklich aufatmen, und es stieg ein solch wildes Glücksgefühl in mir hoch, daß ich in meiner Fensterecke saß und heulte, als die letzten beleuchteten Straßenzüge meiner Heimatstadt draußen vorbeiglitten. Ab morgen früh würde alles alles anders sein...

Eine große wohlige Müdigkeit überkam mich, und ich nickte selig ein, an der Schulter des wildfremden Herren, der neben mir saß.

Das Glück klopft an

Sonnabend, den. 31. Oktober 1936, früh:
Bei der Ankunft in München war es noch immer dunkel. Und als ich bald danach mit meinem Koffer am Stachus stand, begann es erst langsam zu dämmern. Ich dachte an die anstrengenden Fußmärsche von vor zwei Monaten während der Stellungssuche. Nein, das ging jetzt nicht. Der Koffer war schwer und die Zeit drängte. Um 8 Uhr sollte ich im Goetzke-Büro antreten, und meinen Kram wollte ich zumindest vorher noch bei Frau Geßler abstellen.

»Entschuldigen Sie bitte, wie komme ich am günstigsten zum Rosenheimer Platz?« fragte ich daher artig den erstbesten Passanten. Der war in Eile und sagte nur rasch im Weitergehen, fast über die Schulter: »Da nehmen S' 'n Oanser«, und weg war er. »'n Oanser«... Was mochte das sein? Vielleicht so etwas wie – ja wie in

Wien ein Fiaker? – Ich machte einen zweiten Versuch beim nächsten, der des Weges daher kam. Wieder die gleiche Auskunft:»Da nehmen S' 'n Oanser.« Dieser war nicht ganz so hastig, deshalb wagte ich nachzustoßen:»Verzeihung, was ist denn ein O-anser?« Er schaute mich an, als wollte ich ihn zum Narren halten, und zeigte ärgerlich auf eine Straßenbahn, die gerade losfuhr:»Mei, da fahrter ja!« – Oben, am rückwärtigen Ende des Daches der Straßenbahn, die gerade durchs Karlstor nach Osten entschwand, sah ich eben noch das Schild mit einer großen 1.»Ach, mit der Eins!« rief ich erleichtert aus.»Des sag i ja, mit 'n Oanser«, kam ungeduldig die Bestätigung, und kopfschüttelnd eilte er weiter. Das war meine erste Lektion in Bayrisch.

Ich lernte schon bald noch»mehra« und es dauerte nicht lange, bis ich so gut wie alles verstand, was»boarisch g'redt« wurde. Meine Sprachbegabung und mein neugieriges Interesse halfen sehr dabei. Und als wichtigen Nebeneffekt stellte meine Lehrerin fest, daß meine Aussprache immer schneller frei wurde von unfreiwilligen sächsischen Einsprengseln.

Sonja Karzau freute sich mit mir, daß ich es geschafft hatte, nach München zu kommen. Die näheren Umstände gestand ich ihr allerdings erst nach einer Woche und nur zögernd. Sie konnte sich zwar ein Schmunzeln nicht ganz verkneifen, machte aber doch auch ein besorgtes Gesicht. Ob ich denn meine Eltern inzwischen verständigt hätte.»Nein? Ja, um des Himmels willen, dann mußt du aber schleunigst Nachricht geben!«
Sie hatte ja recht, ich sah das ein. Aber ich hatte Angst vor»Maßnahmen«. Und tatsächlich kam auch postwendend auf meine informative Postkarte eine Art Drohbrief: Wenn ich nicht auf der Stelle zurückkäme, würde man mich»mit der Polizei holen lassen«.
Ich schickte sofort eine trotzige Antwort: Das sollten sie mal ruhig machen. Ich würde bei der ersten Gelegenheit wieder durchbrennen. Darauf kam nach einigen Tagen Schweigen ein Brief, in dem mein»Starrsinn« einfach abgetan wurde: Man brauche sich schließlich gar keine Ungelegenheiten zu machen, ich würde ja ohnehin in Kürze von selbst wiederkommen, da ich von den paar Kröten, die ich verdiente, auf keinen Fall existieren könne.
Das hätten sie nicht schreiben sollen. Ich wäre eher verhungert, als

daß ich klein beigegeben hätte. Nach kurzer Zeit lenkten sie schließlich ein und Mutti fragte an, ob ich denn gar nicht meine Lieblingssuppe vermißte, Kartoffelstückchen mit Möhren. Doch, erwiderte ich, und ich würde bald einmal lernen, sie mir selbst zuzubereiten. Nach einigen Tagen wurde mir ein völlig durchnäßtes Paket von der Post gebracht. Ich schälte in Frau Geßlers Küche einen mit ungeheurer Mühe verpackten, x-mal verschnürten und zugeklebten, mit Ölpapier umwickelten kleinen Topf aus dem feuchten Paket heraus, in dem Kartoffel- und Möhrenstückchen und sogar ein paar Brocken Rindfleisch herumkugelten. Die schöne Brühe hatte sich auf dem langen Weg verträufelt, sicherlich zum Ärger verschiedener Poststellen. Ich aber war über die Maßen gerührt und schickte sofort einen liebevollen Dankesbrief. Damit hatte sich der Sturm gelegt, alles war wieder gut. Ich mußte versprechen, zu Weihnachten nach Hause »auf Besuch« zu kommen. Und die Möhrensuppe, mittels Brühwürfeln wieder verflüssigt, hat besser geschmeckt als irgend etwas, das ich bis dahin in München zu mir genommen hatte.

Wahrhaftig, leicht war es nicht, mit dem auszukommen, was mir zur Verfügung stand. Da hieß es einfach streng einteilen: Jeden Tag gab ich abgezählte 1,20 Mark in mein Portemonnaie. Ich durfte gar nicht erst in die Versuchung kommen, mehr auszugeben. Das Frühstück bestand aus $1/4$ Liter Milch: sechs Pfennige, zwei Milchsemmeln: acht Pfennige (für die brauchte man keinen Aufstrich), also insgesamt 14 Pfennige. – Eine sättigende Suppe als Mittagessen bekam ich in einer Kneipe auf der Rosenheimer Straße für 70 bis 90 Pfennige, je nachdem ob mit oder ohne Fleisch. Ab und zu taten es auch zwei Paar Wiener und zwei Semmeln für 48 Pfennige. – Fürs Abendbrot hatte ich immer noch 20 bis 30 Pfennige übrig. Da konnte man Äpfel essen, das Pfund für 20 Pfennige, oder ein halbes Pfund Weintrauben für 25 Pfennige. Was am Ende des Tages übrig war, kam zum Sonntagsgeld. Da hatte ich dann manchmal bis zu 1,50/1,60 Mark beisammen und konnte entweder etwas üppiger essen oder gar ins Kino gehen. – Allerdings waren da auch manchmal nicht eßbare Ausgaben: ein Reclamheft von Kleists *Käthchen von Heilbronn* für 35 Pfg., ein Fahrscheinheft für eine Mark, hie und da ein Telefonat für 10 Pfg., oder 50 Pfg. für Schuhe-

Besohlen. Das ging schon ins Geld! – Aber ich hatte ja noch eine eiserne Reserve, das »Anfangskapital« von 93,60 Mark, mit dem ich nach München gekommen war. Es konnte mir eigentlich gar nichts passieren!

Bei der Firma Goetzke arbeitete ich mich überraschend schnell ein. Offenbar war doch von Herrn Härtels strengen Lehrmethoden einiges hängengeblieben. Ich stenographierte mit Leichtigkeit nach Herrn Goetzkes Diktat und machte beim Tippen auch immer weniger Fehler. Abends nachsitzen mußte ich also nicht mehr. Dafür fiel mir aber eine andere Aufgabe zu. Wenige Häuser weiter, im selben Block, befand sich eine Filiale von Goetzke, in der nur Teppiche und Gardinen verkauft wurden. Sie wurde von Herrn Nagel geleitet. Allabendlich nach Ladenschluß wurde ich hinübergeschickt, Kasse und Belege zu kontrollieren, um sie am nächsten Morgen bei der Buchhalterin abzuliefern. Das war eine ziemlich verantwortungsvolle Aufgabe und nahm oft viel Zeit in Anspruch, manches Mal bis 21 Uhr. Oft sorgte auch Herr Nagel selbst dafür, daß sich die Kontrolle hinauszögern mußte: Entweder fand er diesen oder jenen Beleg nicht, oder er hatte sich »doch glatt bei der Addition verrechnet«. Er schaute mir dann immer sehr dicht über die Schulter und gurrte, wie er denn das wieder gutmachen könne. – Ganz unberührt ließen mich seine Annäherungsversuche nicht, obwohl ich mich eigentlich über ihn ärgerte. Jedenfalls nahm ich schließlich seine Einladung an, mich am Samstag abend auszuführen.

Wir saßen ein Stündchen in einem Lokal in der Kaufingerstraße, und er behandelte mich ungeheuer zuvorkommend und höflich – fast wie eine richtige erwachsene Dame, was mir natürlich sehr schmeichelte. Er habe hier in der Nähe seine sehr gemütliche Wohnung, erzählte er mir, und würde mir gern seine Briefmarkensammlung zeigen. Mein Übermaß an Naivität kann ich wahrscheinlich in der heutigen Zeit kaum glaubhaft machen. Das Codewort »Briefmarkensammlung« war mir tatsächlich kein Begriff – und ich ging ahnungslos mit. Als mir dann statt Briefmarken ganz andere Dinge gezeigt werden sollten, fiel ich aus allen Wolken. Ganz plötzlich war ich für Herrn Nagel keine Dame mehr. Als er Gewalt anwenden wollte, geriet ich in Panik und kündigte an, daß ich sofort schreien würde, und ich könne das sehr laut. Da ließ er mich übelgelaunt gehen, steckte mir »20 Pfennig für die Straßenbahn« in die Manteltasche, ohne daß ich das recht mitkriegte, und schlug die Tür hinter mir zu, der Kavalier! Das Straßenbahngeld habe ich dann später gefunden und schamlos in meinem Haushaltsbüchel als Einnahme verbucht.

Als ich am darauffolgenden Montag, es war der 10. November 1938, abends zur Abrechnung kam, hatte Herr Nagel eine geschiente rechte Hand. Er habe sich gestern abend schlimm geschnitten, erzählte er mir grinsend. »Gestern« war der 9. November 1938 gewesen, und die Nachricht von den Scherben und den Bränden in der Innenstadt war in aller Munde. Der Zusammenhang mit der geschienten Hand war mir blitzschnell klar, und ich hoffte, daß sie noch ein bißchen eitern und sehr lange weh tun würde. Meine allabendlichen Kontrollbesuche in der Teppichfiliale verliefen von da an in stark unterkühltem Klima. Und seltsamerweise stimmten die Abrechnungen nun meist auf Anhieb.

Ich gehörte nicht zu den Schaulustigen, die sich die Demolierungen und die zerstörte Synagoge am Lenbachplatz unbedingt sofort ansehen mußten. Was in der Zeitung triumphierend abgebildet war, genügte meiner Phantasie. Sonja war voller verhaltener Empörung. »Barbaren!« murmelte sie. »Das wird sich rächen, an uns allen.« – »Wieso an uns allen?« fragte ich. »Weil wir es zulassen«, kam es verbittert zurück.

Wieder diese hilflose Ohnmacht gegenüber einer unerträglichen Realität. Und wieder der schlimme Verdrängungsmechanismus! Als sich kurz darauf der Münchner BDM überraschend bei mir meldete, ich möge mich dann und dann im Heim in der Stein-/ Ecke Kellerstraße »zum Dienstantritt« melden, schrieb ich wütend zurück, ich hätte keine Zeit für so etwas und mich bereits in Chemnitz von den Jungmädels abgemeldet. Ich war fest entschlossen, nichts mehr mit all dem zu tun zu haben. Onkel Alfred – jetzt auch noch die Demolierung jüdischer Geschäfte. Es war mehr als genug, fand ich.

Mittlerweile hatte ich in der Kneipe beim Mittagessen zwei Beschützer bekommen, den Heinz und den Hermann. Beide waren in mich verliebt, sagten sie, und keiner gönnte mich dem anderen. Ich wurde dabei um meine Meinung gar nicht gefragt. Aber kam ein dritter etwa auf die Idee, mir zu deutliche Komplimente zu machen, so bildeten Heinz und Hermann sofort eine undurchdringliche Phalanx, und blockten mich gegen jede Zudringlichkeit ab. Es wurde eine herrlich kumpelhafte Mittagsfreundschaft daraus, die während meiner ganzen Münchner Zeit hielt.

Frau Geßler, die ich während der vielen Abende, die ich bei ihr saß, ins Vertrauen gezogen hatte, was den wahren Grund meines Münchner Aufenthalts betraf, wollte aufgeregt alle möglichen Einzelheiten meiner Pläne wissen. Ich hatte sie quasi einweihen müssen, denn eines Abends hatte sie sich »in d'Söi hinein« (= in die Seele hinein) meinetwegen erschreckt:
Einmal in der Woche leistete ich mir bei Frau Geßler ein Bad für 30 Pfennige. An einem dieser Badeabende, die ich weidlich genoß und ausdehnte, saß ich also in der Badewanne und nutzte die Zeit, meinen Text aus *Jugend* von Halbe zu memorieren. Sonja arbeitete gerade eine Szene mit mir, in der sich *Annchen* mit dem Kaplan unterhalten muß. Ich memorierte nicht etwa leise, denn die Akustik in einem Badezimmer ist bekanntlich traumhaft. Ich lachte, scherzte, argumentierte also mit meinem imaginären Partner, bis energisch an die Tür gepocht wurde: »Froll'n Löbel, kommen S' bittschön sofort heraus.« – »Gleich, Frau Geßler, ich muß mich nur noch abtrocknen.« – »Oooohmeiomeiomei!« hörte ich sie draußen jammern. Was mochte denn passiert sein? – Die alte Frau stand total verstört im Flur und flüsterte: »Schau'n S', um Goods-Himmels-wuin, daß S' den Herrn Kaplan schleunigst rausspringen, i' verschwind' derweil in da Kuchel.«
Unser beider Gelächter, das nach meiner ausführlichen Erklärung ausbrach, klingt mir heute noch im Ohr.

Zweimal in der Woche hatte ich Schauspielunterricht. Die Tage waren nicht von vornherein festgelegt, da Sonja Karzau sich nach dem Proben- und Spielplan der Kammerspiele richten mußte. Meist fand der Unterricht in meiner zweistündigen Mittagspause statt. Die gab mir Zeit für den Weg vom Weißenburger Platz zur Schellingstraße und zurück, à dreißig Minuten, zu Fuß. In der verbleibenden Stunde dazwischen lernte ich mit Hingabe, was Sonja mir beibrachte. Sie arbeitete mit mir gerade wieder die Hermia aus dem *Sommernachtstraum*, diesen lustigen, energischen Quirl, der sich seiner Kleinheit zum Trotz vehement durchzusetzen weiß. Oh, das gefiel mir. Die Isaranlagen, die ich auf dem Weg zum Unterricht durchquerte, wurden für mich »ein Wald bei Theben« und ein junges, schlankes Bäumchen wurde zur Rivalin Helena, an die ich wütend hinschimpfte. – Wer mich dabei etwa beobachtet haben sollte, muß mich für rettungslos plemplem gehalten haben!

Für den Rückweg hatte ich mir zwei »Amerikaner« oder eine belegte Semmel und einen Apfel eingesteckt, die ich unterwegs als Mittagessen verspeiste. Um zwei Uhr saß ich wieder auf meinem Bürostühlchen vor der Schreibmaschine und hielt eisern durch bis zum Abend nach der Teppich-Filiale – mit »Nagelprobe«. – Wenn ich an einem solchen Tag die vier Treppen zu meiner Bleibe hinaufgestiegen war, saß ich meist noch bei Frau Geßler in der warmen Wohnküche und las, lernte oder schwatzte nur; denn mein unheizbares Kämmerchen war in dieser kühler werdenden Jahreszeit nur noch zum Schlafen geeignet. Bei der Morgentoilette bibberte ich vor Kälte und bekam immer eine Gänsehaut. – Aber ich gewöhnte mich schnell daran, verbuchte es auf das Konto der Härten, die mir Herr Ebeling als Preis für die Schauspielerei vorausgesagt hatte – und war's zufrieden.

Als ich über Weihnachten nach Hause fuhr, hatte ich mich in München bereits so eingelebt, daß ich mir tatsächlich ein wenig wie auf Besuch vorkam. Auf der Fahrt vom Hauptbahnhof zur Weststraße empfand ich zum ersten Mal in meinem Leben den sächsischen Dialekt als absolut lächerlich und hatte Mühe, mir das Lachen zu verkneifen über die Ansagen des Schaffners an jeder Haltestelle. Aber diese Straßenbahnfahrt rief auch die Erinnerung an meine Flucht vor noch nicht einmal zwei Monaten deutlich in mir wach. Die seither vergangene Zeit kam mir weitaus länger vor. Ich fühlte mich erwachsen und lebte in dem stolzen Hochgefühl, allein für mich zu sorgen und zu planen, das mir große Gelassenheit gab. Dieses starke Gefühl strahlte ich auch auf meine Umgebung aus. Die Eltern behandelten mich anders, mit verstecktem Respekt, was mir sehr wohltat. Für Ruth und Margot war ich wohl nun endgültig »die Große« geworden.

Mit dem 18. Geburtstag war man, anders als heute, noch drei Jahre von der Großjährigkeit entfernt. Aber mein Achtzehnter, den ich daheim, vier Tage vor Weihnachten, mit meiner Familie feierte, brachte mir dennoch das stillschweigende Einverständnis meiner Eltern, daß ich von nun an ohne Widerspruch tun und lassen könne, was ich wollte.

Meine Pläne waren damals leicht überschaubar und, so schien es, auch realisierbar: weiterstudieren, noch mindestens anderthalb Jahre, dann Abschlußprüfung, Engagementsuche und als Anfängerin an ein Theater, auch wenn es zunächst ein kleines wäre. Wenn ich nur ans Spielen käme!

An meinem Münchner Alltagsablauf änderte sich zunächst nichts. Ab Februar war ich alleinige Sekretärin bei Goetzke. Nun erhielt ich auch die abgemachten 120 Mark brutto und konnte etwas mehr fürs Essen ausgeben und sogar noch fünf bis zehn Mark pro Monat zurücklegen.

Mein karger Speiseplan vor der Gehaltserhöhung, durch den mir so manches Mal der Magen knurrte, hatte eine ungute Folge gehabt: Ich hatte die Zigarette entdeckt. Sie kostete nur drei oder vier Pfennige und ersetzte einem unter Umständen eine ganze Abendmahlzeit. Es sollten mehr als zwei Jahrzehnte vergehen, bis ich mir das Rauchen wieder abgewöhnt hatte. Abgesehen vom gestillten Hunger gab mir die Zigarette zwischen Zeige- und Mittelfinger aber auch das Gefühl von Damenhaftigkeit, das ich noch durch einen Lippenstift erhöhte. Als mich allerdings in der Straßenbahn einmal ein angewiderter Urbayer wegen meiner geschminkten Lippen mit »Saumensch« titulierte, steckte ich meine Neuerwerbung erst mal für eine Weile weg – nicht lange; denn der Münchner Fasching brach als *das* Ereignis über mich herein, dem ich mich begeistert in die Arme warf. Wie hätte ich mich ihm auch verweigern sollen bei einer Ankündigung wie der folgenden?:

Ahoi! Glückhaftes Schiff! Klar zur See- und Sehviecherei! Alle an Bord! Volldampf voraus! Direkter Kurs in die Hoch- und Tiefsee-ligkeit! Auf, Ihr siegeslüsternen Mädchenräuber! Auf, Ihr zauberhaften Evastöchter. Auf, Ihr apollonischen Glücksritter! Hinein mit Schwung in die seltenen Abenteuer dieser einmaligen glückhaften Nacht!

Zum horrenden Preis von vier Mark, »inclusive Lustbarkeitssteuer«, kaufte ich mir eine Saalkarte im Nobelhotel Vier Jahreszeiten. Nun brauchte ich nur noch ein Kostüm.

Die Tochter von Sonjas Zimmerwirtin lieh mir ein ausgedientes von sich: glanzseidene schwarze lange Hosen mit passendem Bolero, an den Beinenden schwarze Fransen, und alles mit großen und kleinen bunten Kreisen benäht. Eine Bluse steuerte ich aus dem eigenen Fundus bei, und meinen Kopf zierte ein Minikäppchen mit einer hohen Drahtspirale, um deren gewundene Achse ebenfalls bunte Stoffkreise schwebten. So etwas Schönes wie mich konnte es noch nie gegeben haben!

In der Zeit vor diesem tollen Fest gab es ein beglückendes Erlebnis für mich: Ich besuchte zum ersten Mal eine Vorstellung in den Münchner Kammerspielen. Allein schon der wunderschöne Zuschauerraum im Jugendstil verzauberte mich. Und dann erst die Aufführung! *Cäsar und Cleopatra* von Shaw wurde gegeben, mit dem männlich-souveränen Friedrich Domin als Cäsar und der hinreißend graziösen und kapriziösen Maria Nicklisch als Cleopatra. Sonja Karzau spielte, gefährlich und urwüchsig, wie ich sie noch nie gesehen hatte, Cleopatras schwarze, fette Amme Ftatateeta. Zum ersten Mal erlebte ich wirkliches Großstadttheater. Ich war berauscht und wollte am liebsten sofort die Cleopatra studieren. »Eins nach dem anderen«, bremste Sonja, »wir haben erst mal noch genug zu arbeiten, auch am Annchen.« – »Ich dachte, mit dem Annchen wären wir fertig?« – »Fertig ist man mit einer Rolle nie ganz – zumindest nicht in deinem Stadium«, erhielt ich zur Antwort. »In meinem Stadium? Was mache ich denn noch falsch?« fragte ich ein bißchen beklommen. – »Falsch ist nichts«, erklärte Sonja, »aber manches ist noch nicht ausgeschöpft.« Sie dachte eine kleine Weile nach. Schließlich fuhr sie fort: »Weißt du, bei den Liebesszenen geht es einem als Zuschauer noch nicht ins Sonnengeflecht.« Und nun kam die entscheidende, die Gewissensfrage: »Hast du schon einmal mit einem Mann – ich meine, hast du schon einmal einen richtig geliebt? Nicht als Backfisch – als Frau?« Ich glaube, ich bin rot geworden. Natürlich hatte ich diese Erfahrung noch nicht. Jeder Mann, der sich mir bisher mit derartigem Ansinnen auch nur andeutungsweise genähert hatte, war auf ein stacheliges Blümchen Rührmichnichtan gestoßen.

Sonja lächelte gerührt: »Ich dachte's mir. Aber eines Tages wird das kommen, und dann wirst du ohne große Worte verstehen, was ich meine.«

Die Überlegungen, die mich in der folgenden Zeit plagten, drohten sich zu einem wirklichen Problem aufzutürmen: Ich war noch Jungfrau. Deshalb konnte ich offenbar Liebe nicht so ergreifend darstellen, wie es sein müßte. O Gott, wie furchtbar!

»Du wirst noch auf die schiefe Bahn kommen«, hörte ich meine Mutter unken. Ich wollte ihr doch unbedingt beweisen, daß sie mir mit solchen Voraussagen unrecht getan hatte. Andererseits wollte ich doch eine gute Schauspielerin werden. Um jeden Preis? Ich hatte unruhige Nächte deswegen. Und schließlich rang ich mich zu einem heroischen Entschluß durch: Ja, um jeden Preis! Es mußte eben sein. Bei der nächsten Gelegenheit mußte es sein... O Gott! Welche Gelegenheit wäre naheliegender gewesen, als »Das glückhafte Schiff«? Aber solch ein Faschingsball bot andererseits auch jede Möglichkeit zu entwischen, wenn es brenzlig zu werden drohte. Und das tat es natürlich einige Male; denn von den »apollonischen Glücksrittern« wimmelte es nur so auf diesem Künstlerfest. Außer meinen vier Mark Eintritt mußte ich keinen Pfennig ausgeben, womit ich eigentlich gar nicht gerechnet hatte. Ich wurde hier zu einem Glas Sekt eingeladen, dort zu Würschteln mit Kraut, zu Faschingskrapfen und später sogar zu Kaffee – zum Durchhalten! Ich war ausgelassen wie noch nie in meinem Leben, so kam es mir wenigstens vor. Auf dem Tanzparkett wurde ich ständig von einem Clown zum nächsten Piraten weitergereicht, und amüsierte mich herrlich.

Schließlich blieb ich bei einer seriösen Gruppe hängen, die mich an ihren Tisch einlud. Diese Masken hatten ganz offensichtlich mehr Spaß am Beobachten als am Nur-Herumwirbeln. Ein Maler, der Willi, war dabei und ein Schriftsteller, Hermann Stahl. Diese beiden nahmen mich sofort unter ihre Fittiche, beschützten mich vor »Rittern«, die mich von dort loszueisen versuchten und fragten mich unverblümt nach allem und jedem aus. Daß ich Schauspielerin werden wollte, veranlaßte sie sofort, mich als »Künstlerin« in ihren Kreis aufzunehmen. Nur »Brunni« dürfe ich mich nicht nennen, meinte Hermann Stahl, das Doppel-n sei ja unmöglich. »Bruni«

klinge viel weicher und passe besser zu mir. Damit war das besiegelt. Man lud mich auch gleich zum nächsten Künstlerfest ein, zu einem wirklichen, wie sie nur in Schwabing stattfänden.

Die »Gelegenheit« aber war vorübergegangen, und ich war auch noch erleichtert darüber! Aber mein Gelübde hing weiter wie ein Damoklesschwert über mir.

In der Faschingszeit 1939 bin ich noch auf mehreren Juryfreien-Festen in Schwabing gewesen. Ich war in die Künstler-Clique aufgenommen, fühlte mich ungeheuer wohl in diesem Kreis und glaube, die Ausgelassenheit dieser Tage hat viel zu meiner allgemeinen Entkrampfung beigetragen, die mir allerdings gar nicht bewußt gewesen war. Jedenfalls Sonja Karzau schmunzelte: »Der Fasching hat dir gutgetan, Kind.«

Der Kontakt zu dem eben gewonnenen Kreis hielt sich nach dem Fasching nicht lange, weil ich einfach keine freie Zeit hatte. Was ich an Stunden außerhalb des Büros herausschinden konnte, brauchte ich voll und ganz für meine Ausbildung. Nur Willi, der Maler, lud mich einmal ein, um mir München richtig zu zeigen.

An einem Sonntag bummelten wir also durch Schwabing, den Englischen Garten und die Innenstadt. Wir hatten viel Spaß, und Willi hakte mich ab und zu unter – väterlich, wie ich meinte. Gegen Abend lud er mich ein. Ich dachte an Abendessen in irgendeinem netten Lokal und wurde unruhig, als er mich statt dessen in ein kleines Hotel in der Nähe des Sendlingertorplatzes führte. Dort bat er mich, kurz Platz zu nehmen, er sei gleich wieder da.

Das ganze Hotel war schäbig. Ich hatte zwar keine Vergleichsmöglichkeiten, aber dies hier gefiel mir intuitiv nicht. Willi redete kurz mit dem Portier, der ihm einen Schlüssel gab. Ich fühlte, wie ein schrecklicher Verdacht in mir hochstieg. »Was wollen wir hier?« fragte ich beklommen. »Ich habe ein hübsches Zimmer hier«, sagte Willi, »da können wir uns in Ruhe weiter unterhalten.« Sprach's und führte mich am Arm eine knarrende Treppe hinauf.

In somnambuler Panik ging ich mit. Ich hatte nicht damit gerechnet, daß die Gelegenheit mich so plötzlich und unvorbereitet überfallen würde, und schon gar nicht in der Gestalt von Willi, der doch mindestens zwanzig Jahre älter als ich war und den ich ja als einen meiner Beschützer empfunden hatte. Das Zimmer war noch schäbiger als alles andere, und selbst ein Naivling wie ich mußte nun erkennen, worauf das hinauslaufen sollte.

Es lief auf nichts hinaus. Als Willi begann, sich zu entkleiden und mir empfahl ein Gleiches zu tun, stürzte ich in hellem Entsetzen zur Tür hinaus, die Treppe hinunter, an dem Portier vorbei ins Freie und rannte, als sei der Leibhaftige hinter mir her, den Oberanger hinunter bis zum Marienplatz. Dort erwischte ich, völlig außer Atem, einen »Oanser«, der mich wie ein Rettungsschiff zum Rosenheimer Platz brachte. – Auf dem kurzen Weg zur Enzensperger Straße löste ein Sturzbach von Tränen den Kloß, der mir in der Kehle gesessen hatte: Ich konnte es nicht – ich konnte es nicht – ich konnte es nicht! Wahrscheinlich war ich nicht normal... Von Willi habe ich nie wieder etwas gehört, was mir sehr recht war.

Eines Tages Ende Februar überraschte mich Frau Geßler abends mit einer verblüffenden Mitteilung: Der Postbote sei dagewesen und habe Geld für mich mitgehabt. Frau Geßler konnte nicht sagen, von wem oder wieviel, und ich glaubte fest, es müsse sich um eine Verwechslung handeln. Ich schrieb eine Vollmacht für Frau Geßler, legte meinen Ausweis dazu, und am darauffolgenden Abend wurde ich strahlend von ihr in die Küche geführt, wo hundert Mark in Scheinen auf dem Tisch arrangiert lagen. Der Postabschnitt verriet die Lösung des Rätsels: Der Verein der ehemaligen Schülerinnen der HÖMBA hatte mir dieses »einmalige Stipendium« zukommen lassen. Das Wasser stand mir schon wieder mal ganz dicht hinter den Wimpern. Ich ahnte, wer hinter dieser Großzügigkeit steckte: ein Mitglied des Vereinsvorstandes, Fräulein Studienrat Witting, die »liebe Sonne«, die ihre wärmenden Strahlen nun sogar bis München hatte scheinen lassen.

Außer mit einem großen – aber eigentlich noch immer viel zu kleinen – »DANKE!« konnte ich mich mit nichts anderem revanchieren als mit zwei Artikeln über meinen bisherigen Weg, seit ich die Schule verlassen hatte. Diese waren kurz darauf in der Vereinszeitung zu lesen, und ich war sehr stolz darauf: Zum ersten Mal in meinem Leben war etwas aus meiner Feder gedruckt erschienen!

Mit meinem neu geschenkten Reichtum ging ich schnurstracks zur Sparkasse und stockte mein Konto auf, das durch Fasching und andere leichtfertige Ausgaben ziemlich geschrumpft war.

Eine davon war ein Ausflug – im wahren Sinne des Wortes – nach Oberwiesenfeld gewesen, wo sich damals ein kleiner Flugplatz befand. Fliegen war schon lange faszinierend für mich gewesen, genauer: seit ich als Zehnjährige, in der Chemnitzer Weststraße von einem Dachfenster aus, nach langem Warten endlich gehört hatte, wie von Norden her eine überdimensionale, silberne Zigarre, der »Graf Zeppelin«, angebrummt kam. Den ganzen Nachmittag beobachtete ich nun in Oberwiesenfeld sehnsüchtig die Starts und Landungen der kleinen Propellermaschinen, die mit jeweils rund einem Dutzend Passagieren kurze Rundflüge über München machten. Was mochte solch ein Rundflug kosten? Fünf Mark! Nein! Ich mußte sparen! – Ich kämpfte mindestens zwei Stunden mit mir. Es war ein klarer, sonniger Tag, die Sicht hätte nicht besser sein können, und geflogen war ich auch noch nie...

»Meine Damen und Herren, wir fliegen jetzt den letzten Rundflug für heute«, kam es aus einem Lautsprecher. Ich dachte nicht mehr nach, sondern folgte nur noch automatisch dem Magneten, der mich in die kleine Flugmaschine zog.

Bei all meinen vielen späteren Flügen habe ich immer wieder beim Start an dieses unglaubliche Gefühl des erstmaligen In-die-Luft-Steigens denken müssen und mir dadurch ein gut Teil dieses jubelnden Sensationsgefühls erhalten können; ich kann mich immer noch wundern.

Durch das unerwartete Stipendium konnte ich nun über stolze 150 bis 160 Mark verfügen und beschloß, diese eiserne Reserve nicht anzurühren. Sie durfte nur im beruflichen Notfall angetastet werden.

Was ich nun schreiben muß, tue ich, weil ich jetzt nicht mehr umhin kann, es zu tun. Erzählt habe ich die Geschichte schon sehr häufig – meinen Freunden, meiner Familie, Kollegen. Und immer kam spontan: »Das mußt du aufschreiben!« Und jedesmal war meine Antwort: »Das trau ich mich nicht. Kein Mensch würde mir glauben. Das ist alles so unwahrscheinlich, fast wie eine billige Kolportage« – wie sich der »kleine Moritz« so etwas vorstellt.

Nun, ich kann die Geschichte nicht ändern, so ist sie geschehen. Es war Samstag, der 18. März 1939. In der Mittagspause sollte ich zum Unterricht nach Schwabing kommen. Aber am Vormittag

wurde ich ans Telefon gerufen: »Eine Dame möchte Sie sprechen.«
– Aha, dachte ich, Sonja Karzau. Sie sagte wohlweislich nie ihren
Namen bei Goetzke. Um mein Geheimnis zu wahren, rief Sonja
mich auch nur in unaufschiebbar dringenden Fällen an.
»Du kannst heute nicht kommen«, sagte Sonja, »ein früherer Kol-
lege von mir ist überraschend aufgetaucht und muß schon morgen
weiterfahren. Ich möchte ihn sehr gern sehen, wir müssen verschieben.«
Nach der Mittagspause saß ich wieder brav an meinem Schreibma-
schinentischchen und tippte. Es klopfte. Ein Herr trat ein. Nicht
ein Mann – ein Herr. Er war elegant gekleidet und er sprach hochdeutsch. »Guten Tag, ich hätte gern Fräulein Löbel gesprochen«,
sagte er höflich.
Aller Augen richteten sich auf mich, und ich wurde rot und wußte
nicht warum. »Worum handelt es sich?« fragte ich, wie ich meinte,
mit kühler Damenhaftigkeit. Nach kurzem Zögern kam die Antwort: »Ich komme von Frau Karzau.« – »Oh!« stieß ich hervor.
Dieser Name war hier noch nie gefallen. Mein spontaner Laut hatte aufhorchen lassen. Man konnte förmlich spüren, wie die Ohr-
muscheln der anwesenden Damen länger wurden; und auch ihre
Enttäuschung merkte man, als ich aufstand und so beiläufig wie
möglich sagte: »Ach, ich möchte hier die Arbeit nicht stören. Darf
ich Sie hinaus auf den Flur bitten?«
Der »Flur« war ein kaltes, nicht sehr einladendes Treppenhaus
eines Hinterhofgebäudes; der »Hintertreppenroman« konnte beginnen: »Bartels«, stellte sich der Herr vor, »Frau Karzau hat mir
empfohlen, Sie einmal anzuschauen.« Und dann schaute er mich
an, sehr genau und sehr umständlich: »Würden Sie bitte ein paar
Schritte gehen. Danke. Und nun lassen Sie mich doch einmal
sehen, wie es sich macht, wenn Sie die Haare ganz glatt aus der
Stirn streichen. Und zeigen Sie mir Ihr Profil, bitte.« Inzwischen
hatte ich überlegt: Er könnte vielleicht ein Bühnenvermittler sein –
oder am Ende gar ein Intendant? Also fragte ich: »Worum handelt
es sich eigentlich?« – »Tjaa«, kam es gedehnt, »ich bin Produk-
tionsassistent bei der Ufa. Wir drehen Außenaufnahmen in Garmisch mit Hansi Knoteck und Wolf Albach-Retty und suchen noch
eine junge Schauspielerin, die Hansi Knotecks jüngere Schwester
spielen könnte. Würden Sie sich das zutrauen?« – »Ja! Selbstver-

ständlich«, kam es von mir wie aus der Pistole geschossen. Warum hätte ich Zweifel haben sollen?! Herr Bartels schmunzelte und bremste auch sofort: »Es wird natürlich auch in Berlin und vielleicht auch in Garmisch gesucht, also machen Sie sich bitte jetzt keine übertriebenen Hoffnungen. Immerhin, man könnte es versuchen. Haben Sie Fotos von sich, die ich mitnehmen könnte?«
»Ich hab ein paar zu Hause«, sagte ich, »eines, wo ich mit meiner Mutter und meinen Schwestern zum Erkerfenster rausschaue, und eines, wo ich bei meiner Großmutter in den Apfelbaum geklettert bin. Aber das ist nicht gut, da sieht man fast nur die Füße.« Hans Gerhard Bartels hat mir später erzählt, daß er an dieser Stelle des Gesprächs sehr an sich halten mußte, um nicht zu lachen. »Wissen Sie«, sagte er dann, »es müßten schon Porträts sein, aus denen man erkennen kann, wie Sie fotografierbar sind.« – »Ach so, Brustbilder? Die könnte ich ja machen lassen und Ihnen schicken«, schlug ich vor. »Gut. Es dürfte nur nicht allzuviel Zeit verstreichen. Und, noch einmal: Denken Sie immer, daß die Chance sehr vage ist.«
Der Sonntag war eine Zumutung! So viel Zeit verging, und »es darf nur nicht allzuviel Zeit verstreichen«, hatte er gesagt. Ich machte eine Liste, was ich wann alles zu erledigen hatte. Auf alle Fälle mußte ich in der Mittagspause zu »Fotola« in der Theatinerstraße gehen. Ich hatte neulich gesehen, daß man dort eine ganze Serie von achtundvierzig Fotos für nur zwei Mark machen lassen konnte – »mit Kostümwechsel« 2 Mark 50! Das sollte es mir wert sein. Einen höflichen Begleitbrief schrieb ich schon am Sonntag.
Dann machte ich einen Spaziergang und dabei Atemübungen. So hatte ich wenigstens etwas getan und außerdem: Tief atmen soll beruhigen.
Bei »Fotola« setzte man mich auf ein drehbares Stühlchen, und der Fotograf sagte, ich könne meine »Ausdrucksstudien jetzt nach Belieben ausführen«, es würde in kurzen Abständen geknipst. Scheinwerfer eingeschaltet, und los ging es: lachen – lächeln – ernst – traurig – Profil. Oh, ich wollte doch auch Kostümwechsel machen, fiel mir ein. Also setzte ich schnell mein Kopftuch auf und machte damit noch ein paar Gesichter. – Erst einen Tag später sollten die Bilder fertig sein, es sei denn, ich wollte warten. Nein-nein, das konnte ich nicht. Ich mußte ja wieder ins Büro! O Gott, und die Zeit verstrich! –

Am Dienstag beim Abholen hätte ich nach der Meinung des Fotografen die zwei, drei besten Aufnahmen heraussuchen und sie auf Postkartenformat vergrößern lassen sollen. Das hätte dann aber viel mehr gekostet und vor allem mindestens noch zwei Tage gedauert. Nein, ich nahm meinen Glanzbogen mit den achtundvierzig Schüssen, die ich fast alle sehr schön fand, zahlte die 2 Mark 50 und war schon wieder auf dem Sprung. Jetzt mußte ich so schnell wie möglich zur Post, und als der Postbeamte den Eilboten-Kleber auf das große Kuvert gepappt und die horrenden Portogebühren kassiert hatte, hatte ich ein aufgeregtes Gefühl im Magen, als ob ich eine Lunte angezündet hätte.

Die Ankunft dieser Sendung in Garmisch muß auch wirklich eine Art kleiner Explosion ausgelöst haben. Hans Gerhard Bartels erzählte mir später einmal, daß es ein Riesengelächter gegeben hätte, erst ungläubig-verwundert und dann sehr fröhlich. Und der Produzent Bruno Duday habe sofort gerührt gesagt: »Ansehen müssen wir uns die auf alle Fälle.«

Und so kam es, daß ich wieder mal im Eilschritt die Goetzkeschen Hinterhaustreppen hinunterjagen mußte zum Telefon: Herr Bartels fragte, ob ich schnellstens nach Garmisch kommen könne. Man wolle Probeaufnahmen mit mir machen. – Luft holen und ruhig bleiben! – »Vor Samstag wird es nicht gehen, ich bin ja hier im Büro unabkömmlich.« (Klang doch gut, unabkömmlich!) Blitzschnell hatte ich überlegt, daß wir ja am kommenden Samstag zum ersten Mal nachmittags frei haben würden. –

Die Zeit bis zum Samstag schien endlos. Aber ich brauchte sie ja, um alle möglichen Vorbereitungen zu treffen. Eine Unterrichtsstunde hatte ich auch noch. Ich fiel Sonja Karzau um den Hals. Sie hatte das Ganze doch ausgelöst. »Nicht nur ich«, meinte sie, »da hat bis jetzt auch schon ganz gewaltig der Zufall mitgespielt.«

Ja, das stimmte: Ein Mann fährt von Berlin nach Garmisch und muß in München umsteigen. Er hätte ja sofort Anschluß haben können. Aber nein, er hat zwei Stunden Aufenthalt. Nun hätte er diesen ja im Bahnhofsrestaurant absitzen oder ins Bahnhofskino gehen können. Aber nein, er entschließt sich zu einem kurzen Stadtbummel. Er hätte ja die Litfaßsäule, an der er vorbeikam, nicht beachten müssen. Aber nein, er studiert die Theaterspielpläne. Sonja Karzau hätte ja in dieser Woche spielfrei haben können. Aber nein, ihr Name steht auf dem Plan. Nun hätte Herr Bartels ja denken können: Ich schreib ihr mal. Aber nein, er beschließt, sie anzurufen. Sonja hätte ja nicht daheim sein können. Aber nein, sie ist da und freut sich so sehr über den Anruf, daß Herr Bartels beschließt, die Weiterfahrt noch hinauszuschieben und Sonja zu treffen.

Man hätte sich noch eine ganze Reihe »hätte-s« und »Aber nein-s« ausdenken können. Aber nein, so kam es und nicht anders. Ich mußte an das denken, was mir Friedrich Ebeling in Chemnitz gleich anfangs über das Glück gesagt hat, daß es oft ausschlaggebend ist, damit etwas zustande kommt. Hier hatte es mir wieder einmal gelacht.

Sonja hat mir viel später einmal erzählt, daß sie eigentlich erwartet hatte, Hans Gerhard Bartels werde *ihr* eine Rolle anbieten, nachdem er ihr am Telefon gesagt hatte, er sei in Besetzungsangelegenheiten für die Ufa in München. Aber seine Frage hatte gelautet: »Gibt's bei euch an den Kammerspielen eine junge Schauspielerin, der man glauben würde, sie sei noch unschuldig?« – Nach einer kurzen, verblüfften Pause habe sie gelacht und geantwortet: »Nein, an den Kammerspielen nicht. Aber schau dir doch mal meine Schülerin an.«

Donnerstag war der Anruf gekommen. Nun mußte wirklich alles hopp-hopp gehen. In der Mittagspause hob ich genug von meinem Notfall-Konto ab, um die Fahrkarte kaufen zu können und ein Paar echt seidene Strümpfe bei Goetzke mit Angestelltenrabatt. Von denen würde man allerdings leider nicht viel sehen, fiel mir später ein, denn ich mußte doch auch noch ein Paar Stiefelchen haben. In Garmisch würde hoher Schnee liegen, hatte man mir im Büro gesagt, wo ich – um nicht an meiner Neuigkeit zu ersticken – mit Halbwahrheiten um mich geschmissen hatte. Ich führe morgen in die Berge. Wahr. Mein Bruder mache dort gerade Urlaub und habe mich eingeladen. Gelogen. »Soso«, kam es, »der Herr Bruder! War er das neulich hier im Büro?« – »Ja – äh, nein.« Jetzt fing ich an, mich zu verheddern. Nun dachten sie natürlich alle: »Das isser.« Also bitte, sollten sie. Sie hatten ja keine blasse Ahnung!

Mutti hatte mir ein wunderbares Weihnachtsgeschenk gemacht, als ich zu Hause war. Und es war auch noch eine ganz besondere Geschichte damit verbunden: Mein Vater hatte damals, als er noch die

Wirkwarenfabrik besaß, oft Stoffpartien mit kleinen Fehlern aus-
gemustert und Mutti gegeben, die immer aus allem etwas schnei-
dern konnte. Aus einem schönen Jacquard-Stoff mit norwegischem
Muster auf weißem Grund nähte sie sich, als sie mit mir schwanger
ging, einen weiten Morgenrock. Auch während sie Ruth und dann
Margot erwartete, hatte sie ihn getragen. Danach war's genug mit
dem Kinderkriegen, und der Morgenrock wurde in ein Kleid um-
gearbeitet. Das zog sie kaum jemals an, denn es war noch immer
sehr weit und »zu schön« für ihren nunmehrigen Status, wie sie
meinte. – Und daraus hatte sie für mich nun ein Kostüm geschnei-
dert: engen Rock und Jacke mit Schößchen und einem Kragen aus
grauem Kaninchenfell – dazu noch aus einem grauen Stoffrest eine
Zipfelhaube gezaubert, deren Fellrand das Gesicht umrahmte »wie
bei einem kleinen Eskimo-Mädchen«. Dieses Geschenk war ein
Traum, so etwas Schönes hatte ich noch nie geschenkt bekommen.
Aber wo und wann hätte ich das tragen sollen? Im Büro? Einmal
sonntags hatte ich es angezogen – ins Kino. Aber da sah es doch
keiner – also hing es im Spind. Nun allerdings war seine große Zeit
gekommen. Man sollte in Garmisch doch ja nicht meinen, daß da
ein armes kleines Ding ankäme!

Was für eine schöne Bahnfahrt war das an diesem Samstagnach-
mittag. Das hügelige Land, die vielen Häuser und Höfe mit den
flach geneigten Dächern und die Zwiebeltürme auf den Kirchen.
Das gab es also wirklich!
Als der Zug in Garmisch einfuhr, war es schon dunkel geworden.
Mein Abteil war ganz hinten am Zug gewesen, und ich sah keinen
Herrn Bartels, der mich abholen wollte. Nun, er würde wohl gleich
auftauchen. Eilig lief ich mit meinem Köfferchen dem Ausgang zu
an den Waggons des langen Zuges entlang. Es waren viele, und bei
jedem, den ich passierte, wurde ich unruhiger. Ich fing schon an,
mir zu überlegen, was ich tun würde, wenn aus irgendeinem Grunde
gar niemand zum Abholen käme, als mir von hinten auf die Schulter geklopft wurde. Herr Bartels.
»Ich dachte schon, Sie seien gar nicht mitgekommen«, sagte er
nach der Begrüßung, »wo waren Sie denn?« – »Ganz hinten im
Zug«, antwortete ich. »Aber da sind doch nur Dritter-Klasse-Wa-
gen«, entgegnete er. Ach du lieber Gott – hätte ich besser...? »Was

anderes ist doch zu teuer«, sagte ich verlegen. – Er war sprachlos und schaute mich merkwürdig und sehr lange an. Dann sagte er nach einem Räuspern:»Aber ich bitte Sie! Sie sind doch unser Gast. Die Fahrt zahlen wir selbstverständlich, und Diäten bekommen Sie auch.« –»Die Äten? Was sind denn Äten?« Ich wußte es wirklich nicht. Als er es mir erklärte und diese Diäten dann mit 25 Mark pro Tag bezifferte, war ich sprachlos und hatte ein bißchen Atemschwierigkeiten.

Mein Koffer wurde in den Kofferraum eines großen Autos geladen, in dem ich dann neben Herrn Bartels auf dem Rücksitz saß. Es schneite, Fenster und Auslagen waren erleuchtet. Schneehauben lagen auf Dächern und Bäumen. Ich war in einem Märchen. Noch nie in meinem Leben hatte ich in einem Hotel gewohnt. An der Rezeption mußte ich einen Anmeldezettel ausfüllen: Name, geboren, Beruf... Beruf? Ich faßte mir ein Herz, sie würden es ja nicht gleich nachkontrollieren können, und schrieb hin: Schauspielerin. Als ich es las, erschrak ich doch ein wenig über meine Unverschämtheit. Aber der Portier händigte mir mit größter Selbstverständlichkeit einen Schlüssel aus, und Herr Bartels trug mir meinen Koffer bis zu meinem Zimmer.»Ich hole Sie in einer halben Stunde zum Abendessen ab«, sagte er.»Ist das recht?«

Ob es mir recht war! Alles, alles war mir recht. Ich saß erst einmal lange auf der Bettkante und bestaunte beglückt mein Reich. Eine Königin kann sich auch nicht großartiger fühlen, dachte ich.

Als ich dann tatsächlich vor ihnen stand und sie, diese Leinwandidole, leibhaftig vor mir sah, da schüttelte ich innerlich lange den Kopf – so unfaßbar, so schwer zu glauben schien es mir noch. Herr Bartels stellte mich vor und nannte ganz überflüssigerweise auch jeweils den Namen meines Gegenübers, als ob den nicht jedermann gekannt hätte. Hansi Knoteck, die ich vor kurzem noch als Saffi im *Zigeunerbaron* auf der Leinwand gesehen hatte, streckte mir freundlich die Hand entgegen. Wolf Albach-Retty lächelte sein charmantes Grübchenlächeln. Christian Gollong begrüßte mich herzlich wie eine alte Bekannte – und ebenso Ursula Herking, der ich tatsächlich einmal ganz kurz im Flur in der Weststraße in Chemnitz begegnet war, als sie auf der Durchreise Sonja Karzau besucht hatte.

Und dann saß ich mit all diesen Größen an einem Tisch, als wäre nichts selbstverständlicher.

Der Ober brachte eine überdimensionale Speisekarte und fragte nach meinen Wünschen. O je. Ich hatte ja in letzter Zeit meist nur eine Zigarette geraucht statt Abendessen. Die Preise auf der rechten Seite jagten mir einen Mordsschrecken ein. Aber ich mußte natürlich trotzdem etwas Ausgefallenes wählen; schließlich wollte ich ja weltgewandt wirken. Da las ich die passende Kombination, ausgefallen und nicht zu teuer: Illustrierte Gurke 4 Mark 50. Was mochte da wohl Leckeres kommen? Es kam – eine große Gewürzgurke, kunstvoll aufgeschnitten, rundum mit ein paar bunten Sachen garniert. Dafür hätte ich in München im Lebensmittelgeschäft allerhöchstens 45 Pfennige bezahlt. Ich aß mit scheinbar großem Genuß. Daß ich nach diesem Horsd'œuvre nichts weiter essen wollte, entsprach durchaus meinem Appetit. Aber zu einem Glas Wein ließ ich mich schon einladen.

An diesem Abend habe ich hauptsächlich geschaut und zugehört. Ich war aufgekratzt und animiert und wahrscheinlich ein wenig überdreht von all den vielen neuen Eindrücken.

Als ich mich bald darauf im schönen warmen Hotelzimmer in meinem weichen Bett wohlig zurechtkuschelte, kam ich mir vor wie in einer Wiege. Alles schaukelte ein bißchen – von einem Gläschen Wein! Aber das gab mir die nötige Bettschwere.

Als am nächsten Morgen zum Wecken an meine Tür geklopft wurde, war ich schon längst wach.

Nie werde ich den Moment vergessen, als ich die Vorhänge aufzog und das Fenster öffnete. Ich war noch niemals in den Bergen gewesen und hatte über all der großen Aufregung nicht mehr daran gedacht, daß ich sie ja nun in Garmisch endlich sehen würde. In der Dunkelheit am Abend vorher war mir nichts aufgefallen, und so war ich in keiner Weise gefaßt auf den Anblick, der mich nun förmlich überrumpelte. Er traf mich wie ein heißer Strahl. Ich spürte die Kälte nicht, die von draußen hereinkam, beugte mich weit aus dem Fenster und schaute in eine Traumwelt – oft auf Bildern gesehen und eigentlich nie so recht geglaubt:

Scheinbar zum Anfassen nahe ragte ein steiles, verschneites Bergmassiv vor mir auf. Hier und da stieß schroff ein Stück nackter Fels aus der weißen Decke heraus; und hoch oben färbte sich die

Schneekappe mehr und mehr in ein strahlendes Orangerosa. Bald sah es aus, als werde der ganze Bergstock langsam mit einem feurigen Saft übergossen, bis er davon zu glühen schien. Auch der Himmel hatte sich durch die aufgehende Sonne rötlich überzogen und schien fast mit dem Gipfel ineinanderzufließen. Unten auf dem großen Platz vor dem Hotel sah alles weiß und tiefblau aus, und ein leichter Nebeldunst schwebte über dem Boden. Ein Pferdeschlitten mit Glöckchen tauchte wie aus dem Nichts auf und verschwand wieder ins Nichts. – Während ich am Fenster stand und schaute und schaute, grub sich diese Stimmung tief in mein Gedächtnis ein.

In meinem späteren Leben habe ich noch viele wunderbare Bergerlebnisse gehabt; aber keines hat mich wieder so »umgehauen« wie dieses allererste. Alles wirkte zusammen: die große Chance, die mir winkte, das kleine Podest, auf das ich mich so plötzlich gestellt fühlte, und als Krönung dieser Sonnenaufgang, den ich unbewußt als Omen für die weitere Zukunft nahm.

Und es blieb in jeder Beziehung der wunderbarste Tag, den ich bis dahin je erlebt hatte. Der Himmel mußte ihn mir geschickt haben, um mir Mut zu machen, und ich sagte ihm viele Male DANKE!

Wie in eine große Familie wurde ich an diesem sonnigen Sonntag in das Filmteam aufgenommen. Ich lernte den Regisseur Ernst Martin kennen, den Kameramann Walter Pindter, das mütterlich-herzliche Scriptgirl Erna Neuber, die mich sofort unter ihre Fittiche nahm und mir alles erklärte, was sich beim Drehen tat und welche Funktion jeder einzelne im Team hatte. Sie stellte mich auch dem Produktionsleiter Bruno Duday vor, der sich etwas später am Drehort einfand. Er war ein breitschultriger, großer Schrank von einem Mann, der etwas von einem gutmütigen Bären an sich hatte. Mit seinem breiten baltischen Akzent mit dem gedehnten »ei« flößte er mir sofort Vertrauen ein.

»So, so, Frolleeinchen, Sie sind also Schauspielerin?« fragte er. »Nein«, beeilte ich mich zu antworten, »ich möchte erst eine werden.« – Warum waren auf einmal alle so still und schauten mich an? Hatte ich etwas Falsches gesagt, und würde ich nun deshalb die Rolle vielleicht nicht bekommen? »Ich bin nämlich noch nicht fertig mit dem Schauspielunterricht«, schob ich erklärend nach. Papa Duday, wie er von allen genannt wurde, schmunzelte, strich mir übers Haar und sagte: »Es wird sich ja erweeisen, ob es trotzdem schon reeicht – morgen beei den Probeaufnahmen.« »Morgen?« fragte ich besorgt. »Morgen ist Montag! Da muß ich ja wieder im Büro sein. Herr Bartels hat gesagt, die Probeaufnahmen würden heute mit mir gemacht.«

Ja, du meine Güte, da hatte man noch nicht damit gerechnet, daß heute ein so ungetrübt schöner Sonnentag sein würde. Die Aufnahmen für den Film hätten natürlich absoluten Vorrang, und die müßte und würde man Gott sei Dank heute »in den Kasten kriegen«. Morgen könne man sich dann ganz auf mich konzentrieren. Nun war ich natürlich in hellster Aufregung. »Wir werden eben eein Telegramm schicken, daß die Aufnahmen erst morgen gemacht werden können«, sagte Duday und meinte, mich damit zu beruhigen. Aber das wäre ja noch schlimmer gewesen! »Man darf doch bei meiner Firma nicht wissen, daß ich Schauspielerin werden will!« – »Ach soo – hm – da müssen Sie sich etwas ausdenken«, schlug er mir einfach vor. Ach du großer Gott, nun mußte ich schon wieder schwindeln!

Herr Bartels half mir beim Aufsetzen des Telegramms. Es lautete: »Fuß verstaucht stop ankomme später.« Puh, nun hatte ich wenigstens Zeit genug, mir auszudenken, wie ich denn zu diesem verstauchten Fuß gekommen sei.

Wenn ich mich nun schon auf dieses »schwindelige« Abenteuer eingelassen hatte, so wollte ich es wenigstens auch genießen. Und das tat ich. Bis zum Drehschluß blieb ich an diesem Sonntag dabei. Zum Mittagessen wurde ich von der Produktion eingeladen. Beim Abendessen saßen wir wieder alle zusammen, und diesmal bestellte ich einen Strammen Max!

Am Montag schien die Sonne nicht mehr. Der Himmel war verhangen und alles grau in grau. Was nun? – »Oberhalb der Wolken wird Sonne sein. Wir fahren auf die Zugspitze«, wurde beschlossen. Die Abenteuer schienen nicht aufzuhören.

Es war nur ein kleines Team, das sich mit mir auf den Weg machte: lediglich der Kameramann mit seinem Assistenten, der Regisseur und Erna Neubert, das Scriptgirl.

Welch grandiosen Blick man bei klarem Wetter von diesem höchsten Punkt der deutschen Alpen hat, habe ich erst viele Jahre später erlebt. An diesem Tag aber war auch hier oben, entgegen allen Erwartungen, alles »zu«. Meine Aufnahmen wurden also bei diesem schlechten Licht geschossen. Der Regisseur rief mir zu, welchen Ausdruck ich ihm von Fall zu Fall bieten sollte. Es war fast so wie bei den »Fotola«-Aufnahmen, und ich wurde immer enttäuschter. Man hat mir später einmal diese Probeaufnahmen gezeigt. Mein Entsetzen kann ich nicht beschreiben. Auf alle Fälle hätte *ich* jemanden mit einem solch pfannkuchigen Elendsgesicht nie und nimmer engagiert. –

Durchfroren und niedergeschlagen kam ich mit dem Aufnahmeteam wieder unten in Garmisch an, nahm ein heißes Bad, packte mein Krämchen zusammen und war nach dem Mittagessen abreisebereit.

Herr Bartels brachte mich zum nächsten Zug nach München. Vorher hatte man mich zum Abrechnen gebeten. Das war eine riesige Überraschung und ein ebensolches Trostpflaster auf meine Enttäuschung. Alles in allem war es doch fast soviel, wie ich bei Goetzke monatlich netto gehabt hatte, rund achtzig Mark!

Dieser unverhoffte Geldregen polierte meine Stimmung ganz schön auf, und Herr Bartels beruhigte mich noch mehr. Selbst wenn die Aufnahmen technisch zu wünschen übrig lassen würden, wäre das kein Beinbruch, versicherte er mir. Als alte Filmhasen wüßten sie schon zu unterscheiden, was den Umständen zuzuschreiben sei und was mir. »Wichtig war der persönliche Eindruck, den Sie hier hinterlassen haben«, sagte er, »und daß der gut war, müssen Sie doch selbst gespürt haben. – Aber«, fuhr er fort und wurde auf einmal sehr ernst, »wie ich Ihnen schon einmal sagte: Sie sind nicht die einzige, die man ausprobiert. Also steigern Sie sich nicht in allzu große Hoffnungen. Am besten, Sie denken ›hundertprozentig nein‹.«

Wie ich das anstellen sollte, hat er mir nicht verraten. Er versprach, mir in jedem Fall Bescheid zu geben, wie die Entscheidung ausgefallen sei. Aber es könne einige Zeit dauern. – Als der Zug abfuhr, winkte er und rief mir noch einmal seine Warnung nach: »Denken Sie immer hundertprozentig nein!« und lachte dabei. Ich habe nur sein Lachen registriert, mit der Warnung konnte ich mich nicht so ohne weiteres anfreunden.

Immerhin versuchte ich es schon einmal auf der Heimfahrt. Ich wollte ja vernünftig sein und meine bestimmt zu hoch geschraubten Erwartungen dämpfen: So etwas passiert eben nicht in Wirklichkeit. Und war diese Reise nicht ohnehin, ganz für sich, ein ungeheurer Glücksfall für mich gewesen? Was hatte das Schicksal mir alles beschert! Ich hatte die Berge gesehen, diesen heimlichen Wunsch erfüllt bekommen, was ich mit meinem mageren Portemonnaie nie selbst gekonnt hätte. Ich hatte all diesen berühmten Schauspielern bei der Arbeit zuschauen dürfen und dadurch ja wieder ein wenig hinzugelernt. Nun kam ich auch noch zurück mit diesem Reichtum und würde nicht nur die Lücke in meinem Konto auf der Sparkasse wieder auffüllen können, sondern obendrein eine noch weit größere Rücklage haben als vorher. Alles in allem konnte ich doch nur glücklich und dankbar sein, auch wenn es nichts werden sollte mit der Filmrolle. Nur, so ganz aufgeben mochte ich den Gedanken nicht.

Fanny Geßler hörte sich voller Begeisterung meine ausführlichen Berichte an, durch die ich mich prompt wieder in eine unvernünftige Erwartung hineinredete. Es war schon längst Schlafenszeit geworden, und morgen im Büro würde ich die Geschichte erzählen müssen, die ich mir während der Bahnfahrt in allen Einzelheiten ausgedacht hatte. Ich beendete also das abendliche Gespräch mit der folgenden Drohung:
»Frau Geßler, das sage ich Ihnen: Wenn das was wird, dann – dann zertöppere ich Ihnen Ihre sämtlichen nicht zusammenpassenden Tassen, die Sie da im Küchenschrank stehen haben und kaufe Ihnen ein schönes, neues Service!« – »Ja, freili, des daad ma taugen«, lachte sie.

»Also, ich ging mit meinem Bruder spazieren. Einen ziemlich steilen Weg gingen wir. Auf einmal sagt er: ›Schau mal da oben den großen Vogel!‹ Ich schaue hinauf, bin aber dummerweise nicht stehengeblieben, und auf einmal stolpere ich doch über einen großen Stein, knicke mit dem linken Fuß um, falle hin und kann erst mal nicht mehr allein aufstehen. Mein Bruder hat mich huckepack runter in den Ort getragen, der Arme. Aber am Sonntag hat ja kein Arzt Sprechstunde, und so mußte ich bis Montag bleiben und die ganze Zeit mit hochgelegtem Bein. Gestern hab ich dann diese Bandage bekommen. Und langsam geht's schon wieder.«

Das war mein dramatisches Lügenmärchen, und ich war erstaunt, welches Bedauern ich damit auslöste. Nur Frau Kellner hielt sich diesbezüglich etwas zurück und fragte, warum mein »Herr Bruder« – sie rümpfte ein wenig die Nase bei »Bruder« – denn nicht mit mir zur Unfallstation gegangen sei.

»Ä – ach so... Jaa, darauf sind wir überhaupt nicht gekommen.« Eine gescheitere Antwort war mir nicht eingefallen. Aber ich wies gleich als Ablenkungsmanöver auf meinen Fuß hin, den ich so kunstvoll ich es vermochte mit einer riesigen Bandage umwickelt hatte. Frau Geßler war nämlich sofort als Komplizin in die Geschichte eingestiegen und hatte mir dieses Monstrum von Elastikbinde aus ihrem Nachtkästchen geholt.

Am Morgen, gleich nach Verlassen des Hauses, hatte ich auch ganz erbärmlich zu hinken begonnen. Ich mußte ja auf Nummer Sicher gehen! Goetzkes wohnten dummerweise auch in der Enzensperger Straße, direkt gegenüber meinem Haus, und wenn da jemand aus dem Fenster schauen und mich normal gehen sehen würde... Nein! Ich mußte das Hinken nun erst einmal eisern durchhalten.

Im Büro schaffte man eigens einen Hocker heran mit einem Kissen drauf, weil ich ja mein Bein hochlegen mußte. Es war ziemlich kompliziert, in dieser Position zu tippen. Aber erst einmal machte es mir einen diebischen Spaß, meine Rolle so natürlich zu spielen, daß alle sie mir offenbar abkauften. Allerdings abends bei Frau Geßler war es dann doch eine große Erleichterung, wenn ich mich normal bewegen konnte. – Es war schon fast Mittagspause, als Herr Goetzke am nächsten Tag ins Büro kam, freundlich wie immer. Sicher wollte er diktieren. »Nein, heute nicht«, meinte er. »Ich komme wegen Ihrer Verletzung. Ich brauche Ihr Attest von dem Arzt in Garmisch.« – Mir blieb erst einmal die Luft weg, dann brachte ich hervor: »Oh – wenn ich das gewußt hätte! Das hab ich nicht. Vielleicht hat es mein Bruder. Aber der hätte es dann sicher weggeworfen, denn was sollte er...« – »Na gut«, unterbrach mich Herr Goetzke nach einem erstaunt-prüfenden Blick, »dann können Sie mir ja auch von einem hiesigen Arzt ein Attest bringen. Haben muß ich jedenfalls eines, sonst müßte ich Ihnen einen Tag von Ihrem Gehalt abziehen.«

Ui! Da saß ich in einer schönen Patsche! Einen Tag Gehaltsabzug hätte ich natürlich leicht verkraften können – bei meinem derzeitigen Reichtum. Aber mir lag ja daran, daß ich meine Glaubwürdigkeit nicht verlor. In was hatte ich mich da hineinmanövriert! Jajaa – Lügen haben kurze – und noch dazu verstauchte Beine...

»Wissen Sie einen Arzt hier in der Nähe?« fragte ich die Damen im Büro. »Es wäre vielleicht sowieso besser, wenn ich noch mal nachsehen ließe.« Ja, es gäbe einen, hieß es, aber der wäre wohl nichts Besonderes. Oho! Mein Gedankenapparat rasselte. Wäre das vielleicht nicht gerade deswegen mein Mann? – »Das macht nichts«, antwortete ich, »es ist ja nichts Kompliziertes.« Ich rief in der Praxis an und schilderte wortreich meine Zeitnot, und der Arzt sagte, ich solle in Gottes Namen um halb zwei Uhr kommen.

Gleich nach der Mittagssuppe in der Kneipe humpelte ich den kurzen Weg rüber in die Praxis von Dr. X. Sie machte keinen sehr florierenden Eindruck. Ich erzählte dem Doktor meine nun bereits erprobte Geschichte. Er hörte sie sich geduldig an, schüttelte den Kopf und dann kam, was ich befürchtet hatte: »Na, dann will ich mir den Schaden mal ansehen. Wickeln Sie doch bitte die Bandage ab.« – »O nein«, erwiderte ich, »da müßte ich einmal wiederkommen, wenn ich mehr Zeit habe. Ich muß ja sofort wieder im Büro sein, und mein Chef ist sehr streng. Außerdem tut es schrecklich weh, es ist ja auch ganz blau...«

»Also gut«, wurde ich unterbrochen. Offenbar befürchtete er, eine potentielle Patientin zu verlieren. »Geben Sie mal her das Bein – so wie es ist. Da kann ich auch schon etwas feststellen.« Nun bog er den Fuß in alle Himmelsrichtungen und fragte, wo es weh täte und wie. Ich gab ausführliche Auskunft, begleitet von Schmerzenslauten, Grimassen und tapferem Auf-die-Lippen-Beißen. Als die Untersuchung beendet war, schrieb er mir mit wichtiger Miene das Attest: »Luxation des linken Fußgelenkes und Bluterguß.« Tatsächlich, »und Bluterguß« hatte er geschrieben. Das war das Tollste! Dann bekam ich noch ein Rezept für Heublumentee, mit dem ich fleißig Bäder machen sollte, zahlte das Honorar gleich bar – und war entlassen.

Eine Tüte Heublumentee kaufte ich mir sofort in der nächsten Apotheke, humpelte zurück ins Büro, plazierte die Tüte für alle gut sichtbar neben meine Schreibmaschine und legte leidend das Bein wieder hoch.

So spannend meine Show am Anfang auch für mich und mein Publikum gewesen war, so lästig wurde sie, je weniger ich damit Aufsehen oder gar Mitleid erregen konnte. Meine Darbietungen dienten nur noch meiner Überlegung, daß der Schmu nicht auffliegen dürfe; dies um so weniger, je mehr ich von Tag zu Tag an Zuversicht einbüßte, daß aus meiner hochgestochenen Filmhoffnung noch etwas werden könne. Ich wollte ja nicht meine Stellung verlieren.

Sonja Karzau stieß in das gleiche Horn wie Hans Gerhard Bartels: »Mach dir nicht den Kopf heiß! Bartels wird dir ja Nachricht geben, so oder so.«

Fünf Tage – sechs Tage – sieben Tage – nichts! Nun ja, es hat nicht sollen sein. Der Knöchel sollte jetzt nur möglichst rasch »gesunden«. Es war Dienstag, der 4. April, der achte Tag meiner selbst auferlegten Tortur, schon gegen Abend. Goetzke war mitten in der Inventur, und es gab viel zu tun. Für die viele Arbeit war zusätzlich eine Aushilfskraft engagiert worden, eine sehr liebe, tüchtige Frau, die schon weggegangen war, weil sie übermorgen mit ihrem Mann, einem Polizisten, in Urlaub fahren wollte.

Dreiviertel sieben, kurz vor Ladenschluß, kommt eine junge Verkäuferin atemlos ins Büro gestürzt: »Fräulein Löbel, schnell, Sie werden am Telefon verlangt. Berlin ist am Apparat.« – Vernunft und Vorsicht sind beim Teufel. Mit dem gesündesten Fuß der Welt rase ich die zwei Stockwerke hinunter, immer zwei Stufen auf einmal nehmend, und komme, nun ebenfalls atemlos, im kleinen Büro an, wo der ausgehängte Hörer auf mich wartet. Niemand ist im Raum, Gott sei Dank. »Jaa, bitte?« frage ich fast angstvoll. »Guten Abend, hier ist Bartels, Ufa. Wir haben die Probeaufnahmen gesehen... Ich gratuliere Ihnen. Sie haben die Rolle.«

Herr Bartels hat mir später erzählt, erst sei eine beängstigende Weile gar nichts gekommen, dann habe er den Hörer vom Ohr abhalten müssen, so laut habe ich geschrien: »Ich werd VERRÜÜÜCKT!!!« »Können Sie morgen nach Berlin kommen?« fragte er dann. »Jaa, natürlich sofort! O nein, noch nicht, ich habe ja gar nichts gepackt, und ich muß ja erst noch... ach was, ich schaff das schon. Das muß einfach irgendwie gehen!«

Was tu ich jetzt – was laß ich?! Ich stürzte aus dem Büro und raste durch sämtliche Abteilungen des Ladens, schubste Verkäuferinnen beiseite und rempelte kopfschüttelnde Kundinnen an, die mir im Wege standen und schrie mit gelernter Lautstärke durch das ganze Geschäft: »Wo ist der Chef? Wo ist der Chef?!« – Ich mußte ihn nicht lange suchen. Durch mein Lärmen aufgeschreckt kam er mir mit großen, erstaunten Augen auf einem Gang entgegen, und ich rannte ihm direkt in die Arme: »Herr Goetzke, Herr Goetzke, ich muß Sie ganz ganz dringend sprechen, weil – es ist nämlich – ich muß, weil: Ich soll in Berlin« – Herr Goetzke nahm mich am Arm und sprach beruhigend auf mich ein: »Jetzt kommen Sie erst mal mit ins Büro und erzählen mir, was denn um des Himmels willen passiert ist.«

Im Büro bot er mir einen Stuhl an und sprach weiter sanft auf mich ein – wie auf eine arme Irre: »Soo, jetzt trinken wir erst mal ein kleines Gläschen zur Beruhigung. Und nun: Was ist los?«

Ich erzählte ihm alles. Alles. Auch, daß ich von Anfang an nicht vorgehabt hatte, hier eine Dauerstellung anzutreten und daß mein Fuß nie verstaucht war. »Und ich weiß, ich würde es verdienen, daß Sie mich jetzt rausschmeißen, aber wenn Sie mich nicht sofort freigeben, dann – dann verpasse ich die Chance meines Lebens. – Herr Goetzke, büttte!«

Nachdenklich schaute er mich an und schüttelte eine Weile den Kopf, während der kurze Anflug eines ungläubigen Lächelns über seine ernste Miene huschte. Er gab mir sein Taschentuch mit den Worten: »Putzen Sie sich erst mal die Nase.« Dann kam sein Verdikt: »Das kann ich Ihnen natürlich nicht verbauen. Aber ich weiß nicht, wie die Arbeit gerade jetzt in der Inventur geschafft werden soll. Vielleicht können wir unsere Aushilfskraft – aber die macht ja Urlaub.« – »Ich könnte sie doch überreden, daß sie ihn verschiebt.« Herr Goetzke sah mich zweifelnd an: »Ja – also wenn Ihnen das gelingt, dann lasse ich Sie gehen. Versuchen Sie's und rufen Sie mich heute abend noch an.« – Ich hätte ihm am liebsten einen Kuß gegeben, aber das durfte man ja nicht bei seinem Chef. Also überschlug ich mich nur mit vielen »Danke«-s und raste davon.

Die Frau – wie schade, daß ich ihren Namen nicht mehr weiß! –, also die Aushilfe öffnete mir erstaunt die Flurtür auf mein stürmisches Klingeln. Ich war direkt vom Büro aus mit der Straßenbahn zu ihr gefahren. Inzwischen war ich auch etwas ruhiger geworden und erzählte ihr, was ich auf dem Herzen hatte. Ich redete und bat mit Engelszungen. Und schließlich sagte auch sie: »Das kann man Ihnen ja nicht kaputtmachen. Also gut. Ich werd meinen Mann überreden.« Sie war ja nicht meine Chefin, und ihr habe ich daher auch ohne großes Überlegen auf jede Wange einen dicken Kuß gedrückt. Nie habe ich ihr vergessen, wie sie mir geholfen hat.

Ich verständigte Hern Goetzke rasch noch telefonisch von dieser glücklichen Lösung, und dann konnte ich endlich in die Enzensperger Straße und beginnen, meinen Koffer zu packen. – Ich raste die vier Stockwerke hinauf, immer zwei Stufen auf einmal. Meinen Wohnungsschlüssel aus der Tasche zu nehmen, war ich viel zu fipsig. Ich läutete Sturm.

Frau Geßler öffnete mir erschrocken, und ich jubelte ihr entgegen: »Frau Geßler, Frau Geßler! Es hat geklappt – es hat geklappt!« Der Schreck blieb in ihrem Gesicht. Sie sagte nur leise »Jessas, meine Tassen!«, lief rasch zum Küchenschrank, schloß ihn ab und steckte den Schlüssel in ihre Schürzentasche.

Nach dem Kofferpacken saß ich noch eine kleine Weile mit ihr beisammen. Sie würde mir mein Kammerl bereithalten, wenn ich es noch haben wollte nach meiner Rückkehr, sagte sie. Und ich versicherte ihr, daß ich die Miete sicher weiterzahlen könne, wenn ich doch nun so gut verdienen würde. »Jaja Froilln Löbel«, sagte sie nachdenklich, und hatte wieder ihre Vornehm-Sprechweise angenommen, »nun werten Szie ja perühmt. Und szicher spielen S' dann auch palt einmal in München Thehater.« – »Ach, Frau Geßler, wenn das jemals der Fall sein sollte, dann müssen Sie bei der Premiere in der ersten Reihe Mitte sitzen, und ich lade Sie dazu ein. Das versprech ich Ihnen.« – »Jaa, des wär was«, lachte sie, »aber meine alten Tassen möcht' i b'halten. Was glaum S', an was die mich alles erinnern! Un jetzat nacha auch an Sie.«

Gesellenstücke

»Liebe Eltern und Schwestern! Bitte setzt Euch erst alle hin!... Ich bin von der UFA für einen Film verpflichtet. Morgen mittag 12.30 Uhr fahre ich... Ihr könnt Euch denken, daß ich verrückt werde vor Glück!... Näheres schreibe ich aus Berlin. Schickt bitte meine

Original-Papiere, Geburtsschein u. s. w., sofort an Hans Gerhard Bartels, Berlin W 30, Hohenstaufenstr. 43 – Viele 1000 Grüße von Eurer seeeeeeligen Mausi.«

Dies teilte ich meiner Familie per Eilboten auf Postkarte mit, die ich noch am Abend in Frau Geßlers Küche schrieb. Am folgenden Morgen war ich so früh auf, daß mir Frau Geßler das Frühstück in ihrem grauen Morgenrock machte. Ich mußte doch vor der Abfahrt noch mit allen Erledigungen fertig werden. Alles und alle kamen mir zu langsam vor an diesem Tag.

Von Herrn Goetzke verabschiedete ich mich, als er endlich erschien, mit vielmaligem »Dankeschön«. Um halb zehn Uhr hatte die Sparkasse endlich geöffnet, dann noch rasch meinen Koffer geholt und mich von der guten alten Frau Geßler eilig verabschiedet. Zum Schluß ein Blitzbesuch bei Sonja Karzau. Wir wußten erst nichts Rechtes zu reden. Zu aufregend war, was mir bevorstand, auch für Sonja. Sie gab mir alle möglichen guten Ratschläge, und: »Hoffentlich gibt es nicht inzwischen Krieg«, sagte sie unvermittelt, »ich habe so Angst vor Krieg. – Haben sie etwas von Gage gesagt?« wollte sie dann wissen. Daran hatte ich überhaupt noch nicht gedacht; was ich denn verlangen sollte? Sonja hatte auch keine Erfahrung mit Film. »Jedenfalls sehr viel«, meinte sie. »Tausend Mark!« – Mir verschlug es die Luft, und ich wußte nicht, ob und wie ich eine derartige Forderung über meine Lippen bringen könnte.

Mein Herz klopfte ganz unsinnig, als ich in die erste Klasse des D-Zuges einstieg, als täte ich etwas Verbotenes. Diese Abteile waren ja noch schöner, als die zweiter Klasse von Garmisch nach München gewesen waren! Ich fand sogar einen Fensterplatz, weil ich so früh da war.

In Augsburg hatte ich genügend Zeit zum Umsteigen – wieder in solch ein Luxusabteil. Mir gegenüber saß schon eine Dame. Eine Dame! Nicht einfach eine Frau. Sie duftete nach Parfum. Die Farbzusammenstellung ihres Kleides faszinierte mich: Dunkelblau mit Zyklam-Rosa kombiniert! Wirklich toll! So etwas mußte ich in Berlin auch für mich finden, beschloß ich; ich konnte ja nicht mehr dauernd in meinen Schulkleidern herumlaufen!

Mir schien, der Schaffner blickte mich ein wenig verwundert an, als er meine Fahrkarte verlangte. Nachdem er sie geknipst hatte, steckte ich sie wieder ein, mit vornehm spitzen Fingern. So begann

ich schon einmal damit, »Dame« zu üben, auch genauso gelangweilt wie mein Gegenüber aus dem Fenster zu schauen und so lässig meine Zigarette zu rauchen. Sehr überzeugend werde ich nicht
gewirkt haben.

Gegen Abend – es war schon dunkel geworden – hielt der Zug in
Leipzig. Zu denken, daß ich vor rund eineinhalb Jahren todun-
glücklich von hier weggegangen war und die Stadt nun so leichten,
glücklichen Herzens passierte! Ich kostete wohlig mein Triumph-
gefühl aus und hätte mir nur gewünscht, Herrn Intendant Smolny
fragen zu können, ob er noch immer an die Unfehlbarkeit seiner
Beurteilung von Begabung glaubte.

Am Anhalter Bahnhof in Berlin holte mich ein vergnügt lachender
Herr Bartels ab, gratulierte mir noch einmal und erzählte, daß die
Wahl einstimmig auf mich gefallen sei. Ich sähe ja obendrein auch
noch wirklich aus wie eine jüngere Schwester von Hansi Knoteck.
Das schmeichelte mir sehr, denn Hansi Knoteck fand ich wunder-
hübsch.

Auf der Autofahrt durch die erleuchteten Straßen Berlins kam ich
mir wie verzaubert vor. Dies alles konnte eigentlich wieder nur ein
Märchen sein. Und für mich war es auch eines.

In der Pension Herbke in der Meinekestraße war ein Zimmer für
die Zeit meines Aufenthaltes für mich bereit: ein wunderschöner
großer, jetzt hellerleuchteter Raum. Mir kam es vor, als ob ich noch
nie soviel Gemütlichkeit und Wärme gespürt und noch nie soviel
Licht in einer Stadt bei Nacht gesehen hätte. Das Zimmer kostete
150 Mark im Monat, weit mehr als mein bisheriges Bruttogehalt
ausgemacht hatte. Und ich würde es mühelos zahlen können, denn
ab heute sollte ich ja Diäten bekommen. 25 Mark pro Tag, solange
der Film dauerte. Das waren 750 Mark im Monat und dazu noch
eine Gage! Herr Bartels gab mir »fürs erste« noch ein a conto:
fünfhundert Mark!

Benommen saß ich auf der Kante des weichen, breiten Bettes, die
fünf Hundertmarkscheine in den Händen. Es war alles zu viel,
nicht mehr zu ertragen! Ich warf mich in die Kissen und heulte –
heulte vor unfaßbarem Glück.

»Det Frühstück is im Zimmerpreis inbejriffen«, sagte Frau Herbke
am nächsten Morgen, als ich zahlen wollte. In den Berliner Dialekt
verliebte ich mich auf Anhieb. Die »Schnauze« war nicht zu über-

hören, »det Herz« entdeckte ich auch ziemlich bald. Mein Herz entflammte sofort für diese Stadt, in der ich den Anfang meiner Entwicklung zur Schauspielerei und zu meinem allmählichen Erwachsenwerden erlebte.

Zwei ganze Tage – mit je 25 Mark bezahlte Tage! – lagen nun vor mir, und ich mußte nichts dafür tun! Was sollte ich mit ihnen anfangen? – Frau Herbke riet mir zu einem Kurfürstendamm-Bummel »runtazu bis zur Kaiser-Willem-Jedächtniskirche, und denn weita die Tautzien lang zum Wittenbergplatz, bis zum KaDeWe.« – »Was ist denn der KaDeWe?« wollte ich wissen. Frau Herbke lachte: »Nich der! Das KaDeWe, det Kaufhaus des Westens. Da könn Se allet kriejen, wat det Herz bejehrt.«

Also, das lockte mich doch sehr! Die fünf Hundertmarkscheine, die nun wohlverwahrt in meinem Handtäschchen steckten, hatten mich gestern nacht schon stark beschäftigt, als ich nicht einschlafen konnte. Ich dachte an Chemnitz und was sie sich daheim immer alles verkneifen mußten. Margotchen, Ruthchen, Mutti? Ach Gott, Mutti konnte eigentlich alles brauchen. Und Vati? Und ich hatte ja auch einiges nötig. Das dunkelblau-zyklamfarbene Kleid ging mir nicht aus dem Sinn. Also auf ins KaDeWe!

Der Kurfürstendamm nahm mich auf in den Strom der vielen Menschen. Und kein Aprilwetter, sondern fast schon ein richtiger Frühlingstag! Ich atmete tief ein. »Das ist die Berliner Luft Luft Luft«, fiel mir ein. Sie schien mich zu berauschen. Ich schwebte mehr als ich spazierte und schaute und schaute und landete tatsächlich im KaDeWe. Erst einmal tat ich auch da nichts anderes als schauen und die Rolltreppen rauf- und runterfahren, bis ich so ungefähr wußte, wo die verschiedenen Artikel zu finden waren. Dann geriet ich in einen regelrechten Kaufrausch, kaufte alles für Chemnitz, was ich mir ausgedacht hatte, und noch einiges mehr. Sogar meine fixe Idee, das dunkelblau-zyklamfarbene Kleid, wurde realisiert – und war dann von erlesener Scheußlichkeit, wie ich in der Pension vorm großen Spiegel feststellte. Ich habe das Kleid kaum je getragen; dabei hatte es den schwindelerregenden Preis von 60 Mark gekostet. Teures Lehrgeld! Überhaupt fiel ich in totale Ernüchterung nach dem Rausch, als ich die Endsumme meines Großeinkaufes an der Sammelkasse berappen mußte: Gut die Hälfte meiner 500 Mark war weg!

In Chemnitz jedenfalls schlug die Ankunft des Pakets wirklich ein wie – nun ja, nicht wie eine Bombe – aber immerhin wie ein riesiges Osterei vom Himmel. – Mutti schrieb einen überschwenglichen Dankesbrief, in dem ich ganz allmählich von der störrischen, Kummer bereitenden Tochter zum »Stolz der Familie« avancierte. Und das sollte ich auch fürderhin bleiben. Allerdings: Ich hätte, so schrieb sie, sofort meine Adresse mitteilen sollen, am besten telegrafisch. Die exaltierte Eilkarte habe nur Sorge ausgelöst, daß ich vielleicht unter dem Vorwand, daß man einen Film mit mir machen wolle, von Mädchenhändlern entführt worden sei. Man sei schon nahe daran gewesen, die Polizei zu verständigen... Lieber Himmel! Was sollten denn Mädchenhändler mit mir wollen?!

Verabredungsgemäß holte mich Herr Bartels am Montag vormittag ab, um mit mir zum Vertragsabschluß nach Babelsberg zu fahren. Babelsberg! Filmstadt! Ufa! Eine unerreichbare Welt! – Wie selbstverständlich fuhr ich neben Herrn Bartels in das Filmgelände ein. Ich fühlte mich wie eine Prinzessin, und es fehlte nicht viel, so hätte ich nach allen Seiten gnädig gewinkt. Andererseits befiel mich eine schwer erklärliche Scheu und Bangigkeit vor dem Ausmaß dessen, was da auf mich zukam.

Ich kam aus dem Staunen nicht heraus: Die riesigen Hallen! Und im Freien die kunstvollen Häuserreihen aus Holz, Leinwand und Pappmaché. Der Produktionsleiter, Papa Duday, kam mir mit weit geöffneten Armen entgegen und umarmte mich wie ein richtiger Papa seine lang vermißte Tochter. »Daa isses ja, unser Mariele!« dröhnte er. »Na, dann wollen wir mal jleeich alles perfekt machen. Also: Was hatten Sie sich denn als Gage jedacht?« – Oje, jetzt kam's. Ich rief mir Sonja Karzau ins Gedächtnis, nahm allen Mut zusammen und sagte, so fest es mir möglich war: »Tausend Mark.« Kurzes Schweigen, währenddessen Duday und Bartels sich mit Blicken zu verständigen schienen. Und prompt kam auch die entsprechende Reaktion: »Tjaa – das ist ja eine janz schöne Summe für jemanden, der noch nie vor der Kamera jestanden hat!« Ich schwieg beschämt. Herr Bartels leistete Hilfestellung: »Bedenken Sie, daß Sie ja schon allein durch die 25 Mark Diäten am Tag ein vielfaches dieser Summe während der Dreharbeiten erhalten werden.« – Duday schien wieder abwiegeln zu wollen: »Nun ja, wir

wollen nicht kleeinlich seein. Sagen wir – 750 Mark für den Film?«
– »Ja, selbstverständlich«, antwortete ich sofort erleichtert, daß damit hoffentlich dieses peinliche Gespräch zu Ende sei.

Ich bekam ein dickes Drehbuch unter den Arm geklemmt, und Herr Bartels führte mich in die Ufa-Kantine zum Essen. Danach wurde ich weitergereicht an die Kostümbildnerin. *Heimatland* hieß der Film, nach der Operette *Monika* von Nico Dostal. Die Geschichte spielte im Schwarzwald, und es wurden somit Schwarzwälder Trachten angefertigt. Aber für die Szenen, die in der Stadt spielten, wurde auch zivile Kleidung gebraucht. Dafür fuhr also die Kostümbildnerin mit mir in ein Modegeschäft. »Wir brauchen für einen Film für die gnä' Frau ein einfaches Kleidchen und einen Mantel«, sagte sie. »Gnä' Frau!« Damit war ich gemeint!

Es war auf eine seltsame Weise ein erhebendes Gefühl – gleichzeitig wurde ich aber auch etwas nachdenklich: Ich spürte sehr deutlich, daß ich dabei war, immer schneller aus den Kinderschuhen herauszuwachsen.

Der 12. April 1939: mein erster Drehtag. Schon kurz nach sieben Uhr saß ich vor dem großen Schminkspiegel in meiner Garderobe. Ein wunderschöner Blumenstrauß von der Produktion Duday stand als Willkommensgruß neben mir. Noch nie hatte ich so einen großen Strauß bekommen. Und ich hatte auch tatsächlich eine eigene Garderobe! Mein Name stand groß draußen an der Tür, genau wie bei Hansi Knoteck nebenan. Der Raum war dreimal so groß wie mein Kämmerchen bei Frau Geßler, gemütlich eingerichtet und vor allem mit Heizung! Oh, wenn ich ihn doch mitnehmen könnte nach München! dachte ich.

»Sehr schön flächig«, sagte die Maskenbildnerin, nachdem sie mein Gesicht intensiv gemustert hatte, »läßt sich gut fotografieren«.

Ich beobachtete fasziniert, soweit ich die Augen offenhalten durfte, mit welcher Sorgfalt sie mich bearbeitete. Als sie fertig war, sah ich so hübsch aus, wie ich mir immer gewünscht hatte zu sein. »Na ja, bei Ihnen braucht man noch nicht viel zu machen«, wehrte sie das Lob ab. Und Zöpfe – meinen Kindertraum! – bekam ich auch. Nachdem die Garderobiere mir meine Schwarzwälder Tracht angezogen hatte, schaute mich aus dem großen Wandspiegel das Mariele an. Und als Mariele ging ich nun auch wie verwandelt das erste

Mal ins Atelier eines Filmstudios. Ich war voller Freude, Aufregung und Neugier, als der Aufnahmeleiter mich in die große Halle führte. Nach einem verwirrenden Gang in dem abweisenden Halbdunkel der riesigen, hohen Halle trat ich plötzlich ein in die hell erleuchtete Freundlichkeit einer kleinen Schwarzwälder Bauernstube mit Kachelofen und Ofenbank. Kamera und Scheinwerfer waren aufgebaut, darum herum stand die Mannschaft. Die Begrüßung war so herzlich, als hätte ich seit eh und je dazugehört, was mir den letzten Rest an Scheu und Aufregung nahm. Mein erster Drehtag begann. Nicht im entferntesten ahnte ich damals, welche Bedeutung und Konsequenzen er für mein weiteres Leben haben sollte.

Worauf es beim Filmen ankommt, kapierte ich schnell. Die alten Hasen unter den Darstellern und der Regieassistent waren auf wohltuend kameradschaftliche Weise hilfreich und gaben mir viele Tips: Die Kamera sieht alles, auch die kleinste Unsicherheit in den Augen, die man auf der Bühne unbemerkt überspielen könnte. Andererseits aber entgeht ihr auch nicht das Aufblühen eines Gedankens oder eines Gefühls in Augen und Mienenspiel, das auf einer großen Bühne nicht erkennbar wäre. – Ich begann zu lernen, daß es verschiedene Arten der Schauspielerei gibt.

Reichlich zwei Wochen dauerten die Innenaufnahmen in den Berliner Ateliers. Wenn ich drehfrei war, wurde ich weiter herumgereicht, zum Beispiel im Besetzungsbüro. Dort saßen zwei freundliche Damen und empfingen mich wohlwollend. Sie würden mich gern in ihre Kartei aufnehmen, sagten sie, ob ich Porträts hätte. Mittlerweile wußte ich ja, was damit gemeint war. Aber ich hatte natürlich noch immer keine. So wurde ich zum Ufa-Fotografen geschickt, damit er Starfotos von mir machen sollte. »Starfotos«! Von mir! Starfotos waren doch solche, die immer Fritzsche Martins Zigarettenpackungen beigelegt waren! Und nun sollten also auch von mir...? Nein – es war wirklich schwindelerregend.

Was bei den Fotos herauskam, war ein rundes, glattes Kindergesicht, in das noch keinerlei Erfahrungen eingezeichnet waren. Nichts von meinem damaligen überschäumenden Gefühl war sichtbar, nur die Anstrengung, schön sein zu wollen. Aufgrund dieser Fotos unternahm ich intensive, aber völlig untaugliche Versuche, reifer auszusehen. Ich stand zum Beispiel vorm Spiegel, zog die

Wangen ein und hielt sie von innen mit den Backenzähnen fest. Vielleicht könnte ich dadurch so eine interessante Einbuchtung in den Wangen bekommen wie Brigitte Horney? Nein, konnte ich nicht. Ich wünschte mir sehnlichst, schneller älter zu werden. Wenn ich mittags ohne jemanden von unserem Team in die Kantine ging, wußte ich nie recht, wohin ich mich setzen sollte. Etwas verlegen ging ich durch die Tischreihen. Wenn ich einen Platz für mich allein fand, war ich immer froh. Einmal sah ich einen kleinen Jungen an einem Tisch allein sitzen: sommersprossig, rothaarig, mit einem süßen Lausbubengesicht. Es war ein Kinderdarsteller, den ich schon im Film gesehen hatte. Ich war richtig glücklich, daß es da jemanden noch kleineren und viel jüngeren als mich gab. »Bist du der kleine Gunnar Möller?« fragte ich ihn. »Jaa!« sagte er voller Stolz. Er sprach das Ja mit einer melodischen Schleife von unten nach oben, und es schwang darin mit »Da staunste, was?« – »Darf ich mich zu dir setzen?« fragte ich. »Natürlich, bitte«, antwortete er sehr höflich. Ich mochte den kleinen Kerl sofort gern und freute mich immer, wenn ich ihn sah.

Nach den Berliner Dreharbeiten ging es zu Außenaufnahmen in den Schwarzwald. Das Weggehen von Berlin wurde mir nicht ganz leicht. Aber Neugier und Vorfreude auf schon wieder andere Eindrücke ließen keinen allzu großen Abschiedskummer aufkommen. Wir bezogen Quartier in einem schönen Hotel in Freiburg, und diesmal trug ich mich ohne Scheu als Schauspielerin ein. Abschlußexamen hin oder her.
Natürlich war das Leben hier nicht so billig, wie es für mich in Berlin gewesen war. Aber immerhin, am Ende konnte ich mir den echt goldenen Ring mit einem Goldtopas kaufen, der mich die ganze Zeit aus dem Schaufenster eines Juwelierladens angezwinkert hatte. Mein erster Ring! Und auch noch selbst gekauft! Für einhundertundfünfzig Mark! Ich war mächtig stolz darauf und legte nun öfter, aber natürlich nur ganz beiläufig, das Kinn auf meine rechte Hand, die Finger lässig abgewinkelt. – Gedreht wurde im Glottertal, für mich damals terra incognita. Da gab es nun wieder reichlich Nahrung, um meine Verliebtheit in die Welt wachsen zu lassen. Die drei Wochen hatten wir herrliches Frühlingswetter. Vergeblich hoffte die Produktionsleitung, daß eventuell verfrühte Eisheilige

noch einmal eine gehörige Portion Schnee herwerfen würden, den man dringend benötigte für einige Aufnahmen, die man in Garmisch nicht mehr geschafft hatte. Es wurde beschlossen, diese Aufnahmen dann eben in Berlin zu drehen und zu diesem Zweck noch einmal dorthin umzuziehen.

»Wieso? Schneit's denn in Berlin?« wollte ich wissen. »Auf dem Ufagelände schon«, sagte der Architekt mit ernster Miene. Es war unglaublich, aber wahr: Eine frappierend echt wirkende Schneelandschaft war auf das frühlingshafte Babelsberger Gelände gezaubert worden. Man konnte den Schnee schon von weitem glitzern sehen, wenn man über die leuchtendgrüne Wiese des Geländes auf diese winterliche Fata Morgana zuging.

Je näher man kam, desto mehr stieg einem allerdings etwas in die Nase, das zum Niesen reizte. Es roch nach Mottenkugeln. Die ganze Pracht bestand aus riesigen, über das Gelände gebreiteten Bahnen weißgetünchter Sackleinwand, hie und da mit großen Gipsbrocken beschwert, die täuschend wie große Schneeklumpen aussahen. Und über das Ganze waren Unmengen von Salz und Naphtalin geschüttet. So verlockend dieser Schnee auch von weitem aussah – einen längeren Aufenthalt hätte man sich in ihm nicht gewünscht. Die Augen röteten sich, die Nasenschleimhäute wurden arg strapaziert.

Und wenn man durch die Haustür ins »Innere« des Hauses ging, stand man wieder im Grünen, ernüchtert durch das unübersehbare Lattenskelett des Dekorationsstücks, das dahinter als Stütze gebaut war. Verrückt, ein potemkinscher Hof!

Ich war eben in der Ufa, der Traumfabrik.

Noch einmal tauchte ich in diesem letzten Mai-Drittel in die bereits vertraute Atmosphäre Berlins ein, auch schon mit der Hoffnung im Hinterkopf, daß ich eines Tages wiederkommen würde. An meinen freien Tagen erlebte ich noch vieles, was Berlin zu bieten hatte: Theater, lange U-Bahn-Fahrten in alle Himmelsrichtungen, zum Grunewald und den vielen Seen. Ich spazierte wieder und wieder den Kurfürstendamm hinauf und hinunter, von Halensee bis zur Gedächtniskirche, kehrte in allen möglichen Cafés ein und genoß es, in der Mailuft im Freien zu sitzen und die elegante Welt Berlins vorbeiflanieren zu sehen.

Auch das legendäre Romanische Café besuchte ich, in der heimlichen Hoffnung, dort einige der berühmten Literaten und Schauspieler zu Gesicht zu bekommen, die ständig hier verkehren sollten. Aber das mußte wohl vor 1933 gewesen sein – ich sah keinen einzigen. Statt dessen ließ ich beim Händewaschen meinen Stolz, den schönen Topasring, in der Toilette liegen. Ich entdeckte es sofort und lief zurück. Vergebens, er war schon verschwunden. Erst war ich natürlich sehr traurig über den Verlust, aber dann sagte ich mir: Vielleicht ist das mein Obolus an die Götter, zumindest an die Glücksgöttin, die mich bisher so wohlwollend behandelt hatte. Aber im Romanischen Café bin ich danach nie wieder gewesen. Ich mochte es nicht mehr. Meine Tage beim Film gingen zu Ende, der Vertrag lief am 3. Juni aus. Meine Rückkehr nach München hatte ich rechtzeitig angekündigt, vor allem bei Sonja Karzau. Ich war begierig, nun weiterzustudieren, um so bald wie möglich meine Abschlußprüfung bei der Reichstheaterkammer ablegen und ein Theaterengagement suchen zu können.

Aber wieder einmal kam alles ganz anders: Sonja schrieb mir, daß die Theaterferien kurz bevorstünden und sie schon vorher mit ihrem Urlaub beginnen würde. Es hatte also in bezug aufs Studium wenig Sinn, vor September wieder nach München zurückzugehen. Ich war zunächst etwas benommen und unentschlossen, was ich nun tun sollte.

Hans Gerhard Bartels, dem meine Ratlosigkeit nicht verborgen geblieben war, machte einen verlockenden Vorschlag: Er war befreundet mit dem Leiter der Marburger Sommer-Festspiele, die Juli/August stattfanden. Bartels sagte, Dr. Budde sei auf der Suche nach einer Sekretärin, die ihm für ungefähr zwei Monate zur Verfügung stehen würde – als eine Art Mädchen für alles. Zimmer für Schauspieler müßten besorgt, Gagenabrechnungen gemacht werden und und und. Als Gehalt wurden 250 Mark vorgeschlagen – mehr als doppelt soviel wie in München! – und als ganz besonderes Zuckerl bot Dr. Budde noch an, daß ich über meine Arbeitszeit vollkommen frei verfügen könne und überdies jederzeit bei den Proben zuschauen dürfe.

Ich zögerte natürlich keine Sekunde. Alles ging nun sehr schnell. Vom 10. Juni bis zum Ende der Festspiele, dem 10. August, war ich binnen drei Tagen in eine Umgebung versetzt, in der es nicht um leblose Textilien ging, sondern um lebendiges Theater. – Sonja Karzau freute sich mit mir über den sinnvollen, nahtlosen Beschäftigungsanschluß. *Ein Sommernachtstraum* stand in Marburg unter anderem auf dem Spielplan. Ich solle nur ja recht gut zuschauen, meinte sie, ob es für meine Hermia dabei nicht noch etwas zu lernen gäbe.

Voller Unternehmungslust packte ich meine Köfferchen – neugierig, was diese neue Lebensphase mir bringen würde.

Anna Fuß, eine ältere Frau, vermietete mir zwei kleine Zimmer in ihrem uralten schmalbrüstigen Fachwerkhaus, Roter Graben Nummer 15, das neben vielen anderen ähnlichen die steile, kopfsteingepflasterte Straße begrenzte. Frau Fuß allerdings war alles andere als schmalbrüstig. Ihre kräftigen Formen waren in ein enges Mieder gepreßt, wie es zur hessischen Tracht gehörte. Ihr pausbackiges Gesicht hatte etwas Sonniges, ich habe sie nie anders als strahlend gesehen, mit vergnügt zusammengekniffenen Äugelchen. Wir lachten viel zusammen, besonders über meine vergeblichen Versuche, den hessischen Dialekt nachzusprechen. Meine beiden Zimmerchen im obersten der zwei Stockwerke waren altmodisch, aber liebevoll möbliert. Ich fühlte mich vom ersten Moment an wohl in dieser Puppenstube.

Dr. Fritz Budde war ein älterer, weißhaariger Mann mit einer randlosen Brille. Er hatte einen starken Kropf; aber den vergaß man sofort, wenn man in sein freundliches Gesicht blickte. Ich mochte ihn auf Anhieb gern. Er war das, was man einen Theaternarren nennt. Die Festspiele, die schon seit 1927 jeden Sommer hier stattfanden, waren seiner Initiative zu verdanken, und er war mit Recht stolz auf das ziemlich große Gelände hoch auf dem Plateau des Marburger Schloßberges. Drei gotische Spitzbögen, der große in der Mitte, mit zwei kleineren zu jeder Seite, bildeten weithin sichtbar das Wahrzeichen der Marburger Festspiele.

Vor diesen Bögen spielte sich auf verschiedenen, terrassenartig angeordneten Ebenen das Theatergeschehen ab. Hinter den Bögen verdeckte ein geschickt angelegtes Gebüsch die Schauspielergarderoben und das Büro. Dr. Budde wies mich in mein Reich ein, eine geräumige Holzbaracke, in der ich alles fand, was ich für meine Aufgabe brauchte. Ich war begeistert.

Die Proben begannen. Von nah und fern kamen nach und nach die

Schauspieler von größeren und mittleren Bühnen, um ihre Theaterferien hier in der reizvollen Stadt an der Lahn spielend zu verbringen. Von den Ankömmlingen kannte ich niemanden – nur Günther Hess, der Tänzer und Choreograph in Chemnitz gewesen und mir von daher ein Begriff war. Er sollte den Puck spielen und die Rolle mit vielen Kobolzen und waghalsigen Sprüngen ausstatten. Alle anderen waren für mich neu. Alle brachten sie gute Laune mit, und es gab auch großes Wiedersehenshallo bei vielen, die schon öfter hier engagiert waren.

Da war der lustige Karl Bockx mit seiner Frau Anneliese, Hans Cossy, Helmut Peine, das Ehepaar Lilo Dietrich und Martin Held und auch ein ganz junger, schmächtiger Rothaariger: Gert Fröbe aus Zwickau in Sachsen. Seine Sprechweise war unüberhörbar sächsisch gefärbt, und ich war entgeistert, daß man damit auf einer renommierten Bühne landen konnte. Wenn der nicht Sprechunterricht nimmt, dachte ich, dann kann nichts aus ihm werden...

Sie nahmen mich alle als das, was ich ja momentan war: die Sekretärin von Dr. Budde. Nur langsam sickerte durch, daß ich auch Schauspielerin werden wollte und deshalb immer bei den Proben dabei war.

Wenn nach der Probe alle in die Schloßschenke zum Essen gingen, war ich stets mit von der Partie. Und so kam ich zu meiner Büroarbeit fast ausschließlich nur in den Abendstunden – und als dann die Vorstellungen liefen, die ich mir natürlich auch anschaute, sogar erst nachts. Oft kam ich erst gegen zwei oder drei Uhr morgens zurück in meine Puppenstube. Ich nahm mir wenig Zeit zum Schlafen damals und war doch immer hellwach. Achtzehn Jahre halt! – Als meine Tante Rosa mich einmal unangemeldet in Marburg überraschen wollte, erhielt sie von Frau Fuß die wahrheitsgemäße Auskunft, daß ich in letzter Zeit selten vor zwei, drei Uhr nachts heimgekommen sei. Das genügte. Nach kurzer Zeit erhielt ich von daheim einen Brief, der empört mein nun erwiesenes »Lotterleben« kommentierte. Meine Wut darüber, daß hinter mir herspioniert wurde, wich bald einer tiefen Erschütterung. Ich beschloß, alle Bindungen zur Verwandtschaft abzubrechen. Ganz so schlimm wurde es dann natürlich nicht, aber mit Tante Rosa hatte ich jahrelang nichts mehr im Sinn. Eine gründliche Aussöhnung gab es später aber doch.

Vier Stücke standen auf dem Marburger Sommerspielplan: *Romeo und Julia, Don Gil von den grünen Hosen* von Tirso de Molina, *Ein Sommernachtstraum* und *Der Flurschütz von Wakefield* von Hans Wolfgang Hillers, einem zeitgenössischen Autor. Die ersten zwei Stücke liefen schon, und bis zur nächsten Premiere, dem *Sommernachtstraum*, waren es nur noch vierzehn Tage. Wer die Hermia spielen würde, interessierte mich logischerweise am meisten.

Sie erschien erst einen Tag vor Beginn ihrer Proben, eine Schauspielerin die, so hieß es, in zwei Sprachen, deutsch und französisch, schon erfolgreich Theater gespielt hatte. Ich war also nicht die einzige, die gespannt war. Sie kam – und hatte nur eine Probe. Während dieser ging der Regisseur, Walter Maria Holetzko, langsam immer weiter zu den hinteren Zuschauer-Bankreihen. Sein Gesicht war ziemlich lang, als er zurück zur Bühne kam. Die Regieanweisungen, die nun folgten, waren offenbar nicht für jedermanns Ohren bestimmt; Holetzkos Stimme war so gedämpft, daß ich nur Bruchstücke verstand: »... lauter sprechen... man versteht schon ab der fünften Reihe nichts...« Der Diskurs ging eine Weile hin und her, während sich alle Nichtbeteiligten diskret in die Seitenkulissen drückten. Es endete mit Tränen bei der Hermia, die Probe wurde abgebrochen, und wir anderen gingen alle erst einmal recht bedrückt in die Schloßschenke zum Essen.

Als wir zurückkamen, war auch Dr. Budde da, den man eiligst gerufen hatte. Es machte sich nur mühsam unterdrückte Panikstimmung breit. Die junge Schauspielerin war schon beim Kofferpacken; man hatte sich gütlich geeinigt, den Vertrag zu lösen. Aber in zehn Tagen sollte Premiere sein! Was tun? Unter den drei Bögen herrschte eine solch verzweifelte Ratlosigkeit, daß alle davon angesteckt wurden – auch ich.

Ich nahm Karl Bockx beiseite und fragte ihn, ob er meine, daß es zumindest vorläufig hilfreich wäre, wenn ich die Stichworte gäbe, bis eine neue Besetzung gefunden sei. »Ich hab ja die Hermia studiert«, sagte ich.

Bockx sah mich einen Augenblick verblüfft an, dann lief er zu Holetzko und rückte mit meinem Vorschlag heraus; abschließend trompetete er noch: »Sie ist studiert!« Kurze Stille ringsum. Alle sahen mich an, und ich wurde rot. Holetzko wiegte den Kopf und kräuselte die Nase dabei: »Gott ja, damit's überhaupt erst mal weitergeht«, und mit einem leicht resignierten Schulterzucken: »Wenn Sie also so nett sein wollen, Fräulein Löbel.«

»Ich weiß nicht, welche Macht mir Kühnheit gibt, / noch wie es meiner Sittsamkeit geziemt, / in solcher Gegenwart das Wort zu führen...«

Diese Worte Hermias kamen mir, als die Probe nun wieder begonnen hatte, sehr aus der Seele. Holetzko saß eine Weile in der ersten Bankreihe auf seinem Regieplatz, dann stand er auf und begann, wie am Morgen, seinen Spaziergang in die hinteren Reihen. Als er zurückkam, schien er interessierter. Er setzte sich nicht mehr hin, sondern stand vor uns auf den Bühnenbrettern und begann, Regie mit mir zu führen, mir zu erklären, wie er sich dieses und jenes vorstellte. Inzwischen waren wir schon bei der Stelle angelangt, die heute morgen das Debakel ausgelöst hatte. Einen Moment lang dachte ich, ob mein Stimmvolumen denn ausreichen würde. Aber darauf kam es ja jetzt nicht an, ich sollte doch nur aushelfen. Ich war außerdem mittlerweile schon so glücklich in Fahrt, daß mir Shakespeares Worte wie meine eigenen von den Lippen kamen, so selbstverständlich empfunden wie noch in keiner Unterrichtsstunde.

»Können Sie morgen früh zehn Uhr wieder hier sein?« fragte Holetzko am Ende der Probe.

An diesem Abend sah ich mir nicht die laufende Vorstellung an. Ich mußte nicht einmal im Büro arbeiten, denn Dr. Budde hatte die notwendigen Suchtelegramme schon selbst aufgegeben, sagte er. Also saß ich mit Glühbacken bis spät in die Nacht in meiner Puppenstube und frischte meine Hermia auf.

Am nächsten Morgen war die große Streitszene angesetzt. Hier war ich nun ganz und gar in meinem Element. Es geht darum, daß Hermia von ihrer Freundin Helena wegen ihrer Kleinheit verspottet wird und dadurch in ungeheure Rage gerät. Das konnte ich sehr gut nachempfinden. Hier erwachte das beleidigte Straßengör von der Weststraße in mir, und ich legte los:

»Wie klein bin ich, du bunte Bohnenstange? / Wie klein bin ich?! Nicht gar so klein, daß nicht / dir meine Nägel an die Augen reichten.«

Eine herrliche Szene! Um eine wirkliche Rauferei zwischen den beiden Zerstrittenen zu verhindern, ließ Holetzko schließlich Demetrius Hermia wie eine Aktentasche unter den Arm klemmen und beiseite räumen. Daß meine Hermia sich das nicht ohne erhebliches Gezeter, Gestrampel und Geboxe gefallen ließ, war logisch. Alles brach in Gelächter aus. Ungeheuer vergnügt ging's zur Schloßschenke zum Essen. –

Ich half noch zwei Proben lang aus. Währenddessen wurde immer klarer, daß keine der antelegrafierten Schauspielerinnen die Rolle übernehmen konnte. Aber es schien keine Unruhe aufzukommen. Mir begann etwas zu schwanen, was ich mich nicht traute zu denken – bis Holetzko mich nach der dritten Probe am Ellenbogen beiseite führte. »Wir mußten erst noch die Antworten auf die Telegramme abwarten«, sagte er, »sonst hätte ich Sie schon früher gefragt: Trauen Sie sich zu, die Hermia zu spielen? Ich würde es mit Ihnen wagen.«

Da war es wieder, das unbeschreibbare Glücksgefühl, das einen so hilflos macht, weil man nicht weiß, wie und wem man danken soll. »Sie würden...?« brachte ich heraus und biß mir auf die Unterlippe, weil es mir ziemlich unangebracht schien loszuheulen. »Ja«, sagte Holetzko »nach dem, was ich gesehen und gehört habe! Ihre Stimme trägt. Bei wem haben Sie studiert?« – Ach, wäre Sonja doch dagewesen. Sie wäre sicher stolz auf mich gewesen.

Die kurze Zeit bis zur Premiere war ausgefüllt mit Arbeit. Ein Kostüm wurde angefertigt, ein einfaches, helles, zeitloses langes Kleid. Im Büro gab es nun, nachdem alles angelaufen war, nicht mehr so viel zu tun, aber das Wenige mußte auch erledigt werden. Und natürlich benutzte ich außerdem jede freie Stunde, um meinen Text hieb- und stichfest zu lernen. Er sitzt erst, sagt man, wenn man nachts mit einem beliebigen Stichwort aus dem Schlaf geweckt wird und wie aus der Pistole geschossen den Dialog richtig weiterführt. Ich habe mir damals die Rolle so angeeignet, daß ich sie noch heute, nach 55 Jahren, mühelos sprechen, wenn auch leider nicht mehr spielen kann.

Ich sah mir jede Probe von A bis Z an. Manchmal ertappte ich mich dabei, daß ich die Texte der anderen begeistert leise mitsprach. Sie schmunzelten nur und rügten mich nie deswegen. Aber ich kann mir vorstellen, daß es sie schon sehr nervte, wie es später ja auch mich in ähnlichen Situationen genervt hat. Bei der Szene, in der die Handwerker die »Parts« für ihr irrwitziges Laienspiel verteilen, hat der rollengierige Zettel seinen – unter Schauspielern berühmten – Ausruf »Laßt mich den Löwen auch spielen!« Karl Bockx in dieser Rolle wandelte das auf einer Probe ab in: »Laßt das die Löbel auch spielen!« – Alles lachte, ich auch. Aber ich hatte den Wink verstanden und bemühte mich künftig, den Text der anderen nur noch mitzudenken. – Martin Held als Flaut, der Kesselflicker, hatte eine Frauenrolle, die Thisbe, zu spielen. Ich war, glaube ich, bei den Proben sein bestes Publikum. Er war so umwerfend komisch, daß ich mich schier zerbröselte vor Lachen. In späteren Vorstellungen übernahm er den Demetrius, und Gert Fröbe spielte an seiner Stelle die Thisbe, nicht weniger komisch.

Ich werde nie die elementare, komödiantische Lust am Spielen vergessen, die damals herrschte – und immer Sehnsucht nach ihr haben. – Keiner hätte zu der Zeit gedacht, daß Helds, Fröbes oder gar mein Name jemals mehr als lokale Bedeutung haben würden. Das war auch keinem von uns wichtig. Berühmt und bekannt zu werden, war sekundär, höchstens notwendig, um weitere schöne Rollen spielen zu können. Das war alles, was man brauchte, um ausgefüllt und glücklich zu sein.

Für unsere Aufführung hatte man Passagen aus Edvard Griegs *Peer Gynt*-Suite ausgewählt. Daß es die unvergleichliche Bühnenmusik zum *Sommernachtstraum* von Mendelssohn gab, wußte ich nicht – ebensowenig, daß ein großer Regisseur namens Max Reinhardt 1905 eine legendäre, maßstabsetzende Inszenierung des *Sommernachtstraums* gemacht hatte. Ich hatte – unglaublich! – noch nicht einmal diese Namen gehört. Beide waren sie von den Nazis zu Tode boykottiert worden, Mendelssohn sogar posthum. Wenn man, wie ich, nicht in einem musischen Elternhaus aufgewachsen war und so nicht schon als Kind kulturelle Dinge vermittelt bekommen hatte, war man sehr arm dran. Ich wußte das nur nicht – noch nicht...

Die Hermia spielen zu dürfen, war für mich die höchste Beglückung, die Erfüllung all meiner Träume, seit ich mit dem Theater in Berührung gekommen war: eine Rolle mit nicht nur einer, wenn auch vielleicht guten Szene, sondern eine durchgehende Hauptrolle mit vielen Auftritten und Abgängen, die einem eine große Gefühlsskala abverlangte. Nach anfänglichem Lampenfieber – von dem ich übrigens mein Leben lang nie vor einer Premiere verschont blieb – schwelgte ich im Zusammenspiel mit all den bereits versierten

Schauspielern, fühlte, wie sie mich ermunterten und stützten. Ich spürte die Reaktionen und die Zustimmung des Publikums – und am Schluß, als man mich sogar zu einer Einzelverbeugung hinausschickte, den berauschenden Applaus. Konnte man seliger sein? Vielleicht noch ein kleines bißchen – als am nächsten Tag die Kritiken erschienen. Beim Frühstück brachte Frau Fuß mir die Zeitung. Ich »verschlang« die Kritik noch vor den Semmeln und hatte am Ende wieder mal meine hektischen roten Flecken auf den Wangen und rote Ohren dazu:

»Die Überraschung des Abends aber war eine junge Schauspielerin, der der Rezensent bisher nur als Bürokraft der Festspiele begegnet war...« Auch die anderen Zeitungen schrieben ähnlich begeistert, und ich schwebte mindestens fünf Zentimeter über dem Boden. Ich kaufte alle doppelt, schnitt die Kritiken aus und schickte je ein Exemplar nach Hause, zusammen mit meinem Stolz. (Das Kuvert muß sehr geschwollen gewesen sein.) Leider haben nicht alle diese Ausschnitte das letzte halbe Jahrhundert heil überstanden. Nur einige sind noch vorhanden, so die »Kasseler Post« vom 20. Juli 1939: »... eine für eine junge Nachwuchsschauspielerin ausgezeichnete Leistung bot Bruni Löbel als anmutig frische und ungeziert menschliche Hermia...«; eine andere: »... daß die Hermia (Bruni Löbel) – so kindlich sie aussieht – eine sehr drollige, kleine Katze ist...« und dergleichen Schmeichelhaftes mehr.

Man müßte es festhalten können, dieses wärmende Gefühl äußerster Beglückung, dachte ich – wohl wissend, daß das unmöglich war. Aber zumindest festzuhalten, wie ich dabei ausgesehen habe, beschloß ich – man mußte es mir doch ansehen! Ich nahm meine kleine Box von Agfa, stellte mich vor den Spiegel im Schlafzimmer und knipste. Heute weiß ich nicht recht, ob ich darüber lachen oder gerührt sein soll. Ich habe das Foto noch: eine etwas starr lächelnde , sehr junge Bruni, die krampfhaft bemüht ist, die Kamera nicht ins Spiegelbild kommen zu lassen und beim Abdrücken nicht zu wackeln. Trotzdem, ich kann das Glücksgefühl von damals noch erkennen.

Als ich in der Schloßschenke zum Mittagessen auftauchte, wurde ich von den Kollegen mit Hallo beglückwünscht. Mit allen war ich inzwischen auf die selbstverständlichste Weise per du; man empfand sich als eine Familie. Nur mit meinem Partner, Josef Meermann, stand ich nicht gerade auf gutem Fuß. Schon bei den Proben, und sogar gestern bei der Premiere, hatte er immer wieder versucht, im »Wald von Theben« vom Publikum unbemerkte Zärtlichkeiten bei mir zu landen. Ich hatte sie erwidert mit ebenfalls vom Publikum unbemerkten harten Püffen. Das hatte zu folgender Diskussion geführt: Er (schulmeisterhaft): »Mein Kind (!), Sie müssen noch lernen, daß man persönliche Antipathien nicht auf die Bühne übertragen darf.« – Darauf ich (aufsässig): »Und Sie müssen offenbar noch lernen, daß man persönliche Sympathien auch nicht auf die Bühne übertragen darf.« Eine billige Retourkutsche vielleicht, aber sie verfehlte ihre Wirkung nicht. »Meiner süßen, privat leider ach so kühlen Hermia...« schrieb er mir am Schluß der Festspiele auf ein Foto.

Da war noch einer, der mir sehr herzlich gratulierte: Hans Wolfgang Hillers, der Autor des *Flurschütz von Wakefield*, für den bereits die ersten Proben im Gange waren. Er war vor einigen Tagen eingetroffen, um bei seiner Inszenierung dabeizusein, und tauchte auch sonst überall unübersehbar auf, wo die Komödianten beisammen waren. Ich begegnete ihm mit ehrlicher, fast ehrfürchtiger Bewunderung; denn ein Dichter zu sein, Stücke schreiben zu können, war für mich etwas so unvorstellbar Großes, Verehrungswürdiges, daß mich in seiner Nähe immer Scheu überkam. Aber er sprach ganz von gleich zu gleich mit mir, und ich fühlte mich so geehrt, daß ich nur so dahinschmolz. Er war keineswegs schön, hatte eine von gewelltem Haar umkränzte Glatze und war eher untersetzt als schlank. Seine Augen hatten etwas ständig Beobachtendes, und um seinen Mund war immer ein spöttisch-lächelnder Zug. Er kam mir ungeheuer bedeutend vor.

Er sagte, daß er mich schon lange kenne. Er arbeitete in der Ufa-Dramaturgie, und es war seine Aufgabe gewesen, eine kurzgefaßte Inhaltsbeschreibung des Films *Heimatland* herzustellen. Lachend erzählte er mir, er habe sich bei dieser primitiven Handlung (!) recht schwergetan und sei über den Satz »Es war aber das Mariele, welches Hochzeit machte« lange nicht hinausgekommen. Und das Mariele sei doch ich gewesen, nicht wahr. Aber in mir stecke ja ganz offensichtlich viel mehr als so ein kleines, unscheinbares Bauernmädel. Ich wußte nicht, ob ich gekränkt oder stolz sein sollte und entschied mich für das letztere.

Wir machten lange Spaziergänge miteinander, und Hans, wie ich ihn mittlerweile nennen durfte, kam vom Hundertsten ins Tausendste. So intensiv hatte noch niemand mit mir gesprochen – höchstens Sonja Karzau. Auch ins Politische lenkte er die Unterhaltung, und durch ihn fand ich nicht nur die Richtigkeit meiner immer stärker gewordenen Ablehnung der Nazis bestätigt, sondern wurde in dieser Richtung auch noch bestärkt. Ich war eine gelehrige Schülerin und empfand diese Begegnung als einen neuerlichen Glücksfall.

Nach wenigen Tagen fragte mich Hans, ob ich Zeit hätte, ihm bei einer Schreibarbeit behilflich zu sein. Er könne nur mit der Hand schreiben und müsse ein Manuskript in die Maschine diktieren. Selbstverständlich war ich dazu bereit. Diesmal ging der Spaziergang also zu seiner Wohnung. –

Es war ein nicht enden wollendes Manuskript, aber ich wurde nicht müde, so interessant fand ich es. Ich hatte nicht bemerkt, daß es schon weit nach Mitternacht geworden war und erschrak, als Hans mich darauf hinwies. Ich war zwar gewöhnt, nachts allein heimzugehen – aber vom Festspielplatz aus! Von Hans' Wohnung aus war der Weg doppelt so weit. Ich wartete insgeheim, daß er mir seine Begleitung anbieten würde. Aber statt dessen machte er mir den Vorschlag, doch einfach über Nacht bei ihm zu bleiben, sein Bett sei breit genug.

Ich wurde rot und druckste zögernd ein »Neinein, das geht doch nicht«. Hans kriegte wieder diesen spöttischen Zug um den Mund und lächelte: »Siehst du, da haben wir gleich das klassische Beispiel für spießige Ansichten, über die wir neulich sprachen. Solange du dich davon nicht freimachen kannst, wirst du keine wirkliche Persönlichkeit werden, und ohne das keine wirklich gute Schauspielerin.«

Naiv wie ich war, fiel ich ihm darauf herein. Er hatte mit sicherem Gespür meine Achillesferse gefunden: Eine gute Schauspielerin mußte ich um jeden Preis werden. Ich blieb. Er war immerhin zwanzig Jahre älter als ich – und daher meiner Meinung nach völlig ungefährlich ...

»Man sieht es einer Frau an – sie strahlt etwas anderes aus, wenn sie die Liebe erfahren hat«, hatte Sonja mir einmal gesagt. War das wirklich so? War das die Liebe, die ich erfahren hatte? So hatte ich mir das nie vorgestellt, es war eher beängstigend gewesen. Und: sah man es mir wirklich an? Ich stellte mich wieder vor den Waschtischspiegel für ein Selbstporträt. Es ist tatsächlich ein anderes Mädchen, das einem da entgegenblickt: Nicht die selig lächelnde Hermia nach der Premiere, sondern ein ernstes, kleines Ding, das versucht, seiner Verstörung Herr zu werden. Dies war nun also der Mann, zu dem ich gehören sollte. Es war »passiert«, und wenn ich mir selbst und meinen eigenen Versprechungen treu bleiben und nicht »auf die schiefe Bahn kommen« wollte, dann gab es daran nichts mehr herumzudeuteln.

Auf alle Fälle hat mir das Schicksal durch die Begegnung mit diesem Mann eine Chance gegeben, mich radikaler und schneller als zu erwarten war aus den ursprünglichen Bindungen zu lösen – aus der kleinbürgerlichen Welt, der ich entstammte, die nicht nur räumliche, sondern viel mehr noch geistige Enge bedeutet hatte. Aber dieser endgültige Ausbruch bedeutete auch – weit gravierender noch als meine kindlich-trotzige Flucht aus dem Elternhaus vor knapp einem Jahr – einen Verlust an Geborgenheit, an Nestwärme. Die suchte ich nun bei meinem »Geliebten«. Als er mich nach kurzer Zeit bat, mit zu ihm nach Berlin zu kommen, zögerte ich zwar noch eine Weile. Aber seine Überredungsgabe zerstreute bald alle meine Zweifel. Seine Wohnung sei groß genug, und ich brauche nicht zu fürchten, daß er etwa von Heirat reden würde. Er liebe mich eben und wolle mich nur auf den richtigen Weg führen. Das klang beruhigend, und so sagte ich schließlich zu, ihm nach Beendigung der Marburger Festspiele zu folgen – in eine gänzlich neue Welt. Ich ahnte noch nicht, auf was ich mich damit eingelassen hatte.

Ein erstes, vages Erkennen, daß ich auch innerlich nicht mehr die gleiche war, gab es für mich schon, als meine Eltern mich in Marburg besuchten. Als Geschenk zum fünfzigsten Geburtstag meiner Mutter am 5. August 1939 machte mein Vater mit ihr eine Autoreise, und am großen Ehrentag war natürlich Marburg eingeplant. Der Geburtstagstisch, den ich Mutti in meiner kleinen Wohnung aufbaute, löste Rührung und Freude aus. Aber das war nichts im Vergleich zum Besuch der Eltern auf dem Schloßberg, um sich den *Sommernachtstraum* anzusehen und den Erfolg ihrer Tochter mitzuerleben. Sie waren so glücklich und stolz, wie man sich ein Elternpaar nur vorstellen kann. – Aber worum es mir mit der Schauspielerei ging, haben sie nicht verstanden, auch später nicht. In unserer Beziehung zueinander trat eine sicher nur für mich spürbare Veränderung ein. Ich hatte plötzlich das Gefühl, sie beschützen zu müssen, nachsichtig mit ihnen zu sein, sie über dies und jenes aufklären zu sollen. Und vor allem, ich glaubte ihnen nun keine Rechenschaft mehr ablegen zu müssen über mein Leben und was ich damit anstellte. So wurde Hans Wolfgang Hillers nicht von mir erwähnt. Das kam erst viel später.

Nach dem Theaterbesuch fragten sie mich eine Menge äußerliche Dinge, die für mich absolut unwichtig waren – über Kostüm, nicht gut genug gebundene Schleife und dergleichen. Das was mich bei meiner Rolle interessierte, meine Bemühung, daß zum Beispiel die Verse zwar wie Prosa gesprochen werden mußten, dabei aber nicht den schönen Rhythmus der gebundenen Rede verlieren durften, oder daß Wutausbruch und Zornestränen bei aller Echtheit dennoch komisch wirken sollten – solche und ähnliche Erläuterungen quittierten sie mit eher ratlosem und bemüht gespieltem Interesse. Was die Eltern von Chemnitz berichteten, schien mir plötzlich unendlich fern, sogar das, was meine beiden Schwestern betraf. Meine Freundin Ev, mein Derbsel, war jetzt schon in Unterprima, ein Jahr vorm Abitur. Mein Gott, wie mochte das sein, noch immer die Schulbank drücken zu müssen. Wie lange war das her! Ich kam mir unerhört reif und erwachsen vor – und war doch noch alles andere als das.

Die letzten zwei Drittel des August 1939 gestalteten sich wieder einmal recht turbulent für mich. Ich fuhr nach München, um dort meine Zelte abzubrechen. Von Herrn Goetzke verabschiedete ich mich nur telefonisch, und dankte ihm noch einmal für seine hilfreichen Zugeständnisse. Der Abschied von Sonja Karzau fiel schwer, ich glaube, auch ihr. Aber sie versuchte, ihn mir leichtzumachen und gab mir noch eine Menge guter Ratschläge mit auf den Weg.
Ein letztes Mal Marburg, um in drei Tagen die restlichen, noch ausstehenden Abschlußarbeiten im Büro zu erledigen – und bepackt mit vielen guten Wünschen für meine Zukunft wurde ich auch von Dr. Budde entlassen. Vielleicht käme ich ja doch einmal in einem der nächsten Sommer wieder – diesmal dann gleich als Schauspielerin?

Ach ja, das klang verlockend. Aber der Sommer 1940 brachte alles andere als frohe Festspielstimmung.

Krieg

So etwas wie die verwinkelte Atelierwohnung in Tempelhof, Richthofenstraße 13, hatte ich noch nie gesehen. Sie bestand aus drei Räumen, Bad und Küche und einem langgestreckten, schmalen Flur. Außer Hans, der den großen Atelierraum belegt hatte, wohnten noch zwei befreundete Damen in der Wohnung: Trude Sand, eine Journalistin, und Tamara Rauser, eine Ballettmeisterin. Die dunkelblonde Trude war eine zupackende, energische Person, heiter, oft lachend und dabei ihre bemerkenswert großen Zähne zeigend. Sie hatte etwas von einer sympathischen Lehrerin an sich. Tamara hingegen, mit kupferrotem Haarschopf und kleinen, schmalen Augen, wirkte aparter, aber auch viel reservierter, fast scheu. Den beiden gehörten die zwei kleineren Zimmer im vorderen Teil der Wohnung. Es war von heute aus gesehen das frühe Muster einer gut durchdachten und organisierten Wohngemeinschaft.

Der lange Flur führte zu Hansens Atelier mit dem riesigen schrägen Dachfenster, unter dem sein ausladender Schreibtisch stand. Alle Möbel waren schwarz: Ein paar simple Bücherregale, eine verschnörkelte Kommode und auch die Truhe fürs Bettzeug, die am Kopfende einer breiten Schlafcouch mit roter Tagesdecke stand. Auf diese Weise paßte das seltsame Möbel-Sammelsurium ganz gut zusammen. Am Ende des Atelierraums ging es auf einen kleinen Balkon mit verrostetem Eisengitter. Er kam mir vor wie eine Art Luginsland, von dem aus man die Hinterhöfe des ganzen Häuser-Karrees überblicken konnte. Alle Geräusche, von Mülltonnenleeren, Teppichklopfen, Radiomusik bis zu gelegentlichen lautstarken familiären Streitgesprächen, drangen in voller Mischung hier herauf. Ich fand das alles hochinteressant, neu, fremd und aufregend. Meine paar Sachen waren schnell ausgepackt und verstaut, nachdem mir Hans in Schrank und Kommode Platz zugewiesen hatte. Sein brauner Glatthaardackel, originellerweise Seppel genannt, half mir beim Einräumen und wurde mein anhänglichster Freund.

Ohne Schwierigkeiten oder Umstände war ich also in kürzester Zeit zu Hause.

Ich schrieb meinen Eltern und Sonja, um meine neue Adresse mitzuteilen, und Hans begleitete mich hinunter zum Briefkasten. Bei der Gelegenheit machte er mich gleich ein wenig mit der Gegend bekannt.

Zwei Gehminuten entfernt lag der Flughafen Tempelhof, und wenn die großen Maschinen lärmend starteten und landeten, wurde jede Unterhaltung erst einmal unterbrochen. Nahe der U-Bahnstation gab es ein Kino, diesem gegenüber den Fleischerladen Netzer mit dem prallen, stets gutgelaunten, rotwangigen Verkäufer hinterm Ladentisch. Dann waren da noch ein Stückchen weiter, auf der anderen Straßenseite, die Kneipe von Buchow, und an der Ecke gegenüber unserem Haus eine Buchhandlung. Die Besitzerin, Meta Mierendorf, hatte im Hinterzimmer ungeahnte Schätze: von den Nazis verbotene Bücher – Kästner, Tucholsky, Thomas und Heinrich Mann, Spengler und ähnliche »subversive Autoren«. Außer von Kästner (*Emil und die Detektive!*) hatte ich noch von keinem gehört. Hans war entsetzt. Ihm wurde offenbar erst sehr langsam klar, aus welcher Ecke ich stammte und daß ich außerdem einfach noch zu jung war, um aus der Vor-Nazizeit ein entsprechendes Wissen mitzubringen.

Hans hatte sofort total Besitz von mir ergriffen. Er betrachtete mich als sein Geschöpf, und – wie sich herausstellte – bedeutete für ihn, mich »auf den rechten Weg zu bringen«: mich auf den von ihm zu bestimmenden Weg zu bringen. Er fragte nicht viel nach meinen eigenen Anlagen und Interessen, sondern lenkte mich nach seinen Vorstellungen und seinem Willen.

Ich war begierig zu lernen und verschlang alles, was er mir zu lesen gab. Damals bekam ich die fixe Idee, um Gottes willen nicht sterben zu müssen, bevor ich nicht alles Lesenswerte auf dieser Welt auch wirklich gelesen hätte. *Die heilige Johanna* von George Bernard Shaw brachte mich vollkommen aus dem Häuschen. Ich wollte die Rolle sofort studieren, und ich liebte und verehrte Hans dafür, daß er mir dieses Stück zu lesen gegeben hatte.

Er wurde zu einer Art Übervater-Figur für mich, ja gewann rasch eine so starke Dominanz, daß ich binnen kurzem nur noch anbetend und unreflektiert seine Weisheiten nachplapperte – ob ich sie verstanden hatte oder nicht. Das war der Beginn einer gefährlichen Hörigkeit.

Wie naiv ich war, geht aus einer winzigen Episode hervor, die sich ziemlich zu Anfang meiner Berliner Zeit ereignete: Hans und ich standen am Bordstein der verkehrsreichen Manfred-von-Richthofen-Straße, die wir überqueren wollten. Ein Auto nach dem anderen zischte vorbei, und ich zögerte. Hans sagte mit ernstester Miene: »Du kannst ruhig losgehen. In Berlin ist es streng verboten, Leute zu überfahren.« – »Ach so«, sagte ich erleichtert und marschierte los. Hans bog sich wieder einmal vor Lachen und konnte es nicht glauben, daß ich ihm seinen Sarkasmus ernstlich abgenommen hatte. – Sarkasmus? Was war denn das nun schon wieder? Ich habe gelernt, was es ist – und auch, über mich selbst zu lachen. Hans lachte gern, und darin hatten wir viel Gemeinsames. Ich bekam sehr schnell ein Gefühl für skurrilen Humor, Berliner Humor, für Humor überhaupt, und fiel immer seltener auf Frotzeleien herein, übte mich im Gegenteil selbst recht erfolgreich darin.

In Hansens Leben gab es allerdings Ereignisse, die auch mit Humor nicht mehr zu bewältigen gewesen waren. Er sprach kaum jemals davon, aber ich erfuhr mit der Zeit, daß er überzeugter Kommunist sei, was mich zunächst sehr verwirrte und erschreckte. »Sag das nicht laut!« bat ich ihn. Man wußte ja, wie das Naziregime zu einer solchen Haltung stand. Aber Hans meinte: »Die wissen es nur zu gut. Als ich aus Moskau zurückkam, hat die Gestapo mich fertiggemacht.« Zusamengeprügelt hatten sie ihn. Und er bekam Schreibverbot.

Hans hatte begonnen, sich zu arrangieren, um des physischen Überlebens willen, wie er es vor sich selbst zu rechtfertigen versuchte. Aber mich jedenfalls wolle er »vor der Barbarei retten«. Es war nicht nötig, mich zu retten, mein eigenes Urteil hatte schon lange Protest in mir hervorgerufen gegen das Unrecht, das ich sah. Aber mein Empfinden und Denken bestätigt und gefestigt zu bekommen, war wichtig und gab mir eine innere Sicherheit, die Hans mir jedoch auf anderen Gebieten gänzlich nahm.

Als Liebeslehrer, der er zu sein glaubte, war er eine schiere Katastrophe. Er lehrte mich keine Freude an der Liebe, nicht einmal an der Lust. Ich fürchtete mich vor dieser »Liebe« und oft wurde mir physisch übel davon.

Aber ich wollte doch lieben, wollte es so dringend und sehnsüchtig. Und konnte es nicht. Was war bloß falsch mit mir? Nichts war falsch mit mir! Das weiß ich heute. Alles war falsch mit ihm. Ein junges Ding sucht die Liebe vor allem in Zärtlichkeit. Für ihn war das Kitsch. Er hatte seine eigene Vorstellung von dem, was Liebe sein sollte: Zwischen den Partnern müsse Zuverlässigkeit und Ehrlichkeit herrschen und dadurch absolutes Vertrauen. »Vertrauen« schloß auch die fröhliche Mitteilung seiner häufigen Eskapaden mit ein. »Wenn du das nicht zu schätzen weißt, wie willst du je eine große Schauspielerin werden?« fragte er. – Da war es wieder. Er wußte genau, wo meine Achillesferse saß. Ich war zerschmettert. Noch nie hatte ich jemanden wirklich gehaßt. Aber der Keim zu diesem schlimmen, zehrenden Gefühl war gelegt.

Meine Verstörtheit konnte Hans nicht verborgen geblieben sein, und wohl auch nicht, daß ein Fluchtversuch in meinen Gedankengängen rumorte. Er wußte noch nicht, daß ich mir hierfür selbst schier unüberwindliche Barrieren gesetzt hatte: Die Vorstellung von der schiefen Bahn, auf die ich nicht kommen wollte – und das mir selbst gegebene Versprechen, meinen Eltern zu beweisen, daß ich nicht in der Gosse landen würde. Ich glaube, ich war vor lauter Gefühl damals noch recht verkitscht. Ach nein, ich war einfach immer noch zu sehr Kind. Eins aber wurde mir, trotz selbsterrichteter innerer Schranken, immer klarer: Ich mußte weg. Aber wohin? Etwas entsetzlich Drohendes stand bevor und machte zunächst jegliche private Initiative zunichte.

Der 1. September 1939 hatte eine Sensation gebracht, die ich aber vor lauter privatem Kummer zunächst gar nicht recht als die Katastrophe zur Kenntnis nahm, die sie war: Krieg!
Ich erinnere mich, daß wir – Hans, Trude, Tamara und ich – in der Dämmerung auf dem kleinen Balkon standen und gespannt auf das vermeintliche Kommen eines Geschwaders feindlicher Flugzeuge warteten, das der Rundfunk gemeldet hatte. Alles, was wir wahrnehmen konnten, war ein schwaches Brummen in der Ferne. »Da fährt ein Motorradfahrer an der Peripherie spazieren!« witzelte Hans, und wir lachten. Das Lachen ist uns sehr schnell vergangen. Alle Lebensumstände veränderten sich schlagartig. Als erstes und Wichtigstes: Jede Ritze, jedes Fenster mußte verdunkelt werden,

auch das riesige Atelierfenster. Kein Lichtstrahl durfte nach Eintritt der Dunkelheit hinausdringen. Bei Nichtbefolgung dieser Anordnung drohten schwere Strafen. Herr Schmidt, der Hausmeister, war zum Blockwart avanciert und sorgte für Zucht und Ordnung – auch im Luftschutzkeller, der offenbar schon vor geraumer Zeit vorsorglich eingerichtet worden war. Es gab Probealarme, bei denen alles so abzulaufen hatte »wie in Wirklichkeit«: Der Fahrstuhl wurde abgeschaltet, so daß man sein immer parat stehendes Notköfferchen zu Fuß die fünfeinhalb Stockwerke hinunter- und wieder hinauftragen mußte. Im Luftschutzraum durfte nicht gesprochen werden, um Sauerstoff zu sparen; und Tiere mitzubringen war strengstens verboten. Der arme Seppel mußte also oben bleiben und jaulte so laut, daß man es durchs ganze Treppenhaus bis in den Keller hören konnte. Das hat mich – auch bei den späteren Ernstfällen – immer zusätzlich aufgeregt. Einmal, als durch den enormen Luftdruck einer Bombe, die ganz in der Nähe eingeschlagen hatte, unsere Wohnungstür aufsprang, war der verängstigte Dackel entkommen und hatte unglaublicherweise unsere Spur bis in den Luftschutzkeller gefunden. Ich hielt das zitternde Tier auf dem Schoß und streichelte es, als der Blockwirt kam und auf der Entfernung »der Töle« bestand. Ich ließ Seppel nicht allein, sondern ging mit hinaus, trotzig und gewiß auch sehr leichtsinnig. Da stand ich dann an der Straßenecke wie das Sterntaler-Mädchen in der dunkelblauen, sternenklaren Nacht und beobachtete mit paradoxem Entzücken die »Christbäume«, die uns der Feind vom Himmel herunterschickte – pyramidenförmig zusammengehängte riesige Leuchtkörper, die wahrscheinlich den gezielten Abwurf der Bomben erleichtern sollten.
Auch der Alltag war bald neuen Regeln unterworfen. Für alles Eßbare erhielt man Rationen: Lebensmittelkarten mit einer gewissen Anzahl von Punkten, die von Zeit zu Zeit aufgerufen wurden. Die Geistesarbeiter, zu denen auch Schriftsteller und Schauspieler zählten, wurden zu den Schwerstarbeitern gerechnet und erhielten somit die großzügigsten Mengen von allem. Aber selbst diese Rationen ließen einen nach jeder Mahlzeit hungrig zurück. Die Jahre des großen Magenknurrens und Abspeckens hatten begonnen, und damit die große Zeit des Schwarzhandels. Es wurde eine Art Hauptberuf, Nahrung heranzuschaffen. Hans war ganz groß darin. Wer im Familienverbund wirtschaften konnte, war gut dran. Wir waren

zu viert und konnten so unsere gemeinsamen Rationen geschickt einteilen. Mit etwas mehr Wasser reichten die x-mal ausgekochten Suppenknochen auch für vier, statt nur für zwei Personen. Kleiderpunkte, da nicht unbedingt lebenserhaltend notwendig, waren noch rarer als Lebensmittelmarken. Wer schon vor Kriegsausbruch gut eingedeckt war, konnte sich glücklich schätzen. Ich, mit meiner Schulmädchen-Garderobe, gehörte nicht zu diesen und lief weiter mit meinen abgetragenen Röcken und meinem schäbigen Mantel herum, der einen großen, verwaschenen, roten Fleck auf dem Rücken hatte – vom Regen aus meinem billigen roten Baumwollkopftuch dorthin gespült.

Aus den Lautsprechern der Volksempfänger tönten, wo man ging und stand, die Fanfaren, die die neuesten Meldungen ankündigten. Diese bestanden weniger aus aufklärenden Fakten als aus aufputschenden Behauptungen, jeweils neu zusammengewürfelt aus dem bis zum Überdruß bekannten Phrasenarsenal.

Die ersten Gefallenen wurden gemeldet. Man war noch nicht gewöhnt an dieses Entsetzliche wie in den folgenden Jahren. Aber eigentlich: Gewöhnt hat man sich nie daran. Die Reaktionen wurden nur anders. Der Kummer wuchs mehr und mehr in die Menschen hinein, schien die Seelen taub zu machen wie eingeschlafene oder erfrorene Gliedmaßen. Wir wurden alle immer stummer, kapselten unsere Gefühle ein. Und da man das nicht nur partiell tun kann, wurde überhaupt nicht mehr viel über innere Vorgänge gesprochen.

Angesichts der großen Tragödie Krieg schämte ich mich nach und nach auch, meinem persönlichen Kummer noch allzuviel Wichtigkeit beizumessen. Meine nach wie vor ungestillte Sehnsucht zu lieben, hatte ich in den entferntesten Winkel meines Inneren verbannt. Ich stürzte mich erneut mit aller Energie in die Schauspielerei, und wieder einmal kam das einer Flucht gleich – diesmal erst recht, und ganz besonders.

Noch vor Kriegsausbruch, im August, hatte ich mich als erstes darum bemüht, eine Schauspielschule zu finden, denn durch den Film und Marburg hatte ich ja leider lange mit dem Unterricht aussetzen müssen. Lyda Salmonowa-Wegener, eine ehemalige Frau des berühmten Schauspielers Paul Wegener, hatte mich sofort in ihre Schauspielschule am Lützowufer aufgenommen.

Hier lernte ich nun einen völlig anderen Betrieb kennen, als ich ihn von Sonja Karzau her gewöhnt war. Außer mir gab es natürlich noch eine Menge andere Schülerinnen, und einmal festgelegte Unterrichtsstunden konnten nicht mehr so leicht verschoben werden wie in München. Mein erster Terminkalender wurde fällig. Einzelunterricht wie bei Sonja gab es selten – eigentlich nur, um eine neu zu studierende Rolle zu besprechen, die man danach zu Hause für sich allein in diesem Sinne arbeitete. Im Unterricht wurde sie dann ohne Übergang im Ensemblespiel eingeübt. Es machte Freude, Partner zu haben, denn allein kann man letzten Endes nicht Theater spielen. Einerseits lernte ich eine Menge dabei, aber andererseits vermißte ich doch sehr das intensive Eingehen auf Einzelheiten bei der Rollenarbeit, die Diskussionen über diese oder jene mögliche Auffassung. Und nicht nur das. Ich sträubte mich innerlich mehr und mehr, die Art der Darstellung quasi vorgeschrieben zu bekommen, ohne daß meine Vorstellung von der Rolle wesentlich in Erwägung gezogen wurde.

Ich äußerte sehr bald den Wunsch, die Heilige Johanna von Shaw zu studieren. Frau Salmonowa-Wegener war zwar sofort einverstanden, aber es stellte sich heraus, daß sie für diese und andere Rollen ein für alle Schülerinnen verbindliches Konzept entwickelt hatte. So hatte es zu sein und nicht anders.

Ein Beispiel: Johanna wird durch den klerikalen Gerichtshof dazu gebracht, gegen ihre Überzeugung ein Schuldgeständnis abzulegen, um so dem Tod auf dem Scheiterhaufen zu entgehen. In dieser Situation ist sie gebrochen, ein Häuflein Elend. Als sie aber erfährt, daß ihr statt des Todes nicht die Freiheit, sondern lebenslängliche Gefangenschaft zugedacht ist, widerruft sie und wächst über sich selbst hinaus zu einer Größe, die nichts mehr mit dem eben noch zusammengesunkenen Mädchen zu tun hat. Jetzt wird sie zur Anklägerin. Diesen selbstsicheren, abgeklärten Höhepunkt der Rolle sollte ich nun nach dem allgemein gültigen Schulkonzept unter Tränenströmen bringen. Alles in mir sträubte sich dagegen. Während ich die Szene wie verlangt pflichtgemäß absolvierte, wußte ich, daß es schlecht war. Später habe ich bestätigt bekommen, daß ich mit meiner Auffassung auf dem richtigen Weg war. Aber damals, auf der Schauspielschule, wurde ich nur unsicher und unglücklich.

Bei anderen Ensembleszenen hingegen durfte ich mehr meine Auffassung ins Spiel bringen. Der *Sommernachtstraum* spukte auch hier im Unterricht, und ich versuchte jetzt den Puck, diesen schabernäckigen Kobold, der mir viel Spaß machte. Ich sei sowieso richtiger eingesetzt in heiteren Rollen, meinte meine Lehrerin. Aber auch gegen eine solche Festlegung opponierte ich innerlich: Ich wollte Weinen *und* Lachen spielen – und alles, was dazwischen liegt... »Laßt das die Löbel auch spielen!«

»Lehrjahre sind keine Herrenjahre!« An diese Lebensweisheit, die jungen Menschen für gewöhnlich mit auf den Weg gegeben wurde, erinnerte ich mich und beschloß, die Schule eben, so oder so, durchzustehen. Ich wollte ja schließlich der Ordnung halber die Abschlußprüfung haben.

Meine Ersparnisse schrumpften rasch dahin, und ich mußte wohl oder übel wieder ans Geldverdienen denken. In ein Büro wollte ich allerdings keinesfalls mehr gehen.

Wieder kam mir ein Zufall zu Hilfe: Ende Oktober erfuhr ich, daß der Intendant des Städtischen Theaters in Potsdam Walter Pittschau sei, der in der gleichen Position auch in Chemnitz gewesen war, während ich noch als Schulmädchen meine ersten Schritte auf den Brettern dort gemacht hatte. Ob er sich noch an mich erinnern konnte? Er konnte. Leider hatte er eine junge, begabte Schauspielerin im Ensemble, der alle Rollen zustanden, die für mich in Frage kamen. Aber vielleicht würde sich trotzdem einmal eine Gelegenheit ergeben...

Er schrieb sich immerhin meine Tempelhofer Adresse und Telefonnummer auf, um mich gegebenenfalls erreichen zu können.

Was tun? Während ich mir noch den Kopf zerbrach, erhielt ich ein absolut verblüffendes Angebot – vom Fernsehen. Fernsehen! Das war 1939 etwas so Unwahrscheinliches, daß ich es zuerst für einen Scherz hielt. Das Fernsehen steckte noch in den Babyschuhen, es war ein Experiment. Nur ganz wenige privilegierte Leute besaßen überhaupt einen Empfänger, dem Vernehmen nach meist nur Bonzen.

Ich weiß nicht mehr, wie das Ganze zustande kam. Jedenfalls fand ich mich eines Tages Anfang November im Funkgebäude in der Masurenallee ein, nahe dem Adolf-Hitler-Platz, dem jetzigen

Theodor-Heuss-Platz, und stellte mich mit klopfendem Herzen vor.

Diesmal basierte das unverschämte Glück, das ich wieder einmal hatte, auf einem tragischen Umstand: Die junge Schauspielerin Herti Kirchner, Freundin von Erich Kästner, hatte sich mit ihrem nagelneuen Auto zu Tode gefahren. Ihr Tod riß auch im beruflichen Feld eine große Lücke; sie war eine der Allerersten gewesen, die im neu entstehenden Fernsehen mitgewirkt hatte.

Als man mir Fotos von ihr zeigte, erschrak ich: Ihre Ähnlichkeit mit mir war frappierend. Möglicherweise hatte ich es dieser Tatsache mit zu verdanken, daß ich auf der Stelle für ein Fernsehspiel engagiert wurde.

Der Unterschied in der Arbeitsweise zwischen dem damaligen Fernsehen und dem heutigen ist gigantisch! Natürlich war der Fernsehempfang, wie ja auch noch der Film, schwarzweiß. Aber damit das Bild erträglich anzusehen war, wurden wir so hell geschminkt – mit orangegelben Lippen und grünem Puder –, daß wir im Studio aussahen wie die Wasserleichen. Zudem war für die Aufnahmen ein riesiges Aufgebot von hellsten Scheinwerfern nötig, so daß man wie in einer Schwitzkiste war.

Das Stück, in dem ich mitwirkte, spielte zudem noch in einer verschneiten Berghütte. In die mußte ich als eine von vielen fröhlichen, jungen Skiläuferinnen hineinstürmen, mit voller Skiausrüstung aus dicker Wolle. Noch vor dem ersten Dialogsatz zerflossen alle Mitwirkenden fast vor Hitze. Draußen war Winter mit Schnee und Eis. Die Erkältungen ließen bei diesen ständigen Heiß-Kalt-Wechseln denn auch nicht lange auf sich warten.

Nun war ich viel unterwegs zwischen Tempelhof, dem Lützowufer und der Masurenallee. Mit den Lebensmittelmarken war das nicht ganz einfach, denn ich kam nur zu sehr unregelmäßigen Zeiten nach Hause zum Essen. Im Funkhaus gab es allerdings in der Kantine gegen Abgabe von wenigen Lebensmittelpunkten immerhin eine Suppe. Und wenn man noch von daheim einen Kanten Brot mitnahm, war der Tag schon zu überstehen. Die Nahrungseinschränkung schlich sich nur sehr allmählich an einen heran. Hie und da ergatterte man ein Stück Wurst oder Käse vom schwarzen Markt. Und wer ein wenig tiefer in die Tasche griff, konnte in dem einen oder anderen Lokal auch noch unter der Hand »schwarze«

Eierspeisen oder dergleichen erwischen. Ich wurde schnell findig und fündig in diesen Dingen.

Eine Überraschung: Ende November rief Walter Pittschau an. Ob ich Lust hätte, im Weihnachtsmärchen *Der gestiefelte Kater* zu spielen – die Titelrolle!
Ich war glücklich und unglücklich in einem: Glücklich über das Angebot, und unglücklich, weil ich glaubte, das sei – mit Schauspielschule und Fernsehen – zeitlich nie hinzukriegen. Was alles beim Theater »hinzukriegen« ist, erlebte ich hier zum ersten Mal – und habe es im Laufe der Jahre noch oft erfahren, ohne mich noch sehr darüber zu wundern. Jetzt hatte mein U- und S-Bahn-Karussell noch eine Station mehr: Tempelhof – Lützowufer – Masurenallee – Potsdam, alles viele Kilometer weit auseinandergelegen! Aber jung wie ich war, fand ich sogar sportliches Gefallen an meinen Wettläufen mit den Fahrplänen. Und in meiner damaligen Situation war es das beste, was mir passieren konnte: Ich gewann viel von meiner Selbstsicherheit zurück. Zudem war ich nun in dem geliebten Beruf in drei völlig unterschiedlichen Sparten eingespannt und lernte, lernte, lernte – nicht nur in der Schauspielschule.
Der Kater Munz machte mir unglaubliche Freude. Ein Tier zu spielen – märchenhaft! Ich übte Schnurren, Miauen, Fauchen. Ich erinnerte mich, wie sich die Katzen bei der Bieserner Mutter bewegt hatten, wie sie sich putzten, sich auf Lauer legten, Mäuse fingen. Oh, ich wollte eine perfekte Katze sein! Der Regisseur war während der Proben mein bestes Publikum, er lachte sich krank über alle Kapriolen, die ich anbot und ließ mich gewähren. Also fand ich ihn logischerweise gut. Daß er das aber offenbar nicht war, wurde mir erst später klargemacht – und ich hatte eine Erfahrung mehr.
Noch nie hatte ich vor Kindern gespielt und nahm mir vor, besonders gut für sie zu sein. Ich hatte mir ein tolles Katergesicht geschminkt und war auch sonst sehr katzig. Um so mehr erschrak ich, als bei meinem ersten Auftritt einige der Kleinen in den ersten Reihen mörderisch zu zetern und zu schreien begannen. – »Schmink dir um Gottes willen die schwarze Katzennase ab«, riet mir einer vom Ensemble aufgeregt, der im Zuschauerraum dem Anfang zugesehen hatte. »Dein Gesicht sieht aus wie ein Totenschädel, die Kinder ängstigen sich maßlos.« Warum hatte mir das nicht späte-

stens bei der Generalprobe jemand gesagt?! Das Schwarz war schnell abgewischt, durch ein zartes Rosa ersetzt, und alles war wieder gut.

Die Kritiken nahmen – da es sich ja nur ums Weihnachtsmärchen handelte – keinen allzu großen Raum in der Zeitung ein, aber sie waren des Lobes voll, auch für den Kater Munz.

Ich bat Hans sich die Aufführung anzusehen; ich wollte ihm doch gefallen. Er kam und wartete nach der Vorstellung am Bühnenausgang auf mich. Ich durchschritt die Tür stolzgeschwellt in Erwartung einer langen lobenden Rede. Und was kam?

»Sag mal, bist du von allen guten Geistern verlassen? Wer ist denn dieses Genie von einem Regisseur, der dir das hat durchgehen lassen? Du bietest ja übelste Schmiere!« – Ich war vollkommen konsterniert und kapierte zunächst überhaupt nichts. Nun kam eine lange Rede; Hans begründete sein Entsetzen sehr einleuchtend: Ich hätte, sagte er, nicht in einem Ensemble gespielt, sondern einen penetranten Alleingang geliefert. Tatsächlich hatte ich all die Mätzchen angebracht, die ich mir ausgedacht hatte – aber ohne Rücksicht darauf, was außerdem gerade auf der Bühne vor sich ging. Die Kollegen konnten sich die Seele aus dem Leib spielen – alles sah nur zum Kater Munz hin. »Ich denke, ihr habt Zuhören gelernt auf der Schauspielschule«, grollte Hans. Oh, er grollte mit Recht. Es fiel mir wie Schuppen von den Augen, und mir wurde ganz übel vor Scham. Was für eine Lehre war das für mich! Dieser Schock war so heilsam, daß ich für den Rest meiner Laufbahn, glaube ich, die intensivste Zuhörerin geworden bin.

1939 war das erste Weihnachten, das ich nicht in Chemnitz verbrachte. Ich war so eingespannt, daß ich kaum dazukam, darüber nachzudenken.

An den Feiertagen spielten wir nachmittags die Märchenvorstellung, und in der Richthofenstraße wurde nicht allzuviel Aufhebens vom Fest gemacht. In der Silvesternacht gab es kein fröhliches Feuerwerk, auch kein bedrohliches von den Feindfliegern. Am Anfang nahm man den Krieg noch gar nicht so recht ernst. Alles war überzeugt, daß »der Spuk« wohl bald vorüber sein müsse. Erinnerte man sich denn nicht, daß auch 1933 der ganze »Hitler-Spuk« keineswegs – wie damals oft prophezeit – vorübergegangen war?

Das Saarland war inzwischen »heimgekommen ins Reich«, die Tschechoslowakei hatte man überrannt, die Österreicher hatten gerade erst, 1938, ihrem Landsmann aus Braunau zugejubelt, und ihr Land war nun »die Ostmark«. Man war diese Blitzaktionen schon so gewöhnt, daß der Gedanke an eine lange Kriegszeit gar nicht so recht aufkam. »Man« sage ich. Aber ich meine eigentlich mich! Mich schaudert bei der Überlegung, wie hoffnungslos naiv und total unpolitisch ich damals gedacht habe. Besonders dieses für mich entscheidende Jahr 1939, in dem ich mein neues, selbständiges Leben begann, war so ausgefüllt gewesen mit persönlichen Planungen, Problemen und Ereignissen, die allein meine Zukunft zu bestimmen schienen, daß dieser allmähliche Beginn eines grauenvollen Weltbrandes fast als Hintergrundgeschehen an mir vorbeiglitt.

Das neue Jahr brachte mir sofort wieder Gutes: Intendant Pittschau bot mir eine neue Rolle an: den Olaf in *Die Stützen der Gesellschaft* von Ibsen. Während *Der gestiefelte Kater* noch im Spielplan war, begannen schon die neuen Proben für mich. Ich kniete mich sofort wieder intensiv in diese Rolle hinein. Diesmal paßte ich streng auf mich auf und vermied peinlich jegliche Andeutung von Übertreibung.

Der Olaf war eine kleine Rolle, aber ich nahm sie wichtig und spielte sie gern – und gefiel. Ich erwischte hier noch ein letztes Zipfelchen der Zeit, in der das Ensemblespiel als eine der wesentlichsten Voraussetzungen für gutes Theater galt, in der sich niemand zu großartig vorkam, auch eine kleine Rolle zu übernehmen – einer Zeit, in der allerdings auch die Qualität eines Schauspielers nicht hauptsächlich nach der Größe seiner Rollen bewertet wurde.

Nach der Ibsen-Premiere am 20. Januar 1940 meldete sich schon wieder das Fernsehen: In einem Zwei-Personen-Sketch sollte ich eine junge Ehefrau spielen, die ihren Mann einige Male »Scheißerle« nennen mußte. Mein Gott, habe ich mich geniert! Der Regisseur redete mir zu wie einer kranken Kuh, aber jedesmal, wenn ich dieses schlimme Wort herausbrachte, verkrampfte sich alles in mir.

Trotz meiner diesbezüglichen Hemmungen gefiel den Fernsehleuten offenbar, was ich spielte. Ich bekam einen Jahresvertrag mit 250 Mark Monatsgage angeboten. Das war im Februar 1940. Großer Jubel – trotz der mittlerweile wirklich fast nicht mehr zu bewältigenden dreifachen Arbeitsbelastung. Aber jedenfalls brauchte ich mir nun für ein ganzes Jahr finanziell keine Sorgen zu machen.

Arbeitsdienst und bunter Neubeginn

Kaum zu glauben: Nur reichlich ein Jahr nach meinem Ausbüxen von daheim saß ich in der Theatermetropole Berlin, und alles lief wie am Schnürchen. Der *Heimatland*-Film hatte inzwischen Premiere gehabt, und ich war auch hier mit guten Kritiken bedacht worden. In einer hieß es unter anderem: »Bruno Löbel spielte mit viel Charme das Mariele.« Bruno! »Aha, Bruno Löbel, der berühmte Damenimitator!« wurde gefrotzelt. Ich lachte mit und war fröhlich. Im Kino konnte man nun Programme kaufen, auf denen mein Name und mein Foto zusammen mit berühmten Filmschauspielern abgedruckt waren. Ich mußte ein Glückskind sein.
Es dauerte nicht lange, da kamen Dinge auf mich zu, die mich stark an dieser Annahme zweifeln ließen. Das Fernsehen teilte mir bedauernd mit, daß es seinen Sende- und Produktionsbetrieb auf unbestimmte Zeit einstellen müsse, da die Truppen im Feld die bisher vom Fernsehen belegten Frequenzen benötigten. Also nichts war es mit dem Jahr finanzieller Sorglosigkeit und schöner Rollen.
Wesentlich problematischer war ein amtliches Schreiben, das ich wenig später erhielt. In ihm wurde mir kategorisch mitgeteilt, daß ich mich dann und dann dort und dort einzufinden habe zwecks Ableistung der nunmehr durch den Krieg gesetzlich gewordenen sechsmonatigen Arbeitsdienst-Pflicht. Als ich bis zu diesem Punkt gelesen hatte, raste mein Herz bereits so, daß mir fast schwindlig wurde. Alles bisher Erreichte für die Katz?! – Aber da hieß es ja weiter: »Freigestellt werden können nur diejenigen, die am Stichtag, dem 1. September 1939, bereits nachweislich berufstätig waren.« Das konnte ich ja nun ohne Schwierigkeiten nachweisen.
Mit großer Gelassenheit teilte ich dies also der Behörde mit und glaubte damit die Angelegenheit erledigt. Aber weit gefehlt: Nun folgte eine Aufforderung, ich möge doch das Zeugnis meiner vor der Reichstheaterkammer bestandenen Abschlußprüfung einsenden. Das konnte ich natürlich nicht, da ich diese Abschlußprüfung

noch gar nicht gemacht hatte. Aber, bitte schön, hier seien meine Verträge vom Film und von Marburg, die doch gewiß größere Beweiskraft für meine Berufseignung hätten, schrieb ich zurück. Wieder falsch. Da die Berufsausbildung noch nicht abgeschlossen sei, könne man diese Tätigkeiten nicht als Berufsausübung werten, sondern lediglich als zusätzliche Lehre ansehen. Der Einberufungsbefehl habe unverändert Gültigkeit... Und dabei blieb es. Basta.

Mein deprimierter Zustand nach der nicht bestandenen Aufnahmeprüfung in Leipzig war ein Jauchzen gewesen, verglichen mit meiner Seelenlage nach Erhalt dieses Bescheides. Ich fühlte mich am Ende, wo ich mich doch am Anfang gewähnt hatte. Der Horror und die Verzweiflung waren unbeschreiblich.

Am Abend, bevor ich mit meinem Köfferchen zur Stelle sein mußte, gingen wir in Buchows Kneipe, um noch ein Abschiedsbierchen zu trinken. Wir saßen wie üblich an der Theke auf hohen Hockern; und Buchow, der gemütliche, rotnasige Wirt, nahm Anteil an meinem Unglück: »Komm Mä'chen, ick spendier d'r een. Hier, jieß d'r den ma hinter de Binde.« Und ich kippte ihn. Bißchen süß, aber ganz gut. Ich kippte noch einen – und noch einen – und noch einen. Als ich schließlich selbst kippte – rückwärts vom hohen Thekenhocker –, transportierte man mich irgendwie heim. Aber das weiß ich nicht mehr. Von einem bestimmten Moment an erinnere ich mich an überhaupt nichts mehr von diesem Abschiedsabend. Es war der erste und einzige Vollrausch meines Lebens.

Am nächsten Morgen in aller Frühe begann die Reise nach Osten. Es war März, schon mit einer Vorahnung auf den launischen April, grau und feucht – so recht zu meinem Seelenzustand passend. Der ganze Zug war voller fremder Mädchen meines Jahrgangs, die mich alle absolut nichts angingen. Rings um mich wurde geschwatzt, erzählt, gekichert. Ich starrte müde, verpliert und mit dickem Kopf auf die vorbeifliegende Landschaft, ohne Sinn für ihre Schönheit. Irgendwann erreichten wir Marienburg, nicht mehr weit entfernt von unserem Bestimmungsort: Rehhof. Hier kamen wir in ein großes, weitläufiges Holzbarackenlager, Stacheldraht lief oben als krönender Abschluß rund um die hohe Umzäunung.

Die Lagerführerin, Fräulein Schmidt, war eine nicht sehr große, schmächtige Person mit beginnendem Kropf und fliehendem Kinn. Ihre etwas strähnigen, aschblonden Haare waren penetrant ordentlich mit einer Klemme beiseite gesteckt. Sie hieß uns als neue »Arbeitsmaiden« willkommen. Bevor wir unsere Betten in den verschiedenen Baracken zugewiesen bekamen, erklärte sie uns mit schriller Stimme, daß nun für uns ein Leben der Zucht und Ordnung anhebe, in Treue zu Führer und Vaterland und dergleichen Phrasen mehr. Ich weiß nicht, wann und wie, aber irgendwoher schoß plötzlich ein zorniger, trotziger Mut in mich: Wäre doch gelacht, wenn du das nicht durchstehst. Verdammt noch mal! Zähne zusammenbeißen!

Neben Fräulein Schmidt waren noch ungefähr fünf weitere Führerinnen im Lager Rehhof, die ihr halfen, innerhalb eines halben Jahres aus achtzig bis hundert eigenwilligen, jungen Mädchen ebenso viele gehorsame, braune Ameisen zu dressieren. Alles sollte seine vorgeschriebene Ordnung haben. Im Spind, zum Beispiel, mußten die Kleidungsstücke in ganz bestimmter Reihenfolge hängen, die Knopfleisten nach links, die offene Seite der Kleiderbügelhaken nach hinten weisend. Wenn nicht, gab's Ärger. Ich mache das kurioserweise heute noch so.

Jede der Unterführerinnen hatte ihr eigenes Ressort, für dessen akkurates Funktionieren sie verantwortlich war. Über allem aber stand Fräulein Schmidt mit ihren kalten Augen und dem strengen Zug um den Mund. Sie fand das berühmte Haar in allem, wenn sie wollte: »Arbeitsmaid Brunhilde Löbel, auch Filmschauspielerinnen«, bei diesem Wort zogen sich ihre Mundwinkel voller Verachtung nach unten, »auch Filmschauspielerinnen werden wir hier beibringen, was es heißt, ein Arbeiter der Faust zu sein.«

Wie oft habe ich draußen in der »Wein-Stube«, wie die Rückseite unserer Schlafbaracke bald sinnigerweise genannt wurde, meinen Kopf an die Holzplanken gelehnt und vor ohnmächtiger Wut, Kummer und Heimweh geheult. Ja, wir hatten alle Heimweh. So schlimm wie hier konnte es nirgends sein. Die hämische Überheblichkeit und die demütigenden Gängeleien, denen man wehrlos ausgesetzt war, waren das eigentlich Unerträgliche, der strenge Tagesablauf hingegen nicht einmal das Schlimmste.

Morgens 5 Uhr 55 war die Nacht vorbei. Beim ersten Ton des Weckrufes, den man bereits von der Nachbarbaracke her hörte, sprang alles aus den... aus den Federn konnte man nicht sagen, denn wir schliefen auf Strohsäcken. Bettzeug zurückschlagen, Turnschuhe und Trainingsanzug an und vor der Baracke antreten zum Frühsport: fünf Minuten Waldlauf bei jedem Wetter im nahen Gehölz, angeführt von einer der Unterführerinnen. Zurückgekommen, sofort in den Waschraum sausen, nach hastiger Toilette anziehen. Schnell, schnell, die Uhr tickt, der Frühdienst muß erledigt werden!

O Gott, Frühdienst. Der Inbegriff von Streß und Hetze. Es gab verschiedene Frühdienste in verschiedenen Schweregraden. Ich habe kaum je einen anderen Frühdienst gehabt als den bei weitem schlimmsten: das Stubefegen. Die Dielenböden waren rauh, der Besen hatte zu wenig Borsten, die Kehrschaufel war schartig, das Stroh aus den Schlafsäcken widerborstig.

Punkt halb sieben mußten wir alle zum Fahnenappell antreten, ein fröhliches Lied auf den Lippen, mit erhobenem rechten Arm. Das Fahnenhissen bedeutete eine Mini-Verschnaufpause in der allmorgendlichen Rennerei, die in Rehhof besonders atemraubend war, weil es sich um ein großes Gelände mit weit auseinanderliegenden Baracken handelte.

Nachdem die Fahne oben und die Arme wieder unten waren, gingen die Arbeitsmaiden voraus in die Frühstücksbaracke, um dort auf die Ankunft der Führerriege zu warten, die vor dem Frühstück noch die Inspektion der Frühdienste zu absolvieren hatte. Wenn Fräulein Schmidt und ihre Unterführerinnen dann endlich in den Frühstücksraum kamen, faßten sich alle bei den Händen und wünschten einander unisono: »Fröhlich sei das Frühstück!« Fröhlich? Na, ich weiß nicht... Aber Hunger hatten wir allemal.

Ich blieb auch oft hungrig, wenn mir nicht eine Kameradin heimlich ein Brot mitbrachte. Denn bevor das Frühstück beginnen konnte, setzte Fräulein Schmidt meistens erst einmal ihre pikierte Miene auf und las von einem Notizblock ihre Mängelliste ab, die Frühdienste betreffend. Fast immer kam: »Arbeitsmaid Brunhilde Löbel geht vor dem Frühstück nochmals zurück und fegt ihre Stube ordnungsgemäß.« Sagte ich schon, daß ich sie haßte?

Viele Jahre später, nach dem Krieg, erhielt ich doch sage und schreibe einen Brief von Fräulein Schmidt. Er war zuckersüß und erging sich in schwärmerischer Erinnerung an damals, die »wunderschöne Zeit der Kameradschaft« und wie sie doch stets um das Wohl der ihr Anbefohlenen besorgt gewesen sei, ganz besonders um meines! Und sie hatte sogar die Stirn, mich um ein Wiedersehen zu bitten.

Ich habe normalerweise kaum Zeit für Korrespondenzen. Aber diesen Brief zu beantworten und endlich an die direkte Adresse loszuwerden, was ich Fräulein Schmidt schon damals liebend gern hätte sagen wollen, war mir ein Genuß und eine Genugtuung sondergleichen.

Nach dem Frühstück wurde auf dem Platz beim Eingangstor die Tagesarbeit eingeteilt. Die Glücklichen, die Außendienst hatten, konnten durch das breite Holztor entwischen – zum Einsatz bei Bauern oder wo sie sonst gebraucht wurden. Vorwiegend »ordentliche und zuverlässige« Arbeitsmaiden genossen diesen Vorzug. Ich gehörte vorläufig nicht zu diesen. Für mich waren andere Aufgaben vorgesehen. Einmal mußte ich zwei Zinkwannen voller Fische ausnehmen. Erstaunlicherweise habe ich das überlebt, obwohl mein Magen dabei ständig von seinem natürlichen Platz hinauf zum Gaumen drängte.

Aber dann: AUSGANG! Sonnabend/Sonntag sogar, falls jemand Honoriges für einen bürgte. Ein Ehepaar Rauh, das ich zufällig kennengelernt hatte, entpuppte sich plötzlich als »nahe verwandt« mit mir. Diesen beiden verdanke ich ein unvergeßliches Erlebnis. Sie zeigten mir Danzig. – Manchmal machten wir von Rehhof aus Radtouren zum Modderloch, einem kleinen Badesee in der Nähe, spielten Wasserball und Wippen, rutschten die Wasser-Rutschbahn hinunter und wurden wieder zu ausgelassenen Kindern. – Überhaupt half uns unser Jungsein, die Trübsal letztlich nicht überhandnehmen zu lassen. Wir wollten uns des Lebens freuen und fanden Anlaß dafür in vielen Kleinigkeiten. Aber Briefe von daheim wurden meist in der »Wein-Stube« gelesen. Erstens war man dort am ehesten ungestört, und zweitens wußte man, daß solche Lektüre meist mit Feuchtigkeit einherging.

Nach einem Vierteljahr, in der heißen Sommerzeit, als die Bauern vermehrt Hilfe brauchten, wurde auch mir die Ehre des Außendienstes zuteil. Ich genoß es, mit dem Gesinde auf dem Feld zu arbeiten, mit ihm am langen Holztisch in der großen Bauernstube das Mittagessen zugeteilt zu bekommen und von der Bäuerin allerhand zu lernen.

Die harte Arbeit als eine Art Tagesmutter bei der armen Familie Unrau, bei der ich fünf kleine Mädchen zwischen drei und neun Jahren zu betreuen hatte, war zunächst ein Labsal, wurde aber bald zum Albtraum. Mutti Unrau lag im Krankenhaus, der Vater war tagsüber auf Arbeit, und so war ich vollkommen auf mich allein angewiesen. Die Kate der Unraus bestand nur aus einem Raum. Drei Betten waren an der hinteren Wand eng aneinandergestellt. In zweien schliefen die fünf Kinder. Dem Geruch und Aussehen nach mußte die Bettwäsche seit Monaten nicht gewechselt worden sein.

So beschloß ich, erst einmal große Wäsche zu machen. Ich bugsierte ein schweres Monstrum von altertümlicher Waschmaschine vors Haus, füllte eimerweise den Kessel mit Wasser von der Pumpe und brachte mit allerhand Reisig und Holzstückchen, die ich mir zusammensuchte, ein Feuer darunter in Gang, rieb und rubbelte die schmutzige Bettwäsche mit großer Selbstüberwindung und frisch gekaufter Kernseife ein und warf sie dann ins mittlerweile kochende Wasser. Auf der Suche nach einem geeigneten Gegenstand zum Umrühren ging ich kurz beiseite. Und da passierte es: Ich hörte den Kesseldeckel zufallen und unmittelbar darauf ein gellendes Jammergeschrei. Die Jüngste, Dreijährige, hatte sich neugierig am Kessel zu schaffen gemacht und sich die kleinen Finger eingequetscht.

Die Geschwister fingen alle mit an zu heulen, und nun saß ich mitten unter ihnen und heulte ebenfalls. Ich wiegte die Kleine auf meinem Schoß, bis das Feuer unterm Kessel allmählich ausgegangen und die Wäsche abgekühlt war. Die schweren Laken mit der Hand auszuwringen, schaffte ich nur mit äußerster Anstrengung und sehr unzulänglich. Eine Leine fand ich auch nicht, und so hingen die Wäschestücke schließlich über dem zuvor feucht abgewischten Zaun zum Trocknen.

Ich wartete über die Zeit hinaus, zu der ich normalerweise weggehen mußte, um den Vater noch zu sprechen. Der schimpfte mich dann auch noch ungeheuer zusammen und wünschte mich zum Kuckuck. Ich kämpfte auf dem ganzen Heimweg mit den Tränen – und schaffte es glücklicherweise noch, das Lager zu erreichen, offenbar ohne daß die Verspätung bemerkt worden war.

Als ich in meine Baracke kam, hieß es, Fräulein Schmidt habe nach mir gefragt, und ich solle mich gleich bei ihr melden. Na schön. Sollte sie doch ruhig wieder mal auf mir rumhacken...

Fräulein Schmidt sah mich bedeutungsvoll an, als ich vor ihr stand, und machte eine spannungsgeladene Pause, bevor sie anfing zu sprechen. Irrte ich mich – oder hörte ich einen ungewohnt gnädigen Ton in ihrer Stimme?

»Wir haben hier ein Schreiben erhalten«, begann sie und wies mit einladender Geste auf den Stuhl vor ihrem Schreibtisch. Zögernd nahm ich Platz, ich traute dem Frieden nicht. »Ihre Führung in der letzten Zeit«, sprach sie weiter, »gab keinen Anlaß mehr zu Klagen, so daß wir uns freuen, Ihnen nur Zufriedenstellendes in Ihr Abgangszeugnis schreiben zu können.« Pause. »Sie erhalten Ihren Arbeitsdienst-Paß mit entsprechender Eintragung bei Ihrer bevorstehenden Entlassung.« Hatte ich richtig gehört? »Wir werden Sie vorzeitig freistellen auf Anordnung der Reichsfilmkammer, die Sie für einen Film bei der Ufa reklamiert hat. Bis zu Ihrer Entlassung werden Sie vom Dienst befreit, damit Sie Ihre Arbeitskleidung... ordnungsgemäß... Kleiderkammer...« Ich hörte nur noch bruchstückweise, was mir alles aufgetragen wurde. In meinen Ohren rauschte es. Meine Gedanken überschlugen sich. Das Glück! Das Glück! Das Glück!! Wieder hatte es mich getroffen, das Unerwartete, nicht einmal Gedachte oder Erhoffte, zum wievielten Mal schon in meinem jungen Leben!

Meine Stimme schlug Kobolz, als ich meinen Zimmergefährtinnen die sensationelle Neuigkeit mitteilte. Ich vollführte einen Idianertanz und riß alle mit. Ohne Rücksicht auf Vorschriften erschallten Jubel und Gejohle aus der Baracke, weit ins Gelände hinaus – bis Fräulein Heymer erschien, nicht mit erhobenem Zeigefinger diesmal, sondern mit einer Flasche Wein, die reihum ging. Mit dem Kopf voller glücklicher Vorstellungen und Überlegungen schlief ich endlich hinüber in phantastische Träume.

Jungens hieß der neue Film und handelte von einer Schmugglerbande, die im Kurischen Haff operierte und der durch Hitlerjungen und Pimpfe das Handwerk gelegt wurde.

Erst in Berlin wurde ich mit den näheren Details dieses Films bekannt und erfuhr so auch dann erst, daß meine Rolle ein BDM-Mädchen, die Schwester eines HJ-Führers war. Weder hatte man mich nach meiner Zustimmung gefragt, noch hatte ich eine Wahl gehabt. Ich mußte einsehen, daß eine irgendwie geartete Abwehr müßig war. Hans, dessen Urteil mir nach wie vor viel galt, beruhigte mich: Der Film handele ja nicht von Politik, sondern sei eher eine schlechte Abwandlung von *Emil und die Detektive*. Das leuchtete ein. Aber es blieb da immer noch die kaum versteckte Mitteilung des Films, daß Hitlerjungen ganz tolle Burschen seien, die das Unrecht bekämpfen und dem Recht zum Sieg verhelfen. Also letzten Endes doch etwas Politisches. Aber was Propaganda ist, wie sie wirkt, habe ich eigentlich erst nach Kriegsende wirklich begriffen, als die Aufklärungsarbeit der Amerikaner einem die Augen für vieles öffnete.

So trat ich also froh und sorglos meine Reise zu den Außenaufnahmen auf der Kurischen Nehrung an und saß wieder in einem Zug nach Osten. Wie nahm ich diesmal den Wandel der Landschaft in mich auf und genoß nun erst deren Schönheiten so richtig. Alle Bedenken waren ausgelöscht. Die Besetzungsliste enthielt Namen wie Georg Thomalla, Hilde Sessak, Eduard Wandrey, Albert Hehn (Saschas Vater) und Wolfgang Staudte. Regie führte der renommierte Robert A. Stemmle. Ich befand mich also in bester Gesellschaft.

Als ich in Nidden ankam, war ich wieder einmal hingerissen von dem neuen Stück Erde, das ich hier kennenlernen durfte. Zum ersten Mal war ich als Erwachsene an der See. Hier fand ich in der Wirklichkeit, was mir bisher nur meine Phantasie vorgemalt hatte: Männer mit verwitterten Gesichtern, die ausgespannte Fischernetze flickten und das tägliche Hinausfahren der Boote zum Fischfang. Die Niddener schienen mir alle heiter, auch die älteren, und immer zu kleinen Scherzen aufgelegt. Ich genoß alles in vollen Zügen. Fisch hatte noch nie so gut geschmeckt wie hier; die Luft war herrlich klar und frisch; und in den kleinen Wäldern, die sich hinter dem Ort nach Norden hin ausbreiteten, lebten Elche.

Die dreizehn Jungens, alles Schüler der »Napola« Sonthofen, waren gesondert untergebracht und betreut. Elite eben. Sie kamen nur während der Drehzeit mit uns in Kontakt. Mit den anderen Schauspielern verstand ich mich auf Anhieb gut. Hilde Sessak bewunderte ich, weil sie so burschikos eine verführerische Kellnerin spielte. Albert Hehn war frisch verheiratet, turtelte ausgiebig mit seinem

»Flämmchen« und ging in der drehfreien Zeit verträumt und eng umschlungen mit ihr spazieren. Ich beneidete die beiden.

R. A. Stemmle, unser Regisseur, war immer guter Laune und verbreitete sie auf das ganze Team. In den Drehpausen wußte er allerhand komische Geschichten zu erzählen. Eine rief besonderes Gelächter hervor, und ihre Pointe wurde zum geflügelten Wort unter uns: Stemmle war ursprünglich Lehrer gewesen und hatte in seinem ersten Berufsjahr die Schulanfänger an einer Berliner Schule zu unterrichten. Am ersten Schultag, mitten in der Unterrichtsstunde, fing einer der ABC-Schützen in aller Gemütsruhe an, seine Siebensachen zusammenzupacken und sich der Tür zuzuwenden. Dort angekommen, verabschiedete er sich mit dem lakonischen Satz »Ach wat Scheiß, ick jeh!« und war verschwunden. Das gleiche wiederholte sich an den beiden folgenden Schultagen. Am Tag darauf aber manövrierte sich Stemmle während des Unterrichtens beiläufig mit dem Rücken gegen die Zimmertür, drehte unbemerkt den Schlüssel um und steckte ihn in seine Tasche. Als der Kleine wieder zur Tür strebte und verkündete: »Ach wat Scheiß, ick jeh!«, war sie versperrt. Kurze Überlegung, dann kam gleichmütig: »Ach wat Scheiß, denn bleiw ick ebent.«

Wir befanden uns in einer so fröhlichen Grundstimmung, daß Nachrichten über das Kriegsgeschehen wie aus einer anderen Welt zu kommen schienen, ohne uns direkt etwas anzugehen.

Auch unsere Umgebung, diese vom Wasser beschützte Halbinsel, förderte das Empfinden, behütet und weit weg von allem Unguten zu sein. Die kleinen Häuser des Ortes entsprachen unserer fröhlichen Verfassung.

Ziemlich am Ende des Ortes gab es auch eines, das dem Schriftsteller Thomas Mann gehört haben sollte, der sich öffentlich gegen die Nazibarbarei gestellt hatte und nun im Ausland lebte. Sehr nachdenklich stand ich vor seinem Haus, und überlegte, wieviel Mut dazu gehören mußte, alles was einem lieb ist zu verlassen – um seiner Überzeugung willen. Ein solch schicksalsschwerer Schritt war mir nicht vorstellbar. Hier versagte meine Phantasie – und wurde abgelöst von fassungsloser, beinahe ungläubiger Bewunderung.

Ganz unmittelbar wurden wir dann noch eines Tages mit dem Grauen konfrontiert, das unter den Nazis gedieh. Der Wirt des nahen Gasthofes hatte eine junge Polin, die ihm als Zwangsarbeiterin zugeteilt war, wegen einer Nichtigkeit mit einem Gummischlauch blutig geprügelt. In der Nacht war sie ins Wasser gegangen und hatte sich im Haff ertränkt. Der Wirt war ein ortsbekannter Nazi, und niemand hatte sich getraut, etwas gegen ihn zu unternehmen.

Kurz nach dem erschreckenden, bedrückenden Ereignis hatte ich eine Szene im Haff zu drehen: Mit einem Ruderboot und einem der dreizehn Jungens mußte ich hinausrudern, um den Schmugglern auf die Spur zu kommen. Das Drehbuch schrieb vor, daß das Schmuggelgut, mit einer Boje gekennzeichnet, von uns entdeckt und ins Boot gehievt werden sollte. Diese Aufgabe gehörte zu meiner Rolle, und ich hatte beim Auftauchen der geschmuggelten Kanister durch deren plötzliche Schwere das Übergewicht zu bekommen und in voller Kleidung ins Wasser zu fallen. Die Szene wurde zweimal gedreht. Dafür war eine zusätzliche BDM-Uniform parat, das Haar mußte trockengeföhnt und die Zöpfe neu geflochten werden.

Die ganze Prozedur war, da die Temperaturen beileibe nicht mehr sommerlich waren, mit ziemlich viel Frieren und ein wenig Zähneklappern verbunden. Alle umsorgten mich in der Trockenpause sehr, rubbelten an mir herum, flößten mir heißen Tee mit Rum ein und bedauerten mich. Aber ich weiß nicht, ob jemand mitbekommen hat, was in mir vorging. *Mich* hatte man wieder herausgeholt aus dem Wasser – lebendig.

Zurück in Berlin, kamen schon bald neue Angebote. Das Schauspielhaus Potsdam holte mich erneut für das Weihnachtsmärchen 1940/41. Ich spielte den Hänsel in *Hänsel und Gretel*, also wieder eine Hosenrolle. Diesmal leistete ich mir keine Einzeltouren wie beim Kater Munz. Aber wieder freute ich mich an der spontanen, fröhlichen Reaktion der Kinder, vor allem wie sie jubelten, als die böse Hexe in den Backofen geschoben wurde.

Nach der Premiere begannen für mich bereits die Proben für das nächste Stück in Potsdam: wieder *Ein Sommernachtstraum* und wieder die Hermia. Zum ersten Mal merkte ich, wie schwierig es ist, eine Rolle, die einem bereits auf eine bestimmte Darstellungsweise in Fleisch und Blut übergegangen ist, in einer gänzlich anderen Inszenierung, mit anderen Ideen und Partnern, zu spielen. Doch nicht nur schwierig war das, sondern auch sehr reizvoll. Vor allem war es wohltuend, einen Lysander neben mir zu haben, der mir nicht unsympathisch war.

Es war Curt Goetz jr., ein Sohn des berühmten Bühnenautors Curt Goetz mit einer frühen Liebe. Curt junior war Anfang Zwanzig und erlebte seine erste große Liebe, die einer Kollegin galt. Diese wiederum war anderweitig in Liebe entbrannt und also für Curt unerreichbar. Er tat ihr leid, und sie bat mich, ihm doch diese aussichtslose Zuneigung zu ihr auszureden. Da er auch mir leid tat, unternahm ich also tatsächlich den Versuch, ihn von Helga abzubringen. Ich hatte Erfolg. Aber nun verliebte sich Curt prompt in mich! Und das war genauso aussichtslos. Ich war ja in festen Händen.

Wie fest diese Hände halten konnten, ob man wollte oder nicht, bekam ich immer wieder demonstriert. Wenn ich heute an diese Bindung zurückdenke, kann ich es eigentlich nicht mehr fassen, was ich mir alles gefallen ließ und daß ich mich trotz meines beträchtlichen inneren Protestes fast schicksalhaft an Hans gebunden fühlte. Ich hatte doch immer einen unbändigen Selbständigkeitsdrang empfunden und mich bereits in so vielen anderen Belangen und Situationen durchzusetzen gewußt! Es muß also eine seltsame Mischung von möglichen Gründen gewesen sein. Der Hauptgrund: Hans war mein erster Mann, und dabei sollte es bleiben, basta. – Aber es kam noch anderes hinzu:

Ich litt lange unter meiner vermeintlichen Unbildung, weil ich noch so wenig über so vieles wußte, was für den geliebten Bühnenberuf zu wissen notwendig war. Mir kam es so vor, als ob nur Hans mir hätte vermitteln können, was ich inzwischen an Kenntnissen erworben hatte und noch erwerben wollte. Für die Eröffnung dieser Welten war ich ihm übermäßig dankbar, als hätte er mich in große esoterische Geheimnisse eingeweiht. Eine weitere, ganz profane Bindung war der Krieg. Selbst wenn ich den Entschluß gefaßt hätte, wegzugehen: Wohin? Sich in dieser Zeit auf Zimmersuche machen zu wollen, wäre ein aussichtsloses Unterfangen gewesen. Und dann war da noch das Ernährungsproblem. Ungleich viel leichter konnten zwei zusammen mit ihren schmalen Rationen einigermaßen auskommen als jeder für sich allein.

Das Leben schien vorwiegend aus Zwängen zu bestehen. Also tolerierte ich resigniert den Status quo. Um so stärker brach meine eingedämmte Lebensfreude durch, wenn der Beruf mich wegführte von Berlin.

So sehr Hans daran gelegen war, mich ausschließlich auf sich zu fixieren, so sorgte er aber paradoxerweise immer für viel Geselligkeit. Es war stets etwas los im Atelier.

Interessante Leute saßen da oft beisammen. Ich erinnere mich besonders an Elisabeth Flickenschildt; Helmut Henrichs war dabei, später – von 1958 bis 1972 – Intendant des Münchner Staatsschauspiels; Ann Höling erschien oft, eine Kollegin, die mir später eine liebe Freundin wurde und die auf unseren Atelierfesten herrliche Schleiertänze vorführte.

Meistens wurde ich auch – von Hans angeregt – um einen Vortrag gebeten. Dann holte ich mir den kleinen schwarzen Hocker aus einer Ecke des Ateliers, plazierte ihn in die Mitte des Zuschauerkreises und erklärte, wie einst bei der Eignungsprüfung, dies sei der Brunnen, in dem der Nickelmann hause (beginnendes Kichern), und ich sei das »Rautendelein, das jetzt ihr gold'nes Haar... und die Sumserin von Gold... na, ihr werdet schon sehen«. Und dann begann ich ohne Scheu den Monolog dieser Waldelfe aus Gerhart Hauptmanns *Versunkener Glocke*, eine Erinnerung an meine ersten Chemnitzer Bühnenschritte vor mehr als fünf Jahren. Das mühsam zurückgehaltene Lachen brach nach meiner Darbietung ungehemmt los, zusammen mit heftigem Applaus, der mir sehr schmeichelte. Es dauerte eine geraume Zeit, bis bei mir der Groschen fiel und auch ich begann, diese Texte in ihren romantischen Verschnörkelungen altmodisch und ein wenig lächerlich zu finden.

Alle, die kamen, gehörten zu einem Kreis, in dem man sich in bezug auf die Nazis kein Blatt vor den Mund nehmen mußte. Außer um Politik drehten sich die Gespräche um Fragen der Kunst, Stilrichtungen, Vergleiche zwischen früheren und jetzigen Inszenierungen. Die »wilden« zwanziger Jahre wurden beschworen, und mich überkam eine traurige Sehnsucht nach dieser nicht wiederzubringenden Zeit, die ich nicht erlebt hatte. Stumm, aber hellwach, mit gespitzten Ohren und Glühwangen saß ich dabei und sog gierig auf, was da aus dem Erfahrungsschatz der Älteren ausgebreitet wurde.

Unter den vielen Besuchern war auch ein junger Freund von Hans, der in Soldatenuniform auftauchte: Kurt W. Marek. Er hatte gerade einen Kriegsroman geschrieben: *Wir hielten Narvik*. Später wurde er mit dem Bestseller *Götter, Gräber und Gelehrte* unter dem Namen Ceram bekannt (Marek – mit C statt K – von hinten gelesen). Er hatte kluge Augen, eine markant hervorstehende Nase, ständig eine Pfeife im Mundwinkel und war damals noch ein diskussionsfreudiger Linker.

Er stammte aus einer Portiersloge im Wedding, wie Hans das formulierte, und war fest entschlossen, die große kommunistische Weltrevolution mitzutragen. In den Vorsatz zur Umverteilung des Eigentums beziehungsweise der Teilnahme am Eigentum eines anderen bezog Kurt offenbar auch mich mit ein. Als Hans einmal verreist und Kurt zur selben Zeit Hausgast bei uns war, stand er eines Nachts mit eindeutigem Vorschlag vor meinem Bett und versuchte mir auf dialektische Weise zu erklären, warum wir jetzt miteinander schlafen müßten. Ich kriegte das große Lachen, erstens wegen der Art seines Vorschlags, und zweitens hätte ebensogut mein Bruder hier vor mir stehen können, denn nichts empfand ich für Kurt als schwesterliche Zuneigung. »Kurti, du bist für mich ein Neutrum, ein liebes Neutrum«, erklärte ich ihm. Das wirkte, als hätte ich ihm eine Nadel in den Po gejagt. Er stand abrupt auf, entschuldigte sich: »Ich dachte, du bist vielleicht beleidigt, wenn ich nicht wenigstens frage«... und verschwand wieder. Ach, »das liebe Kurt!«

Anfang 1941, noch während der letzten *Sommernachtstraum*-Vorstellungen in Potsdam, begannen für mich schon wieder Proben zu einem neuen Stück – diesmal sogar in Berlin. Die Hauptdarsteller des Lustspiels *Heimlichkeiten*, das im Theater in der Behrenstraße gespielt wurde, Jutta Freybe und Albert Matterstock, hatten Verpflichtungen bei der Ufa; daher mußte das Stück neu besetzt werden. Die Ufa revanchierte sich, indem sie mich dem Theater aus ihrer Nachwuchskiste quasi als Ersatz vorschlug, und so war meine erste Bühnenrolle in Berlin gleich eine Hauptrolle.

Obendrein wurde ich noch aus dem Ufa-Fundus für das Stück eingekleidet, denn mein eigener, magerer Kleiderschrank gab nichts her für ein modernes Stück dieser Art. Für den größten Teil der Punkte auf meiner Kleiderkarte hatte ich mir einen Schminkmantel angeschafft, zyklamrosa! Damit war meine Zuteilung für dieses Jahr so gut wie erschöpft. Anne Bruck, Schauspielerin und mit Just

Scheu, dem Autor von *Heimlichkeiten*, verheiratet, schenkte mir aus ihrem übervollen Kleiderschrank für meinen leeren einiges, von dem sie taktvoll behauptete, es passe ihr nicht mehr.

Für die Neubesetzung gab es natürlich bei *Heimlichkeiten* keine Presse; dennoch sprach sich mein Erfolg rasch herum, und eines Tages erhielt ich einen aufregenden Anruf.

Horst van Diemen wollte mich sprechen. Er war bekannt als Organisator und Betreuer einer großen Anzahl von Tourneen, auch für die Wehrmacht. Theaterstücke und Bunte Abende schickte er in Lazarette und zu den Soldaten in die besetzten Gebiete.

In dieser Zeit gehörte die zunehmende Zahl der Verwundeten mit den wie abwesend blickenden, traurigen Augen immer mehr zum Straßenbild. Mir verursachte es jedesmal Herzbeklemmungen, wenn ich so einen jungen Burschen sah. Und so fand die Idee, diesen armen Kerlen ein wenig Ablenkung und vielleicht sogar Freude in ihr elendes Front- oder Lazarettdasein bringen zu können, meine volle Zustimmung. Ich wäre gern auf Fronttournee gegangen. Der Gedanke, daß das zur Stärkung der Wehrkraft und ergo zur Kriegsverlängerung beitragen könnte, wäre mir damals nicht im Traum gekommen. Als es von manchen Besatzungsmitgliedern nach dem Krieg so interpretiert wurde, bedeutete das eine niederschmetternde Anschuldigung für mich. Ich schlug mich arg mit diesem Gedanken herum. Hatte ich, obwohl ich alles andere als ein Nazi war, ohne etwas Unrechtes gewollt zu haben, mich dennoch schuldig gemacht? Heute muß ich das strikt verneinen. Subjektiv hatte ich mir nichts vorzuwerfen. Ob die Wirkung objektiv kriegsverlängernd war, kann ich nicht beurteilen, bezweifle es jedoch stark. Aber es war gut, erst nach ehrlichem Nachdenken zu diesem Schluß gekommen zu sein.

Heimlichkeiten wollte van Diemen zunächst in verschiedenen Kasernen in der Mark Brandenburg spielen lassen. Ich war, genau wie meine Kollegen Christel Lerche, Heinz Welzel und Erich Stelmecke, sehr froh, daß nach dem Auslaufen des Theatervertrags sich gleich diese neue Möglichkeit für uns eröffnete und verabredete mich mit van Diemen. Er lud mich in ein sehr feines Restaurant in der Nähe des Berliner Zoos ein, wo ungestört Gage und sonstige Vertragsbedingungen besprochen werden sollten.

Agenten, die stellvertretend Verhandlungen führen, gab es im

1 Die Eltern mit
meinem Bruder
Rudolf, ca. 1917

 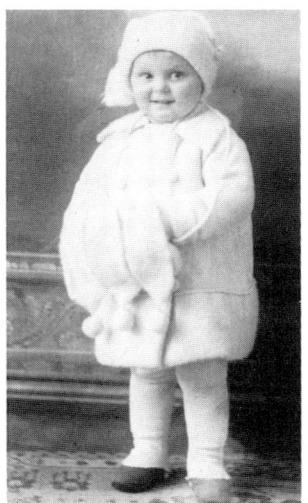 

2–4 1921 bis 1925:
Als Baby, mit zwei und
viereinhalb Jahren

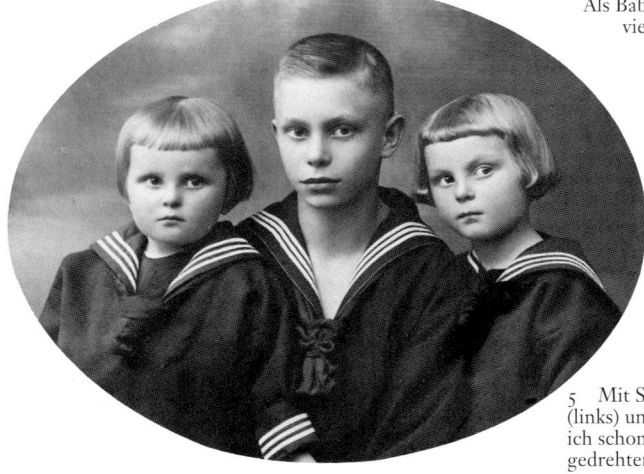

5 Mit Schwester Ruth
(links) und Bruder Rudolf –
ich schon eitel, mit ein-
gedrehtem Pony!

6/7 Vaters Eltern: Ida, geborene Sonntag, die »Löbel-Mutter«, und Karl Löbel, der »Löbel-Vater«, ca. 1885

8 Mutters Eltern: Moritz Goldammer und Thekla Goldammer, geborene Kritz, »Bieserner Vater« und »Bieserner Mutter«, ca. 1887

10 Das geliebte schiefergedeckte alte Bauernhaus der Großeltern in Biesern - zu DDR-Zeiten leider abgerissen

9 Mein Geburtshaus in Chemnitz-Altendorf, Weißenburgstraße 27, jetzt Bodelschwinghstraße. Zweite Reihe rechts: Löbel-Mutter, Mitte hinten Tante Elsa, davor Tante Rosa

Dritten Reich nicht. Jeder mußte also für sich allein alles besprechen. Dabei kam es natürlich auf Geschicklichkeit, Taktieren, auf Aushandeln und – schrecklich! – die Lobpreisungen des eigenen Wertes an – lauter Dinge, die ich im Grunde noch nie gemacht hatte und für die ich auch nicht begabt war. Aber da mußte ich ja nun durch. Ich beschloß also, das Ganze wie eine Rolle, als harte Geschäftsfrau, zu spielen.

Das Lokal war von beklemmender Eleganz. Ich fühlte mich noch immer als eine Art Fremdkörper in einer solchen Umgebung. Aber so etwas bloß nicht anmerken lassen! Horst van Diemen empfing mich mit Handkuß und führte mich zu einem Tisch, an dem schon ein Kellner wartend bereitstand. »Ich habe mir erlaubt, Hummer zu bestellen. Ich hoffe, Sie sind einverstanden«, sagte er. »Hummer? Ja, gern«, antwortete ich so blasiert wie möglich. Ich hatte noch nie Hummer gegessen! – Neben dem Tisch, in einem glänzenden Metallkübel, stand eine Flasche Sekt. Der Kellner schenkte ein und verschwand, um sofort mit dem Hummer auf einer großen silbernen Platte wiederzukommen. Ich starrte wie hypnotisiert auf das rote Schalentier. Wie sollte ich diesen Panzer besiegen? Neben meinem Teller lag das seltsamste Besteck, das ich je gesehen hatte. Wenn ich mit einem Chirurgenbesteck hätte umgehen sollen, hätte ich nicht ratloser sein können. Ich nippte an meinem Sekt, als van Diemen sein Glas erhob und nun die geschäftliche Besprechung eröffnete. Er sagte eine Menge, und ich nickte dazwischen geistesabwesend und antwortete hier und da mit einem »Hm-mm«, ohne recht zuzuhören. Die Idee, daß ein höflicher Mann nicht mit dem Essen beginnt, bevor die Dame anfängt, kam mir nicht. Schließlich, nach vielen »Hm-mms« und »Jajas« ergriff ich todesmutig eines der Sezierinstrumente. Darauf schien van Diemen nur gewartet zu haben und begann endlich zu essen. Ich schaute ihm scheinbar unauffällig, aber sehr konzentriert zu und machte alle seine so beiläufig ausgeführten Aktionen mehr schlecht als recht nach. »Ja. Sehr schön«, hörte ich ihn nun sagen, »da Sie ja mit allem einverstanden sind, wären wir somit dann klar.« Wir stießen mit den Sektkelchen an und ich hatte keine Ahnung, womit ich einverstanden war. Erst als ich schriftlich zugeschickt bekam, was da einseitig ausgehandelt worden war, merkte ich, auf was ich mich eingelassen hatte.

Als ich Horst van Diemen ungefähr fünfzig Jahre später einmal wieder traf, schwor er mir lachend, daß er den Hummer nie und nimmer zum Zwecke der Überrumpelung geplant hätte. Und ich glaube es ihm sogar.

Im Jahre 1941 lernte ich intensiv, was es heißt, aus dem Koffer zu leben. Ich war so gut wie pausenlos auf Tournee. Zunächst bereisten wir mit *Heimlichkeiten* Orte in der Mark Brandenburg. Bei dieser ersten Tournee stellte sich heraus, daß es – zumal in Kriegszeiten – schwierig, wenn nicht unmöglich war, ein richtiges Theaterstück unterwegs zu spielen, da wir lediglich mit Kostümen und unseren persönlichen Schminkutensilien reisen konnten und weder Kulissen noch Möbel mitführten. Zwar wurde jedesmal ein genauer Grundriß des Bühnenbilds und eine Liste der benötigten Möbel und Requisiten vorausgeschickt; aber was wir dann meistens – von unkundigen Soldaten zusammengestellt – an Ort und Stelle vorfanden, war so katastrophal ungeeignet, daß wir zunächst in schiere Verzweiflung fielen, später dann nur noch in hilfloses Gelächter gerieten. Das ganze *Heimlichkeiten*-Unternehmen gipfelte – und endete – schließlich mit einer halben Vorstellung, in der die Unzulänglichkeit des Angebotenen ein solches Ausmaß erreichte, daß nun wirklich nichts mehr ging. Ab dann sollte es nur noch Bunte Abende geben, wurde beschlossen, bei denen man von Kulissen und Ausstattung weitgehend unabhängig war.

Van Diemen stellte also ein ganz neues Team zusammen, das von der Ufa finanziert, als »Ufa-Tournee« losgeschickt werden sollte. Diese legte Wert darauf, daß van Diemen Schauspieler engagierte, die in Ufa-Filmen mitgewirkt hatten. So kam es, daß ich als einzige von *Heimlichkeiten* in die neue Besetzungsliste übernommen wurde. Ich befand mich in glänzender Gesellschaft: Hermann Speelmans, der damals bekannte Fritz Genschow, Ursula Herking, Rotraut Richter und Trude Hesterberg waren dabei und auch die aparte Nachwuchsschauspielerin Hansi Wendler. Sie hatte gerade einen Jahresvertrag bei der Ufa bekommen und schien eine rosige berufliche Zukunft zu haben. – Diese Zukunft gehörte einige Zeit später der Vergangenheit an. Hansi hatte den verhängnisvollen Fehler begangen, nicht rechtzeitig einen vergnügten Kollegenkreis zu verlassen, in dem verbotenerweise ein »Feindfilm«, ein amerikanischer Lustspielfilm vorgeführt werden sollte. Eine besonders reizende »Kollegin« wurde noch erwartet. Bei der bloßen Namensnennung dieser Person verabschiedete ich mich abrupt. Sie hatte enge »Beziehungen« zu Goebbels, der denn auch umgehend genauestens über diesen Abend informiert war. Die Konsequenzen für alle Beteiligten ließen nicht auf sich warten. Daß einige von ihnen – nicht alle! – mit dem Leben davonkamen, war so etwas wie ein Wunder. Ja, es waren »stolze Zeiten«! –

Bobby Iller führte bei dieser Tournee mit gescheitem, trockenem Humor als Conférencier durchs Programm und war auch mein Partner in den Sketchen. Die fünf begabten Musiker unserer Band waren für die Zeit der Tourneen vom Wehrdienst freigestellt und dem Geschick dafür so dankbar, daß ihnen keine Strapaze zuviel wurde. Das ganze Team war wie ein große Familie. Das gute Einvernehmen war sehr wichtig, denn wir blieben ja nun viele Monate beisammen und hatten auch gemeinsam allerlei Anstrengendes und Schweres durchzustehen.

Im März 1941 fanden in Berlin die Proben statt. Für mich war manches völlig neu. Kabarettistisch war ich ja noch nie aufgetreten. Aber ich hatte wieder einmal Glück mit den großen Lehrmeisterinnen, die sich meiner annahmen: Trude Hesterberg, die legendäre Diseuse, und Ursula Herking mit ihrer einschlägigen Erfahrung.

Die Chansons, die mir zugedacht wurden, waren, aus heutiger Sicht, unglaublich kitschig; wahrscheinlich waren sie es auch damals schon. Aber ich brachte sie mit großer Lust und ohne Vorbehalte. Eines begann folgendermaßen:

»Eine kleine Uhr in meinem Herzen
schlägt für dich mit silberhellem Schlag,
wenn ich auf dich warte voller Schmerzen –
ticke-tacke-ticke-ticke-tack...«

Wahrhaftig kein bedeutender Text. Aber er kam an.

Einmal geriet ich dadurch sogar in eine für mich etwas peinliche Situation, als beim Schlußverbeugen ein junger Leutnant mit einem großen Blumenstrauß nach vorn kam. Trude Hesterberg bekam fast jeden Abend zusätzlich zu jubelnden Ovationen Blumen auf die Bühne, und ich stand nun beim Applaus neben ihr. Zu meiner maßlosen Verlegenheit wurde an diesem Abend der Strauß mir hochgereicht. »Danke«, hauchte der Leutnant – und hatte rote

Ohren. Ich wollte instinktiv die Blumen an Trude weiterreichen, aber sie nahm sie nicht und flüsterte: »Nee, das darfste nich! Der is doch verknallt in dich.« Aber er war natürlich nicht in mich, sondern in die Figur verknallt, die ich dargestellt hatte. Diese Verwechslung war etwas, an das ich mich gewöhnen mußte – auch daran, daß nun die ersten Autogrammbitten an mich gestellt wurden und daß bald mein Foto in vielen Soldatenspinden hing. Die jungen Männer projizierten ihre Träume und Hoffnungen auf dieses Mädchen da oben auf der Bühne, und manchen fiel es offensichtlich schwer, Traum und Wirklichkeit zu unterscheiden. Das hatte für mich zur Folge, daß ich versuchen mußte, mein übliches, spontanes Zugehen auf alle Menschen etwas einzudämmen. Ich durfte nicht allzu freundlich sein, und das widersprach meinem Naturell und fiel *mir* daher schwer. Überhaupt waren diese Monate ein ständiges Wechselbad zwischen freudigen und deprimierenden Aufregungen. Von April bis September 1941 unternahmen wir drei große Tourneen: Ostpreußen, Italien und Rumänien. Die Freude daran war für mich – neben der Tatsache, beruflich so akzeptiert und beschäftigt zu sein –, daß ich begann, die Welt kennenzulernen, soweit sie einem damals im Krieg überhaupt zugänglich war.

Die Riesenanstrengungen, die damit verbunden waren, jagen mir heute beim bloßen Gedanken daran Schauer ein; aber mit zwanzig scheint man nie versiegende Kräfte zu haben. – Alle physischen Strapazen waren für mich leichter zu ertragen als die seelischen Erschütterungen, für die ich noch weit offen und keineswegs abgehärtet war.

Schon gleich bei der ersten unserer Reisen, in Königsberg, erlebte ich einen Schock, der direkt zwar nichts mit der Tournee zu tun hatte, mich aber furchtbar aufwühlte. Ich mußte mit anhören, wie ein Mensch ertrank. Eine warme Mainacht war es und das Fenster meines Zimmers im dritten Stock eines großen Hotels weit offen. Am Tag hatte ich draußen inmitten einer Grünanlage ein großes, seeähnliches Gewässer gesehen, über dessen Mitte eine Holzbrücke führte. Nun lag ich schon im Bett und lauschte vorm Einschlafen auf die fernen Geräusche der Nacht. Plötzlich wurde ich aus meinem Halbschlaf durch lautes Grölen aufgeschreckt. Männerstimmen, Betrunkene, Streit, dann die Geräusche eines Handgemenges, darauf ein Schrei, aufklatschendes Wasser wie nach einem Sprung oder Sturz hinein, dann ein Gurgeln und hastiges Wegrennen auf der Brücke. Ich war aus dem Bett ans Fenster gesprungen. In der Dunkelheit konnte ich kaum etwas sehen. Aber hören konnte, mußte ich nun, wie der offensichtlich ins Wasser Geworfene um sich schlug und schrie: »Hilfe!! Ich kann nicht schwimmen!«, während er offenbar wieder und wieder unterging. »Halten Sie sich – ich hole Hilfe!« schrie ich meinerseits in höchster Panik, raste wie ich war so schnell ich konnte die drei Treppen hinunter ins Foyer, das voller ahnungsloser, friedlicher Menschen saß und schrie und schrie weiter: »Im See ertrinkt einer! Laufen Sie – helfen Sie! Helfen Sie doch!« Die Begriffsstutzigkeit der Leute brachte mich zu verzweifeltem Weinen. Kamen sie über meinen Aufzug im Nachthemd nicht hinweg? Ich stürzte zur Eingangstür, aber sie hielten mich wohl für übergeschnappt, ließen mich nicht hinaus und wollten *mir* helfen, anstatt dem Ertrinkenden.

Er ist ertrunken. Am nächsten Morgen fuhren wir weiter, aber die verzweifelten Hilferufe, das Gurgeln – und daß ich nicht hatte helfen können – verfolgten mich noch lange Zeit bis in die Nächte hinein.

Fronttheater echt und gefilmt

Ende Mai 1941 ging die Ostpreußen-Tournee zu Ende. Was als Verschnaufpause gedacht war, führte mich wieder mitten in den Berliner Kriegsalltag. Zu diesem Zeitpunkt glaubte schon lange niemand mehr an ein schnelles Ende des Krieges. Fatalistisch richtete man sich innerlich auf ein weiteres hartes Jahr ein und auf die immer häufigeren Fliegeralarme, die einen oft mehrmals nachts aus dem Bett aufschreckten. Alles stand jederzeit bereit. Wohnungstür nicht verschließen, für den Fall, daß man zum Löschen oder sonstwie hinein müßte. Und dann im Dunkeln, schnell-schnell, die fünfeinhalb Treppen vom Atelier hinuntergejagt in den Luftschutzraum. Von der Haustür aus mußte man noch kurz um die Ecke laufen, der Eingang zum Keller war nur von der Straße aus zu erreichen. Dabei dröhnte schon das tiefe, drohende Brummen der nahenden Flugzeuggeschwader, und man hörte bereits die FLAK schießen.

Im Keller saßen wir aufgereiht, dicht nebeneinander entlang der

Wände auf harten Holzbänken. Anfangs waren die meisten – ich nicht ausgenommen! – fast krank vor Angst, bis auch das zur Routine wurde. Die Entwarnung löste immer ein lautes Aufatmen aus, gefolgt von vielstimmigem Geschwätz.

Irgendwie hatte fast jeder eine Pulle für danach, und man lud sich gegenseitig zu »'nem Schluck« ein, besonders diejenigen, die allein in ihrer Wohnung waren. Auf diese Weise lernten sich die Hausbewohner bald besser kennen, als das zu Friedenszeiten je der Fall gewesen war. Bei diesen Zusammenkünften wurden auch oft Tips untereinander ausgetauscht, wo man Kaffee, Zigaretten, Spirituosen schwarz erstehen konnte. Die krummen Touren, der schwarze Markt, hatten Hochkonjunktur. Selbstverständlich brauchte man aber nach wie vor seine Kräfte für die eigentliche Arbeit, den Beruf. Ich frage mich heute mit Staunen, wo man die hergenommen hat – bei der mageren Ernährung, den allzu häufigen Schlafunterbrechungen und den seelischen Belastungen, die täglich auf die Menschen zukamen. Ich erinnere mich meiner »Pfeffer- und Salz-Näpfchen« oberhalb der Schlüsselbeine, die sich erst Jahre nach Kriegsende allmählich ausfüllten und die mir damals lange die Freude an Kleidern mit weiten Halsausschnitten trübten.

Bis zur Wiederaufnahme der Wehrmachtstournee im Juli blieben mir noch einige freie Wochen und ich beschloß, einen Plan in Angriff zu nehmen, den ich schon eine ganze Weile mit mir herumtrug: *Die heilige Johanna* von Shaw, von der ich gleich beim ersten Kennenlernen so fasziniert war, hatte sich tiefer und tiefer in mein Denken eingegraben. Ich wollte sie unbedingt studieren, und irgendwann einmal wollte ich sie auch spielen.

Nach München zu Sonja Karzau zu fahren, wäre in diesen Kriegszeiten zu schwierig gewesen. Es sollte, wenn schon nicht in Berlin, so doch nicht allzu weit davon entfernt sein. Mit Hermann Speelmans hatte ich während der Ostpreußen-Tournee von meinem großen Wunsch gesprochen, und er hatte mir von Lucie Höflich erzählt. Die wunderbare Schauspielerin sei auch eine renommierte Lehrerin, vielleicht fände sie Zeit, mir Privatunterricht zu geben.

Ich fand heraus, daß Lucie Höflich in Bad Doberan, nahe bei Rostock, wohnte, also relativ viel näher an Berlin als München. Ich schrieb ihr – allerdings mit wenig Hoffnung, denn ich wußte, daß sie stark beschäftigt war. Die Überraschung ihrer Zusage, die ich bald erhielt, war daher für mich wieder wie ein Guß aus Fortunas Glücksfüllhorn.

In Bad Doberan hatte ich ein sehr geräumiges Zimmer unterm Dach mit kuscheliger Bettnische und einem Schrank mit großem Spiegel. Vor dem konnte ich wunderbar Haltungen, Mimik und dank der Größe des Zimmers Gänge ausprobieren und kritisch kontrollieren, also all die äußerlichen Dinge, die auch zum Theaterspielen gehören. Daß sie durch innere Vorgänge motiviert und ausgelöst wurden, dafür sorgte Lucie Höflich in den Stunden, die ich bei ihr studierte. Sie waren so intensiv, wie ich sie vorher noch nie erlebt hatte. Mittlerweile hatte ich das Rüstzeug, und jetzt konnte die eigentliche Rollenarbeit beginnen, die Auseinandersetzung mit der psychischen Verfassung der Rollenfigur. Das ist, glaube ich, für jeden Schauspieler – auf jeden Fall aber für mich – immer das Aufregendste, das Beglückendste an der Theaterarbeit gewesen, das Reifenlassen einer Rolle während der Probenarbeit. Noch in der Erinnerung an die Stunden bei Lucie Höflich kann ich heute Herzklopfen und Glühwangen bekommen. Sie hat mir nichts erspart, nichts abgekauft, was nicht ausdiskutiert war und womit sie nicht schließlich restlos einverstanden und zufrieden war. Bei der Arbeit allein, in meinem Untermietezimmer, habe ich mich einmal so intensiv in die Rolle dieses von ihrer Sendung besessenen Landmädchens hineingesteigert, das am Ende zwischen lebenslänglichem Kerker und dem Feuertod zu wählen hat, daß mir übel wurde und ich mich kurz darauf etwas benommen, aus einer kleinen Ohnmacht zu mir kommend, auf dem Teppich fand.
Als ich Frau Höflich davon erzählte, wiegte sie bedenklich den Kopf: »So weit darfst du nicht gehen, Kind! Du mußt lernen, selbst bei der größten emotionalen Anstrengung immer noch neben dir zu stehen.« War das erlernbar? Damals schien es mir noch eine Frage von Entweder-Oder zu sein: Entweder ich steige ein, oder ich stehe neben mir. Entweder ich fühle wahrhaftig, oder ich mache was vor.
Selbstverständlich hatte zu meiner kleinen Ohnmacht auch die spärliche Ernährung beigetragen. Die physische Kraft reichte einfach nicht mehr aus. Aber die Intensität der Theaterarbeit, das Eintauchen in eine andere Welt, bot die wohltuende Fluchtmöglichkeit aus einer unerträglichen Lage. Man vergaß jeglichen Kummer,

Mangel und auch körperlichen Schmerz – sogar Zahnschmerzen, so unglaublich das klingen mag.

Ich habe mich sehr schwer von Lucie Höflich getrennt. Sie gab mir viele gute Ratschläge und einen Brief mit, der mich bestärkte und ermutigte und in dem sie mir viele große Rollen prophezeite, vor allem auch die Heilige Johanna.

Die habe ich leider nie gespielt. Das ist eines der Dinge, die das Schicksal mir vorenthalten hat und die ich immer – und besonders rückblickend – unendlich bedauert habe – auch daß es sich nie mehr gefügt hat, Lucie Höflich noch einmal wiederzusehen.

Kurz vor meiner Abreise aus Bad Doberan kam die erschütternde Meldung, daß Deutschland nun auch mit Rußland im Krieg war. Das Grauen weitete sich aus. Kein Ende war abzusehen...

Als ich zu den Vorbereitungen für die bevorstehende nächste Tournee einige Tage nach Berlin kam, war Hans gerade aus Polen zurück. Er befand sich in einer spürbar desolaten seelischen Verfassung. Aber trotz meiner wiederholten Fragen und Bitten wollte er nichts berichten – nur soviel, daß er Dinge gesehen und von Dingen gehört habe, so unvorstellbar und entsetzlich, daß einem das Blut in den Adern stocke. Auf gar keinen Fall wolle er mich mit diesem Grauen belasten.

Ich konnte seine Verschlossenheit nicht aufbrechen und kam mir wieder einmal als das liebe, aber dumme, kleine Ding in unserer Beziehung vor.

Welches Aufatmen, als ich Anfang Juli 1941 endlich mit den alten und einigen neuen Kollegen die große Italien-Tournee antrat. Diese Reise war wieder eines der beglückenden Erlebnisse, bei denen ich mir meine Arme weit genug wünschte, um die Welt zu umarmen.

In zwei Monaten lernten wir den italienischen Stiefel von der nördlichen Riviera bis zum südlichen Sizilien kennen, soweit das in so kurzer Zeit möglich ist. Nichts wurde pflichtgemäß absolviert, nichts war überlaufen wie heute. Man konnte ungestört und mit Muße alles Sehenswerte in sich aufnehmen und auf eigene Faust Entdeckungen machen. Manchmal war man natürlich auch damals schon am Gängelband der unvermeidlichen Fremdenführer. Aber sie leierten ihr Programm nicht so unbeteiligt herunter, wie es mittlerweile häufig vorkommt.

In Pompeji zum Beispiel hatten wir einen Führer, Pietro, der es verstand, durch seine Schilderung – wenn auch in holprigem Deutsch – diese tote Stadt wieder lebendig vor uns erstehen zu lassen. Gegen Ende der Führung fing er an, mit den Herren unserer Gesellschaft zu tuscheln. Dann wurde uns Damen grinsend bedeutet, daß wir nun ein wenig hier warten sollten, weil das, was nun gezeigt würde, reine Männersache sei. Es ging um ein damaliges Bordell. – »Na und?!« begehrte ich auf. »Ich will das auf jeden Fall auch sehen.« Pietro war absolut unnachgiebig. Als sich unsere Herren schon an den Rundgang durch das Etablissement gemacht hatten, stellte er sich, eisern entschlossen, kein weibliches Wesen durchzulassen, vor die Eingangstür – mit verschränkten Armen, breitbeinig. Das hätte er bei einer so kleinen Person wie ich es bin nicht tun sollen. Blitzschnell kroch ich – wutsch! – zwischen seinen Beinen hindurch und begann meinen ertrotzten Rundgang – leider im Dauerlauf, denn nun war er hinter mir her, um mich wieder einzufangen. Dadurch kamen nun auch meine Kolleginnen ohne Behinderung zu ihrem Bordell-Erlebnis.

Unsere Hauptaufgabe bei dieser Tournee bestand darin, in Genesungsheimen und Lazaretten verwundete Frontsoldaten zu betreuen, sie für zwei kurze Stunden abzulenken von dem, was ihnen Krieg und Verwundungen auf die Seele gelegt haben mochten. Tatsächlich hatten die Genesungsheime die Atmosphäre von Sanatorien, meist mit Parks umgeben, in denen die nicht mehr ans Bett Gebundenen sich ergingen. Daß wir auch in Lazaretten spielen würden, hatte ich allerdings verdrängt. So kam der große Schock für mich – bei Rom, wenn ich mich recht entsinne.

Wir waren erst kurz vor Vorstellungsbeginn eingetroffen und hatten gerade noch unsere Ankunftsroutine absolvieren können. Ich schaffte meinen Auftritt auf die Minute. Bobby Iller sagte mich an, Georgie Trapps Band begann das Vorspiel, und ich tänzelte wie gewöhnlich lächelnd, hinaus und begann mein Chanson: »Eine kleine Uhr in meinem Herzen...« Es ist schwer zu beschreiben, was in diesem Moment tatsächlich in meinem Herzen schlug, als ich das Publikum dieses Abends in dem großen Saal vor der Bühne sah: Das war ein Blick in die Vorhölle! Keine Sitzreihen – nur viele Krankenbetten, eines neben dem anderen, die für die Vorstellung hereingeschoben worden waren. Und in jedem lag – ein Stück

Mensch, anders kann ich es nicht bezeichnen. Allen waren ein, zwei, drei Gliedmaßen amputiert, von manchen lag nur der bandagierte Rumpf auf einem der weißen Laken. Und was an Augen auf mich gerichtet war, war so voller unendlicher Trauer und Trostlosigkeit, daß es mir den Atem abschnürte. Ich bekam nicht mehr genug Luft für mein Liedchen; und während es – immer dünner werdend – weitersang (nicht ich, sondern es), entstand ein Aufruhr in meinem Kopf. Was für eine Zumutung! Wie kann ich diesen armen Kreaturen da unten ein solches belangloses Blabla bieten?! rasselte es mir durchs Hirn. Vor Scham schoß mir das Blut in den Kopf – und Tränen in die Augen. Ich schaffte mit Müh und Not noch die zweite Zeile; dann versagte mir die Stimme. Ich lief abrupt hinter die Bühne, wo mir schon jemand aufgeregt entgegenkam: »Was ist denn los, um Gottes willen? Was ist denn los?« Es war ein Offizier, vermutlich ein Militärarzt. »Ich kann nicht«, schluchzte ich, »ich kann das nicht. Nicht vor diesen armen Kerlen!« und rannte weiter in unseren Garderobenraum. Von draußen hörte ich die Band irgend etwas zur Überbrückung improvisieren, während der Arzt hinter mir herlief und anfing, mich wütend zu beschimpfen. »Was glauben Sie, weshalb Sie hier sind?! Heulen können die Kerle alleine. Zum Lachen sollen Sie sie bringen, verdammt noch mal! Reißen Sie sich gefälligst zusammen, Sie blöde Kuh!«
Ich spielte danach mit der größten Überwindung und Anstrengung alle sonstigen Nummern des Programms, aber ich fürchtete mich von nun an vor jedem neuen Lazarett. Keines war wieder so schlimm. Oder – wer weiß – wahrscheinlich wurde man abgehärtet. Vielleicht war ich wirklich eine blöde Kuh gewesen?

Bis Ende August waren wir in Italien unterwegs. Dann ging es zurück nach Berlin, vollgepackt mit schrecklichen und herrlichen Erinnerungen. Es blieb kaum genug Zeit zum Umpacken, und schon ging es wieder los – diesmal für einen Monat nach Rumänien. Die kommenden Wochen würden anstrengend, hieß es – als ob Italien nur ein Spaziergang gewesen wäre.
Nur in Bukarest hatten wir ganz am Anfang der Tournee etwas Muße, quasi zum Eingewöhnen. Die rumänische Sprache klang meinen Ohren total fremd. Allerdings sprachen in Bukarest

viele deutsch, vor allem das Hotelpersonal, wenn auch mit einer kuriosen Aussprache. Einmal gab es dadurch ein phonetisches Mißverständnis, das noch lange für Heiterkeit in unserer Truppe sorgte:

Bobby Iller war, wie wir alle, nach den Anstrengungen der Anreise einerseits todmüde, andererseits aber so überdreht, daß er partout nicht einschlafen konnte. Schließlich rief er den Portier an und bat ihn, ihm ein Schlafmittel zu besorgen und aufs Zimmer zu schicken. Wenig später klopft es an Bobbys Tür; er, bereits im Pyjama, öffnet. Draußen steht eine schwarzlockige, wohlproportionierte Schöne und lächelt gewinnend. Bobby fragt etwas irritiert, wo das Schlafmittel sei. Strahlende Antwort: »Ich bin das Schlafmäddl bitte...«

Viel zu lachen gab es im weiteren Verlauf dieser Tournee nicht; unser Pensum ging bis an die Grenze des Machbaren, manchmal auch darüber hinaus. Oft war gar kein Raum vorhanden, und wir mußten im Freien spielen. Die Soldaten rückten dann jeder mit einem Schemel auf dem Rücken, an. Die Unterkünfte waren primitiv, unbequem, feldmäßig. Einige Male ging es auch gleich nach der Abendvorstellung und dem Abbau der Bühne weiter, weil wir am nächsten Morgen eine Matinee hatten. In solchen Fällen verbrachten wir die Nacht im Halbschlaf, irgendwo zusammengekrümmt im Bus liegend. Natürlich waren wir auf diese Weise ständig übermüdet. Aber wir befanden uns eben in Frontnähe, Rußland war nicht weit – und die armen Soldaten waren bestimmt noch viel müder.

Hier spielten wir seltener als in Italien in Genesungsheimen oder Lazaretten, sondern vor Einsatztruppen, hauptsächlich auf Fliegerhorsten – vor jungen, gesunden Soldaten, die von hier aus ihre Angriffe flogen und Lazarette, oder auch Schlimmeres, noch vor sich haben mochten.

So kamen wir auch auf den Fliegerhorst von Major Ihlefeld, der von zahlreichen Titelblättern der Illustrierten bekannt war, seit er das Ritterkreuz erhalten hatte. Er entsprach vollkommen dem Idealtyp des deutschen Mannes, der im Dritten Reich kultiviert wurde: blond mit blauen Augen, die einem aufrichtig entgegenstrahlten. Verliebt war ich nicht in Ihlefeld, wie viele Frauen damals, aber er gefiel mir. Hauptsächlich seine einfache Art, kein Aufhebens von sich zu machen, und vor allem sein Humor nahmen mich zunächst für ihn ein.

Er bereitete uns ein großes Fest nach der Vorstellung. Es gab köstliches Essen, die Sektpfropfen knallten, und es wurde recht spät. Ihlefeld erzählte eine Menge Anekdoten über die Fliegerei, die aber Gott sei Dank alle nichts mit Krieg zu tun hatten. Er schien einfach ein begeisterter Flieger zu sein und schwärmte von der »Freiheit der Lüfte«.

Das rief in mir meine eigene Faszination fürs Fliegen wieder wach. Ich wagte einen kühnen Vorstoß: »Ich möchte zu gern einmal in einer solchen Maschine sitzen. Würden Sie mich denn, wenn ich Sie sehr schön darum bitte, für einen kurzen Rundflug mitnehmen?« Das war eine unerhörte Frage! Alles war baff. Er war ziemlich konsterniert: Das sei auf gar keinen Fall erlaubt. »Außerdem, zu der frühen Tageszeit, in der ich meinen ersten Rundflug mache, träumen Sie noch fest und süß.« – »Wie früh?« bohrte ich. »Halb fünf Uhr früh.« – »Und wenn ich nicht schlafe und träume?« fragte ich herausfordernd. »Ja, dann dürfen Sie mitfliegen.« – »Abgemacht?« – »Abgemacht!« sagte Ihlefeld, schlug ein und wollte sich ausschütten vor Lachen. Es war schließlich schon 1 Uhr nachts.

Ich war pünktlich fünf Minuten vor der angegebenen Zeit am Rollfeld. Ihlefeld, schon in voller Montur, fiel, obwohl er noch gar nicht oben gewesen war, aus allen Wolken. Sein Adjutant grinste und sagte: »Wie ist das mit einem gegebenen Versprechen?« Ihlefeld zuckte die Schultern und grinste nun auch. Eine Fliegerkappe mit Brille wurde herbeigezaubert und ein Overall. Und dann durfte ich zu dem berühmten Ihlefeld in die Maschine steigen, und der Rundflug begann wirklich und wahrhaftig.

Ihlefeld flog abwechselnd sehr hoch und sehr tief; und als er einmal wieder der Erde näher kam, sah man unten auf einer Straße einen Treck mit Pferdewagen und vielen Menschen, die zu Fuß unterwegs waren. Ihlefeld hielt direkt auf sie zu. Hatte ihn plötzlich der Jagdinstinkt gepackt oder was? »Niiicht!« schrie ich. Er schaute erstaunt: »Ich tue ihnen doch nichts!« Aber das wußten die Menschen dort unten ja nicht und stoben aufgescheucht auseinander, krochen unter die Wagen, warfen sich in den Graben neben der Straße. Ihlefeld lachte sich krank und zog wieder nach oben. Plötzlich mochte ich ihn nicht mehr so gut leiden, obwohl er ihnen ja wirklich nichts getan hatte. Ihm schienen sie wie

Spielzeug gewesen zu sein. Aber mir war es, als ob ich die Panik der Menschen dort unten miterlebt hätte.

Bei der Rückkehr nach Berlin stachen einem Zerstörungen der Bombenangriffe, besonders in unserer Gegend nahe beim Flughafen Tempelhof, schon überall ins Auge – und in die Magengegend. Die Trümmerhaufen wurden mehr und mehr zum üblichen Alltag, den man mit pelzig-dumpfem Hirn, wie nach einer Betäubungsspritze, ertrug. In der Richthofenstraße waren nur die Fensterscheiben durch den Luftdruck zerborsten. Scherbenwegfegen war das wenigste und gehörte ebenfalls zum Alltag.
Das noch funktionierende Telefon klingelte: »Hätten Sie Lust, eine schöne Rolle im Theater der Jugend zu spielen?« wurde angefragt. Immer hatte ich Lust, Theater zu spielen – zumal das noch die Doppelfunktion hatte, einen – für eine Weile wenigstens – aus der Trostlosigkeit des Kriegsalltags herauszuholen. Es ging um ein Volksstück von August Hinrichs, *Wenn der Hahn kräht*, und ich sollte die Magd Lena spielen. Der Oktober war also mit Theaterspielen ausgefüllt.
Man hätte meinen können, damit sei mein Soll an Arbeit für dieses Jahr erreicht gewesen. Aber der große Brocken wartete noch auf mich: Mein dritter Film wurde mir angeboten. Es schien fast so, als sei ich extra dafür vorher erst in die Lehre geschickt worden – er hatte den Titel *Fronttheater*. Das Ganze war natürlich für jemanden wie mich, die ich gerade Fronttheater pur erlebt hatte, eine so geschönte, heroisierende Version dieses Themas, daß mir zum ersten Mal wirklich handgreiflich klar wurde, wie durch die Produkte der Traumfabrik die Wirklichkeit verbogen werden kann. Die Menschen wollten Positives sehen, hieß es.
Meine Rolle war sehr hübsch. Die Franziska in *Minna von Barnhelm* sollte ich auf dieser Filmtournee spielen, und außerdem wurde eigens ein Chanson für mich komponiert. Werner Bochmann, der auch die gesamte Filmmusik für *Fronttheater* machte, hatte es mir auf den Leib geschrieben: »Wer ist hier jung, wer hat hier Schwung...« Das blieb auch, nachdem der Film schon fast vergessen war, ein langlebiger Evergreen. Arthur Maria Rabenalt, der Regisseur, würde mir bestimmt helfen, das schwungvoll und mit guter Laune zu bringen, dachte ich mir.

Nach dem Krieg wurde *Fronttheater* als »kriegsverlängernd« angesehen. Aber mich interessierte 1941 lediglich, meinen Lebenstraum wahr zu machen, als Schauspielerin soviel wie möglich zu erreichen. Die Dinge politisch einzuschätzen, Zusammenhänge zwischen normalen, harmlosen Ursachen und schwerwiegenden politischen Wirkungen zu sehen, war etwas, was unsere Generation bis dahin nie gelernt hatte – nie lernen durfte. Damals freute ich mich, wie gesagt, nur unbändig auf die neue Filmaufgabe.

Fronttheater wurde, mit zwei Monaten Unterbrechung zur Jahreswende, von November 1941 bis Mai 1942 gedreht. Für sieben Monate war ich also erst einmal finanziell gesichert. Die Gagen durften zwar in Kriegszeiten jeweils nur um maximal zehn Prozent gesteigert werden, so daß ich – mit einem Start von 750 Mark für den ersten Film – nun, beim dritten, erst bei 907,50 Mark hielt. Aber es gab ja Diäten, und von denen konnte man bei einiger Sparsamkeit auch noch etwas zurücklegen. Verdienen war mir ohnehin nicht so wichtig. Hauptsache, ich konnte eine schöne Rolle spielen.
Vor allem lernte ich wieder viele neue, mir unbekannte Gegenden kennen, da dieser Film ausschließlich im Ausland gedreht wurde.
Als erstes waren wir im November in Holland, in den Amsterdamer Ateliers. Wir wohnten alle im Amstel-Hotel und hatten jegliche Bequemlichkeit. Auch die Mahlzeiten waren beim Film problemlos geregelt; ich weiß nicht wie, aber wir wurden immer satt.
Arthur Maria Rabenalt, einer der besten Regisseure der damaligen Zeit, lud mich bald nach Drehbeginn zum Abendessen ein, und ich fühlte mich mächtig geehrt. Er schien sehr interessiert an mir zu sein. Bald danach bot er mir das Du an, und nun hatte ich den Mut, ihn zu bitten, mit mir vorab mein Chanson zu besprechen. Er schlug mir vor, nach Drehschluß einmal zu ihm zu kommen, damit wir daran arbeiten könnten.
Seine Frau war nicht da, als ich verabredungsgemäß eines Abends bei ihm klopfte. Wir könnten so ungenierter arbeiten, und sie würde sich dabei nur langweilen, erklärte »Rabi«. Er trug einen seidenen Morgenmantel und nahm mich sofort zur Begrüßung in die Arme. Das war mir etwas zuviel Freundlichkeit, und ich wehrte leise ab. Er schenkte Sekt ein. Ich trank ein Schlückchen und wollte nun gleich an die Arbeit. Aber jetzt kamen erst einmal merkwür-

dige Erläuterungen: »Ich könnte herausholen, was in dir verborgen ist«, meinte er, »aber dazu müßte ich dich ganz kennen. Ich müßte dich bearbeiten können, berühren, formen. Du müßtest nur bereit sein, dich mir ganz zu öffnen, in jeder Beziehung«, dabei schaute er mich so an, daß der naivsten Naiven nun endlich klar sein mußte, worum es sich bei diesem Bearbeiten handeln sollte. Schließlich gab er mir zu bedenken, daß alle Schauspielerinnen, die sich ihm »geöffnet« hätten, immer wieder in großen Rollen bei ihm engagiert worden seien. Meine Karriere könne also gemacht sein. – Mittlerweile war aus meiner Verwirrung Abscheu geworden. Unnötig zu sagen, daß ich nie wieder eine Rolle, weder groß noch klein, bei Rabenalt gedreht habe.

Aber in *Fronttheater* war die Zusammenarbeit ja unumgänglich. Sie gestaltete sich für mich, und auch für einige Mitarbeiter, deprimierend qualvoll, und es bedurfte starker Nerven, sich nicht unterkriegen zu lassen. Rabenalt war – was ich nun erst erfuhr – bekannt für seine amourösen Aktivitäten; und so hatten fast alle mitgekriegt, was vermutlich mit mir gespielt werden sollte, genauso wie ihnen nun nicht verborgen blieb, daß Rabi abgeblitzt war. Das ging ihm verständlicherweise gegen die Ehre, und er reagierte seine wütende Laune im Atelier ab. Mit mir sprach er nur noch über den Regieassistenten, Rudolf Jugert. Ich weiß nicht, wie oft ich mit meinem Chanson ansetzte und wie viele Klappen geschlagen wurden. Stets unterbrach Rabenalt für alle hörbar: »Herr Jugert, bitte sagen Sie der *Künstlerin* Löbel, was sie hier vorträgt, bringt nicht im geringsten irgend etwas in Schwung.« Mit jeder Unterbrechung wurde er aggressiver und höhnischer: »Herr Jugert, bitte sagen Sie *Frau* Löbel, daß...« – »... sagen Sie der *Dame* Löbel, sie soll...« – »... sagen Sie der *Witwe* Löbel, sie wäre nicht im geringsten jung, sondern sogar für meine Großmutter zu alt...«

Er trieb es zu weit, machte sich lächerlich. Bei »Witwe Löbel« hörte man aus allen Ecken des Ateliers verhaltenes Prusten. Auch ich spürte einen leichten Lachreiz. Ein Blick hoch zur Beleuchterbrücke löste mir den letzten Knoten im Magen: Dort saßen sie in ihren blauen Overalls, schickten mir aufmunternde Blicke herunter und zeigten, wie sie die Daumen drückten. Auch die Musiker stärkten mir den Rücken. So ermutigt wurde ich plötzlich sehr trotzig und legte los. Und als das Chanson dann endlich, endlich im Kasten war, brach ein Beifall los, als habe es sich um eine Theatervorstellung gehandelt. Da bin ich dann in meine Garderobe gelaufen und habe tief geatmet, um nicht zu heulen – wegen der Wimperntusche. Rabenalt wird mir sicher helfen, hatte ich einmal gedacht...

Bei der Griechenland-Etappe von *Fronttheater* im Mai 1942 war ich auf eine ganz andere Art aufgeregt als bei der Hollandreise. Überall erwartete und suchte ich Zeichen der »Wiege unserer europäischen Kultur«. Die Akropolis-Führung, an der unser Team an einem drehfreien Tag teilnahm, war nicht, was ich mir davon versprochen hatte: im Herdentrab hinter dem Fremdenführer her, an allem vorbei. Wenige Tage später war ich also allein oben auf dem alten Burgberg und versuchte mir das längst versunkene Leben auf diesem Platz vorzustellen. Da tauchte in einiger Entfernung mit einem Fremdenführer – o Zeus! – ein Trupp deutscher Landser auf. Gehorsam hinter ihm hertrottend, wie dafür abkommandiert, kamen sie langsam näher, so daß ich ihre verschiedenen Anmerkungen zur Sache hören mußte. Da drangen sie in meine stille Nachdenklichkeit ein, laut und aggressiv: Heimatlaute – Sachsenlaute: »Schaa-schaa, die Seil'n sinn scha ganz scheen, awer ich for mein Deil hädde mich heide liewor aufs Ohr geleeschd.« Rums! Aus war's mit der Stimmung.

Unten in Athen war nichts mehr von sagenumwobener Vergangenheit, nur bitter wirkliche Gegenwart: Es herrschten, überall spürbar, Armut und Hunger. – Einmal sah ich eins der vielen Bettelkinder, ein armes, kleines Haut-und-Knochen-Bündel, mitten auf dem Gehsteig sterben. Krampfhaft zuckend lag das Kind da. Die nach oben verdrehten Augen ließen fast nur noch das Weiße sehen. Aus dem Mund rann ihm Speichel, der schon eine kleine Lache auf dem staubigen Pflaster gebildet hatte. Ich starrte gebannt auf den kleinen Jungen, an dem, wie an einem Stück Abfall, viele Füße ausweichend vorbeihasteten, und überlegte aufgewühlt, wie man ihn retten könnte – ohne auch nur die Andeutung einer Möglichkeit dafür zu haben. Doch da! Ein Priester kommt in einiger Entfernung – den schickt der Himmel – ein Priester mit langem, schwarzem Mantel, dichtem Vollbart und an einer dicken Kette das Doppelkreuz auf seiner Brust. Er verhält den Schritt, greift in seine Manteltasche, wirft ein paar Drachmen in die leere Konservenbüchse, daß es scheppert – und schreitet weiter, ohne einen Blick, ein Trostwort, das Kreuzeszeichen oder sonst ein Zeichen des Erbarmens. Das Kind ist tot.

Das war der erste tote Mensch, den ich im Krieg gesehen habe.

Mit den Dreharbeiten zu *Fronttheater* kamen wir wie üblich wieder weit im Land herum, aber für meine Neugier nie weit genug. Spätestens hier schon machte ich die Erfahrung, die sich in meinem gesamten Berufsleben immer wieder bestätigte: Man kommt zwar durch den Film an die schönsten und interessantesten Orte, kann sie aber meist nie wirklich kennenlernen, denn die Arbeit hat selbstverständlich Vorrang.

Einmal zum Beispiel war in Griechenland unser Drehort ein riesiges antikes Amphitheater, das Odeon des Herodes Attikus. Ich lief in den ansteigenden steinernen Sitzreihen des gewaltigen Halbkreises herum und sah vom obersten Ring aus unser Team unten: der alte Vergleich mit den Ameisen drängte sich auf, die da zielstrebig herumwuselten. Lessings *Minna von Barnhelm* sollte laut Drehbuch gegeben werden. Wie sollten Lessings Kammerspielfeinheiten hier weiter als bis zur dritten Sitzreihe hör- und sichtbar werden? Ich selbst kam mir auch, als Minnas Zofe Franziska, in friderizianischem Rokokokostüm, auf diesem ehrwürdigen Gestein sitzend, völlig fehl am Platze vor.

Eine logische Folge der häufigen Inanspruchnahme von Soldaten als Komparserie für unsere Dreharbeiten war, daß wir hin und wieder auch zu einer Art Gegenleistung aufgefordert wurden, also Fronttheater nicht nur im Film spielten, sondern auch in Wirklichkeit. Einmal folgten wir der Einladung auf ein großes Schiff. Wir wurden bewirtet und später zu einem Sprung ins Schwimmbad an Deck animiert. Es verlockte sehr, aber mir fehlte das Oberteil meines Badeanzugs, und ich mußte als Ersatz, ein wenig geniert, mit einem umgebundenen Kommißhandtuch vorliebnehmen. Aber wo konnte das Teil nur geblieben sein? Sollte ich es vielleicht im Hotel in meinem Koffergrammophon gelassen haben?

Dort befand es sich nämlich sehr häufig, wenn ich heimlich in meinem Zimmer amerikanische Schallplatten hörte, die ich mir in Athen für viele Drachmen von unter dem Ladentisch gekauft hatte. Da man diese »Machwerke des Kulturbolschewismus« nicht kennen, geschweige denn besitzen durfte, achtete ich natürlich sorgfältig darauf, daß kein Ton aus meinem Zimmer drang. Ich stopfte die Schallröhre meines Grammophons mit allerlei Textilien aus, schloß das so präparierte Instrument in einen Schrank ein, hockte mich, mit dem Ohr dicht an die Schranktür gepreßt, auf den Boden und lauschte verzückt.

An diesem Abend spielten wir in Piräus für unsere Gastgeber von der Marine in einem hübschen Theater ein buntes Programm. Natürlich war die »Kleine Uhr in meinem Herzen« wieder einmal fällig – und als Neuheit, erstmals vor richtigem Publikum: »Wer ist hier jung, wer hat hier Schwung…« Es gab großen Jubel bei den Soldaten und am Schluß Blumen für die Damen. Mir wurde ein Rosenstrauß überreicht, an dem ein in Seidenpapier gewickeltes Päckchen hing. Es duftete penetrant nach irgendeinem widerlichen, billigen Parfum. Auf einer beigefügten Karte stand: »Mit großem Dank der kleinen Dame ohne Oberleib!« Das Rätsel löste sich, als der Rosenkavalier kurzerhand das baumelnde Päckchen für mich öffnete und mit großer Geste dem Soldatenpublikum dessen Inhalt darbot: mein verloren geglaubtes Badeanzug-Oberteil. Keine der Nummern unseres bunten Programms hat ein solches Beifallsgetöse hervorgerufen wie diese Präsentation.

Nach dem Schlußapplaus erfuhr ich die kuriosen Zusammenhänge: Das Kleidungsstück war, auf mir unerklärliche Weise, in irgendein Getriebe im Maschinenraum des Schiffes geraten, und es war nicht zu vermeiden gewesen, daß sich mein gutes Stück mit Maschinenöl vollgesaugt hatte. Trotz intensiver Waschversuche hatte man die schwarze Schmiere nicht herausgebracht und noch weniger den ranzigen Geruch. Also war eine halbe Flasche Parfum auf das geschundene Stück gekippt worden, was ebenfalls nicht mehr rückgängig zu machen war. Kurz, mein schöner Badeanzug war nicht mehr zu verwenden – nicht einmal mehr als Tondämpfer für mein Grammophon.

Durchbruch

Hans nahm mich nach der Rückkehr sofort wieder unter seine Fittiche, unter denen ich aber mehr und mehr hervorkroch. Ich sträubte mich nun ganz entschieden gegen seine Bevormundung und hatte inzwischen festgestellt, daß man mich auch ganz allein schätzte und gern in meiner Gesellschaft war. Was ich zu dieser Zeit brauchte, war nicht so sehr ein »gestandener Mann«, sondern einer, der mich weniger sachlich liebte als er – ein Mann, den ich mit der Zärtlichkeit lieben konnte, nach dem ich mich sehnte. Es war das erste Mal in meinem Leben, daß mir klar wurde, daß auch meine als dauerhaft beschworenen Gefühle einem Wandel unterworfen sein konnten. Diese Erkenntnis machte mich fast traurig. Andererseits war ich nicht gewillt, den Wandlungsprozeß aufzuhalten.

Der Beruf als großer Tröster versagte nicht: Das nächste Angebot kam so schnell, wie ich es nie erwartet hätte. Ich wurde gebeten, mich in Babelsberg dem Regisseur Boleslaw Barlog vorzustellen. Er brauche für einen Film, den er vorbereitete, noch einige Bauernmägde. Wie Bauernmägde waren, das wußte ich ja von Kindesbeinen an aus meinen Bieserner Tagen. Ich kann ihm ja etwas vormelken, dachte ich im Scherz.

»Meechen, kannste lachen?« war eine der ersten Fragen, die Barlog mir stellte. Ich hatte, brav auf einem Bänkchen im Flur sitzend, auf sein Erscheinen gewartet. Er kam den Gang entlang, direkt auf mich zu, unverkennbar mit seiner Roßhaarmatratze als Frisur, wie der Struwwelpeter. Ich stand auf und ging ihm zwei, drei Schritte entgegen. Da blieb er abrupt stehen, musterte mich, und dann huschte ein Strahlen über sein Gesicht. Breitbeinig, mit eingeknickten Knien stand er da, stützte beide Hände auf die Oberschenkel, rief: »Det isse ja!« und dann, die Arme ausbreitend: »Komma her zu mir!« Ich lief ihm entgegen, und als er fragte: »Meechen, kannste lachen?« da lachte ich aus vollem Hals über diesen skurrilen, fröhlichen, berlinschen Krüllekopp. Er faßte mich um die Taille wie zum Tanz und wirbelte mich einmal um seine eigene Achse, was mein Lachen noch ins Juchzen steigerte. Dann setzte er mich ab und war plötzlich forschend ernst: »Kannste det ooch auf Befehl?« fragte er. »Ich denk schon«, sagte ich ohne Zögern. »Mach mal!« Und dann lachte ich. Barlogs Gesicht wurde ganz verklärt, als er nun feststellte: »Det isse wirklich!«

Ein paar Herren, die mit ihm waren, nickten nachdenklich, und ich spürte plötzlich, daß sich hier etwas ganz Großes für mich tat. Die Aufregung darüber saß mir nun in der Kehle, als ich ins Büro der

Produktion geführt wurde. Wie sich herausstellte, schien es sich um eine Hauptrolle zu handeln. Ein Film sollte es sein, der in Flandern spielt, im bäuerlichen Milieu, mit dem großen Paul Wegener in der zentralen männlichen Rolle, der herrlich-herben Maria Koppenhöfer als seiner Frau und dem strahlenden Paul Klinger als Sohn. Eine verbotene Liebesgeschichte mit einer jungen Stallmagd und der Machtkampf zwischen Vater und Sohn sollten das dramatische Element der Geschichte sein, die der flämische Dichter Stijn Streuvels in seinem Roman *Der Flachsacker* beschrieben hatte.

»Sie müßte natürlich eine großgewachsene, blonde Blauäugige sein«, gab jemand zu bedenken. Nichts davon war ich. »Ja, aber se muß glockenhell lachen können«, erwiderte Barlog, »det is mir das Wichtigste!« Das ging alles über meinen Kopf weg, ohne mich wesentlich zu beachten. Währenddessen war ich am Beten: »Lieber Gott, laß sie mir die Rolle geben!« Meine Hände waren naß, meine verhaßten roten Flecken brannten mir spürbar auf den Wangen. Wenn ich jetzt hätte lachen sollen, ich weiß nicht, ob ich's gekonnt hätte. – Es wurde beschlossen, den Konsens des Propagandaministeriums einzuholen. Und das »Promi« gab grünes Licht, schneller als erwartet, denn die Dreharbeiten standen nahe bevor. Im Juli sollten die Außenaufnahmen am Originalschauplatz des Romans, in Flandern, beginnen. Ich schwebte im siebenten Himmel und verschlang das dicke Drehbuch mit der schönsten Rolle, die ich bisher in einem Film gespielt hatte. Beim Lesen mußte ich oft an eine meiner Urgroßmütter denken, die Mutter meines unehelichen Großvaters Karl Löbel, die eine Liebelei mit dem Sohn des Bauern hatte, bei dem sie in Diensten war, ganz ähnlich wie die der kleinen Stallmagd Schellebelle mit dem Bauernsohn Ludwig. Nicht wie der Roman, sondern *Wenn die Sonne wieder scheint* sollte der Film heißen. Das letzte Wort hatte der Verleih, der meinte, die Leute würden lieber in einen Film mit Sonne strömen.

Für die Innenaufnahmen waren zunächst auf dem Babelsberger Filmgelände die Kopien von Stuben und Stallungen eines flämischen Bauernhauses aufgebaut worden. Vor dem Original sollte dann auch später in Flandern gedreht werden. Schellebelle war die Jungmagd für das Klein- und Jungvieh. Als erstes hatte ich mit einem schwarzweiß gefleckten Stierkälbchen zu tun, das ich Max nannte und das mein ausgesprochener Liebling wurde. Er war hungrig und wurde auch absichtlich so gehalten, damit er dann bei der Aufnahme willig saufen würde. In der Drehpause setzte ich mich dann heimlich zu einer der vielen Kühe, die im Stall standen, und melkte sie für Max, der mir denn auch den Gefallen tat, sehr schnell zu lernen, wie man aus dem Eimer säuft. Bei der Aufnahme hatte er dann Gott sei Dank trotzdem noch genügend Appetit. Wenn ich früh in den Stall kam, hörte er schon von weitem das Klappern meiner Holzpantinen und muhte mir entgegen. Aber eines Morgens blieb es still: Der Metzger habe meinen kleinen Maxe abgeholt, hieß es. Ich durfte nicht an Kalbsschnitzel denken.

Mit dem großen Paul Wegener hatte ich in Berlin noch wenig zu tun, nur in einer Szene, in der er mich an der Hand zum Krankenlager seines Sohnes führen mußte. Die Darstellung seiner Erschütterung übertrug sich so stark auf mich, daß auch mein Spiel wunderbar dadurch beeinflußt wurde. Die Wechselwirkung zwischen Schauspielpartnern ist etwas aufregend Geheimnisvolles – mit einem guten Partner kann man selbst nur besser werden.

Mit Paul Klinger hatte ich schon von Anfang an viele Szenen zu spielen. Paul machte es mir leicht. Er gab mir diskret Hinweise, wenn etwas zu beachten war, was ein relativer Neuling im Film wie ich nicht so ohne weiteres wissen konnte. Er sprach unseren Dialog mit mir durch, nachdem Barlog ihn inszeniert hatte, wodurch er die notwendige Flüssigkeit und Natürlichkeit bekam.

Paul strahlte einen unglaublichen Charme aus. In seinen samtbraunen Augen lagen Schalk und Zärtlichkeit dicht beieinander. Seine warme Stimme hatte etwas zugleich Zupackendes und Streichelndes. Bevor ich es noch wußte, war ich rettungslos in ihn verliebt. In Kortrijk dann wohnten wir während der Außenaufnahmen für rund zwei Monate in einem Hotel. Ich machte mit Paul, den ich inzwischen, wie die anderen »Päule« nannte, viele Spaziergänge. Und eines Tages war es geschehen. Durch ihn habe ich zum ersten Mal erfahren, daß die Liebe auch etwas anderes bedeuten kann als Angst haben. Paul wurde die erste große Liebe für mich. Und auch er hing fest. Unsere Liebesgeschichte wurde eine bittersüße: Beide waren wir nicht frei. Mich von Hans zu trennen, wäre durchaus denkbar für mich gewesen. Aber Pauls Situation war schwieriger.

181

Seine Frau, die etwas älter als er war, spielte schon große Rollen, als er noch am Beginn seiner Laufbahn gestanden hatte. Ihrer anfänglichen Protektion verdankte er viel. Zudem sei sie schwer herzkrank, und selbst kleine Aufregungen seien Gift für sie. Und für mich stand schon damals ohnehin unumstößlich fest: Nie würde ich mich in eine bestehende Beziehung drängen, Ansprüche anmelden, Bedingungen stellen. Nie! – All die Wochen in Flandern hindurch pendelte ich zwischen himmelhoch jauchzend und zu Tode betrübt und hatte immer das baldige Ende unserer Beziehung vor Augen. Das war wie Öl ins Feuer.

Anfangs war mir vor den Liebesszenen mit Paul bange, weil ich fürchtete, mich zu verraten. Aber ich merkte, daß ich doch mittlerweile anscheinend ein Profi geworden war, der gelernt hatte, das Private vom Beruflichen zu trennen, und daß unverarbeitete persönliche Gefühle fürs Theaterspielen nicht verwendbar sind. Außerdem wußten es ohnehin schon alle, wie ich sehr viel später einmal von Boleslaw Barlog erfuhr. Sie wußten es wahrscheinlich schon, bevor wir es wußten.

Es war ein sonniger Sommer in Flandern. Trotz Krieg war von Feindseligkeit Deutschen gegenüber nichts zu spüren. Im Gegenteil, wir hatten sehr schnell guten und herzlichen Kontakt mit Stijn Streuvels und den Flamen, die in unserem Film als Statisten mitspielten. Es waren originelle, rustikale Typen – wie gerade einem Brueghelschen Gemälde entstiegen –, die herrlich zum echten Kolorit des Films beitrugen.

Die deutsche Besetzung war auch in den kleinsten Rollen erstklassig. Man konnte unsere Darsteller nicht unterscheiden von der echten, bäuerlichen. Mir wird ein wenig melancholisch zumute, wenn ich an diese ganze Garde unvergeßlicher Schauspieler denke, von denen die heutigen jüngeren Generationen sicher nicht einmal mehr die Namen kennen werden. Da war die düster skurrile, alte Jeanette Bethge, der schlaksige, wie ein deutscher Pinocchio anmutende Fritz Hoopts, der immer vergnügt übersprudelnde Ernst Waldow und Max Gülstorff mit seinem jovialen, hintergründig schlauen Humor. Nur drei sind noch übrig von damals: Boleslaw Barlog, mittlerweile hoch in den Achtzigern – Sigrid Becker, die jetzt in Kalifornien lebt – ja und ich, jetzt Mitte Siebzig...

Damals aber waren wir jung und genossen unser Leben, trotz Krieg. Wir ahnten kaum etwas davon, wie das Grauen simultan zu unseren unbeschwerten Tagen wuchs und wuchs. Wahrscheinlich wollten wir es auch nicht wissen. Unser Verdrängungsmechanismus perfektionierte sich in dem Maße, in dem einem immer öfter Dinge zu Ohren kamen – zu fürchterlich, als daß man sie hätte glauben können. Man wußte nichts Konkretes, hielt das meiste für unglaubwürdig aufgebauschte Gerüchte und griff jede Abwieglung und Beschwichtigung fast dankbar auf. Das half zu verdrängen, wogegen anzugehen man sich bei allem Zorn und Schamgefühl zu ohnmächtig fühlte.

Einer war da, der dieses Ohnmachtsgefühl nie recht hinunterschlucken konnte: Paul Wegener. Wie oft haben wir abends beim Essen zusammengesessen, Paul Wegener, seine blonde Frau mit dem madonnenhaften Mittelscheitel – Elisabeth die fünfte und letzte, wie er sie immer vorstellte –, Päule und ich. Wegener war voller interessanter, humorvoller Geschichten. Doch abrupt, mitten aus dieser Gemütlichkeit heraus, konnte er gefährlich explodieren, wenn die Rede in irgendeinem Zusammenhang auf die Nazis kam. Ringsum im Speisesaal saßen viele uns unbekannte Menschen, auch Offiziere vom nahen Fliegerhorst, und man wußte nie, ob der eine oder andere Meldung erstatten würde. »Das ist mir piepegal, wer die Schande mithört – dann kann sich gleich noch jemand mitschämen«, erwiderte Wegener lautstark, wenn Elisabeth ihn ängstlich beruhigen wollte. Wir fürchteten, wir würden eines Tages ohne Hauptdarsteller dastehen, saßen betroffen neben ihm und schämten uns, weil wir nicht ebenso offen haderten wie er. Aber letzten Endes verebbten auch seine Entladungen in Ohnmacht.

Ich weiß nicht, was eigentlich meine schwere Magen- und Darmerkrankung in diesen Tagen verursacht hatte. Aber da mir von jeher – auch heute noch – alles Beklemmende auf den Magen schlägt, wird es wohl eine Kombination von vielem gewesen sein. Außer dem Krieg mit all seinen Begleiterscheinungen war es wahrscheinlich mein absehbar zeitlich begrenztes Verhältnis mit Päule. Mehrere Tage konnte ich nicht drehen und war schließlich so geschwächt, daß die Produktion darauf bestand, mich in ein Krankenhaus zu bringen. Da nichts Geeigneteres gefunden werden konnte, landete ich schließlich in der Krankenbaracke des zirka 50 Kilometer entfernten deutschen Fliegerhorstes. Die Versorgung und Betreuung dort war soldatisch streng und sachlich. Außer einem Einzelzimmer erwartete ich ja auch keine spezielle Zuwendung. Aber daß ich in jeder auch noch so intimen Situation, die die Krankheit mit sich brachte, nur Soldaten um mich hatte, war mir peinlich. Noch vor Ende des ersten Tages verlangte ich, so energisch es mir mein Zustand ermöglichte, ins Hotel nach Kortrijk zurückgebracht zu werden. Der Militärarzt, der nach mir schaute, wollte davon überhaupt nichts hören. Aber ich schimpfte und zeterte so lange, daß man schließlich genug von mir lästigem Frauenzimmer hatte und mir meinen Willen ließ. Am Morgen des dritten Tages wurde ich tatsächlich zurückgefahren – »auf Ihre Verantwortung!«. Als ich endlich wieder in meinem Hotelbett lag, bekam ich Tee, Haferschleim und Zwieback, nahm die mir mitgegebene Medizin ein und fing an, mich gesundzuschlafen.

Als mich am Abend nach den Dreharbeiten die Heimkehrenden besuchten, berichteten sie mir etwas Atembeklemmendes: Kurz nach Mittag, am hellichten Tage, hatte es einen Luftangriff auf diesen Fliegerhorst gegeben, von dem ich erst in der Frühe weggefahren worden war. Auch die Sanitätsbaracke war zerstört, und alle Kranken und die Diensttuenden waren ums Leben gekommen.

Mein ohnehin lädierter Magen drehte sich um. Dann lag ich lange wie gelähmt. Tränen lösten besser als Medizin den Krampf. Tränen taten das noch oft in diesen Zeiten...

Der Zug fuhr langsamer. Bis zum Einlaufen im Bahnhof Zoo war es nicht mehr weit. Nun war die Fahrt zu Ende. Dieser Sommer war zu Ende.

Der Lärm des Bahnsteigs klang mir wie von weit her. Eine elegante blonde Frau stand unter den Wartenden, mit verhaltenem Willkommenslächeln. Ich sah, wie Päule auf sie zuging und sie küßte. Ich hatte ihn zurückgegeben.

»Abschalten, Fräulein Löbel!« ermahnte ich mich. Mit einem tauben Gefühl verrichtete ich mechanisch alle äußeren Notwendigkeiten. Alles, auch die Realität der Tempelhofer Atelierwohnung, kam mir leblos vor, wie eine Fiktion, die mich nichts anging.

Mir war klar, daß ich nicht einfach da weiterleben konnte, wo ich vor zwei Monaten aufgehört hatte. Ich suchte und fand, als Ausweichmöglichkeit, ein Untermietezimmer bei einer Frau Schmidt, nur ein paar Häuser weiter in der Richthofenstraße.

Als *Wenn die Sonne wieder scheint* herauskam, war ich mit einemmal in aller Munde. Es gab Titelbilder auf den Illustrierten und viele neue Angebote. Die Schellebelle war mein Durchbruch.

Auch mit mir selbst war etwas geschehen. Ich durchlebte einen Schub, der mich ein weiteres Stück aus der Kindheit herausbeförderte. Meine aussichtslose Liebe war, bei allem Kummer, unschätzbar wichtig für mich; denn sie war die erste Hilfestellung, um loszukommen von meiner bisherigen Bindung.

Die löste sich nicht von heute auf morgen. Aber ein erster Schritt war mit meinem Untermietezimmer getan. Ich pendelte nun zwischen diesem und der Atelierwohnung hin und her. Hans war einverstanden, da ich ihm mein Tagebuch von Kortrijk zu lesen gegeben hatte. Wir brauchten beide etwas Abstand, ich immer öfter.

Irgendwann in dieser Zeit erhielt ich einen Einberufungsbefehl, der mich viel mehr erschreckte, als seinerzeit meine Einberufung zum Arbeitsdienst: Ich sollte als FLAK-Helferin eingesetzt werden. Einige Tage lief ich wie abwesend umher und sah schon im Geiste an mich adressierte Post zurückgehen mit dem schrecklichen Stempel »Gefallen für Großdeutschland« versehen. Schließlich wurde ich zu meiner großen Überraschung und Erleichterung ganz ohne mein Zutun für die Filmarbeit freigestellt, »reklamiert« nannte man das. Vorläufig drehte ich also erst einmal weiter einen Film nach dem anderen. Bei Kriegsende waren es insgesamt neun geworden.

Liebesbriefe hieß einer von ihnen, mit Hermann Thimig, Käthe Haack und dem baumlangen Hans Brausewetter, dem gegenüber ich wie ein Zwergpinscher neben einem Bernhardiner wirkte.

Für *Meine vier Jungens* drehten wir die Außenaufnahmen in Zoppot, meiner ehemaligen Arbeitsdienst-Gegend. Hermann Speelmans, mein alter Tourneekumpel, war dabei, und Käthe Haack spielte die Hauptrolle. Als sie mir das Du anbot – »Wir sind doch Kolleginnen« –, war ich sehr stolz. Sie mochte mich fast so gern wie ihre eigene Tochter Hannelore Schroth, die ich immer sehr beneidete, weil sie aus einer Schauspielerfamilie stammte.

John Pauls-Harding, ein für damalige Verhältnisse faszinierend amerikanischer Typ – lässig, witzig, elegant – war mein Partner.

Von den Filmen, die ich noch bis Kriegsende drehte, ist einer besonders erwähnenswert.

Im Frühjahr 1943 wurde ich gebeten, mich Heinz Rühmann vorzustellen, der gerade junge Leute für seinen neuen Fliegerfilm suchte, die Fortsetzung seines Riesenerfolges *Quax, der Bruchpilot*. Im Produktionsbüro wartend sah ich mir die vielen Rollenbilder von Rühmann an den Wänden an. In schmunzelnder Betrachtung stand ich da, als sich die Tür öffnete und nun Heinz Rühmann in persona eintrat, klein, drahtig und mit diesem Gesicht, das einem selbst im ernsten Zustand das Zwerchfell reizte. Ich hatte ja gewußt, daß er erscheinen würde, aber nun stand er so plötzlich vor mir, daß ich mit unkontrolliertem, spontanem Lachen herausplatzte. Er hatte das offensichtlich gar nicht so gern und schaute mich sehr streng an, was mir zwar noch komischer vorkam, mich aber dennoch sofort zur Räson brachte.

Also: Im neuen Film sollte er inzwischen vom Flugschüler zum Fluglehrer avanciert sein und benötigte nun eine ganze Anzahl Schüler – und auch einige Schülerinnen. Eine würde seine Frau Hertha Feiler spielen, sagte er. Und deren Freundin? Hätte ich Lust dazu?

Ich war hingerissen, mit dem berühmten Heinz Rühmann spielen zu dürfen, und noch dazu in einer solchen Rolle. Meine alte Begeisterung fürs Fliegen war neu entfacht.

Den größten Teil der Außenaufnahmen drehten wir in Durach bei Kempten im Allgäu. Dort gab es mitten zwischen Wiesen und Feldern einen kleinen Sport-Flugplatz. Wohl ein Dutzend Fieseler Störche – kleine, offene, zweisitzige Sportmaschinen standen da ordentlich in Reih und Glied. Mein Herz schlug Purzelbaum vor Freude über diesen neuen Arbeitsplatz.

Wir drehten lange, lange an diesem Film. Nicht, daß etwas nicht geklappt hätte. Die Verzögerung war gewollt und hatte System: Viele der engagierten »Flugschüler« waren so um die 18 bis 20 Jahre alt und hatten alle schon ihren Einberufungsbefehl erhalten. Nur für die Zeit dieser Filmproduktion waren sie freigestellt, danach würden sie an die Front müssen.

Es war ein Bilderbuchsommer. Normalerweise hätte die Arbeit schnell vorangehen müssen. Aber Ewald Daub stand neben seiner Kamera, schaute durch ein getöntes Glas den Himmel ab und war sehr besorgt: »Nirgends ein Wölkchen zu sehen. Tut mir leid, aber so drehe ich nicht. Das gibt ja kein künstlerisches Bild. Ich brauche Wolken.« Wir erkannten schnell den Sinn dieser Kunstbeflissenheit, und alle Verantwortlichen zeigten emphatisch Verständnis für die Nichtverwendbarkeit von wolkenlos blauem Himmel. Der wahre Grund wurde nie ausgesprochen. Aber ein großes Zwinkern des Einverständnisses gab es unter allen. Nur eine war für ein paar Tage dabei, vor der man sich in acht nehmen mußte, Ali Ghito; »Aligator« nannten wir sie heimlich. Merkwürdigerweise fand Ewald Daub während ihrer wenigen Drehtage immer Kameraeinstellungen, in denen er Wolkenlosigkeit vertreten konnte. Und so waren wir schnell wieder unter uns.

Einmal gingen wir an einem aus solchem Grund drehfreien Tag in einer großen Clique ins Kino. Vor kurzem war hier *Wenn die Sonne wieder scheint* gelaufen, und meine jungen Kollegen meinten, ich solle meine Beliebtheit in diesem Film ausnutzen und, an der langen Menschenschlange vor der Kasse vorbei, die Kassiererin dazu bewegen, uns bevorzugt zu behandeln. Ich genierte mich zwar, ließ mich dann aber doch überreden und schlich mit zu Boden gesenkten Blicken nach vorn. Die Kassiererin fuhr mich an: »Was ist denn los hier?« Mit hochrotem Kopf stammelte ich: »Entschuldigen Sie, ich bin nämlich Bruni Löbel.« – »Na und?!« kam es ärgerlich zurück, und sie fügte mit Nachdruck hinzu: »Hinten anstellen!« Aus. Mir war nicht mehr nach Kinobesuch zumute. Wenig später haben wir über diesen Zwischenfall gelacht; vergessen konnte ich ihn nie!

Der Himmel blieb wolkenlos blau. Wir schwammen oft, quietschend und lachend wie die Kinder. Auch Rühmann wagte sich einmal zu dem kleinen See, der mitten in den Wiesen gelegen war. Aber mit Spaß im Wasser und Ausruhen im Gras wurde es nichts bei ihm. Obwohl wir alle dichtgehalten hatten, hatte es sich in der Umgebung wie ein Lauffeuer herumgesprochen, daß der Leinwandheld da und da lebendig zu besichtigen sei, wenn man sich beeilte. Im Laufschritt kamen sie von allen Himmelsrichtungen über die Wiesen gerannt. Heinz konnte bald keine zwei Schwimmstöße

mehr machen, ohne dabei an einen fremden Menschen anzu-
stoßen, der ihn augenzwinkernd angrinste. Verehrung ist für einen
Schauspieler sicher etwas Wohltuendes. Wenn sie aber in Rück-
sichtslosigkeit ausartet, sollte sich keiner wundern, wenn der Be-
drängte mit Abweisung reagiert. Heinz Rühmann ist bei aller Liebe zum Publikum sein Leben lang gegen fast jedermann sehr
zurückhaltend geblieben. Auch wir beide, die wir in der Zukunft
noch viel miteinander arbeiten sollten, haben es nur zum Vorna-
men mit Sie gebracht, obwohl eine sehr herzliche Zuneigung bestand.

Trotz wolkenlosen Himmels kam mittlerweile natürlich ab und zu
etwas in den Kasten; man durfte ja nicht übertreiben. Aber viel Zeit
ging auch drauf mit dem »Trainieren der Flugschüler«. Wir waren
angehalten, fleißig mit den Fieseler Störchen auf dem Rollfeld zu
üben: Kurven mit der Maschine fahren, auf einem bestimmten
Platz parken. Auf der Startbahn geradeaus beschleunigen, so daß
man nach der Arbeit am Schneidetisch den Eindruck bekommen
konnte, der Betreffende fliege jetzt tatsächlich gleich selbst los. –
Das war für mich das Schönste. Ich übte, wann immer es ging und
mit einem solchen Feuereifer, daß ich die kleine Maschine bald
recht gut handhaben lernte. Am Boden!

Immer öfter flitzte ich auf dem Flugfeld herum und wurde offenbar
immer waghalsiger, ohne mir dessen bewußt zu sein. Jedenfalls
rügte Rühmann eines Tages: »Brunichen, wenn Sie weiter so rasen,
sind Sie eines Tages oben. Runter kommen Sie dann von ganz
alleine wieder...« – »Ich würde schon sehr gern mal mit Ihnen
mitfliegen«, wagte ich bei dieser Gelegenheit vorsichtig zu äußern.
– Rühmann war ja ein ausgezeichneter Kunstflieger. Während der
Dreharbeiten nahm er einmal ein am Boden liegendes Taschentuch
mit einer Hakennadel auf, die am Ende einer der Tragflächen des
Flugzeuges angebracht war, ein kaum glaubliches Kunststück.
Viele der »Flugschüler« hatten ihn schon gebettelt, sie doch einmal
mitzunehmen. Die meisten kamen kreidebleich wieder herunter,
denn sie waren vom Meister oben ordentlich durchgebeutelt wor-
den. Wahrscheinlich wollte er sich mit diesen Lektionen allzu viele
Fluganträge vom Halse halten.

»Jetzt kommt die Bruni in die Mangel«, unkten daher meine lieben
Kollegen, als Rühmann mich tatsächlich zu einem Rundflug mit-

nahm. Aber mir konnten sie nicht bange machen! Ich war ganz aus dem Häuschen vor Freude und plapperte all meine Theoriekenntnisse an Heinz hin, während wir über das Feld zu einer speziellen Maschine gingen – ich stolz in meinem zünftigen weißen Overall, der weißen, anliegenden Fliegerkappe und der dunklen Windbrille auf der Stirn.

Es war eine Lehrmaschine, zwei Einzelsitze hintereinander, mit synchronisiertem, doppeltem Steuermechanismus. Heinz saß im rückwärtigen Sitz, ich vorne. Und nun konnte ich bei meinen Seitenrudern und mit meinem Steuerknüppel mitfühlen, wie Rühmann flog. Ich werde diesen Flug nie vergessen. Nach einem kurzen Rundflug über die nahen Berge stieg er sehr hoch, so hoch wie ich noch nie gewesen war, auch mit Ihlefeld nicht. Verständigen konnte man sich nur durch Zeichen. Und plötzlich sehe ich, wie Rühmann die Hände über seinem Kopf verschränkt und mir bedeutet, ich solle jetzt das Steuer übernehmen.

Der Stolz – der Stolz! Also, dachte ich: Wohin fliege ich denn jetzt mal? Man müßte etwas tiefer gehen, von dieser enormen Höhe aus kann man nicht viele Einzelheiten unten erkennen. Also, den Knüppel drücken, wie gelernt. Gedacht – getan. Im Sturzflug ging's der Erde entgegen. Was mache ich? Den Knüppel an den Bauch, dann steigt die Maschine, wie ebenfalls gelernt. Fast senkrecht, wie eine Rakete, stiegen wir himmelwärts... Keine noch so intensiv gelernte Theorie hatte mir vermitteln können, daß der Knüppel auf die minimalsten Bewegungen reagierte.

Die Maschine war im Handumdrehen vom Meister wieder stabilisiert. Als ich mich zu ihm umdrehte, lachte und lachte und lachte er... und ich erleichtert mit. Noch ein paar sanfte Kurven fühlte ich mit bei meiner Zweitsteuerung. Aha, so geht das! Dann landete Rühmann sanft wie auf Butter.

Alle kamen jubelnd vor Vergnügen angerannt und umringten das Flugzeug. Sie waren ganz erstaunt und fast enttäuscht, daß ich weder weiß aussah noch Übelkeit verspürte – im Gegenteil: in Hochstimmung war. Heinz sagte, das sei immer so, wenn man den Blödsinn selbst mache und nicht nur als Beifahrer herumgeschleudert werde. Und: »Übrigens gestartet sind Sie, Bruni – ich hab nur mitgefühlt. Ich hab's ja gesagt: Eines Tages sind Sie oben!«

Die Außenaufnahmen hatten sich, wie gesagt, ungewöhnlich lange hingezogen. Aber bei Herbstanbruch war in Durach an Weiterdrehen – ob mit oder ohne Wolken – nicht zu denken. Die Afrika-Einstellungen mußten ohnehin bei Berlin nachgeholt werden. Die Einberufungen waren nicht mehr aufzuhalten. Als wir vom ersten Gefallenen unserer »Flugschüler«-Clique hörten, war mir, als hätte ich einen kleinen Bruder verloren.

Nun war ich wieder zurück in Berlin, aber damit nicht zurück bei Hans. Er pendelte oft zwischen Prag und Berlin hin und her. Aber auch innerlich entfernte ich mich immer mehr von ihm, und mein Innenleben befand sich seit dem Sommer mit Päule in ziemlicher Unordnung. Meine Gefühle für ihn hatte ich wegen ihrer absoluten Aussichtslosigkeit in die untersten Kammern meines Bewußtseins verbannt. Hans gegenüber hatte ich dabei nicht das geringste schlechte Gewissen; das alles war ausschließlich meine Angelegenheit. Dennoch unternahm ich nichts gegen den Status quo. Warum sollte ich ihm oder mir eine zusätzliche Härte antun? Ich sah für eine Trennung keinen akuten Grund, bis ... Ja, bis eines Tages seine Nichte L. zu mir kam, die in der Atelierwohnung lebte und mich durch eine große, verzweifelte Beichte erschreckte: Sie habe sich trotz allen Sträubens nicht wehren können – und so weiter. Jetzt mußte etwas geschehen.
Die Tatsache, daß Hans zu Filmarbeiten noch für einige Wochen in Prag war, erleichterte den Auszug. Ich bekam von Elisabeth Flickenschildt ihre leerstehende Wohnung in der Nähe des Olivaer Platzes angeboten. Sie hatte sich schon damals mit bösen Vorahnungen von Berlin abgesetzt. Nur das Allernotwendigste wurde mitgenommen: Topf, Teller, Pfanne, Besteck – Kopfkissen und Bettzeug, etwas Bett- und Küchenwäsche, Liege, Stuhl, Tischchen. Aus.

Wie geplant drehten wir – lange nach Abschluß der Dreharbeiten in Durach 1943 – nun endlich in der Heide vor Berlin die letzten Aufnahmen für den *Quax*-Film: die Afrikaszenen im märkischen Sand, in den künstliche Palmen und Kakteen gesteckt worden waren! Mit Hertha Feiler und mir als Flugschülerinnen wurde eine Bruchlandung in der Wüste gedreht, durch die ein Negerstamm in der Nähe aufgescheucht werden sollte. Sämtliche Schwarze, die in

Deutschland ausfindig gemacht werden konnten, waren als Einge-
borene engagiert worden.

Die Heide blühte in unserer »afrikanischen Wüste«, und ich
pflückte ein Sträußchen für Hans an dem Tag, an dem er – nichts-
ahnend – wieder einmal aus Prag zurückkam. Mein Harmoniebe-
dürfnis forderte, daß wir im Guten auseinandergingen. Ich wollte
mit ihm reden. Meine Wohnungsschlüssel und einen erklärenden
Brief hatte er schon gefunden. Und da stand nun dieser Mannskerl
vor mir, und die Tränen liefen ihm über die Wangen. Das war, trotz
allem, schwer zu verkraften.

Und ich kehrte zurück in die Atelierwohnung – ein Canossagang
zwar; aber vielleicht war mein Schutzengel wieder einmal in Aktion: Mein so mühsam eingerichtetes Zimmer beim Olivaer Platz
wurde bei einem der nächsten Angriffe zu Schutt und Asche. Da
war nichts mehr zu retten oder zu reparieren geblieben – wie in
meiner Beziehung zu Hans. Der Bruch klaffte, und Hans hoffte
vergebens auf Wiederherstellung der alten Verhältnisse. Wir lebten mehr oder weniger aneinander vorbei, auch wenn er das nicht
wahrhaben wollte, und Hans war nun noch öfter in Prag.

Bombennächte

In Berlin war ich weiterhin voll beschäftigt. Es gab oft nachts zwei-
, sogar dreimal Alarm. Jedesmal die vielen Etagen hinunter, wieder
hinauf, hinunter, hinauf... Früh auf – anstrengender Drehtag –
Hunger. Man hatte aufgeatmet, wenn man wenigstens in seinen
vier noch stehenden Wänden zur Ruhe kam. Das wurde nun immer unsicherer. Bei mir stellte sich eine fatalistische Wurschtigkeit
ein. Ich weigerte mich strikt, weiterhin in den Luftschutzkeller zu
gehen, sogar mich anzuziehen. Ich blieb einfach im Bett liegen und
ließ den brummenden, pfeifenden, blitzenden, krachenden Spuk
über mich hinwegtoben. Die drohende Gefahr – noch dazu in unmittelbarer Flughafennähe und so direkt unterm Dach – war mir
zwar bewußt, aber total gleichgültig geworden. Morgen mußte ich
wieder früh raus und drehen. Und das schien mir wichtiger. Ich
muß wohl eine ganze Garde Schutzengel gehabt haben.

Das ärgste, was einmal passierte, war, daß das Dach neben der Atelierwohnung zu brennen begann. Da alle Wohnungstüren in den obersten Stockwerken für den Fall der Fälle offen sein mußten, konnte der Luftschutzwart mühelos in mein Schlafzimmer eindringen. Er weckte mich wütend: »Raus! Wir müssen eine Wasserkette machen!«

Im Nu war ich hellwach und wie der Blitz in meinen Kleidern, zu denen auch meine hochhackigen Schuhe gehörten. Mit denen erreichte ich über eine Leiter und eine Dachluke ein Laufbrett auf dem Dach, das normalerweise wohl dem Schornsteinfeger diente. Ohne die geringste Furcht, mit traumwandlerischer Sicherheit, balancierte ich darauf hin und her. Vom Nachbarn zur Linken nahm ich leere Eimer in Empfang und tauschte sie ein paar Schritte weiter beim Nachbarn zur Rechten gegen volle ein, die ich wieder nach links weiterreichte. Es funktionierte, als hätten wir es geübt, und der Brand war tatsächlich bald gelöscht. Erst hinterher, als ich Zeit zum Überlegen hatte, kriegte ich Herzklopfen vor Angst: Ein falscher Schritt – *ein* Ausrutscher dort oben... Ich mochte nicht weiterdenken.

Außer nassem, beißendem Brandgeruch und wieder mal ein paar kaputten Fensterscheiben war in der Atelierwohnung scheinbar alles in Ordnung. Ich schaffte es gerade noch, mich auszuziehen und im Bad die verrußten Hände und das Gesicht zu waschen. Wie gut, daß die Wasserleitung heil geblieben war! Total erschöpft sank ich ins Bett. Erst am Morgen entdeckte ich: Meine Zimmerdecke hatte gehörige Risse bekommen, was bei Regen besonders ärgerlich war. Mit Eimern, Wannen und aufgespanntem Schirm hauste ich ähnlich wie Spitzwegs Dachstubenpoet.

Ebenfalls biedermeierlich – nur sehr viel gemütlicher als Spitzwegs Poet unterm Regenschirm – war das Ambiente, in dem uns, einem kleinen Kreis von Kollegen, Adi Fischer die Unmengen von Dias vorführte, die er während seiner Mitwirkung bei den Dreharbeiten zu *Fronttheater* und *Quax* geschossen hatte. Sein Haus draußen in der Nähe des Wannsees hatte bisher noch keinen Kratzer abbekommen und wirkte fast wie ein Anachronismus inmitten des inzwischen schon arg geschundenen Berlin. – Die *Quax*-Aufnahmen hatten noch absolute Aktualität. Aber wie weit entfernt schienen

32   Beim US-Special Service, 1945: »I'm just a
girl who can't say no«

34   Unten: »Der Mustergatte« mit Heinz
Rühmann, die Schwips-Szene. Wir spielten
das Stück von Avery Hopwood rund 600mal
in den Jahren von 1946 bis 1950

33   Mein erster Film nach Kriegsende: »Kein
Platz für Liebe«. Mit Partner Heinz Lausch am
»Badestrand« im Atelier Johannesthal im eiskalten
Winter 1946/47

35 Lessings »Minna von Barnhelm«: Als Franziska mit Erich Schellow als Tellhei Schloßpark-Theater Berlin, 19

36 Meine erste Rolle in der Kleinen Komödie München, 1949: Priestleys »Seit Adam u Eva« - Leseprobe mit Peter Martin Urtel

Die Berliner Göre Edeltraut Panse
m Film »Krach im Hinterhaus«,

Mein erster amerikanischer Film
. Century Fox): »The Big Lift«.
e mit Montgomery Clift und
ell Borchers …

… und Abholung vom Hotel
y Netherlands in New York zur
iere, April 1950

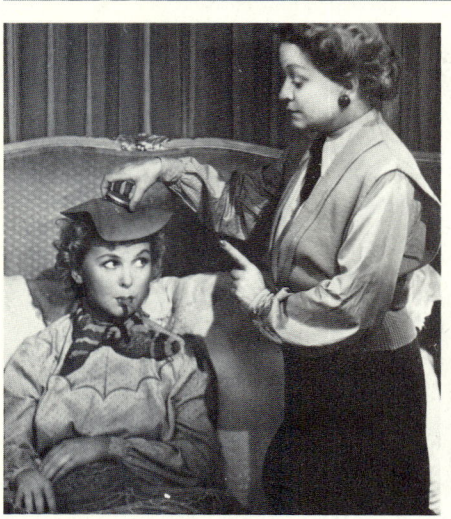

44/45　In »So ein Theater«,
1950: Blond und scheu… und
schwarz und herausfordernd

◁ *Gegenüberliegende Seite*
40-43　Oben: »Mädchen mit
Beziehungen«, 1950, mit Rudolf
Prack. – Mitte: »Die Nacht ohne
Sünde«, 1950, mit Grethe
Weiser und Paul Kemp. –
Unten: »So ein Theater«, 1950:
Regisseur Curd Jürgens begut-
achtet die Handhabung der
Pistole. Harry Fuss will das auch
wissen.

46　Wie oft war Käthe Haack
meine Bühnen- und Film-
Mutter! Hier in »Der erste
Frühlingstag« von Dodie Smith,
Kleine Komödie München, 1951

Mein »Ostergeschenk«
den vermeintlich nächsten
rtner in dem Film »Vater
ucht eine Frau«: Dieter
rsche. Ein allzu voreiliges
elbild auf der »Revue«, 1952

Gegenüberliegende Seite
 Portrait aus »Es bleibt
der Familie« von Louis
rneuil, Kleine Komödie
inchen, 1951

50   Links: »Kleine Fische
Miranda« von Peter Black-
re, Theater der Stadt Baden-
len, 1952: Als Nixe Miranda
 Götz von Langheim. –
hts: »Wolken sind überall«
 F. Hugh Herbert, Kammer-
ele München, 1951: Als Patty
 Hardy Krüger als Don

51-54: »Ihre Sorgen...«, Kabarett »Die kleine Freiheit« München, 1952: Vier Frauentypen in einem Chanson von Erich Kästner: Backfisch, Intellektuelle, Vamp und Hausfrau

55   »Der Engel vom Montparnasse« von Jean Giltène, Kleine Komödie München, 1953: Mit Dieter Borsche in der Traumszene

diejenigen von *Fronttheater*! War das wirklich erst zwei Jahre her! Eine 21jährige Naive war ich damals noch. Jetzt, mit fast 23 Jahren, kam ich mir dagegen vollkommen erwachsen vor.

Zwei Stunden später allerdings fühlte ich mich wie ein Kind, schutzsuchend und verwirrt dem Geschehen ausgesetzt, das da im wahren Sinne herniederprasselte.

Nachts kamen die Bomber, damit rechnete man schon. Deshalb sah man zu, daß man nicht später als um 10 Uhr daheim war. Allerdings heute, bei dem nieseligen Wetter mit schlechter Sicht, erwartete man sie keinesfalls. So nahm ich ruhig eine Bahn später nach Hause. – Und sie kamen doch! Ich glaube, es war der erste Schlechtwetter-Angriff auf Berlin.

Noch bevor die S-Bahn im Bahnhof Zoo zum Halten kam, hörte man die Sirenen. Aussteigen! Alles hastete den Ausgängen zu, um einen öffentlichen Schutzraum zu finden. Im nächstgelegenen, dem Zoo-Bunker, wurde niemand mehr eingelassen, er war voll besetzt. Bis dahin war alles mehr oder weniger routinemäßig abgelaufen. Nun aber wohin? Die Kinos waren gerade aus, viele Menschen hasteten aufgescheucht umher. Es war der 22. November 1943, naßkalt und schon dunkel. Ich stolperte über einen Bordstein. Als man die anfliegenden Maschinen schon brummen hörte, fand ich endlich doch noch Unterschlupf im Keller eines großen Cafés, das direkt neben dem Ufa-Palast am Zoo lag. Ich glaube, es hieß »Traube«, und es bestand nur aus einem sehr großen Raum, der die gesamte Fläche des Erdgeschosses, wahrscheinlich sogar des ganzen Gebäudes einnahm. Die Stockwerke waren auf breite, um alle vier Wände laufende, balkonartige Galerien reduziert. Untereinander waren diese mit Treppchen verbunden. Durch den enormen Hohlraum zwischen Dach und Erdgeschoß konnte also die Sprengbombe, die auf dem hinteren Teil des Daches landete, mit voller Wucht und ungebremst sofort bis nach unten fallen – unmittelbar nachdem ich über eine breite Treppe in den Kellergang gelangt war. – Ich denke mir, daß es so bei einem schweren Erdbeben sein muß: Alles schien zu wanken, Mauerbrocken fielen herunter, die Menschen wurden in der Enge aufeinander und gegen die Wände geschleudert. Das Licht ging aus. Schreie. Irgendwo blitzten Taschenlampen auf. In dem diffusen Licht konnte man nur Staub erkennen, der wie dichter Nebel in dem schmalen Kellergang hing und schmerzend in Augen,

Nasenlöcher und Lunge drang. Zur äußerlichen Enge kam dadurch eine innerliche Bedrängnis, die langsam Panik aufsteigen ließ. »Den Durchbruch aufschlagen!« schrie einer, und dann viele: »Macht den Durchbruch auf!« – Es war nämlich Vorschrift, daß durch die Brandmauern hindurch Öffnungen in die Kellergänge geschlagen und provisorisch wieder verschlossen wurden, so daß sie im Notfall leicht zu durchstoßen waren.

Die Steine hier schienen sich wie von selbst zu lösen. So leicht hatte sich das wohl keiner vorgestellt. Aber durch das Öffnen tat sich nun keineswegs ein Ausweg auf. Die Eingeschlossenen vom Nebengebäude hatten den gleichen, naheliegenden Gedanken gehabt und drängten jetzt ihrerseits in unseren Keller – das heißt, sie versuchten es, aber natürlich genauso vergeblich in unsere Richtung wie wir in die ihre. Das Geschiebe war beängstigend, und die Luft wurde noch stickiger, weil nun mittlerweile auch noch kleinere Brandbomben der Sprengbombe nachgeschickt worden waren. Die fanden in dem großen, demolierten Raum des Cafés wohl reichlich Nahrung an dem zersplitterten Mobiliar, denn dem Mörtelstaub folgten nun dünne Rauchfähnchen, die durch viele der kleinen, bei der Detonation entstandenen Ritzen im Gemäuer eindrangen. Zusätzlich wurde es sehr warm, und ein allgemeines Husten und Keuchen setzte ein.

»Hier ist eine Küche mit einem Luftschacht nach oben«, schrie einer mit überkippender Stimme. »hier ist bessere Luft!« Er riß gewaltsam eine Tür im Gang auf, und mich schwemmte es mit vielen anderen hinein. Die Tür wurde nach innen zugezogen, und tatsächlich schaffte die relativ bessere Luft in diesem gekachelten Raum eine kurze Erleichterung. Aber da kamen schon brennende Holzscheite durch den eben noch gepriesenen Schacht heruntergeprasselt. Spätestens in diesem Moment wurde mir klar, daß wir hier in einer Falle innerhalb der Falle saßen. Ich weiß nicht, woher ich die Kraft nahm, die Tür zum Gang aufzudrücken, gegen die Menschenmauer draußen und mich durch diese hindurchzuarbeiten bis zu der breiten Treppe, die ich ursprünglich heruntergekommen war. Die wollte ich wieder hinauf. Aber einige Männer versuchten, mich daran zu hindern: »Die Ausgangstür ist verschlossen. Dort oben ist die Luft noch schlechter!« Ich hörte nicht auf sie, riß mich los und stürmte die leere Treppe hoch. Oben rüttelte ich wie besessen an der Tür, hämmerte mit den Fäusten und trat mit den Füßen dagegen. Und ein Wunder geschah, wie oder wodurch, ich werde es nie erfahren. Aber ich weiß noch, welches Gebirge von meiner Seele fiel, als plötzlich diese Tür aufsprang und mir frische Luft – verhältnismäßig frische – entgegenschlug.

Mit einem erleichterten Schrei stürzte ich die Treppe wieder hinunter, um allen die frohe Botschaft zu bringen. Aber ich hatte mich zu früh gefreut. Sie glaubten mir kein Wort, dachten, ich hätte durchgedreht, hielten mich fest und redeten beruhigend auf mich ein – bis der Kellerqualm langsam anfing nach oben abzuziehen und von dort wie Balsam für die Atmung frischere Luft herunterströmte.

Nun stürmte alles mir nach, nach oben. Aber noch waren wir nicht in Sicherheit. Die Tür ging nicht direkt hinaus auf die Straße, sondern in einen überdachten Gang, an dessen Ende sich wiederum eine Tür befand. Sie war aus schwerem Messing und in verglaste Quadrate unterteilt. Und sie war und blieb verschlossen. Die einzige verbleibende Fluchtmöglichkeit bestand darin, die Glasscheiben einzuschlagen und sich durch eines dieser messingumrahmten Quadrate hinauszuzwängen, ungeachtet der Risse, die die stehengebliebenen spitzen Glaskanten in Haut und Kleidung schnitten. Dünn wie ich damals war, gelang es mir, als erste hindurchzukriechen, ohne mich allzusehr zu verletzen. Auf den Mantel konnte ich keine Rücksicht nehmen.

Nun wäre eigentlich der Weg frei gewesen. Aber die Hölle war los. Ich stand unter einem kleinen Vordach, das vermutlich als Regenschutz für den Eingang gedacht war. Nun schützte es mich vor den in ziemlich regelmäßigen Abständen herunterfallenden brennenden Holzteilen und Mauerstücken. Woher kommt einem in solchen Extremsituationen das Wissen, was zu tun ist? Ich zählte eine Weile die Sekunden zwischen den herabstürzenden Stücken, und unmittelbar nachdem eine solche Ladung, vom Vordach abgebremst, heruntergeprasselt war, lief ich los, bevor die nächste folgen konnte.

Ich bin nie ein Leichtathletik-As gewesen und habe in der Schule beim Hochsprung zu meinem großen Kummer wieder und wieder die Latte heruntergehauen. Jetzt aber lief ich zu einer niemals wieder erreichten Höchstform auf: Ohne groß nachzudenken setzte ich mit ungebremstem Anlauf über das Gitter hinweg, das die beiden Trambahn-Schienenstränge in der Straßenmitte trennte – diese Flanke hätte mir früher eine »Eins mit Sternchen« eingebracht. Erst als ich drüben und somit aus der unmittelbaren Gefahr war, blieb ich stehen und schaute schweratmend zurück.

Welchem Inferno war ich entkommen! Die Trümmer des Kaffeehauses standen in lodernden Flammen. Zu meinem Entsetzen sah ich Menschen, die etwas voluminöser als ich waren, beim vergeblichen Versuch, durch die zu kleinen Messingöffnungen der verschlossenen Tür zu kriechen. Einigen, die schlanker waren, gelang es, die Dicken wegzudrängen und selbst durchzukommen. Aber die, die es nicht schafften – was geschah mit denen? Lieber Gott, hilf ihnen! – Es war ein Traum! Ein böser Albtraum!

Aber ich durfte jetzt nicht schlappmachen. Ich wendete mich verzweifelt ab – und bemerkte nun erst das noch größere Inferno um mich herum. Alles brannte. Beim Romanischen Café hatten sich die Flammen bereits vom Dach bis zum zweiten Stockwerk heruntergefressen, und es war abzusehen, daß nichts zu retten war. Der Ufa-Palast brannte, die Gedächtniskirche brannte, viele andere Gebäude ringsum brannten. Und der Angriff war noch nicht zu Ende. Noch immer rollten die Geschwader an, noch immer schlugen Bomben irgendwo ein. Weg! Weg von hier, dachte ich. Wohin? Irgendwo in einer Seitenstraße mußte es doch noch einen Luftschutzraum geben, in dem ich unterkommen konnte. Es gab keinen, und wo es einen gab, wurde niemand eingelassen. Der Sauerstoff reiche nur für die Menge der Menschen, die bereits drin waren.

Als ob ich neben mir ginge, lief ich los, in Richtung Tempelhof. Vielleicht – vielleicht stand ja die Richthofenstraße 13 noch.

Ein langer Marsch von der Zoo-Gegend bis Tempelhof stand mir bevor. Etwas ganz Ungewöhnliches war das nicht, man war gewöhnt an Fortbewegung per pedes. Normalerweise wäre ich zu Anfang die Tauentzienstraße entlanggegangen. Daran war nicht zu denken. Obwohl es eine sehr breite Straße ist, schlugen die Flammen der auf beiden Seiten brennenden Häuserreihen in der Mitte der Fahrbahn zusammen. Was den Horror noch mehr ins unerträglich Beklemmende steigerte, waren die langgezogenen, verzweifelten Schreie um Hilfe, die aus diesem Flammenmeer von beiden Seiten herausdrangen. Da gab es keine Hilfe. Da konnte man nur beten, daß es bald vorbeisein möge. Plötzlich hörte ich mich mitschreien – laut, anhaltend, sinnlos...

Ich mußte einen Umweg suchen, weg von dieser Hölle. Die Nürnberger Straße hinein, da war alles noch verhältnismäßig unzerstört, immer dicht an den Häusern entlang. Die Menschen, die unterwegs waren, rannten, blieben stehen, kehrten um, liefen weiter, irrten ziellos herum – jeder in Not. Und jeder ganz für sich allein.

An der ersten Straßenkreuzung empfing mich ein Funkensturm, eine neue Version dieser Hölle. Von allen Seiten prallte hier die erhitzte Luft wild aufeinander und vereinigte sich in einem kreiselnden Wirbel von Funken und kleinen brennenden Teilen, die von Gott weiß welchen Brandherden in die Luft geschleudert worden waren. Der Sog in der Mitte der Straße warf einen fast um, man mußte kämpfen, daß man um die nächste Häuserecke gelangte, aus dem windhosenartigen Strudel heraus.

Ich wollte ein paar Augenblicke Kraft sammeln und lehnte mich gegen eine Hauswand. Die Funken waren unvermeidlich ins Gesicht und auch in die Augen gestoben. Die schmerzten, und ich mußte sie eine Weile schließen. »Ich kann nichts mehr sehen«, krächzte plötzlich die Stimme eines alten Mannes neben mir, »helfen Sie mir weiter!« Ich blinzelte und sah, wie er nach mir tastete und sich schließlich an meinem Mantelärmel festklammerte. »Ich kann ja selbst kaum sehen«, entgegnete ich, »und ich weiß auch gar nicht recht, wo ich eigentlich bin.« – »Ich muß zum Winterfeldtplatz«, jammerte er. »Da müssen wir da langgehen. Nehmen Sie mich mit.« – Nun wurde dieser denkwürdige Heimweg noch beschwerlicher für mich. Der Mann konnte nur sehr langsam gehen und blieb wie festgeleimt an meinem Ärmel hängen. Ich machte ihn auf jede Schwelle und jeden Stolperstein aufmerksam, aber er stieß überall an und hätte mich einmal fast mit zu Boden gerissen.

Es dauerte endlos – so schien es mir –, bis der Feuersturm ein wenig nachließ. Irgendwann auf diesem langen Weg war Entwarnung gegeben worden, und irgendwie waren wir durch das Höllenlabyrinth auf die Hohenstaufenstraße gelangt. Nun wußte ich wieder, wo ich war. Der Mann mußte jetzt nicht mehr weit gehen, ich hingegen hatte erst knapp die Hälfte des Heimwegs hinter mir.

Über Goeben- und Yorkstraße kam ich in vertrautes Gelände. Links von mir lagen die Kreuzberganlagen; nun noch ein Stück bergauf,

dann würde ich es sehr bald geschafft haben. Das Gefühl der Erleichterung hierüber wurde abgelöst durch eine neue Angst, die in mir hochstieg: Was, wenn oben auch alles zerstört wäre? Wenn Hans... er war erst vor ein paar Tagen wieder einmal aus Prag zurückgekommen. Was würde ich vorfinden? – Ich hastete die Straße hinauf und kam völlig außer Atem am Bayernring an. Von hier aus konnte man schon erkennen, daß der Himmel keinerlei Rötung zeigte. Tempelhof lag unversehrt da, als sei nichts geschehen und alles, was ich eben erlebt hatte, ein irrwitziger Spuk gewesen. Hans empfing mich mit hörbarem Aufatmen. Er schenkte mir einen großen Cognac ein, den ich wie Medizin hinunterkippte. Dann ging ich ins Bad, um mich notdürftig zu säubern. Ein total erschöpftes Bruni-Gesicht blickte mir da aus dem Spiegel entgegen, Haare, Augenbrauen und Wimpern versengt, die Augen gerötet und überall kleine Bläschen von den Funken. Ich ging zurück zu Hans und nahm noch einen Cognac.
»Erzähl«, sagte Hans. – »Ich war – ich bin –« Weiter kam ich nicht. Während des Geschehens hatte ich keine Zeit für Angst gehabt. Jetzt aber saß ich in meinem Sessel und schlotterte. Meine Zähne schlugen aufeinander, meine Hände zitterten und ich konnte gar nichts dagegen tun. Auch nichts gegen die Tränen, die mir unaufhörlich übers Gesicht liefen. Es weinte...

Auf des Messer Schneide

Tief unglücklich machte mich fast ein Jahr später die von den Nazis verordnete Schließung der Theater. Goebbels hatte gefragt: »Wollt ihr den totalen Krieg?« Und ein verblendetes »Jaa!« »Jaa!!« war unisono zurückgekommen. Am 1. September 1944, dem Tag der »totalen« Schließung, hätte ich ein Jahresengagement bei Heinz Hilpert am Deutschen Theater in Berlin antreten sollen und hatte eigentlich nur noch auf dieses Datum hingelebt. Mitglied dieses renommierten Hauses werden zu dürfen, hätte bedeutet, daß meine zukünftige Laufbahn mit Sicherheit eine andere Richtung genommen hätte, daß ich den Weg hätte gehen können, den ich von Beginn an gesucht hatte: einem seriösen Ensemble anzugehören, mit Regisseuren zu arbeiten, durch die ich mich künstlerisch weiterentwickeln konnte, Rollen zu spielen, die meiner Sehnsucht nach Tiefe und Wesentlichkeit entsprochen hätten.

Wie schwer war mir ums Herz, als ich im Deutschen Theater der letzten Vorstellung vor der Schließung beiwohnte. *Der Diener zweier Herren* von Goldoni wurde gegeben. Beim Schlußapplaus, der mehr als den Schluß nur eines Theaterabends markierte, gab es unten im Zuschauerraum und oben auf der Bühne Tränen.

Daß die Alliierten das Stichwort vom »totalen Krieg« aufgenommen hatten und entsprechend beantworteten, hatte niemandem mehr verborgen bleiben können. Mit der gewaltigen Invasion in der Normandie am 6. Juni 1944 war die entscheidende Wende eingetreten. Nun wurde der Krieg wirklich total. Nicht nur im Westen, sondern an allen Fronten begaben sich die Deutschen auf ihren »siegreichen Rückzug«. Auch die Zivilbevölkerung wurde nun noch »totaler« bedacht. Die Luftangriffe auf deutsche Städte kamen häufiger und heftiger.

Nach so vielen Jahren Krieg hatte man gelernt, sich mit Beschwernissen zu arrangieren. Not machte wirklich erfinderisch. Aus alten Blechbüchsen schweißten manche provisorische Ofenrohre zusammen, aus Kisten wurden Tische und Sitzgelegenheiten. Ich hatte alle Bücher, die ich retten wollte, an zwei verschiedene Stellen verlagert: mehrere Kisten in den Keller von Frau Schmidt, meiner ehemaligen Zimmerwirtin, und einen großen Teil in den Keller der Flickenschildt-Wohnung, in dem ja wenig später alle meine Kostbarkeiten bei einem Angriff verbrannt sind – auch meine vielen, vielen Zigaretten-Filmbildchen, private Fotos, Schulzeugnisse. Im Schmidtschen Keller benutzten später die Russen nach ihrem Einmarsch in Berlin meine Bücherkisten als Klo. Die Margarinekisten-Möbel und sonstiger Ramsch in der Atelierwohnung blieben heil. Ironie des Schicksals!

Mit meiner Wurschtigkeit gegenüber Luftangriffen war es vorbei. Ich ging von nun an ohne gemahnt zu werden bei Alarm in den Keller – und die Angst ging mit.

Von vielen hörte ich, daß sie zumindest ihre Kinder evakuiert, aufs Land geschickt hatten, wenn sie schon selbst nicht weg konnten. Ich wollte auch weg. Am liebsten wäre ich nach Chemnitz gegangen, in den Schoß der Familie; aber auch dort wurde es immer brenzliger. Berlin wurde grauer und morscher, und man selbst scheinbar mit. Ich kam mir manchmal vor wie ein Teil der Stadt und ebenso schutzlos der möglichen Zerstörung ausgesetzt. Immer mehr wurde die Filmerei zur vorübergehenden, willkommenen Fluchtmöglichkeit – mit ihren schönen Kulissen, eleganten Kleidern, der vorgegaukelten heilen Welt und ihren belanglosen Problemen. Weg wollte ich nach wie vor. Aber wohin?

Da legte sich wieder einmal Fortuna für mich ins Zeug: Eine neue Filmrolle wurde mir angeboten in *Dreimal Komödie*: ein kleiner überkandidelter Backfisch, nichts Weltbewegendes also, sondern nur wieder eines der putzigen Dinger, für die man mich so besonders geeignet hielt. Aber ich kam raus aus Berlin!

Ferdinand Marian, Paul Dahlke und Margot Hielscher spielten die Hauptrollen, Margarete Haagen (die ewige Haushälterin), Mady Rahl (die ewige Kesse) und Margit Symo (die ewige komische Femme fatale) waren auch mit von der Partie – eine glänzende Besetzung! Regie führte Viktor von Tourjanski. Er gehörte zu den Topregisseuren, und ich freute mich auf die Arbeit mit ihm – auch auf die Kollegen, von denen ich noch keinen persönlich kannte. Das Allerwesentlichste aber war: Wir drehten in Salzburg, weit weg vom Schuß im wahren Wortsinn.

In Salzburg schien die Welt zunächst noch in Ordnung. Alles war heil, die Ernährung funktionierte relativ gut. Nur das Heizen machte offenbar mehr und mehr Schwierigkeiten; Koks wurde immer knapper, auch hier. Je weiter die Temperaturen zum Jahresende hin sanken, desto mehr hätte jede von uns überschlanken Gestalten gern ein wenig wärmendes Fettpolster gehabt. Wir froren wie die sprichwörtlichen Schneider. Schließlich zog man sich nicht mehr aus, sondern an, wenn man ins Bett ging. Ich hüllte mich sogar in meinen Mantel und bereute, daß ich als erstes meine beiden Pelzmäntel, Zickel und Kalb, zwecks Ausbesserung hier in Salzburg zum Kürschner gebracht hatte, denn der Stoffmantel wärmte nur notdürftig. Lediglich die Nasenspitze mußte frei bleiben, und die war jeden Morgen eisig.

Hatte man die Nacht über endlich genügend Eigenwärme gespeichert, kam die entsetzliche Überwindung, sich morgens mit eiskaltem Wasser zu waschen. Bad? Dusche? Was war das?

Wenn man ins Atelier kam, das im Festspielhaus eingerichtet war, fielen wie üblich all diese Beschwernisse von einem ab. Die Scheinwerfer, die Heinz Schnackertz, unser Kameramann, beim Drehen verwendete, waren in den kurzen Pausen zwischen zwei Einstellungen oft Sammelplatz für alle, die ihre Hände an ihnen aufwärmen wollten.

Margot Hielscher wurde von mir ungeheuer bewundert wegen ihrer exotischen Schönheit, deren sie sich auch sehr bewußt war. Ihr Ziel war, nach dem Krieg in Hollywood zu reüssieren, etwas, an das ich nicht einmal im entferntesten zu denken wagte.

Paul Dahlke hatte seine Frau – seine erste Frau – Doris bei sich. Die beiden, zehn bis fünfzehn Jahre älter als ich, waren ja meiner Meinung nach nicht mehr die Jüngsten, aber das verliebteste Paar, das man sich denken konnte. Paul zeichnete und reimte ganze Bilderbücher für seine »Dede« (= Doris Dahlke) und war unglaublich geschickt in allem Handwerklichen. Mit den Dahlkes blieb ich jahrelang eng befreundet – mit Doris über die Scheidung der beiden hinaus bis zu ihrem einsamen, qualvollen Tod.

Eine faszinierende Persönlichkeit war Ferdinand Marian. Daß er gefährdet und seelisch sehr labil war, konnte niemandem entgehen. Sein Verhalten war sprunghaft und unberechenbar: Er konnte, wenn er seine liebenswürdigen, kameradschaftlichen Seiten hervorkehrte und seinen umwerfenden Charme spielen ließ, unwiderstehlich sein; aber auch wieder unausstehlich, wenn er scheinbar sinnlos einen Wutanfall kriegte. Einmal hat er bei einem solchen Jähzornsanfall seine tschechische Freundin Vlasta, die immer bei ihm war, sage und schreibe am ausgestreckten Arm aus dem Zimmerfenster gehalten, direkt über der Salzach. Dann konnte er, wie auch sonst oft, in eine tiefe Grube von Traurigkeit fallen, aus der er nur schwer herauszuholen war. Man tuschelte, er könne seinen *Jud Süß* nicht verwinden. Ihm war es nicht wie Paul Dahlke gelungen, sich um diese Rolle zu drücken. Wer kann sagen, ob das der Grund von Ferdinand Marians Zerrissenheit war? – Als er kurz nach dem Krieg bei einem Autounfall ums Leben kam, war ich sehr im Zweifel, ob es nicht ein gewollter Unfall gewesen war.

Morgens im Atelier ließ sich Ferdinand als erstes von seinem Garderobier eine »Tasse Tee« bringen. Ich wunderte mich, daß er ihn kalt trinken mochte. Da lachte er spöttisch und sagte, ohne diesen

Tee sei der ganze Tag unerträglich für ihn – und ließ mich schnuppern: Es war Whisky.

Weihnachten nahte. Bis Mitte Dezember wollten wir die Dreharbeiten geschafft haben. Aber auch im Ablauf der routinemäßig notwendigen Arbeitsgänge, die beim Filmemachen anfallen, war – wie fast in allen Branchen – mittlerweile erheblich Sand ins Getriebe gekommen. Nichts funktionierte mehr so glatt und reibungslos wie gewohnt. Kurz, keiner konnte damit rechnen, das Weihnachtsfest daheim zu verbringen.

Man hatte im Laufe der Kriegsjahre zwangsweise gelernt, sich unabänderlichen Gegebenheiten schnell anzupassen. Und da wir uns ohnehin mittlerweile wie eine Art große Familie fühlten, wurde der Vorschlag unseres Architekten, Mackie Mellin, freudig angenommen: Er wollte unsere Dekoration im Festspielhaus weihnachtlich herrichten und verlangte, daß jeder von uns – begabt oder nicht – ein bis zwei »Gemälde« herstelle.

Man kann sich denken, welches Sammelsurium von Themen, Formaten, Ausführungen da zustande kam. Auf alle Fälle machte die Vernissage am Weihnachtsabend dann doch einigermaßen Stimmung, wenn auch nicht unbedingt eine feierliche.

Daß dies das letzte Kriegsweihnachten sein würde, war allen klar. Ich hatte keine Sehnsucht nach Berlin und war nach wie vor heilfroh, der Bombenangst entkommen zu sein.

Eine ganz andersartige Angst fing an, sich allgemein breitzumachen: Salzburg wurde mehr und mehr überflutet von Flüchtlingen, die von Osten kamen. Die Menschen waren in Scharen vor den immer weiter vorrückenden Russen geflohen. Übereinstimmend erzählten sie von einer außer Rand und Band geratenen Soldateska, die keinen auffindbaren Tropfen Alkohol unangetastet ließe und dann in meist volltrunkenem Zustand plünderte und wahllos Passanten ausraubte. Das Grauenhafteste aber sei, daß allen Frauen, die sich nicht gut genug verstecken konnten, mindestens eine Vergewaltigung drohte – egal welchen Alters sie wären. Diese Vorstellung verursachte mir nächtliche Angstträume.

Viktor Tourjanski war ja Russe, überlegte ich. Bei der erstbesten Gelegenheit fragte ich ihn: »Viktor, was heißt auf russisch: Bitte nicht vergewaltigen!?« – Viktor versuchte tapfer, sich das Lachen zu verkneifen. Seine Miene drückte eine Mischung aus Mitleid und Belustigung aus. Er antwortete gewissenhaft: »Cheißt: (ich muß es einfach phonetisch schreiben): ›Poschjalistja nje isnasiliitje menja.‹ Aber bevor du chast cheraus, is scho passiert.«

Das war nicht sehr dazu angetan, mich zuversichtlich zu machen. Aber trotzdem lernte und übte ich diesen Zungenbrecher-Satz fleißig, so daß ich ihn bis auf den heutigen Tag nicht vergessen habe. Gott sei gedankt, daß ich ihn nie anwenden mußte.

In unserer Freizeit hockten wir meist alle beieinander, wie ein Haufen verschüchterter Hühner, vor deren Stall der Fuchs lauert. Manchmal kamen wir auch im Hotel Bristol in meinem Zimmer zusammen, vor allem wenn jemand in der Lage war, »Heizmaterial für inwendig« mitzubringen. Dann saßen wir, jeder mit seinem gefüllten Zahnputzglas, auf allen verfügbaren Sitzgelegenheiten, je enger zusammen, desto wärmer. Oft waren auch junge Offiziere dabei. Man machte sich keine großen Gedanken, was sie nach Salzburg verschlagen haben mochte. Einer von ihnen war Claus v. G.

Es war an dem kalten Silvesterabend von 1944 auf 45. »Claus, komm doch rein! Du erfrierst ja da draußen! Oder mach bitte wenigstens die Balkontür zu, es zieht!« baten wir. Als keine Antwort kam und auch sonst nichts erfolgte, begab ich mich selbst auf den Balkon. Da stand Claus, ans Balkongeländer geklammert und von Schluchzen geschüttelt. Er hatte in ohnmächtigem Zorn seine Beinprothese abgeschnallt und übers Geländer auf den Makartplatz geworfen. Er war ein hübscher Bursche – vielleicht 24 Jahre, so alt wie ich.

Lange währte dieses Pseudogeborgensein nicht. Was wir alle längst geahnt hatten, trat nun ein: Die Produktion mußte eingestellt werden, weil nichts mehr lief. Das sei nur vorübergehend, hieß es zwar, aber niemand konnte sagen, ob, wann, wo und unter welchen Umständen weitergedreht werden sollte. Es schien auch unwichtig geworden zu sein. Wo Städte zerbombt wurden und Menschen in solcher Zahl umkamen, daß es weit über jegliches Vorstellungsvermögen ging, wäre es geradezu lächerlich gewesen, sich über die Fertigstellung eines Lustspielfilms den Kopf weiter zu zerbrechen. Das Problem war anders gelagert: Ohne Übergang wurden uns die letzten Gagenraten, die fälligen Diäten und das Reisegeld nach unseren Heimatorten ausgezahlt; und nun war jeder auf sich selbst gestellt. Ich hatte begreiflicherweise einen Horror davor, wieder nach Berlin in die Atelierwohnung zu müssen. – Hans telegrafierte auf meine Anfrage, ich solle ohne Umwege nach Prag kommen, was er mir ja schon früher angeboten hatte.

Was auch immer dagegen sprechen mochte – in Prag wäre ich relativ sicher vor den Bomben. Das gab den Ausschlag, und so packte ich meine Habe und machte mich auf den Weg.

Die halbe Menschheit schien sich auf einer gigantischen Völkerwanderung zu befinden. Straßen und Bahnen waren überfüllt. Ich weiß nicht mehr, wie lange ich unterwegs war, aber irgendwann kam ich doch an. Hans nahm mich mit großer Erleichterung, wie er sagte, in Empfang. Das oft beschriebene Hotel Flora lernte ich nun wirklich kennen.

Es war nicht unbedingt das feinste, aber auf alle Fälle besser, als eine ramponierte Wohnung in Berlin. Es war voller Schauspieler und Filmleute. Albert Matterstock war da, Ursel Herking und Wilhelm Bendow. Sie sagten mir, wo ich mich zur »kriegswichtigen Arbeit« melden müsse; denn ohne den Nachweis dieser Leistung gab es keine Lebensmittelkarten.

Was man in der Prager Werkstätte zu tun hatte, war womöglich noch stumpfsinniger als Zifferblattbemalen in Berlin, und noch sinnloser: Berge von bunten Drahtrollen waren auf den Arbeitstischen gestapelt. Diese Drahtrollen mußten nun in exakt vorgeschriebene Längen zerschnitten und den Schnipseln an jedem Ende soundsoviel Millimeter der bunten Isolierung abgekratzt werden, so daß der blanke Kupferdraht zum Vorschein kam. Es sei eine höchst verantwortungsvolle Angelegenheit, mit der wir da betraut seien, hieß es, von deren gewissenhafter Ausführung es abhänge, ob ein Flugzeug richtig funktioniere und somit nicht abstürze. Es gab niemanden, der sich nicht mehr oder weniger über diese lächerliche Beschäftigungstherapie lustig machte. Dennoch bastelten wir Tag für Tag an diesem Drahtgewirr – wegen der Lebensmittelmarken, versteht sich.

Meine Streifzüge durch Prag waren wie Heiß-Kalt-Duschen: Einerseits gefiel mir diese Stadt über die Maßen in ihrer vielfältigen Schönheit. Ich stromerte durch die steilen Gäßchen um den

Hradschin herum, bestaunte das Czernin-Palais und andere Prunk-
bauten, die Karlsbrücke – wie beschützt von den steinernen Figuren an beiden Seiten – und die schmalen Häuser und engen Gassen
in der Altstadt, den großzügig angelegten Wenzelsplatz.
Andererseits: Ich werde nie vergessen, welchen Magenschlag es
bedeutete, als ich zum ersten Mal an einer der vielen Mauern und
Bretterwände vorbeikam, an denen von oben bis unten bedruckte,
vom »Reichsstatthalter« unterschriebene große Zettel hingen, auf
denen lapidar die Namen derjenigen standen, die gerade erschos-
sen, aufgehängt, kurz: hingerichtet worden waren, für jeden einzelnen ein Extrazettel. Die Begründungen waren auch angegeben:
»wegen Auflehnung« – »Anstiftung zum Widerstand« – »Nicht-
einhaltung der Ausgangssperre« und ähnliches mehr. Die Menschen, die vorbeigingen, hatten steinerne Mienen. – Wie abgehärtet sollte man werden, damit einem nicht hundeelend wurde? Wie
sollen sie ihre Peiniger nicht hassen? dachte ich. Sie *müssen* uns
Deutsche hassen, jeden einzelnen von uns; und sie werden sich
rächen, wo immer sie nur können.
Mit solchen Überlegungen fuhr ich voller Angst mit einem Taxi an
einem der nächsten Tage – es war auch noch ein Sonntag! – in die
Ambulanz des nächsten Krankenhauses. Ich hatte eine zweizinkige
Karpfengräte verschluckt, die ich mit eigenen Mitteln nicht mehr
hinter meinen Mandeln hervorholen konnte. Und mein Rachen
schwoll langsam an. Jetzt werden sie dich piesacken, dachte ich,
wenn sie dir überhaupt helfen.
O nein! Zart, sehr gekonnt und schnell befreiten sie mich von meiner Plage und versicherten, die Schwellung werde bald zurückgehen. Und als es mir naß in die Augen stieg, obwohl die Gräte schon
heraus war, fragten sie mitfühlend, ob es denn immer noch weh tue.
Ich schüttelte nur den Kopf – ich hätte's ihnen nicht erklären können...

Hans führte eine jüngere Kollegin ein, eine Dramaturgin, mit der
er zu tun hatte. Marlu war eine sympathische Person, rothaarig und
mit vielen Sommersprossen. Ich mochte sie sofort gern; Hans und
sie schienen gut miteinander auszukommen, vielleicht ein bißchen
zu gut, aber mir machte das nichts mehr aus.
Daß das »tausendjährige Reich« sich nun nicht mehr lange würde

halten können, war allen klar, und man sehnte das Ende herbei. Die Frage allerdings, die uns alle umtrieb, war: Wo ist man bei dem zu erwartenden Endchaos am sichersten? – In bezug auf Prag teilten sich die Meinungen. Die einen schätzten: Prag wird verschont bleiben, denn es ist ja keine deutsche Stadt. Und die Tschechen sind ein so kultiviertes Volk, daß sie Unterscheidungen machen werden. – Die anderen fanden, daß im Falle einer unumgänglichen Kapitulation die Nazis vor ihrem erzwungenen Abzug erst noch richtig tabula rasa machen und die Tschechen daraufhin nicht länger ihren aufgestauten Haß im Zaum halten würden. Ich wollte, wenn es soweit wäre, weg aus Prag. Zuvor aber mußte ich noch versuchen, all meine Habe, soweit ich sie tragen konnte, aus Berlin herauszuholen, um sie dann griffbereit im Hotel Flora stehen zu haben. Was nach dem Exodus sein würde, stand in den Sternen. – Hans und Marlu hielten nichts vom Gleichweggehen. Sie wollten erst einmal abwarten.

Ursel Herking und Wilhelm Bendow hatten schon konkrete Reisepläne geschmiedet: Sie wollten Mitte Februar nach Berlin fahren, bevor es in Prag allzu brenzlig würde. Ich schloß mich ihnen an. Wir konnten Berlin als unsere Heimatadresse angeben und so zu unserer Erleichterung Fahrerlaubnis, sprich Fahrkarten, bekommen. Es war ein wohltuender Gedanke, eine solche Reise nicht allein machen zu müssen.

Entgegen aller Voraussagen war unser Zug zwar sehr voll, aber doch nicht so sehr, daß wir keine Sitzplätze bekommen hätten. So war unsere Lage fürs erste einmal ungewöhnlich bequem und unsere Laune entsprechend heiter. Wir hatten also recht gehabt, uns von dem abergläubischen Schauspieler-Geunke einiger Kollegen, wir sollten doch unsere Reise nicht ausgerechnet an einem Dreizehnten antreten, nicht unsicher machen zu lassen.

Jeder hatte ein kleines Proviantpaket mitgenommen, dazu kalten Tee in einer Flasche und soviel Zigaretten, wie nur aufzutreiben gewesen waren. Nikotin vertrieb den Hunger und wir mußten ja mit ein, zwei Reisetagen rechnen, Ursel hatte außerdem ein unschätzbares Instrument mit. Wir nannten es ihre Zigarettenfabrik: eine große, rechteckige Büchse, in der sich loser Tabak und Zigarettenpapier befanden, sowie ein kleiner Apparat, mit dem man seine eigenen Zigaretten drehen konnte. Wir teilten brüderlich und schwesterlich alles, was an Eß-, Trink- und Rauchbarem vorhanden war, und belieferten auch gewissenhaft die Zigarettenfabrik mit jedem Stummel, wenn man absolut nicht mehr an ihm ziehen konnte. Ursel bröselte diese Chicks geduldig auf und integrierte den Resttabak in ihre eigene, mitgebrachte lose Masse so lange, bis wir den reinsten Teer geraucht haben müssen.

Langsam wurde es dunkel, und bald schliefen wir ziemlich zufrieden ein – mit wackligen Köpfen, gegenseitig unsere Schultern als Stütze und Kopfkissen mißbrauchend.

Irgendwann in der Nacht wurden alle Reisenden durch ungewöhnlich laute Schaffnerrufe geweckt: »Aussteigen! Alles aussteigen! Die Fahrt endet hier!« gellte es draußen vor den Waggons und dann durch die Gänge. Waren wir etwa schon in Berlin – O nein, erst kurz vor Dresden! Aber der Zug konnte nicht weiter, die Geleise seien zerstört, hieß es. »Da haben wir's«, murmelte Ursel, »der Dreizehnte«.

Es war die Nacht vom 13. auf den 14. Februar 1945, in der das herrliche Dresden in Schutt und Asche gebombt wurde. Die Zahl der Toten konnte nur geschätzt werden. All das erfuhr man so detailliert natürlich erst sehr viel später. Jetzt galt es handeln für den Augenblick. Unser Zug stand in guter Entfernung vor Dresden, aber der vom Feuerschein gerötete Himmel war bis zu uns sichtbar. Die Angriffe hielten noch an, und wir wurden aufgefordert, schleunigst eine Deckung zu suchen. Deckung? In der Dunkelheit der Nacht? In einer uns völlig fremden Gegend? Jeder griff wortlos seine Koffer. – Ich hatte Gott sei Dank nur eine kleine Reisetasche mitgenommen, wollte ja mein großes Gepäck aus Berlin holen. Fast geräuschlos – man wollte nicht auf sich aufmerksam machen – wälzte sich die Menschenmasse, die aus den Zugabteilen quoll, schwankend und stolpernd den Bahndamm hinunter. Langsam strömten alle in verschiedene Richtungen auseinander und verschwanden in der Dunkelheit. Mit einer großen Anzahl weiterer Menschen, ratlos wie wir, gelangten wir drei bald zu einer Bahnunterführung und beschlossen, da zu bleiben: Hier hatten wir ein »Dach« überm Kopf und waren zumindest vor eventuellen Brandbomben sicher – wenn auch nicht vor Sprengbomben. Jetzt mußte eben Gottvertrauen einsetzen in das, was kommen mochte.

Unser zusammengewürfeltes Häuflein hockte eng aneinanderge-

drückt entlang der feuchten Unterführungsmauer, zugedeckt, eingewickelt, verkrochen in Mäntel und eventuell mitgeführte Dek-
ken, und alles klapperte bald vor Eiseskälte in dem bitterkalten
Durchzug, der im Tunnel pfiff. Mit starren, stechenden Fingerkup-
pen nestelten wir zwischendurch an unseren Proviantpäckchen, in
denen allerdings nicht mehr allzuviel übrig war. Zigarettendrehen
war unmöglich geworden; dazu brauchte man geschickte Finger –
nicht steife, klamme. Es war auch egal.

Ich erinnere mich nur noch, daß irgendwann durch die Tunnelein-
gänge mattes Tageslicht hereindrang, und daß es dann irgendwann
wieder stockdunkel wurde, daß ich zwischendurch vor Müdigkeit
und Hunger eindöste, und als ich wieder wach wurde, keine
Ahnung hatte, wieviel Zeit vergangen war. Jemand hatte die geniale
Empfehlung gegeben, Getränkeflaschen am Körper zu verwahren,
damit sie nicht einfrören. Trotzdem war der Tee, an dem ich ab und
zu nippte, eiskalt. Alles, alles war eiskalt. – In Dresden verbrannten
unterdessen die Menschen im Feuerofen.

Am dritten Tag unserer Reise gelangten wir schließlich auf mira-
kulöse Weise, über x Nebenstrecken und mit viel Umsteigen, weit
nördlich von Dresden wieder auf die Berliner Strecke. Von dem
zerstörten Dresden sahen wir außer entfernten dicken Rauch-
schwaden so gut wie nichts; wir wurden weit darum herumgeleitet.
Aber was gerüchtehalber dennoch auf dieser Fahrt zu unseren Ohren kam, war grauenhaft genug, um im nachhinein das Zittern zu
bekommen. Ich überlegte, wie knapp ich wieder einmal – nun
schon zum drittenmal! – verschont worden, haarscharf an der
Katastrophe vorbeigeglitten war. Hätte der Angriff ein wenig später begonnen, wäre unser Zug möglicherweise gerade auf der
Durchfahrt durch Dresden mitten in diese Hölle geraten...

Die Atelierwohnung stand noch immer. Sie war kalt, aber relativ
heil. Das große Dachfenster war schon seit langem mit Brettern
vernagelt. Auf dem Gasherd konnte ich mir sogar eine Schüssel voll
Wasser warm machen und den Schmutz von fast vier Tagen loswerden. Auch zu essen fand ich noch ein paar Reste, Trockenkar-
toffeln und -zwiebeln für eine Suppe. Ich schlief erst einmal gründlich aus, erstaunlicherweise ohne Alarmstörung, bevor ich ans
Packen ging.

Mit zwei großen Koffern und meiner kleineren Reisetasche machte ich mich am übernächsten Tag auf die Rückreise nach Prag. Das Aussortieren hatte mich viel physische und psychische Kraft gekostet. Da war so vieles, was ich nicht zurücklassen wollte – und doch mußte.

Mit dem schweren Gepäck zum Bahnhof zu kommen, war anstrengend und schwierig genug gewesen. Beim Einsteigen aber herrschte absolutes Chaos. Es gelang mir, mit der Reisetasche über den normalen Einstieg hineinzukommen und mich zu einem Fenster durchzuarbeiten, durch das mir ein Mann versprochen hatte, die beiden Koffer nachzureichen. Aber der Mann war verschwunden, die Koffer standen mitten unter den vielen andrängenden Menschen allein auf dem Bahnsteig. Ich mußte noch einmal hinaus! Unter Schwierigkeiten schaffte ich es schließlich und stemmte nun selbst die beiden schweren Klötze durchs Fenster, wo sie von einem Hilfsbereiten entgegengenommen wurden. Aber ich! Ich mußte hinein! Meine gesamte Habe, meine Papiere, Fahrkarte, Geld, all das konnte ich doch nicht allein abfahren lassen. Mein Zetern ging gewiß unter im allgemeinen Zetern derer, die keine Chance für sich sahen. Aber vielleicht habe ich doch ein bißchen herzerweichender gezetert. Jedenfalls fühlte ich mich plötzlich von starken Männerarmen emporgehoben und von ebensolchen am Fenster in Empfang genommen. Wie eine Sardine in der Büchse gequetscht, aber unendlich erleichtert, trat ich die Fahrt zurück nach Prag an.

Ich habe keine Ahnung mehr von der Route, die der Zug nahm. Er hielt selten, aber wenn, dann bot sich auf den jeweiligen Bahnsteigen immer ein ähnliches Bild wie in Berlin. – In einer Stadt wurde eine lange Dreierreihe ausgemergelter, kahlgeschorener Menschen in gestreifter Sträflingskleidung den Bahnsteig entlanggeführt. Mit großen, blicklosen Augen schleppten sie sich dahin. SS-Leute mit Seitengewehr flankierten den trostlosen Zug. »KZler«, sagte jemand neben mir lakonisch. Was hatten sie verbrochen? Konnten diese geschundenen Figuren Verbrecher sein? Ich konnte die Augen nicht von diesen apathischen Kreaturen lassen, die, wie lebende Tote, mechanisch einen Fuß vor den anderen setzten. Und auch als sie meinem Blick längst entschwunden waren, weil unser Zug sich wieder in Bewegung gesetzt hatte, blieb das Bild dieses beklemmenden Albtraumes vor mir, unvergeßbar in mir. – Es war das erste und einzige Mal, daß ich KZ-Häftlinge in Wirklichkeit erlebt habe. Keiner – und wenn er auch nichts als diesen Elendsmarsch mit angesehen hätte – hätte später die Unmenschlichkeit der Nazis leugnen können...

Weiter Drähtchen in der »kriegswichtigen« Prager Werkstatt zu knipsen, schien jetzt noch sinnloser als sowieso schon immer. Aber darüber brauchte ich mir nicht mehr lange den Kopf zu zerbrechen: Ein Brief der Filmfirma erreichte mich – erstaunlicherweise! – in Prag, in dem ich aufgefordert wurde, unverzüglich nach München zu kommen, wo die Produktion des abgebrochenen Films *Dreimal Komödie* wiederaufgenommen würde. Wie das inmitten des sich immer mehr steigernden Kriegsendchaos vonstatten gehen sollte, war mir schleierhaft. Aber der Brief bot mir einen willkommenen Anlaß, die innere Trennung von Hans nun auch äußerlich zu vollziehen.

Es war keine Schwierigkeit, mit diesem offiziellen Papier eine Fahrgenehmigung zu erlangen. Mein großes Gepäck aus Berlin stand unausgepackt bereit; und was ich sonst noch in Prag hatte, war schnell verstaut in einem weiteren Koffer. Nun hatte ich drei Koffer zu bewältigen, dazu eine überquellende Reisetasche, die Handtasche und noch einiges Umgehängte, was anders nicht mehr unterzubringen war.

Einen Tag vor meiner Abreise erhielt ich dann noch einen Brief, diesmal aus Berlin, von Reichsfilmintendant Hinkel. Er erbat sich von allen namhaften Künstlern »als Vorbild für alle Volksgenossen in diesen schweren Zeiten« eine schriftliche Ergebenheitsadresse an den Führer, die er ihm dann in gebundener Form anläßlich seines bevorstehenden Geburtstages am 20. April überreichen werde. Ich bekam einen ziemlichen Schreck und überlegte, welche Folgen eine Weigerung für mich haben könnte. Aber dann entschied ich blitzschnell, daß dieses Schreiben erst übermorgen in Prag ankommen würde, wenn ich – »leider« – schon auf einer längeren Reise und nicht zu erreichen wäre. Wie sich doch diese Notlüge im Laufe der kommenden Zeit in Wahrheit verkehrte! Ich vermied es, Hans gegenüber meine Pläne, nicht mehr zurückzukommen, zu erwähnen. Er begleitete mich in aller Frühe zum Zug – und merkte nichts.

Mein vieles Gepäck war verstaut. Nachdem sich der überfüllte Zug nach Süden in Bewegung gesetzt hatte, sah ich noch lange Hans, immer kleiner werdend, am Bahnsteig zurückbleiben und schließlich verschwinden – wie das Symbol einer zu Ende gegangenen Zeitspanne meines Lebens. Kein schlechtes Gewissen überkam mich – nur das intensiv genossene, erleichterte Gefühl, mich selbst endgültig in die Freiheit entlassen zu haben. Trotz der Enge im Zug empfand ich beglückend die Weite der Möglichkeiten, die nun vor mir lagen. Ich war so erfüllt von diesem Gedanken, daß ich den ja noch immer andauernden Krieg fast vergaß. Aber nur fast – und nicht allzu lange!

Wir mochten etwa zwei bis drei Stunden gefahren sein, als der Zug plötzlich auf freiem Feld anhielt. »Aussteigen«, hieß es, man könne nicht weiter, die Geleise seien demoliert. Man müsse wohl oder übel zu Fuß bis nach Budweis und dort versuchen, einen Anschlußzug zu bekommen. Budweis sei nur sieben Kilometer entfernt. Nur! Es dauerte eine Weile, bis ich aus einer Art Lähmung wieder zur Aktivität gelangte und von meinem Sitzkoffer aufstand, auf dem ich mich zunächst in totaler Ratlosigkeit niedergelassen hatte. Viele der Reisenden hatten sich bereits in Bewegung gesetzt, und ich fürchtete plötzlich, sie könnten meinen Blicken ganz entschwinden und mich allein in dieser fremden, öden Gegend zurücklassen. Was also tun? Welchen Koffer sollte ich mitnehmen, welchen hier einfach zurücklassen?

Ich schleppte alle Gepäckstücke mit: Immer zwei auf einmal, jeweils ungefähr 150 Meter weit, so daß ich die zurückgelassenen noch sehen konnte. Dann stellte ich sie ab, lief die eben gegangene Strecke zurück und holte die zweite Ladung nach, mich des öfteren umschauend, ob die bereits weggebrachten Koffer nicht etwa plötzlich Beine kriegen würden. Wenn ich alles wieder beisammen hatte, gönnte ich mir eine kurze, eine sehr kurze Verschnaufpause und wiederholte das Spielchen, vielleicht an die fünfundvierzigmal. Ich marschierte auf diese Weise die sieben Kilometer bis Budweis dreimal – hin, zurück, hin, zurück, hin – viele Stunden lang, so daß ich schließlich fast 21 Kilometer zurückgelegt hatte. Nein, nicht ganz. Die letzten fünf Kilometer ungefähr schwang ich mein Gepäck und dann mich selbst mit letzter Kraft auf ein Pferdefuhrwerk, das unseren Treck überholte. Es hatte Stangen geladen, auf denen ich denkbar unbequem hin- und herrutschte. Aber in dieser Situation hätte kein Erster-Klasse-Sessel willkommener sein können.

Irgendwann fand sich dann die Gruppe der Mitreisenden wieder zusammen. Nachdem uns ein anderer Zug mitsamt Gepäck aufgenommen und ich sogar einen Sitzplatz bekommen hatte, schlief ich ohne Übergang ein.

Von lauten Rufen: »Linz! – Linz!« wurde ich allmählich aus tiefem Schlaf gerissen. Wir waren München um einiges näher gekommen, das war gut zu denken. Dort würde bestimmt etwas Eßbares auf mich warten. Der Gewaltmarsch nach Budweis hatte mir Heißhunger gemacht. Auf dem Gang stopfte ich alles in mich hinein, was ich in dem umgehängten Beutel hatte. Dann döste ich mit übervollem Magen auf meinem Koffer in die langsam beginnende Dämmerung hinein und schlief auch bald wieder ein.

Der Zug hatte in Attnang-Puchheim rangiert und sollte nun weiterfahren Richtung Westen. Da hörte man zunächst von ferne, dann schnell sich nähernd Motorengeräusche und in kurzen Abständen lautes Knattern – und fast gleichzeitig intensives Schreien: »Tiefflieger! Alles raus! Deckung suchen!« Und schon begann es auf das Zugdach zu prasseln wie mit riesigen Hagelkörnern. Kein Überlegen! Alle sprangen über die Stufen hinweg vom Waggon herunter. Ich suchte den kürzesten und wie ich meinte sichersten Weg, in Deckung zu kommen, und das war unter dem Zug. Bei den Puffern kroch ich hinunter und kauerte mich mit viel Verrenkungen unter die Plattform am Ende des Waggons. So hilflos ausgeliefert, dachte ich, mußten sich auch die vielen Menschen in dem langen Treck gefühlt haben – damals in Rumänien – bei dem Rundflug mit Major Ihlefeld. Geschossen hatte er ja nicht, o nein, wollte er auch gar nicht. Es war nur so aus Jux... Was für ein Spaß!

Erstaunlicherweise ging auch in Attnang-Puchheim alles gut aus. Nach einigen Wellen blieben die Flieger weg. Ich allerdings hatte einen großen Verlust zu beklagen: Nachdem der Zug wieder angefahren war, drängte es mich plötzlich auf die Toilette, wo ich meinen gesamten, eben noch mit so viel Appetit verzehrten Proviant opfern mußte.

Es war schon dunkel, als wir in München ankamen. Ein junger Mann erbot sich, mir die zwei schwersten Koffer zum Karlsplatz zu tragen, von wo aus ich die Reise nach Geiselgasteig per Straßenbahn antreten mußte.

Das Einsteigen in die überfüllte Tram ging mit den üblichen Puffen, Schubsern, Flüchen vor sich. Allein schon die Zeit, die ich brauchte, um mein Portemonnaie in meinem Wust von Gepäckstücken zu finden, damit ich einen Fahrschein lösen konnte, brachte den Schaffner auf die Palme. Mir war sehr heiß. Föhn? Gewundert hätte mich das nicht bei der allgemeinen Gereiztheit.

Die Fahrt durch die Trümmerfelder der Innenstadt war erschütternd. Daß die Straßenbahn fuhr, daß überhaupt *irgend* etwas funktionierte, war ein Wunder. Mein schönes, heißgeliebtes München!

Als ich schließlich ziemlich erschöpft in Geiselgasteig eintraf, war man überglücklich mich zu sehen. Wir müßten gleich anfangen zu drehen. Ausruhen? Danach! Essen? Sie wollten sehen, was sie ranschaffen könnten. Es war dann ein sehr mageres Frühstück, aber ich nahm es gern und gierig an.

Während des Schminkens war ich eingeschlafen. Der Maskenbildner behauptete danach, es sei eine Wonne gewesen, einmal ein entspanntes Gesicht vor sich gehabt zu haben.

Väterchen Tourjanski nahm mich in die Arme und los ging's. Welche Szene gedreht wurde, daran erinnere ich mich nicht mehr, nur, daß ich das Gefühl hatte, trotz Schminke uralt auszusehen, so müde war ich. Als ich »abgedreht« war, freute ich mich auf ein warmes Hotelzimmer. Aber seit dem letzten großen Luftangriff kurz vor Weihnachten 1944 sei nun wirklich alles zerbombt, sagte man. Wenn ich keine Freunde oder sonst eine private Bleibe in München hätte, wäre es das Gescheiteste, gleich wieder abzufahren.

Du lieber Gott, wohin? Berlin: nein. Prag: nein! Salzburg lag am nächsten.

Jemand von der Aufnahmeleitung begleitete mich zum Ostbahnhof und half mir beim Einsteigen durchs Zugfenster, was mittlerweile schon Routine geworden war. Viel Kraft für Klimmzüge hatte ich nicht mehr. Ich arbeitete mich aus dem total überfüllten Abteil heraus, durch den Gang zur Tür, wo ich in dem Gedrängel meine vier Gepäckstücke entgegennahm und noch ein kurzes Dankeschön hinausrufen konnte. Dann fuhr der Zug ab.

Ausruhen konnte ich nicht auf meinem Sitzkoffer. Er stand hochkant und ich auf einem Bein. Mit dem anderen versuchte ich, irgendwo eine Kniestütze zu finden, vergeblich. Mir wurde schlecht. Ich fühlte noch kalten Schweiß auf meine Oberlippe treten. Dann war alles schwarz.

Ich kam wieder zu mir auf einem Fensterplatz im Abteil sitzend. Wie ich dahingekommen war? Keine Ahnung. Die Leute erzählten mir, es hätte eine Weile gedauert, bis man gemerkt hätte, daß ich ohnmächtig geworden sei, weil wir so eng gequetscht standen, daß ich gar nicht hatte umfallen können. Erst als sich meine Nachbarin von meinem Gewicht etwas belästigt fühlte und sich mühsam nach mir umdrehte, sank ich in mich zusammen, wo ich gestanden hatte.

Rührend besorgt war man dann um mich. Ein Mann bot mir ein Brot an. Ein anderer Hochprozentiges. Aber das traute ich mich nun doch nicht – mit so gut wie leerem Magen. Es ging mir auch ohnedies bald besser. Als der Zug in Salzburg einfuhr, empfand ich fast so etwas wie Nach-Hause-Kommen.

Kriegsende

Mein Aufenthalt in Salzburg war sehr kurz. Alles hing mehr denn je am Radio, um herauszufinden, wer sich schneller auf Salzburg zubewegte: die Amerikaner von Westen oder die Russen von Osten. Letztere standen vor Wien. Daß sie nicht mehr aufzuhalten wären und diese Stadt das Schicksal vieler deutscher Großstädte teilen müßte, lag auf der Hand. Und dann wäre es nur noch eine Frage der Zeit, wann auch Salzburg überrollt würde. – Die Amerikaner standen um diese Zeit im Raum Würzburg/Nürnberg. Warum wurde nicht kapituliert? Warum mußte immer weiter sinnlos Blut vergossen werden? Solche Überlegungen wurden von manchen immer offener, immer seltener nur hinter vorgehaltener Hand, ausgesprochen. Von diesen Leichtsinnigen büßten auf diese Weise kurz vor Kriegsende noch viele ihre gerechte Kritik mit dem Leben. Die Denunzianten waren bis zuletzt unter uns.

Man befand sich in einem fast schizophrenen Zustand: Einerseits sehnte man sich nach dem Ende dieses Wahnsinns, nach der Befreiung. Andererseits fürchtete man sich, weil man sich nur schwer vorstellen konnte, wie diese Eroberung aussehen würde. Vor allem aber hatte man panische Angst vor den Russen.

Auch ich hatte Angst. Als ich kurz nach meiner Ankunft in Salzburg erfuhr, daß Ferdinand Marian sich mit seiner Vlasta aus ebendiesem Grund nach Hofgastein abgesetzt hatte, beschloß ich spontan, den beiden nachzureisen. Ferdl, so glaubte ich, hätte eine gute Nase für die Entwicklung und würde sehr überlegt diesen Ort hoch in den Bergen gewählt haben.

Ich ergatterte einen Marschbefehl. Auf andere Weise war Reisen mittlerweile so gut wie unmöglich geworden. Ich wolle in Hofgastein, wo es viele Lazarette und Genesungsheime gab, Verwundetenbetreuung machen, gab ich an. Ein Hotelzimmer wurde mir zugewiesen und eine Stelle genannt, bei der ich mich zwecks Dienstantritt zu melden habe.

Am nächsten Morgen saß ich im Zug nach Süden – wieder mit meinem ganzen Umzugsgut. Nur eine Station vor Hofgastein, in Dorfgastein, mußte man noch umsteigen. Während ich mit meinen Siebensachen auf den Anschlußzug wartete, sah ich zwei Bahnsteige weiter Menschen stehen, die offenbar auf Anschluß in die entgegengesetzte Richtung, also nach Salzburg, warteten. Wie kann ich mein erschrockenes Erstaunen beschreiben, als ich unter ihnen Ferdinand und Vlasta stehen sah, ebenfalls mit Bergen von Gepäck. Ferdinand entdeckte mich zur gleichen Zeit. »Bruuni!« schrie er herüber, »wo willst du denn hin?« – »Ja, nach Hofgastein, zu euch!« schrie ich zurück. Ferdinand tippte mehrmals mit großer Geste an seine Stirn: »Bist du wahnsinnig?« schrie er. »Hofgastein ist eine Mausefalle! Der Skorzeny will die Klamm verteidigen. Da kommt niemand mehr heil heraus!« Ich stand wie vom Donner gerührt, während der drüben einfahrende Zug Ferdinand kurz meinen Blicken entzog. Er erschien noch einmal an einem Abteilfenster und rief: »Wir gehen nach Vorarlberg. Mach's guuut!« Ich sah ihn noch eine Weile aus dem abfahrenden Zug winken. Es war das letzte Mal, daß ich ihn gesehen habe.

Ich *konnte* meine Pläne gar nicht mehr ändern, ich hatte einen dienstlichen Marschbefehl. Meine Überlegungen, daß ich da oben in dem mir fremden Ort nicht allein sein würde, waren im Eimer – und auch meine Sicherheit, wenn ich Ferdls Prognose glauben durfte. Mir blieb gar nichts anderes übrig, als nun zu versuchen, das Beste aus meiner Situation zu machen.

Das Hotel zur Post, in dem ich nun logierte, war ein kleines, sauberes Hotel garni. Ich war froh, endlich wieder einmal eine feste Bleibe zu haben, ein heiles Dach über dem Kopf und allmorgendlich eine große Kanne heißes Wasser. Das Frühstück war von der üblichen Kargheit. Mittags aß ich in einem renommierten Hotel am Marktplatz gegen Abgabe von Lebensmittelmarken. Es gab fast nur Brennessel-Spinat, Kartoffeln, dicke Mehlsaucen darüber und Sauerampfer-Löwenzahn-Salat mit Essigwasser, Salz und Pfeffer. Sonntags konnte es schon einmal vorkommen, daß zusätzlich eine Bulette aus undefinierbaren Zutaten auf dem Teller des feinen Hotelgeschirrs lag und ein klebriger Paps mit künstlicher Himbeersauce als Nachtisch gereicht wurde. Man konnte sich denken, daß früher einmal wohlschmeckendere Menüs auf den Goldrandtellern serviert worden waren. Jetzt aß man, was auch immer auf ihnen kam.

Mein Hunger wurde so quälend, daß ich mich eines Tages schweren Herzens entschloß, mich von einer Hälfte des Leinenbettuchs zu trennen, das ich von daheim mitgenommen hatte. Ich tauschte diese Kostbarkeit gegen eine andere: eine halbe Seite getrocknetes Gemsenfleisch. Sie ging nie zu Ende, obwohl ich täglich viele Male an dem schuhledertrockenen Ding intensiv herumkaute, bis ich glaubte, etwas abgefieselt zu haben. Es schmeckte nach Gepökeltem, salzig, und das war schon für eine Weile zufriedenstellend.

Ein junger, blonder Strahlebold von einem Arzt wurde mein Mitarbeiter in Sachen Verwundetenbetreuung. Er spiele Klavier und könne auch komponieren, meinte er. Nun ja. Was wir brauchten, seien Texte. Lustige Texte! Ob ich nicht welche liefern könne. Ich beschloß, selbst welche zu fabrizieren. Irgend so einen albernen Schlagertext würde ich noch allemal zustande bringen, dachte ich. Also rückte ich meinen kleinen Tisch ans Fenster, kaute ausnahmsweise mal nicht am Gemsenfleisch, sondern am Bleistift und »dichtete«:

»Was so weiß und lila auf der Wiese blüht, / das ist ein Krokus. / Und das Häuschen, wo man stets ein Herz drin sieht, / das ist ein Lokus. / Und das runde Ding, das durch die Lüfte schwirrt, / das ist ein Diskus. / Und wenn nach 'nem Sturz das Knie viel dicker wird,/ war's der Meniskus. //Doch wenn ein Kuß ohne Vorsatz ist,/ wenn man einfach so mal ein Mädel küßt,/ dann kommt man ganz schnell zu dem Schluß:/ Das einzig richtige, ungeheuer wichtige, nicht mal steuerpflichtige/ ist ganz ohne was – ein Kuß!«

Ooooh Gott! Ich habe dieses tiefschürfende Opus kürzlich unter meinen alten Papieren wiederentdeckt und finde es zwar absolut schrecklich – aber traurigerweise immer noch besser als das meiste, was einem heutzutage aus dem Radio entgegentönt. – Der Doktor war begeistert. Und den Soldaten hat's jedenfalls Spaß gemacht. Und damit hatte ich ja eigentlich meinen Auftrag erfüllt.

Der Krieg war auch hier immer gegenwärtig, genauer: die Auswirkungen des Krieges. Die vielen Einarmigen oder die an Krücken zuhauf durch den Ort humpelnden jungen Burschen, auch die Blassen in den Krankenbetten, die so dankbar waren, wenn man ihnen etwas vorlas, sie alle ließen kein Vergessen zu.

Da war auch einer, der hieß Alois und stammte von einem kleinen Almdorf hoch oben, ganz in der Nähe. Er hatte eine relativ leichte Verwundung, die bereits ziemlich gut geheilt war. Einmal lud er mich ein, mit ihm zu »seine Leit'« hinaufzuwandern, allein dürfe er noch nicht.

Der Weg zum Gamskarkogel hinauf war lang und zuletzt recht steil für meine an Ebene gewohnten Beine – und er hatte Hunger gemacht, noch größeren als man ohnehin immer hatte. Aber droben gab's Milch und Käsebrot, die Anstrengung hatte sich also gelohnt. »Seine Leit'« waren wettergegerbte, einfache Bergbauern von großer Herzlichkeit, und die Mutter war sehr stolz auf ihren Alois – weil er doch so eine schöne Uniform gekriegt hatte.

Ich hatte ihn nie in Uniform gesehen, er trug immer, was er vom Lazarett bekommen hatte – auch jetzt. Auf dem Weg hinunter fragte ich ihn beiläufig, bei welcher Einheit er denn gewesen sei. Lange Pause. Dann kam, fast trotzig: »Waffen-SS.« Mir stockte der Atem. Ich lief weiter neben ihm her mit tief gesenktem Kopf, in dem sich ein erschrockenes Denkkarussell drehte. Nach einem endlos langen Schweigen brach es plötzlich vehement und bitter aus ihm heraus: "Was hab denn ich gewußt? Wie die dahergekommen, plötzlich bei uns droben aufgetaucht sind! Wo wir's so hart gehabt haben, mit der Arbeit am Hang. Und immer jeden Groschen dreimal umdrehen haben wir müssen. Und dann sagen die, ich wär doch so ein kräftiger Bursch, und solche könnten sie brauchen. Für mein Gwand brauchte ich nie mehr zu sorgen, ich tät eine schöne Uniform kriegen. Und ich könnt mein Glück machen. Siebzehn war ich. Wer will da nicht sein Glück machen?« – »Vielleicht hast du doch noch mal Glück«, sagte ich zu ihm, als wir uns verabschiedeten.

Als ich auf dem Amt meine Lebensmittelkarten für Mai abholte, war schon klar, daß nun der Krieg wirklich nicht mehr lange dauern konnte. »Es ist höchste Zeit, daß Schluß wird mit diesem Durchhaltewahnsinn«, sagte ich zu einer Frau neben mir, mit der ich ins Gespräch gekommen war. »Ah da schau her!« hörte ich jemanden hinter mir ausrufen. »Glauben Sie, daß es im Sinne des Führers ist, daß Sie hier heraufgeschickt werden, um mit solchen Sprüchen der Bevölkerung Mut zu machen?!« Seine Stimme klang bedrohlich. Ich schwieg und schaute ihn nur groß an. So ein Schwein, dachte ich. Aber ich hatte wieder mal Angst.
Beim Mittagessen erfuhr ich: Morgen in aller Frühe fahre ein Versorgungs-LKW vom Volkssturm nach Salzburg, Lebensmittel holen. Wahrscheinlich werde das der letzte Transport sein. Meine beiden Pelzmäntel waren noch immer in Salzburg beim Kürschner. Vielleicht wäre das die letzte Chance, sie zu holen. Ich bat die Volkssturmleute recht eindringlich, und sie nahmen mich tatsächlich mit. Ich durfte als vierte mit vorn im Fahrerhäuschen sitzen; ich nahm ja nicht viel Platz weg, so dünn wie ich damals war. Die zwei alten Männer und der halbwüchsige Junge neben mir, »das letzte Aufgebot«, waren auch nicht gerade dick.
Der Mai war gekommen. Zwar schlugen noch nicht die Bäume aus, aber die Sonne war mit Macht durchgebrochen und hatte begonnen, Leib und Seele zu erwärmen. Wie wohltuend war es, endlich wieder Pulli und lange Hosen gegen ein Kleid austauschen zu können. In dem aus Berlin geretteten Dirndlkleid, mit Söckchen und Halbschuhen saß ich recht fröhlich in dem Volkssturm-LKW. Daß ich bei diesem Sonnenschein ausgerechnet Pelzmäntel holen wollte, kam mir fast lächerlich vor.
Wir waren schon sehr früh in Salzburg. Am Domplatz ließ man mich aussteigen. Hier sollte auch wieder der Treffpunkt zum Ein-

steigen für mich sein: »Punkt zwei Uhr fahren wir los«, sagte der Fahrer, »gewartet wird nicht.« Sie fuhren ab, und ich machte mich auf den Weg zum Kürschner. – Vielleicht hätte ich doch lieber noch Hose und Pulli anziehen sollen. Es begann kühler zu werden. Aber zur Not konnte ich ja einen meiner Pelzmäntel übers Dirndl anziehen. Noch war es nicht nötig.

In den Straßen, die ich passierte, lag ein seltsam aufdringlicher Geruch von Wein. Und da sah ich auch schon Leute mit Körben voller Weinflaschen, die sie eine nach der anderen in den Gulli schütteten. Waren die verrückt geworden? Nein, keineswegs – im Gegenteil, meinten sie. Die Russen seien im Anmarsch, es würde schlimm genug werden. Aber wenn sie Alkohol vorfänden, gleich welcher Art, dann würde es zu unvorstellbaren Vergewaltigungen und Exzessen kommen.

Ganz Salzburg schien angesteckt von der Aufregung. Überall wurden die Bestände der Weinkeller in die Gullis geleert. Eine Destille hätte wie ein Blumenladen geduftet im Vergleich zu der Wolke, die in Salzburgs Straßen lag.

Der Kürschner bestätigte mir, daß die Sorge der Menschen seiner Meinung nach berechtigt sei. Er war froh, daß ich die Mäntel abholte. Ich zahlte und ging zurück in ein bekanntes Kellerlokal in der Nähe des Domplatzes, in dem ich während der Drehzeit ein paarmal gut gegessen hatte. Die Lage schien mir sehr günstig, nicht weit vom Treffpunkt.

Der Weingeruch, der mich durch die Straßen verfolgt und umnebelt hatte, war harmlos im Vergleich zu dem Dunst, in den ich jetzt erst richtig hineinkam. Das Lokal war voll, und alle Gäste darin desgleichen. Dichtgedrängt saßen sie, sangen, lallten und lachten. Manche tanzten. Ich war angewidert. Man zog mich an irgendeinen Tisch, schob mir einen Stuhl unter. Ein Mann hielt mir ein gefülltes Glas an den Mund: »Trink, Mäderl, sunst haltstes net aus!« Ich wehrte ab und sagte, ich möchte lieber etwas essen. Alle wieherten. »Essen? Heut' gibt's nur Flüssignahrung!« Ein Ober balancierte auf der linken, flachen Hand über seinem Kopf ein überdimensionales Tablett vorbei, das voller Gläser stand. In der Rechten schwenkte er eine offene Weinflasche. »Herr Ober, ich möchte etwas essen!« versuchte ich ihm über den Lärm hinweg klarzumachen. »Aber bitte sehr, gnä' Frau«, grinste er, senkte sein Tablett ein wenig und schüt-

tete mit kreisenden Bewegungen, ohne abzusetzen, Wein aus. Die Gläser waren nun voll, das Tablett schwamm. Münzen und Scheine, große und kleine, wurden wahllos auf das Tablett in den übergeschwappten Wein geworfen. Keiner bekam oder erwartete Wechselgeld. Bevor der Ober weiterschwankte, nahm sich jeder irgendein Glas. Auch vor mir stand nun eines. Mein Nachbar hatte es für mich heruntergeholt und sagte mit gespielter Galanterie: »Darf ich Sie zu diesem edlen Tropfen einladen? Sie dürfen auch das Glas mitessen, schauen Sie – so.« Er trank das Glas in einem Zug leer und – ich schwöre, es ist wahr! – biß ein Stück nach dem anderen davon ab, kaute es klein und zeigte all den Ungläubigen ringsum seine Zunge mit dem zermahlenen Glasbrei, den er mit scheinbarem Genuß schluckte. »Der Stiel bekommt mir nicht«, sagte er abschließend.
Ab jetzt war alles nur noch ein surrealistischer Traum. Da es also keine feste Nahrung gab, trank ich ebenfalls ein Glas Wein, vielleicht auch noch eins – oder zwei. Ich weiß es nicht mehr. Ich weiß nur noch, daß ich plötzlich die Uhr vom Domplatz zweimal schlagen hörte, wie von der Tarantel gestochen aufsprang und schrie: »Mein LKW – ich muß meinen LKW kriegen!«, meine Pelzmäntel packte und davonsauste.
Es war sieben Minuten nach zwei, als ich schweratmend am Treffpunkt ankam. Der LKW war nicht da. Ich wartete eine Stunde lang. Dann mußte ich einsehen, daß sie ohne mich abgefahren waren. – Mittlerweile hatte sich der Himmel bezogen und Schneeflocken begannen herunterzutanzen. Obwohl ich ja innerlich gut eingeheizt hatte, begann es mir doch kalt zu werden, und ich zog den Kalbfellmantel über. Bis zum Einbruch der Dunkelheit klapperte ich Hotel um Hotel ab. Nirgends war auch nur eine Badewanne frei. Als ich meinen letzten Versuch in einem schmalen, kleinen Hotel in einer Nebengasse machte, war ich schon so mutlos, daß mich die abschlägige Auskunft gar nicht mehr wunderte.
Draußen hatte inzwischen zum Schnee noch ein pfeifender Wind eingesetzt. Da sollte ich jetzt endgültig hinaus? Mein Blick fiel auf einen hölzernen Bauernstuhl, der gegenüber der Portiersloge neben einem Tischchen stand. Ich machte einen allerletzten Versuch: »Dürfte ich wenigstens auf dem Stuhl sitzen, bis es ein wenig aufgehört hat zu schneien?« fragte ich und hatte mittlerweile Tränen in der Stimme. Der Portier, ein kleiner, rundlicher Mann mit

Glatze, sah mich traurig an. Dann holte er tief Luft und machte mir im Ton einer Verschwörung folgenden Vorschlag: Die Zimmer seien selbstverständlich alle belegt. Aber im zweiten Stock sei ein Einbettzimmer mit Sofa. Und da übernachte nur ein »einschichtiger Herr«. Vielleicht, daß er mich auf dem Sofa schlafen ließe – vielleicht. Versuchen könne man's ja...

Ich klopfte zaghaft an der Tür der angegebenen Zimmernummer. Als Antwort hörte ich nur ein sägendes Schnarchen von drinnen. Leise wie ein Mäuschen drückte ich die Klinke herunter, trat ein und schloß die Tür hinter mir. Ich blieb noch eine Weile unschlüssig im Zimmer stehen, bis sich meine Augen an die Dunkelheit gewöhnt hatten. Vom Bett her kamen nach wie vor die lieblichen Laute. Da war ja auch die altmodische Chaiselongue, die mir in dieser Situation wie das schönste Himmelbett erschien. Ich schlich mich sachte, sachte hin, legte mich lautlos nieder, zog meine beiden Mäntel über mich und fiel in einen erschöpften Schlaf, trotz meiner Eisbeine.

Der legale Zimmerbewohner merkte nichts. Er schlief noch immer fest, als ich am Morgen, gegen halb sechs Uhr, leise aufstand und mich davonschlich. Wer immer es gewesen sein mag, er könnte mit Recht behaupten, eine Nacht mit mir verbracht zu haben. Er hat nur sicher nie etwas erfahren von seinem Glück.

Wenn ich möglichst schnell gehe, wird mir warm werden, dachte ich, als ich mich auf den Weg machte. Zu Fuß! Das mochten 85 bis 90 Kilometer sein – ein aussichtsloses Unterfangen also, mit nur zwei Mänteln, einer Handtasche und in Sommerkleidung bei dieser plötzlichen Winterrückkehr. Ich mußte einfach versuchen, so weit wie möglich zu kommen und dann – hoffentlich – irgendwo ein Quartier für die Nacht finden.

Ich marschierte also tapfer drauflos. Bei jedem Gefährt, das ich hinter mir nahen hörte, blieb ich kurz stehen in der Hoffnung mitgenommen zu werden. Aber keines hielt an; fast alle quollen ja auch über von Personen und Gepäck. Es dauerte eine lange Zeit, bis mein Anhalterdaumen endlich erfolgreich war.

Ein LKW, ähnlich dem gestern verpaßten, stoppte. »Wohin?« – »Hofgastein.« – »Bis Bischofshofen kannst mit. Hupf aufi«, sagte der Fahrer. Mit Platz im Fahrerhäuschen war's diesmal nichts, das war voll besetzt. Und von wegen »aufihupfen«! Die Leute hinten auf der Ladefläche hievten mich hoch und schlüpften dann schleunigst wieder bis zur Nasenspitze unter Decken, Mäntel und leere Säcke, aus denen sie hervorgekrochen waren. Ich hockte mich eng zu ihnen, drapierte meine Pelze unter, um und über mich und war fürs erste einmal heilfroh, auf diese Weise eine so schöne Strecke weiterzukommen. Trotz allen Einmummens und der allgemeinen Tuchfühlung klapperten alle vor Kälte.

Da hatte einer eine geniale Idee: Diese Fässer hinter uns, an die wir gelehnt waren – was konnten die enthalten? »Heizmaterial für inwendig« vielleicht? Der Rädelsführer gab sich fachmännisch, klopfte die Fässer ab und erklärte bei einem mit Bestimmtheit: »Da is Feuerwasser drin!« Von irgendwoher zauberte er einen dicken Nagel herbei, zog kurz entschlossen seinen Schuh aus und trieb mit dem Absatz als Hammer den Nagel durch eine der Holzdauben. Und siehe, aus dem Löchlein quoll Schnaps! Als Moses Wasser aus dem Felsen schlug, kann der Jubel nicht größer gewesen sein. Eine Art Kochgeschirr war auch plötzlich zur Hand und wurde, gefüllt mit dem brennenden Naß, herumgereicht – wieder und wieder.

Solchen harten Alkohol war ich nicht gewöhnt, keinesfalls als Dauerberieselung. Und noch dazu auf einen seit fast dreißig Stunden leeren Magen. Er brannte auf der Zunge und beim Schlucken auch die Kehle hinunter. Aber es dauerte gar nicht lange, bis ich fühlte, wie die angenehme Wärme sich allmählich im ganzen Körper ausbreitete, bis schließlich auch die eisigen Zehen- und Fingerspitzen wieder lebendig wurden. Welches Wohlgefühl! Ich räkelte mich unter meiner Zudecke, spürte, wie die dicken Schneeflocken auf meiner Nase und meinen Glühwangen zergingen und kam mir bald vor, als ob ich ganz unwirklich durch die verschneite Schönheit dieser Klamm schwebte.

Bei Bischofshofen wurde ich, wie angekündigt, hinausgesetzt, weil der LKW in eine andere Richtung weitermußte. Ich fühlte mich wie brutal aus einem schönen Traum gerissen, als ich da plötzlich allein am Straßenrand stand. Müde war ich. Aber nun mußte ich mich ja weiter mühen, in Richtung Gebirge fortzukommen. Also ging ich los. Schwankend, wie ich vermute. Es begann das gleiche frustrierende Spiel wie bei meinem Auszug aus Salzburg: winken – Daumen – nix war's. Aber mir war nicht kalt, meine innere Heizung funktionierte noch immer. Nur müde war ich – so müde! Eine windgeschützte Böschung kam des Weges daher und lockte zum Ausruhen. Ich könnte ja ebensogut im Sitzen den Autos winken, dachte ich, setzte mich – fest in den Zickelmantel gewickelt und die Beine in die Ärmel des Kalbfellmantels gesteckt – auf die schneebedeckte Schräge und ließ mich zurücksinken in den weichen Schnee. Es wäre schön, jetzt zehn Minuten zu schlafen. Ich war gerade am Wegdösen, als mich jemand rüttelte und schon wieder weglief. »Hören Sie doch!« schrie er.

Eine lange Reihe von Militärlastwagen näherte sich und kam, aus keinem ersichtlichen Grund, plötzlich zum Halten. Aus dem letzten Wagen, den ich im Blickfeld hatte, sprang der Beifahrer heraus, rannte zum nächsten und gab dort offenbar eine wichtige Meldung durch, die nun auf die gleiche Weise die Kolonne entlanglief, wie bei einem Stafettenlauf. Ich war alarmiert. Was war los? Kamen etwa die Russen schon?! Aber das konnte ja nicht sein; denn zwischendurch stockte der Stafettenlauf, weil sich Überbringer und Empfänger der Nachricht stürmisch umarmten. Schließlich langte diese ominöse Meldung in meiner unmittelbaren Nähe an und ich hörte: »Hitler ist tot! Hitler ist tot!« – So, jetzt bist du wirklich betrunken, sagte ich mir. Aus allen Wagen quollen Soldaten heraus und das Unglaubliche wurde so oft wiederholt – ungläubig, staunend, zurückhaltend, fragend, jubelnd –, daß auch ich es schließlich glauben mußte.

Hitler ist tot. Die Bedeutung dieses Satzes sickerte langsam, aber tief in mich hinein. Als ich sie endlich zur Gänze verstanden zu haben glaubte, überrollte mich ein überwältigendes Gefühl der Befreiung: Kaum jemals wieder habe ich ein so durchdringendes Gefühl glückseliger Dankbarkeit empfunden. »Jetzt wird alles, alles gut!« sagte ich laut, schloß zufrieden die Augen, ließ mich wieder sanft rückwärts in den weichen Schnee sinken – und schlief nun wirklich ein.

Ich habe keine Ahnung, wie lange ich gelegen habe – nur, daß der Schlaf sehr tief gewesen sein muß; denn ich reagierte ziemlich benommen, als ich erneut heftig gerüttelt wurde. Aus mühsam geöffneten Augen blickte ich in das Gesicht eines SS-Mannes. Ich habe doch geträumt, war mein erster Schreckgedanke. Ich blieb liegen und schaute ihn nur stumm an.

»Nun kommen Sie mal zu sich«, sagte er energisch, »oder wollen Sie hier erfrieren?« Er stellte mich auf die Beine, die ich erst etwas mühsam aus den Mantelärmeln schälen mußte, und führte mich zu einem offenen Sportwagen. Der war, mit drei Mann auf dem Notsitz, schon überfüllt. Sie brachten mich noch auf der Plane des heruntergeklappten Verdecks unter, auf der ich – die Beine über die Schultern des mittleren Notsitz-Mitfahrers gelegt – wieder einen sehr luftigen Aussichtsplatz hatte. Aber immerhin, meine Beine wurden festgehalten, so daß mich der Fahrtwind nicht herunterwehen konnte. Er hatte jedoch den Vorteil, mich wieder gänzlich zu ernüchtern. – Bei Lend, ungefähr 15 Kilometer vor meinem Ziel, mußte ich auch dieses schnittige Gefährt wieder verlassen. Aber bevor es in eine andere Richtung weiterfuhr, wurde ein Wagen angehalten, der offensichtlich in Richtung Gastein fuhr.

»Nehmen Sie mal das Fräulein hier mit«, sagte der, der mich aufgeweckt hatte. Er sagte es ohne »bitte«, so freundlich er konnte. Doch auch hinter dieser Freundlichkeit schien noch immer die drohende Autorität von Hitlers Lieblingssoldaten zu stehen. »Selbstverständlich«, sagte der Mann devot und ließ mich neben sich einsteigen.

Er fuhr allein, die hinteren Sitze waren mit Kisten und Kasten belegt. Nach längerem Schweigen fragte er, ganz offensichtlich um neutralen Tonfall bemüht, um nicht ins Fettnäpfchen zu treten: »Sind Sie bei der SS?« – »Um Gottes willen, nein!« entschlüpfte es mir spontan. Ich erklärte ihm die Zusammenhänge. »Das war nämlich der Wagen vom Skorzeny«, unterrichtete er mich.

Als ich nach dieser Odyssee am frühen Abend in meinem Hotel in Hofgastein auftauchte, bekam ich eine Wärmflasche in die Hand gedrückt, mit der ich ins Bett sank – und damit in einen tiefen, bitter nötigen, ungestörten Schlaf.

Es dauerte nicht einmal mehr eine Woche bis zur offiziellen bedingungslosen Kapitulation am 8. Mai 1945. Eine Überraschung war es nicht, nur große Erleichterung. Aber neue Sorgen und Kümmernisse wuchsen wie Pilze aus der Erde. Für die Bevölkerung wurden Ausgangssperren und sonstige Zwänge verhängt. Auch die Versorgungslage wurde vorübergehend noch schlimmer. – War man schon in den letzten Kriegswochen und -monaten mit immer lauter knurrendem Magen herumgelaufen, so hatte man jetzt einen brüllenden. Mein kostbares getrocknetes Gemsenfleisch blieb nach wie vor ein letzter Tröster. – Zu frieren brauchte man wenigstens nicht mehr, denn auch der Winter hatte inzwischen kapituliert. Ich sehe mich noch im Frühlingssonnenschein über die Wiesen gehen und, ganz und gar unpassend zum romantischen Ambiente, nach eßbaren Pflanzen suchen. Auch Schnecken und Regenwürmer faszinierten mich, und ich überlegte ernsthaft, ob ich sie nicht verzehren könnte. Ich habe es dann doch nicht fertiggebracht.

»Jedermann hat sich morgen ab 12 Uhr mittags in seinem Quartier, innerhalb des Hauses, aufzuhalten. Das Betreten der Straßen ist untersagt.« So ähnlich lautete eines Tages ein Aufruf in Hofgastein. Die Amerikaner würden um diese Zeit einziehen, hieß es, und hätten diesen Befehl vorausgeschickt. Ich war enttäuscht, ja wütend. Schon wieder sollte man gegängelt und bevormundet werden. Alles in mir war Aufsässigkeit. Nun gerade würde ich nicht im Haus sein – ich nicht!

Schon gegen zehn Uhr machte ich mich auf den Weg, immer bergauf, so mühsam es auch war. Nach ungefähr einer Stunde setzte ich mich auf einen großen Stein am Rain einer Wiese, von wo aus ich einen herrlichen Blick auf den Ort hatte, und vor allem auf die Einzugsstraße. So. Bitte sehr. Sollten sie mich doch von hier oben herunterholen, wenn sie wollten. Ich war sehr zufrieden mit mir – und saß – und saß. Es wurde zwölf, eins, zwei, drei Uhr. Keine Amerikaner in Sicht! Langsam wurde es ungemütlich kalt hier oben, und so machte ich mich gegen vier Uhr wieder auf den Weg ins Tal, noch ärgerlicher, als ich heraufgekommen war … Am nächsten Tag kurz nach zwölf Uhr, als ich gerade beim Mittagessen im Hotel, also »innerhalb eines Hauses« war, da kamen sie. Gemeinheit!

Aber lange ärgern konnte ich mich nicht. Zu aufregend war dieses absolut Neue, das wir alle durch die großen Fensterscheiben des Speisesaals betrachten konnten. Sie trugen Helme, nicht wie die Deutschen, mit über Stirn und Nacken ausgebuchteten Andeutungen von Schild und Krempe, sondern glatte, runde Formen, ballonartig, fast wie Suppenterrinen. Ich fand sie komisch. Kürbisköppe, dachte ich und war nun schon heiterer gestimmt.

In Kübelwagen fuhren sie langsam die Straße entlang, mit Lastwagen und Personenautos. Auch schwarze Soldaten waren dabei; sie saßen ganz selbstverständlich neben den weißen. Der ganze lange

Troß zog ohne Aufenthalt weiter nach Bad Gastein, wo sich die Militärregierung für diesen Bereich in einem der großen Hotels etablierte. Freilich kamen die »Amis«, wie sie sofort genannt wurden, fast jeden Tag durch Hofgastein mit irgendwelchen Transporten; und an einem Tag sammelten sie auch alle ein, die ihnen auf irgendeine Weise nazistisch belastet schienen. Vor allem hatten sie offenbar nach SS-Leuten gesucht und waren in den Lazaretten auch fündig geworden. Zusammen mit anderen wurden sie lastwagenweise weggefahren – wie es hieß, in Internierungs- oder Gefangenenlager. Auf einem dieser Lastwagen sah ich auch den Alois, den aus dem Bergdorf, den die »schöne Uniform« gelockt hatte.– Organisieren konnten sie, die Amis. Die Kartenstelle für Lebensmittelmarken war bald wieder geöffnet und wurde vorderhand wie bislang weitergeführt. Man mußte jetzt nur angeben, ob man »Reichsdeutscher« war. Die Österreicher bekamen einen Sonderstatus zugebilligt. Nach Meinung der Besatzer hatten die Amerikaner sie befreit, nicht, wie die Deutschen, besiegt.

Wir waren nur wenige Reichsdeutsche im Ort; es wird wohl kaum einen gegeben haben, der nicht über diese Sicht der Dinge empört war oder zumindest die Nase rümpfte.

Der Angstmacher fiel mir wieder ein, der mir erst kürzlich noch indirekt einen Schrecken eingejagt hatte, als er meine etwas zu offene Unmutsäußerung über das sinnlose Blutvergießen bösartig drohend kommentiert hatte. Kaum ein Monat war seither vergangen. Und nun?

Als ich zum ersten Mal nach Kriegsende meine Lebensmittelmarken abholen wollte, las ich unübersehbar auf einem großen Schild: »Reichsdeutsche hinten anstellen!« Und davor stand er, grinste mich an und deutete maliziös auf diese Aufforderung. Die Schlange vor mir war lang. Neue Reichsdeutsche oder ehemalige Ostmärker? Egal! Ich hätte mich sowieso hinten angestellt. Bald war auch nur noch eine Person vor mir, und die Frau an der Ausgabe wollte sich schon mit mir befassen. Da hatte er bereits die Tür geöffnet und trieb zwei Leute, die in einiger Entfernung gemächlich ankamen, zur Eile an: »Kommen S', kommen S' g'schwind!« Und als sie gerade etwas verblüfft den Fuß über die Schwelle setzten, rief er zu mir hin: »Sie, bitt'schön, ja? Reichsdeutsche hinten anstellen. Können S' net lesen?« Fast eine Stunde lang trieb der Kerl dieses üble

Spiel mit mir – bis die Kartenausgeberin schließlich Mitleid mit mir hatte.

Hofgastein war mir nun auf längere Zeit verleidet. Ich wollte weg. Aber wie sollte man das bewerkstelligen, wenn eines der neuen amerikanischen Gebote sagte: Niemand darf sich weiter als fünf Kilometer von seinem derzeitigen Wohnsitz entfernen? Ich müßte mich natürlich englisch ausdrücken können, wenn ich den Amis etwas erklären wollte. Also durchforschte ich meine Gehirnwindungen nach Übriggebliebenem von sechs Jahren Schulenglisch. Kläglich! Ich brauchte ein Wörterbuch. Woher nehmen? Da hatte ich ja noch das halbe Bettuch von Mutti, reines Leinen! Schweren Herzens tauschte ich diesen unersetzlichen Wertgegenstand gegen ein »dictionary« ein. Mit dessen Hilfe bastelte ich mir eine – wie ich meinte – sehr wirkungsvolle Rede zusammen, die ich an die Amerikaner hinanjammern wollte, und lernte sie auswendig. Als ich mich am nächsten Morgen der Fünf-Kilometer-Grenze näherte, trat der »Zerberus« aus einem Schilderhäuschen heraus, hager, schlaksig, den Kürbishelm verwegen schief auf dem Kopf, mit lässig am Tragriemen geschultertem Gewehr und – Kaugummi kauend. Gerade furchterregend sah er nicht aus. »Where d'ya think you're goin'?« fragte er mit träger Zunge. Was hatte er da gesagt?? So hatten wir das in der Schule aber nicht gelernt! Ich holte Luft: »I want to go to Bad Gastein and question the Americans, if I..« – »Whaaat?« grinste der lange Lulatsch und ließ mich belustigt noch eine Weile weiter kauderwelschen. Dann knautschte er wieder einiges hervor, was ich nur wahrheitsgemäß mit »I do not understand« quittieren konnte. Schließlich warf er einen gottergebenen Blick gen Himmel, wedelte ungeduldig mit dem Handrücken in Richtung Bad Gastein und sagte irgend etwas wie »Kreissäg'« und »Go ahead!« – »Go« hatte ich verstanden und ließ es mir nicht zweimal sagen.

Im unzerstörten Bad Gastein fragte ich mich schnell durch zu dem Hotel, in dem die Militärregierung saß. In der Höhle des Löwen wurde ich kurz von Zimmer zu Zimmer gereicht. Und landete schließlich in einer Art Warteraum. An einem Tisch bekam ich einen Schreiber in die Hand gedrückt und ein schier endlos langes, quergefaltetes Papier vorgelegt, bedruckt mit den berühmtberüchtigten 131 Fragen, die die Amerikaner sich ausgedacht hatten. Mit diesem Fragebogen wollten sie herausbekommen, wer, seit wann, wie lange, in welcher Form auch immer mit den Nazis zu tun gehabt hatte und wie es die sämtlichen Verwandten gehalten hatten. Du lieber Himmel, dachte ich, gegen diesen Fragebogen war ja der Ariernachweis ein Kinderspiel gewesen! – »Ausfullen und nickt lugen!« wurde mir streng bedeutet, und ich setzte mich brav hin wie zu einer Prüfungsarbeit in der Schule. Was hätte ich auch »lugen« sollen? Für meine Person war ich schnell fertig:

Jungmädel seit ca. 1935, unbestätigte Jungmädelschaftsführerin, 1938 ausgetreten, Reichsfilmkammer, Reichstheaterkammer, aus. – Nun die Familie, bis zu Vettern, Basen... Mein Gott! Ich mußte viele Fragezeichen hinschreiben und gab die lange Fahne schließlich nach ungefähr einer Stunde ab. »I do not know everything«, bekannte ich in meinem korrektesten Englisch. Es trug mir ein abfälliges Nicken und ein höhnisch-lakonisches »of course you don't« ein – und ein »wait here«.

Mein Fragebogen wurde quer durch den großen Warteraum in ein Zimmer gebracht, direkt gegenüber meinem Platz. Da niemand außer mir wartete, lüpfte ich jedesmal den Po, wenn sich diese Tür öffnete. Aber ich schien Luft zu sein. Auch als ich nach einer langen Weile in das geheimnisvolle Zimmer geführt wurde, war ich zunächst weiterhin Luft.

Als Luft muß man sich nicht setzen; ich blieb also abwartend bei der Tür stehen. Lange. In ziemlicher Entfernung, an einem breiten Schreibtisch voller Papiere und Telefone saß ein Amerikaner – zum Fürchten: breit und klobig, mit kurzgeschorenen Haaren, einer eingedrückten Nase und breitem, vorgeschobenem, brutal wirkendem Kinn. Unter der linken Achsel trug er, mit Ledergurten festgeschnallt, einen Colt. Er tat nur einen flüchtigen Blick in meine Richtung, quasi durch mich hindurch. Dann las und blätterte er weiter in Papieren. Na schön, er will mich schmoren lassen, dachte ich und versuchte, meinerseits Gleichgültigkeit zur Schau zu stellen. Endlich traf mich ein längerer, prüfender Blick – und nach kurzem Studieren meines Fragebogens sagte er, fast drohend: »Sosoo, Sie behaubd'n also, nich in d'r Bardei gewäs'n ze sein?« – in waschechtem Sächsisch! Die Überraschung war so vollkommen, daß ich Mühe hatte, nicht spontan herauszuplatzen. Aber nun ging alles wider Erwarten mühelos. Spezielle Nachfragen und Antworten fanden auch meinerseits in heimatlichen Lauten statt, schon aus Identifikationsgründen.

Die letzte Frage lautete: »Was wissen Sie von den Konzentrationslagern?« – »Das sind – nein, das waren Lager, in die offene Nazigegner, Denunzierte und Juden eingeliefert wurden«, antwortete ich nach bestem Wissen und Gewissen. Wie viele solcher Lager es gab? Wie viele Eingelieferte? Ich wußte es nicht. »Was geschah dort mit ihnen?« – »Sie mußten arbeiten. Extrem hart arbeiten, nehme ich an.« – »Soso, nehmen Sie an. Und wie waren Unterkunft und Verpflegung?« – »Baracken. Und sicher sehr wenig zu essen.« – »Und die Behandlung?« Ich zuckte hilflos die Schultern. »Was sagt Ihnen das hier?« fragte er und warf mir wie einen großen aufgeklappten Fächer einen Schwung Fotos auf die Tischplatte. Mir stockte das Herz: ausgemergelte, elende Figuren in gestreiften Lumpen – geschoren, mit tief eingesunkenen Augen und Wangen, mit herausspießenden Gelenkknochen – und die erstorbenen Blicke! Und schließlich nackte Leichen: mit Haut überzogene Skelette! Aufgerissene Augen! Wie im Schrei erstarrte, offene Münder! Berge von ihnen, kreuz und quer übereinander, wie wahllos weggeworfener Abfall... Ich hatte etwas so Grauenvolles nicht für ausdenkbar gehalten, geschweige denn es je gesehen; – doch: einmal etwas Ähnliches in einer deutschen Illustrierten: ein offenes Massengrab. Mich würgte es. »Katyn«, konnte ich nur hervorbringen. »Das waren die Russen, oder die Polen, in Katyn.« Der amerikanisch-sächsische Koloß schüttelte nur ein paarmal langsam den Kopf und sagte sehr leise: »Nein. Das waren die Deutschen, in Dachau. Das sind Aufnahmen vom 30. April.« Ich starrte ihn an, er starrte mich an. Alles in mir bäumte sich auf. Tränen drängten sich in die Augen mit der gleichen unbekämpfbaren Gewalt, wie einem das Erbrechen hochkommen kann. Ich wendete mich ab und erinnere mich nur an mein wiederholtes, entsetzt geflüstertes »O nein – o nein – o nein!« – »O ja – o ja«, sagte der Amerikaner tonlos und dann, als es mir gelungen war, mich wieder einigermaßen zu fangen: »Nun setzen Sie sich mal.« – Ich saß vor ihm mit gesenktem Kopf, den ich immer noch leicht schüttelte, und knüllte mein nasses Taschentuch. Er ließ mir Zeit, viel Zeit. Und das war auch bitter nötig...

»Was war denn nu eischendlich Ihr Anlieschen?« fragte er nach einer guten Weile. »Ach so, ja, ich wollte mir Erlaubnis holen, nach Salzburg zu gehen, zu meinen Kollegen.« Das sei sehr schwierig, versprechen könne er da gar nichts. »Aber Sie hören von uns, wenn sich eine Möglichkeit ergibt.« Namen der Kollegen. Deren Adressen. Meine Adresse. Gut.

Wie ich denn hier heraufgekommen sei. Zu Fuß? »Un wie komm Se wieder runder? Genauso? So. Ham Se schon was gegessen?« – »Ja, Frühstück.« – Er schaute auf seine Uhr. Es war ungefähr halb vier Uhr nachmittags. Aus einem Nebenzimmer rief er einen anderen Amerikaner herein und hatte ein kurzes, englisches Gespräch mit ihm. Dann eröffnete er mir: »Der Sergeant hier wird jetzt mit Ihnen in die Messe gehen. Dort kriegen Sie was zu essen. Und danach können Sie im Jeep mit ihm runterfahren nach Hofgastein. – Er hat dort sowieso was zu erledigen.«

Meinen Dank quittierte er mit lässigem Abwinken und war schon wieder in seine Papiere vertieft, als ich mit dem Sergeant das Zimmer verließ.

Ich kann jetzt nichts essen, dachte ich. Aber schon auf dem Weg zur Messe spürte ich, wie der Hunger die Überhand bekam. Dort erhielt ich Kaffee, Butter, Käse, Erdnußbutter – und Weißbrot!! Keine Torte kann heute eine solche Delikatesse sein wie damals dieses Weißbrot. Es war wirklich weiß und so weich, daß man es, ohne die Zähne zu gebrauchen, sanft zwischen Gaumen und Zunge zusammendrücken konnte, bis es den ganzen Mundraum ausfüllte: Wohlgefühl und Wohlgeschmack in einem. Am liebsten hätte ich es gar nicht hinuntergeschluckt.

Ich weiß nicht, wie es geschieht, aber ich konnte förmlich fühlen, wie der Mechanismus der Verdrängung – so oft geübt in all den vergangenen Jahren – begann, sich in Bewegung zu setzen. Ich mußte versuchen, die entsetzlichen Bilder, die ich gesehen hatte, aus meinem Denken zu verbannen, mußte aufhören, mir vorzustellen, daß Deutsche fähig gewesen waren, so etwas zu tun; daß vielleicht meine jüdischen Freundinnen aus der Schulzeit, meine geliebte Dorle Heller... Nein, nein, nicht so etwas denken! Wenn ich nicht verrückt werden wollte, mußte ich das vergessen! – Ich konnte es schließlich, mit der Zeit, verdrängen. Vergessen nie mehr...

Die Fahrt im offenen Jeep von Bad Gastein nach Hofgastein hinunter war ein neues Erlebnis, das mich nach dem Schock vorsichtig wieder hoffen ließ, daß die Welt doch noch schön sein – oder schön werden könnte. Der Wind schien zu helfen. Er blies mir kräftig durch die Haare, und es war, als ob er die trostlosen Gedanken und Überlegungen wegpustete.

Alle Wiesen- und Waldstücke, an denen ich am Vormittag zu Fuß angestrengt vorbeigestiegen war, schnurrten nun ohne Mühe gleichsam sausend zurück. Der schlaksige Posten aus dem Schilderhäuschen grüßte grinsend den dunkelhaarigen, molligen Sergeant neben mir. Der schien nicht sonderlich erbaut von seinem Auftrag zu sein, steuerte meist nur mit einer Hand und schaute eher nach links in die Landschaft als nach rechts zu mir.

Eigentlich nur, um mein Englisch weiter auszuprobieren, stellte ich ihm die blödeste aller Fragen: »Do you like Austria?« Die Antwort kam, wie auch alle folgenden, knapp und abweisend: »Nice country.« – Pause. »Do you like the Germans?« (Noch blöder!) – Hierauf schaute er mich zum ersten Mal direkt an, kniff die Lippen zusammen, zog die Mundwinkel herunter und schaute wieder nach links in die Landschaft. Auch eine Antwort! Geschah mir recht. – Pause. – »Do you hate the Germans?« Ein gelangweiltes »I don't care« kam zurück. Ich probierte alle möglichen Vokabeln durch, um herauszufinden, was »care« bedeuten mochte. Kopfschütteln war seine ständige Antwort, bis er das enervierende Spiel abbrach mit einem dezidierten »I – do – not – care! – okay?!«. Alles, was ich ihm noch im Laufe der Fahrt entlocken konnte, war, daß er Norman Clark hieß, »Claahk« mit einem ganz offenen A, denn er stammte aus Boston. Er sprach das »Baasten« aus, Baasten Massachusetts.

Schließlich ließ er mich vor meinem Hotel Post aussteigen, erwiderte mein höfliches »Thank you very much« mit einem lässigen »That's alright« und fuhr ab. – Einige Passanten steckten die Köpfe zusammen. Mir kam es ja auch seltsam vor: Vor ein paar Wochen noch, aus dem Schnee vom Straßenrand aufgelesen, in Skorzenys Sportwagen, und heute in einem amerikanischen Jeep. Verrückte Zeiten!

So entsetzlich unsicher herumschwimmen in einer fremden Sprache wie heute wollte ich auf keinen Fall mehr. Ich stürzte mich ohne Übergang sofort noch intensiver als bisher ins Englischpauken. Aus der Zeitung schrieb ich mir jeden Tag die ersten zwanzig Wörter ab, die ich nicht ins Englische übersetzen konnte, schaute sie in meinem neu erworbenen Wörterbuch nach und schrieb sie in ein Heftchen. Es blieb leider ein sehr trockenes, lebloses Lernen. Gelegenheit zum Reden hätte ich gebraucht!

Im übrigen ging ich wieder hungrig über die grünenden Wiesen – des himmlischen Weißbrotgenusses gedenkend, den ich in einem schönen Traum gehabt haben mußte. Manchmal tauchten Ami-Autos im Ort auf; Norman Clark habe ich nie dabei gesehen. Sie kamen meist, um irgend jemanden abzuholen, oft wahrscheinlich Nazis.

Eines Tages stand auch vor der Tür meines kleinen Hotels ein Jeep. Meine lieben Wirtsleute kamen eiligst angelaufen, hinter ihnen ein Ami, und verkündeten aufgeregt: »Dieser Herr Amerikaner will Sie abholen.« – Mich?? »Are you Brüni Lohbell?« fragte der Ami, der offenbar etwas Mühe mit meinem Namen hatte. »Yes, Bruni Löbel«, bestätigte ich. Darauf überreichte er mir ein Briefchen, das mich ohne Übergang in freudige Aufregung versetzte. Ich erkannte Margot Hielschers Handschrift auf dem Kuvert. Ich habe es noch, wenn auch leider ohne ihren Brief. Aber auf die Rückseite des Umschlages hatte der Amerikaner, in der Annahme mich nicht anzutreffen, schon etwas geschrieben:

»Bruni: I came to see you and to ask you when – on what day you will come to Salzburg to work for us. – Please call me at the theater or call Major Mitchell at 3rd Division Special Service office.
    Beck«

Endlich – endlich! Der kleine, dürre Ami-Soldat kam mir vor wie der Prinz, der die Dornenhecke durchbrochen hatte.

Schnelles Kofferpacken habe ich mein Leben lang üben müssen. Aber so hoppla-hopp, wie ich hier fertig war, habe ich's wahrscheinlich nie wieder geschafft. In Nullkommanix hatte ich alles abgewickelt und saß zum zweiten Mal innerhalb einer so kurzen Zeitspanne auf dem Beifahrersitz eines amerikanischen Jeeps, ein Kopftüchel als Windschutz unters Kinn gebunden. Ich strahlte. Ralph Beck, so hieß mein Befreier, schmunzelte: »You like to go to Salzburg – eh?« – »And if!« antwortete ich enthusiastisch und ganz falsch. Wie er meine Adresse herausgefunden habe, wollte ich radebrechend wissen. »Military Government in Bad Gastein knew it«, berichtete mir Ralph. Ich war tief gerührt – und beschämt, daß ich schon an der Zuverlässigkeit meines ehemaligen Landsmannes gezweifelt hatte. – Wir lachten und plapperten während der ganzen Fahrt; es war der anregendste und wirksamste Englischunterricht, den ich bis dahin gehabt hatte.

Die Böschung bei Bischofshofen, auf der ich vor wenigen Wochen noch im Schnee vom Schlaf übermannt worden war, schimmerte jetzt zartgrün, mit ersten zaghaften Frühlingsblumen hier und da. Die Sonne schien. Die Luft war mild. Hatte es tatsächlich hier kürzlich Schneetreiben gegeben? Das mußte in einem anderen Zeitalter gewesen sein.

Der Wirrwarr danach

Ein gemütliches, warmes Hotelzimmer, Wäscheversorgung, täglich drei herrliche Mahlzeiten in der *messhall*, jede Woche ein Stück Seife, weich und duftend, und eine Stange (!) Zigaretten (bei der ersten Lucky Strike fiel ich fast um vor Übelkeit), und für all das mußte ich nicht einmal bezahlen. Es war klar: Ich hatte den Krieg gewonnen!

Nicht nur mußten wir nichts zahlen, sondern wir erhielten auch noch Geld für unsere Dienstleistung, wenn auch angesichts der Naturalien nur ein größeres Taschengeld. Ralph hatte mir auf der Herfahrt ja schon die aufregende Mitteilung gemacht, daß die Amerikaner mit den verbleibenden Mitgliedern unseres Filmteams Shows für amerikanische Soldaten machen wollten. Meine Bedenken, daß wir doch alle nicht genug Englisch sprächen, zerstreute er mit »You'll learn«. Und wir lernten wirklich.

Nach dem Wiedersehen mit stürmischer Begrüßung erfuhr ich von den Kollegen, die noch erreichbar gewesen und nun hier versammelt waren, nähere Einzelheiten. Margot Hielscher, Paul und Doris Dahlke, Fritz Odemar und ich würden auf der Bühne agieren. Dazu kamen vier Solotänzerinnen vom Berliner Staatsopernballett und ein Choreograph mit seinen Ballettmädchen, die schon die Bezeichnung »The Rhythmettes« angenommen hatten. Auch Amerikaner sollten im Ensemble sein: Jack Bracken, ein amerikanischer Steptänzer, Lew Ballatore, ein komischer Turnakrobat sowie zwei Zauberkünstler: Ed Ralston und Ralph Beck. Nicht genug damit! Auch eine amerikanische Jazzband stand zur Verfügung: »The Happy 15«. Es konnte einem fast schwindelig werden: ein komplettes Revue-Ensemble!

Aber woher sollte das Programm kommen? Dave Cooper wurde uns zugeteilt, ein lustiger, kleiner, rothaariger Leutnant, der als David Kupfer rechtzeitig aus Wien ausgewandert war. »Ihr habt's doch alle schon mal was gespielt oder gesehen, was in so ein buntes, lustiges Programm paßt«, sagte er. »Also kratzt's das aus eurem Hirn zusammen, schreibt's auf, und ich übersetz es euch.«

Es ging ja um unsere momentane Existenz, aber es war auch die aufregendste Herausforderung, die man sich denken kann. Mit einem Eifer sondergleichen stürzten wir uns alle in die Lösung der gestellten Aufgabe: dachten nach, schrieben auf, dichteten hinzu, was wir nicht mehr auswendig zusammenbrachten, erfanden Neues und schütteten uns aus vor Lachen über diesen und jenen Einfall. – Ich wollte ein Chanson bringen, von dem es natürlich keine Noten gab. Also ging ich zu Ken, dem Bandleader. Der notierte geduldig und gewissenhaft, was ich ihm per Lalala vorsang, und beruhigte mich: Das werde er schon für seine »15« arrangieren. Mit rauchenden Köpfen lieferten wir nach der ausgemachten Zeit unsere Elaborate ab.

Dave war unglaublich schnell mit der Riesenarbeit der Übersetzung fertig und ließ sie noch von »Ur-Amerikanern« mit idiomatischen, witzigen Begriffen aufpolieren. Herrlich, wie man so die englische Umgangssprache lernte, lachend lernte. Als die Übersetzungen vorlagen, begann das Lern- und Zungentraining. Mit der Aussprache hatten wir die vergnüglichste Mühe. Dave war unser Lehrer und sprach uns geduldig vor. Das Nachsprechen fiel manchen, auch mir, sehr leicht. Aber Paul Dahlkes Zunge schien sich zu verknoten, und das um so krampfhafter, je mehr er sich um vollkommene Lockerheit bemühte. Wir lagen am Boden vor Lachen, und Paul lachte selbst Tränen darüber.

Ich blieb nach wie vor hartnäckig dabei, meinen Wortschatz auf die gewohnte Weise zu erweitern. Die amerikanische Soldatenzeitung »Stars and Stripes« war geeignet zum Herausziehen all der englischen Wörter, die ich nicht ins Deutsche übersetzen konnte. Und

umgekehrt blieben deutsche Zeitungen weiter zuständig für Wörter, die ich im Englischen nicht kannte. In meinem Wörterbuch standen hinter jedem gesuchten deutschen Wort meist verschiedene mögliche Übersetzungen. Ich wählte der Einfachheit halber immer diejenigen, die dem Deutschen phonetisch am ähnlichsten waren. Hatte ich mir ein neues Wort angeeignet, so brannte ich natürlich darauf, es nun möglichst bald auch in der Praxis anzuwenden. Ein-, zweimal bin ich mit diesem Lernprinzip ganz schön reingefallen. Das erste Mal gab es sogar einen kleineren Eklat: Der Kommandierende General hatte zu einer großen Abendgesellschaft auf Schloß Kleßheim bei Salzburg eingeladen. Es ging, dem Ambiente entsprechend, fürstlich zu, für mich unwirklich wie in einem Film. Alle eingeladenen Damen hatten sich in das Beste gekleidet, das irgend auszuleihen oder sonstwie aufzutreiben gewesen war, und sahen denn auch sehr puppig aus. Für jede war ganz formell ein Offizier abgestellt worden, der seine Dame abzuholen hatte und für den Abend auch ihr Tischherr war. Alles war bereits im Schloß versammelt und stand im großen Vorraum des Speisesaals bei Cocktails zusammen. Der General schaute nach einer Weile des öfteren auf seine Uhr. Er wollte offensichtlich zur Tafel bitten, aber ein Paar fehlte noch. Das war ein wenig peinlich; aber schließlich gab er doch das Zeichen, Platz zu nehmen. In diesem Moment erschienen die beiden, einigermaßen außer Atem, und warteten mit folgender Geschichte auf:
Die Wirtsleute der jungen Dame hatten, in der Annahme, sie sei bereits weggegangen, das Haus abgeschlossen, als sie es verließen; und sie selbst besaß keinen Hausschlüssel. So schaute die Arme ausgehbereit aus ihrem offenen Fenster im ersten Stock und versuchte, dem unten stehenden Abholer in holprigem Englisch die vertrackte Situation zu erklären. Der Amerikaner, des Deutschen noch weniger mächtig als die Dame des Englischen, organisierte mit viel Gestik und Mimik aus der Nachbarschaft eine Leiter, legte sie umständlich an und bugsierte die Dame – in weitem Rock und mit Stöckelabsätzen! – Sprosse für Sprosse hinunter – und hier waren sie nun.
Es gab natürlich Gelächter und Beifall. Und dann entstand plötzlich eine dieser seltenen, unverabredeten, absoluten Gesprächspausen, bei denen man sagt: Ein Englein fliegt durchs Zimmer. – Dies

war meine Gelegenheit. Aus der Zeitung hatte ich morgens das Wort »Raub« aufgeschrieben. In meinem Wörterbuch hieß es dafür: »Robbery, prey, spoil, theft, rape«. Das letzte Wort klang »Raub« am ähnlichsten, also hatte ich das gelernt. Und nun posaunte ich meine neue Worterwerbung stolz in die Stille hinein: »Well, that sounds like rape, doesn't it.« Ich hatte, wenn schon nicht Gelächter, so doch ein Schmunzeln erwartet. Statt dessen gefror das bestehende Schweigen zu Eis. Der General fand als erster die Sprache wieder: »Pardon me, what did you just say?« Unbekümmert, und nun sogar noch etwas lauter und deutlicher, wiederholte ich meine Weisheit und fügte sicherheitshalber gleich das Deutsche hinzu: »Das klingt wie Raub!« Nun brach, wie eine Art Spätzündung, ein tosendes Gelächter aus, das mich mindestens ebenso überraschte wie vorher das eisige Schweigen. – Von einem Dolmetscher wurde ich rasch aufgeklärt: »Rape« wird tatsächlich in gewissen Fällen für »Raub« verwendet, wie in *Raub der Sabinerinnen* zum Beispiel. Aber die übliche Übersetzung ist »Vergewaltigung«. – »Watch out that you don't get raped!« (»Geben Sie acht, daß Sie nicht vergewaltigt werden!«) sagte der General lachend bei der Verabschiedung zu mir.

Zuerst erschraken wir alle gewaltig, als es sich im Sommer herumsprach, daß unsere *3 rd Division* nach Deutschland verlegt werden sollte. Wie eine Belohnung für unseren Einsatz empfanden wir es dann, daß man uns mitnahm.

In einem komfortablen Reiseomnibus, wie ich ihn bis dahin noch nie gesehen hatte, wurden alle deutschen Mitglieder unserer Show über die nahe Grenze heimgefahren »ins Reich«. Es war das Ende meiner Salzburger Zeit, in der so viele grundlegend verschiedene Eindrücke von dunkel bis hell auf mich eingewirkt hatten.

Der Abschied fiel nicht schwer, die Neugier auf das, was die nahe Zukunft nun bringen mochte, überwog alle anderen Überlegungen. Zudem schien man in Österreich plötzlich in jedem Reichsdeutschen einen potentiellen Usurpator zu sehen.

Ich war froh, wieder nach Deutschland zu kommen – auch, weil ich glaubte, nun bald Kontakt mit der Familie und Freunden aufnehmen zu können. Die Ice-box des Busses war prall gefüllt mit Proviant und Getränken. Die dreh- und kippbaren Sitze boten bequeme

Möglichkeit zum Dösen oder Schlafen. So kamen wir trotz der langen Fahrt relativ ausgeruht an.

Unser neuer Standort war Bad Wildungen, ein hübscher, damals recht verschlafener Kurort, der offenbar nicht allzuviel vom harten Kriegsgeschehen abbekommen hatte. Einige leerstehende Kurhotels gab es hier, Hospitäler und auch ein kleines Theater, das uns in der kommenden Zeit für unsere Special Service Shows dienen würde. Und auf jeden von uns wartete ein freundliches Zimmer in einem der requirierten Pensionshäuser.

Das Haus Rohde in der Kirchenstraße nahm uns sehr herzlich auf. In diesen Zeiten sein Haus langfristig voller solventer Gäste zu haben, bedeutete für unsere neuen Wirtsleute sicher einen Glücksfall. Der Hausherr selbst half denn auch sofort emsig mit, unser Gepäck vom Bus in die Zimmer zu schleppen und hätte wahrscheinlich sogar beim Auspacken mit geholfen, wenn wir ihn gelassen hätten. – Die Dahlkes, Fritz Odemar, Margot Hielscher und ich hatten gemeinsam eine Art Vierzimmerwohnung im Erdgeschoß. Wir waren schnell eingerichtet und unsere Amerikaner waren hier bald mehr daheim als in ihren Quartieren.

Nach den Vorstellungen saßen wir in jedem Zimmer reihum, mal beim einen, mal beim anderen, beisammen. Paul hatte ungeheuer viel Sitzfleisch, besonders, wenn wir von der nahen Gastwirtschaft einen Krug Bier geholt hatten. Einmal schaffte ich es auf sein Bitten hin, gerade noch kurz vor der Sperrzeit des Lokals einen Krug zu ergattern, brachte ihn der versammelten Runde, die in meinem Zimmer saß und verkündete wahrheitsgemäß, daß ich nun aber sehr müde sei und bäte, nebenan weiterzufeiern. Das ärgerte Paul so, daß er mir wortlos den gesamten Krug über den Kopf goß. Unnötig zu beschreiben, welche Riesenschweinerei das verursachte. Ich fand das damals gar nicht komisch und habe mindestens zwei Tage nicht mit ihm geredet. Aber lange konnte man dem verrückten Kerl ja nicht böse sein...

Für Bad Wildungen arbeiteten wir ein neues Show-Programm aus mit dem anspruchsvollen Titel *Out of this World*. – In einer Zaubernummer mit Ed Ralston mußte ich mich sichtbar in ein kleines, fahrbares Häuschen setzen, das, nachdem es geschlossen worden war, mit Spießen traktiert wurde. Nach dem Wiederöffnen war ich verschwunden und sprengte mit meinem überraschen Wiedererscheinen am Schluß das Hausdach. – Das machte zwar Spaß, aber die Erfüllung für jemanden, der Theater spielen wollte, war es auf lange Dauer nicht. Ich begann darüber nachzudenken, wie ich wohl wieder Anschluß ans deutsche Theater finden könnte.

Im Gespräch mit dem Chef der Special Services, Major Spreyer, erfuhr ich, daß seine Vorfahren aus dem Erzgebirge stammten und er vorhatte, eine Reise dorthin zu unternehmen, um nach möglichen Verwandten zu forschen. Ob er mich denn nicht bitte bitte mitnehmen könne, bettelte ich. Das war zwar nicht möglich. Aber er versprach mir, meine Familie in Chemnitz aufzusuchen und einen Brief mitzunehmen.

Nach ein paar Wochen wurde mir beim Frühstück der Antwortbrief gebracht. Major Spreyer selbst war schon wieder über alle Berge und ließ mich grüßen. Es sei »everything okay«. Das war schon einmal eine erste Erleichterung. Dennoch, war ich ganz zittrig, als ich den Umschlag mit der vertrauten Handschrift von Mutti öffnete.

Schon nach den ersten Zeilen kullerten mir die Tränen herunter. Sie lebten alle, nur mein lieber, gescheiter Dackel, der Seppel, war tot. Das allein war nicht unbedingt ein Anlaß zum Weinen, aber was die Mutter sonst noch berichtete, war zum Verzweifeln: Chemnitz war zuletzt auch noch bombardiert worden, die Innenstadt schlimm zerstört. In der Weststraße war zwar ziemlich alles heil, aber sie hungerten und hatten erbärmlich gefroren, und der nächste Winter stand vor der Tür. Ruthchen war noch im Krieg als technische Zeichnerin eingesetzt worden und sei nun öfter krank. Vati sei abgemagert. Es mangele an allem. – Und ich saß hier wie die Made im Speck, und konnte nicht reisen, nicht helfen! Sollte ich da nicht weinen?

Ich mußte helfen! Und es mußte ein Weg gefunden werden, Nahrungsmittel nach Chemnitz zu bringen. Ich sah all das viele Weißbrot auf jedem Tisch, in jedem Körbchen so viele Scheiben, die nicht gegessen worden waren. – Am nächsten Morgen kam ich mit einer geräumigen Tasche an und sammelte alles übriggebliebene Brot ein – von nun an täglich. Der Mess-Sergeant wußte Bescheid und hatte zufällig dann immer gerade in der Küche zu tun. Ich trocknete und hortete die Brotscheiben in dem großen, weißen Kopfkissenbezug, der von Muttis leinener Bettwäsche noch übriggeblieben war. Da würde noch eine Menge hineinpassen.

Die Post funktionierte noch immer nicht. Die Amerikaner, die zuerst Sachsen besetzt hielten, hatten dieses Territorium nun den Russen überlassen – auf Grund eines Abkommens unter den Alliierten, hieß es. Dadurch war alles noch viel schwieriger geworden. Und die Angst, die ich meinetwegen vor den Russen ausgestanden hatte, kroch nun wieder in mir hoch, wenn ich an meine Schwestern dachte.

Colonel Johnson, mein Tischherr aus Schloß Kleßheim, lud mich ab und zu zum Essen in die Offiziersmesse ein. – Ich erzählte ihm von daheim und daß ich verzweifelt nach einem Weg suche, meiner Familie Hilfe zu bringen. Er versprach mir, darüber nachzudenken, und ich hoffte, es werde ihm wirklich etwas einfallen.

Nicht lange danach saß ich im Fond eines dicken Armeewagens, neben Colonel Charlie Johnson. Der Fahrer hatte eine Straßenkarte von Sachsen neben sich und bereits »American Territory« verlassen. Unsere Show hatte gerade zwei Tage spielfrei, so war es kein Problem gewesen, den Colonel auf einer »Informationsreise« durch Sachsen zu begleiten – als seine »Dolmetscherin«. Außer meinem Übernachtgepäck führte ich noch einen von einem unserer amerikanischen Mitspieler geliehenen olivfarbenen Dufflebag mit mir. Er war bis zum Rand gefüllt mit meinem Weißbrot-Kopfkissen und noch einigen Konserven und Schokoladenriegeln, die mir die Ami-Freunde zugesteckt hatten. Ich war aufgeregt wie ein Kind, das wieder mal zur Mama darf und ein besonders schönes Geschenk mitbringt.

Nicht minder aufgeregt war Charlie Johnson. Auch für ihn schien diese Fahrt ein Art Abenteuer zu sein, da er sich ja, seine gewünschten Informationen betreffend, etwas Handfestes hatte ausdenken müssen. Er vertraute darauf, daß niemand ihn aufhalten und unangenehme Fragen stellen würde. Erstens reiste er doch mit dem Emblem eines hohen amerikanischen Offiziers am Wagen, und zudem waren die Russen ja seine Waffenbrüder.

Es sah zunächst so aus, als ob sein Vertrauen in den Gang der Ereignisse gerechtfertigt sei. Wir hatten ohne Aufenthalt und Komplikationen schon lange die Demarkationslinie passiert und befanden uns bereits in der unmittelbaren Nähe von Chemnitz. Da trat das Unerwartete und offenbar auch Unvorhersehbare ein:

Der Wagen hatte einen Schaden, den der Fahrer allein nicht beheben konnte. Alles, was er noch konnte, war bergab zu einer Tankstelle rollen, die glücklicherweise schon in Sicht war; dort würde meine Hilfe als »Dolmetscherin« gefragt sein. Wie sollte ich denn die technischen Ausdrücke verdolmetschen? Mir war ziemlich mulmig zumute.

Der Tankstellenbesitzer erklärte, daß die Reparatur seine Möglichkeiten übersteige; er werde telefonieren. Zehn Minuten später hielt ein russischer Kübelwagen an der Tankstelle, dem ein Russe und eine Russin entstiegen, beide uniformiert. Die Frau stellte sich als Dolmetscherin vor und sprach von Kollegin zu Kollegin mit mir. Selbstverständlich werde man alles tun, um dem Colonel aus dieser Situation zu helfen. Aber während der Reparatur müsse er die Gastfreundschaft des Kommandierenden Generals von Chemnitz annehmen. Es sei ohnehin unverzeihlich, daß die Grenzposten das Kommen eines so hohen verbündeten Offiziers nicht vorausgemeldet hätten. Es gab kein Nein. Ein bequemer PKW kam an, und Charlie und ich mußten einsteigen. Unserem Fahrer wurde die Adresse genau beschrieben, zu der er dann mit dem reparierten Fahrzeug zu kommen habe. Ein Russe blieb – als Lotse – bei ihm. Mir ging alles mit Grundeis – und Charlie wohl auch.

In einer geräumigen Wohnung im dritten Stock eines von den Russen requirierten Hauses saß der russische General – wie sich der furchtsame kleine Moritz einen solchen vorstellen mag: ein breitschultriger Koloß mit klobigem Mongolengesicht voller Narben. Er strahlte, als wir eintraten, als hätte er seine verlorengeglaubten Lieben wiedergefunden. Der ganze lachende Mund voller Goldzähne blitzte um die Wette mit den Ordensreihen auf seiner Brust. Das, was die Dolmetscherin mir mitteilte – vom Russischen ins Deutsche übersetzt –, nun in Englisch weiterzugeben, war für mich eine unglaubliche Strapaze. Trotz aller großartigen Fortschritte, die ich im Englischen in den vergangenen Monaten gemacht hatte, besaß ich doch nicht annähernd die Fähigkeiten, die für meinen Job erforderlich gewesen wären. Und wenn diese Russin Englisch ebenfalls beherrschte, könnte sie mein Gestammel enttarnen. Aber sie lächelte nur. Auch der General lächelte. Alle, die als Tischgenossen mit um die gedeckte Tafel saßen, lächelten unentwegt. Charlie und ich saßen dem General und der Dolmetscherin direkt

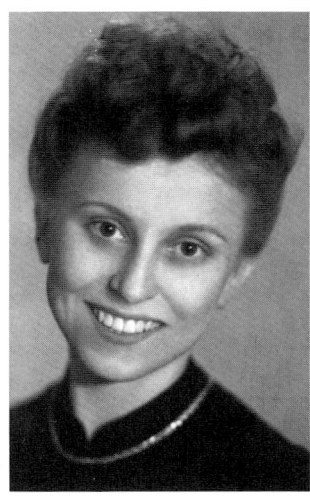

57   Links: »Im sechsten Stock« von Alfred Gehri, Kleine
ömödie München, 1953: Mit meiner Schwester Margot Leonard
»Anspucken« vor der Premiere. – Rechts: Meine eineinhalb Jahre
ngere Schwester Ruth; wir wuchsen fast wie Zwillinge auf. Ruth
rb 1952, knapp dreißigjährig

Mein unter vielen Opfern
die Eltern erbautes Häus-
en in Biesern, das man mir in
Endphase der DDR ent-
nete

Besuch in der Grünwalder
errenwiesstraße, ca. 1952/53:
ria Solveg-Matray, Ernst
atray, Ferry Ahrlé und meine
hwester Margot. (Auch die
iden Dackelinnen Bini und
rgl sind dabei – der Mit-
ngsel-Hut der Matrays war
; Marzipan.)

] *Gegenüberliegende Seite*

0–62   Oben: »Laß die Leute reden«, Deutsches
chauspielhaus Hamburg, Silvesterpremiere 1953,
zene mit Peter Schütte, Joseph Offenbach und
nnie Rosar. – Mitte: Mein erstes Fernsehspiel
it 1940 (!): »Hofloge« von Karl Farkas beim
ernsehen des NWDR Hamburg, 1954. Mein
artner war Hermann Lenschau. – Unten: »Die
tadt ist voller Geheimnisse«, Hamburg 1954, ein
ilm in der Regie von Fritz Kortner. Mit Carl-
einz Schroth und Georg Thomalla

68/69 Shakespeares
»Was ihr wollt«, Kam‐
merspiele München,
1957. Regisseur Fritz
Kortner: »Das ist ja
grauenhaft! Eine
Beleidigung für die
Ooohren!« und als
Maria: »Hahahaaa!« ‐
in allen Schattierunge
(Collage)

◁ ◁ *Vorhergehende S.*
63–67 Oben: »Ge‐
liebte Feindin«, 1955:
Szene mit Partner Ro
Henniger und Thoma
Holtzmann; rechts: In
gleichen Film als kess
Diseuse und als trauri
Liebende. - Unten
links: Als Gabriele in
Jacques Offenbachs
»Pariser Leben«, Deu
sches Schauspielhaus
Hamburg, 1955. Hier
mit Benno Gellenbeck
als Pompa di Matado‐
res. - Unten rechts: A
Dolly in Ralph Benatz
kys »Meine Schwester
und ich«, Komödie in
Marquardt Stuttgart,
1956. Mit Johannes
Heesters als Roger

70 »Tumult im Nar
renhaus« von Lope de
Vega, Bayerisches
Staatsschauspiel Mün‐
chen, 1958: Als Doña
Fedra mit Peter Arens
als Don Floriano

Zweimal Kleine Komödie München, 1958:
»Kreis« von W. Somerset Maugham. Szene
/Valter Rilla ...

72   ... und »Intimitäten« von Noel Coward mit
Karl Schönböck

Zweimal Bayerisches Staatsschauspiel
chen: »Dame Kobold« von Calderón,
. Als Isabel mit Hans Clarin als Cosme ...

74   ... und »König Hirsch« von Carlo Gozzi,
1959. Als Smeraldina mit Dieter Kirchlechner als
Truffaldino

75 Mein Sohn Felix, 1963,
beneinhalb, kurvt mit dem
schweren Traktor des Nach[...]
auf Oberlohers Wiese herum[...]

76 »Das Lied der Taube«
John van Druten, Theater a[...]
Berliner Allee Düsseldorf, 1[...]
Als Sally mit Holger Hagen [...]
Bill

77 Holger ganz privat, im
Urlaub in Obergurgl, 1964

Obergurgl, ca. 1965: Mit
ger und Skilehrer Josef
ter

»Gefallene Engel« von
el Coward, Kleine Komödie
nchen, 1964: Szene mit
ger Hagen

Mein Lausbub Felix,
1963/64

81 »Belvedere« von Gwen Davenport, Kleine Komödie München, 1963: Szene mit
Carl-Heinz Schroth - Vorgeschmack auf privates Modellieren in Ton

82 »Die Kassette« von Carl Sternheim, Regie:
Rudolf Noelte, Freie Volksbühne Berlin, 1960:
Als Fanny mit Theo Lingen als Heinrich Krull

83 Shakespeares »Was ihr wollt«, diesmal im
Fernsehen in der Regie von Ludwig Cremer, 19(
– wieder einmal die »Lachmarie«: Szene mit Sie
fried Lowitz

gegenüber. Es wurde aufgetragen. Sicher gab es auch zu essen. Aber ich erinnere mich hauptsächlich, daß ein Glas Wodka nach dem anderen eingeschenkt und geleert wurde. Ein Toast ergab den nächsten – auf sowjetisch-amerikanische Waffenbrüderschaft wurde getrunken, auf Präsident Roosevelt, auf Stalin, auf Churchill, auf weitere gute Freundschaft und auf Gott weiß was. Und immer mußte es »ex« sein. Ich durchschaute ziemlich bald, worauf das hinauslaufen sollte. Charlie schien rein gar nichts zu vertragen, seine Zunge wurde schon bald schwer. Sie wollten ihn ausschalten – und dann: Gnade mir Gott! – Ich begann, wie ich meinte unbemerkt, Charlies Glas beiläufig zu fassen und den Inhalt am Tischtuch ablaufen zu lassen. Charlie lallte ein leises »Thank you« und trank nun dauernd aus beinahe leerem Glas ex.

Das ging eine Weile gut, während mich der General mit eindeutigen Blicken musterte – und weiter lächelte. Er sprach zur Dolmetscherin, und sie vermittelte mir: »Der General möchte Ihnen sagen, er sieht genau, was Sie tun.« – Ich glaube, ich habe noch nie in meinem Leben so verkrampft hellauf gelacht. Er lachte mit. Alle lachten. Dann bat ich um Entschuldigung, aber der Colonel habe ein – Magengeschwür. Sollte sich die Russin doch auch einmal mit einem schweren Wort herumplagen! Mir war übel. Alles »Poschjalistja nje isnasiliitje menja« würde mir nichts nützen. Was tun? Was tun? »Wo ist die Toilette?« fragte ich. »Gleich die Tür links, beim Eingang.« Aber Momeeeent! Dieser Soldat werde mich begleiten und vor der Tür warten, um mich wieder zurückzuführen. Da saß ich also in der Falle. Ich brütete einen vagen Plan aus. Ob das funktionieren würde? Der Soldat vor der Klotür trat etwas zurück, als ich herauskam – und ich schickte mich an, gemächlich zurück zum Zimmer zu gehen. Nach ein paar Schritten schlug ich urplötzlich einen Haken, spurtete zurück zur Flurtür, riß sie auf und fing an, die drei Stockwerke hinunterzurasen, den kurzfristig übertölpelten Posten nun immer dicht auf den Fersen. Ich schrie, daß es im Treppenhaus hallte, nach unserem Fahrer. Der war gottlob schon zurück, kam mir auf halbem Weg entgegen, blockte meinen Verfolger ab so gut es ging und riß unten auf der Straße den Wagenschlag auf. Ich sprang – schwupp, wie ein Fisch – hinein, und der Fahrer schloß mich blitzschnell ein. Der Russe pochte draußen ans Fenster, und mir pochte das Herz bis zum Hals. Die beiden Waffenbrüder verschwanden gemeinsam im Haus, nachdem dem einen klar war, daß er meiner nun nicht mehr habhaft werden konnte. Ich saß und wartete, lange. Schließlich kam Charlie, gestützt vom Fahrer, herunter, der Russe hinter ihm. Der Wagen wurde zu meinem Entsetzen aufgeschlossen, Charlie ließ sich neben mich plumpsen und der Russe fuhr auf dem Beifahrersitz mit. »Don't worry«, sagte der Fahrer, »he's a nice guy.« Das war er wirklich. Er verließ uns während der ganzen Reise nicht mehr.

Als ich vor der vertrauten Haustür Nummer 62 in der Weststraße stand, kam gerade ein alter Mann heraus: Schlohweißes Haar schaute unter der Hutkrempe hervor. Der Hut schien viel zu groß, wie alles, was der Mann trug. Sein Hals ragte dünn aus einem viel zu weiten Hemdkragen heraus. Der braune Anzug mit den hellen Nadelstreifen schlotterte um ihn herum. Den Anzug erkannte ich sofort. Dann erst meinen Vater.
Auch er stutzte, als er meinem Blick begegnete. Dann lagen wir einander in den Armen, und die Tränen waren nicht aufzuhalten. Die Amis und der Russe hielten sich diskret-verlegen im Hintergrund. Dann packte mein Vater mein Köfferchen und den Dufflebag und verkündet schon im Hausflur lautstark mein Kommen.
Während ich mit Charlie Johnson noch einen Abholtermin ausmachte, kamen schon Ruth und Margot aus der Wohnungstür gestürzt, auch sie abgemagert, auch hier Tränen. Der russische Betreuer kam sich sichtlich überflüssig vor, was er ja auch war. Aber er hatte offenbar strikten Befehl, mich nicht aus den Augen zu lassen. Er saß verlegen und bescheiden auf einem Stuhl nahe der Tür und schaute vor sich hin.
Vati war rein zufällig in Chemnitz. Sie hatten ihn 1944 noch zum Volkssturm geholt; er war ja »erst« 57 Jahre alt. Nach dem Krieg erhielt er – als Dank des Vaterlandes – dann keine Zuzugsgenehmigung mehr. Nur Ruth und Margot hatten die Erlaubnis, vorläufig noch in dem halben Zimmer zum Hof hinaus zu bleiben. Den Rest der Wohnung mit allem, was drin war, hatte eine Familie annektiert, die hier eingewiesen war. Es waren alte Kommunisten und nun also Privilegierte.
Vater und Mutter waren nach Biesern gezogen, wo sie die Bieserner Mutter pflegten. Die hatte einen Schlaganfall erlitten, als die

Russen ihr eröffneten, sie müsse aus ihrem Haus heraus. Sie verstand die Welt nicht mehr. Das Recht, auf Lebzeiten in diesem Haus wohnen zu dürfen, war doch beim Notar verbrieft und besiegelt worden, als sie es vor Jahren an Annacker verkauft hatte. Der aber wurde nun als Großgrundbesitzer eingestuft, war somit enteignet, und damit waren alle bisherigen Abmachungen für null und nichtig erklärt worden. Der Beginn einer vierzigjährigen Willkürherrschaft kündigte sich schon hier an.

Der erste Schreck der mittlerweile fast achtzigjährigen Bieserner Mutter, den ihr das Auftauchen amerikanischer Soldaten eingejagt hatte, die dieses Gebiet ja eine kurze Zeit vor den Russen besetzten, war schnell in Erleichterung umgeschlagen: Die Amerikaner hatten sich als freundlich erwiesen; ihr war nichts Böses geschehen, und sie atmete auf. Den Heiß-Kalt-Wechsel des amerikanischen Abzugs und die Übernahme durch die Russen aber konnte sie nicht mehr verkraften. Das hatte ihr so zugesetzt, daß »die Sicherung durchgebrannt« war, wie Vati das mit leiser, trauriger Stimme nannte. Immerhin hatten die Eltern erreicht, daß die nun Schwerkranke noch »bis zu ihrer Genesung« bleiben durfte – und die Eltern zu ihrer Pflege vorläufig ebenfalls.

Meine Schwestern waren in wilder Flucht vor den Russen entkommen: Margot zu unserer Schwägerin in Grimma; Ruth war später auf Umwegen zurück nach Chemnitz gelangt. Das war in Kürze, was ich erfuhr. Auf Bruder Rudolfs Rückkehr vom Kriegsdienst wartete man noch bange. Ich packte inzwischen meinen Dufflebag aus. Als das Kopfkissen mit Inhalt zum Vorschein kam, schien plötzlich das Schlaraffenland Wirklichkeit geworden zu sein. Bevor ich dazu kam, Ruth nahezulegen, doch das Brot erst einzuweichen, stürzte sie sich gierig auf die knochentrockenen Kanten und Scheiben, und das Kauen ging ihr nicht schnell genug. Ich schämte mich zutiefst, satt zu sein.

Die ohnehin schon knappe Zeit ging allzu schnell zu Ende. Vater mußte einen bestimmten Zug zurück bekommen; er war nur »auf Besuch« in Chemnitz. Ob wir ihn nicht nach Biesern fahren könnten, fragte Charlie Johnson, als er mich abholen kam. »Um Gottes willen nicht!« rief Vater. Er meinte, wenn nun wieder eine neue Uniform im Bieserner Haus auftauche, könnte das Großmutters Tod sein. So durfte ich auch Mutti, die bei der Bieserner Mutter zur

Pflege geblieben war, nicht einmal wenigstens kurz in die Arme nehmen. Meine so sehr geliebte Großmutter habe ich nie mehr wiedersehen können...

In Bad Wildungen war mittlerweile ein Mann in mein Leben getreten, der mich endgültig von der jahrelangen, zwanghaften Bindung an Hans Hillers geheilt hatte. Er war als amerikanischer Militärarzt bei der Dritten Division – und im Zivilberuf Psychiater. Mit ihm zu reden, tat mir wohl. Indem er mich meinen Werdegang erzählen ließ, führte ich mir praktisch unbewußt selbst vor Augen, was ich aus eigener Kraft trotz aller Widerstände erreicht hatte. Ich bekam so den letzten noch fehlenden Schuß Selbstvertrauen. Der total neue Anfang von allem, mit so verwirrend vielen Möglichkeiten für die Zukunft, war mir bis dahin noch nie so klar ins Bewußtsein gedrungen wie durch meine Gespräche mit Leonard (so hieß er). Es war kein Wunder, daß ich in Liebe zu meinem »Befreier« entbrannte, und meine Liebe wurde erwidert.

Wir lachten auch viel miteinander, besonders über seine verzweifelten Versuche, Deutsch zu lernen. Wie jedem Amerikaner machte ihm das deutsche »ch« zu schaffen. Einmal war er dadurch in ein total schiefes Licht geraten: Der Ofen in seinem Zimmer war vom Flur aus zu heizen; das besorgte ein dort engagiertes junges Hausmädchen. Nachts ließ sie offenbar den Ofen immer ausgehen, wie man es von Kriegszeiten her noch gewöhnt war. Das aber war in dieser harten Winterszeit Leonard zu kalt. So rief er eines Morgens nach ihr, und da er noch bibbernd im Bett lag, blieb sie verlegen an der Tür stehen. Die Distanz war ihm zu groß für das, was er ihr nun eindringlich sagen wollte, nämlich, daß sie die ganze Nacht hindurch heizen müsse. Das klang aber bei ihm so: »Du, komm hier. Du mussen macken alles Nackt.« Schreiend lief sie davon. Warum wohl? Als ich es ihm erklärt hatte, schrie auch er »vor Lacken«.

Er drang immer wieder in mich, mit ihm nach Amerika zu kommen. Aber er war verheiratet, hatte ein Kind, und es war für mich unvorstellbar, weiterhin glücklich leben zu können mit dem Bewußtsein, einem Kind den Vater genommen zu haben.

So hatte das Schicksal mir zum zweiten Mal eine Leihgabe zugespielt. Es wurde wieder eine bittersüße Liebesgeschichte, an der ich – nachdem sie schließlich durch Leonards Heimreise enden mußte – noch lange krankte. Es wäre sicher zuviel vom Schicksal verlangt gewesen, außer im Beruf auch noch privat mit soviel Glück überhäuft zu werden.

Weihnachten kam, das erste Friedens-Weihnachten nach Kriegsende. Ich bastelte aus Kerzenstummeln, Draht und Stoffrestchen wunderschöne Krippenfiguren. Aus dem leeren Karton eines Carepakets machte ich eine Krippe. Ausgebrannte Glühbirnen bemalte ich mit Nagellack und hängte sie an Tannenzweige. Aber trotz aller freudiger Vorbereitungen wurde es ein Fest, bei dem ich nicht so recht froh werden konnte. Abgesehen von meinem höchst privaten Liebeskummer: Welcher Schutthaufen war aus dem ehemals so schönen Deutschland geworden! Wie traurig ging es meiner Familie, und wie traurig durch all das war letzten Endes auch ich selbst – obwohl es mir ja äußerlich an nichts fehlte.
Ein Weihnachtsbrief von daheim erreichte mich kurz vor Jahresende und tat noch ein übriges, um meine deprimierte Stimmung zu fördern; in ihm war hauptsächlich von Hunger die Rede. Aber das Stehaufweibchen in mir gewann wieder die Oberhand. Wichtig war für das neue Jahr, daß ich einen Weg finden würde, meinen Leuten in Sachsen laufend zu helfen – und daß ich wieder Anschluß ans deutsche Theater bekäme. Meine Neujahrs-Resolutionen waren gemacht.

Am 23. Januar 1946 war die Bieserner Mutter achtzig Jahre alt geworden, normalerweise ein großer Anlaß zum Feiern. Aber die Umstände waren alles andere als feierlich. Mutti schrieb mir kurz nach meiner Rückkehr nach Bad Wildungen Neuigkeiten aus Biesern, die einerseits ermutigend, andererseits aber bitter traurig waren.
Vati hatte erreicht, daß in unmittelbarer Nähe des Bieserner Bauernhauses, auf dem Stück Land, das noch Großmutters Eigentum war, ein neues Haus gebaut würde, in dem sie dann unbehelligt leben könnte. Das klang wunderbar. Vater ging die Sache unbeirrbar und mit seinen letzten Kraftreserven an, und bald war schon das Fundament für das neue Haus ausgehoben, größtenteils per Hand. Doch man brauchte Großmutters Unterschriften unter diesen und jenen Antrag und vor allem, um Geld für Baumaterial abheben zu können. Bei der Bieserner Mutter, die mehr und mehr abbaute,

hatte sich aber die fixe Idee festgesetzt, daß alle nach ihrem Hab und Gut trachteten. Man wollte sie aus ihrem Haus werfen, grub und wühlte auf ihrem Grundstück herum und gierte gar noch nach ihren sauer ersparten Groschen. Ach, meine liebe, arme Oma! Aus der gütigsten, großzügigsten, hilfsbereitesten Frau war eine mißtrauische, haßerfüllte, ängstlich-verbitterte Greisin geworden. Sie bestand sogar darauf, daß ihr ihre Lebensmittelrationen ans Bett gebracht wurden, wo sie sie unter der Bettdecke versteckte, bis sie ranzig geworden waren und man sie ihr heimlich, wenn sie schlief, wieder »stehlen« mußte.

Mutti litt entsetzlich unter diesem geistigen Verfall. Sie schrieb, sie hoffte, daß – wenn das neue Heim erst einmal bezogen werden könnte – sich alles wieder zum Guten wenden würde.

Doch am 15. März 1946 starb die Bieserner Mutter. Als ich die Nachricht erhielt, war sie schon unter der Erde. Mit ihr war ein großer Teil des Glücks meiner Kindertage gegangen. Ich wurde wieder ein Stück erwachsener.

Mit Großmutters Tod begann der Tragödie zweiter Teil. Das Haus mußte endgültig geräumt werden. Die Chemnitzer Wohnung war konfisziert und für die Eltern verloren. Vom neuen Haus gab es nur die Baugrube, und darum herum das bereits gekaufte Baumaterial. Wo sollten sie also wohnen?

Beim Nachbarbauern fanden die Eltern mit Ruth in zwei winzigen Dachkammern provisorischen Unterschlupf. Meine Familie war auf eine der untersten Stufen der Armut gerutscht, ein unerträglicher Gedanke für mich! Nicht genug damit: Sechs Erben verlangten ihr Erbteil und planten, Baugrube und Baumaterial zum Verkauf anzubieten und den Erlös untereinander aufzuteilen.

»Hilf uns – bitte hilf uns, wenn du kannst! Kaufe das angefangene Haus! Es wäre die einzige Möglichkeit, wieder in menschenwürdige Verhältnisse zu kommen.« Dieser fast panische Ruf erreichte mich in Bad Wildungen. Nun wurde auch ich fast panisch: Woher – um des Himmels willen – sollte ich das Geld beschaffen?! Was besaß ich denn schon?

Ich verkaufte den wenigen Schmuck, den ich mir im Laufe der Jahre selbst geschenkt hatte: zwei Ringe, eine Rubinbrosche, ein goldenes Armband. 10000 Reichsmark erhielt ich dafür, gerade so viel, wie man in Sachsen als Anzahlung akzeptieren würde.

Nun hatte ich also das nötige Geld. Wie aber könnte ich es meinen Eltern zukommen lassen? Nur von Berlin aus konnte man bereits Geld in die russische Zone transferieren. Hans erklärte sich auf meine briefliche Bitte sofort bereit, sobald ich einen Weg finden würde, ihm das Geld überbringen zu lassen.

Ich brauchte nur noch einen Boten. Die Leute vom amerikanischen CIC kannte ich ganz gut, auch Lieutenant Tanzer, den Chef. Der hörte sich meinen Sermon interessiert an und erbot sich, bei seiner nächsten Fahrt nach Berlin, die in Kürze bevorstand, das Geld mitzunehmen und an der angegebenen Adresse abzuliefern. Mir fiel ein ganzes Gebirge von der Seele.

Zehntausend Mark! Ganz ohne Quittung selbstverständlich. Und »auf eigene Gefahr«, wie Tanzer mir gesagt hatte. Ich beschloß, erst einmal die Hälfte mitzugeben, um zu sehen, ob es auf diese Weise reibungslos funktionierte. Mit 5000 Reichsmark in einem an Hans adressierten Kuvert machte sich Tanzer mit noch einem anderen CIC-Mann kurz darauf auf den Weg. Das Geld, so rechnete ich aus, müßte in spätestens fünf Tagen in Biesern eintreffen.

Nach zehn Tagen erhielt ich einen Brandbrief. Ich möge doch bitte das Geld nun unverzüglich schicken, da sonst der Verkauf nicht mehr aufzuhalten sei. – Mir wurde fast übel. Ich ging zu Tanzer und fragte ihn, wann er dazu gekommen sei, die 5000 Mark in Tempelhof abzugeben. »Wieso? Was für fünftausend Mark? O Gott, die müssen dann bei unserer Panne in der Zone auch mit weggekommen sein. Das tut mir wahnsinnig leid.«

Jetzt war mir wirklich schlecht. Ich kam wie in Trance zurück in mein Zimmer, starrte lange ratlos zum Fenster hinaus, und die Tränen schossen mir nur so aus den Augen.

Als erstes schrieb ich einen Eilbrief nach Biesern mit der flehentlichen Bitte, doch den Verkauf mit allen Mitteln vorläufig zu verhindern. Ich besaß ja noch die andere Hälfte der 10 000 Mark! Und ich würde auch einen Weg finden, sie zu den Eltern zu bringen.

Obwohl mein Vertrauen in Tanzer erschüttert war, ging ich zu ihm und erklärte, daß ich beim deutschen Theater wieder Fuß fassen möchte. Ob er nicht eine Möglichkeit für mich finden könne, nach Berlin zu kommen. »Ich könnte Sie als Zeugin für einen CIC-Prozeß ausgeben, der in Berlin stattfindet. In drei Tagen fahren wir hin – wenn Sie mitkommen wollen...« Ich wollte. Beim Special

Service begründete ich meinen Kündigungswunsch mit »privaten Problemen«. Man ließ mich ohne Schwierigkeiten gehen.

Binnen kurzem war bei der ganzen Truppe durchgesickert, was mit meinen 5000 Mark passiert war. Ich mag hier gar nicht alle Schimpfnamen wiedergeben, die die GIs für »these sons of bitches« parat hatten.

Wieder einmal Blitz-Einpacken! Ich besaß zwar so gut wie nichts, aber dennoch, mein Gepäck war umfangreicher geworden. Dazu trugen vor allem die Abschiedsgeschenke bei, die ich von einer großen Anzahl unserer Amerikaner aus der Show erhielt. Einer nach dem anderen kamen sie an – jeder mit einer Stange Zigaretten! Am Schluß waren es zehn Stück. – Auch der Abschied von meinen Kollegen ging nach eineinhalb Jahren nicht ohne Rührung ab.

Auf der Reise mußten wieder einmal meine zwei »kostbaren« Pelzmäntel als Wärmespender herhalten. Bei einer so langen Fahrt auf dem Rücksitz eines offenen Jeeps wurde man um diese Jahreszeit ganz ordentlich durchgepustet. Auf dem Zickelfell saß ich, das Kalbfell hatte ich um die Schultern gezogen und die Füße fest auf meinen Zigarettenkoffer gestellt. Ich fühlte mich unbequem, aber in Hochstimmung.

Als wir uns schon kurze Zeit auf dem Gebiet der russischen Zone befanden, stand hoch oben auf einer Kuppe plötzlich eine Gestalt, die mit kreisenden Armbewegungen etwas Wichtiges zu signalisieren schien. Unser Jeep stoppte abrupt, und im gleichen Moment sprangen links und rechts aus den Straßengräben fünf, sechs Männer und liefen auf unseren Jeep zu. Wegelagerer – ein Überfall, dachte ich. – »Aussteigen – schnellschnell, raus mit dem Gepäck!« befahl Tanzer hektisch. Gewohnt zu gehorchen, sprang ich heraus und half, flau im Magen, mit auszuräumen. Mein Zigarettenköfferchen hielt ich krampfhaft fest. Was nun folgte, war wie ein surrealer Traum: Tanzer klappte in Windeseile die hintere Sitzbank hoch, auf der ich eben noch gesessen hatte. Sie war eine Art Truhe und bis zum Rand gefüllt mit – Stangen und Stangen von Zigaretten! »Los, helfen!« bellte er und begann die »Truhe« zu leeren. Ich half also nun mit, Karton um Karton hinunterzureichen. Die »Wegelagerer« nahmen die Ladung in Empfang und schmissen zunächst einmal alles in die

Gräben, so daß das kostbare Gut verschwunden schien. Ich mußte mich wieder hinsetzen, mein Gepäck war rasch wieder eingeräumt. Und nun hieß es: »Zählen! Immer zehn bündeln!« Tanzer warf mir die Geldscheine, die er von den fremden Männern gereicht bekam, in den Schoß, und ich zählte und zählte und bündelte und bündelte. Irgendwann ertönte von dem Mann auf der Kuppe ein schriller Pfiff. Auf dieses Kommando hin sprangen all die unglaublichen Figuren links und rechts zurück in ihre Gräben und waren verschwunden. Der Jeep fuhr an, und auf der Kuppe erschien ein russischer Patrouillenwagen. Die Insassen beider Fahrzeuge – Waffenbrüder, die sie ja waren – grüßten einander respektvoll, als sie auf gleicher Höhe aneinander vorbeifuhren, und unsere Reise wurde fortgesetzt, als sei nichts geschehen. Der Vorfall wurde während der ganzen weiteren Fahrt mit keinem Wort erwähnt, geschweige denn kommentiert. Er hatte nicht stattgefunden, war offenbar ein Spuk gewesen.

»Wie und wo kann ich bloß diese Zigaretten zu Geld machen?« fragte ich Hans etwas verlegen, als ich nach einer Ewigkeit, wie es mir schien, wieder in seinem Atelier saß. Ich genierte mich maßlos bei dem Gedanken, ein so großes Schwarzmarktgeschäft tätigen zu müssen. Aber ohne die Zigaretten-Währung war kaum etwas außerhalb der schmalen Lebensmittelzuteilungen zu ergattern. Erst jetzt begann ich so richtig zu begreifen, daß wir den Krieg verloren hatten. Jetzt gab es für mich keine Privilegien mehr.
Hans gab mir den Tip, doch einmal eine Etage tiefer zum Maxe Werndl zu gehen, der ja früher Zigarettenhändler gewesen sei. – Max und Grete empfingen mich mit Lachen und Weinen wie eine verlorene Tochter. Als ich – noch immer verlegen – mit meinem Anliegen herausrückte, kam von Max nur die sachliche Frage: »Wieviel haste denn?« Als ich »zehn« sagte, pfiff er anerkennend durch die Zähne und sagte: »Na, denn bringse man her.« – Er blätterte mir zehn Tausendmarkscheine hin, als wäre es das Selbstverständlichste von der Welt. Zehn-tau-send Mark! Mit 100 Prozent Zinsen hatte ich meinen Verlust zurück.
Es gab ein großes, dankbares Aufatmen in Biesern, als das Geld angekommen war – und auch bei mir, als ich endgültig diese Rückversicherung hatte. Grundstück, Baugrube und Baumaterial waren

nun mein Eigentum. Ich wurde auch grundbuchmäßig als Eigentümerin eingetragen.

Was niemand zu hoffen gewagt hatte, das Atelier hatte das Ende des Krieges ohne weiteren Schaden überstanden. Nur das große Fenster war noch immer mit Brettern vernagelt; und in meinem Zimmer tropfte es noch immer ab und zu durch die Decke. Alles, was ich nicht sicherheitshalber ausgelagert hatte, war noch vorhanden. Die besseren Sachen hatte ja in der Flickenschildt-Wohnung das Feuer gefressen.

Ich mußte froh sein, überhaupt eine Bleibe in Berlin zu haben und zog wieder ein. Das bedeutete aber nicht, daß ich damit schon eine legale Zuzugsgenehmigung gehabt hätte. Die erhielt ich erst nach endlosen Laufereien von Behörde zu Behörde, nachdem ich »entlaust und entfloht« worden war – einen Schuß Desinfektionspuder vorn und einen hinten in den Halsausschnitt – und viele Fragebogen ausgefüllt hatte.

Nun war ich also wieder legale Berliner Bürgerin und machte mich erneut mit meiner geliebten Stadt bekannt. Wie entsetzlich zerschunden war sie! Ich bewunderte die Trümmerfrauen, die Tag für Tag mit eiserner Geduld und Stetigkeit lorenweise die schweren Mauerbrocken wegräumten. Ich habe sogar manche dabei singen und scherzen sehen, wenn sie noch brauchbare Ziegelsteine sorgfältig abklopften und aussonderten – für den Wiederaufbau...

Wiederaufbau? Es schien mir damals absolut undenkbar, daß ich den noch erleben könnte – selbst wenn ich sehr alt würde. Ein ganzes Leben also in Bergen von Trümmern verbringen? Der Gedanke deprimierte mich so sehr, daß ich zum ersten Mal vage an Auswandern dachte.

1946, nach einem Jahr Schlaraffenland, fiel es mir besonders schwer, mich erneut an den alten Zustand von Hungern, Frieren und Mangel an allem zu gewöhnen. Mein Magen mußte erst wieder schrumpfen und die Salznäpfchen am Hals wieder zum Vorschein kommen, bevor ich die Situation als normal empfinden konnte.

Wieder in den Beruf einsteigen wollte ich, Anschluß suchen. Deshalb war ich ja schließlich zurückgekommen. Ich meldete mich bei Kollegen und an einschlägigen Stellen als wieder verfügbar. Dann schrieb ich, dem Rat Paul Dahlkes folgend, einen Brief an Maria

Koppenhöfer. Sie war im Ensemble der Münchner Kammerspiele, dem Theater meiner Träume. Ich bat sie um Vermittlung bei Erich Engel, dem Intendanten, im Falle einer Vakanz. Ich hätte ihm gern vorgesprochen.

Es dauerte sage und schreibe sechs Wochen, bis ich Antwort erhielt. Sie war drei Wochen früher datiert, also genau, wie offenbar auch mein Brief, drei Wochen unterwegs gewesen. Telefonieren? Es dauerte noch Jahre, bis das komplizierte Netz in Deutschland wiederhergestellt war.

Nun saß ich also da mit meiner überfälligen Einladung. Bis ich es schaffte, eine Reiseerlaubnis zu bekommen und gar noch eine Reisemöglichkeit ausfindig zu machen, vergingen weitere zehn Tage. Als ich mich schließlich reichlich vier Wochen nach dem Datum der Einladung an den Münchner Kammerspielen vorstellen wollte, war es zu spät. Eine andere Schauspielerin meines Fachs war bereits unter Vertrag genommen worden. Nachdem sich schon mein Engagement ans Deutsche Theater Berlin bei Heinz Hilpert durch die Schließung der Theater zerschlagen hatte, war dies nun der zweite mißglückte Versuch, Mitglied eines festen Ensembles zu werden. Ich zog tief deprimiert wieder ab.

Leonard, meine heiße Liebe, hatte mich über Army Mail wissen lassen, daß er nach Regensburg versetzt sei und plane, mich so bald wie möglich in Berlin zu besuchen. Nun kam ich ihm zuvor. Ich überraschte ihn in seinem neuen Domizil, und wir stahlen uns ein paar glücklich-unglückliche Tage miteinander. Dann rief mich ein Telegramm zurück: Heinz Rühmann bot mir die Rolle der Doddy, seiner Partnerin, in dem Lustspiel *Der Mustergatte* von Avery Hopwood an, mit dem er vorhatte, auf Tournee zu gehen. Da konnte selbst die Liebe mich nicht mehr halten.

Die Proben in Berlin nahmen mich vollkommen in Anspruch. Es war herrlich, mit Heinz Rühmann nach der Filmzeit nun einmal theatermäßig zu arbeiten. Die Rolle der Doddy machte mir riesigen Spaß, und ich stieg mit Feuereifer ein. Fast hätte ich darüber mein Unglücklichsein vergessen können. Aber dann kam Leonard wie angekündigt nach Berlin und machte mir seinen Abschiedsbesuch. Er blieb fast eine Woche, bis ich ihn endgültig gehen lassen mußte. Ich lief noch eine Weile neben seinem Zug her, als hätte ich ihn aufhalten können. Seiner winkenden Hand sah ich nach – bis die Waggons endgültig um eine Kurve verschwunden waren.

Daheim schloß ich mich im Badezimmer ein und heulte mir die Augen aus dem Kopf... »Es ist eine alte Geschichte, doch bleibt sie immer neu. Und wem sie just passieret, dem bricht das Herz entzwei!« – Aber die Jugend läßt ständige Trübsal nicht zu! Trotz unzähliger Briefe hin und her, die die Glut am Glimmen hielten, merkte ich – wenn auch nur sehr allmählich –, daß man Liebe nicht auf Eis legen kann. Und das Stehaufweibchen in mir forderte: Gib dir Mühe! Denk an etwas anderes! Mach dir etwas Interessantes zu schaffen, zusätzlich zu den Proben.

Ich wurde auf Partys eingeladen und ging zu jeder. Ich wollte meinen Kummer totleben. Auf einer dieser Gesellschaften begegnete ich einem jungen, dunkelhaarigen Amerikaner. Er hieß Peter Herald und sagte, er sei in der Theater-Kontrollkommission der Amerikaner. Darüber kamen wir ins Gespräch, und ich fand heraus, daß sein Vater, Heinz Herald, ein enger Mitarbeiter Max Reinhardts gewesen und wie dieser nach den USA emigriert war. Heinz Herald hatte seinen Sohn rechtzeitig nachkommen lassen und ihn so vor der Deportation gerettet. Meine Sympathie für Peter war warm und herzlich. Er kam mir wie ein geretteter Bruder vor.

Als sich nun gar noch herausstellte, daß wir beide am gleichen Tag, im selben Jahr geboren waren – Peter nur vier Stunden früher als ich –, da gab es ein großes Hallo. Keiner wollte dem anderen glauben, bis wir einander unsere Ausweise gezeigt hatten. Und dann wurden wir auf der Party mit viel Gelächter als »Zwillinge« herumgereicht. Ich habe Peter bis heute lieb wie einen echten Zwillingsbruder, bin besorgt, wenn es ihm schlecht geht und froh, wenn er glücklich ist.

Der Mustergatte stand. Wir hatten intensiv probiert unter der Regie von Helmut Weiss, der auch *Quax in Afrika* inszeniert hatte. Aber Heinz Rühmann, der diese Rolle ja schon oft gespielt hatte, war natürlich der eigentliche Regisseur. Er war von allem Anfang an sehr glücklich und zufrieden mit mir als Doddy. So zog ich mit viel Spannung und Vorfreude mit ihm los auf meine erste Theatertournee nach Kriegsende.

Kurioserweise ging es gleich als erstes in meine Heimat, nach Sachsen und Thüringen. In Chemnitz spielten wir allerdings leider nicht, sondern begannen gleich in Leipzig. Von dort aus machten wir unter anderem auch einen Abstecher nach Grimma, wo mein Bruder schon lange Zeit als Zahnarzt mit seiner Familie lebte. Er hatte sich inzwischen von seinem Lazarettaufenthalt wegen einer Kriegsverletzung, bei der ich ihn zum letzten Mal gesehen hatte, gut erholt, und es gab ein frohes Wiedersehen. Natürlich war auch mein Bruder nun stolz auf seine »berühmte« Schwester, für deren Karriere er einst keinen Pfifferling gegeben hätte.

Meine Doddy wurde ein großer, beglückender Erfolg für mich. Heinz Rühmann sagte schon nach den ersten Vorstellungen, ich sei die beste Doddy von allen, die er je gehabt hätte. Die Vorstellung blieb von der ersten bis zur letzten sauber, sank im Niveau nie ab, wie es ja leider manchmal auf Tourneen vorkommen soll. Sie wurde höchstens noch perfekter, da wir unter anderem Zufallslacher genau nachprobierten und in die weiteren Aufführungen integrierten. Nur ein Beispiel: In unserer großen Schwipsszene hat Doddy, bereits erheblich angeheitert, zu sagen: »Soo, Billy, und jetzt mußt du Sekt aus meinem Schuh trinken«, wobei sie aus der Flasche ihren Pumps füllen und ihn Billy reichen mußte. Eines Tages hatte man mir neue Schuhe besorgt, und erst während dieser Szene fiel mir auf, daß die ja an der Spitze eine Öffnung hatten. In meiner Not zielte ich mit dem Sektstrahl, der sich nun aus dieser ergoß, in ein darunterstehendes Sektglas und füllte es auf diese Weise. Heinz Rühmann, geistesgegenwärtiger Profi, schnappte sich den Kelch statt wie bisher den Pumps. Und ich, nun plötzlich so ungewohnt mit dem Schuh in der Hand, wollte diesen hinter mir auf dem Tisch abstellen. Aber da standen schon zwei leere Sektflaschen, und der Schuh kam, ohne daß ich hingesehen hätte, direkt mit dem Absatz auf der einen und mit der Sohle auf der anderen Flaschenöffnung zu stehen – und blieb auch stehen, wie eine ausgefallene Schaufensterdekoration. Der Lacher war explosiv wie nie zuvor. Aber er war eben nur ein Zufallslacher. Das durfte er natürlich nicht bleiben. – Ich weiß nicht, wie lange ich geübt habe, bis diese kurze Passage wieder haargenau so ablief, nun aber eben gewollt. Und jedesmal hatte sie wieder die gleiche Wirkung.

Die Aufführung hatte schließlich eine fast artistische Perfektion. In den folgenden Jahren haben wir das Stück immer wieder auf kürzeren oder längeren Tourneen und Gastspielen gespielt, wenn wir beide gerade keine anderweitigen Verpflichtungen hatten. Wir kamen im Ganzen auf reichlich 600 Vorstellungen – in so gut wie allen großen und vielen kleineren Theatern im deutschsprachigen Raum, inklusive Österreich und Schweiz. – Wenn ich später manchmal gefragt wurde, ob ich in dieser oder jener Stadt schon mal gespielt hätte, so war meine Antwort immer: »Wahrscheinlich. Im Zweifelsfalle den *Mustergatten*.«

Meine sieben Jahre jüngere Schwester Margot hatte es unter schwierigsten Umständen geschafft, ihr Abitur zu machen. Wir hatten brieflich ausgemacht, daß sie nun zu mir kommen und mit mir leben würde. Wir könnten ihre Berufspläne diskutieren, und ich wollte ihr bei der entsprechenden Ausbildung helfen.
In Leipzig holte ich sie auf dem Bahnsteig ab und sie blieb den Rest der *Mustergatte*-Tournee bei mir, war in Null Komma nichts in unsere Truppe integriert und bei allen beliebt. Sie half und machte sich nützlich, wo sie nur konnte, und war selbstverständlich auch bei allen Einladungen mit dabei.
Man war ja noch immer auf schmale Kost gesetzt, und der alte Spruch »Kunst geht nach Brot« traf im Falle unserer ersten Tournee sehr zu. Oft spielten wir bei Firmen für deren Belegschaften und wurden anschließend großzügig bewirtet.
Einmal war das bei einer großen Baumaterialfirma, und mir fielen sofort die vielen Bezugsscheine für all das in Biesern benötigte Baumaterial ein, das nirgends zu beschaffen war. Ich klagte dem Juniorchef der Firma meinen Kummer und stieß auf offene Ohren. Er würde sicher hin und wieder etwas abzweigen können. Ich möge ihm die Bezugsscheine zu treuen Händen geben, und er würde sie peu à peu beliefern. Eine ganz große Sorge wurde so von mir genommen, und ich berichtete glücklich nach Biesern darüber, wo man dadurch auch wieder neuen Mut schöpfte.
Nach Beendigung der ersten *Mustergatte*-Tournee richteten wir zwei Schwestern in der Tempelhofer Wohnung unseren gemeinsamen kleinen Haushalt ein. Margot hatte sich auf einer Schule für Dolmetscher angemeldet und übernahm zusätzlich den größten

Teil der zu Hause anfallenden Arbeiten. Für mich begann wieder eine beruflich sehr erfolgreiche, aber ebenso strapaziöse Zeit, und ich mußte viel aushäusig sein.

Bei dem Gastspiel mit dem *Mustergatten* bei Direktor Tunsch in der »Filmbühne Wien« am Kurfürstendamm erlebte ich wieder einmal in einer großen Rolle das herrliche Berliner Publikum, das berühmt ist für seine gescheiten und schnellen Reaktionen. Es war eine Wonne, schon kurz vor der Pointe zu spüren, daß der große Lacher nur noch mühsam einen Augenblick zurückgehalten wurde, weil im Grunde die Zuschauer schon kapiert hatten, was nun kommen würde. Da hüpfte das Schauspielerherz vor Vergnügen! Wir gingen jeden Abend nach der Vorstellung höchst animiert und glücklich zum Bühnentürchen hinaus. – Das war meist recht spät, denn unsere Vorstellungen konnten erst um neun Uhr abends beginnen, weil tagsüber in der »Filmbühne Wien« die Kinoprogramme liefen.

Mir war das sehr recht, denn ich hatte zur gleichen Zeit ein Angebot der Defa angenommen, die weibliche Hauptrolle in dem Film *Kein Platz für Liebe* zu spielen. Darin ging es um ein hochaktuelles Thema: die Wohnungsnot. Ein junges, ferngetrautes Ehepaar findet keinen Platz zum Alleinsein und rettet sich oft ins Menschengedränge auf langen Straßenbahnfahrten. – Mein Partner war ein junger, blonder Siegfried-Typ, Heinz Lausch. Hans Deppe, ein erfahrener Filmhase, führte Regie.

Es war der kalte Winter von 1946 auf 47. Die hohen Atelierhallen waren nicht im mindesten zu erwärmen. Bei einer Szene im Badeanzug klapperte ich so, daß mich die Garderobiere zwischendurch immer rubbeln und massieren mußte, damit es weiterging. Gegen 18 Uhr kam ich heim, manchmal mit Abfall-Holzklötzchen für unser Kanonenöfchen in der Tasche, die ich vom Atelierboden aufgeklaubt hatte – und immer mit Kohldampf. Als erstes legte ich mich eine Stunde schlafen, um für den abendlichen *Mustergatten* fit zu sein. Dann wurde ich von Margot geweckt und bekam von ihr ein Stullenpäckchen in die Hand gedrückt, das ich auf der U-Bahnfahrt zum Kurfürstendamm in mich hineinmampfte. Ich lebte nur noch nach der Uhr, und alles mußte reibungslos ineinandergreifen, denn um 20 Uhr hatte ich schon wieder beim Schminken für die Vorstellung zu sein.

Im Theater war es ebenfalls kalt. In meinem dünnen Fähnchen von Abendkleid stand ich zwischen den Auftritten am großen Heizkörper hinter der Szene und hielt die Hände dagegen. Ich beneidete die Zuschauer, die in Pelzmänteln oder sonstwie vermummt im Parkett saßen. – Vor Mitternacht kam ich kaum jemals ins Bett. Das machte mir nicht allzuviel aus, denn von Natur aus bin ich eine Nachteule. Aber das Aufstehen jeden Morgen um 6 Uhr, damit ich um 8 Uhr in Johannisthal sein konnte, wurde mehr und mehr zur Qual. Eigentlich war es kein Wunder, daß dieser Zustand schließlich doch arg an meinen ansonsten starken Nerven zerrte. Ich wurde gereizt, und wahrscheinlich auch manchmal ungerecht. Das arme Margotchen hat das auch einmal zu spüren bekommen, als sie vergessen hatte, mich um 19 Uhr zu wecken und auch die U-Bahn-Stullen nicht parat hatte. Sie war ja ebenfalls mit Haushalt und Schauspielunterricht, den sie mittlerweile – statt der Dolmetscherschule – bei Agnes Windeck nahm, sehr eingespannt. Aber daran dachte ich in dem Moment nicht. Als ich wütend die Flurtür zuwerfen wollte, um meinen Ärger abzureagieren, und spürte, wie sie von innen sanft gebremst wurde, war's ganz aus. Gerade, daß ich meine Zornestränen bis zum U-Bahnhof noch unter Kontrolle kriegen konnte!

Karriereschub

In diese Zeit der Doppelbelastung fiel ein Ereignis, das seine Wirkung bis zum heutigen Tag noch hat: Ich »kreierte« den ersten deutschen Manager nach dem Kriege.
Es muß Sonntag gewesen sein, denn wann sonst in der Woche hätte ich Zeit für meinen Steuerberater haben sollen. Er war ein junger blonder Urberliner, sehr pfiffig und in Steuerdingen beschlagen, da er eine Zeitlang bei einer Steuerbehörde gearbeitet hatte. Er war gerade stöhnend dabei, meinen Belegwirrwarr zu sichten, als ich einen Anruf bekam.
In der Komödie am Kurfürstendamm waren Proben im Gange für ein Stück von Dodie Smith, *Der erste Frühlingstag*, das in vierzehn Tagen Premiere haben sollte. Sie hatten eine phantastische Beset-

zung beieinander: Hubert von Meyerinck und Käthe Haack als Eltern, Erich Fiedler in der Rolle eines umschwärmten Malers und ebenfalls gute, junge Schauspieler für die drei Kinder. Nur die jüngste Tochter, die eine Vierzehnjährige sein müsse, ausgelassen und etwas pubertär überspannt, sei bei der derzeit Probierenden nicht in den richtigen Händen, sagte mir Direktor Achim von Biel am Telefon. Man habe sich geeinigt, den Vertrag zu lösen, vorausgesetzt, daß eine andere Besetzung gefunden würde. Er habe an mich gedacht. Ich bat um Bedenkzeit, denn das kam jetzt sehr plötzlich. Einerseits bedeutete ein Engagement an die Komödie einen weiteren enormen Schritt nach vorn. Andererseits schwelgte ich bereits in der Vorfreude auf die nächste Zeit, wenn ich nur noch die paar Abendvorstellungen und danach eine Ruhepause haben würde.

Ich rief Käthe Haack an und bat um ihren Rat. Sie jubelte, ich solle es unbedingt machen. Die Rolle sei hervorragend und ich ideal dafür. Sie gab allerdings zu bedenken, daß Achim von Biel miserabel zahle. Ich müsse mich im Gegenteil darauf einstellen, bei der obligatorischen Vorstellung bei der »Mumie Ma« diskret einen kleinen Obolus zu hinterlegen für die Ehre, in diesem Theater spielen zu dürfen. – Die »Mumie Ma« war die graue Eminenz und langjährige Vertraute des Direktors, Mara Feldern-Förster, die wegen ihres unübersehbar hohen Alters respektlos von den Berliner Schauspielern so genannt wurde. Ohne sie gehe gar nichts, versicherte mir Käthe.

Wieder einiges Grübeln. Ich redete meine Empörung an meinen Steuerberater hin, der aufmerksam und schmunzelnd zuhörte. »Das würde ich mir nicht bieten lassen«, sagte er dann mit einer Entschlossenheit, als gehe es um ihn selbst. Da durchfuhr mich die Idee: »Würden Sie sich zutrauen, in meinem Auftrag zu verhandeln?« fragte ich. »Selbstverständlich«, kam es prompt, »Sie müssen mir nur erlauben, auf die Pauke zu hauen und dann selbst keinen Rückzieher machen. Sonst steh ich blöd da.«

Bei einem sehr freundlichen Gespräch mit der wirklich mumienhaft wirkenden Mara Feldern-Förster sagte ich, daß die Verhandlungen wegen der Gage mit meinem Manager zu führen wären. Ich sei ja noch eingespannt mit Dreharbeiten und allabendlichem Spielen. »Manager?« Sie war äußerst verwundert, wahrscheinlich mehr noch darüber als über mein Nichtabliefern von kleinen Aufmerksamkeiten.

Mein frischgebackener Manager kam triumphierend von der Verhandlung zurück, einen Vertrag schwenkend mit einer Gage, die sich sehen lassen konnte. – Als ich zur ersten Probe erschien, wurde ich von den Kollegen mit freundlicher Häme gefragt, was mir denn zugestanden worden sei. Ich nannte meine Gage, die mir nicht geglaubt wurde, bis ich den unterschriebenen Vertrag herzeigte. Die Verblüffung war total. »Wie hast du das zustande gebracht?« wollte man wissen? »Nicht ich«, sagte ich wahrheitsgemäß, »mein Steuerberater.« Ob er das auch für andere machen würde? Ob man sich nicht an ihn wenden könne?

Er war für mich ein Glücksfall. Aber ich auch für ihn. Ohne einen Finger rühren zu müssen, hatte der erste deutsche Manager nach der Hitlerzeit sofort die Elite der deutschen Schauspieler als Klienten: Käthe Haack, Hubert von Meyerinck, Hans Nielsen sowie den Regisseur Hans Deppe – und es kamen im Nu noch viele dazu. Er gab seinen Beruf als Steuerberater auf und blieb der Topmanager für Schauspieler hierzulande. Mich hat er immer als sein Maskottchen betrachtet und mir eine Sonderstellung eingeräumt. Wir wurden gute Freunde in all den folgenden Jahrzehnten bis zu seinem viel zu frühen Tod. Sein Name war Gerhard Lentz.

In Willi Schaeffers' »Kabarett der Komiker« hatte ich 1943 in einer Märchenrevue von Peter Kreuder das Sterntalermädchen gespielt, auf das anstelle von Talern Lebensmittelkarten herniederregneten. Wie herrlich wäre es gewesen, wenn so etwas in diesen Tagen wahrgeworden wäre, in denen eigentlich noch mehr gehungert wurde als während der Kriegsjahre. Der Schwarzmarkt blühte. Wer ihn sich nicht hin und wieder leisten konnte, war übel dran. Manche nannten ihre Lebensmittelkarte »Sterbekarte«.

Die Schwarzmarktpreise waren astronomisch – ein Stück Butter zum Beispiel 280 RM, ein Pfund Kaffee 500 RM. Viele verkauften oder tauschten ihre letzten Wertgegenstände, obwohl eine bedrohliche Verordnung jeglichen Tauschhandel unter strengste Strafe stellte. Auch ich hatte die moralischen Bedenken, mit denen ich nach Berlin zurückgekehrt war, über Bord werfen müssen, nachdem ich wegen eines Hungerödems am Bein geschnitten worden war. Mein Arbeitspensum wäre auch selbst mit der Vorzugskarte für Schwerstarbeiter, die ich, wie fast alle Theaterleute, bekam, nicht zu bewältigen gewesen. Von den Russen erhielt ich über die Defa einmal ein »Pajok«, ein dem Carepaket ähnliches Lebensmittelpaket. Und für meine Leistung in dem mittlerweile fertiggedrehten Film *Kein Platz für Liebe* einen Bonus von 2000 Reichsmark, die ich als Rücklage auf die Bank brachte.

Der Bieserner Hausbau wurde auch zu einer permanenten Sorge: Die Zuteilungsscheine für Baumaterial, die ich dem Juniorchef der Thüringer Baufirma während der *Mustergatte*-Tournee zu treuen Händen überlassen hatte, waren noch immer nicht beliefert, und ich schrieb dieserhalb einen Brandbrief. Kurz darauf erschien in Tempelhof der säumige Lieferant, der sich schwarz ärgerte darüber, daß er nicht genügend Bargeld eingesteckt hatte, um eine der »phantastischen Baumaschinen« kaufen zu können, die derzeit auf der Berliner Bauartikel-Messe gezeigt würden. Sie seien nur in begrenzter Anzahl lieferbar und nun wohl für ihn verloren. Ich zögerte ein wenig, aber nur sehr kurz, und bot ihm meine eiserne Reserve, die 2000 Defa-RM an. Er wand sich erst ein bißchen, aber auch nur sehr kurz. Dann war es abgemacht, daß dies als Anzahlung für die zu liefernden Baustoffe gelten solle und daß die nun auch wirklich schnellstens in Biesern eintreffen würden. Ich war sehr erleichtert.

Die 2000 RM habe ich nie wiedergesehen, und auf die Baustofflieferung warte ich heute noch. Die Seniorchefs jammerten, daß ihr Sohn ein Tunichtgut und in die Fremdenlegion gegangen sei. Sie selbst sähen sich außerstande, die Verpflichtungen für den Mißratenen zu übernehmen. Ich besaß ja auch nur Treu und Glauben, aber keine Quittung. Das machte, zusammen mit den von den CIC-Leuten auf der Autobahn »verlorenen« 5000, bereits 7000 RM. Es hieß also weiterhin von der Hand in den Mund leben. Gott sei Dank verdiente ich sehr gut; aber der Hausbau in Biesern verschlang noch jahrelang einen immensen Teil meiner Einkünfte. So war ich zwar hauptsächlich aus künstlerischen Gründen – aber nicht nur aus diesen – froh, daß sich in der folgenden Zeit für mich ein Engagement nahtlos ans andere anschloß.

Als der enorm erfolgreiche *Erste Frühlingstag* sich seiner letzten Vorstellung näherte, meldete sich Herr Pasche vom »Cabaret Ulenspiegel« bei mir. Man plante nach dem laufenden Programm von Günter Neumann, *Alles Theater*, nun ein zweites. *Schwarzer Jahrmarkt* sollte der Titel sein, laut Neumann selbst: Leben des Rummels – Rummel des Lebens. Im Spätherbst 1947 sollten die Proben beginnen, und ich wurde aufgefordert mitzumachen, was mich mit großem Stolz erfüllte. Das Ensemble bestand aus vier Damen und fünf Herren: Tatjana Sais, Georgia Lind, Ann Höling und mir sowie Hans Deppe, Hubert von Meyerinck, Hans Nielsen, Werner Oelschläger und Herbert Weißbach. Jeder hatte seine Glanznummern, und alle vereinten wir uns zu herrlich witzigen, fast exerzierten Ensembles.

Kabarett reizte mich sehr: Die Behandlung brandaktueller Themen und das direkte Ansprechen des Publikums empfand ich als ungeheuer wichtig und aufregend – und noch dazu Texte vom Meister des Metiers, Günther Neumann, quasi auf den Leib geschrieben zu bekommen, als große Ehre.

Carl-Heinz Schroth inszenierte und feilte das Rummelspiel mit einer solchen Präzision, daß das ganze Programm wie ein Uhrwerk abschnurrte. Es war eine Wonne, unter seiner Regie zu arbeiten. Er ließ die verschiedenen Darbietungen einander ohne Unterbrechung ablösen. Genial wurde das unterstützt durch ein Karussell, auf dem meist die einzelnen Figuren aufgebaut und für ihren Vortrag mit dem Karussell-Lied von der Damen-Riege nach vorn gedreht wurden: »Es geht vorwärts, aber nur im Kreise. Weiter komm' wir nicht auf diese Weise...«

Meine Lieblingsnummer war das alliiert-liierte »Wunderkind«, eine halbwüchsige Göre, die sich für Schokolade und Zigaretten an Amis und Engländer heranmacht – »und ick dachte, sei nich blöd, überspring die Pubertät!« – und die am Schluß triumphiert: »Denn ick fahre, denn ick fahre, denn ick fahre bald nach Engeland...«

Meine Generation erkennt noch die Abwandlung des Drohliedes aus der Nazizeit. Bei jeder Vorstellung zuckte das Publikum zuerst einmal zusammen, bevor es in ein befreites Gelächter ausbrach.

Man *war* ja befreit, nichts war mehr verboten, nicht einmal, sich über die Alliierten lustig zu machen und ihre Fehler anzuprangern. Herrlich war es zu beobachten, wie die im Zuschauerraum sitzenden Amerikaner sich ins Fäustchen lachten, wenn eine Breitseite auf die ebenfalls anwesenden Russen abgefeuert wurde – und wie die Rollen blitzschnell vertauscht waren, noch bevor der eine Lacher abgeebbt war, weil mit harter Kehrtwendung der Spieß umgedreht und den Amerikanern eins aufs Dach gegeben wurde. Überhaupt das Publikum! Die Leute standen Schlange um Karten an den vielen Theatern, die es damals in Berlin gab, wie sie es um Fleischzuteilungen taten. Sie brauchten das Theater wie Nahrung, waren interessiert und begeisterungsfähig und vergaßen Hunger, Kälte und Misere darüber. Zudem waren Theaterkarten auch noch das Billigste, was zu haben war. Und die Bühnen hatten einen neuen Reiz gewonnen: Viele Stücke und damit ungekannte Welten kamen von Amerika, England und Frankreich zur Aufführung und faszinierten das nach der früheren Weltoffenheit hungernde Berliner Publikum. Es war eine alle ergreifende Aufbruchsatmosphäre, in der man die Freiheit fast schmecken konnte.

Der *Schwarze Jahrmarkt* war einmalig und unwiederholbar. Ich habe mir einen Versuch angesehen, ihn nach vielen Jahren mit neuer Besetzung wieder aufzuführen und festgestellt, was ich eigentlich ohnehin wußte: Man kann die Armut und Not der damaligen Zeit, die auch in der Urfassung ein wesentlicher Bestandteil dieser Revue und ihrer rührend-improvisierten Ausstattung waren, nicht reproduzieren – und auch nicht die Zuschauer, die den auf der Bühne dargestellten »Rummel-Schummel-Platz« täglich selbst erlebten, und die nach der Vorstellung wieder zurückgingen in ihre eigene Armut und Not.

Von weither kamen auch illustre Besucher, um den *Schwarzen Jahrmarkt* zu sehen, der schon zur Zeit seiner Aufführungen zur Legende geworden war. Jean-Paul Sartre war einer von ihnen.

Nie vergesse ich eine Extra-Nachtvorstellung für Schauspieler, die selbst in anderen Stücken spielten und deshalb nicht zur regulären Zeit zu uns kommen konnten. Das Haus war gesteckt voll. Von Kollegen bejubelt zu werden, die am ehesten wissen, welche Arbeit geleistet worden ist, ist immer besonders beglückend. Heinz Hilpert hat das einmal treffend ausgedrückt: »Das Lob aus der Werkstatt ist immer das schönste.« – Nach dem Schlußvorhang kamen sie vom Zuschauerraum auf die Bühne gestürmt, umarmten und küßten uns, und es wurde viel geweint.

Als *Schwarzer Jahrmarkt* langsam zu Ende ging, erhielt ich einen

Anruf vom Schloßpark-Theater in Berlin-Steglitz, dessen Direktor Boleslaw Barlog war. Die Franziska in Lessings *Minna von Barnhelm* kam auf mich zu, eine der reizvollsten Munteren der deutschen Bühnenliteratur. Ich zersprang fast vor Glückseligkeit!

Regie führte Professor Willi Schmidt, von seinen Freunden Bill genannt. Er wirkte auf den ersten Blick eher asketisch streng, aber während der Probenzeit offenbarte sich mehr und mehr sein feinsinniger, tiefgründiger Humor. Dieser – gepaart mit ungewöhnlichem Ordnungssinn und Disziplin – bewirkte Aufführungen, die ohne Wenn und Aber stimmten und die zu den schönsten gehörten, die Berlin damals zu bieten hatte.

Er ist in meinem Berufsleben der einzige Regisseur gewesen, der strikt darauf bestand, daß von der ersten Stückprobe an alle Originalrequisiten, und meist auch alle Originalmöbel, zur Verfügung waren, so wie sie später in der Aufführung verwendet wurden – der Traum jedes Schauspielers! Die vertrackten Stolpersteine, energiefressende Verwirrungen und Irritationen, wie sie bei ersten Hauptproben »in Kostüm und Maske« üblich sind, wurden so weitestgehend vermieden und alle Aufmerksamkeit auf die Darstellung, die lebendige Vermittlung des Textes, verwendet. Dadurch gewann das Spiel schon bei der Premiere um viele Grade an Fluß und Selbstverständlichkeit. Diese Aufführungen – mit Gudrun Genest in der Titelrolle, Erich Schellow als Tellheim und Franz Nicklisch als Wachtmeister – gehörten zum Beglückendsten, was ein Schauspieler erleben konnte.

Die *Minna von Barnhelm* des Frühjahrs 1948 gefiel Publikum und Presse gleichermaßen. Auch Kollegen sparten nicht mit Lob. Wie war das aufbauend, als die hinreißende alte Elsa Wagner in die Garderobe rauschte und mir in ihrer überschwenglichen baltischen Art versicherte: »Kindchen, du bist grrooßaarrtig. Und ich weiß, wovon ich rrede, ich habe die Frranziska selbst gespielt – einstmaals.« – Oder: Als ich am Sonntagmorgen nach der Premiere Friedrich Luft in seiner Radiokritik von der Franziska schwärmen hörte: »Sie ist – pardon! – zum Küssen.« Ich schickte ihm spontan einen Lippenstiftabdruck, unter dem nur stand: »Pardon!«

Auch der gefürchtete Walther Karsch vom »Tagesspiegel« hatte, wie schon im *Schwarzen Jahrmarkt*, lobende Worte für mich – allerdings mit einer kleinen Einschränkung, die ich aber überhaupt nicht akzeptieren konnte. Er schrieb, ich sei »eine reizende und vielversprechende Franziska« – nur müßte ich »manchmal etwas weniger betont (etwas weniger kabarettistisch) die Pointen setzen«. Aber das mußte er wohl, um sich nicht selbst zu widersprechen, da er doch beim *Schwarzen Jahrmarkt* von »der sich als ausgesprochen kabarettistische Begabung erweisenden B. L.« geschrieben hatte. Ich habe mich damals ziemlich geärgert wegen dieser einseitigen Einschätzung – wie auch heute noch oft, in ähnlich gelagerten Fällen.

Sei einmal gut in irgendeiner Rolle oder Sparte! Und – schwupp! – schon kriegst du einen Stempel aufgedrückt und wirst in die entsprechende Schublade gesteckt, aus der man dich erst dann hervorholt, wenn wieder einmal eine »Kabarettistin«, »ein typisches Bauernmädchen«, »eine heitere Boulevard-Spielerin«, und so weiter gebraucht wird. Während meiner ganzen Laufbahn bin ich wieder und wieder gegen diese Voreingenommenheit angegangen. Ich habe dabei manchen Sieg errungen – aber nicht genügend für mein Bedürfnis nach Auslotung und Ausnützung meiner Wandlungsfähigkeit.

Wie kommt es, daß viele – auch hochprofessionelle – Rezensenten einem Schauspieler nicht ein Spektrum seiner darstellerischen Fähigkeiten zutrauen, das es ihm ermöglicht, bei unterschiedlichen Aufgaben entsprechend verschiedene Mittel einzusetzen? Es gehört zu meiner Berufsehre, in der Lage zu sein, sowohl im Kellertheater als auch im großen Haus mit drei Rängen, vom Boulevard über Kabarett bis zum Klassiker im Staatstheater den Erfordernissen gemäß mit den richtigen Mitteln zu spielen, und ich bin froh und glücklich, das immer wieder in der Praxis bewiesen zu haben.

Damals in Berlin war es beruflich eine unglaublich glückliche Zeit, die mich für all meine privaten Kümmernisse und unerfüllten Wünsche entschädigte, so daß ich mich schließlich quasi »mit dem Beruf verheiratet« fühlte.

Es war nicht einfach gewesen, Hans Wolfgang Hillers zu der Einsicht zu bringen, daß ich ihm endgültig entwachsen war.

Marlu, seine Kollegin von den Barrandov-Ateliers in Prag, war inzwischen in Tempelhof aufgetaucht. Sie hatte in den letzten Kriegstagen Schlimmes mitgemacht und tat mir außerordentlich leid. Aber noch mehr bedauerte ich sie, weil sie sich so unverbrüchlich an Hans gehängt hatte. Nach meinen Erfahrungen konnte ich das keiner Frau wünschen. Sie wiederum verstand nicht, wie ich »einen solchen Mann gehen lassen« konnte. Sie zog bald darauf mit Hans in dessen rheinische Heimat, wo sie sich bis zu seinem Tod aufopferungsvoll um ihn kümmerte.

Die Freundschaft mit meinem »Zwillingsbruder« Peter Herald hatte sich langsam zu einer Liaison ausgeweitet. Es war von meiner Seite aus nicht überwältigende Liebe, sondern eine große Zuneigung, die sich bis heute im wesentlichen nicht geändert hat. Ich glaubte ungeheuer fair zu sein, indem ich gleich zu Beginn mit reinem Wein aufwartete und zu bedenken gab, daß meine große Liebe ein anderer Mann sei. Peter schluckte zwar ein wenig, meinte aber, je mehr Zeit vergehe, desto mehr und sicherer würde ich ihm zuwachsen. Ich bezweifelte das zwar, mochte aber die Möglichkeit nicht einfach ausschließen. Wir galten bald als Paar, und niemandem wäre es in den Sinn gekommen, daß da irgend etwas nicht ganz stimmte.

Ich lernte Peter im Laufe der Zeit logischerweise immer besser kennen. Seine liebenswertesten Eigenschaften waren für mich seine absolute Zuverlässigkeit und Anständigkeit. Es gab zwar wenig gegenseitigen Austausch über Ansichten und Interessen oder gemeinsame Begeisterung für irgend etwas. Aber es tat wohl zu wissen, daß es diesen treuen Freund für mich gab.

Ich lebte nach wie vor mit Margot zusammen in der Atelierwohnung, die uns ja nun durch den Weggang von Hans eine Zeitlang allein zur Verfügung stand. – Es mußte dringend Koks her, denn wir froren erbärmlich. Netzer an der Ecke wußte meist Rat. Beim Abkaufen der Fleischration wurden allerhand Flüstergespräche geführt, und tags darauf erschien ein Mann an meiner Wohnungstür, schwarz verrußt und gegen die Kälte vermummt bis an die Nasenspitze. Netzer habe ihn geschickt, er habe einen Zentner Koks, müsse aber 500 Mark vorab kassieren, sonst kriege er ihn nicht raus bei der Kohlenhandlung. Ich zahlte diesmal aber nur gegen Quittung, ließ mir sicherheitshalber auch noch seine Adresse aufschreiben – und wartete auf die Lieferung. Und wartete – und wartete. Als ich im Fleischerladen an der Ecke flüsternd nachfragte und von dem erstaunten Netzer erfuhr, er habe mir noch gar niemanden geschickt, wurde mir flau im Magen. Aber ich hatte ja die Adresse! Dachte ich. – Von wegen. Die gab es gar nicht mehr. Es war ein zerbombtes Haus in der Leipziger Straße, in dem früher einmal ein Bordell gewesen sein soll. Sehr witzig! 7500 Mark inzwischen im Eimer!

Als ich über Netzer kurz darauf wunschgemäß einen Mann geschickt bekam, der mir Glas für das noch immer mit Brettern vernagelte Atelierfenster liefern sollte, nahm ich mir vor, sehr viel vorsichtiger zu sein und einen Ausweis zu fordern. Das war aber diesmal gar nicht nötig. Der Mann stellte das Glas gleich im Atelier ab. Er hatte es – ich weiß nicht wie – aus Schlesien geholt und nahm mir beileibe nichts weg, im Gegenteil: Nach dem Zahlen zögerte er einen Moment, langte in seine Manteltasche und brachte eine Handvoll Dackel hervor, blond, sechs Wochen alt und noch nicht weit weg von der Babyblindheit. Das Gesicht bestand aus drei schwarzen Punkten im hellen Fell und zwei daumennagelgroßen Öhrchen. Er fiepte erbärmlich. »Nehmen Sie ihn?« fragte der Glasmann. Wenn nicht, müsse er ihn totmachen. Bei ihm, mit der vielen Herumfahrerei, ginge es nicht. Ich setzte das Mini-Fellbündel auf meine Hand – und zerfloß. Auch Margot fand, daß er leben bleiben sollte. Nun waren wir also zu all der Knappheit und Misere auch noch auf den Hund gekommen.

Wir nannten ihn – in memoriam – Seppel II. Er wurde mit Kartoffelschalen großgezogen und nagte wochenlang an einem abgefieselten Suppenknochen. Er fraß alles, was er angeboten bekam, einmal zu unserer größten Verzweiflung sogar Margots Mantel, den sie sich aus einer gefärbten Amidecke mühsam mit der Hand selbst genäht hatte – eine Riesenkatastrophe in dieser Zeit. O ja, der Winzling hielt uns in Atem und zerrte oft gewaltig an unseren Nerven. Aber schuldbewußte Dackelaugen sorgten dafür, daß man nicht lange böse sein konnte. Er schlief mit Vorliebe auf meinen Knien, unterm Rock. Einer wärmte so den anderen.

Ende Juni 1948 kam von heute auf morgen die Währungsreform: Ohne Vorwarnung war jedermanns Geld eins zu zehn abgewertet. Ich besaß ja nur so viel, wie ich momentan verdiente, und da das bis dahin gerade soeben gereicht hatte, waren auch die vielleicht 20 Mark, die mein Bankkonto noch wert war, nicht gerade als Polster zu betrachten. Es war also dringender als je notwendig, in Arbeit und Brot zu sein, denn mit den 40 DM Kopfgeld, die jeder Bundesbürger zum Start erhielt, konnte man nicht lange durchhalten.

In dieser Situation kam mir Heinz Rühmanns Angebot, mit ihm den *Mustergatten* in Zürich zu spielen, sehr gelegen. Die Aussicht, zum erstenmal nach dem Krieg ins Ausland, noch dazu in die reiche Schweiz, zu dürfen, machte mich doppelt fipsig und vergnügt. Die alte Lust zu reisen brach vehement wieder aus, und ich konnte die Abfahrt kaum erwarten. Voller Neugier fuhr ich los, weg aus unserem trüben, zerbombten Berlin, weg vom Schlangestehen nach Extrarationen Kartoffeln oder Bohnen, weg von all der Misere.

Wieviel anders alles sein würde, wenn man in dieser Zeit aus der Kargheit eines streng bewirtschafteten, ausgebluteten Landes in die scheinbar unerschöpfliche Fülle eines reichen Nachbarlandes kam, hätte ich mir bei aller Phantasie nicht vorstellen können. Der Krieg hatte knapp sechs Jahre gedauert, aber die Möglichkeit eines sorglos-angenehmen Lebens schien viel weiter zurück in der Vergangenheit zu liegen. Es war in Vergessenheit geraten und schwer, sich noch daran zu erinnern. Aber selbst ein überklares Erinnern hätte den kürzeren gezogen, verglichen mit dieser unglaublichen Wirklichkeit.

Schon bald, nachdem wir die Schweizer Grenze passiert hatten, fing das große Staunen an. Auf einem Gleis parallel zu unserem waren mehrere offene Waggons abgestellt, bis obenhin mit Äpfeln gefüllt – nein, überfüllt: Dutzende davon waren quasi übergelaufen und lagen nun auf dem Schotter und im struppigen, staubigen Grün verstreut neben den Schienen. Wahrscheinlich würden sie da so lange liegenbleiben, bis sie verfaulten, dachte ich. Für nur einen von ihnen würde man sich in Berlin die Beine ablaufen. Am liebsten wäre ich ausgestiegen, um diese prallen, rotbackigen Früchte alle einzusammeln.

Aber der Äpfel-Schock war nichts gegen den, der durch Zürich ausgelöst wurde. Wer sollte nicht Herzklopfen bekommen, wenn er, gerade erst der Berliner Stromknappheit entronnen, sich schier geblendet fühlte von all dem Licht der Bogenlampen, Reklameflächen und hellerleuchteten Schaufenster? Und was lag alles hinter diesen vielen, blanken Auslagenscheiben, die so sichtbar nie vom Luftdruck einer Detonation berührt worden waren! Alles war unwirklich wie in einem Märchenland. Bruni in Wonderland...

Gleich nach der Ankunft im Hotel hatten wir vom Organisator unseres Gastspiels ein a conto bekommen, »damit Sie sich bewegen können«. Obwohl es schon begann, dunkel zu werden, steckte ich meinen schönen, sauberen 100-Franken-Schein ein und zog los auf Erkundungstour.

Der Straßenbahnschaffner schaute mit bedauerndem Achselzucken auf meinen Geldschein. Den könne er nicht wechseln. Ich erklärte ihm die Situation – darauf er: »Wächslet Sie's und zahlet Sie's auf der Rückfahrt.« Ein solches Vertrauen war doch nicht zu glauben! Und ich bekam noch mehr Grund zum Staunen: Mitten im Menschengewühl der Bahnhofshalle stellte ein Herr seinen Koffer ab und ging weg. Ich stand wie gebannt und wartete: Wer würde ihn sich schnappen? Mit einem dicken Packen Zeitungen unterm Arm kehrte der Kofferbesitzer nach einigen Minuten zurück, holte seinen deponierten Koffer ab und ging weg. Ja, hier war die Welt noch heil.

Auch die vielen Silbermünzen, die beim Wechseln in meine hohle Hand klingelten, waren »heil«. Ich empfand es als ein physisch wohltuendes Gefühl, sie in der Hand zu halten – in krassem Gegensatz zu unserem armseligen, schmuddeligen Papiergeld –, und hätte sie am liebsten nicht mehr hergegeben. Aber auf der Rückfahrt zahlte ich *doch* damit, auch für die schuldige Herfahrt. Nun war es an diesem Schaffner zu staunen. Er nahm das Geld kopfschüttelnd entgegen.

Unsere *Mustergatte*-Vorstellungen im Zürcher Bernhard-Theater lösten wie fast überall Heiterkeitsstürme aus. Sogar juchzendes Gekreische kam auf, als mir einmal in einer Szene ein Malheur passierte:

Ich hatte in kerzengerader Haltung, die Füße dicht nebeneinander auf dem Fußboden fixiert, in einem Sessel zu sitzen, aus dem ich empört emporschnellen mußte. Dieses eine Mal vernahm ich dabei ein hochverdächtiges Reißgeräusch – und erstarrte. Beim Weiterspielen – »Nicht aus der Rollen fallen!« – bestätigte sich der böse Verdacht: Ich hatte mit beiden Absätzen zu fest auf dem gespannten langen Seidenrock meines Abendkleids gestanden. Beim abrupten Aufstehen hatte der Rock dadurch vom Po abwärts – ratsch! – einen klaffenden Riß bekommen. Da ich keinen Unterrock trug (der hätte viel zuviel Textilpunkte gekostet!), stand ich also nun mit meiner Rückansicht praktisch im Freien. Panik! Was tu ich jetzt? Was laß ich? Der erste Rat vom Chemnitzer Friedrich Ebeling klang mir wieder in den Ohren: »Weiterspielen, als gehöre es zur Szene!« Ich gab also ein verschrecktes »Oh!« von mir, griff mit der linken Hand nach hinten und suchte durch Zusammenraffen des Stoffes meine Blöße zu kaschieren – in der rechten hielt ich ja das Sektglas. Dann wandte ich mich an Billy alias Heinz Rühmann, immer dessen eingedenk, daß ich ja beschwipst sein mußte: »Haben Sie vielleicht eine Schischerheitsnadel?« Heinz brachte nur noch mühsam heraus: »Nein, schischer nich.« Dann holte er sein großes, weißes Taschentuch hervor und wischte sich damit umständlich über die dem Publikum zugewandte Gesichtshälfte. Das tat er immer, wenn er aus irgendeinem Grund mal das große Lachen kriegte. Um ihn zur Ordnung zu rufen, blickte ich ihn streng an, was alles natürlich nur noch schlimmer machte. Als ich dann beim Sekteinschenken beide Hände benötigte und die nackte Wahrheit nicht mehr wegzuraffen war, steigerte sich das Gewiehere im Zuschauerraum ins Orkanartige. Was half's? Ich mußte die Situation bis zum Ende des Aktes durchstehen. – Kurz darauf wurde ich von Besuchern dieses Abends gefragt, wie man denn den Rock so geschickt präpariert hätte... Aber das ist eine der Pannen geblieben, die *nicht* in die laufenden Aufführungen übernommen wurden!

Einmal bekamen Heinz Rühmann und ich eine wunderschöne Torte geschickt, zusammen mit einem hymnischen Begleitschreiben. Der Unterschriebene war uns kein Begriff. Aber die Schweizer Kollegen klärten uns auf, daß das »der theaterbesessene Zeitungsverkäufer« sei. Der lese alles über Schauspieler und verehre sie. Manche bete er richtiggehend an.

Kurze Zeit darauf machte ich eine Trambahnfahrt. Ein Zeitungsverkäufer stieg zu und bot seine Blätter an. Als er bei mir angekommen war, verklärte sich sein Blick, und er gab sich als der Tortenspender zu erkennen. Ich war gerührt. Er sah nicht aus, als ob er über große Reichtümer verfügte. Also beschloß ich, ihm zwei drei Zeitungen abzunehmen. Er gab sie mir übereifrig, blieb aber weiter – laut lobpreisend – vor mir stehen. Ich bat noch um eine Illustrierte... um noch eine. Mittlerweile war das Interesse aller Fahrgäste auf uns gelenkt, und die Situation fing an, mir sehr peinlich zu werden. »Wieviel bin ich nun schuldig?« fragte ich – in der Hoffnung, die Anbetung damit zu beenden. Aber er wollte kein Geld annehmen, sondern griff im Gegenteil in seine große, umgehängte Geldtasche, holte wahllos eine Faust voller Münzen heraus und legte sie mir in den Schoß. »Aber nein! Nicht doch!« rief ich entsetzt und sprang auf, schamrot bis hinter die Ohren. All die Münzen klimperten von meinem Schoß zu Boden, kullerten in die Umgebung und blieben im gerillten Belag des Fußbodens liegen. Alles sprang nun auf und bemühte sich, das viele Geld aus den Ritzen aufzuklauben und es mir in die Hände zu drücken. Ich hielt sie fest zu Fäusten geschlossen und stammelte nur immer »Neinein – bitte nicht! Ich will das nicht. Das kann ich nicht annehmen!« Bei der nächsten Haltestelle verkündete ich nur hektisch: »Ich muß hier raus!« und ließ Zeitungsverkäufer, Zeitungen und den Menschenknäuel zurück.

Ein anderes Erlebnis schockierte mich womöglich noch mehr: Wir hatten eine Nachmittagsvorstellung gegeben, irgendwo außerhalb des Bernhard-Theaters. Bis zur Abendvorstellung dort war noch viel Zeit, nur nicht genug zum Ab- und wieder Neuschminken. Also beschloß ich, unabgeschminkt einen kleinen Schaufensterbummel zu machen und mich auf diese Weise gemächlich ins Theater zu begeben. Bald bemerkte ich, daß ein Mann, etwa um die Fünfzig, penetrant dicht neben mir stehenblieb, wo immer ich eine Auslage betrachtete – und daß er wiederum nicht die Auslage, sondern auf impertinente Art mich betrachtete. Ich wechselte die Straßenseite; er wechselte mit. Das gleiche noch einmal. Nun griff ich an: »Merken Sie nicht, daß ich allein gehen möchte?« Die Antwort war ein unverschämtes Grinsen. Ich ging weiter. Er folgte. Jetzt wurde mir das Spiel zu dumm. Energisch ging ich ihn an: »Wenn Sie nicht aufhören, mich zu belästigen, rufe ich die Polizei!« Darauf er: »Was räget Sie sich so uff? Höret Sie sich doch zuerscht einmal mein Offert an!« Als ich ausholte, um ihm eine zu kleben, sah er wohl doch endlich ein, daß er an die falsche Adresse geraten war und trollte sich. Offenbar konnte man sich nicht einmal mehr darauf verlassen, daß geschminkte Frauen Dirnen waren.

Ich schien offenbar für alle im Ensemble ein besonders geeignetes Objekt für Scherze zu sein. Mit einem Riesenhummer mußte Billy zum Beispiel Doddy, ebenfalls in der Schwipsszene, durchs Zimmer jagen. Die Kollegen fanden, ich fürchtete mich so natürlich, daß ich privat auch Angst vor einem solchen scherenbewehrten roten Ungeheuer haben müßte. Selbstverständlich war unser Hummer sehr naturgetreu aus Pappmaché geformt und wurde immer in der Requisitenkiste mitgeführt.

Einmal jedoch fand ich ihn abends am Fußende meines Bettes unter der Decke. Draußen standen die lieben Kollegen mit dem Ohr an meiner Zimmertür; ich konnte leises Kichern und »Pscht!« hören. Diesen Spaß versalze ich ihnen! dachte ich, packte den Papphummer sorgfältig eingewickelt in meinen Koffer, verhielt mich mucksmäuschenstill und schlief bald ein.

Am nächsten Tag hatten wir ungefähr viereinhalb Stunden Fahrt vor uns. Im Bus kamen nach einer Weile die ersten hinterhältigen Fragen: »Naa, hast du gut geschlafen?« – »Ja danke, sehr gut.« – »Sosoo...!« – »Wieso sosoo? Sehe ich unausgeschlafen aus?« – Das Abfragen ging mit Unterbrechungen ungefähr zwei Stunden weiter. Ich spielte nach wie vor die unwissende Unschuld und ließ die Bande schmoren. Schließlich kam die direkte Frage: »Wo hast du denn den Hummer?« – »Iiich? Wieso ich? Der ist doch im Requisitenkasten.«

Jetzt brach Panik aus. Man gestand mir alles ein, aber ich hielt durch und sagte, ich hätte keinen Hummer gefunden, ich schliefe ja immer mit angezogenen Beinen. »Um Gottes willen«, schrien sie, »dann muß er noch in deinem Hotelbett sein! Wir müssen umkehren!« Aber dazu war es zu spät, wenn wir rechtzeitig zur nächsten Vorstellung kommen wollten. Eine Rast wurde beschlossen, und ich schlug vor, man möge doch im Hotel anrufen. Nach der zwangsläufig negativen Antwort wollte ich dann mit der Wahrheit herausrücken. Aber dazu kam ich nicht mehr: Die beiden Rädelsführer hatten sich, ohne uns zu konsultieren, ein Auto gemietet und waren, wie sie später sagten, »ziemlich tief nach Chur zurückgeflogen«. Da sie erst im letzten Akt auftraten, hofften sie, rechtzeitig zur Vorstellung wieder da zu sein. – Wir riefen im Hotel an und baten, den beiden den wahren Sachverhalt mitzuteilen. Mehr konnte man im Moment nicht tun.

Mittlerweile plagte mich schon mein Gewissen: Ich hatte meinen Rachescherz zu weit getrieben. Die beiden trafen rechtzeitig zur

Vorstellung wieder ein und hatten einige Mühe, ihre Säure zu verbergen und zu verarbeiten, bis alles wieder gut war. – Aber von nun an wurde ich jedenfalls nicht mehr hochgenommen, sondern man fürchtete eher, ich könnte wieder »irgend so ein Ding« drehen.

Mit der Blockade, die die Russen nach der Währungsreform über Berlin verhängt hatten, begann das Inseldasein dieser bis dahin so offenen Stadt und damit für mich das von jeher verhaßte Gefühl des Eingesperrtseins. So kam Peters Vorschlag, mit ihm nach München zu gehen, wohin ihn sein Dienst versetzte, nicht ganz ungelegen.

Trotzdem wurde mir der Abschied von Berlin, wo ich schneller als je gedacht wieder Fuß gefaßt hatte, so schwer, als ob ich von einem geliebten Menschen scheiden müßte. Noch viele Jahre nach meinem Weggang konnte ich nicht an Berlin denken, ohne Herz- und Heimweh zu bekommen. Aber ich hatte ja immerhin »noch einen Koffer in Berlin«. Margot, die inzwischen zum Theater gegangen war und unter dem Namen Margot Leonard dort ihre ersten Erfolge erntete, blieb zunächst allein in der hübschen kleinen Wohnung in Zehlendorf, die Peter noch organisiert hatte. Der Auszug aus Tempelhof hatte nicht weh getan. Ich ließ nicht nur fast alle Möbel, sondern auch sechs Jahre ungute, aber auch (einige) gute Erinnerungen zurück.

Der Maler Blase, als Nachmieter, übernahm alles, leider auch das Telefon. Aber ich mußte von Berufs wegen telefonisch erreichbar sein. Man würde ein Einsehen haben, hoffte ich, und begab mich zur Antragstelle. Mit zäher Hartnäckigkeit schaffte ich es, bis zum höchsten Beamten vorzudringen, der für die Vergabe von Telefonanschlüssen zuständig war. Ich saß vor seinem Schreibtisch, während er mir auseinandersetzte, daß es für Zehlendorf keine Anschlüsse gäbe. Ich hätte den meinen von Tempelhof mitnehmen sollen, das wäre zu machen gewesen. Oder wenn ich nach Schmargendorf statt nach Zehlendorf gezogen wäre, dort wären auch Anschlüsse frei. Und falls ich morgen nach Schmargendorf zöge, gab ich zu bedenken, dort einen Anschluß bekäme und gleich darauf nach Zehlendorf umzöge, könnte ich dann den Schmargendorfer Anschluß mitnehmen? Ja, selbstverständlich, das sei machbar. Jetzt hatte ich ihn! Entschlossen erhob ich mich und kniete mich vor dem Beamten nieder: »Hier bleibe ich so lange knien, bis Sie mir einen Schmargendorfer Anschluß für Zehlendorf gegeben haben«, erklärte ich. Die Verlegenheit des Mannes war nicht zu beschreiben. Sich ständig verhaspelnd, flehte er mich an, doch bitte, bitte aufzustehen. Vergeblich. Ich kniete. Als kurz darauf seine Sekretärin hereinkam und sofort mit einem erschreckt-verlegenen »O Verzeihung!« die Tür von außen wieder schloß, bekam ich meinen Telefonanschluß ganz schnell und bedankte und verabschiedete mich sehr herzlich.

Nach meinem Umzug nach München wohnte ich kurze Zeit auf dem Bavariagelände, auf der Suche nach einer anderweitigen Wohnmöglichkeit. In dieser Zeit traf ich dort den Produzenten Hans Lehmann, einen Urberliner, mit dem ich schon während der Kriegszeit im Film gearbeitet hatte.
»Ihr dreht ja *Krach im Hinterhaus*«, sagte ich. »Ja«, erwiderte er, »zu schade, daß de det nich spiel'n kannst.« – »Das ist ja logisch«, erwiderte ich, »ich bin immerhin mittlerweile schon 28, und die Edeltraut Panse muß vierzehn sein!« Das wäre nicht der Grund, meinte er, sondern daß ich keine geborene Berlinerin sei und daher den echten Berliner Ton nicht hinkriegen würde. Jetzt war ich herausgefordert. Ich wies auf meine zehn Berliner Jahre hin und darauf, daß ich eine ausgesprochene Dialektbegabung hätte; aber ich beharrte darauf, daß ich zu alt sei. Wir beschlossen, Probeaufnahmen zu machen, durch die ich ihm beweisen würde, daß ich sehr wohl den Berliner Jargon glaubhaft bringen könne. Er hingegen müsse mir beweisen, daß ich für vierzehn durchgehen könnte. Ich glaubte keinen Moment, daß ihm das gelingen würde und betrachtete das Ganze als eine Art Wette.
Keiner von beiden hat diese Wette verloren. Ich wirkte als Edeltraut, mit Rattenschwänzchen, zu kurzem, geflicktem Kleid und gestopften Baumwollstrümpfen mit Wasserfalten so glaubhaft kindlich, daß ich selbst erstaunt war, als wir uns die Aufnahmen ansahen. Aber ich wußte auch, wie schwer ich es nun wahrscheinlich haben würde beim unausbleiblichen Vergleich mit meiner großen Vorgängerin, Rotraut Richter, die die Edeltraut so grandios in der Erstverfilmung gespielt hatte. Diese hatte ich Gott sei Dank nie gesehen und entging daher der Gefahr einer billigen Nachahmung.

Vater mit 68...

85   ... und Mutter mit 66 Jahren

Meine Schwester, Margot Leonard, als
iede in der Fernsehserie »Moselbrück«

87   Mein Sohn Felix, hier 36 Jahre alt

Holger und ich – wir zwei – 1987 auf dem Münchner Oktoberfest

89–99   Portraits (privat und Rollen):
Entwicklung von Fünfzehn bis Fünfundsiebzig

100   In »Tag für Tag« von Arnold Wesker als Fernsehspiel, 1965, mit Hannelore Hoger und Carl Wery, Regie: Peter Beauvais

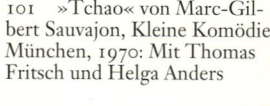

101   »Tchao« von Marc-Gilbert Sauvajon, Kleine Komödie München, 1970: Mit Thomas Fritsch und Helga Anders

102   In »Caroline« von W. Somerset Maugham als Fernsehspiel, 1966, mit Alice Treff, Regie: Fritz Umgelter

»Die Zimmerschlacht« von Martin Walser,
nerspiele in der Böttcherstraße Bremen, 1969:
rude mit Holger Hagen als Felix: »Probier das
Felix… Hier, überall!«

Oben rechts: Shakespeares »Die lustigen
er von Windsor«, Luisenburg-Festspiele
siedel, 1978. Als Frau Fluth mit Erich Aberle
aff)

Rechts: Als Tante Juel in »David und
th« von Georg Kaiser als Fernsehspiel, 1976.
: Ilo von Janko

»Polizeiinspektion I«, Folge »Der Kur-
en«, 1977: Mit Walter Sedlmayr und Georg
alla

107   In »Jane«, einem Fernsehspiel nach
W. Somerset Maugham, 1979, mit Stefan
Behrens, Regie: Wolfgang Liebeneiner

108   »Bunbury« von Oscar Wilde, Kleine
Komödie im Bayerischen Hof München, 1984:
Als Miss Prism mit Anneliese Fleyenschmidt
(Lady Bracknell)

109   Als Schwester Agatha in der Fernsehserie
»Timm Thaler«, 1978, mit Hans Hessling als
Bischof

110   Als Frau Abramski in der Fernsehserie
»Lorentz und Söhne«, 1987, mit Ernst Schröder
als Lorentz

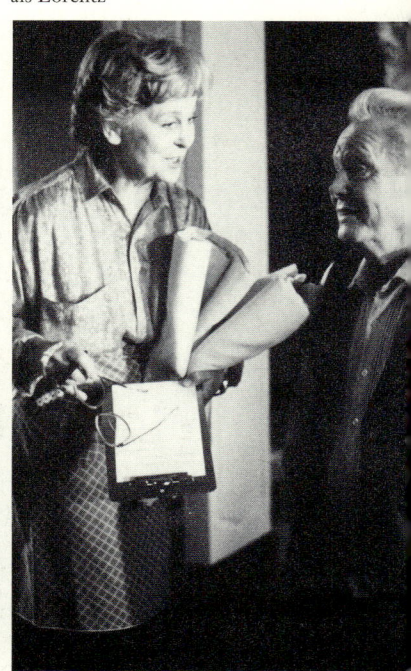

1 »Bring's mir bei,
Céline!« von Maria Pacôme,
Kleine Komödie im Bayeri-
schen Hof München, 1981.
Als Anna mit Luise Ullrich
als Céline

Folgende Seite ▷ ▷
3   In dem Fernseh-Rate-
spiel »Wie würden Sie entscheiden?«, 1985, mit Papagei,
der mich ganz privat kräftig in
den Finger gebissen hat!
4   Als Oma Herta in der
Fernsehserie »Forsthaus
Falkenau«, seit 1988, mit Gerd
Antz als Kommandant der
Freiwilligen Feuerwehr von
Müblach und Walter Busch-
hoff als Vinzenz
5   Holger und ich bei der
Rollenarbeit an »Geliebter
Lügner« nach G.B. Shaw,
1989

2   »Das Haus in Monte-
video« von Curt Goetz, Kleine
Komödie am Max-II-Denkmal
München, 1981: Als Marianne,
die Frau Professor, mit
Gunther Philipp als Professor
Nägler und Tracy Schönbach
als Tochter Atlanta sowie den
anderen neun Kindern und
Wilfried Blasberg als Pfarrer

Ich mußte und konnte die Rolle also ganz von mir aus entwickeln. Und obwohl fast alle Kritiken Rotraut erwähnten, ließen viele doch manch gutes Haar an meiner Darstellung.

Der Berliner »Telegraf« stellte fest, ich sei »eine viel kindlichere Edeltraut Panse, als Rotraut Richter es war, und beider Keßheit stammt aus ganz verschiedenen Bezirken. Aber eine Jöre ist die kleene Löbel auch.« – Und die »Welt« schrieb: »B. L. zeigt mit ihrer Edeltraut Panse, welche ursprüngliche und ungewöhnliche Begabung sie hat. Möge ein guter Gott ihr auf ihrem weiteren Filmweg beistehen.«

Bei den Dreharbeiten in Wildbad Kreuth spielte neben Paul Dahlke, Traute Rose, Ursula Herking und Fita Benkhoff auch Franz Schafheitlin eine Rolle. Er hatte seine Frau und seine beiden Söhne bei sich, die damals elf, zwölf Jahre alt gewesen sein mögen. Sie behandelten mich zu meinem großen Vergnügen rotzfrech, als wäre ich nur irgendein anderes Kind: steckten mir die Zunge raus, zeigten mir den Vogel und stellten mir das Bein. Ich rauchte damals noch, und wenn ich mir in der Mittagspause nach dem Essen eine Zigarette anzündete, machten sie ihren Eltern Vorwürfe: »Warum dürfen wir denn nich roochen, wenn die Kleene darf?«

Ich hatte einen Mordsspaß an der Rolle und verwendete alle meine Kindheitserinnerungen: die Ballprobe an der Hauswand, das Treppengeländer als Rutschbahn, das Fratzenschneiden und das nervtötende Plärren. Ich spielte ungefähr die Göre, die ich einmal gewesen war. – Zur Premiere im Gloria-Palast am Berliner Kurfürstendamm erschien ich natürlich zum Verbeugen als die gutangezogene junge Frau, die ich war. Der Applaus war zu meiner großen Enttäuschung nicht allzu enthusiastisch, als ich leibhaftig auf die Bühne trat. Als ich den Grund erfuhr, kriegte ich das große Lachen. »Du hättest mit Zöpfchen ufftreten sollen, als Jöre!« sagte Lehmann, »die ham dich jarnich erkannt. ›Wer is'n det?‹ hamse jefraacht, ›hat die ooch mitjespielt?‹«

Bei dieser Produktion so viele von den Kollegen heil wiedergetroffen zu haben, mit denen ich zuletzt im Krieg gearbeitet hatte, war eine Riesenfreude. Paul Dahlke wohnte mit seiner DeDe inzwischen in einem großen Untermietezimmer in Schwabing. Und die Wirtin, Frau Hagens, hatte auch für mich noch ein Zimmer frei. So wurde ich also für eine Weile Schwabingerin und lernte nach und nach alle interessanten Lokale in der Gegend gut kennen.

In einem wurden einmal sehr komische Sketche aufgeführt. Das Komischste aber war ein Mann, ein Elektriker, der mitten in die Vorführung hineinplatzte und steif und fest behauptete, er sei hierher bestellt, um eine Leitung zu reparieren, und der auch nicht zu bewegen war, bis nach der Vorstellung damit zu warten. Seine Hartnäckigkeit, die Umständlichkeit, mit der er seine lange Leiter aufstellte und der »Schriftdeutsch«-bajuwarische Redefluß, den er dabei von sich gab, waren so komisch, daß der ganze Saal in kürzester Zeit schrie vor Lachen. Der Elektriker hieß Karl Valentin.

Als ich aus Kreuth zurückkam, meinte es das Glück wieder einmal gut mit mir, diesmal in der Person meiner eigentlichen Konkurrentin, Hannelore Schroth. Sie mußte ihre Rolle in Priestleys *Seit Adam und Eva*, das in der Münchner Kleinen Komödie gerade gespielt wurde, wegen anderer Verpflichtungen aufgeben. Mit mir wurde der gesuchte Ersatz gefunden.

Die Übernahme einer Rolle ist meist eine problematische Aufgabe, die oft auch undankbar bleibt. Doch Luise Ullrich akzeptierte mich sofort als neue Partnerin, und auch das übrige Ensemble machte es mir leicht. Es wurde ein persönlicher Erfolg, und ich war wieder einmal sehr glücklich. – Ich hatte mein Versprechen von vor zehn Jahren gehalten: Im Zuschauerraum saß in der ersten Reihe – Fanny Geßler, meine Münchner Zimmerwirtin aus den allerersten Tagen, genauso wie bei all meinen weiteren Münchner Premieren ... solange sie lebte.

Mein Einspringen bei *Seit Adam und Eva* war die Initialzündung für jahrelange weitere Erfolge an der Kleinen Komödie, die mir zu einer neuen Heimat wurde. Ich spielte hier eine Mittelpunktsrolle nach der anderen und erhielt Aufgaben, wie sie heute an Boulevardtheatern immer seltener geworden sind. Die Presse bezeichnete mich einmal als »den guten Geist des Hauses«. – Was war das damals für ein herrlicher Teamgeist! Das Theaterchen, das Gerhard Metzner und Isebil Sturm mit eigenen Mitteln nach dem Krieg an der Stelle eines altmodischen Cafés eingerichtet hatten, war natürlich besonders hinter der Bühne in vielerlei Hinsicht noch recht primitiv. Zum Beispiel waren Herren- und Damengarderobe zuallererst in einem Raum untergebracht, nur durch eine hohe Bretterwand getrennt. Über die hinweg flog unsere Konversation, hin und her, wie Pingpong. Welch familiäres Zusammengehörigkeitsgefühl das auslöste, begriff ich erst so richtig nach dem Umbau, als alles modern und geschleckt war und jeder Schauspieler seine eigene Garderobe hatte. In der saß man dann allein, und es war sehr bequem, aber nicht mehr so gemütlich. Vorläufig aber kam man noch jeden Abend wie der Vogel in sein Nest in dieses anheimelnde Theater zurück, wo die Göringerin als Inspizientin und Requisiteurin sowie die Holmerin als Garderobiere und die Huberin als Maskenbildnerin und Friseuse hinter den Kulissen regierten.

Aber beim Theaterspielen allein blieb es nicht. Ich drehte auch einen Film nach dem anderen. Manchmal überschnitten sich die Termine so, daß ich nur noch im Schlafwagen Ruhe fand, oder mit dem Flugzeug erst kurz vor einer Vorstellung ankam und sofort nach Schluß wieder zurückfliegen mußte. Wie ich diese anstrengenden und auch nervenaufreibenden Jahre damals durchgestanden habe, wie das überhaupt zeitlich zu machen war, ist mir heute ein Rätsel. Wenn ich das Pensum ansehe, das ich bewältigte, wird mir schwummerig.

Allein im Jahre 1949 drehte ich außer *Krach im Hinterhaus* noch zwei weitere Filme. Der erste war ein Real-Film in Hamburg, *Absender unbekannt*, in dem ich eine Schülerin spielte, die einen ganzen Schulbetrieb durcheinanderbringt. Abstempelung lag wieder in der Luft: nach der kessen Berliner Göre nun die freche höhere Tochter. – Großartige Schauspieler und Schauspielerinnen waren dabei, sogar der berühmte Stummfilmstar Henny Porten. Von dem geliebten alten »Abbi« Florath, der einen Lehrer spielte, habe ich mir abgeschaut, wie man sparsam mit seinen Kräften umgeht: In einer Einstellung saß das Lehrerkollegium an einem langen Tisch, vor dem ich schuldbewußt auf meinen Schulverweis wartete. Die Kamera sollte ohne Unterbrechung, mit nur einem kurzen Stopp bei jedem Lehrer, den langen Tisch »abfahren«. Florath saß ziemlich weit hinten in der Reihe und – schlief! Je näher ihm der Kamerawagen kam, desto unruhiger wurde ich. Ganz unnötig. Als die Kamera ansetzte, auf Florath zuzufahren, tat er die Augen auf, lieferte hellwach und ohne Makel seine Rede ab und schlief prompt weiter, als zum nächsten gefahren wurde. »Warum soll ich nicht ausruhen, wenn ich gar nicht im Bild bin?« war seine Erklärung.

Amerika

Das nächste Filmangebot brachte mich beinahe aus der Fassung. Die 20th Century Fox-Film war aus Hollywood herübergekommen, um einen Film über die Luftbrücke zu drehen, die die Amerikaner als Antwort auf die russische Blockade durchgeführt hatten: *The Big Lift* (auf deutsch später: *Es begann mit einem Kuß.*) Der Regisseur George Seaton war in das eingeschlossene Berlin gekommen und wollte zu seinen beiden amerikanischen Hauptdarstellern Montgomery Clift und Paul Douglas einige deutsche engagieren. Er suchte vor allem zwei Schauspielerinnen als Partnerinnen für Douglas und Clift. Da den amerikanischen Filmkontrolloffizieren in Berlin bekannt war, daß ich ein gutes Englisch sprach, hatten sie mich vorgeschlagen. Mit klopfendem Herzen flog ich nach Berlin. Die Gagenverhandlungen für diesen Film führte ich allein, und als ich den Vertrag unterschrieb, wurde mir schwindlig vor Glück. Er sicherte mir mehr als das Doppelte von dem zu, was mein Manager bisher maximal für mich für einen deutschen Film herausgeschlagen hatte. Dann bekam ich das Drehbuch von Autor-Regisseur Seaton, das vor Vertragsabschluß noch nicht ganz fertig gewesen war. Ich las – und konnte dabei fühlen, wie mein Glücksthermometer mit jeder neuen Seite sank. Diese Gerda, die ich spielen sollte, war ein berechnendes, oberflächliches, kleines Biest, das sich ganz bewußt einen Amerikaner geangelt hatte, um ihn auszunehmen – und weiter nichts. Die andere Frauenrolle, die mit Cornell Borchers besetzt wurde, war ähnlich gelagert. Die Deutschen kamen in diesem Drehbuch allesamt schlecht weg. Bestimmt gab es auch solche. Aber doch wirklich nicht nur!
Ich mußte nicht lange nachdenken, um zu entscheiden, daß ich bei einer solchen unstimmigen, hinkenden Schilderung nicht mitmachen wollte – hohe Gage hin oder her. Was tun? Ich hatte meine Unterschrift unter einen Vertrag gesetzt, der auf vielen Seiten

detaillierte Punkte, unter anderem natürlich auch einen über Konventionalstrafe, enthielt. Ich bat George Seaton um ein Gespräch. Auf dem Weg zu ihm war mir hundeelend zumute, und als ich dann diesem freundlichen, niveauvollen Mann und seiner Frau Phyllis gegenübersaß, wußte ich kaum, wie beginnen.

Seaton fiel zwar aus allen Wolken, als ich ihm eröffnete, daß ich diese Rolle nicht spielen könne, auch wenn ich jahrelang an der hohen Konventionalstrafe zahlen müsse; aber ein Wunder geschah: Die Seatons wollten meine genauen Gründe und Argumente wissen, und ich wiederum fing an, mich dafür zu interessieren, auf Grund welcher Informationen und Recherchen dieses Drehbuch entstanden war. Die hier lebenden Amerikaner hätten die meisten Anregungen und Beschreibungen gegeben. Zu Deutschen sei leider kein Kontakt hergestellt worden. – Das könnte ich jederzeit in die Wege leiten, sagte ich, und brachte also bald die Seatons mit jungen und älteren Deutschen zusammen. Nun fange der Stoff erst an, richtig interessant zu werden, meinte Seaton. Von Vertragsauflösung wurde gar nicht mehr gesprochen.

Lange Abende saßen wir von da an mit vielen meiner Berliner Freunde zusammen und redeten uns die Köpfe heiß. George und Phyllis waren fasziniert, und uns jungen Deutschen ging langsam ein Licht auf, was Meinungsfreiheit, was Demokratie bedeuten könnte. Hier wurde beides konkret, praktisch vorgeführt. Das unglaubliche Resultat all dieser Gespräche war, daß George Seaton die bereits eingeleiteten Dreharbeiten abbrechen ließ und zurück nach Hollywood flog, um ein korrigiertes Drehbuch auf Grund seiner neueren Erkenntnisse herzustellen. Er bewerkstelligte das in sagenhaftem Eiltempo. Nun war die Story stimmig.

Bereits im Herbst 1949 konnte in Berlin endgültig mit den Dreharbeiten begonnen werden. Es war ein herrliches Arbeiten, wie ich es bis dahin beim Film noch nie gekannt hatte. In Phyllis Seaton hatten wir eine Dialogregisseurin, die rechtzeitig in Absprache mit ihrem Mann die als nächstes geplanten Szenen mit den Schauspielern arbeitete, sogar mit entsprechenden Möbeln und Requisiten. Man hatte Zeit für Fragen, Einwände, Vorschläge, konnte gründlich diskutieren und üben und hatte mindestens eine Nacht zum Sickernlassen. Dadurch wurden dann selbst die schwierigsten Szenen beim Drehen relativ schnell bewältigt.

Meine große Szene in diesem Film wurde vorher besonders gründlich geprobt. In ihr muß Gerda wütend ihren herablassenden Amifreund mit seinen Mitbringseln bombardieren – Seife, Schokolade, Zigaretten, Konservendosen. Während ihm das Zeug um die Ohren fliegt, informiert sie ihn in rasanter Tirade über die von ihm mißachteten Artikel des amerikanischen Grundgesetzes, die sie inzwischen auswendig gelernt hat. Die Szene brauchte, weil sie so gut probiert war, nur zur Sicherheit ein zweites Mal gedreht zu werden. Und von den Technikern kam Applaus, das Schönste, was einem Schauspieler im Atelier passieren kann.

Am Ende der Dreharbeiten hatten die Seatons und ich einander eng ins Herz geschlossen. Diese Freundschaft, die mit wechselseitigen Besuchen und viel Korrespondenz lebendig gehalten wurde, endete erst mit dem Tod der beiden liebenswerten Menschen. Die Rosen, die am Zaun meines Hauses stehen, sind ein Geschenk der beiden und erinnern mich immer an sie.

Zum Jahreswechsel von 1949 auf 1950 spielten Heinz Rühmann und ich wieder einmal den vielbejubelten *Mustergatten*, diesmal in der Kleinen Komödie in München. Inzwischen hatten wir auch eine kurze Tournee durch Teile Westdeutschlands unternommen. – In Marl war es, glaube ich mich zu erinnern, wo wir statt einer normalen Eisenbettstelle ein schweres Monstrum bekamen, klobig wie ein Krankenhausbett. »Zumindest habe ich hier eine feste Stütze«, meinte Rühmann. Er machte nämlich im zweiten Akt – wenn es Billy geglückt ist, Doddy vor seiner Frau zu verstecken – vor lauter Ausgelassenheit einen Handstand auf dem Fußende des Bettes.

Keiner hätte ihm das so leicht nachgemacht! Doddy, also *ich*, lag unterdessen versteckt unter diesem Bett und sollte erst wieder herauskriechen, wenn die Gattin die Wohnung verlassen hätte. Üblicherweise rollte ich mich dabei immer auf die linke Seite unterm Bett, was auch Heinz bekannt war. Ich weiß nicht, warum ich dieses Mal auf der rechten Seite blieb. Wie auch immer, Heinz turnte mehrere Male seinen artistischen Handstand, und plötzlich krachte mit lautem Knall der schwere Eisenrahmen der Sprungfedermatratze herunter, genau auf der linken Seite, wo normalerweise ich immer lag. Das Lachen des Publikums brach so plötzlich ab, als ob man ein Tonband abrupt abgestellt hätte – und vor mir erschien das angstverzerrte Gesicht Heinz Rühmanns mit weit aufgerissenen Augen. Dann entspannte sich seine Miene und ein langgedehntes, inbrünstiges »Gooot sei Dank!« strömte aus ihm heraus, als er mich quicklebendig daliegen sah. Mein Schutzengel hatte sich wieder einmal selbst übertroffen. Das Publikum erwachte aus seiner Erstarrung und lachte fröhlich weiter. Natürlich hielten sie das Ganze wieder einmal für originelle Regie. Aber diesen wirkungsvollen Zufall haben wir ebensowenig in die kommenden Vorstellungen eingebaut, wie die Panne mit dem zerrissenen Rock in Zürich.

Heinz und ich hatten grundsätzlich verabredet, das Stück immer wieder einmal hier und dort nach Absprache zu spielen, wenn wir zufällig beide frei waren. Die Vorstellung war so gut einstudiert, daß sie ohne viel Proben jederzeit abrufbar war.

Ende März war es wieder soweit. Diesmal sollte es erneut durch mehrere westdeutsche Städte gehen, angefangen in Bad Boll. Vorher aber sei in zehn Tagen noch eine Einzel-Vorstellung im Tiroler Landestheater Innsbruck geplant. Wir verblieben in mündlicher Abmachung. Die schriftliche Fixierung sollte nach seiner Rückkehr aus der Schweiz geschehen, wohin Heinz am nächsten Tag für vier, fünf Tage reisen müsse. Unser Gespräch fand an einem Samstag statt.

Am Sonntag morgen hatte ich mir vorgenommen, meinem damals liebsten Hobby, dem Ausschlafen, zu frönen. Da klingelte um halb zehn Uhr das Telefon neben meinem Bett. Mit englischem Akzent meldete sich eine Männerstimme: »Hier ist Twentieth Century Fox, Paris. Wir möchten Sie nach New York –« Weiter kam er nicht: »Jajaaa, natürlich. Seeehr komisch! Laß bitte den Quatsch, wer immer du bist! Ich bin müde«, nuschelte ich verschlafen, legte ärgerlich auf und vergrub mich wieder in den Kissen. Nach zehn Minuten klingelte es erneut. – »Bitte nicht auflegen!« kam als erstes hektisch aus dem Hörer. Und nun wurde mir lang und breit dargelegt, daß sie, das Pariser Büro der 20th Century Fox, den Auftrag aus Hollywood hätten, mich zur Premiere von *The Big Lift* nach New York einzuladen. Jetzt war ich hellwach vor freudigem Schrecken und wollte wissen, wann das denn sein solle. Ich müßte am kommenden Sonntag fliegen und könne damit rechnen, am darauffolgenden Donnerstag den Rückflug anzutreten. O je! Da stand Innsbruck im Terminkalender. »Geht der Rückflug nicht schon am Mittwoch?« Nein, das sei der Premierentag in New York.

Ankunft Montag, Dienstag Vorbereitungen, Mittwoch Premiere, Donnerstag Rückflug. Anders ginge es nicht.

Was nun? Ich bat um Rückruf am Abend des kommenden Tages. Auf irgendeine Weise müßte ich es schaffen, Heinz in der Schweiz zu erreichen. Diese Riesenchance könnte er mir doch nicht kaputtmachen, dachte ich. Er hatte ja eine zweite Besetzung für die Doddy, mit der er zwar nicht so gern spielte wie mit mir. Aber in diesem Fall...

Ein Auslandsgespräch – wenn es denn (fünf Jahre nach Kriegsende) überhaupt zustande kam, brauchte manchmal tagelang, bis es funktionierte, einen Tag mindestens. Lieber Gott, da wäre ja noch so viel zu erledigen bis zum Abflug!

Den ganzen Montag wartete ich zu Hause. Hertha Feiler hatte mir eine Nummer gegeben. Bei jedem Klingeln flatterte ich wie ein aufgescheuchtes Huhn zum Telefon. Gegen Abend klappte es schließlich. Aber es kam eine kalte Dusche, Heinz lehnte strikt ab: Das gehe auf gar keinen Fall, die Plakate hingen schon. Der Innsbrucker Intendant bestehe auf mir und würde keinesfalls einwilligen. Schluß.

Ich war dem Weinen nahe. Aber wenn ich schon Heinz nicht erweichen konnte, dann doch vielleicht den Innsbrucker Intendanten? Wieder meldete ich ein Ferngespräch an, diesmal also nach Österreich. Dem geduldigen, verständnisvollen Telefonfräulein danke ich noch heute für ihre Hilfsbereitschaft. Sie notierte sich alle Nummern und Zeiten, wo ich wann zu erreichen sei; denn ich war nun dauernd unterwegs und entschlossen, auf alle Fälle mit den Vorbereitungen zu beginnen und ganz sicher, daß ich in Innsbruck Verständnis finden und Heinz so überzeugen und beruhigen könnte. Die zweite Besetzung würde sich freuen.

Der Innsbrucker Intendant mußte erst zweimal nach meinem Namen fragen und was denn mein Anliegen sei. Als ich das losgeworden war, bestand er keineswegs auf mir, sondern sagte nur: »Heinz Rühmann ist mir wichtig. Mit wem er spielt, ist mir egal.« Na also!

Am Donnerstag war Heinz zurück, und ich konnte ihn endlich ohne Schwierigkeiten in Grünwald erreichen. Als ich ihm die freudige Nachricht mitteilte, verstummte er erst einmal. Dann wünschte er mir einsilbig und hörbar eingeschnappt gute Reise. – Es tat mir leid, ihn verärgert zu haben, ich hatte aber Schwierigkeiten, Verständnis aufzubringen für sein Verhalten in einer solchen Situation.

Als erste deutsche Schauspielerin nach Kriegsende flog ich beruflich über den großen Teich. Ein Astronaut vor seinem ersten Mondflug kann auch nicht viel aufgeregter gewesen sein. Als ich schließlich angeschnallt auf meinem Platz saß, die Hektik der vergangenen Tage abschaltete und einigermaßen zur Ruhe kam, merkte ich wieder einmal, wie schwer es sein kann, Glück – so ungeheures Glück! – zu ertragen.

Bei einer eintägigen Reiseunterbrechung in Frankfurt, wo ich in einer Fernsehshow für in Deutschland arbeitendes amerikanisches Personal mit viel Brimborium vorgestellt wurde, bekam ich bereits eine Vorahnung dessen, was nun in Amerika auf mich wartete. Die Amerikaner verstehen so etwas zu organisieren; sie können einen zum Star machen, bevor man noch einer ist. Aber ich behielt genug inneren Abstand, um klar zu erkennen, daß die Fox den Rummel, der nun ausbrach, als Reklame für den Start dieses ungewöhnlichen Films brauchte. Eine deutsche Schauspielerin, also quasi eine ehemalige Feindin, in den USA erweckte halt Interesse und die gewünschte Neugier.
Der stundenlange Flug über den Ozean war ein Traum, nicht zu vergleichen mit den vielen Inlandflügen, die ich mittlerweile schon gemacht hatte. Die Wolkengebirge über und die endlose glitzernde Wasserfläche unter sich zu sehen, verursachte ein seltsames Gefühl von Abenteuer in der Magengegend.
Das Flugzeug – ich glaube, eine Superconstellation – war für damalige Verhältnisse ein Koloß. Direkt hinter der Pilotenkanzel ging es über eine Wendeltreppe ins untere Stockwerk, wo man auf Hockern vor einer Bartheke sitzen und jeden gewünschten Drink bestellen konnte. Mein Sitzplatz war so groß wie eine kleine Kabine. Nachts wurde ein Bett aus der Wand geklappt, ein sogenanntes *sky-berth*, das ich Himmelbett nannte. Es war wohltuend kuschelig, darin zu liegen – verborgen hinter dem zum Mittelgang hin zugezogenen Bettvorhang – und durch die runde Fensteröffnung hinauszuschauen auf all die Meeres- und Himmelswunder, bis mir die Augen zufielen. Die Pille gegen Luftkrankheit, die ich vorsorglich eingenommen hatte, muß wie ein Schlafmittel gewirkt haben. Als ich endlich aufwachte, hatten die anderen Passagiere bereits eine von mir verschlafene Zwischenlandung in Neufundland hinter

sich. Auch gefrühstückt hatten sie schon und begrüßten mich mit Applaus und Gelächter. Wachgeworden war ich durch Turbulenzen, die das gewaltige Flugzeug schüttelten und manchmal durchsacken ließen, bis wir schließlich heil auf dem Flughafen Idlewild landeten.

Konnte das Wirklichkeit sein? Ich war in Amerika! Unten am Ende der Ausstiegstreppe stand ein Heer von Presseleuten mit Blitzlicht-Fotoapparaten, ein Riesenblumenstrauß wurde mir überreicht. Ich war umringt von strahlenden, freundlichen Menschen, die mich in ein Konferenzzimmer im Flughafen geleiteten, wo ich auf einem Podium Platz nehmen mußte. Alles applaudierte, obwohl ich noch gar nichts getan hatte. Links und rechts von mir saßen zwei Damen, die sich auf deutsch als meine Dolmetscherinnen vorstellten. Als ich freundlich auf englisch sagte, ich brauchte keine Dolmetscher, kam ein großes Aah und Ooh. Nicht die Journalisten, sondern ich stellte die erste Frage dieser Pressekonferenz: Wie sie sich denn vorstellten, daß ich ohne Englisch-Kenntnisse diese große Rolle hätte spielen können. Ich weiß nicht, was so komisch daran war – vielleicht mein leichter Akzent? –, aber es kam ein Riesengelächter. Nun war das Fragen an den Journalisten. Sie wollten nichts über meine Jugend in Nazideutschland wissen – noch nicht –, sondern wie der Flug gewesen, ob ich luftkrank geworden sei und dergleichen. Diese Wichtigkeiten waren am nächsten Morgen in allen Zeitungen gedruckt, zusammen mit dem Foto des schmucken Mannes in Uniform, der mich auf den Armen die Treppe vom Flugzeug hinuntergetragen hatte.

Im Nobelhotel »Sherry Netherlands« in der 5th Avenue wurde ich empfangen wie ein altbekannter Stammgast. Man führte mich in eine unglaublich luxuriöse Suite. Allein im Wohnraum zählte ich 23 Lampen. Eine ganze Familie hätte hier wohnen können! – Der Reichtumsschock, den ich zwei Jahre zuvor in Zürich empfunden hatte, schien jetzt in die Potenz erhoben. Der Vergleich mit dem noch immer in Deutschland herrschenden Mangel, der sich mir dauernd aufdrängte, war schwer zu verarbeiten.

Als ich beim Auspacken war, erschien Phyllis Seaton, die gerade von Los Angeles angekommen war. Sie würde mit mir wohnen, sagte sie, solange ich in New York sei, um mich nicht schutzlos den Presse- und anderen Haien zu überlassen. Als wir am Abend zum

Essen ausgingen, überwältigten mich die tanzenden Lichtreklamen, hoch hinauf an allen Häuserfassaden. Die Höhe der Wolkenkratzer, die zu schwanken schienen, wenn man hinaufblickte, machte mich fast schwindelig. Alles überwältigte mich.

Phyllis inspizierte meine Kleiderkammer und wollte sehen, was ich zur Premiere anziehen würde. Ich hatte das einzige Abendkleid mitgebracht, daß ich besaß, das vom *Mustergatten*, frisch gereinigt – dazu meinen langen schwarzen Samtmantel mit hermelinbesetzter Kapuze; damit glaubte ich wer weiß wie feudal ausgestattet zusein. Phyllis brachte mir so schonend wie möglich bei, daß ich mich bei diesem Gala-Anlaß so nicht einem breiten amerikanischen Publikum zeigen könne. Sie beschwichtigte mein Entsetzen mit dem Hinweis auf die vielen wunderbaren Haute-Couture-Geschäfte in New York und ließ sich auch durch meinen Einwand nicht aus der Ruhe bringen, daß ich zu klein sei und keine Modellmaße hätte. »You'll see«, prophezeite sie. Morgen, gleich nach der *Tex and Jinx Show*, würden wir losgehen und das Gewünschte in Kürze gefunden haben. Die *Tex and Jinx Show* – was war das wohl?

Die Presseabteilung der Fox – begeistert von meinen Englischkenntnissen – hatte mich gefragt, ob ich meinen Aufenthalt in New York nicht über den geplanten Rückreisetag hinaus verlängern könne. Eine bessere Reklame für *The Big Lift* könnten sie sich gar nicht wünschen. Mit Freuden hatte ich zugesagt, bis 13. Mai, denn dann müsse ich zurück nach Deutschland, weil ich am 15. eine Tournee antrete. Sie fragten mich, was ich verlange. »Daß ich jeden Abend ins Theater gehen kann«, antwortete ich. Geld zu fordern für etwas, was ich ohnehin als ein großes Geschenk betrachtete, wäre mir absurd vorgekommen. Die Pressestelle hatte also einen detaillierten Plan entworfen, wann und wie sie mich wo einsetzen könnten. Eine der hektischsten Wochen, die ich je erlebt habe, begann.

Den Anfang machte besagte *Tex and Jinx Show*, eine morgens sehr früh beginnende, zweistündige Hörfunksendung, bei der zwischen Musikstücken jeweils vier bis fünf Prominente interviewt wurden. Ich sollte dazugehören. Durch die Zeitumstellung und all das Neue, das auf mich einstürmte, hatte ich ohnehin noch keinen neuen Rhythmus gefunden. So machte es mir gar nichts aus, bereits um fünf Uhr aufzustehen und mich für dieses Interview zurechtzumachen. Phyllis begleitete mich in einem Firmenwagen zum Funkgebäude und wollte mich nach der Show zum Kleiderkauf abholen. Es war der 26. April, und alle öffentlichen Verkehrsmittel, auch Taxis, waren durch einen Streik lahmgelegt. Tex und Jinx, ein sympathisches Entertainer-Paar, ansonsten wahrscheinlich nicht leicht aus der Ruhe zu bringen, waren in hellster Aufregung: Sämtliche Interviewgäste hatten wegen des Streiks keine Transportmöglichkeit und daher abgesagt. In ihrer Verzweiflung fragten sie mich, die ich als einzige erschienen war, ob ich mir zutraue, eventuell bei einer mehrfachen Menge an Interviewfragen durchzuhalten und so die entstandenen Lücken zu füllen. »Zutrauen«? Sie kamen kaum dazu, Fragen zu stellen. Ich hatte Babbelwasser getrunken, war aufgedreht, überdreht und redete wie ein Wasserfall. Die beiden Talkmaster reagierten anfangs zweifelnd, dann staunend und gegen Ende lachten sie mehr, als daß sie fragten. Zum Schluß wollten sie noch wissen, was ich an Amerika besonders schön fände. Daß alles heil sei, sagte ich, daß alle Menschen so freundlich zu mir seien, daß es hier eine wirkliche Redefreiheit gäbe, durch die man nichts befürchten müsse wegen seiner Äußerungen. »Bruni«, sagte Jinx lachend, »Sie können unbesorgt soviel Schlechtes über Amerika sagen wie Sie wollen, nur nicht über die Brooklyn Baseball Dodgers.« Was als nächstes auf dem Stundenplan stünde, wollten sie noch wissen. Ich erzählte von dem bevorstehenden Abendkleidkauf und von meinen Zweifeln, daß mir ein fertiges passen könnte. Sie wünschten mir *good luck*, und der erste Tagespunkt war abgehakt. – Schon als Phyllis und ich das erste Kleidergeschäft betraten, eilte man uns wie alten Kundinnen entgegen. Wir kamen gar nicht groß dazu, unser Wünsche zu äußern; sie hatten gerade die *Tex and Jinx Show* gehört. Halb New York hatte sie offenbar gehört. Sie wußten also Bescheid über unser Problem und hatten bereits eine ganze Reihe der allerschönsten Roben zum Anprobieren bereitgelegt. Nicht zu glauben, fast alle paßten. Ich weiß nicht mehr, wie viele Geschäfte wir aufsuchten, nur daß alle schon mit Vorschlägen parat waren und daß ich mit einem Traum von Organzakleid, goldenen Sandalen, langen weißen Handschuhen und einem Abendtäschchen ins Hotel zurückkam. Ich wurde noch zum Hotelfriseur geschickt, um mich für den Abend aufhübschen zu lassen. »Hi Sweety«, strahlte mich die Friseuse an, »we've been waiting for you.«

Ab dann wurde ich total abgeschirmt, damit ich ausgeruht zur Premiere erscheinen könne. Phyllis lieh mir ihre Perlenkette und eine lange Nerzstola; und so, als Filmdiva verkleidet, zog ich los, wieder von einem freundlichen Airforce-Offizier eskortiert. Am Hotelausgang – und auch am Rivoli-Kino – standen behelmte Airforce-Polizisten Spalier, um die zahlreichen Schaulustigen in gebührendem Abstand zu halten. Ich hatte das Gefühl, eine Rolle zu spielen – das konnte doch nicht wirklich ich sein! Als ich dann endlich auf meinem Ehrenplatz im Kino saß – inmitten von soviel Glamour – und auf der Leinwand unser zerschundenes Berlin sah, stieg es heiß in meine Augen. War das Heimweh?

Die nun folgende Woche bis zum 2. Mai ließ mir keine freie Minute. Oft hatte ich bereits beim Frühstück Besuch von einem Reporter, der mir zwischen meinem ersten Schluck Kaffee und einem Stück Toast seine vielen Fragen stellte. Die allermeisten Journalisten waren mir wohlgesonnen, und ich wußte nicht recht, was Phyllis mit ihren Warnungen gemeint hatte – bis einer auftauchte mit einer vorgefaßten Meinung über mich.

Auch er kam zur Frühstückszeit. Ich bewirtete ihn im blumengeschmückten Wohnraum mit Kaffee, Gebäck und Zigaretten. Auch eine große Schachtel mit Pralinen war da, alles von der Fox vorbereitet. Der Reporter stellte mir viele Fragen über die Nazizeit und welche Rolle ich in ihr gespielt hätte. Es waren ganz offene Fangfragen, mit einer guten Portion Mißtrauen gestellt, die mich aber nicht schreckten. Ich glaubte – naiv wie ich in PR-Dingen zu lange in meinem Leben geblieben bin –, daß er nichts Abfälliges über mich schreiben könnte, wenn ich nur in allem ehrlich wäre. Er wollte natürlich auch, wie alle, wissen, ob und warum mir Amerika gefiele, und bevor ich noch recht antworten konnte, zückte er seine Kamera. Ich hatte gerade eine Tasse Kaffee in der Hand. »Do you like coffee?« fragte er. Ich gab lachend zu, daß ich eine richtige »Kaffeesächsin« sei. Er drückte mir eine soeben von ihm selbst angezündete Zigarette zwischen die Finger der Hand, in der ich schon die Tasse hielt: »Do you smoke?« Ich sagte, nicht während des Essens. »And what about chocolate?« fragte er hämisch und stellte mir die offene Pralinenschachtel auf den Schoß. Als ich lachte, hatte ich – schwupp – ein Praliné zwischen den Zähnen. Mit der freien Rechten holte ich es rasch wieder heraus und hielt es zwischen zwei Fingern, protestierend, daß ich nicht in dieser Pose foto-grafiert sein wollte. Aber das Blitzlicht und die Kamera waren bereits in Aktion – und der Reporter verabschiedete sich danach sehr rasch.

Dieses scheußliche Bild erschien einige Tage darauf im »Daily Mir-ror« mit der Unterschrift: »Conversion can be sweet« (in etwa: Eine Kehrtwende kann süß sein) und darunter vier Spalten mit seiner Interpretation dessen, was ich ihm erzählt hatte, unter anderem: »...sie hat noch nichts kapiert von Demokratie, aber ihr gefallen Blumen und die Schokolade und das Essen, die damit verbunden sind. Sie war 13, als Hitler zur Macht kam, und wurde geprägt durch Haß...« Gegen die Nazis: JA! Aber so las es sich nicht!...

Phyllis war ebenso schockiert wie ich. Dieser Sidney Fields, mein-te sie, habe wahrscheinlich, voreingenommen wie manche andere auch, auf alles Deutsche einen Haß. Ich fühlte mich hilflos und beklommen, vor allem auch, weil ich mit all meiner Ehrlichkeit nichts bewirkt hatte.

Außer den Interviews fielen mir noch andere Aufgaben zu: Ich mußte als Zuschauerin in irgendeiner Show sitzen und fühlte plötzlich einen Scheinwerfer auf mich gerichtet. Der Conférencier wies mit viel Elogen auf mich hin. Ich machte »Männchen« – und weiter ging's zum nächsten »Auftritt«. Meist wurde ich mit dem Taxi von einer Stelle zur nächsten gefahren, und der Chauffeur erhielt von einem Fox-Mann neue Anweisungen. Es kam zweimal vor, daß auf einer längeren Fahrt das Taxi an einer bestimmten Straßenecke anhielt, die Tür sich öffnete und ein Herr zu mir in den Fond stieg, sich höflich vorstellte und sogleich Block und Blei-stift zückte.

In dieser kurzen Zeit in New York hatte ich zirka zwanzig Inter-views, teils auch im Radio, und war ungefähr fünfzehnmal im Fern-sehen oder in den Tagesnachrichten zu sehen. Einmal trat ich in einer Fernseh-Show auf. Das Ganze war doppelt aufregend für mich, weil von meiner richtigen Beantwortung der Fragen die Summe abhing, die einem armen kranken Kind zu einer notwendi-gen Operation zur Verfügung gestellt werden sollte. Ich hatte fast Magenweh vor jeder Frage. Zwei von drei hatte ich schon richtig beantwortet. Bei der dritten geriet ich in Panik: Wie sollte ich eine Antwort finden, wenn ich noch nicht einmal die Frage recht verstanden hatte? Sie lautete: »What kind of dress did the Piedpiper of Hamlin wear: in one color, two- or multicolored?« Was war das? »Who is the Piedpiper of Hamlin?« fragte ich aufgeregt zurück. Großes Gelächter! Das sei eine Figur, die ich als Deutsche doch am ehesten kennen müsse, ein Mann, der Ratten aus einer Stadt lockte – und auch Kinder... »Ach soo«, antwortete ich erleichtert – und war unversehens ins Deutsche verfallen –, »der Rattenfänger von Hameln!« Nun schüttete sich der ganze Saal aus vor Lachen. Meine deutsche Übersetzung muß in amerikanischen Ohren genauso komisch geklungen haben wie dieser »Piedpiper of Hamlin« in meinen. Tja, und nun die Antwort! Ich hatte keine Ahnung, welche Farben der Rattenfänger trug, und tippte einfach kühn auf zweifarbig. Gewonnen! Ich war überglücklich wie ein Kind – für das kranke Kind.

Das Pensum dieser Woche in New York ist ziemlich ermüdend gewesen. Trotzdem war ich, wenn ich gegen 18 Uhr aus der Dusche kam, jedesmal putzmunter und neugierig auf das allabendliche Theatererlebnis. Ich habe damals wirklich »Theater satt« genossen. Sechs wundervolle Vorstellungen hintereinander:

Das Musical *South Pacific* von Joshua Logan, Oscar Hammerstein II. und Richard Rodgers mit dem grandiosen Bassisten Ezio Pinza und der burschikos-patenten Mary Martin, die sich bei dem Song »I'm gonna wash that man right out of my hair« tatsächlich die Haare auf der Bühne wusch und dabei viel Schaum produzierte.

Come back, little Sheba von William Inge, ein dramatisch-komisches Stück mit der wunderbaren Shirley Booth und Sidney Blackmer. Die Handlung von den zwei Menschen, die liebend aneinander vorbeileben, ging mir ungeheuer unter die Haut. Ich war ohnehin aufgewühlt von der Ungewöhnlichkeit des hier Erlebten, das mein seelisches Gleichgewicht fast ein wenig überforderte. Aber: Man reißt sich zusammen, war uns in der Kindheit eingetrichtert worden, man weint nicht, und schon gar nicht weint ein Mann! Als ich nun in dieser Vorstellung Männlein wie Weiblein ihre Taschentücher hervorholen sah, war mir das eine große Erleichterung: Dann mußte ja auch ich nicht unbedingt meine Tränen zurückhalten, und so ließ ich ihnen freien Lauf. Das hätte ich nicht tun sollen! Sie verselbständigten sich und quollen unkontrollierbar aus mir heraus. Alles bisher Verschluckte quoll mit. – Nach der Vorstellung wollte Phyllis mich Shirley Booth vorstellen. Auf dem Weg um einen Häuserblock herum zu ihrer Garderobe atmete ich tief durch und hatte mich einigermaßen wieder gefangen, dachte ich. Aber als ich Shirley Booth dann gegenüberstand, kam ich nicht weiter als »Miss Booth, I...«, und schon war der Wasserhahn wieder offen. Sie nahm mich mütterlich in die Arme und verstand...

In *The Wisteria Tree* von Joshua Logan – nach Tschechows *Kirschgarten* – sah ich die große alte Schauspielerin Helen Hayes. Und auch von dieser Aufführung habe ich einen bleibenden Eindruck in meiner Erinnerung aufbewahrt.

Mr. Roberts von Thomas Heggn und Joshua Logan mit Henry Fonda war ein Renner, der bereits seit zwei Jahren am Broadway lief und natürlich auch bei mir seine Wirkung nicht verfehlte.

As You like it, Shakespeares *Wie es euch gefällt*, war, trotz eines Aufgebots an großartigen Schauspielern, nicht von der Art »wie sie mir gefiel«. Es war, mit prunkvollen, opulenten Dekorationen und Kostümen, ein Augenschmaus, der allzusehr vom Wesentlichen ablenkte. Zudem kann ich bis heute dem traditionellen »Singen« des Textes vieler englischer und amerikanischer Shakespeare-Darsteller kaum etwas abgewinnen. Jedenfalls war mir Katharine Hepburn in ihren Filmrollen weitaus lieber.

The Burning Bush, von Peters Vater Heinz Herald zusammen mit dem ungarischen Autor Géza Herczeg geschrieben, sah ich als letztes, in einer Off-Broadway-Inszenierung von Erwin Piscator, dem legendären Regisseur der Berliner Zwanziger Jahre. Ich war also maßlos gespannt – und wurde nicht enttäuscht. Der einzige prominente Name dieser Aufführung war der des Regisseurs. Dennoch ist sie mir ganz unvergeßlich und öffnete mir die Augen für völlig neue Wege, die das Theater auch gehen könnte.

Nach dieser Woche Großeinsatz in New York befand man, daß ich nun auch noch Hollywood kennenlernen müsse. Ich hatte nicht das geringste dagegen. Es blieb praktisch nur noch eine Woche dafür, von der zwei Reisetage abzuziehen waren. Die reine Erholung würde auch dies nicht werden. George und Phyllis hatten mich eingeladen, ihr Hausgast zu sein. Ich hätte mir nichts Schöneres denken können.

Kalifornien! Mir, der Sonnenanbeterin, schien die hiesige Sonne mitten ins Herz. Ich räkelte mich im Liegestuhl auf dem makellos grünen Rasen, der das Haus der Seatons in Beverly Hills umrahmte. Hier müßte man leben, dachte ich, im ewigen Sommer.

Bei der Vorstellung, daß man mit größter Wahrscheinlichkeit in Deutschland bis ans Ende seines Lebens von Trümmern umgeben sein würde, spielte ich wieder einmal mit dem Gedanken an Auswanderung. Als dann der Run der Agenturen auf mich anfing, schwankte ich noch mehr.

Die Seatons luden zu einem großen Galadinner ein, das sie mir zu Ehren in ihrem Haus gaben. Phyllis paukte mir die Gästeliste ein, und ich mußte auswendig lernen, was es Wissenswertes über jeden einzelnen der wichtigsten Gäste gab. Wieder wurde ich herumgereicht wie ein Törtchen, übte fleißig »keep smiling« und fühlte mich zu Recht unglaublich verwöhnt.

Eine ganze Reihe Agenturen rief an. Sie alle wollten etwas für meine Zukunft in den USA tun – ich konnte es nicht fassen. Nach dem Rat von George und Phyllis Seaton entschied ich mich für »Famous Artists«, die mir schon am nächsten Tag ein Angebot für einen Siebenjahresvertrag mit Howard Hughes machten. Das konnte ein enormes Sprungbrett sein. Aber ich hörte auch, daß Hughes junge Schauspielerinnen wie Rennpferde sammle, und wenn man Karriere machen wolle, komme es ganz darauf an... Nun ja... *worauf* wohl?

Der Vertrag bestand aus Heiß-Kalt-Duschen. Zwar verhieß er eine märchenhaft anmutende Gage, hatte im übrigen aber fast nur Pferdefüße. Im Endeffekt wäre ich verpflichtet gewesen, die sieben Jahre ohne Rollenansprüche quasi abzusitzen, während es Hughes ohne Nennung von Gründen jedes Jahr freigestanden hätte, den Vertrag zu kündigen. – Nein! So ging das nicht mit mir. Man würde noch darüber verhandeln müssen.

20th Century Fox zeigte mir die Studios, und ich besuchte ein gerade in Arbeit befindliches Projekt am Set: Der Bette-Davis-Film *All about Eve* wurde gerade gedreht, inszeniert von Joseph Mankiewicz, dem ich dabei vorgestellt wurde. An diesem Tag arrangierte die Firma auch einen »Lunch in honor of B. L.«, bei dem ich all die liebgewordenen amerikanischen Mitarbeiter von den Dreharbeiten in Berlin wiedersah. Die vielen Umarmungen! Gene Bryant, dem Geschäftsführer der *Big Lift*-Produktion, erzählte ich von dem Vertragsangebot und meinen Zweifeln. Er fragte mich völlig verständnislos, warum ich nicht einmal zur Abwechslung »on the sunny side of the street« gehen wolle. Wie sollte man in Amerika erklären, daß es Dinge gab, die einem wichtiger waren als Dollars, zum Beispiel Theaterspielen?

Eigentlich so recht verstand mich niemand in dieser Beziehung, am allerwenigsten Leonard, mit dem ich in Los Angeles zusammentraf. Es war ein seltsames Wiedersehen, vor dem ich mich ein wenig gefürchtet hatte. Er war Feuer und Flamme und wollte schon wieder beginnen, Zukunftspläne zu schmieden. Aber es war vorbei. Ich war reifer geworden und hatte nun die Bestätigung, daß man Liebe wirklich nicht vorübergehend einfrieren kann. Eine gute Freundschaft mit ihm ist Gott sei Dank geblieben.

Die Fox machte mir ein grandioses Angebot, das mich fast umwarf: Sie planten *The Big Lift* nun nach der New Yorker Premiere durch alle Staaten der US zu schicken, von Alaska bis Florida, über eine Zeit von sechs Wochen bis zwei Monaten. Sie baten mich, mit auf diese Tour zu gehen, zumal mein Erscheinen in New York ein solcher Erfolg gewesen sei. Das würde mir genügend Zeit geben, meine Verhandlungen mit Howard Hughes in Ruhe führen zu können. Aber da war ja das Hindernis, daß die *Mustergatte*-Tournee auf mich wartete und ich in drei Tagen schon zurückfliegen mußte. »Können wir den Vertrag auslösen?« fragten sie mich. Ich gab zu, daß ich gar keinen Vertrag unterschrieben hatte, aber mich dennoch verpflichtet fühlte. Ich hätte es auch nicht gern gehabt, so kurzfristig mir nichts dir nichts ausgebootet zu werden. Man könne nur versuchen, Heinz Rühmann dazu zu bewegen, die Tournee mit seiner zweiten Besetzung zu spielen und mich freizugeben. Ich war ganz sicher, daß er angesichts der enormen Chance, die mir hier geboten wurde, einverstanden sein würde.

Aber ich wurde recht unsanft aus meinen Wunschträumen wachgerüttelt. Auf zwei lange Telegramme, eines von 20th Century Fox und eines von mir, kam ein sehr kurzes von Heinz Rühmann, ungefähr folgenden Inhalts: Tournee muß ohne Sie abgesagt werden. Mache Sie für allen daraus entstehenden Schaden verantwortlich. Zudem befindet sich Ihr Partner, Werner Fuetterer, in finanziellen Schwierigkeiten und rechnet fest mit der Gage aus dieser Tournee.

Ich hatte Magenweh, aber ich mußte zurück. Die Verhandlungen mit Howard Hughes würden nun wohl oder übel schriftlich, über den Ozean hinweg, geführt werden müssen. Ich gab der Agentur »Famous Artists« die Tourneeliste; der erste Ort wäre BAD BOLL. – Das schien, als es soweit war, den Amerikanern ein Druckfehler zu sein. Sie adressierten ihren ersten Brief nach BONN. Von dort wurde er wieder nach Amerika zurückgeschickt. Als er dann zum dritten Mal über den Teich kam, reiste er mir brav hinterher. Zu Hause, in Grünwald, habe ich ihn dann nach der Tournee bekommen, also nach sechs Wochen. Aber da war alles schon »kalt geworden«. Die Chance war vertan. Am 13. Mai flog ich zurück. Glückszahl? Unglückszahl?

In Grünwald wollte ich noch rasch für die Tournee umpacken. Als ich am Flughafen auf die Empfangshalle zuging, stellte sich ein Fotograf vor mir auf und knipste. Soll denn der Rummel hier weitergehen? fragte ich mich etwas irritiert. Da reichte er mir seine Karte und sagte: »Hier ist meine Anschrift. Falls Sie Abzüge möchten, die Postkarte kostet 3 Mark«. Ich war wieder auf dem Boden.

Seelische Achterbahn

Als ich in Bad Boll bei schönstem Maiwetter ankam, ging ich zu Fuß zum Hotel, das ganz in der Nähe lag. Schon von weitem sah ich Werner Fuetterer in der Sonne vor dem Hoteleingang stehen. Wenigstens einer, der sich über meine Rückkehr freut! dachte ich bei mir. Nun sah er mich auch. Er beugte sich ein wenig vor, beschattete mit der Hand seine Augen, als ob er sich vergewissern wollte, daß er auch richtig sähe. Dann tippte er sich mit großer Geste, damit es mir nicht entgehen sollte, dreimal an die Stirn. Ich war konsterniert. Als ich bei ihm war, fragte ich: »Was sollte das? Deinetwegen bin ich doch letzten Endes zurückgekommen!« Er machte große, erstaunte Augen, und sie wurden noch größer, als ich ihm den Inhalt des Rühmann-Telegramms mitteilte. Er schüttelte lange den Kopf und sagte dann leise »Keine Spur!«, als ob er die Welt nicht mehr verstünde. Das war der Lohn für mein Verantwortungsbewußtsein...
Ich konnte das kaum verkraften. Gerade weil ich Heinz so sehr

schätzte und ihn gern hatte, tat mir diese Enttäuschung besonders weh. Während der ganzen Tournee habe ich mit ihm zwar professionell, exakt und wirkungsvoll wie immer, gespielt, aber privat kein Wort mehr mit ihm gesprochen. Nachdem das eine Weile so gegangen war, schickte er den Tourneeleiter zu mir, um herauszufinden, »was denn mit mir los sei«. – »Wenn das Herrn Rühmann wirklich interessieren sollte«, sagte ich, »steht es ihm frei, zu mir zu kommen. Ich nehme an, er besitzt auch einen Mund.« So sarkastisch war ich zum ersten Mal in meinem Leben geworden.

Heinz kam natürlich nicht, aber er ließ mich wissen, daß ich seiner Meinung nach in Amerika nichts verloren hätte. Ich gehörte nach Deutschland. Recht hatte er. Das hatte ich inzwischen auch allein herausgefunden und hätte trotzdem gern Amerika von Alaska bis Florida gesehen. Und ich hätte vor allem gern allein meine Entscheidung getroffen. Ich war einst ausgezogen, meine Selbständigkeit zu erlangen, und würde sie mir nie wieder abkaufen lassen – auch nicht von Howard Hughes oder Heinz Rühmann. Es hat lange gedauert, bis sich der Krampf unserer Entfremdung löste und wir schließlich doch wieder sehr gute Freunde wurden.

Als er sich 1977 wünschte, mich als Partnerin für sein ZDF-Special zu haben, war viel Wasser die Isar hinuntergeflossen. Dieses kurze Zweipersonenstück, *Die Kuckucksuhr*, gefiel mir sehr gut, und ich freute mich auf die schöne Rolle seiner Ehefrau. Daß die beiden Personen der Handlung jahrelang mit einem großen Mißverständnis nebeneinanderher gelebt hatten, würden wir gut darstellen können, dachte ich.

Die Aufnahmen fanden in Irland statt. Als wir uns nach meiner Ankunft dort wiedersahen, kam Heinz mir mit ausgebreiteten Armen und Tränen in den Augen entgegen. Wir umarmten einander, und meine Augen blieben auch nicht trocken. Das bedeutete mehr als viele Worte. Wir haben auch später nie über damals gesprochen, und das war auch gar nicht mehr nötig.

Alles war wieder in Ordnung zwischen uns. Wir drehten gemeinsam noch einen Fernsehfilm: *Ein Zug nach Manhattan*. Ich nahm an allen seinen runden Geburtstagsfeiern teil. Nie werde ich seine herzliche Umarmung an seinem neunzigsten Geburtstag im Münchner Prinzregententheater vergessen! »Ach, meine Bruni!« sagte er dabei, »spätestens in fünf Jahren sehen wir uns wieder.«

Aber es war für uns das letzte Mal. Die Kamera hat diesen Augenblick festgehalten.

Zur Gedenkfeier nach seinem Tod im Jahre 1994 – ebenfalls im Prinzregententheater – las ich einen seiner frühen Briefe vor. Seine Witwe schrieb mir: »Sie waren ihm von all seinen Kolleginnen die liebste.« Ich mußte sehr schlucken.

Im Juli 1950, im Anschluß an die *Mustergatte*-Tournee, drehte ich meinen zweiten Film bei der Realfilm in Hamburg: *Mädchen mit Beziehungen*. Es war mein sechzehnter Film überhaupt. Rudolf Prack und Willy Fritsch, der Partner meines Kindheitsidols Lilian Harvey, Paul Kemp, Rudolf Platte und eine meiner liebsten Kolleginnen, Ursula Herking, spielten mit. Alle waren neugierig, was ich von Amerika zu erzählen hatte. Als ich eine mitgebrachte Gesichtswasser-Flasche absichtlich auf den Steinboden fallen ließ, hatte ich einen Riesenspaß an den erschreckten Aufschreien. Noch niemand hatte je diese amerikanische, sensationelle Neuheit gesehen, eine Plastikflasche.

Auch das fast durchsichtige Nylon-Nachthemd mit viel Spitze wurde bestaunt, und die Kostümberaterin, Erna Sander, wollte unbedingt, daß ich es in einer der Szenen des Films trage. Ich genierte mich ein wenig, tat ihr aber doch den Gefallen mit der Auflage, daß keine »überflüssigen Mannsbilder« im Atelier sein dürften. Das ging in Ordnung. Nur: Als ich zufällig einmal in die Höhe schaute, sah ich sie alle glotzend oben nebeneinander auf den Beleuchterbrücken hocken, wie die Schwalben auf dem Telefondraht.

Das Aufsehen, das mein Amerikabesuch erregt hatte, machte mich offenbar auch daheim über das bisherige Maß hinaus interessant. Aus vielen Zeitungsartikeln klang die Freude, daß ich nicht für immer nach drüben gehen wollte. Es gibt kaum ein schöneres Gefühl, als erwünscht zu sein.

Es hagelte förmlich Filmangebote. Allein 1950 drehte ich noch zwei weitere Filme. Schon im August *Die Nacht ohne Sünde* mit Paul Klinger, Karl Schönböck, Grethe Weiser, Trude Hesterberg, Paul Kemp und im November in Graz *So ein Theater*. Curd Jürgens hatte das Drehbuch geschrieben und führte Regie. Ich spielte ein Provinzblümchen, das unbedingt zum Theater will, eine Rolle, die mir viele reizvolle Variations- und Spielmöglichkeiten gab. Zum ersten Mal hatte ich im Vertrag: »Namensnennung an erster Stelle«.

Bei allem Erfolg: Die Anhäufung von Lustspielfilmen, meist Verwechslungskomödien, brachte mir zwar schöne Mittelpunktsrollen, die aber in keiner Weise auf Dauer zufriedenstellend für mich waren. Bald konnte ich die Attribute, die in bezug auf mich im Umlauf waren, nicht mehr hören: »Putzig«, »keck«, »Kulleraugen«, »Perlenzähnchen«, »Stupsnase« und dergleichen Neckisches mehr. – In dieser Zeit begegnete ich einmal auf dem Bavariagelände in Geiselgasteig Eberhard Klagemann. Er war ein bekannter Produzent und galt als erfahrener Filmstratege. Ich klagte ihm mein Leid. Sein Rat war: Zunächst Quantität vor Qualität; Quantität natürlich soviel wie möglich mit Qualität verbrämt. Dann könne ich jeden Rollenanspruch stellen. Wie sich zeigte, war das ein sehr bedenklicher Rat. Ich hielt meinen Namen mittlerweile für bekannt genug. 1951 lehnte ich insgesamt acht Filme ab, weil sie mir zu seicht waren. Dabei machte ich es mir nicht leicht: Bei jedem einzelnen Angebot erklärte ich dem Produzenten oder Regisseur ausführlich, daß und weshalb ich künftig endlich Rollen mit Tiefgang spielen möchte – normale Menschen, die lachen *und* weinen dürfen. Daraufhin kursierte binnen kurzem in der Branche das abwegige Gerücht: Die Löbel ist nicht ganz bei Trost, sie will jetzt nur noch die Iphigenie spielen. – Aber ich blieb weiter konsequent.

Als schließlich ein Drehbuch kam mit dem Vermerk: »Jetzt haben wir aber wirklich genau das Richtige für Sie«, und der Höhepunkt der Rolle war, daß ich als Braut mit wehendem Schleier von der Feuerwehr zum Standesamt gefahren werden sollte, brach ich – so »lustig« das vielleicht sein mochte – fast in Tränen aus und lehnte wieder ab. Dann wollte ich wirklich lieber Theater spielen.

Am 25. März 1951 gab es in der Kleinen Komödie in München die Osterpremiere *Der erste Frühlingstag*. Regie führte diesmal Paul Verhoeven, und ich war, wie vier Jahre zuvor in Berlin, die Ann. Mittlerweile war ich dreißig geworden, aber das überkandidelte Schulmädel nahm man mir noch immer ab. Es war ein Heidenspaß für mich, wenn ich, da ich täuschend wie ein Dackel bellen kann, links hinter der Bühne laut Vorschrift enervierend kläffte und unmittelbar darauf rechts durch die Tür ins Elternschlafzimmer stürmen mußte – im Pyjama und barfuß – und zu Mutter ins Bett hopste, die wieder von Käthe Haack gespielt wurde, neben Paul Dahlke als Vater.

Garderobiere und Friseuse berichteten uns jeden Abend, was am vorhergehenden die Theaterbesucher an der Straßenbahnhaltestelle über unsere Aufführung gesagt hatten. Ein Ehepaar hatte folgende Unterhaltung geführt: Er: »Mei, die Schauspieler ham's aa net leicht. Die müss'n sich ja alle Tag d'Fiaß waschen.« Darauf Sie: »No jaa, aber doch bloß in dem Stück.«

Einmal hörten sie folgenden Kommentar über mich: »Die Kloa, die is guad. Aus der kann no amal was wer'n.«

Daß man mir den Backfisch nicht nur auf der Bühne abnahm, merkte ich bei anderer Gelegenheit. Ruth von Riedel, die das Stubenmädel spielte, hatte eine Spanielhündin, die ausgerechnet kurz bevor Ruth zur Nachmittagsvorstellung wegmußte, begonnen hatte zu werfen. Zwischen Nachmittags- und Abendvorstellung wollte Ruth unbedingt rasch nach Hause, um nachzusehen, ob inzwischen alles gutgegangen war. Ich hatte 1950 meinen Führerschein gemacht und war seit 1951 stolze Besitzerin eines Austin. Der stand direkt vorm Bühneneingang, und ich bot Ruth an, sie heimzufahren. Nach dem letzten Vorhang hasteten wir hinaus, so wie wir waren, geschminkt und im Bühnenkostüm, um keine Zeit zu vergeuden. Als ich gerade den ersten Gang einlegen und losfahren wollte, klopfte ein Polizist an die Scheibe: »Komm amal raus da, Kloane, wos denkst'n dir du?« War der Mann verblüfft, als ihm die wahren Zusammenhänge klar wurden!

Nach dem *Ersten Frühlingstag*, Ende Mai, ging es für mich sofort weiter im selben Theater mit *Es bleibt in der Familie* von Louis Verneuil, einem Drei-Generationenstück mit Bum Krüger, Ursula Grabley und Fritz Odemar. Gleich anschließend nahm ich doch einen neuen Film an, *Man spielt nicht mit der Liebe*, wieder einmal mit meiner alten Liebe Paul Klinger, Lil Dagover und Albrecht Schoenhals. Es wurde in München gedreht, so daß die Überschneidungen der letzten Theatervorstellungen mit den ersten Filmtagen kein großes Problem waren. So müßte sich die Arbeitsverteilung zwischen Theater und Film einpendeln können, hoffte ich. Aber mehr noch wünschte ich mir, einem festen Ensemble anzugehören.

Hans Schweikart, der damalige Intendant der Münchner Kammerspiele, hatte mich in vielen meiner Rollen in der Kleinen Komödie
gesehen und mir immer wieder große Elogen darüber gemacht. Im
Gegenzug machte ich ihm nun den, für einen Intendanten vielleicht ungewöhnlichen Vorschlag, mir einen Jahresvertrag mit zwei
großen, interessanten Rollen zu geben; die »tablettragenden«
würde ich ihm dann zusätzlich und ohne Murren auch spielen. Die
Gage stellte ich ganz in sein Ermessen; beim Film hatte ich inzwischen so viel verdient, daß ich eine Weile zusetzen konnte. –
Schweikart sah mich nachdenklich an, schwieg eine Weile und
schüttelte dann den Kopf: Er könne doch nicht mich in einer
Nebenrolle über die Bühne gehen lassen, wenn man auf den Hauptdarsteller achten solle. Und außerdem: »Sie würden beim nächsten
Filmangebot abspringen, so ehrlich Sie es momentan bestimmt auch
meinen.« All meine Beteuerungen nützten nichts. Der von Eberhard Klagemann so emphatisch propagierte Filmname hing mir
wie ein Mühlstein am Hals.

Dennoch spielte ich meine nächste Rolle nirgendwo anders als bei
Hans Schweikart an den Münchner Kammerspielen, dem Haus,
dem damals, wie schon immer, meine ganze Sehnsucht galt. Mit
Hardy Krüger und Ernst Fritz Fürbringer hob ich Anfang Oktober
1951 die hinreißende amerikanische Komödie *The Moon is Blue* von
F. Hugh Herbert, in der deutschen Fassung *Wolken sind überall*, aus
der Taufe. Axel von Ambesser führte Regie und setzte dem Text
ganz persönliche Lichter auf. Es war eine Wonne: Ich habe selten
so ernsthaft und intensiv – und dabei mit soviel Spaß und Freude an
der Sache gearbeitet.
Mit Hardy, meinem unmittelbaren Partner, ging ich in Grünwald
stundenlang spazieren; wir sprachen unsere Rollen dabei durch, damit der Text so natürlich und selbstverständlich käme, wie es sein
sollte.
Das Lampenfieber bei der Premiere blieb dennoch nicht aus, obwohl Hardy und ich so sicher in unserem Dialog waren, daß es
überflüssig schien, sich zu fürchten. »Hab keine Angst«, suchte er
mich zu beruhigen, »ich kenne ja deinen Text genauso gut wie meinen. Ich helfe dir aus, wenn's sein muß. Du kannst dich an mir
hochranken.« Das klang sehr beruhigend.

Als ich – Patty – dann als erste aufgetreten und ganz nach vorn an das Geländer geeilt war, das die Begrenzung der Aussichtsterrasse des Empire State Building darstellen sollte, mußte Hardy – Don – nur wenige Sekunden nach mir herauskommen und mir, als Einleitung zum Anbandeln, ein Geschenk machen: einen Lippenstift, mit dem Patty in einer Parfümerie geliebäugelt hatte. Diesen Lippenstift mußte er nun aus seiner Manteltasche ziehen und, während er ihn präsentierte, dabei sichtbar in die Höhe halten. Hardys Hand zitterte dabei so sehr, daß seine Aufregung niemandem im Publikum, geschweige denn mir, verborgen bleiben konnte. Er hat ja auch Lampenfieber, dachte ich – und wurde ganz ruhig, damit er sich nun an mir hochranken konnte.

Nach dem Erfolg von *Wolken sind überall* kam Trude Kolman zu mir, die Direktorin des Münchner Kabaretts »Die kleine Freiheit«. Sie warb mit den schönsten Versprechungen darum, mich für die Mitwirkung in ihrem Frühjahrsprogramm 1952 zu gewinnen. Martin Morlock, Oliver Hassencamp und Erich Kästner liefen über von Chanson- und Sketchideen für mich, sagte sie, wollten diese aber verständlicherweise nicht ausarbeiten, bevor ich nicht zugesagt hätte. Die drei – besonders natürlich Kästner – waren ungeheuer verlockend, und die Kleine Freiheit zählte damals zu den besten Kabaretts in Deutschland, ein Auftreten da konnte auch dem Theater-Renomee nichts anhaben. Ich unterschrieb, war gespannt, was die Herren mir bescheren würden, und freute mich auf diese Arbeit.

Es war Fasching 1952, und ich tummelte mich mit Peter auf einem der Künstlerfeste. Da kam als erster der lustig verkleidete Morlock auf mich zu. »Bruni«, sagte er ganz traurig, »ich soll unbedingt was für Sie schreiben, sagt die Trude – und mir fällt partout nichts Gescheites ein. Haben Sie nicht eine Idee?« Oliver Hassencamp war der nächste, der ähnliches an mich hinjammerte. – Erich Kästner stand noch aus.

Trude Kolman ließ sich lange Zeit nicht sprechen. Als ich sie schließlich doch einmal erwischte, wiegelte sie ab: So würden sich die Jungs immer verhalten, wenn sie Nägel mit Köpfen machen sollten. Das käme schon alles in Ordnung. Ich hatte unterschrieben und war im Netz gefangen. Ob ich jemals klug werden würde?

Erich Kästner sagte ungefähr das gleiche wie die beiden anderen

Herren. Aber er wollte alles tun, um mir die Freude am Kabarett nicht zu verderben. Ich hatte mir inzwischen überlegt, daß es doch eine reizvolle Sache wäre, wenn ich kabarettistisch vorführen könnte, daß eine Frau nicht nur ein süßes Mädi sein kann, sondern auch eine Intellektuelle oder ein Vamp oder aber eine ganz normale, einfache Hausfrau und und und...

Kästner schmunzelte auf seine freundliche Art. Wenn wir all diese Typen vorführen wollten, meinte er, dann müßten wir ja einen Abend nur mit Bruni Löbel allein machen. »Ja – warum nicht?« stimmte ich lachend zu. Kästner schaute mich nachdenklich an und sagte dann: »Sie sind nicht zufrieden mit dem, was man Ihnen derzeit im allgemeinen anbietet, wie?« Woher wußte er?

Die zwei Chansons, die er dann für mich schrieb, sind mir noch ganz plastisch in Erinnerung: »Einiges über Eva« und hauptsächlich »Plädoyer einer Frau«. Letzteres war eine Bravournummer, mit verblüffenden Verwandlungen auf offener Bühne – nur durch ein paar knappe Kostüm- und Frisuränderungen – und vor allem durch die herrlichen Charakterisierungen, die Kästner geschrieben hatte: Ich konnte mit nahtlosem Übergang vier total verschiedene Frauentypen vorstellen. »Werde Oma, aber bleib Kind!« kam im Refrain immer wieder vor und wurde zur fixen Redensart unter uns. Von allen Chansons, die ich am Kabarett je gebracht habe, ist dieses mir das liebste.

Bevor dieses Programm, *Ihre Sorgen...*, starten konnte, hatte ich noch am Stadttheater Baden-Baden ein Gastspiel zu absolvieren. Am 21. Januar 1952 fand die deutsche Erstaufführung von *Kleine Fische für Miranda* von Peter Blackmore statt. Die Miranda war eine reizvolle Rolle, ein Meerweibchen, richtig mit Nixenschwanz und Loreleyhaaren.

Anfangs frohlockte ich, weil ich in diesem Stück keinerlei Gänge einstudieren mußte – aber nicht lange. Ich wurde zwar »auf Händen getragen«, aber es war kein Vergnügen, zwei Stunden lang mit übereinandergelegten bandagierten Beinen in einer herrlich echt aussehenden Fischschwanztüte eingekerkert zu sein. Einmal legten mich die Bühnenarbeiter hinter der Bühne ab, vergaßen mich und ließen mich bis zum nächsten Auftritt – beziehungsweise Aufgetragen-Werden – wie einen veritablen Fisch auf dem Trockenen zappeln. Am Schluß der Vorstellung waren mir jedesmal die Füße eingeschlafen und die Waden verkrampft. Trotzdem, dieses verrückte englische Märchen machte mir, und auch den Zuschauern, viel Spaß. Da Baden-Baden kein En-suite-Theater war, konnte ich auch ab und zu nach München zurückfahren, zwecks Entkrampfung.

Der Erfolg war groß, und die Theaterleitung hätte gern ein paar Tage verlängert, aber der Probenbeginn für die Kleine Freiheit stand bevor. Auf eine Anfrage hin kam ein entsetztes »Um Gottes willen, nein!« als Antwort. Ich mußte also pünktlich am ersten Probentag erscheinen. Vertrag ist Vertrag, dachte ich ...

Als ich am Abend vor Probenbeginn im Theater anrief, um zu erfahren, was vorzubereiten sei, hatte niemand eine Ahnung. Dem Fräulein am Telefon war nicht einmal mein Name bekannt. Als ich bat, mit Frau Kolmann verbunden zu werden, erfuhr ich, daß sie »gestern ganz plötzlich« wegfahren mußte, um eine kurze Gastinszenierung wahrzunehmen. Die Proben müßten um einige Tage verschoben werden ... Ich fragte mich, ob wohl für Theaterleiter andere Grundsätze der Vertragstreue gelten als für die von ihnen engagierten Schauspieler. Wundert es jemanden, daß ich nicht gut auf meine künftige Regisseuse zu sprechen war?

Der Premierentermin lag fest, und die verlorenen Probentage mußten wieder hereingearbeitet werden. Wir probten oft bis in die Nacht hinein. Das bedeutete ein solches Maß an Überanstrengung, vor allem auch der Stimmbänder, daß ich am Morgen der Premiere keinen Piepser mehr herausbrachte. Voller Panik begab ich mich in die Münchner HNO-Klinik, wo zusätzlich noch hohes Fieber festgestellt wurde. Ich fühlte mich wie gerädert und außerdem krank vor Aufregung. Der Arzt sagte, ich müsse einige Tage ins Bett, worauf ich, so gut das mit meiner Heiserkeit ging, energisch protestierte und zeterte, ich müsse heute abend zur Premiere fit sein, er solle eine Roßkur mit mir machen.

Gut, gut, sagte er, aber bis dahin müsse ich ins Bett, und er würde mich der Einfachheit halber gleich stationär hierbehalten. Ich beschwor ihn und die Schwestern, mich ja pünktlich zwei Stunden vor Vorstellungsbeginn zu wecken. Dann legte ich mich gehorsam ins Bett und bekam irgendein Mittel gespritzt. Es muß ein verkappter Holzhammer gewesen sein: Ich schlief ohne Übergang fest ein.

Als ich aufwachte und auf der großen runden Wanduhr vor mir las: 23 Uhr, läutete ich Sturm. Die Nachtschwester kam und versuchte mich zu beschwichtigen. Der Arzt habe es nicht verantworten können, mich gehen zulassen. Die Verschiebung der Premiere sei bereits über Radio angesagt worden. Sie habe heute nicht stattgefunden. Noch ein Hammer!

Trude Kolman glaubte mir kein Wort. Wir hatten während der Proben große Differenzen gehabt, weil ich es abgelehnt hatte, eine mir zugedachte Nummer zu bringen, mit der ich absolut nichts anfangen konnte. Nun war sie fest davon überzeugt, daß ich meinen Ausfall raffiniert geplant hätte, um ihr zu schaden.

Am 25. März, zwei Tage später als geplant, fand dann die Premiere statt. Die Kritik war nicht einhellig begeistert. Die Münchner »Abendzeitung« schrieb: »Die saftlose Frühlingsplatte, von Trude Kolman inszeniert...« und weiter: »Auf brüchigen Textunterlagen standen Darstellerleistungen von Niveau. Bruni Löbel war der Motor des Abends... mit Wandlungsbereichen vom Schulkind bis zur enttäuschten Frau, vom kessen Gör bis zur alten, sozialen Tiefstaplerin...« *Ich* konnte zufrieden sein.

Während die Vorstellungen in der Kleinen Freiheit liefen, kam auch endlich das ersehnte Angebot vom Film: Dr. Harald Braun bot mir, als Partnerin von Dieter Borsche, die weibliche Hauptrolle in seinem neuesten Film an. Dr. Braun war einer der angesehensten Filmregisseure dieser Zeit, und ich war überglücklich. Es schien also, als habe sich mein konsequentes Absagen von allzu billigen Stoffen ausgezahlt. Im August sollten die Dreharbeiten beginnen, alles wurde detailliert abgesprochen. Der Vertrag sollte bald kommen.

Die Firma NDF lancierte schon als Vorreklame ein Titelbild auf der Illustrierten »Revue«. Die Unterschrift lautete: »Bruni Löbel, die zur Überraschung aller Filmfreunde die neue Partnerin Dieter Borsches in dem Harald-Braun-Film *Vater braucht eine Frau* werden soll, überreicht dem deutschen Filmliebling Nr. 1 als Ostergeschenk ein frisch gewaschenes Lämmchen...«

Joe Niczky hatte dieses hübsche Foto gemacht und extra dafür ein Lämmchen von der Weide weg gekauft. Seine Frau, Ilse Petri, wusch es in der Badewanne mit Fewa, band ihm ein Schleifchen um, und nun war es sauber, kuschelig und schön – aber auch total verstört. Als ich es für eine zweite Aufnahme in die Höhe hob, entlud sich die ganze Angst des armen kleinen Tiers in einer ausgiebigen braunen Portion über meine weiße Bluse. So mußte Joe eben die erste Aufnahme nehmen. Wie sich später herausstellte, war das leider nicht der einzige Besch-- im Zusammenhang mit diesem Film.

Am 30. April war die letzte Vorstellung in der Kleinen Freiheit vorgesehen. Ich wollte am 2. Mai nach Berlin fliegen und in der Zehlendorfer Wohnung meine Schwester Ruth auf einige Tage bei mir haben, die zu der Zeit für eine Langzeitbehandlung im Krankenhaus Potsdam war und für diesen Besuch Urlaub bekommen hatte. Am 4. Mai würde ich sie an der Glienicker Brücke abholen; denn hinüber in die »Ostzone« durfte man damals als Westdeutscher schon nicht mehr. Ruth hatte mir überschwenglich geschrieben, wie sehr sie sich auf die gemeinsame Zeit freute. O ja, ich freute mich auch und wußte, welch notwendige Therapie sie für Ruth bedeutete.

Aber nur wenige Tage vor Vertragsende beschloß Trude Kolman eine fünftägige Verlängerung des Programms. Auf meine Einwände hörte ich nur: Die Kollegen brauchten das Geld, wenn ich es schon nicht brauche. Wo hatte ich schon ähnliches gehört? Nun gut, fünf Tage würden vorbeigehen, und ich wollte keinesfalls unkollegial sein. So mußte ich Ruthchen telegraphisch mitteilen, daß ich sie frühestens am 7. Mai abholen würde.

Am 4. Mai wurde ich über Peters Büro auf dem Bavariagelände zum Telefon gerufen und fuhr rasch nach Geiselgasteig. Es war ein Ferngespräch aus Potsdam, ein Arzt wolle mich sprechen. Ich erschrak bis in die Knochen und stellte mir alles Schlimme vor, das passiert sein konnte – nur das nicht, was es war. Was ich nach langem, bangem Warten Ruths Arzt, Dr. Schrank, aus dem Hörer sagen hörte, ließ mich augenblicklich erstarren. Ich schien neben mir zu stehen, war stumm, paralysiert. Meine Schwester Ruth war in der Nacht gestorben.

Nun ist Ruth schon mehr als vierzig Jahre tot – und war noch nicht einmal dreißig Jahre am Leben –, aber noch immer habe ich einen Klumpen im Magen, wenn ich an sie denke, mit der ich meine frühesten Erinnerungen teilte, und die noch so vieles vor sich gehabt hätte, wenn meine – unsere – Pläne sich erfüllt hätten. Es ist natürlich müßig, nach Schuld zu suchen. Aber ich meinte damals, wenn ich zum verabredeten Zeitpunkt zur Stelle gewesen wäre, würde sie noch leben. Ich quälte mich mit Vorwürfen: Die Loyalität meiner Schwester gegenüber wäre wichtiger gewesen als die den Kollegen und schon gar Frau Kolman gegenüber!

Ruth brauchte mich sehr zu dieser Zeit. Ich war fast wie eine Mutter für sie geworden, nachdem ich auf zutiefst erschreckende Weise, ohne Vorwarnung, von ihrer Krankheit erfahren hatte. Sie hatte mich wieder einmal in Berlin besucht, sich eine meiner Vorstellungen angesehen, und wir waren angeregt und fröhlich zu Bett gegangen. Es war noch in Tempelhof, wo ich ein breites Doppelbett ganz für mich allein hatte, und Ruth schlief neben mir. In der Nacht wachte ich auf durch ein heftiges Klopfen auf der Matratze, machte Licht und sah meine Schwester in einem entsetzlichen, krampfhaft zuckenden Zustand, den ich sofort als epileptischen Anfall erkannte. Sie hatte Schaum vorm Mund, und ihre Augen waren verdreht. Ihr Atem ging gehetzt und gurgelnd. Ich zwängte ihr den Daumen zwischen die Zähne, damit sie sich nicht die Zunge abbiß. Der Daumennagel war noch lange Zeit danach dunkelblau.

Es ist schwer zu beschreiben, was in mir vorging. Aber ich war, wie immer in Krisensituationen, ganz ruhig, stützte sie, redete beruhigend auf sie ein, und als sie langsam wieder zu sich kam, in totaler Erschöpfung, hielt ich die Weinende wiegend in meinen Armen. – Allmählich quoll alles Bedrückende und Beklemmende aus ihr heraus: Sie hatte die strenge Auflage bekommen, niemandem, am allerwenigsten mir, etwas von diesen Anfällen zu erzählen, die sie mit wechselnder Häufigkeit heimsuchten. Da käme all ihr Böses heraus, habe es geheißen. Vor allem aber – und das war wohl die Initialzündung für das Auftreten ihrer Anfälle gewesen – hatte sie eine unselige Liebschaft mit einem verheirateten Mann gehabt, dessen Frau bei den Eltern einen lautstarken, für alle Hausbewohner hörbaren Skandal gemacht und Ruth sogar in der Bahnhofshalle einmal mit einem Schirm geschlagen hatte.

Das Zusammensein mit mir muß Balsam für ihre Seele gewesen sein. Ich redete und redete mit ihr, erzählte ihr von Cäsar und vielen anderen großen Menschen, die auch unter solchen Anfällen gelitten hatten, daß die »Fallsucht« im Altertum sogar als eine heilige Krankheit bezeichnet worden war und daß sie sich nicht zu schämen habe.

Es war eine große Beglückung für mich zu spüren, wie ich Ruth von Mal zu Mal mehr aufbauen konnte, wenn wir beisammen waren. Wir machten Zukunftspläne für sie. Zuerst aber wollten wir sie medikamentös so einstellen, daß sie lernen könnte, mit ihrer Krankheit zu leben, fröhlich zu leben. In Dr. Schrank im St.-Josephs-Krankenhaus Potsdam fanden wir einen einfühlsamen, wunderbaren Arzt, den ich leider immer nur telefonisch sprechen konnte. Aber Ruth hatte rückhaltloses Zutrauen zu ihm, schon nach dem ersten Besuch. Er wollte sie eine geraume Zeit unter seine therapeutischen Fittiche nehmen – und wirkte Wunder. Unter seiner Obhut, der liebevollen Pflege der Ordensschwestern des Krankenhauses und durch die Freundschaft, die sich zwischen ihr und ihrer Zimmergenossin einstellte, blühte Ruth sichtbar auf. Fräulein Brix, so hieß die neue Freundin, rief auch immer Hilfe, wenn sich ein Anfall nur andeutete. Als sie eines Tages entlassen wurde, entstand eine große Lücke für Ruth.

Die neue Mitbewohnerin ihres Zimmers war wohl nicht so aufmerksam und fürsorglich wie Fräulein Brix, und sie muß offenbar einen tiefen Schlaf gehabt haben. Sie kriegte nichts von Ruths nächtlichem Anfall am 4. Mai mit. Die Schwestern meinten am Morgen, Ruth schlafe fest. Sie lag auf dem Gesicht in ihrem Kissen. Erstickt.

Ich hatte am Nachmittag nach dem Telefonat Musikprobe beim Bayerischen Rundfunk für ein Singspiel mit Arno Assmann. Wie eine Somnambule muß ich dort erschienen sein. »Was ist denn bloß los mit dir?« fragte der Leiter der kleinen Band. »Meine Schwester ist gestorben«, sagte es aus mir heraus. »Mach Sachen!« war die erschrockene Reaktion.

Es war das erste Mal, daß ein mir so unmittelbar nahestehender Mensch gestorben war. Ich habe lange daran gelitten. Die Narbe schmerzt manchmal noch heute.

Nicht einmal zu Ruths Beisetzung konnte ich in die DDR reisen. Die Formalitäten nahmen zuviel Zeit in Anspruch. Auch meine Eltern konnte ich nicht anders trösten als durch Briefe und einen Kranz, den sie für mich besorgen mußten.

Ich glaube, alle Deutschen haben die schlimme Trennung des Landes schmerzlich empfunden, besonders aber mit Gewißheit diejenigen, die ihre Wurzeln »drüben« hatten. – Mein Haus in Biesern, für das ich 1946 all meinen Schmuck geopfert hatte, war schließlich doch bezugsfertig geworden. Innerhalb von vielen Jahren hatte ich, unter Verzicht auf manches Angenehme, einen großen Teil meines schwer erarbeiteten Geldes nach Biesern fließen lassen. Meine damals schon nicht mehr jungen Eltern hatten sich bei der Mitarbeit am Bau krumm und lahm geschuftet. Nicht Geld allein mußte ich vom Westen schicken. Es fehlte an allem, und die Bezugsscheine ließen sich selten in Baumaterial umwandeln. So gingen Pakete über Pakete hinüber, nicht nur mit den nötigsten Nahrungsmitteln, sondern auch mit Dachpappe, Nägeln, Armaturen und ähnlichem. Es war ein hart erschaffenes, hübsches kleines Haus geworden, dessen Komfort natürlich nicht an heutigen Standards gemessen werden konnte. Aber die Eltern, und auch Ruth, die nach dem Verlust der Chemnitzer Wohnung nun endlich wieder eine Bleibe hatten, fühlten sich wohl darin. Für mich war es ein beruhigendes Gefühl, sie versorgt zu haben.

Aber bald nachdem sie sich eingerichtet hatten, kam von den DDR-Behörden der Bescheid, daß ich als »West-Eigentümerin« keine Erlaubnis hätte, Grundstück und Haus mietfrei zur Verfügung zu stellen. Künftig sei von den Bewohnern eine von der Behörde festgesetzte Summe auf ein Sperrkonto zu entrichten, das auf meinen Namen eingerichtet worden sei. Bei Besuchen könne ich jederzeit eine gewisse Summe davon abheben. Das Ganze war unter die Aufsicht der Gebäudewirtschaft gestellt.

Meine Eltern wären bei Vaters lächerlich niedriger Rente nicht in der Lage gewesen, den Mietbetrag aufzubringen. Also entstand der absurde Zustand, daß ich monatlich die Miete für mich selbst umständlich überwies, damit die Eltern sie auf mein Sperrkonto einzahlen konnten. Über das erhielt ich – freilich nur in den allerersten Jahren – Kontoauszüge, in denen neben Kontoführung Summen abgesetzt waren für Schornsteinfeger, Kammerjäger (?!) und Reparaturen (die zwar fällig, aber nie ausgeführt wurden).

Es war so offenkundig, daß das Ganze auf eine künstlich erzeugte Verschuldung hinauslaufen und wahrscheinlich so dem Staat zufallen sollte. Ich beschloß, das durch eine Schenkung zu verhindern. – Alles wurde notariell ordnungsgemäß geregelt, auch daß Haus und Grundstück eines Tages wieder an mich zurückfallen sollten. Von den DDR-Behörden wurde eine saftige Schenkungssteuer festgesetzt. Ich zahlte sie und dachte, nun alles bestens geregelt zu haben. Aber kaum war die Zahlung erfolgt, kam wieder ein Bescheid, daß nach einem neuen Gesetz Schenkungen dieser Art von Westdeutschen an Ostdeutsche nicht erlaubt seien. Die Schenkung sei somit ungültig. Von der bereits gezahlten Schenkungssteuer ward kein Pfennig je wieder gesehen.

Und ich hatte es noch immer nicht geschafft, »mein« Haus, außer auf Fotos, wenigstens einmal mit eigenen Augen zu sehen. Die für einen Besuch in der DDR zu erfüllenden Formalitäten – und vor allem die Dauer ihrer Erledigung – bedeuteten für mich praktisch eine Besuchssperre. Im freien Beruf kommen die Angebote oft von heute auf morgen, man muß parat sein und kann nur reisen, wenn sich zufällig freie Zeit ergibt. Zweimal habe ich ein Gesuch eingereicht; als die Erlaubnis eintraf, steckte ich jedesmal schon wieder in einer neuen Film- oder Theaterarbeit. – Wir konnten zusammen nicht kommen... Ja, es waren herrliche Zeiten. Willkür und Gerechtigkeit verschmolzen in der DDR zu einem Begriff.

Als Mutter eines Tages schrieb, daß sie schwer erkrankt war und nicht genügend ärztliche Versorgung hatte, überlegte ich zum ersten Mal, ob ich nicht einen Weg finden könnte, die Familie in den Westen zu holen. Nach Ruths Tod wurde der Plan langsam realisiert. – Wir fanden in einer meiner Kindergespielinnen aus Biesern und ihrem Mann ideale Pächter, die von nun an, so gut es nur ging, Haus und Grundstück in Ordnung hielten. Für die Eltern mietete ich in Nürnberg, wohin sich auch mein Bruder mit Familie abgesetzt hatte, eine hübsche Dreizimmerwohnung und möblierte sie mit teils alten Möbeln, die ich in Antiquitätenläden erstanden hatte. Die Eltern sollten alles ähnlich wie daheim vorfinden und sich wohl fühlen.

Die Mauer war noch nicht gebaut, man konnte noch ohne Schwierigkeiten von Ost- nach West-Berlin fahren. Von dort aus flogen die Eltern 1953 schließlich unbehelligt nach Nürnberg, wo ich sie eines Tages am Flughafen in Empfang nahm. Sie waren nie vorher geflogen, waren aufgekratzt und schwebten noch immer über den Wolken. Der für damalige DDR-Augen ungewohnte Glanz westlichen Reichtums erfüllte die beiden mit rührendem Staunen, das ich sehr nachfühlen konnte.

Die Wohnung fanden die Eltern »einwandfrei« – nur enttäuscht

war Mutter von den »aldmod'schen Möweln«. Sie hatte gehofft, sich »endlich ämal modern einrichdn« zu können...
Das schöne, geschwungene Spätbiedermeier-Sofa bugsierte sie bald darauf auf den Küchenbalkon, wo später meine beiden Dackelinnen auf ihm schliefen. Heute steht es, stabil wie eh und je, neu gepolstert und bezogen in meinem Wohnzimmer – ein Glanzstück!

Aber noch war es erst Sommer 1952, und ich war mit Peter, Hardy Krüger und seiner damaligen Frau Reni nach Italien gereist, von Pisa bis nach Capri, damit ich ein wenig Abstand von Ruths Tod bekäme. Da das Drehbuch für den Harald-Braun-Film bei meiner Abreise noch nicht fertig war, hatte ich meine Reiseroute hinterlassen. Mitten in Italien erhielt ich dann zwar nicht das Drehbuch, aber einen Brief, daß man noch einmal etwas umschreiben müsse, da sich Dr. Braun entschlossen habe, die Partnerin Dieter Borsches anders zu besetzen – mit einer Schauspielerin, die man soeben unter Jahresvertrag genommen habe und nun natürlich auch einsetzen möchte. »Als Ausgleich« würden sie mir eine »ebenfalls sehr hübsche« Rolle hineinschreiben. Ich bekäme das Buch dann nach meiner Rückkehr zugestellt.
Ich saß auf einer Bank, an irgendeinem italienischen Strand, den Brief in kraftlosen Händen auf dem Schoß, und die Tränen liefen nur so aus mir heraus, »Um Gottes willen, was ist los?« wollten meine Reisegefährten wissen. »Das ist ein schlechtes Jahr für mich«, sagte ich nur leise.
Es blieb mir gar nichts anderes übrig, als auf den Kompromiß einzugehen, denn ich hatte schon andere Angebote abgesagt – im Hinblick auf meine große Rolle bei Braun. – Nicht nur rein geschäftlich, sondern auch in der Story selbst wurde ich ausgebootet: Ich mußte zwar um Dieter Borsche quasi werben, aber umsonst. Das Allerärgste aber trat für mich erst zutage, als der Film herauskam.
In der einen großen Szene, die ich mit Dieter hatte, handelte es sich um eine Auseinandersetzung, in deren Verlauf die Kinderfunktante, die ich nun spielte, in ruhigem Ton anfängt zu argumentieren und sich im Verlauf von Rede und Gegenrede immer weiter in eine Erregung hineinsteigert, bis zum Schluß dicke Tränen purzeln. – Ich habe bei Weinszenen noch nie Glyzerin benutzt, mit genügend Konzentration kann ich »richtig« weinen. Das

gelang mir auch bei den Dreharbeiten in dieser Szene besonders gut.

Zu gut offenbar. Als der Film lief, stellte sich heraus, daß die Szene im Schneideraum unglaublich zugerichtet worden war. Die im Drehbuch vorgesehene allmähliche Entwicklung der Emotion war so sprunghaft zerschnitten, daß der Eindruck entstand, eine Dilettantin versuche sich im Weinen. Ich war wehrlos gegen diese ungeheure Manipulation, die absolut berufsschädigend war. In einer Rezension warf man mir tatsächlich Glyzerintränen vor. – Mein guter Freund Jochen Huth, der einige Drehbücher für Harald Braun geschrieben hatte und daher gut mit ihm bekannt war, berichtete mir, unter dem Siegel der Verschwiegenheit, daß diese Szene zuviel Übergewicht bekommen und abgelenkt hätte von der neuen Hauptperson, die ja in erster Linie zu fördern gewesen war.

Ruth Leuwerik war zu beglückwünschen, und ihr habe ich diesen Einstieg in eine Filmkarriere neidlos gegönnt. Aber warum gerade ich dabei in so schonungsloser Weise abgehalftert werden mußte, verstehe ich bis heute noch nicht; und ich habe es Harald Braun nie verzeihen können. Er hat auch nie mit mir darüber gesprochen.

Nach den Kränkungen dieser Filmarbeit rettete ich mich wieder eine Weile in die »heile« Welt des Theaters, wo es nicht ganz so kantig zugeht. Man muß schon Stehaufmännchen-Qualitäten haben, um sich nach einem solchen Schlag wieder hochzurappeln und vor allem sein Selbstwertgefühl nicht zu verlieren.

Im September 1952 spielte ich noch einmal *Wolken sind überall*, diesmal am Schauspielhaus Düsseldorf, das damals von Gustaf Gründgens geleitet wurde. Günther Lüders inszenierte und spielte den Slater, und Peer Schmidt war mein Don. Die Proben waren besonders anstrengend für mich. Wieder einmal merkte ich, daß – wenn man ein Stück erst einmal gründlich in einer bestimmten Inszenierung einstudiert und gespielt hat, es sehr schwerfällt, sich auf eine neue Spielart einzustellen. Ich machte hier auch zum ersten Mal die kuriose Erfahrung, daß Theater untereinander Eifersüchte entwickeln können. Jeder in der Münchner Aufführung ausprobierte Vorschlag wurde abgeschmettert mit einer etwas herablassenden Bemerkung: »Das kannst du vielleicht in München machen, aber doch nicht hier!«

Dann kam der Intendant, Gustaf Gründgens, gerade von einer Reise zurück, selbst auf die erste Hauptprobe. Ich hatte mich durch das Düsseldorfer Engagement geehrt gefühlt und war begierig, den berühmten Theatermann persönlich kennenzulernen. Aber es gab kein Vorgestellt-Werden, nicht einmal eine Begrüßung aus Entfernung, nur einen kurzen allgemeinen Gruß. Er erschien mit einem Schwarm von Jüngern hinter sich, die alle in den ersten Reihen um ihn herumgruppiert Platz nahmen. Dann begannen wir mit der Probe.

Gründgens unterbrach ziemlich bald: Ich möge doch bitte nicht die Komteß Guckerl spielen. »Die Rolle kenne ich gar nicht«, erwiderte ich wahrheitsgemäß. »Lassen Sie die Kulleraugen weg.« Der ganze Schwarm junger Männer wieherte. Wut stieg in mir hoch. »Ich kann nichts dafür, daß meine Augen so sind wie sie sind – und auswechselbare habe ich nicht bei mir«, gab ich zurück. Die Jünger zogen hörbar die Luft ein. – Es ging weiter. Nach einer Weile wurden Stellungen und Gänge moniert, die ich, wie bei den Proben abgesprochen, ausgeführt hatte. Ich blickte fragend und fordernd zu Günther Lüders, dem Regisseur, aber der schien ein Lineal verschluckt zu haben, knickte nur immer in der Hüfte mit steifer Verbeugung nach vorn – »Selbstverständlich. Natürlich, Herr Gründgens« – und fing an, nach Gründgens' Anweisungen neu zu stellen. Zwei Tage vor der Premiere!

Bis zum Aktschluß hielt ich durch. Aber dann verkroch ich mich in den hinteren Teil der Bühne und heulte vor Zorn. Günther kam zu mir, um mich zu beruhigen. Aber in mir kochte es. »Ihr habt mir einen Notruf geschickt, weil ihr mit der vorigen Besetzung nicht zurecht kamt. Ich bin sofort gekommen. Und nun soll ich mich zur Schnecke machen und von einer Schar von Grünschnäbeln auslachen lassen?! – Ich reise ab!«

Das war nicht nur so dahingesagt – das hatte ich fest vor. Es war viel Überredungskunst von Günther und Peer nötig, um mich umzustimmen. »Wenn Gustaf Gründgens wieder auf der Probe erscheint, bin ich weg!« gab ich zu bedenken. Er ließ sich nicht mehr sehen.

Die Premiere wurde dennoch – auch, und gerade, für mich – ein großer Erfolg. Nicht einmal in München hatte ich derartige Hymnen in der Presse bekommen: »Die Attraktion ist B. L.« – »Paraderolle für B. L.« – »...zauberhaft witzig gespielt...« – »Kein Wunder, daß sich das Premierenpublikum spontan in B. L. verliebte.« – »...gewann sie sich die Herzen der Düsseldorfer im Sturm.« Gründgens bat mich bald nach der Premiere zu sich. Mit gemischten, aber doch erwartungsvollen Gefühlen ging ich hin. Er war ungeheuer lieb und freundlich, gar nicht wiederzuerkennen im Vergleich zu seinem Probenauftritt. Er gratulierte mir zu meinem Erfolg und sagte dann: »Ich könnte mir vorstellen, daß Sie die Franziska bei mir spielen könnten.« – »O ja«, entgegnete ich begeistert, »die habe ich auch in Berlin im Schloßpark-Theater schon mit sehr großem Erfolg gespielt.« Das war anscheinend auch wieder nicht richtig. Die Unterhaltung kühlte ab, und es wurde nichts aus dem Vorschlag. Sehr schade! Ich war wohl wirklich nicht Gründgens' Typ. Vielleicht doch ein bißchen zu weiblich? Und diplomatisch bin ich auch kaum je gewesen...

Am 15. November 1952 war in der Kleinen Komödie München Premiere von Franz Molnárs *Die Fee*. Das Stück ist eine bezaubernde Seifenblase und muß mit Sektlaune und Spaß gespielt werden. – Auch in diesem Stück fand ich wieder bestätigt, daß man nicht auf Distanz zu einer etwas verrückten Rolle gehen darf, sondern sich, während man sie spielt, hundertprozentig mit ihr identifizieren muß. Dann schüttelt das Publikum zwar den Kopf über die kuriose Geschichte, aber auch sich selbst vor Lachen und fühlt mit dieser kleinen Person, die »zuviel Herz und keine Verwendung dafür« hat... Der Erfolg war groß. Claus Hardt in der Frankfurter »Abendpost« verstieg sich gar zu der dickgedruckten Überschrift: »Bruni Löbel rettete Molnárs *Fee*«.
Unmittelbar darauf, im Januar 1953, folgte im selben Theater *Der Engel vom Montparnasse* von Jean Giltène. In diesem im wahren Sinne »himmlischen« Stück waren Dieter Borsche und ich nun endlich das Paar, das wir bei Harald Braun nicht hatten sein dürfen: Er war Grand, ein Justizengel der himmlischen Behörde zwischen Paradies und Hölle; sie Yvette, eine lebenslustige, gerade bei einem Unfall um ihr lustiges Leben gekommene Dreißigerin, in die ebendieser Amtsengel verliebt ist. Das Eifersuchtsgeplänkel zwischen Grand und Yvettes Schutzengel Theodor, gespielt von Bum Krüger, gab dem Ganzen etwas durchaus Irdisches. – Yvettes ganzes

Leben wird im Himmelskino vorgeführt, um zu entscheiden, ob sie rauf oder runter gehört. Das bedeutete unentwegte rasche Verwandlungen hinter der Bühne, über eine ganze Lebensspanne vom Backfisch bis hin zur reifen Frau. Manchmal waren nur eineinhalb Minuten Zeit bis zum nächsten Auftritt. Die Holmerin, Garderobiere, und die Huberin, Friseuse, arbeiteten mit bewundernswerter Effizienz und behielten selbst in den knappsten und kritischsten Situationen ihre Ruhe und ihren Humor. Einmal glaubte ich mein Stichwort schon gehört zu haben und startete aufgeregt in Richtung Auftritt, aber die Huberin hielt mich energisch zurück, stülpte mir fachkundig die damenhafte Perücke auf den Kopf und rügte: »Mei, Frau Löbel, ohne Hut kenna S' doch net nausgeh'!«

Auf meine Anregung hin wurden die Kinoszenen auf einer Bühne auf der Bühne, hinter einem flimmernden Tüllvorhang gespielt, wodurch schon optisch ein Filmeffekt entstand. Akustisch war es aber noch viel verblüffender, da wir unseren Dialog vom Tonband ablaufen ließen und nur stumm die entsprechenden Mundbewegungen dazu machten, ein umgekehrter Synchronisationseffekt. Ungeheurer Jubel brach jedesmal aus, wenn der »Film« angehalten oder gar zurückgespult wurde. Dann mußten wir mitten in den unmöglichsten Bewegungen erstarren – oder alle unsere Gänge und Handlungen ebenfalls rückwärts laufen lassen.

1953 folgten noch zwei Filme. Es waren wieder Verwechslungskomödien nach dem gehabten Muster. Natürlich sehnte ich mich nach wie vor nach Gehaltvollerem. Die damalige Zeit bot aber leider fast keine Alternativen. Hätte ich deswegen aus dem Beruf aussteigen sollen oder können? Das Seltsame ist, daß ich heute diese alten Streifen, wenn ich sie gelegentlich wieder zu sehen bekomme, besser finde als vieles, was dieser Tage produziert wird.

Wirbel um Irene, mein nächster Film, wurde in Ljubljana gedreht. Walter Giller und ich wirkten sehr lustig als Paar: der lange Schlaks und das winzige Fräulein. Zunächst fühlten wir uns etwas beklommen in einem fremden, diktatorisch geführten Land und vermuteten hinter jedem Bühnenarbeiter einen speziell auf uns angesetzten Spitzel. Aber diese Hysterie legte sich schnell; die Freundlichkeit der Menschen war nicht zu übersehen.

Meine Garderobiere war eine ganz besonders liebe Frau, die ich nie vergessen habe: Pocskay Jovanka. Sie schleppte mir nach und

nach wohl ihren halben Hausrat an, um mir meinen Garderobenraum »gemietlich« zu machen. Auch sechs Mokkatassen brachte
sie mit, damit ich nicht aus den groben Kantinentassen trinken
müßte. Sie waren aus zartem Porzellan und hatten echt silberne
Verzierungen. Ich bewunderte sie sehr. Vielleicht hätte ich das
nicht tun sollen; denn als ich wieder daheim war und meinen von
ihr gepackten Koffer aufmachte, fand ich, sorgfältig eingewickelt,
alle sechs Mokkatassen darin – als »Abschiedsgeschänke«.
Da es sich bei diesem Film um eine österreichische Produktion
handelte, spielten viele Wiener mit. Eines Abends unterhielten sie
sich über Fußball und gerieten dabei so in Fahrt, daß ich plötzlich
gar nicht mehr vorhanden zu sein schien. Besonders schwärmten
sie von einem österreichischen Fußballer namens Sindelar. Mit der
Frage: »Wer ist Sindelar?« wollte ich mich wieder ins Gespräch
einschleichen. Ich hätte, glaube ich, ebensogut fragen können:
»Wer ist der Papst?« Ein Gejohle ging los: »Sindelar ist der größte Fußballer aller Zeiten. Und sie fragt, wer ist Sindelar?!« Also
gut, ich fragte nicht mehr und sagte, er interessiere mich auch
nicht. Spätestens morgen würde ich diesen Namen vergessen haben. Allgemeine Empörung! Pepi, alias Hans Olden, der offenbar
leidenschaftlichste Fan dieser Fußballgröße, tat einen Schwur: Er
werde dafür sorgen, daß ich diesen Namen nie nie mehr in meinem
Leben vergessen könnte. Ich lachte schallend. – Beim Frühstück
am nächsten Tag, einem Sonntag, war xmal auf meine Papierservi-
ette geschrieben: »Sindelar ist der größte Fußballer aller Zeiten.«
Ich grinste. Am Nachmittag war Tanztee in der Bar. Die Wiener
holten mich von meinem Zimmer ab, sagten, ich solle nicht fad
sein und mitkommen. Als ich mit meinem Tanzpartner gerade auf
der Tanzfläche war, unterbrach die Band plötzlich mitten im Takt.
Der Bandleader trat ans Mikrophon und sprach – für jedermann
außer für mich unverständlich – mit schwerem Akzent: »Sindelaare
ist dere greßte Fußbaler aler Zeiten.« Und die Band spielte weiter.
Ich kringelte mich vor Lachen und dachte: Nun ist es aber genug.
Mitnichten! Abends im Badezimmer fand ich meine Klopapierrol-
le mit der Beschwörungsformel vollgeschrieben. Auf jedem einzelnen Blatt stand es: »Sindelar ist der größte Fußballer aller Zeiten!«
Und die Rolle war neu! Also hatte ich diesen Satz für eine lange
Zeit meines Aufenthaltes in Ljubljana täglich vor Augen. Pepi hat

seinen Schwur gehalten: Ich weiß es tatsächlich heute noch: Sindelar ist der größte Fußballer aller Zeiten.

Nachdem sich der *Wirbel um Irene* ausgewirbelt hatte, blieben mir nur ein paar kurze Wochen in Grünwald, bis ich wieder fort mußte, nach Wien.

Drei, von denen man spricht hieß der neue Film, der in Schönbrunn gedreht wurde. Axel von Ambesser führte Regie und spielte auch eine der Hauptrollen. Wolfgang Lukschy, Paul Hörbiger und Josef Danegger waren mit dabei und auch wieder Paulchen Kemp, mit dem mich nach vielen gemeinsamen Filmen eine enge, kollegiale Freundschaft verband. Es war unsere letzte Zusammenarbeit vor seinem Tod. Er hatte jeder seiner Rollen immer eine besondere Farbe gegeben durch seine komisch-agile, manchmal verschusselte, immer liebenswerte Menschlichkeit. So einer wie er fehlt noch immer. – Wolfgang Lukschy war damals stets zu Jux und Albernheiten aufgelegt. Am Tag nachdem wir miteinander bekanntgemacht worden waren, verkündete er allen fröhlich: »Ick hab jestern Bruno Löbel kenn'jelernt. Mensch, is ja 'n Weiäb!«

Als ich aus Wien zurückkam nach München, stieg ich sofort in die Proben zu *Im sechsten Stock* von Alfred Gehri in der Kleinen Komödie ein. Gerhard Metzner war der erste, der es wagte, mich in einer ernsten Rolle einzusetzen, der Zweifel und Risikobedenken beiseite schob, die stets meinen Wunsch nach Vielfalt eingeengt hatten. Sogar hochsubventionierte Theater lehnten dieses Risiko immer wieder ab. Um so höher rechnete ich es Metzner an, daß er, der ohne Zuschüsse auskommen mußte, mir die Thérèse anbot: ein hinkendes Mauerblümchen, isoliert in ihres Vaters Dachwohnung dahinvegetierend, das vom Wohnungsnachbarn, einem notorischen Frauenhelden, verführt wird und nun ein Kind erwartet. Sie will nicht mehr weiterleben, aber der Hausmeisterssohn heiratet sie schließlich, auch mit Kind. – Das ist natürlich die Handlung eines Groschenromans. Aber wieder machte ich die Erfahrung, daß man voll einsteigen und sich identifizieren muß, um die scheinbar unglaubwürdigen Ereignisse, die das Leben oft schreibt, auf der Bühne glaubwürdig zu machen.

Premierenangst habe ich mein Leben lang gehabt. Diesmal quälte sie mich besonders. Würden meine Tränen ankommen? – Als es so-

weit war, hörte ich ein verhaltenes Kichern aus dem Zuschauerraum und wollte in den Bühnenboden versinken. Es galt aber einer
Kollegin, die gleichzeitig in der – ebenfalls sichtbaren – Nachbar-
Wohnung ankam und sich ihr Haar vor einem Wandspiegel ein
wenig richten sollte. Wie ich – leider erst nach der Vorstellung –
erfuhr, muß daraus eine Eitelkeits-Choreographie mit vielen ex-
zentrischen Verrenkungen geworden sein. Jetzt hatte ich wieder
einmal Gelegenheit, meine Bühnendisziplin zu Hilfe zu rufen. Ich
spielte die Szene konzentriert zu Ende, und nach dem Kichern
folgten die Taschentücher. Es war ein wunderbares Gefühl, Menschen nicht *nur* zum Lachen bringen zu können.
Der Komponist Mischa Spoliansky, ein Freund des Hauses Herald,
hatte mich nie zuvor auf einer Bühne gesehen. Sein Kommentar
nach dem Besuch der Aufführung war: »Ich höre, Sie spielen auch
lustige Rollen. Das kann ich mir eigentlich nicht so recht vorstellen.« Das tat wohl! Mehr als die beste Kritik. Eine unter vielen guten war allerdings eine sogenannte Mamme-Kritik, eine, die man
stolz seiner Mutter vorweisen kann. Sie erschien in der »Stuttgar-
ter Allgemeinen Zeitung«: »Wenn die Aufführung... länger in
dem Besucher nachwirkte, so darum, weil das arme Hascherl von
Thérèse von dem Filmstar Bruni Löbel mit einer so bezwingenden
Innerlichkeit gespielt wird, daß einem tatsächlich gelegentlich, wie
man sagt, die Luft wegbleibt... Es wäre zu wünschen... daß man
Frau Löbel, die sicher zu der ersten Garnitur ihres Faches zählt, öfter auf den Brettern begegnen könnte.«

Wieder hatte ich nur kurze Zeit in Grünwald, bevor ich zu einem
neuen Engagement wegmußte, auf das ich mich besonders freute:
ans Hamburger Schauspielhaus.
So viele Trennungen, wie in den letzten Jahren notwendig geworden waren, tun wohl keiner Verbindung gut; schon gar nicht, wenn
die Liebesbeziehung auf wackligen Beinen steht, wie es bei mir der
Fall war. Vor fast vier Jahren in Los Angeles, als ich Leonard wiedergesehen hatte, war mir mit schmerzlicher Verwunderung klargeworden, daß meine große Liebe von einst sich gewandelt hatte –
in eine schöne Freundschaft. Aber je mehr ich mich damals von der
alten Bindung innerlich löste, desto mehr mußte ich über meine
Beziehung zu Peter nachdenken.

Seine Rechnung war nicht aufgegangen: Das Freiwerden von Leonard war nicht in Liebe zu Peter umgeschlagen. Man kann sich nicht zwingen Liebe zu wollen – ebensowenig wie sie nicht zu wollen, wenn sie einen überfällt. Es klingt vielleicht kurios, aber im Grunde änderte sich von mir aus mein Verhältnis zu Peter gar nicht. Er blieb, was er mir eigentlich immer gewesen war: der brüderliche Freund, den ich sehr lieb hatte.

Aber damals mit Anfang Dreißig war alles in mir Unruhe. Es mußte doch nach all den Fehlschlägen irgendwo auf der Welt IHN geben, den einen, meinen »Topfdeckel«, den »für immer«. Wenn er mir begegnen sollte, könnte es sein, daß er an mir vorübergehen würde – wegen meiner scheinbar so intakten Verbindung. Mir das vorzustellen, machte mich fast panisch.

Ich mußte mich von Peter trennen, und mir graute vor dem Gedanken, ihm dadurch einen großen Schmerz zufügen zu müssen. Durch ihn hatte ich nur Gutes erfahren. War ich nicht undankbar? Aber hatte ich ihm nicht auch von Anfang an gesagt, daß...? Und wäre es nicht ebenfalls für ihn jetzt noch Zeit für einen Neuanfang mit einer anderen Partnerin? – Ich war zerrissen und uneins mit mir. So ging es nicht weiter.

Laß die Leute reden hieß das Singspiel, für das mich der damalige Intendant, Albert Lippert, ans Deutsche Schauspielhaus in Hamburg geholt hatte. Schon beim Bayerischen Rundfunk hatte ich mit viel Freude in Singspielen mitgewirkt. Zwar hatte ich keine Gesangsausbildung, aber meine Stimme trug und war mit ihrem natürlichen Klang genau richtig für dieses Volksstück vom armen Dienstmädchen Marie, das an einen Gauner gerät und ihn bekehrt. Den spielte Peter Schütte. Dazu standen noch die kraftvoll komische Annie Rosar und der skurrile Joseph Offenbach mit auf dem Besetzungszettel. Ernst Matray und seine Frau Maria Solveg choreographierten zauberhaft einen Traum Maries. Ich genoß es, mit diesen Freunden, die mit Heinz Herald in der Emigration gewesen waren, zu arbeiten. – Es war die Silvesterpremiere 1953/54. Die Vorstellung war voller Sektlaune, sowohl auf der Bühne als auch im Parkett, und der Beifall nach drei Stunden hörte kaum auf. Von der Premierenfeier kam ich erst in den frühen Morgenstunden in meine Pension in der Blumenstraße zurück.

Ich fühlte mich von den Hamburgern in einem Maße akzeptiert, daß ich beschloß, den großen Schritt zu tun und dazubleiben. Als ich ausgeschlafen hatte, machte ich mich daran, meine Neujahrs-Resolution wahrzumachen: Der Brief an Peter war fällig. In Gedanken hatte ich ihn schon oft formuliert, aber immer wieder verworfen. Nun *mußte* ich ihn schreiben.

Kein einziger Entschluß war mir bis dahin so schmerzlich schwergefallen. Wenn ich Gründe gehabt hätte, wäre es vielleicht leichter gewesen, den Brief zu schreiben, aber es gab keine. So hatte ich, als ich das Kuvert im Briefkasten unten aufschlagen hörte, das bange Bewußtsein, damit einen großen Kummer auf den Weg geschickt zu haben. Ich fühlte mich hundeelend und erleichtert in einem.

Peter mochte meinen Entschluß zunächst nicht akzeptieren und hielt ihn für ein Resultat meiner Überarbeitung. Er bat mich daher auch, bitte vorläufig noch nichts publik zu machen, er hoffte... weil »nicht sein konnte, was nicht sein durfte«.

Es begann in Teufelsbrück

Kaum hatte das Fernsehen des Nordwestdeutschen Rundfunks meine Begabung für Singspiele entdeckt, folgte ein Singspielangebot nach dem anderen. Das erste war *Hofloge* (von Karl Farkas nach J. M. Crawford mit der Musik von Hans Lang), die Geschichte einer Doppelgängerin, aus deren Ähnlichkeit mit einer Fürstin sich eine Menge Komplikationen ergeben.

Seit 1939 war dies das erste Mal, daß ich wieder im Fernsehen arbeitete. Das war nun schon von der Technik her gar kein Vergleich mehr mit früher – oder mit später! Es gab noch keine Aufzeichnungen, sondern nur Live-Sendungen, »Film plus Theater unter erschwerten Umständen nannte man das. Umzüge mußten rasant und geräuschlos hinter einer Kulisse stattfinden, die gerade nicht im Bild war. Ungefähr vier Kameras kurvten während der Aufnahmen in der Dekoration um einen herum, mit Kabelträgern, Licht- und Mikrophonleuten. Die ausgemachten Positionen mußten auch von den Schauspielern exakt eingehalten werden. Das machte es ungeheuer schwer, während des Spielens und der damit verbundenen Geräusche quasi mit halbem Ohr wie in weiter Ferne das Orchester zu erlauschen und seine Chansontexte im gleichen Rhythmus darauf zu singen. Kurz, vor lauter Technik hatte man es schwer, an das Wichtigste, eine gute Darstellung, zu denken. Das Stück wurde wochenlang probiert wie beim Theater – nur für den *einen* Abend der Sendung.

Regie führte John Olden; die musikalische Einstudierung besorgte ein Wiener Kabarettist, der im NWDR zu der Zeit das wöchentliche Programm *Die musikalische Hausapotheke* hatte, in dem er aktuelle Tagesereignisse, auch politische, aufs Korn nahm. Er war Texter, Komponist, Pianist und Vortragender in einer Person und imponierte mir nicht nur wegen dieser Multi-Fähigkeiten, sondern auch wegen seines Witzes. Sein Name war Gerhard Bronner.

Bei den Chansonproben zu *Hofloge* wurden wir miteinander bekannt. Auch ihm schien offenbar meine Art, ein Chanson anzugehen, zu gefallen. Ich erinnere mich, daß er über die Maßen amüsiert war, wie ich mir ohne Noten – nur mit auf- und abwärts führenden Linien, Punkten und Zeichen eine für mich neue Melodie notierte und sie anschließend auch wieder lesen und singen konnte. »Das ist phantastisch, gnä' Frau«, lachte er. Diese Anrede war man mittlerweile in Deutschland nicht mehr gewöhnt – ebensowenig wie das »Küß die Hand, gnä' Frau«. Es wirkte fast exotisch und dadurch sehr reizvoll für mich. Bronners Stimme rangierte von streichelnd bis rabaukig. Sein Wiener Charme nahm mich gefangen.

In der Kantine saßen wir beisammen und redeten, redeten. Ich weiß nicht mehr, in welchem Zusammenhang es war, daß ich plötzlich wild vom Leder zog gegen jeglichen Fanatismus, vor allem gegen den verbohrtesten: den Antisemitismus. Bis dahin hatte Bronner sich noch rege an unserer Unterhaltung beteiligt. Auf einmal verstummte er und sah mich nur an, mit seinen graublauen Augen. »Sind Sie nicht meiner Meinung?« fragte ich etwas verunsichert. Er lachte kurz und wie mir schien etwas bitter. Dann kam: »Na, werd ich nicht Ihrer Meinung sein! Ich bin Jude.« Ich fiel aus allen Wolken und wurde rot. »Um Gottes willen«, stotterte ich, »ich hab das jetzt nicht gesagt, weil ... ich wußte ja nicht, daß ...« – »Ich weiß«, sagte er nur und legte beruhigend seine Hand auf meine. Das wirkte wie ein gelinder elektrischer Schlag.

Von da an trennten wir uns selten unmittelbar nach der Probe. Und eines Tages lud er mich zu einer Spazierfahrt ein. Es dämmerte schon, wir fuhren am Elbufer nordwärts, und die Lichter der Villen begannen sich im Wasser zu spiegeln. Auf einem Parkplatz am Fluß hielt er an. Von einer riesigen Werftanlage am gegenüberliegenden Ufer strahlten Unmengen von Lichtern, sie verdoppelten sich zitternd im Wasser. Mittlerweile war die Dämmerung in die Nacht übergegangen, und dieses Panorama sah aus wie ein Himmel voller naher Sterne. »Ist das nicht traumhaft, gnä' Frau?« fragte er. »Hören Sie doch bitte auf, mich dauernd gnä' Frau zu nennen«, sagte ich. »Ich heiße Bruni.« Auf einem großen Schild beim Parkplatz stand: »Teufelsbrück«. Welch warnendes Menetekel war da vor dem Sternenhimmel hingeschrieben! Aber ich konnte es nicht als solches erkennen. Damals nicht – noch lange nicht...

Immer ist es schon zu spät, wenn man es erfährt! Gerhard Bronner war verheiratet und hatte einen Sohn von neun Jahren. Ich versuchte, einer vorprogrammierten Katastrophe zu entfliehen. Nach der Beendigung von *Hofloge* war ich weg, ohne eine Adresse zu hinterlassen. Mit meiner Schwester Margot, Peter und einem Freund der Heralds fuhr ich an den Lago Maggiore. Vielleicht war ich noch zu retten?!
Es war, trotz südlicher Sonne und Frühlingspracht, eine trostlos deprimierende Reise. Margot konnte ihre Sorge um mich nur schwer verbergen. Peter war nach den notwendigen langen Aussprachen zu Tode betrübt und wollte, daß ich mit ihm wieder »nach Hause« käme. Ich war nach zwei Seiten hin traurig und wußte nicht mehr aus noch ein. Ich wollte nur noch allein sein und versuchen, mit mir selbst ins reine zu kommen. Als die drei wieder abreisten, blieb ich weiter im Tessin. Das Alleinsein tat mir gut. Ich versuchte, mich ins Schreiben zu retten, füllte endlose Tagebuchseiten und begann auch etwas »Vernünftiges« zu verfassen: ein Hörspiel, *Fanta und Tasie*. Es war ein Versuch, mich am eigenen Schopf aus meiner Melancholie herauszuziehen. (*Fanta und Tasie* wurde später von Radio Linz und vom Hessischen Rundfunk produziert, mit Hardy Krüger und mir in den Hauptrollen.)
Irgendwann im Mai erreichte mich das Hamburger Fernsehen über Margots Berliner Adresse und machte mir ein neues Singspielangebot. Auch Gerhard wußte nun, wo ich war und schrieb

mir glühende Briefe, daß er ohne mich nicht sein könne. Ich schrieb ebensolche zurück, und dann war der Lauf der Dinge nicht mehr aufzuhalten. Wir hingen beide aneinander, aber es schien keine Lösung und keine Zukunft für uns zu geben. Ich kaufte ein Haus in Wellingsbüttel – auf Leibrente. Das ältere Ehepaar Behrens, das in das auf meine Kosten praktisch und gemütlich ausgebaute Dachgeschoß zog, war mir bald sehr ans Herz gewachsen. Die beiden lieben alten Leute waren glücklich, daß sie bleiben konnten, und erleichtert, daß ich neben dem Dachausbau und der ausgemachten monatlichen Summe auch die Hypothekenschulden übernommen hatte. Ich wiederum wußte mein Geld nun gut angelegt; bald würde ich mein eigenes Zuhause haben, nachdem auch die untere Wohnung hergerichtet sein würde.

Gerhard erzählte mir im Laufe der Zeit sein Schicksal, das ihn nach einer langen Odyssee nach Palästina gebracht hatte. Damals war er siebzehn, achtzehn Jahre alt. Seine Eltern und der von ihm sehr geliebte ältere Bruder Oskar waren in Konzentrationslagern von den Nazis umgebracht worden. Ich erinnerte mich wieder an die Fotos von all den namenlosen lebenden Toten und ausgemergelten Leichen, die ich darauf gesehen hatte. Inzwischen waren von ihnen für mich viele aus ihrer gespenstischen Anonymität herausgetreten, konkret geworden; nun auch Gerhards Familie. Entsetzen, Trauer und unbeschreibliche Wut stiegen erneut in mir hoch – und ein tiefes Mitfühlen, das meine Liebe zu Gerhard noch verstärkte. In Palästina hatte er seine fast gleichaltrige Frau kennengelernt, die auch aus Wien ins Gelobte Land geflohen war. Die beiden, noch halbe Kinder, suchten Halt aneinander und heirateten. Mit neunzehn Jahren war Gerhard schon Vater.

In den Jahren danach, erzählte er, hätten sie sich beide voneinander weg entwickelt. Im Grunde gehe jeder seiner eigenen Wege; aber man bleibe freundschaftlich beisammen wegen des kleinen Sohnes. So hatte ich keine großen Gewissensbisse, daß Gerhard die meiste Zeit bei mir verbrachte – zuerst in möblierten Wohnungen, die ich als Zwischenlösung gemietet hatte; und später im Wellingsbütteler Haus, in dem wir schon eheähnlich zusammenlebten. Ich wollte ja nichts wirklich ändern, mich nicht einmischen in eine funktionierende Gemeinschaft. Sowieso wollte ich an meinem alten Grundsatz festhalten und auf keinen Fall jemals heiraten.

Es war ein wunderschönes Jahr. Wir lernten einander erstaunlich schnell und gut kennen. Ausführlich besprachen wir auch, was zwei Menschen wie uns auseinanderbringen könnte und wie dem vorzubeugen sei. »Durch eine Frau schon gar nicht!« höre ich ihn noch sagen. Ich war froh, daß wir einander so genau prüften. Diesen Mann wollte ich nicht wieder verlieren.

Ich war dabei, ohne mir dessen bewußt zu werden, mich an Gerhard zu verlieren, wollte nur noch sein, wie er mich wollte. Das ging so weit, daß ich auch mein Äußeres total veränderte, so wie er es suggerierte: Ich ließ meine Haare nicht mehr blondieren, ließ sie in dem aschigen Dunkelblond herauswachsen, das sie von Natur aus hatten, und trug sie nun auch länger. Als eines Tages *Marguerite : 3* im Fernsehen wiederholt werden sollte – live natürlich –, mußten in großer Eile sämtliche Haarteile, die in Hellblond von der Erstsendung her noch vorhanden waren, dunkler eingefärbt und teils sogar neu angefertigt werden. »Du hast dich verändert«, hörte ich von allen Seiten und nahm es als Kompliment. Man mußte mir das Glück ja ansehen, dachte ich.

Gegen Ende des Jahres 1954 wurde ich für einen amerikanisch-deutschen Film nach Wiesbaden geholt, dessen deutscher Titel *Vom Himmel gefallen* lautete. Regie führte John Brahm, und der amerikanische Star war Joseph Cotten. Außer mir spielten u. a. noch Eva Bartok und Gert Fröbe mit. Es ging um eine junge Mutter, die ihr neugeborenes Kind vor dem Tor der amerikanischen Gesandtschaft ablegt und damit sogar politische Ost-West-Wirren auslöst. Es war das erste Mal, daß man mir im Film die Rolle einer jungen Mutter zutraute.

Gerhard und ich hatten nun bis zum Jahresende nur noch eine sehr kurze Spanne Zeit zusammen, denn schon Anfang 1955 war mein nächster Film fällig. Nach Kairo ging es mit Rolf Hansens *Geliebte Feindin*. Ruth Leuwerik und Thomas Holtzmann waren ein Paar, Rolf Henniger und ich das andere. Auch der unvergeßliche Gustav Knuth war in einer wichtigen Rolle dabei. Ich spielte eine Diseuse in einem Nachtlokal, der zunächst niemand die Tiefe ihrer Gefühle zutraut. Solche doppelbödigen Rollen liebte ich.

Ich hatte fünf oder sechs Drehtage innerhalb von drei Wochen in Kairo, also überwiegend freie Zeit, um die Stadt kennenzulernen.

Allerdings durfte ich leider nicht über die Stadtgrenze hinaus, ich mußte immer verfügbar sein. Aber trotzdem habe ich dort viel Exotisches erlebt. Für mich war es die erste Berührung mit dem Orient, und ich staunte über all das Fremde, die berauschenden Schönheiten, aber auch über die unsägliche Armut. Meine Eindrücke schrieb ich in einem langen Reisebericht nieder, unter dem Titel *Gib Bakschisch, schöne Dame.* Ich verkaufte ihn sogar und kassierte mein Honorar. Bevor er jedoch wie geplant erscheinen konnte, stellte die Illustrierte ihre Thematik um auf Mode. Der Artikel kam in die Schublade; dort liegt er noch heute.

Gerhard und ich waren schon fast ein Jahr liiert. Ich wünschte mir ein Kind. Er schien stolz darüber und hatte nichts einzuwenden. Dabei war es klar, daß ich daraus nie einen Eheanspruch ableiten würde, daß es keine wie auch immer geartete Belastung oder Verpflichtung für ihn sein sollte.

Als Dr. Schwenke, mein lieber, immer verständnisvoller Gynäkologe, mir eines Tages freundlich bestätigte: »Ja, Sie sind schwanger«, wollte ich am liebsten Kobolz schlagen vor Freude. Als ich zu Hause ankam, war niemand da, dem ich es hätte erzählen können. Und ich mußte es doch loswerden, mitteilen. Da setzte ich mich an meinen Schreibtisch und schrieb spontan einen Brief an mein ungeborenes Kind, in dem ich ihm mitteilte, wie wahnsinnig ich mich auf sein Kommen freue. Als er fertig war, genierte ich mich ein wenig und versteckte ihn unter einem Berg unerledigter Post. Dort fand ihn Gerhard einige Tage später – und jubelte. Das müsse ich weiterführen, sagte er, das würde ein wunderschönes Buch. Ich glaubte nicht, daß die Schilderung von neun Monaten Glückseligkeit irgendeinen Leser interessieren könnte. Es müsse ja nicht meine Story sein, fand Gerhard: »Erfinde dir doch eine andere Frau, die Briefe an das werdende Kind schreibt. Die muß ja nicht nur glückselig sein.«

Das leuchtete ein. Ich baute mir tatsächlich eine Story mit vielen Hochs und Tiefs und einer komplizierten Grundsituation. Auf einem selbst hergestellten großen Kalender zeichnete ich Feiertage, Sonne und Regen ein, auch Rendezvous oder Besuche und vor allem die notwendigen Krisen, die die Entwicklung haben sollte, um nicht eintönig zu werden. Ich erfand Personen und auch Namen

320

für sie. Für jede nahm ich mir ein Vorbild aus meinem Bekannten-
kreis, gehörig abgewandelt natürlich. Wie sollte ich das Baby nennen? Würde es ein Junge oder ein Mädchen sein. Das konnte man
damals nicht wissen, es war unbekannt... eine »unbekannte
Größe«, also ein X. »Xlein« hieß es von da an. Ich war Feuer und
Flamme für diesen Plan.

Zunächst spielte ich noch im Schauspielhaus in Offenbachs *Pariser
Leben* so lange, bis die Korsettstangen des Fin-de-siècle-Kostüms
anfingen, mich in den Bauch zu stechen. Ab dann wurde es mir zuviel und war ohnehin nicht mehr zu verheimlichen. Ich wollte es
auch gar nicht verheimlichen und trug stolz mein immer ansehnli-
cher werdendes Bäuchlein vor mir her. Um nichts in der Welt
möchte ich diese neun Monate meines Lebens missen. So mollig
ich auch wurde, ich schwebte immer ein paar Zentimeter über dem
Boden. Das Wunder, das in mir wuchs, nahm all mein Denken ein.
Ich wünschte mir ein Türchen im Bauch, um mich ab und zu vergewissern zu können, wie es gedeiht. Da das nicht ging, ließ ich mir
bei den vierwöchentlichen Untersuchungen von Dr. Schwenke erklären, welche Stadien mein Kind gerade durchmachte. Alle diese
monatlichen Befunde verwendete ich in meinem Buch – das einzig
persönlich Erlebte darin. Es hat mich immer ein bißchen geärgert,
wenn *Kleine unbekannte Größe* als autobiographischer Schlüsselro-
man bezeichnet wurde; denn mit der Doris dieses Romans hat mein
Erleben nichts gemeinsam.

Ich hatte nun viel Zeit zum Schreiben, denn auf der Bühne und vor
der Kamera war ich vorläufig nicht mehr vorzeigbar. Mit der Zeit
sah ich aus wie ein Luftballon mit Beinen, und langsam fiel es
schwer, Söckchen und Schuhe anzuziehen. Die Söckchen zog ich
immer als allererstes an, damit ich das schon mal hinter mir hatte.
Einmal passierte etwas Groteskes: Das Schlafzimmerfenster stand
offen. Ich tanzte veralbert vorm großen Spiegel herum, mit nichts
bekleidet als meinen roten Söckchen – ein unglaublich komisches
Bild. Wir liefen immer ungeniert nackt bei offenem Fenster herum.
Da war ja der große, ausladende Baum in unserem Garten, und auch
viel dichtes Grün im Nachbargarten, das den Blick von der Straße
her absolut verwehrte. »Schau dir an, was ich für ein Hüpfball bin«,
rief ich vergnügt ins Badezimmer, wo Gerhard bei der Morgentoilette war. Unmittelbar daran hängte ich einen markerschütternden

Schrei, der ihn entsetzt – und ebenfalls nackt – aus dem Bad jagte. »Daaa!« brachte ich nur heraus und zeigte, eingehüllt in die Gardine, auf den großen Baum in unserem Garten, von dem gerade hastig die Nachzügler der vielen Kinder herunterkletterten und -sprangen, die eben noch aufgereiht auf einem dicken Ast gesessen hatten, als wären sie im Kasperletheater. Wie der Blitz waren sie verschwunden. »So was!« sagte Gerhard verdattert. Und dann lachten wir ausgiebig, obwohl ich diese Szene doch höchst genant gefunden hatte.

Gegen Abend war schon wieder ein Kind im Garten, und ich ging hinaus, um nach dem Rechten zu sehen. Es war niemand mehr da. Aber ein Blumenstrauß lag auf der Schwelle vor der Haustür, sichtlich aus allen möglichen Vorgärten zusammengeklaut, dabei ein Briefchen in Kinderhandschrift:

»Liebe Bruni Löbel, unser Ball war in den Baum gefallen. Wir wollten ihn nur wieder holen. Und dann haben Sie sich so erschreckt. Das tut uns ja so leid. Wir haben gehört, daß man sein Baby verlieren kann, wenn man sich erschreckt. Bitte, Frau Löbel, tun Sie es doch nicht!«

Diese kleinen Lauser! Ich war gar nicht mehr verärgert, nur sehr gerührt. Und ich habe es dann auch nicht »getan«.

Als das Wellingsbütteler Haus 1955 bezugsbereit war, beschlossen wir zusammenzuziehen. Dem schien auch nichts mehr im Wege zu stehen. Gerhards erste Frau wolle die Scheidung, weil sie einen anderen Mann heiraten möchte, so erzählte es mir Gerhard. Er fragte mich: »Nimmst du uns beide?« und meinte damit sich und seinen Sohn Ossi, den seine Mutter nicht mit in die neue Ehe bringen dürfe. Ich zögerte keinen Moment mit der Antwort: »Ich nehme – wenn – dann nur euch beide.« Denn ich war der Meinung, der kleine Oskar brauche seinen Vater, genau wie dieser ihn.

Ossi war ein zauberhafter Junge, der viel vom Charme seines Vaters geerbt hatte. Er war aufgeschlossen und lustig, ich mochte ihn sofort sehr. Für mich war das eine sehr glückliche Zeit und wie es schien, für meine beiden Hausgenossen auch. Es fiel mir allerdings schwer, zu begreifen, wie eine Mutter ihr Kind, aus welchem Grund auch immer, aufgeben konnte; ich war deshalb für Ossi froh, als Gerhard nach kurzer Zeit die Mitteilung erhielt, daß sie doch nicht auf das Kind verzichten könne und es zurückhaben wolle. Das würde hart für Gerhard werden, fürchtete ich – und auch ich hatte mich schon sehr an Ossi gewöhnt und ihn liebgewonnen. Aber lange konnte ich nicht betrübt bleiben, denn ich freute mich zu sehr auf mein eigenes Kind. Überhaupt schien ich gegen alle Unbill in diesen Monaten wie durch einen unsichtbaren Panzer geschützt. Ich ließ einfach nichts Negatives für längere Zeit an mich heran.

Im August kam Gerhard von einer kurzen Wienreise zurück mit einem Ehetauglichkeitszeugnis, was immer das sein mochte. Jedenfalls war er der Meinung, daß wir nun heiraten sollten. Sein Freund Peter Wehle habe ihm auch gesagt, das Kind müsse doch einen Namen haben! (Was wäre eigentlich gegen »Felix Löbel« einzuwenden gewesen?)

Daß ich meinen Schwur, nie zu heiraten, nun brach, war nicht verwunderlich. Erstens konnte mich Gerhard ohnehin um den Finger wickeln, und zweitens empfand ich doch eine gewisse Rührung über sein ungefragtes Aktivwerden. Am 1. September 1955 wurden wir auf dem Standesamt Wellingsbüttel zu Mann und Frau erklärt. Peter Wehle, der das Ganze mit zu verantworten hatte, und meine Schwester Margot waren Trauzeugen und hörten mit, wie Gerhard auf die entscheidende Frage antwortete: »Ja« – und mit Seitenblick auf mein Bäuchlein – »wo ich doch schon so viel investiert - habe...« Der Kabarettist in ihm konnte es offenbar nicht lassen. Der Standesbeamte bemühte sich, unbeteiligt auszusehen.

Nach dieser Zeremonie begleiteten wir die beiden Zeugen zum Flughafen, da sie beide beruflich sofort wieder wegmußten. Im Flughafenrestaurant fand auch unser »Hochzeitsmahl« statt.

Meine Eltern waren überglücklich, als sie die vollendete Tatsache mitgeteilt bekamen. Muttis größte Sorge war ja immer gewesen, daß ich womöglich »nie under de Hauwe« kommen könnte. Nun aber war ich »forsorschd«, meinte sie, und fing sofort an, Babysachen zu häkeln.

Am 4. Oktober hätte es soweit sein sollen, aber das Baby veranstaltete nur Riesen-Parademärsche in meinem Bauch – immer wenn ich schlafen wollte! Ansonsten verhielt es sich träge und war nicht willens zu erscheinen. Nach vierzehn Tagen mußte Dr. Schwenke ein wenig nachhelfen.

Als das kleine rosige Würmchen – ein Junge, mit dunklem Haarschopf – dann endlich da war, ich es zum ersten Mal im Arm hielt und ihm meinen ersten zarten Kuß auf die frisch gebadeten Wangen drückte, bin ich fast erstickt vor Glück und hatte wieder einmal direkt am Wasser gebaut. Dazu kam, daß Gerhard alle seine Geschäfte, die er in Wien vorhatte, zwar bis zum 4. Oktober verschieben, darüber hinaus aber nicht in Hamburg bleiben konnte. Es war, trotz täglicher Telefonate, unendlich schwer, so viel Glück allein ertragen zu müssen... Als er uns dann nach den obligatorischen zehn Tagen vom Eppendorfer Krankenhaus abholte und nach Wellingsbüttel brachte, hätte die Welt nicht schöner sein können. Goldener Oktober! Die Hunde sprangen freudig bellend an uns hoch, und ich mußte das »Bündel« vor ihrer Neugier schützen. Die neu engagierte Säuglingsschwester, Wiltrud, kam uns lachend entgegen und war froh, nach vierzehn Tagen Warten nun endlich etwas zu tun zu kriegen.

Felix, »der Glückliche«, war zu Hause, und ich wünschte inständig, das Leben möge ihm das bescheren, was sein Name verhieß.

Ich hatte mich auf mein lebendiges Christkindl unterm Weihnachtsbaum gefreut. Aber Gerhard zog es nach Wien. Seit Oktober war er Hausherr der Marietta-Bar, um die er sich besonders im Anfangsstadium persönlich kümmern mußte. Auf dem Weg nach Wien war in Stuttgart beim Süddeutschen Rundfunk eine Kabarettsendung eingeplant für Gerhard, Peter Wehle und mich, die die beiden Männer zusammengestellt hatten. – Ich mußte mich also von meinem Baby für einige Zeit trennen. Dabei hatte ich schon so etwas wie ein kleines Verlustgefühl gespürt, wenn ich von der Nach-Schwangerschaftsgymnastik heimging und auf der anderen Straßenseite Schwester Wiltrud meinen Kinderwagen schieben sah.

Ich hatte nur gerade zwei Monate stillen können. Es stand meiner Stuttgart–Wien-Reise also nichts im Wege – außer der Sorge um Felix. Gerhard meinte, das Baby sei doch in allerbesten Händen, und man könne ja immer telefonisch erfahren, wie es ihm ginge. Er verstand absolut nicht, daß mir das überhaupt nicht genügte. – Zum ersten Mal wurde mir bewußt, in welche Zwickmühle man gerät, wenn man Entscheidungen treffen soll zwischen zwei, wenn auch auf ganz unterschiedliche Weise geliebten Menschen.

Am 17. Dezember fuhr Gerhard mit Peter Wehle schon voraus, am

18. folgte ich per Schlafwagen nach Stuttgart; am 19. trafen wir uns dann im Süddeutschen Rundfunk; am 20. ging es weiter nach Wien, wo wir gegen 9 Uhr abends hundemüde ankamen. Ich weiß die Daten deswegen noch so genau, weil ich am 20. Dezember meinen 35. Geburtstag hatte und sicher war, daß Gerhard gerade an diesem Tage mit mir zusammen sein wollte. – Aber er hatte es vergessen. Wenn ihn nicht Peter Wehle gestupst hätte, wäre ihm gewiß auch nicht die Ausrede eingefallen, daß es seine Geburtstagsüberraschung sei, mich am kommenden Abend ins Burgtheater zu führen. Man gab *Das Konzert* von Hermann Bahr im Akademietheater, dem kleinen Haus der »Burg«, und es war eine wunderschöne Aufführung.

Am Heiligen Abend hatte ich ein Minibäumchen in unserem Hotelzimmer geschmückt, viele Felixfotos aufgehängt und vergeblich versucht, so etwas wie Feiertagsstimmung zu kreieren. Aus bunter Pralinenfolie bastelte ich kleine Sternchen für Felix und kämpfte dabei unentwegt mit den Tränen.

Wir waren viel aus in diesen Tagen: Oper, Theater, Kino, und jeden Abend ging es natürlich in die Marietta-Bar. Gerhard hatte zwei Lieder »für mich« geschrieben: »Verliebt« und »Sie ist so wunderbar... und sie ist meine Frau«. Die sang er mit Vorliebe schmachtend an mich hin, was mich freute und gleichzeitig genierte; dem Publikum gefiel das sehr. Fast täglich kamen wir erst im Morgengrauen ins Hotel zurück.

Tagsüber klapperte ich Wiens Wohnungsmakler ab, um eine hübsche Bleibe für die ganze Familie zu finden; denn dauernd getrennt oder in Hotels leben mochte ich keinesfalls.

In der Marietta-Bar fragten immer wieder einmal honorige wie auch schrullige Typen mit – wie sie glaubten – unentdeckten Talenten, ob sie nicht auch etwas vortragen dürften. Für Gerhard war das stets ein Graus, weil dabei meist unerträglich Laienhaftes dargeboten wurde, das nicht nur nicht zur Unterhaltung der Gäste beitrug, sondern im Gegenteil manche zum frühzeitigen Aufbruch trieb. Andererseits waren abgewiesene Bittsteller oft so gekränkt, daß man sie als potentielle Dauerbesucher verlor. Eines Tages – mein Tagebuch sagt am 5. Januar 1956 – machte wieder einmal ein Gast Anstalten, auf Gerhard zuzugehen. Der bemerkte es zu spät und konnte sich nicht mehr, wie sonst oft, in die Küche retten. Der Mann – dunkles, glatt anliegendes Haar und eine markante dunkle Hornbrille – hatte schon einige Abende allein und stumm beobachtend in einer Ecke der Bar gesessen. Und nun kam's: Er spiele auch Klavier und trage dazu vor, tat er kund, ob er das nicht einmal zeigen dürfe. – »Jja, bitte schön«, sagte Gerhard halbherzig, »aber bitte nicht zu lange.«

Der Vortrag begann – triefend vor Schmalz in jeder Zeile:

»Es ist traurig, wenn Liebe erkaltet,
Es ist traurig, wenn Liebe vergeht.
Aber wer kann von Liebe erwarten,
Daß sie immer und ewig besteht? . . .«

»Des halt i' net aus«, stöhnte Gerhard und flüchtete in die Küche, während ich mir das Dramolett bis zum bitteren Ende anhören wollte. Und weiter ging es noch einige Zeilen in der gleichen schnulzigen Art, bis ein schriller Akkord die Zuhörenden aufschreckte. Der Vortragende grinste diabolisch-irre und fuhr im Boogie-Rhythmus fort:

»Awidlawie-awidlawu-awidlawimwamwu,
Uns're Liebe dauerte kaum sieben Wochen,
Da schlitzte ich die Kehle der Katrein.
Das heißt, ich liebte sie, so lange sie lebte,
Und weg'n a bisserl Schlitz'n wird sie mir nicht böse sein.«

Das Publikum schrie auf vor Wonne über diesen schwarzen Humor; ich war bereits zur Küche gelaufen, um Gerhard zu holen. Dann standen wir beide fast ungläubig an einer Säule und lauschten weiter den makabren, fröhlichen Mordgeschichten dieses modernen Moritatensängers. Die Bar brach mittlerweile zusammen vor Jubel.

Nachdem der Mann den Flügel wieder freigegeben hatte, stürzte Gerhard sofort auf ihn zu und wollte wissen, wo er sich denn so lange versteckt habe. Er kam aus Amerika, sein Name war Georg Kreisler. Gerhard und er verbrüderten sich im Nu, und schon am nächsten Abend fing »Schurli« – wie er fortan genannt wurde – in der Marietta-Bar an. So begann eine Blitzkarriere und eine Freundschaft, die einiges aushielt, ehe sie – leider – versandete.

Am 9. Januar 1956 war ich endlich wieder in Wellingsbüttel. Mein

Sohn war in den drei Wochen meiner Abwesenheit ein rundes, zufriedenes Reklamebaby geworden, das mich mit blanken Äuglein anstrahlte, vor Vergnügen strampelte und fuchtelte und juchzend lachte. War das eine Begrüßung! So bald würde ich mich nicht wieder von ihm trennen.

Während der vorangegangenen Monate meiner Schwangerschaft waren die beruflichen Angebote nicht ausgeblieben. Ich hatte alles ablehnen müssen. Am ärgsten war mir, daß ich ein Angebot von Gustaf Gründgens nicht annehmen konnte, mich seinem Ensemble am Deutschen Schauspielhaus in Hamburg anzuschließen. Wieder – zum vierten Mal in meinem Leben – war aus einer Chance, einen Jahresvertrag an einem renommierten Theater zu bekommen, nichts geworden. Gründgens schickte mir einen großen Strauß roter Rosen zur Geburt von Felix. Ich war ein wenig getröstet und hoffte auf – vielleicht – die nächste Spielzeit.

Das erste Angebot, das ich wieder annehmen konnte, kam von der Komödie im Marquardt in Stuttgart: In Ralph Benatzkys Singspiel *Meine Schwester und ich* sollte ich die Partnerin von Johannes Heesters sein. Felix und Schwester Wiltrud kamen natürlich mit. Am Freitag, dem 13. (!) Januar, erhielt ich in Hamburg meinen »Augustin«, wie ich mein Auto nannte, frisch lackiert von der Werkstatt, zurück. Fünf Tage später wurde er voll bepackt für die Reise. Ich hatte in Stuttgart eine möblierte Wohnung im Grünen gemietet, hell, geräumig und gemütlich eingerichtet.

Die Fahrt nach Schwaben am 18. Januar wurde eine anstrengende Angelegenheit. Felix schrie ohne Komma und Punkt von Hamburg bis Kassel, wo wir im Autobahnhotel übernachteten. Schwester Wiltrud wiegte ihn mit Engelsgeduld während der ganzen Fahrt, zuletzt mit eingeschlafenen Armen. Um eine solche aufreibende Fahrt ein zweites Mal zu vermeiden, gaben wir Felix am nächsten Morgen ein kleines Beruhigungsmittel in sein Alete-Fläschchen, so daß er ganz friedlich schlief. Als wir gegen Abend in Stuttgart ankamen, hatte er sich bereits an die neuen Umstände gewöhnt und ließ wieder sein gewohntes Krähen hören.

Wir fühlten uns schnell zu Hause. Gerhard kam uns einmal für zehn Tage besuchen. Felix weinte zuerst, weil er den fremden Mann nicht gewöhnt war. Auch meine stolzen Eltern statteten ihrem ersten Enkelsohn einen Besuch ab.

Felix' Entwicklung zu beobachten, das allmähliche Menschwerden eines kleinen Würmchens, war beglückend und faszinierend. Jeden Tag kam eine neue Kleinigkeit hinzu, wie wenn sich eine Knospe langsam öffnet.

Es machte Spaß, endlich wieder auf der Bühne zu stehen. Am 3. März, dem Tag der Dernière, hatten wir – mit samstags und sonntags je zweimal spielen – 39 Vorstellungen hinter uns, und die Aussicht, wieder nach Hause zu können, stimmte mich sehr vergnügt. Die Sehnsucht nach Wellingsbüttel war groß. Aber ich sollte nie wieder dort zu Hause sein.

Am 7. März traten wir, wiederum vollbepackt, um halb acht Uhr morgens die Fahrt nach Hamburg an. Gerhard war noch in Wien, wollte aber bald nachkommen. Er hatte dort inzwischen eine kleine kuriose Wohnung gefunden, in der wir alternativ hausen wollten, eine aus einer Riesen-Altbauwohnung herausgeschälte Einzimmerwohnung mit enormer Deckenhöhe, so daß man in dem einen großen Raum leicht eine Art Etage einbauen konnte: Oben das Schlafzimmer und darunter das für das Baby und Schwester Wiltrud. Das würde zwar ein wenig beengt sein, dachte ich, aber sicher würden wir auch bei Wien bald ein Häuschen haben können. Ich wollte kräftig mitverdienen...

Es war ein nieselregnerischer Tag, und ich fuhr entsprechend doppelt vorsichtig. Auf dem Hintersitz stand das abmontierte Oberteil des Kinderwagens, in dem Felix nach einigem Meckern friedlich eingeschlafen war. Am Fußende dieses Bettchens hatte gerade noch die Tasche mit Thermosflasche, Windeln und dergleichen Platz gehabt. – Wir fuhren mit ungefähr hundert Stundenkilometern, aber an den häufigen Steigungen der schwäbischen Autobahn ging es etwas langsamer, weil viele Lastwagen unterwegs waren.

Auf einer dieser Steigungen vor Pforzheim blieb ich eine lange Zeit hinter zwei Fahrzeugen hängen, die beide mit zirka sechzig Stundenkilometern fuhren: ein Lastwagen mit Anhänger, bei dem ich das verstehen konnte, und dahinter ein VW-Käfer, der offenbar nur spazierenfuhr. Das wurde mir schließlich zu langsam, ich wollte ja noch am Abend in Hamburg ankommen.

Es ging wieder bergab. Der Überblick war frei, auch hinter mir kein Fahrzeug. Also würde ich jetzt überholen. Ich gab dem VW Zeichen, ging auf die Überholspur, beschleunigte und da geschah es: Ohne Blinkerzeichen und ganz langsam obendrein, schwenkte der VW nach links aus, um seinerseits zu überholen. Der Mann muß geschlafen haben oder lebensmüde gewesen sein. Wenn er nur einmal in den Rückspiegel geschaut hätte, müßte ihm die Gefahr klargeworden sein, in die auch er selbst sich begab. »Du hättest auf ihn, auf ein fahrendes Objekt, auffahren sollen«, wurde ich später belehrt. Dazu braucht man, glaube ich, ein aggressives Potential, das mir nie zur Verfügung stand. Kurz: ich bremste – was auf der nassen Fahrbahn meinen Wagen wie einen Schlitten gleiten ließ. Was sich jetzt in meinem Oberstübchen in Gang setzte, läßt sich nicht in der Sekundenschnelle schildern, in der es ablief. DAS KIND! Kann ich auf die Gegenfahrbahn ausweichen? Nein: Laster, zweispurig. DAS KIND! Ich muß zum Halten kommen! *Wo?!* Eine Baumgruppe auf dem Grünstreifen! Die wird bremsen. Drauf zu!!

Das nasse, ungeschnittene Gras wirkte wie Schmierseife. Ich wollte nur noch das Kind retten. Das war keine edle Überlegung, das war eine instinktive, blitzschnelle Reflexhandlung: Ich hielt voll auf den stärksten der jungen Bäume zu. Kamikaze...

Der Wagen stand. Der Baum, das sah ich später auf Fotos, lag fast flach, aber er hatte gehalten. Das Kind, bis dahin in festem Schlaf, fing an zu schreien. Mich hatte es durch den Aufprall mit dem Gesicht auf das Lenkrad geworfen, die Steuersäule war an mein Brustbein geschnellt. Aber ich fühlte keinerlei Schmerz.

Hilfe. Ich muß Hilfe holen. Ich stieg aus und winkte mit der Rechten den stetig auf der Gegenfahrbahn herannahenden Lastwagen. Keiner hielt. Ich fühlte, wie Blut auf meinen Mantel tropfte. Das Kind war jetzt beängstigend still. Warum tat Wiltrud nichts? Ich lief um den Wagen herum, riß die Tür zum Beifahrersitz auf – mein Herz krampfte sich zusammen: Schwester Wiltrud saß nach vorn gekippt und rührte sich nicht. Ich wollte sie aufrichten, da kam sie schon von selbst hoch und hauchte nur verwundert: »Ich lebe ja.«

Dann sah ich mein Kind. Es balancierte – obwohl es noch nicht einmal sitzen konnte – auf den Unebenheiten der Thermosflaschen-Tasche. Tausend Schutzengel müssen es dorthin befördert haben. Aber nun schien es zu kippen. »Das Kind – das Kind!« schrie ich nur. Schwester Wiltrud fuhr hoch, beugte sich zum

Rücksitz und beförderte Felix mit einem leichten Schubs zurück in seine weichen Kissen. Nun schrie er wieder, Gott sei Dank.

Mir schmolzen die Knie, als seien sie aus Butter. Ich lag neben dem Wagen, fast ohnmächtig. Schwester Wiltrud, die auch mindestens einen Schutzengel gehabt haben muß, hatte »nur« Prellungen davongetragen, wurde aber trotzdem ungeheuer aktiv: Sie legte mich auf einen meiner zwei Pelzmäntel, deckte mich mit dem anderen zu und spannte den Schirm über mir auf, denn es regnete nun stärker. – Ich fing an, zu zittern – nein, zu schütteln. Meine Stirn sei offen, sagte Wiltrud. Ich fühlte, daß ein Lappen auf meine Nase herunterzuhängen schien. Das muß man wieder annähen, dachte ich – und wollte ganz pragmatisch handeln. Mit der linken Hand drückte ich auf meiner Stirn von der Nasenwurzel nach oben. Der Riß – auch das wußte ich erst später – war aber unten, so daß ich die Haut, gerade von der Rißstelle weg, hochplissierte.

Wiltrud hatte mehr Glück mit dem Winken: Sie fand jemanden, der einen Rettungswagen verständigte. Dann beugte sie sich über mich und versprach mir unter Tränen, ich solle wegen Felix unbesorgt sein. Sie würde sich immer um ihn kümmern. Danach fragte sie: »Soll ich Ihrem Mann noch etwas ausrichten?«

Ich wollte sagen: »Bitte meinen Mann nicht erschrecken.« Aber was herauskam, war »Bi Namm scheck, Namm scheck«, eine Art stenographische Fremdsprache. »Machen Sie sich doch jetzt keine Sorgen wegen des Bezahlens!« beschwor mich Wiltrud. Sie hatte nur »Scheck« verstanden.

Um Gottes willen, ich konnte nicht mehr sprechen! Ich registrierte ganz klar, was um mich herum vorging, wußte auch, was ich sagen wollte – und konnte es nicht. Sie werden mich in ein Irrenhaus stecken, dachte ich, weil sie glauben werden... o Gott, und meine rechte Hand, mit der ich eben noch den Lastern gewinkt hatte, versagte mir auch den Dienst. Ich spürte sie gar nicht mehr, meine ganze rechte Seite spürte ich nicht mehr. Wie hatte Wiltrud gefragt? »Soll ich – noch – etwas ausrichten?« Vielleicht fing so das Sterben an? Ein Kaleidoskop von Erinnerungen rasselte durch meinen Kopf, als ob man einen Film ganz schnell ablaufen läßt...

Ich bin, wie man weiß, nicht gestorben. Später dachte ich einmal, warum eigentlich nicht? Dann hätte ich nur noch schöne Erinnerungen gehabt.

Als ich auf der Pritsche in den Rettungswagen geschoben wurde, gab mir die fürsorgliche Schwester Wiltrud meine Handtasche mit und fragte, ob ich »Notizbuch« sagen könne. Daraus würde man bei der Aufnahme alles Notwendige ersehen können. Felix in seinem Kinderwagen-Oberteil stellte sie auch neben meine Liege, damit er auf mögliche innere Verletzungen untersucht würde. Er schrie und schrie. In meinem Kopf dröhnte es, ich hatte das Gefühl, mich übergeben zu müssen. Aber ich mußte mich zusammenreißen! »Notizbuch« mußte ich üben... »Zitu« – nein: »Notzitu«... Bis zur Ankunft im Krankenhaus Pforzheim hatte ich es auf »Tizzzbu« gebracht. Und Felix schrie.

Ein kleiner, gelbhäutiger, schlitzäugiger Mann in weißem Kittel hob ihn aus seinen Kissen. Felix schrie weiter. »Un – hhunfümfzig Gamm Aaalete« brachte ich zusammen. Das arme Kind mußte doch gefüttert werden. Der kleine Asiate nickte, machte lächelnd eine beschwichtigende Gebärde – und verschwand mit meinem Kind... Panik: Er nimmt mir mein Kind weg! Alles wurde immer surrealistischer.

Die Empfangsschwester begann ein Verhör mit mir. Eigentlich war es Folterung. »Tizzzbuu« quälte ich mir heraus. Aber sie ignorierte das. »Anntasche« schaffte ich. Nichts da! »Name?« Oh, diese Anstrengung! – »Beruf?« Ein verballhorntes »Schauspielerin« brachte ich mit äußerster Konzentration heraus. – »Wo? – Arbeitgeber?« kam es wieder herrisch. Kalter Schweiß brach aus. Ich dachte nur immer: Näht mich doch endlich zusammen! Vielleicht war ich in der Vorhölle?

Der kleine Chinese, oder was immer er war, brachte mir lächelnd Felix zurück: »Flisch gewickelt – und Alete gekliegt«, meldete er, auf dem Arm das zufriedene Baby. Er brachte es nahe an mich heran und ging in die Knie, damit ich mein Kind gut sehen konnte. Ich wollte es streicheln. Aber meine rechte Hand bewegte sich nicht... Schon ganz früh hatte sich Felix Rot als Lieblingsfarbe erkoren. Wenn er eine rote Blume, eine rote Babyklapper, ein rotes Tuch sah, strahlte er. Jetzt sah er auch etwas schönes Rotes, mitten auf meiner Stirn. »Daaa!« quietschte er fröhlich und zeigte mit den winzigen Fingern auf meine Wunde. In mir stieg es heiß hoch vor Glück – im Unglück. – Schließlich war die Tortur am Empfang überstanden, und man rollte mich in den Operationsraum. Auf dem Tisch liegend, mit der blendendhellen Lampe über mir, erwartete ich das gottähnliche Wesen, das mir nun helfen würde. Es stellte sich als Professor Epphardt vor und sprach gütig und beruhigend mit mir. Sofortiges Vertrauen ließ ein Klümpchen von meiner Seelenlast dahinschmelzen. Ich bekam eine Lokalanästhesie, und der Professor stickte mir eine wunderschöne Naht von einer Augenbraue in die andere. Den Riß hätte ich sehr geschickt geplant, scherzte er, während er nähte. Nur eine ganz kleine Narbe würde ich als Andenken behalten.

Der Unfall war sofort in allen Zeitungen. Blumen, Telegramme und Briefe kamen von Verwandten, Freunden, Kollegen und von vielen Menschen, die ich gar nicht persönlich kannte. Ich habe mich nie bei ihnen bedanken können, denn meine rechte Seite war gelähmt. Ich mußte erst wieder schreiben lernen – und auch sprechen.

Gerhard war am nächsten Tag da und schickte Felix, der nach gründlicher Untersuchung für absolut gesund befunden worden war, mit Schwester Wiltrud per Bahn nach Hamburg zurück.

Mit mir machte er geduldig Leseübungen. Und der Neurologe, Dr. Hinzenkamp, versicherte mir, alles würde sich mit der Zeit wieder zurückbilden. Nur müsse ich mitarbeiten. Die wie eine Hühnerklaue leblos auf meiner Brust liegende rechte Hand wieder beweglich zu machen, war eine schweißtreibende Arbeit. Um die verkrallten Finger aufzuspreizen und sie dann wieder zu krümmen, brauchte ich Minuten voller Anstrengung, als ob ich eine Eisenklammer auf- und zuzubiegen hätte. – Jeden Tag mußte ich den gleichen Satz schreiben: »Es geht mir schon viel besser.« Es kam mir vor, als hätte ich dabei ein schweres Gewicht am Handgelenk hängen. Anfangs war es ein Gekrakel wie von einem Kleinkind, aber täglich funktionierte es besser, wenn ich auch jedesmal nach diesen Hausaufgaben total erschöpft war. Mein Bett, das mit dem Blick zur Tür stand, mußte umgedreht werden, denn Fotoreporter hatten sich ins Krankenhaus eingeschlichen und versuchten offenbar – mit Blitzlichtkamera im Anschlag – ein Horrorfoto von mir zu erhaschen. Das Schild »Eintritt streng verboten« respektierten sie zwar, aber immer wenn die Schwestern ein- und ausgingen, probierten sie durch den Türspalt ihr Glück.

Ich mußte Ruhe haben, schlief viel und war ständig von Kopfweh geplagt. Das rechte Knie hatte auch genäht werden müssen. Und daß ich das Brustbein angebrochen hatte, stellte sich erst nach Jahren beim Röntgen heraus. In Pforzheim hielt man meine Brustschmerzen und den Husten für eine schlimme Erkältung und legte mir täglich brennende Senfpflaster auf.

Meine Schwester Margot besuchte mich ein paar Tage, und auch Gerhard kam noch zweimal. Beim letzten Mal waren Felix und Schwester Wiltrud dabei, die er von Hamburg abgeholt hatte und mit nach Wien nehmen wollte. – Mein nun schon fünfmonatiger Wonnebrocken war komisch, lieb und krähte fröhlich. Er zog sich schon an zwei hingehaltenen Fingern aus dem Sitz hoch: die gebotenen Finger steckte er anschließend in den Mund. Ihn wiedergesehen zu haben, war wie Medizin.

Nach 24 Tagen konnte ich schon in Begleitung kleine Spaziergänge machen. »Der kalte Wind kitzelt mein Gehirn«, steht in meinem Notizbuch. Am 3. April wurde ich entlassen. Ein Trompeter brachte mir noch ein Ständchen, und der Abschied von Schwestern und Ärzten war sehr rührend.

Abends fuhr ich per Schlafwagen zurück nach Wien. Das Rütteln tat meinem noch sehr empfindlichen Kopf nicht wohl. – Überhaupt fühlte ich mich nach wie vor recht wackelig. Aber wieder in eines meiner Zuhause zu kommen, machte all das wett.

Der eigentliche, innere Schock nach dem Unfall kam nach. Ich konnte mich nur schwer an die neuen Umstände gewöhnen. Die Wohnung war zwar mit viel Liebe vorbereitet worden und auch sehr hübsch und gemütlich, aber für mein damaliges Nervenkostüm zu laut. Ich war glücklich, wieder bei Gerhard und dem Kind zu sein, war aber den täglichen Anforderungen noch nicht ganz wieder gewachsen und fühlte mich oft überfordert. Wir hatten abends häufig Besuch, oder ich ging mit in die Marietta-Bar. Dort wurde es fast immer spät nach Mitternacht, so daß ich nicht die verordnete Nachschonung hatte, zumal sich mein Sohn schon früh am Morgen lautstark vernehmen ließ. Ich war oft müde und den Tränen nahe. Gerhard konnte das schwer ertragen.

Ich wollte auch nicht mehr an das Steuer eines Autos. Mir war es lieber, wenn Gerhard chauffierte. Einmal fuhr ich mit ihm in die Stadt, neben ihm auf dem Beifahrersitz. Mitten im dicksten Verkehr der Innenstadt sagte er bei Rotlicht plötzlich, auf der anderen

Straßenseite habe er gerade einen Spezi gesehen, den er unbedingt sprechen müsse und nie erreichen könne. Ich solle doch rasch übernehmen, ein paar Runden fahren und ihn wieder hier an dieser Ecke erwarten. Mit den letzten Worten war er schon draußen und schlug die Tür zu. Die Ampel schaltete auf Gelb. Ich hatte keine Zeit zum Nachdenken und rutschte rasch nach links. Erst ein paar Straßenkreuzungen weiter wurde mir klar, daß ich nun doch wieder hinter einem Lenkrad saß. Das war eine sehr geschickte List: Der Bann war gebrochen.

Bald wurde ich wieder aktiv, nahm eine kleine Schallplatte mit Gerhard auf (»Aufsteh'n, mein Liebling, aufsteh'n!«), ein lustiges Eheduett, das mir viel Spaß machte; wirkte bei Hörfunksendungen im ORF mit, schrieb an meinem Roman weiter und tippte Manuskripte für Gerhard ab. Dabei merkte ich, daß meine rechte Hand unsicherer geworden war: Ich vertippte mich mit ihr häufiger als mit der linken. Auch beim Klavierspielen fiel mir das auf. Und ich spürte Gerhards Ungeduld. Ihm ging meine Rekonvaleszenz nicht schnell genug. Aber ich schaffte doch eine erstaunliche Menge in dieser Zeit. Ende April unternahm ich schon – per Bahn – wieder eine große Reise: nach Hamburg, wo ich den unteren Teil des Wellingsbütteler Hauses vermietete und für uns zwei kleine Kämmerchen für eventuelle Eigenbesuche im Obergeschoß einrichtete.

Im Mai war ich immerhin schon wieder so weit, daß ich eine Filmrolle annehmen konnte: eine kleine Paraderolle als rede- und überredungsgewandte Versicherungsvertreterin, die sich nicht abweisen läßt und plappert und plappert. Obwohl es ein Film war, den ich normalerweise abgelehnt hätte (*Die Liebesabenteuer des schönen Franz*), war ich doch stolz auf meine Schnellsprechsicherheit, besonders wenn ich an die Sprachlähmung im März zurückdachte. Außerdem wurde der Film in Wien gedreht, so daß nicht schon wieder eine Trennung damit verbunden war.

Im Juli hatte ich gleichzeitig zwei Angebote: einen »Bauernfilm« bei einer Wiener Firma zu drehen – oder als Partnerin von Victor de Kowa die Rolle der Mademoiselle Supo in Anouilhs *Ornifle* zu übernehmen. Direktor Kurt Raeck vom Renaissance-Theater Berlin und Professor Willi Schmidt kamen nach Wien, um mit mir darüber zu verhandeln, und ich war Feuer und Flamme für diese

Rolle des liebeskranken, etwas bigotten ältlichen Mädchens. Zuerst sollte sechs Wochen im Theater in der Josefstadt gespielt werden und nach einer sechswöchigen Pause auf Tournee.

Gerhard und einige andere meinten, ich sei viel zu jung für die Supo. Aber ich wollte einen frühen Übergang in ein älteres Fach, um nicht eines Tages vielleicht mit fünfzig noch ein letztes Mal eine Muntere zu spielen und dann in der Versenkung zu verschwinden. Es war mir allemal lieber zu hören: »Für diese Rolle bist du noch zu jung« als peinlicherweise vielleicht eines Tages: »Das solltest du in deinem Alter nun wirklich nicht mehr spielen.« Ich wollte Theater spielen mein Leben lang, bis zum Gehtnichtmehr. Meine damalige Weichenstellung hat mir, glaube ich, auch recht gegeben. Ich verwarf also das Filmangebot zugunsten von *Ornifle*. Dadurch entstand wahrscheinlich der erste kleine Knacks zwischen Gerhard und mir, obwohl es von Anfang an eine abgesprochene Sache gewesen war, daß durch unsere Verbindung keine berufliche Einschränkung entstehen sollte. Die Entfremdung schlich sich ganz langsam und unmerklich ein. Alles schien noch seinen gewohnten Lauf zu nehmen. Je mehr das Jahr aber fortschritt, desto quälender spürte ich, daß Sand im Getriebe war.

Das sechswöchige Gastspiel an der Wiener »Josefstadt« war sehr erfolgreich. Nun kamen sechs Wochen wohlverdiente Pause. Am 18. Oktober wurde Felix ein Jahr alt. An seiner einen Geburtstagskerze verbrannte sich der Arme den Finger, weil er die Flamme hatte streicheln wollen. Er war ein sehr zärtliches Kind, und der Abschied von ihm fiel mir wieder unendlich schwer. Fünf Tage später war es dann wirklich so weit: *Ornifle*-Tournee, bis kurz vor Weihnachten. Ich hielt mir immer wieder vor Augen, daß ich eine Menge Geld verdienen und uns dem Ziel – einem Häuschen bei Wien – etwas näher bringen würde, fühlte aber dennoch eine Zentnerlast auf meiner Seele. Ich wußte instinktiv, daß ich nicht mehr den Gerhard vorfinden würde, den ich jetzt verließ. Der hatte sich ganz in sein Schneckenhaus zurückgezogen und sagte nur: »Mach dir um mich keine Sorgen, ich komm schon zurecht.«

Das Weihnachtsfest, zu dem er auch Hans Weigel eingeladen hatte, war ein unterschwellig trauriges, das nur durch den staunenden, fröhlichen kleinen Felix für mich doch noch schön wurde. Hans Weigel hatte ich den ersten, fertigen Teil meines Romans zum Lesen gegeben, weil ich im Zweifel war, ob ich weiterschreiben sollte. »Wenn du das Buch nicht zu Ende schreibst«, drohte er, »dann spuck ich dich nicht mal mehr an...« – Also nahm ich das angefangene Manuskript mit auf die Tournee, die von Anfang bis Ende Januar weiterging.

Eine weitere Verlängerung lehnte ich ab, zumal ich leider kein gutes partnerschaftliches Verhältnis mit de Kowa hatte. Schon während der Proben in Berlin hatten die Reibereien begonnen: Ihm war der große Zusammenbruch der Supo am Schluß – der Höhepunkt der Rolle – von Anouilh zu üppig angelegt. Das tue seiner Mittelpunktsrolle Abbruch, da müsse gestrichen werden. Dagegen wehrte ich mich: Gerade wegen dieser dramatischen Szene hatte ich die Rolle spielen wollen. – Unsere Beziehung kühlte unterwegs noch mehr ab, als de Kowa, um ebendiese große Schlußszene zu stören oder lächerlich zu machen, höchstpersönlich den Donner herstellte, den Anouilh in dieser Szene vorschreibt... Theater-Donner wird normalerweise vom Inspizienten mittels eines sogenannten Donnerblechs gemacht. Das klingt sehr natürlich und drohend, wenn man es mit Gefühl und nur leicht rührt. De Kowa jedoch schüttelte das Blech so, daß man es als Blech erkennen mußte, und die Sache wurde tatsächlich lächerlich. Als die Leute daraufhin kicherten, während ich in Tränen zerfließen mußte, nahm mein Partner das zum Anlaß, meine Darstellung abzuqualifizieren. Kurz, wir vertrugen uns ganz und gar nicht. Schade!

Am 31. Januar 1957 reiste ich endgültig wieder nach Wien. Als ich heimkam, war alles schon zu spät. Nur wußte ich es noch nicht – eine ganze Zeitlang nicht...

Auf der Tournee litt ich unter der langen Trennung von meinen zwei Männern. Von Felix wurde mir brieflich berichtet, was er alles schon dazugelernt und daß er bereits die ersten Schritte allein getan hatte. Es schmerzte mich tief, nicht dabeigewesen zu sein. Ich war zerrissen und wünschte mir, Drillinge zu sein: eine Ehefrau, eine Mutter und eine Schauspielerin. Am 25. Januar 1957 schrieb ich in mein Tagebüchel: »Kann nicht mehr, will nicht mehr, mag nicht mehr!!! Komme mir vor wie eine Langstreckenläuferin, die beim Endspurt schlappmachen und gar nicht mehr Siegerin werden will.«

Ansonsten lernte ich in jeder freien Minute an meinem Text für *Ich und der Teufel*, einem Stück, das Gerhard nach einer Kurzgeschichte dramatisiert und mit Chansons zu einem Singspiel verarbeitet hatte. Er hatte neben der Bar inzwischen auch noch ein kleines Theater gemietet, aus dem das »Intime Theater in der Liliengasse« wurde. Dort war nun also *Ich und der Teufel* für Februar geplant. Die drei Hauptrollen waren mit drei BRUs besetzt: BRuni Löbel, BRuce Low und BRuno Dallansky. Auch Louise Martini spielte eine wichtige Rolle mit einem herrlichen Absahne-Chanson.

Am 1. Februar kam ich, überlaufend vor Glück – es ist geschafft! – wieder zurück nach Wien. Gerhard holte mich ab und hatte es eilig. Das Kind sehen und mit Gerhard schwatzen könne ich später. Jetzt erst einmal rasch vom Bahnhof weg, zur Stellprobe ins Theater! Auch wenn's mir nicht schmeckte – ich mußte noch drei Stunden Geduld aufbringen.

Felix hatte gerade »Sitzung«, als ich dann kam. Er staunte mich mit großen, runden Augen an, als er mich sah. Man konnte ihm ansehen, wie es in seinem kleinen Gehirn rasselte. Als der Groschen fiel, lachte und krähte er wie wild und streckte die Händchen nach mir aus. Beinahe wäre er dabei vom Töpfchen gefallen.

Die Proben verliefen leider nicht immer harmonisch. Gerhard führte Regie und war meiner Meinung nach ausgezeichnet, wenn es um choreographische Einfälle und musikalische Einstudierung ging. Nur war Dialogführung offensichtlich nicht seine Domäne. Ich war der Meinung, daß wir uns diesbezüglich glänzend ergänzen könnten – auch was einige dramaturgische Macken des Stückes anbelangte. Aber Gerhard war allergisch gegen all meine Vorschläge und lehnte es ab, mit mir darüber zu reden. Wir konnten auf der Bühne erstaunlicherweise überhaupt nicht miteinander. Was war bloß geschehen?

Nach der Premiere allerdings war Gerhard so vergnügt, wie ich ihn lange nicht erlebt hatte. Als aber dann in den Pressebesprechungen, teilweise wörtlich, die gleichen kritischen Einwände auftauchten, die ich während der Proben erhoben hatte, war seine Stimmung auf dem Nullpunkt – als hätte ich die Rezensenten beeinflußt. Bei mir blieb eine große Enttäuschung zurück und eine schwer definierbare Bangigkeit. – Einige Tage nach der Premiere sagte Gerhard, er brauche dringend Erholung und wolle auf ein paar Tage ins Blaue fahren. Ich war froh für ihn und hoffte, daß er mit ausgeruhten Nerven zurückkäme.

Ich und der Teufel ging nicht gut. Manchmal waren nicht mehr als dreißig Karten verkauft, und das Theater mußte mit Freikarten gestopft werden. Das machte Gerhard – und auch mich – natürlich nicht fröhlicher.

Ich erhielt ein Angebot vom Düsseldorfer »Kom(m)ödchen«, im nächsten Programm mitzumachen, was vier bis sechs Wochen Fortsein von Wien bedeuten würde. Wenige Tage danach, als ich in Düsseldorf schon so gut wie zugesagt hatte, kam ein herrliches Angebot auf mich zu: Die Münchner Kammerspiele planten Shakespeares *Was ihr wollt* unter Fritz Kortners Regie herauszubringen, und Kortner bot mir die Maria an. Die große Lachszene dieser Rolle reizte mich über die Maßen, das renommierte Theater und Kortner obendrein. Ich sagte Lore Lorentz ab, die das mit Bedauern, aber vollem Verständnis zur Kenntnis nahm. Das »Kom(m)ödchen« hätte mich gereizt. Aber mit dem Kammerspielangebot konnte es nicht konkurrieren.

Vom 27. März bis 7. April hatte sich *Ich und der Teufel* gehalten, dann wurde es abgesetzt. Drei Tage später reiste ich zu Verhandlungen nach München. Schweikarts Bedingung war, daß ich bis 31. Oktober abschließen müsse. Mir fiel das Herz einige Etagen tiefer. Immer klarer sah ich, was es bedeutete, als Schauspielerin Familie zu haben. Früher wäre die Überlegung, ob ja oder nein überhaupt nicht aufgekommen. So aber rief ich Gerhard an und bat um seinen Rat.

Natürlich müsse ich das auf alle Fälle machen, sagte er, fast fröhlich. Meine Bedenken einerseits und daß wir doch andererseits auf ein Häuschen sparen wollten, machten ihn ärgerlich: Er brauche kein Häuschen. Im übrigen müsse ich selbst entscheiden...

In mein Tagebuch schrieb ich danach: »Angst, daß zwischen uns etwas zerbricht.« Dann überlegte ich mir, daß ja Gott sei Dank die Theaterferien die große Zeitspanne unterbrechen würden – und unterschrieb.

Schon am 16. April fand die erste Probe statt. Viele Kollegen gratulierten mir zwar zu der wunderbaren Aufgabe; sie warnten mich aber auch: »Den Kortner hältst du nicht aus, der macht dich kaputt mit seiner ätzenden Kritik.« Ich war mir sicher, daß ich gut mit ihm arbeiten könnte. Natürlich, schwierig würde es schon sein. Das wußte ich aus Erfahrung von *Die Stadt ist voller Geheimnisse* her, gedreht im Sommer 1954 im Hamburg, wo Kortner zum ersten Mal Filmregie führte. Ich hatte darin eine Rolle gespielt, und er hatte mich sehr strapaziert. Einen kleinen Vorgeschmack von seiner Arbeitsweise glaubte ich also schon zu haben. Aber ich liebte es, gefordert zu werden und argumentierte, daß ich für verbale Angriffe ja zwei Ohren habe: eines zum Herein- und das andere zum Hinausgehen. – Das ist in der Praxis aber beileibe nicht so einfach, wie es klingt – schon gar nicht fast täglich über drei Monate hinweg. So lange probierten wir bis zur Premiere am 20. Juli – die übrigens praktisch der erste ununterbrochene Durchlauf des Stückes war. Gleich nach der ersten Probe am 16. April machte ich mich auf Wohnungssuche und hoffte, bald so weit eingerichtet zu sein, daß ich meinen Felix und seine zwei Betreuerinnen, die Frau Marianne und ihre Tochter Traudel, aus Wien zu mir nehmen könnte. Bis dahin fuhr ich in jeder freien Zeitspanne nach Wien. – Einmal, nach einem solchen Kurzurlaub daheim, kam von Kortner bei der Probe: »Näseln Sie doch nicht so. Sie sprechen so unnatürlich. Man merkt, daß Sie wieder einmal am Burgtheater vorbeigegangen sind.« Näseln? Vielleicht hatte ich Kortner zu sehr nachmachen wollen? Er sprach viel vor und wollte alles minuziös genauso haben wie *er* es empfand, sogar die gespreizte Haltung eines kleinen Fingers, die Blicke und die Wendungen des Körpers ... Es bestand immer die Gefahr, lauter kleine Kortners auf der Bühne zu haben. Für Diskussionen hatte er nichts übrig. Ich fühlte mich zeitweilig fast vergewaltigt.

Dieses »Zum einen Ohr herein und zum anderen wieder hinaus« funktionierte nicht bei allen Kolleginnen und Kollegen. Agnes Fink zum Beispiel, die Hochsensible, fand ich nach einer Probe, in der ihr Kortner sehr zugesetzt hatte, weinend im kleinen Hinterhof der Kammerspiele. Sie habe schreckliche Bandscheibenschmerzen, behauptete sie, und werde sicherlich deswegen ausscheiden müssen. Und so geschah es auch. Selbst die nervenstarken Männer waren nicht alle bereit, die meist schonungslos demontierende Kritik des großen Meisters zu ertragen. Joseph Offenbach, ein alter Hase, der mit Recht an Erfolg in wichtigen Theater- und Filmrollen gewöhnt war, gab eines Tages seine Rolle als Narr zurück. Willy

Trenk-Trebitsch kam für ihn und probierte eine Weile, bis auch er es nicht mehr aushielt. Es wurde herumtelegraphiert nach wieder einer neuen Besetzung. Farkas telegraphierte aus Wien zurück: »Ich bin doch kein Narr.« Schließlich kam und blieb Karl Paryla. All das bedeutete natürlich viele Umbesetzungsproben. Und da Kortner zudem die verschiedenen Szenen immer wieder umbaute, als ob er mit Bauklötzchen spielte, war man gezwungen, extrem genau Buch zu führen und keine Notizen wegzuwerfen. Es kam nämlich nicht nur einmal vor, daß beispielsweise von einer Szene ein Teil des Dialogs etwa nach Fassung 1 gespielt werden sollte und der Rest nach Fassung 3, bis auf den Schluß, der wie Fassung 2 bleiben würde. Man mußte also alle Fassungen jeweils parat haben. Notfalls konnte man sich Rat holen bei der Regieassistentin Ursula Laerum, die in meinen Augen ein wahres Phänomen war. Sie mußte ja nicht nur für eine Rolle Aufzeichnungen machen, sondern Text- und Bewegungsänderungen für das gesamte Ensemble parat haben. Wie sie das gemacht hat, ist mir immer ein Rätsel geblieben. Jedenfalls waren ihre Aufzeichnungen reine choreographische Gemälde.

Kortner hatte bestimmt recht damit, daß er manchmal gerade auch arrivierte Schauspieler kritisierte, die sich nicht selten eine »Masche« zugelegt hatten. Sie sollten all das vergessen und völlig neu an die momentane Aufgabe herangehen. Nur ist halt ein Schauspieler keine Marionette. Einer braucht Härte, um zu besseren Leistungen angespornt zu werden, dem anderen muß man mit Streicheln Mut machen. Was mich anbelangt, so habe ich sehr früh als richtig erkannt, daß eine Probe kein gesellschaftliches Ereignis mit Handkuß und Artigkeiten sein kann. Ein Regisseur sollte aber die Psyche seiner Schauspieler zu erkennen und sie entsprechend zu behandeln trachten, meine ich. Doch Kortner handelte nach dem Gleichheitsprinzip. Er sagte einmal, es sei nicht wahr, daß er seine Schauspieler nicht liebe. Nur: »Wen der Herr liebt, den züchtigt er.« Und nach diesem Motto handelte er.

Bei aller Liebe, er züchtigte manchmal sehr ungerecht. Einmal hatte er Föhn-Kopfweh, und unsere stets hilfsbereite und effiziente Inspizientin Niggy bot ihm an, aus der nahen Apotheke Tabletten zu holen. Kortner gab seinen Konsens.

Niggy verschwand und die Probe begann. Wir kamen an eine Stelle, an der ich ein Tuch ablegen sollte. Wo, wollte ich wissen. »Hängen Sie es an den Nagel der Staffelei.« Da war kein Nagel. In diesem Augenblick kam Niggy atemlos vom schnellen Laufen aus der Apotheke zurück und schwenkte fröhlich das Tablettenschächtelchen. Aber sie kam gar nicht erst zu Wort. »Warum ist kein Nagel an der Staffelei?« Niggy war mit Recht perplex. Ein Nagel sei bis jetzt noch nicht angesagt gewesen. Darauf Kortner höhnisch: »Natüürlich, das ist ja auch zuviel verlangt, einen simplen Nagel zu antizipieren!«

Ungerecht, aber eher komisch, war auch, was er mir einmal sagte – um nur nicht zugeben zu müssen, daß er selbst etwas versäumt hatte, oder gar sich zu entschuldigen: In der Zeit, in der wir noch keinen Narren hatten, probten wir immer nur bis zu dessen Auftritt. Am Ende dieser Passage hatte ich einen Blumenstrauß in der Hand. Was mit diesem weiterhin geschehen sollte, würde erst festgelegt werden, wenn wir mit dem Narren weiterprobieren könnten, sagte Kortner. Nun war also unser endgültiger Narr da, und wir kamen über die bisher probierte Stelle hinaus. Da sollte ich nun mit allerhand hantieren, wobei der Blumenstrauß sehr im Wege war. Schon grollte der Donner: Was ich mir denn dabei dächte, die Blumen in der Hand herumzutragen. »Sie haben noch nicht angeordnet, wo ich sie lassen soll, Herr Kortner.« Schweigen. Dann ein tiefer Seufzer: »Sie haben einen Adlerblick für das Unwesentliche!«

Kein Kommentar. Es kam »Wesentlicheres«: Auch ich, wie viele meiner Kollegen, wurde durch die Mangel gedreht, wurde »Mangelware«, wie Kortners Schwiegersohn Herbert Brün das ausdrückte. Es folgt der genaue Hergang eines epochalen Zusammenstoßes.

Kortner hatte sich eine wunderbare Mini-Choreographie für einen Auftritt der Maria ausgedacht, bei der es darum ging, in einen Morgenrock zu schlüpfen und dabei eine bestimmte Drehung zu vollführen. Aus der heraus sollte sie dem frechen Junker Bleichenwang wie beiläufig eine schallende Ohrfeige verabreichen und wortlos in Richtung der begonnenen Drehung weitergehen.

Herrlich! Das mußte natürlich wie geölt laufen. Ich hatte es daheim gründlich geübt und freute mich auf die Probe.

Aber was tut Gott beziehungsweise die Inspizientin? Sie gibt mir aus dem Fundus einen Barchent-Morgenrock mit ganz engen Ärmeln. Ich trug zudem noch einen langärmeligen wollenen Pulli. Eigentlich muß man gar nicht weiter erklären, daß das so auf gar keinen Fall »wie geölt« funktionieren konnte.

Der Dialog, der sich jetzt zwischen Fritz Kortner und mir entwickelte, hat sich mir eingekerbt:

BL: Herr Kortner, ich habe hier –

FK: Bitte keine Diskussionen. Spielen Sie.

Gut, dachte ich, er wird's ja gleich sehen. Ich begann. Logischerweise kam ich schon gar nicht erst in den linken Ärmel hinein.

FK: Haalt! Haben Sie die Szene gar nicht gearbeitet?

BL: Doch, Herr Kortner, aber ich –

FK: Also dann spielen Sie sie. Nochmals von vorn bitte.

BL: Herr Kortner, ich muß Ihnen –

FK: Ja – *können* Sie es nicht?

BL: Doch, aber ich habe hier –

FK: Wenn Sie es können, dann machen Sie es. Bitte.

In mir fing es an zu kochen. Aber ich begann von neuem. Irgendwann wird er doch sehen, was los ist, dachte ich. Natürlich klappte es wieder nicht.

FK: Haaalt! Sie sagten, Sie können es. Aber ich sehe, Sie können es nicht! Also was ist?

BL: Würden Sie mir bitte einmal zuhören, Herr Ko--

FK: Für Diskussionen haben wir keine Zeit. Ich frage Sie jetzt nochmals: Sind Sie in der Lage, eine simple Verrichtung des alltäglichen Lebens auf der Bühne naturgetreu wiederzugeben? Ja oder nein?

BL: (gleich platze ich!) Ja, Herr Kortner, aber –

FK: Dann geben Sie sie wieder. Ich warte.

Wem muß ich sagen, daß auch der neuerliche Versuch nicht gelingen konnte?

FK: Sie sagen ja, aber ich sehe keinen Beweis. Können Sie es nun, oder können Sie es nicht?

BL: (der Kessel kocht gleich über!) Nein, Herr Kortner, ich kann es nicht, denn –

FK: Geben Sie also zu, daß Sie unbegabt sind?

BL: (jetzt reicht's!!) Ja, jaa, jaaa, ich gebe es zu! Denn was ich vor sechs Wochen an Begabung eventuell mitgebracht haben mag, das haben Sie mir in systematischer Kleinarbeit kaputtgemacht, Tag

für Tag! Ich kann nichts mehr. Ich weiß nichts mehr. Ich bin un-
fähig, ja, ja, jaaa!!!
Und so weiter und so weiter. Ich hatte mich zu beträchtlicher
Lautstärke gesteigert. Wer mich kennt, weiß, daß ich bis zu einem
bestimmten Punkt eine Lammsgeduld habe – und daß ich, wenn
dieser Punkt einmal überschritten ist, nur sehr schwer die Kurve
wieder kriege.
Kortner lief inzwischen im Hintergrund des Zuschauerraums wie
ein hungriges Raubtier im Käfig auf und ab, hielt sich die Ohren zu
und schrie auch seinerseits. Oben schrie ich, unten schrie er. Keiner hat vom anderen verstanden, *was* er geschrien hatte... bis uns
beiden irgendwann einmal die Puste ausging.
Die Kollegen hatten sich diskret in die Seitenkulissen verdrückt, um
nicht mit hineingezogen zu werden. Schließlich wankte Kortner
zurück zu seinem Regiesessel, saß da, den Kopf in den Händen ver-
graben. Ich stand oben allein und dachte blitzschnell nach: Jetzt
schmeißt er mich raus. Soll mir recht sein. Ich mag nicht mehr. Aber
ich will meine Gage haben, wo ich schon das »Kom(m)ödchen«
habe schießen lassen. Ich darf nicht kündigen. Das muß schon er
oder das Theater tun. Ich muß also pro forma einlenken. Nach langem allseitigen Schweigen ergriff ich – nun wieder sehr ruhig und
zivilisiert – das Wort:
BL: Ja, was soll nun geschehen, Herr Kortner? Ich bin gerne bereit,
um nicht unkollegial zu sein, weiterhin Stichworte zu geben, bis Sie
eine neue, bessere Besetzung gefunden haben – vorausgesetzt, daß
ich nicht dafür auch zu unbegabt bin. Also, was soll geschehen?
FK: (richtet sich, wie verwundet, aus seiner gebeugten Stellung auf):
Ich weiß es nicht. Ich bin raatlos. Sie wissen ja alles besser. Ich
schenke Ihnen die Büüühne. Ordnen Sie an.
BL: Dann würde ich vorschlagen, wir probieren die Szene noch einmal.
Natürlich konnte es nicht funktionieren. Aber das war mir schon
egal. Ich wollte nur raus, meine Gage abholen und weg. – Die Probe wurde abgebrochen. Alles ging nach Hause. Ich empfand eine
gewisse Erleichterung, bei allem Bedauern, daß es nun mit der
geliebten Lachszene nichts werden würde.
Pflichtgemäß rief ich täglich im Theater an, um mich nach dem
Probenplan zu erkundigen. Für mich war nichts vorgesehen. Nun

ja, dachte ich, jetzt wollen sie mich schmoren lassen. Sollen sie. Ich will nicht mehr. Aber *sie* müssen das entscheidende Wort sagen. Am vierten Tag: »Ja, Sie haben um 10 Uhr Probe. Das gleiche Bild wie neulich.« Aha, dachte ich, jetzt will er mich vielleicht piesacken oder ignorieren oder irgend etwas tun, damit ich kündige. Aber ich lasse mich nicht dazu provozieren, ich nicht.

Ich zog eine kurzärmelige Bluse an, Niggy gab mir einen seidenen Morgenrock mit überweiten Ärmeln. Es flutschte wie gewünscht – wie geölt. Kortner unterbrach kein einziges Mal. Die Szene war ohne Fehler zu Ende gelaufen. Da sprang er auf und ging mit schnellen Schritten auf die hölzerne Treppe zu, die auf die Bühne führte. Er nannte sie die »antisemitische Treppe«, weil er einmal darüber gestolpert war. Mit zorniger Miene – die rechte Hand hoch erhoben – stürmte er auf mich zu. Ich erschrak. Was kommt jetzt? Will er mir eine kleben? Was tu ich? Ich kann doch bei einem alten Mann nicht zurückschlagen! Da ließ er schon diese Rechte auf meine linke Schulter sausen und sagte anklägerisch: »Na also! Da muß ich Sie sechs Wochen lang sekkieren, um *einen* natüürlichen Toon aus Ihnen herauszuschnorren.« – Was kann man da anderes tun als lachen!

Von nun an war ich bei ihm erstaunlicher- und peinlicherweise persona grata, und es ging im großen ganzen recht gut mit uns. Nur mit der Lachszene mußte ich noch einmal eine gewaltige Hürde nehmen.

Fritz Kortner konnte im Privatleben sehr wirkungsvoll den großen Charmehahn aufdrehen. Als ich ihn 1954 im Hotel Atlantik in Hamburg kennenlernte, war er die Liebenswürdigkeit selbst, und ich hielt es für ein Gerücht, daß er auch ein gefürchteter Donnergott sei. Aber er war tatsächlich beides – vollendet!

Bevor unsere Proben morgens anfingen, war er oft so freundlich und jovial, daß wir uns schon auf eine ausgeglichene Probe zu freuen begannen. Meist fingen wir Punkt zehn Uhr an. Aber alle waren schon mindestens zehn Minuten früher auf der Bühne. Diese zehn Minuten lang hätte sich dem unvoreingenommenen Betrachter ein durchaus harmonisches Bild geboten: Kortner stand an der Rampe, vor den ersten Sitzreihen, die Arme verschränkt auf den Bühnenboden gestützt, und plauderte mit uns, die wir oben auf der Bühne im Halbkreis wie die Hasen um ihn herumhockten. Es wurde gelacht und gescherzt – bis Kortner einen Blick auf seine Armbanduhr warf – und abrupt streng wurde: »So, meine Herrschaften, zehn Uhr! Lassen Sie uns die Feindseligkeiten eröffnen.«

Ganz einmalig und wunderbar fand ich ihn, wenn er seine Vorstellung von einer Szene mit unglaublicher Phantasie theoretisch darlegte. Das tat er immer, bevor damit in Aktion gegangen wurde.

Die Lachszene, auf deren Arrangement ich so gewartet hatte, besteht eigentlich nur aus zwei großen Sätzen, in denen Maria ihren Kumpeln lachend berichtet, bei welch gockelhaften Exerzitien sie Malvolio heimlich beobachten konnte, nachdem er den von Maria gefälschten vermeintlichen Liebesbrief seiner Herrin gefunden hat.

Endlich kam der für mich so wichtige Tag: Kortner kündigte für die Abendprobe die detaillierte Besprechung der Lachszene an. »Als erstes einmal«, begann er, »streiche ich Ihnen die Hälfte des Textes weg.« Mir blieb vor Entsetzen der Mund offen. »Denn«, fuhr er fort, »wenn Sie sie so spielen, wie ich sie mir vorstelle – nämlich richtig –, dann können Sie gar nicht den ganzen Text herausbringen vor Lachen. Sie werden, um sich Rülp und Fabio verständlich zu machen, hauptsächlich auf Pantomime angewiesen sein – und natürlich auf Lachen in allen Schattierungen.« Ich machte den Mund wieder zu und strahlte. Das war genial! Warum konnte man nicht selbst auf eine so naheliegende Interpretation kommen? »Das ist herrlich«, sagte ich, »ich hoffe, ich bringe das zustande!« – »Das hoffe ich auch sehr«, sagte Kortner. Ich war gefordert.

Ähnlich beglückend waren fast alle seine Arrangementsbesprechungen. Wenn ihm doch bloß ein wenig mehr Geduld gegeben gewesen wäre! – Mit seiner Ungeduld machte er sich meiner Meinung nach viele seiner herrlichsten Ideen selbst zunichte: Wenn es beim Probieren nicht sofort so klappte, wie er es sich vorstellte, gab er allzu schnell auf: »Ich sehe schon, wir müssen es auf das Mindestmaß des Allgemeinverständlichen reduzieren.«

Wenn aber sein Vorschlag auf Anhieb richtig dargeboten wurde, dann kam: »Jaja, ich weiß schon, die Schauspieler wollen es nur rasch aus dem Ärmel schütteln, dann sofort zur Kasse schreiten und anschließend zur Kantine. Nur nicht etwa daran arbeiten!«

Es war fast unmöglich, es ihm recht zu machen. Daraus resultierten dann auch oft die legendären Kräche, die in schöner Regelmäßigkeit immer wieder einmal auf Kortners Proben vorkamen.

Einmal gab es einen urgewaltigen Zusammenstoß – und noch dazu mit seinem Freund Curt Bois. Es handelte sich um eine Ensembleszene, in der die verschiedenen Aktionen der Schauspieler uhrwerkartig ineinander verzahnt waren. Wenn auch nur eine Kleinigkeit nicht nach Verabredung klappte, brach das Ganze zusammen. Alle hatten wir unsere Stichworte und Aktionen in einem komplizierten und mit Blitzgeschwindigkeit ablaufenden Versteck- und Verwirrspiel gelernt, weil wir sie gewissenhaft notiert hatten – nur Bois nicht, der das ablehnte. So gab's also nichts als ein heilloses Kuddelmuddel.

»Ja um Gottes willen, haben Sie sich denn keine Notizen gemacht, Bois?« fragte Kortner enerviert nach dem dritten verpatzten Versuch. Er sei kein Schuljunge, gab Bois zurück. Wenn er einer wäre, rief Kortner zur Bühne hinauf, dann würde er mit »ungenügend« benotet werden und sitzenbleiben. – Nun steigerte sich die Auseinandersetzung wieder einmal derartig, daß wir diesmal Unbeteiligten uns hinter die Kulissen verzogen. Von da aus konnte man zwar nichts sehen, aber immerhin alles hören. – Er sei ein erwachsener Mensch, brüllte Curt Bois schließlich, und sei es gewöhnt, klare Anweisungen zu bekommen, die er auch ohne das Hilfsmittel des Bleistifts behalten könne. – Ruhe – große Pause. Dann sagte Kortner leise, aber für alle hörbar, zu seiner Regieassistentin: »Frau Laerum, bitte erinnern Sie mich nach der Probe daran, daß ich die Stellungen für Herrn Bois aufschreibe. *Ich* bin nämlich des Schreibens kundig«...

Bois verließ zornig und indigniert die Bühne. – Die Probe wurde abgebrochen, Kortner wollte in dieser mißmutigen Stimmung nicht weiterprobieren. Wir atmeten alle einmal tief durch und verschwanden so schnell wie möglich. Ich war nicht schnell genug. Als ich in der Garderobe gerade meinen Mantel anziehen wollte, kam Ursula Laerum, etwas blaß, herein: »Bruni«, sagte sie mitfühlend, »du mußt jetzt ganz tapfer sein. Er will die Lachszene probieren.« Mir fiel das Herz in den Keller. Ich mußte es schnell wieder herausholen – und in beide Hände nehmen...

Fritz Kortner ließ seine Konzepte immer einige Zeit beim Schauspieler sickern, damit sie reifen sollten. Bei mir hatte die Lachszene schon einen sehr langen Reifungsprozeß hinter sich. Ich hatte sie geübt – vorm Spiegel, vorm Einschlafen, beim Aufwachen, ja sogar beim Autofahren. Einmal war ich deswegen sogar von der Polizei angehalten worden, weil es nicht geheuer schien, daß jemand allein im Wagen so wahnsinnig lachte, ohne sturzbetrunken zu sein. Das total verblüffte Gesicht des Polizisten ist mir unvergeßlich. – Ich bin ja firm, ich brauche ja keine Angst zu haben, redete ich mir selbst gut zu, als ich nun so unverhofft zur Arbeit an dieser Szene zitiert wurde.

Ich ging also in die Höhle des Löwen. Man konnte die düstere Stimmung, die vom Zuschauerraum heraufquoll, förmlich mit Händen greifen. Unten saß ein völlig vergrätzter Fritz Kortner. Wenn er einen mit solch einer verklemmten Miene anschaute, fühlte man sich gleich – ob berechtigt oder nicht – als Verursacher jedweder Verstimmung.

»Sie haben mich rufen lassen, Herr Kortner?« fragte ich mit flatterndem Herzen, aber fester Stimme. »Jaa«, näselte er, »Sie sollen eine so berüühmte Lacherin sein. Lachen Sie mal.« Eine ungeheuer ermutigende Introduktion! »Private Stimmungen interessieren auf der Bühne nicht, Bruni«, hörte ich meine alte Schauspiellehrerin Sonja Karzau raunen. – Ich fing also an, mit allem Mut, den ich zusammenkratzen konnte, alles genau nach theoretischer Regieanweisung: Maria bemerkt zunächst nicht, daß Rülp und Fabio da sind. Sie kommt aus dem Hintergrund, wo sie Malvolio beobachtet hat, und ist weggelaufen, um sich durch ihr Lachen bei ihm nicht zu verraten. Sie hält sich an einer Art Baumstamm fest, dreht sich um sich selbst und lacht dabei – wie man lacht, wenn man allein ist. – Also, ich *muß* lachen! Erinnere dich: Zwerchfellstütze und stoßweise die Luft herauslassen. »Hahahaha-hahaha-haha...« Nur Luft! Nichts als heiße Luft war das. Schrecklich!

Da hörte ich es auch schon vom Regiepult her mit Knautschstimme: »Das ist ja grrrauenhaft! Das ist ja eine Beleiiidigung für die Ooohren! Deshalb habe ich diese Frau von Wien kommen lassen, damit sie das Theater füllen soll. Reihenweise werden die Leute das Theater verlassen...« und immer weiter in der Art.

Der macht mich kaputt, der macht mich tatsächlich kaputt, dachte ich in höchster Panik. Wenn ich diese Szene nicht zustande bringe, dann ist es aus. Dann gehe ich ab vom Theater. Er darf das nicht!! – »Hahahahaa...« – Von unten: »Es wird ja immer schlimmer!« – Ich – was soll ich machen? Nicht hinhören! Um Gottes willen nicht! »Hahahahhaaahha...« – Die Ohren zuhalten, soo – ja!

Ich steckte mir in jedes Ohr ganz fest einen Finger. Nun konnte ich mich in Ruhe weiter – mit Zwerchfellstütze – aufs Lachen konzentrieren. Es ging schon besser, war aber immer noch nicht gut. Gott sei Dank hörte ich jetzt wenigstens nichts mehr. Aber als ich hinunterschaute, sah ich – wie in einem Stummfilm – Kortners Abscheu in seinen Mienen wachsen. Sein Gesicht legte sich dabei in unzählige Falten, die Augen schienen schmerzhaft zusammengekniffen, und mit der Rechten gestikulierte er wegwerfend, während er auf Ursula Laerum einsprach, die stumm und verlegen neben ihm saß.

Ich, oben auf der Bühne, drehte mich immer weiter mit »hahahah« um meine eigene Achse, die Finger mittlerweile festgewachsen in meinen Ohren.

Auf einmal gab es in mir eine Art Knacks, wie das Anknipsen eines Schalters, und ich wurde mir glasklar der absolut idiotisch-grotesken Komik dieser Situation bewußt: Zwei erwachsene Menschen! Einer mit Drehwurm oben auf der Bühne, mit »hahaha« und Fingern in den Ohren – und der andere unten im Zuschauerraum, mit zerknautschter Miene vor sich hingrollend. In mir fing es an zu gluckern. Ich kriegte hemmungslos das ganz private Lachen.

Jetzt geschah etwas in meinen Augen noch Komischeres: Meine Finger blieben unbewußt weiter in den Ohren, und ich sah, wie – je mehr ich lachte, endlich echt lachte – Kortner sich des Lachens allmählich selbst nicht mehr erwehren konnte. Aber so schnell wollte er nicht aufgeben. So wie ich mich eine kurze Zeit vergeblich um Lachen bemüht hatte, so bemühte sich Kortner jetzt darum, seinen schönen Groll nicht aufzugeben, so daß sein Gesicht abwechselnd von fruchtlos verkniffenem Lachen und krampfhaft aufrechterhaltener Ablehnung hin und her wetterleuchtete. Er ärgerte sich sichtbar maßlos darüber, daß er lachen mußte, und das brachte mich nun völlig an den Rand der Hysterie. Ich lachte, lachte, lachte. Und da es so schön lief, nahm ich auch die Finger aus den Ohren und ließ sämtliche Nuancen des Lachens heraus, die nur denkbar waren. Die Tränen liefen mir herunter, und auch Kortner, der nun wohl oder übel seinen Widerstand aufgegeben hatte, sah ich unten sein Taschentuch zücken. Ursula saß strahlend neben ihm. Auch Rudolf Rhomberg, der Rülp, und Anton Reimer, der Tobias, hatten keine Mühe mitzulachen. Die Szene lief nun wirklich, wie Kortner sie theoretisch vorgegeben hatte.

Endlich sollte sich das Lachen etwas beruhigen. Die beiden Kumpane hakten sich wie verabredet bei Maria ein, und zu dritt strebten wir in Richtung Seitenkulisse. Da ertönte von unten ein von Lachen fast ersticktes »Halt! An dieser Stelle, Frau Löbel, bitte noch einmal zusammenknicken wie ein Taschenmesser und erneut kreischen vor Lachen. Dann erst abgehen!«

Das war wieder eine seiner genialen Regieanweisungen und beileibe nicht mehr schwer auszuführen. Die Lachszene war geboren. Ein Stein fiel mir vom Herzen.

Was ich auf dieser ersten Probe produzierte, hatte meiner Meinung nach mit Kunst noch nicht das geringste zu tun; es war aus einem momentanen, privaten, etwas hysterischen Lachreiz entstanden. Nun galt es, dies einmal Entstandene festzuhalten, zu reproduzieren, es abrufbar zu machen.

Wann denn die Lachszene wieder geplant sei, fragte ich Ursula Laerum nach etwa vierzehn Tagen etwas unruhig. Gar nicht, sagte sie mir – und konspirativ: »Rühr bloß nicht dran. Er macht sie dir sonst wieder kaputt!« Ja, aber du lieber Gott! Ich mußte das doch proben, immer wieder, und die Premiere war nicht weit. Ursula wußte Rat: »Du und ich – wir probieren sie eben einfach einmal nach der Probe allein. Und wenn dann die Bühne nicht frei ist, finden wir uns schon ein Plätzchen. Rudolf Rhomberg und Dr. Reimer wurden eingeweiht und machten mit.

Sieben Tage vor der ersten Hauptprobe kam Ursula und flüsterte mir heimlich zu: »Heute, nach der Abendvorstellung von *Lampenschirm*.« Sie hatte den Kantinenpächter überredet, uns von halb zehn bis elf Uhr aufzunehmen. Der war gar nicht begeistert. Er und seine Mitarbeiter wollten nur noch alles für den kommenden Tag herrichten und dann nach Hause. Mißmutig standen sie alle hinter der Theke, als wir begannen.

Das Schlimmste bei dieser Szene war immer der Einstieg. Nichts in der momentanen Bühnensituation war dazu angetan, eine solche

Lacharie zu erwarten oder gar zu begreifen. Die Kantinenleute reagierten zunächst genauso wie das Publikum später auch, mit Kopfschütteln und Befremden, bis der Ansteckungseffekt einsetzte. Sprudelnd lachten die vier, fünf Männlein und Weiblein in der Kantine mit, und am Schluß spendeten sie, dafür daß sie nur so wenige waren, dicken Applaus.

Sie konnten nicht wissen, wie wichtig diese Akzeptanz für mich gewesen war. Ich hatte die Bestätigung, die ich brauchte. Nicht nur Kollegen und Leute vom Fach fühlten sich angesprochen, richtiger: angelacht, sondern auch ganz normale Menschen.

Fritz Kortner sah diese Szene bei der Hauptprobe zum ersten Mal wieder. Er spendete mir großes Lob: »Ausgezeichnet! Erfrischend! Meine Frau ist hingerissen!« – Ich kassierte das mit großem Stolz gerade von einem, der mit Lob normalerweise sehr zu geizen pflegte.

Wenn es ein Lampenfieber-Thermometer gäbe, so wäre seine Skala bei dieser Premiere unter Garantie durch mich gesprengt worden. Die Anfangsszenen liefen zwar wunderbar, und man hätte beruhigt sein können. Aber je näher die Lachszene rückte, desto aufgeregter wurde ich, und desto widersprüchlicher sah es in mir aus. Alles in mir drängte auf die Bühne, nein – nicht alles: Da war ein sehr großer Teil, der sich sträubte wie ein störrischer Esel und partout nicht rausgehen wollte. Bis es soweit war, hatte ich Glühwangen und Herzflattern. Da saß ein ganzes Theater voller Premierenbesucher, sicher viele Snobs unter ihnen – und die Kritiker mit gezücktem spitzem Bleistift, um mich damit aufzuspießen.

Gerhard war da mit Cary Merz, ein paar Freunde und Verwandte – Margot und mein Bruder Rudolf mit seiner Frau –, und alle gaben zunächst einmal keine Reaktionen von sich, wenn, dann nur sehr zurückhaltende. – »Sie sollen doch eine so berühmte Lacherin sein. Lachen Sie mal!« fiel mir ein. Ich sah wieder Kortners vergrätztes Gesicht vor mir – und schon ging es.

Es war sicher das hinreißendste Glücksgefühl, das ich je auf der Bühne gehabt habe, zu spüren, wie das Eis langsam schmolz, das erste Glucksen hörbar wurde und das ganze Haus in allerkürzester Zeit von einem Lachorkan geschüttelt zu werden schien. Die Szene wurde dreimal von lang anhaltendem Applaus unterbrochen. Das »eingeknickte Taschenmesser« ließ die abebbende Lachflut noch einmal aufbrausen. Als wir drei schließlich hinter der Bühne ankamen, ließ ich mich an Rudolf Rhombergs Brust fallen – und heulte.

Die Kritiken waren jubelnd. Kiaulehn schrieb im »Münchner Merkur«: »Die große Lach-Arie der Maria war so spontan, so lebensecht und plattenreif gelacht, wie ich sie ähnlich gut nur von französischen Molière-Schauspielerinnen gehört habe«... und: »Wer B.L. in ihrer ganzen unkonventionellen Gelöstheit sieht, ist ihres weiteren Weges sicher. Doch scheint die Voraussetzung des Gelingens in einem gewissen positiven Widerstand des Schauspielers zu liegen.« Üblicherweise verschwand Lampenfieber bei mir nach der Premiere mehr oder weniger, und schon gar nach guten Kritiken; nur bei der Maria nicht. Ich habe die Rolle in dieser Inszenierung oft gespielt, aber vor meinem Auftritt in der Lachszene jedesmal vor Angst nasse Hände gehabt. Wie ein gefangenes Tier bin ich hinter der Bühne auf- und abgegangen, bis mein Stichwort fiel. Aber jedesmal habe ich doch das ansteckende Lachen reproduzieren können, selbst später, als ich im Privatleben lange Zeit gar nicht mehr recht wußte, wie das geht: Lachen.

Inmitten der Anstrengungen und Aufregungen der Kortner-Proben hatte ich noch eine andere, wenn auch wesentlich kleinere Aufgabe zu bewältigen: Hans Schweikart fragte mich, ob ich in der Zeit, die ich bei Kortner probenfrei wäre, noch in einem Stück, das er selbst inszenieren würde, eine kleinere Rolle übernehmen könne. Es handelte sich um die Frau von Wysow in der Komödie *Der Lampenschirm* von Curt Goetz. Damals wußte ich noch nicht, wie stark Kortner einen beanspruchen kann, und sagte zu. Ich bat nur, daß die beiden Herren untereinander absprechen möchten, wann ich bei wem probiere, damit ich bei eventuellen Terminschwierigkeiten nicht die Verantwortung hätte.

Am 27. April, nur elf Tage nach Probenbeginn für *Was ihr wollt* hatte ich zusätzlich schon die erste Probe für *Lampenschirm*, mußte also von da an gleichzeitig für zwei Stücke zur Verfügung stehen. Wann immer ich mich bei einer Kortner-Probe abmeldete mit Hinweis auf eine anstehende *Lampenschirm*-Probe, hörte ich von ihm mißmutig: »Jajaa, schwänzen Sie ruhig wieder einmal!« Das »Schwänzen« machte mir tatsächlich Spaß, besonders, da ich die Rolle mit »ungarischäs Ákzänt« spielen durfte, »bíttä särr«. Die Proben bei Schweikart waren in keiner Weise oberflächlich, aber seine Liebe zu den Schauspielern und seinen Respekt vor ihren Leistungen spürte man deutlich und hatte, bei aller Disziplin, während der Arbeit Freude anstatt Angst.

Die Premiere fand nach vier Wochen, am 27. Mai, statt. Ich bekam gute Kritiken, nur bedauerte man, daß die Frau von Wysow keine »angemessene« Rolle für mich sei.

Nach dieser Premiere hatte ich nun nicht nur Proben bei Kortner, sondern über lange Zeitspannen hinweg auch allabendlich Vorstellungen – und sehr oft danach noch eine Nachtprobe bei Kortner. So blieb für meinen kleinen Sohn nicht andeutungsweise so viel freie Zeit, wie ich mir gewünscht hätte. Seine »Tante Nanni« umsorgte ihn zwar liebevoll, aber dadurch wurde sie in dieser Zeit in einem solchen Maße Bezugsperson für ihn, daß er mich »Tante Mami« nannte. In solchen für mich schmerzlichen Momenten verfluchte ich, bei aller Liebe und allem Erfolg, doch diesen Beruf, der einem so viele Härten auferlegt. Als obendrein Gerhard schon zwei Tage nach der Kortner-Premiere zurück nach Wien mußte, gab es wegen der ewigen Trennungen bei mir wieder einmal Tränen. Die große Erschöpfung kam nun nach.

Bis zum 7. August, dem Beginn der Theaterferien, brauchte ich »nur« noch fast jeden Abend ins Theater zu fahren, um eines der beiden Stücke zu spielen. Das gab mir endlich tagsüber viel Zeit für Felix. Er war mittlerweile schon ganz fest auf den Beinen und lief wie ein Wiesel, meist »nackerbaaz« und nur mit weißem Sonnenhütchen bekleidet, im Garten herum, schob mit Inbrunst das »Slauchswagi«, den Gartenschlauchwagen, über den Rasen und freundete sich mit einem kleinen Jungen aus der Nachbarschaft an.

Der war um einiges jünger als mein nun schon fast zweijähriger Sohn und fing gerade erst an zu laufen. Er wankte und wackelte fröhlich auf Felix zu, der nur wartete, bis er dicht vor ihm stand. Dann gab er ihm einen Schubs, so daß der Kleine hinfiel. Mühsam stand er wieder auf und lief von neuem auf Felix zu. Dieses blöde Spiel wiederholte sich dreimal, bis der Kleine anfing zu weinen. Nun rief ich Felix zu mir; er kam fröhlich und flink an. Als er vor mir stand, gab ich ihm einen leichten Schubs, und nach dreimaliger Wiederholung fing auch er an zu weinen. (Fast hätte ich »Rabenmutter« mit geweint.) Ich erklärte meinem Söhnchen – so gut man das einem solch kleinen Kind erklären kann –, daß man niemandem antun darf, was man auch selbst nicht angetan haben möchte. Seine Tränen waren im Nu versiegt. Mit großen, aufmerksamen Augen hörte er mir zu, lief zu seinem kleinen Freund, umarmte ihn und gab ihm ein dickes Bussi. Daraufhin lief ich zu ihm, gab ihm ein noch viel dickeres und lobte ihn über den grünen Klee. Das war meine erste Erziehungsmaßnahme. Sie fiel mir gar nicht leicht. Aber ich glaube, ich habe es nicht falsch gemacht. Felix wurde ein verträgliches, liebes Kind, hat allerdings vor lauter Einsichtigkeit und Nachgeben oft den kürzeren gezogen – bis ihn eines Tages jemand gründlich und systematisch lehrte, wie man sich gegen Rauflustige wehren kann.

Manchmal gingen wir auch in den Wäldern der Isarhänge spazieren, und ich registrierte beglückt, wie mein Kind von der gleichen Faszination für den Wald gepackt wurde wie einst ich selbst. Sein erstes Geschenk an mich war ein leeres, wunderschönes Schneckenhaus. Ich habe es immer noch. Mit dem kleinen Felix wurde ich noch einmal Kind.

Nach einem solchen Ausflug gingen wir oft zum Essen in den »Grünwalder Weinbauer« mit seiner schönen, schattigen Gartenterrasse. Einmal traf ich dort Magda Schneider mit ihrer blutjungen Tochter Romy, die damals noch einen artigen Knicks vor mir machte. Sie stand gerade auf der alleruntersten Sprosse ihrer Leiter zum Ruhm und war von umwerfend natürlichem Liebreiz. Sie wiegte meinen kleinen Felix auf dem Schoß und alberte lachend mit ihm herum. Das gefiel ihm sehr. – Wie gut ist es, daß man nicht in die Zukunft schauen kann. Als man viele Jahre später von dem grausamen Tod von Romys Sohn erfuhr, ging mir das ganz besonders nahe.

Auch für mich selbst war es gut, daß ich noch nicht in die Zukunft meines eigenen Lebens blicken konnte. Ich hätte sonst diese Sommertage 1957 nicht so leichten, glücklichen Herzens genießen können...

Am 7. August begann der Urlaub, am 8. waren wir wieder in Wien. Ich war voller Glück und Sehnsucht. Aber diese Gefühle wurden gleich ein wenig gebremst. Eines der ersten Dinge, die Gerhard sagte, war: »Es war so schön ruhig bisher.«

Fast schien es so, als ob andere Menschen sich mehr über meine Rückkehr freuten als er. Die Hausmeisterin begrüßte mich überfreundlich. Der Briefträger strahlte. Sogar der Polizist, der manchmal auf der Rustenschacher Allee patrouillierte, blieb auf einen kurzen Schwatz stehen. Alle überschlugen sich vor Liebe und Freundlichkeit mir gegenüber. Es schien, daß ich endlich voll akzeptiert war in Gerhards Wiener Umkreis. Anfangs hatte ich mich oft ein wenig ausgeschlossen gefühlt. Diese Phase schien nun endgültig vorbei. Ich war selig darüber.

Ich begann wieder, Hausmütterchen zu spielen, ließ Felix stolz sein Kinderwägelchen über die grünen Praterwiesen schieben und ging mit ihm einkaufen, zum »Verkaufmann«, wie er beharrte, weil der doch was verkauft.

Einmal traf ich Inge Conradi, die Wiener Schauspielerin. Nach der ersten, herzlichen Begrüßung faßte sie mich an beiden Oberarmen und hielt mich prüfend ein wenig von sich weg. Dann sagte sie mit komisch gerunzelter Stirn: »Sag amal, was hast'n du dir da zammgeheirat'?!« Lachend verabschiedeten wir uns.

Ich kümmerte mich endlich auch wieder einmal um die Wohnung. Auch Gerhards Anzüge gehörten einmal aufgebügelt, stellte ich fest. Vielleicht hätte ich sie lieber zum Schneider bringen sollen. Dann hätte ich nicht die Taschen leeren müssen und auch das seltsame Zettelchen nicht gefunden, auf dem in Englisch eine heiße Liebeserklärung stand. Aber den hatte er »vergessen, einem der Bar-Musiker zu geben«. Das hatte also gar nichts mit ihm zu tun? Gott sei Dank! Ich wurde zum perfekten Vogel Strauß.

In der Bar wurde es immer später für Gerhard. Sie ginge so gut, sagte er. Oft kam er erst morgens um halb fünf heim und tat mir leid, daß er so eingespannt war. Aber langsam kroch eine seltsame Angst in mir hoch. Wir fanden nicht mehr zu unserer früheren Herzlichkeit und Zusammengehörigkeit, zu unserem gemeinsamen Lachen zurück. Er wich mir aus. Am 1. September dachte er nicht einmal an unseren zweiten Hochzeitstag.

Mary Kreisler, Schurlis Frau, kam wenige Tage danach, um sich zu verabschieden – »for ever«, wie sie sagte. Die aparte, dunkelhaarige Kanadierin war nie ein rotwangiger Typ gewesen. Aber so leichenblaß hatte ich sie noch nie gesehen. Sie hatte beide Handgelenke verbunden. »I hurt myself a bit«, erklärte sie mit einem mißglückten Lächeln. Die Ehe sei zerbrochen, erklärte mir Gerhard. »Wenn man nicht mehr geliebt wird, tut man wahrscheinlich besser daran, wegzugehen«, sinnierte ich. Das sähe er auch so, meinte Gerhard.

Wenig später kündigte Mizzi, die Zugehfrau: Sie könne diese Zustände nicht mehr aushalten. Was denn für Zustände? Was meinte sie?

Ich brauchte nicht mehr lange über diese und andere Fragen zu grübeln. Am 6. September steht in meinem Tagebuch nur lapidar: »Habe meinen Todesstoß empfangen.«

Ab und zu, wenn Felix schon schlief und Frau Marianne bei ihm war, ging ich abends mit in die »Marietta«. Ich saß auf einem der Hocker an der Bar und schwatzte mit Gary, der Bardame. »Bleiben Sie jetzt hier?« fragte sie mich beiläufig. In vier Wochen müsse ich noch einmal weg für die restlichen Aufführungen von *Was ihr wollt*, erzählte ich ihr. Aber ab Anfang November sei ich dann für lange wieder zurück. »Bleiben S' nicht so oft fort. Das tut nicht gut«, sagte sie – und fügte neutralisierend hinzu: »Ich mein, ich kenn so was aus eig'ner Erfahrung.« Gerhard war später überzeugt, daß Gary diejenige gewesen sei, die »es« mir gesteckt hätte. Aber es war ganz anders gelaufen. Und nun, wo derjenige, der es *wirklich* war, nicht mehr lebt, kann ich seinen Namen auch nennen, ohne mein hochheiliges Versprechen zu brechen.

Gerhard war an der Reihe mit seinen Chansons und löste die Tanzband ab. Der Leiter der Band, Kurti Werner, setzte sich neben mich auf einen Hocker und stupste mich kumpelhaft am Ellenbogen. »Naa? Jetzt bleibst hoffentlich amal hier«, sagte er, »es wird Zeit, daß das aufhört mit dieser – ä –« Er schwieg. Mein Herz hämmerte im Hals, und mein »Vogel Strauß« mahnte, ich solle nichts weiter fragen. Aber das ging nicht mehr. Ich klopfte auf den Busch: »Ach soo, die. Das weiß ich doch längst«, log ich. Kurti stutzte. Das habe er nicht gedacht. Es gehe ihn ja auch nichts an. Aber peinlich sei es schon – so in der Bar, Abend für Abend – für jedermann zum Zuschauen. »Und die Lieder, die er für dich gemacht hat, die singt er an sie hin – ›Verliebt‹ und so. Und tanzen tut er mit ihr, ganz eng, und wir müssen irgendeinen *lovesong* dazu spielen.«

Eigentlich war ich gar nicht mehr wirklich vorhanden, war auf einem rasanten, nicht enden wollenden Sturz in einen Abgrund. Es war ein physisch nie gekanntes Gefühl, etwa so als ob ich in einem Fahrstuhl stünde, der außer Kontrolle geraten sei, so daß sich einem der Magen in die Speiseröhre drängt, alles Blut in den Kopf schießt und wahrscheinlich gleich die Schädeldecke sprengen würde. Kein Boden mehr unter den Füßen. Kein Halt. Leere. Abwärts. Wohin? In die Hölle! Wohin denn sonst? Merkwürdig, daß ich noch sprechen konnte. »Gary, bitte einen großen Cognac.« – »Nimm's nicht so tragisch, Kurti«, hörte ich mich lächerlicherweise sagen. »Ich doch nicht. Aber das Mädel ist gerade neunzehn. Kann er das verantworten?« Gerhards Auftritt war beendet. »Ich muß wieder«, sagte Kurti und »bitte, versprich mir hoch und heilig, daß du's ihm nie-nie sagst. Sonst bin ich meine Stellung hier los.« – »Hoch und heilig«, sagte ich – und lächelte dabei.

Dann stürzte ich meinen Cognac hinunter. »Noch einen, Gary.« Der machte heiß. Ich mußte aufwachen aus diesem Albtraum, ich mußte wieder zu mir kommen! Der zweite Cognac stand vor mir. Gerhard trat neben mich: »Komm, es ist spät. Laß uns gehen.« – »Nein«, sagte ich hart, »ich möchte meinen Cognac in Ruhe austrinken.« – Danach folgte ich ihm somnambul, egal wohin, in die Nacht hinaus, als ginge ich auf Wattewolken, die immer nachgaben. Beim Würschtelstand am Ring, gegenüber dem Volkstheater, aßen wir jeder eine gebratene Wurst. Das heißt, ich ging nach dem ersten Bissen ein paar Schritte beiseite und mußte mich übergeben. Gerhard war peinlich berührt.

Mein Kopf rasselte zum Zerspringen. Ich versuchte, mich zu klarem Denken zu zwingen. Wir haben ein Kind! lief es immer wieder wie eine Tonschleife durch mein Hirn: Wir haben ein Kind. Wir haben ein Kind. Du mußt dich verantwortungsvoll verhalten. Du mußt für das Kind retten, was zu retten ist. Nichts Voreiliges! Nichts preisgeben! Du weißt von gar nichts. Benimm dich normal! Wir haben ein Kind.

Der Sturz war zu Ende. Ich war ganz real angekommen in der Hölle. So war das also. Keine Tränen bitte, Frau Löbel! Beherrschen Sie sich.

Wie ein Spielball wurde ich in den folgenden Tagen und Nächten hin- und hergeworfen zwischen tiefster Verzweiflung und verzweifeltem Hoffen, daß »es« vorübergehen möge. Ich schlief keine

Nacht mehr. Alle früher übersehenen, so augenfälligen Anzeichen tanzten höhnisch um mich herum. Felix konnte ich in seiner fröhlichen Unbekümmertheit nicht ansehen, ohne daß mir die Tränen in die Augen schossen. Mein armes Kind! Ich hatte dich erst haben wollen, wenn »der Richtige« gekommen wäre. – Felix freute sich, wenn es mir naß aus den Augen purzelte. Das war lustig. Er piekste mit seinen kleinen Fingern nach den Wasserkugeln und lachte. Ich lachte mit ihm – nein, nicht ich: »Es« lachte, und »es« weinte auch. Ich war nicht mehr ich. Wozu sollte ich auch noch ich sein?

Das Desaster war nicht lange geheimzuhalten, auch vor Gerhard nicht. Er versuchte es zu bagatellisieren. Sie sei jetzt verreist, »um sich zu prüfen«, aber in ihren Briefen, die er geflissentlich herumliegen ließ, wahrscheinlich *damit* ich sie lesen sollte, wurde bereits die Hochzeit geplant und von Kindererziehung gesprochen – auch von Liebe, heißer Liebe. Und »Es ist gut, daß Deine Frau es nun erfahren hat...«

Ich versuchte schizophren weiterzuleben, als sei nichts geschehen. – Wir haben ein Kind! – Ich steckte die verschiedenen Details weg, die mir nun mehr oder weniger wohlmeinend zugetragen wurde. Meine treue Schwester Wiltrud kündigte, wie Mizzi schon früher. Und was mir vom Postboten, Polizisten, Oberkellner und all den anderen an »Liebe« entgegengebracht worden war, war in Wahrheit Mitleid gewesen, die demütigendste Art der Zuneigung. Weggeworfen wie ein Lappen kam ich mir vor. Mein Selbstwertgefühl war dahin. Jetzt war ich fast siebenunddreißig. Ja natürlich. Nun war ich eben alt, auf einmal, von jetzt auf nachher. Ich sollte wohl am besten nichts mehr vom Leben erwarten.

Es kam der Punkt, an dem alles, was ich tat und unterließ, falsch war. Falsch – es war alles falsch und verloren.

»Wir haben ein Kind. Wie wird sein Verhältnis zu dir sein?« fragte ich ihn. »Wenn du dich nicht dazwischenhängst, werde ich eines Tages eine Art guter Onkel für ihn sein«, antwortete er lakonisch, und: »Wenn er erwachsen ist, hält er sich sowieso an mich.« – Weder das eine noch das andere ist eingetroffen, ganz ohne daß ich mich »dazwischengehängt« hätte. Dafür hat Gerhard dann schon selbst im Laufe der Jahre gesorgt.

Am 13. September, bevor ich nach München zurückfuhr, hatten wir eine Aussprache, die hauptsächlich aus erschreckenden Erklärungen Gerhards bestand: Vor Sechzig würde er kein guter Ehemann sein können. Und im selben Atemzug: »Du wirst immer die erste sein. Nur: du mußt dich halt genauso frei fühlen wie ich.« So sieht also das Angebot eines Arrangements aus.

Ich war krank vor Ekel. Und trotzdem: »Wie macht man das: Sich entlieben? – Lethe! Wer verkauft Lethe?« steht in meinem Tagebuch.

Am 14. September war Wiederaufnahmeprobe für *Was ihr wollt*. Fritz Kortner war milde. Die stille Szene im 8. Bild sei mir besonders gut gelungen. Die Lachszene sei Krampf gewesen. Wie wohl nicht?

»Du siehst nicht gut aus«, hörte ich von den Kollegen. »Ich habe ständig Magenweh«, sagte ich, und das war nicht einmal gelogen. »Mußt mal einen Underberg trinken, der hilft.« – Der half tatsächlich, immer wieder. Ich brachte es in kürzester Zeit auf vier bis fünf Stück am Tag und kaufte sie mir nicht mehr einzeln, sondern in diesen kleinen Kartons zu zehn oder zwölf Fläschchen. Und ich rauchte! Nicht mehr gelegentlich eine oder zwei, sondern zehn, fünfzehn Stück am Tag. Das war eine ungeheure Menge, gemessen an meinem vorherigen Verbrauch. Kurz, ich war in einer schlimmen Verfassung und wurde immer weniger.

Eine Kollegin sagte es mir auf den Kopf zu: »Deine Ehe ist im Eimer.« – »Woher weißt du?« Sie sähe es meinen Augen an. Ich schlief nur noch mit Phanodorm und fürchtete mich vor jedem Erwachen, weil dadurch täglich bewiesen wurde, daß der Albtraum Wirklichkeit war.

Ich kaufte in der Widenmayerstraße ein Apartment und versuchte, mein neues Leben zu planen. Aber mein Denken war noch viel zu konfus. Ich verkaufte bald weiter an einen Kollegen, da diese eineinhalb Zimmer für Felix, mich und die nun absolut notwendige Kinderfrau zu klein sein würden. Alles war noch verwirrt und verdreht in mir. Ich brauchte geraume Zeit, um in Ruhe und klar denken zu können. Zunächst wollte ich mich wieder hundertprozentig auf meinen Beruf konzentrieren, was Ablenkung und auch finanzielle Unabhängigkeit bedeuten würde; denn künftig würde ich wohl weitgehend allein für mein Kind sorgen müssen – und wollen.

Am 15. September war die erste Aufführung von *Was ihr wollt* nach den Ferien. Die Lachszene, vor der ich mich immer gefürchtet hatte, war wohl körperlich und seelisch die größte Anstrengung meiner bisherigen Laufbahn, und sie bedeutete auch den Beweis, daß ich ein Profi war und imstande, das Privatleben von der Bühne zu trennen. Es war der größte Triumph über mich selbst. Alles lief mit der gleichen Präzision und Wirkung ab wie bisher. Die Szenenappläuse kamen wie üblich, das Haus brach zusammen – und ich anschließend hinter der Bühne auch.

Ich machte mich tagsüber wieder daran, meinen Roman weiterzuschreiben, saß auch oft im Opern-Espresso mit Kollegen zusammen, suchte Abwechslung, wo sie nur zu haben war. An freien Abenden ging ich ins Kino und weinte, weniger über das Filmgeschehen als darüber, daß nach Schluß den Damen in die Mäntel geholfen wurde und sie so eng umschlungen mit ihren Männern hinausgingen, wie sie vorher auch mit ihnen in den Kinositzen gesessen hatten. Dies alles gab es nun nicht mehr für mich, würde es nie wieder geben, denn ich würde nie wieder lieben. Nie wieder!

Bis Ende Oktober spielte ich die Maria noch 25mal, sonntags zweimal. Das ließ mir nicht viele freie Tage, um zu Felix zu fahren. Aber ich nutzte auch die kleinste mögliche Zeitspanne für eine Stippvisite nach Wien.

Ohne dauernden räumlichen Abstand konnte ich auch keinen inneren bekommen. Gerhards Heiß-Kalt-Duschen waren zudem nicht gerade dazu angetan, mir wieder festen Boden unter den Füßen zu schaffen. Einmal war er liebevoll und fast zärtlich, dann sagte er wieder hart: »Es ist kaputt. Siehst du das denn nicht?« Ich wurde und wurde nicht damit fertig und litt mich auf 95 Pfund herunter. Alle meine Kleider schlotterten.

Ende September bot mir Erich Neuberg vom ORF-Fernsehen an, im November *Die Fee* bei ihm zu spielen, mit der ich schon in München einen so schönen Erfolg gehabt hatte. Ich sagte zu. In Wien bei Felix zu sein war für mich im Augenblick das Allerwichtigste – und, beschäftigt zu sein, abgelenkt von meiner Misere. Allerdings ließ ich Gerhard Metzners Angebot, Anfang '58 wieder bei ihm in der Münchner Kleinen Komödie zu spielen, vorläufig offen. Ich war noch immer, wider besseres Wissen, von dem Wunsch getrieben, meine Ehe zu retten, so hoffnungslos es auch aussah. Deshalb sagte ich auch Hans Schweikart ab, der anschließend an meine beiden Kammerspiel-Erfolge *Ein Glas Wasser* von Scribe mit mir machen wollte. Welch eine Chance wäre das gewesen, doch noch in ein festes Ensemble aufgenommen zu werden – in dem Theater, das ich am meisten ersehnt hatte! Schweikart hat mir diese Absage wohl nie verziehen. – Vertan, vertan!

Unmittelbar nach Beendigung des Kammerspiel-Engagements, bekam Gerhard so schlimme Gallenblasenbeschwerden, daß er operiert werden mußte. Als er nach dem Eingriff blaß und noch im Narkose-Halbschlaf in sein Zimmer gerollt wurde, war ich bei ihm und hielt seine Hand. Aber wie endgültig es aus war zwischen uns, mußte ich dann wohl oder übel erkennen, als er zur Rekonvaleszenz in das Sanatorium Neuwaldegg ging, aber nicht mich an seiner Seite haben wollte – nicht mich.

Am selben Tag wie Gerhards Operation fand meine erste Fernsehprobe für *Die Fee* statt. Wie angemessen, dachte ich, wenn ich in dieser Rolle zu sagen hatte: »Ich habe so viel Liebe und keine Verwendung dafür.« – Ich spielte die Rolle im Wiener Dialekt, was mir das indirekte Lob einbrachte: »Gnä' Frau, wir hab'n bisher immer geglaubt, Sie san vom Reich.«

Was noch von 1957 übrigblieb, war *tristesse complète*. Sie gipfelte im Silvesterabend, als Gerhard mich bei irgendwelchen Freunden quasi deponierte, inmitten einer Clique ausgelassener Menschen, mit denen mich absolut nichts verband. Mit dem zwölften Glockenschlag war auch ich – von niemandem bemerkt oder gar vermißt – verschwunden. Ich fuhr durch die Straßen und Gassen Wiens, die mir in zwei Jahren vertraut geworden waren und nahm Abschied. Ich wußte, daß ich nun nicht mehr lange hier zu Hause sein würde.

Mitte Januar 1958 war ich mit meiner Durchhaltekraft am Ende. Es fiel das entscheidende Wort von Gerhard, dem Tropfen gleich, der das Faß zum Überlaufen bringt: »Wenn du nur einen Funken Stolz in dir hättest, wärest du schon längst weggegangen.« – Von einer Sekunde auf die andere machte ich mich ans Packen.

Das Hamburger Haus war vermietet. Dort hätte ich auch nicht mehr sein können – inmitten von wunderschönen Erinnerungen, die alle keine Gültigkeit mehr hatten. Ich wollte so schnell wie möglich nach München. Dort warteten Angebote auf mich, die ich teils schon abgelehnt hatte. Vielleicht konnte ich einiges davon noch retten.

In aller Frühe des nächsten Morgens fuhr ich los, ohne Verabschiedung. Gerhard schlief noch. Frau Marianne trug Felix auf dem Arm, damit er mir winken sollte. Er streckte die Ärmchen nach mir aus und weinte herzzerbrechend. – Es ist ein Wunder, daß ich nicht sofort nach dem Wegfahren einen Unfall gebaut habe. Ich saß am Steuer, es schrie nur immer aus mir heraus: »Nein nein nein!«, und ich sah kaum die Straße vor Tränen. Der Krampf löste sich nur langsam.

Als ich mich in den westlichen Wiener Außenbezirken der Autobahn näherte, war ich wie ausgelaugt – aber einigermaßen gefaßt.

Das Jahr 1958 machte mich noch elender, als ich schon war. Ich versuchte verzweifelt, meine Haltung, meine Selbstachtung wiederzugewinnen. Ich schlief kaum noch und weinte Fässer voll. Ich war allein. All die viele Arbeit, die auf mich zukam, bedeutete nur Ablenkung, solange sie dauerte.

Genauso uninteressant wie eine lange Zeitstrecke Glückseligkeit ist es fast, ein Jahr Trostlosigkeit zu schildern. Dichter können das umfassend und in Kürze: »Ich bin, ach, kaum alleine – ich wein', ich wein', ich weine. Das Herz zerbricht in mir«, sagt Goethes Gretchen.

Aber ich hatte wenig Zeit, mich lyrischen Überlegungen hinzugeben. Zuviel war zu tun! Als erstes mußte ich ein neues Zuhause für meinen Sohn bauen, ein Nest, in dem er sich wohlfühlen sollte. Während der ersten Zeit wohnte ich bei Ursula Laerum, die mir von den Kortnerproben her vertraut war und die mich ohne große Worte aufnahm, als ich im Januar plötzlich unangemeldet vor ihrer Tür stand. Später vermietete mir Johanna Matz für eine Weile ihre kleine, momentan leerstehende Münchner Wohnung. Dann mußte ich nochmals umziehen in die ebenfalls zu der Zeit unbenutzte Untermiete-Wohnung von Bruce Low in Gräfelfing. Jedesmal bedeutete das einen kleinen Umzug mit allen dabei anfallenden Anstrengungen.

Die Münchner Theater nahmen mich wieder in ihre Arme, und die Kollegen, mit denen ich zu tun hatte, gaben mir so viel Halt, wie sie nur konnten: Nie werde ich Erika von Thellmanns und Walter Rillas rührende Fürsorge vergessen, mit der sie mich einhüllten. Ich spielte mit ihnen in *Der Kreis* von Somerset Maugham in der Kleinen Komödie. Nach der Vorstellung entführten die beiden mich meist in den Werneckhof nach Schwabing, den auch viele Maler und Schriftsteller frequentierten. Dort fand ich für Stunden sogar so etwas wie mein Lachen wieder. Aber nachts saß mir der Alb auf der Brust; ohne Tabletten fand ich keinen Schlaf mehr.

Wie habe ich in meinem damals auch physisch geschwächten Zustand all das geschafft, was mir abverlangt wurde? Wenn ich es auf-liste, wird mir heute noch schwindelig:

Ich probierte und spielte ab März *Tumult im Narrenhaus* im Resi-denztheater. Danach reiste ich für eine kleine Fernseh-Kabarettsa-che nach Hamburg. Dann Proben und Spielen im *Kreis* in der Klei-nen Komödie. Bis zum 27. Juli war das Stück allabendlich auf dem Spielplan; wir kamen auf 104 Vorstellungen. – Zwischendurch wur-de kurz unterbrochen für Wiederaufnahmeproben zu *Was ihr wollt*, und am 4. Juli begann meine Dreharbeit (mit Rühmann und Fröbe) für den Film *Der Pauker*. – Drei Tage danach spielte ich mit Fieber die erste der zehn Vorstellungen *Was ihr wollt*, das nun allabendlich wieder lief. – Danach kamen schon die Proben zu *Intimitäten* von Noel Coward in der Kleinen Komödie. Nach zirka sechzig Vorstel-lungen fingen im Oktober die Proben an zu *Dame Kobold* von Calderón im wunderschön wiedererstandenen barocken Cuvilliés-Theater in München. Premiere war Anfang November, und das Stück stand auch noch 1959 auf dem Spielplan. – Aber das war ja »nur« das Berufliche. Fast jede der wenigen freien Stunden war gleichfalls verplant: schon ab Januar mit zeitraubenden Besuchen bei Maklern und der Besichtigung von Häusern und Wohnungen.

In Großhesselohe fand ich schließlich die Wohnung, die ich haben wollte: im Grünen, mit Gartenanteil und breitem Südbalkon die ganze Hausfront entlang – und schloß so schnell wie möglich einen Mietvertrag ab. Das Haus war noch im Rohbau, die Wohnung soll-te Mitte April bezugsfertig sein. Sie war es dann Gott behüte erst Ende Mai.

Trotz der kleinen Wohnung von Hannerl Matz in Schwabing be-suchte mich Felix vorher doch einmal mit Frau Marianne für zehn Tage. Er war fasziniert von München, den vielen blauen »S-traßen-bahnen« und wollte in der »Lisabeths-traße« immerzu »Farbs-tuhl« fahren und »Knobwi« drücken – oder auf dem »Bakkong« ste-hen und den vielen Autos winken. Sein Dasein war wie Balsam für

mich. All das viele Schuften bekam durch ihn einen Sinn. Als er weg-
fuhr, fiel ich fast wieder in ein tiefes Loch. Aber ich hatte ja nun ein
Ziel.

Meine Liste zum Abhaken war sehr lang: Ausmessen, Möbel, Stoffe, Tapeten und Lampen besorgen; Besprechungen mit Handwer-
kern und dem Architekten. Die im selben Haus zusätzlich gemiete-
te kleine Zweizimmerwohnung unterm Dach für Kind und Kinderfrau und eine Gästekammer, galt es ebenfalls einzurichten. Von
Nürnberg mußte ich allerhand Hausrat holen, den meine Mutter –
die fast trauriger war als ich – mir schenkte.

Ich war also voll beschäftigt, und man sollte meinen, ich hätte nach
den Vorstellungen nachts eigentlich gut schlafen müssen. Aber ich
war nur todmüde, und das Gedankenkarussell quälte mich, bis ich
doch eine Phanodormtablette nahm.

Zu allem kam, daß Gerhard mir keine Chance gab, ihn aus dem Sinn
zu kriegen. Einmal schickte er mir ein Tonband, auf dem er
sehnsüchtig die Zeit mit mir zurückwünschte; ein andermal stand er
plötzlich vor der Bühnentür und wollte mit mir ausgehen – und
mehr. All mein bereits erworbener Abstand war dann wieder perdu.
Er hätte wohl gern zwei Ehen geführt, eine in Wien und eine in
München.

Peter Herald war der allererste, der zur Stelle war, sobald die Nachricht von meiner kaputten Ehe bis Los Angeles gedrungen war.
Auch Professor Ludwig Marcuse und seine Frau Sascha kamen
»nach dem Rechten schauen«, als sie auf einer Europareise waren.
Maria Matray sprach mir Mut zu. Überhaupt kümmerten sich meine Freunde auf rührende Weise um mich. Aber zu meiner Verblüffung wunderte sich niemand, weder in Hamburg noch in München.
Alle hatten es kommen sehen und sich, wenn, dann nur darüber gewundert, daß es immerhin »so lange« gehalten hatte. Jochen Huth
und seine Frau Friedel luden mich zum Essen ein. Jochens Kommentar war: »You didn't have a marriage, you had a love affair – und
noch dazu mit einem alt gewordenen Halbstarken...« Hatte mich
die Liebe so blind gemacht? (Gretchen: »Mein armer Kopf ist mir
verrückt, mein armes Herz ist mir zerstückt...«)

Ich habe in diesen Monaten kaum vier, fünf Stunden pro Nacht
geschlafen, wurde zusehends alt dabei und sah vergrämt aus, so daß
viele, die mich lange nicht gesehen hatten, erschraken.

Am 9. Juni wartete ich voller Aufregung am Ausgang der Salzburger Autobahn. Ich war schon halb vier Uhr, eine halbe Stunde zu früh, zur Stelle, um den »Smokey«, Gerhards Citroën, in Empfang zu nehmen und zur Immergrünstraße zu lotsen. Er brachte mir meinen Sohn – endlich.

Ach, mein kleiner Spatz! Stolz, mit einer Sonnenbrille auf der winzigen Nase, erzählte er mir alles, was er unterwegs gesehen hatte. Er liebte die Wohnung im Nu und rannte ausgelassen auf dem riesigen »Bakkong« hin und her.

An diesem Tag hätte ich das Theater am liebsten geschwänzt. Aber ich mußte schon um sieben Uhr beim Schminken sein, und Gerhard und die neue Kinderfrau waren ja bei Felix. Als ich heimkam, schlief mein Kind schon fest in dem neuen Gitterbettchen, das ich besorgt hatte. – Die Dachwohnung hatte ich möbliert vermietet, an ein Ehepaar Henrici mit einem kleinen Sohn. Ich wollte sparen, wo ich konnte. Dafür schlief ich auf der Couch im Wohnzimmer und hatte das große Schlafzimmer für die Kinderfrau und Felix eingerichtet. Gerhard wurde in der Gästekammer einquartiert.

Zwei Tage vorgetäuschtes trautes Familienleben folgten. Für mich war es eine Schizophrenie sondergleichen. Einen Tag vor seiner Abreise, nachdem er mich zwei Tage lang charmiert hatte, eröffnete Gerhard mir, daß er die Scheidung wolle, um »klare Verhältnisse« zu schaffen. Mir grauste vor jeglicher Prozedur, die all das Elend aktenkundig machen sollte. Hätte ich doch nicht geheiratet! Wenig später erfuhr ich, daß er seine neue Heirat bereits für den Sommer geplant hatte.

Am dritten Tag fuhr Gerhard morgens wieder zurück nach Wien. Wo denn Schreibmaschine, Zahnbürste und Rasierpinsel vom Papi seien, wollte Felix wissen. Die brauche er doch in Wien, sagte ich. Lange Pause, mit großen, nachdenklichen Augen. Dann mit einem tiefen Seufzer: »Ja – die Schreibmaschine und die Zahnbürste und der Rasierpinsel, die waren lieb, die dürfen mit nach Wien...«

Ich nahm mein Kind fest in die Arme und sagte ihm, daß er noch viel viel lieber sei und deshalb bei der Mami bleiben dürfe. Aber im gleichen Moment stieg zum ersten Mal so etwas wie Wut in mir hoch. Ein so winziges, wehrloses Geschöpf mit der Überlegung zu belasten – gewollt oder ungewollt –, ob es lieb genug sei oder nicht!

Das war schandbar. Langsam begann meine Liebe umzukippen wie ein zu stark belastetes Gewässer.

Wenn ich fortging ins Theater und Felix allein nur mit der neuen Kindertante zurückbleiben mußte, die ihm ebensowenig vertraut war wie die neue Umgebung, weinte er so verzweifelt, daß es mir fast den Atem nahm. Aber ich mußte doch weg.

Auf dem ganzen Weg ins Theater heulte ich, und als ich angekommen war, rannte ich als erstes zum Telefon. Felix weinte noch immer, nach fünfundzwanzig Minuten.

Das Tränendrama wiederholte sich Abend für Abend, bis ich auf die Idee kam, ihn – bei mittlerweile bereits früher einsetzender Dunkelheit – schon nachmittags um fünf Uhr zu Bett zu bringen und ihm am Bettchen Geschichten zu erzählen, bis er eingeschlafen war. Dann schlich ich mich fort – ins Theater. Sofort nach meiner Rückkehr schaute ich nach ihm. Er schlief fest. Allerdings war er dann bereits um fünf Uhr morgens wieder hörbar putzmunter. Ich habe nie eine schönere Schlafstörung gehabt! Und so gewöhnte er sich langsam ein.

Aber es kamen Fragen über Fragen, die schwer zu beantworten waren. Der kleine Kerl spürte, daß sich etwas Grundlegendes verändert hatte, aber er war noch zu klein, als daß ich es ihm hätte vernünftig erklären können.

Bald nach seinem Kommen hatte ich plötzlich wieder einmal das seltsame Knips-Gefühl in mir gespürt. Ein Schalter ging an, und ich sagte mir: Wenn mein Sohn nun schon ohne seinen Vater aufwachsen muß, so soll wenigstens keine traurige Mutter um ihn sein. Mit mir sollte er eine fröhliche Kindheit haben. »So, und jetzt singen Sie gefälligst ganz laut ein fröhliches Lied, Frau Löbel!« befahl ich mir. Zu Hause warf ich mein gehortetes Schlaftabletten-Arsenal ins Klo.

Durch Felix wurde ich langsam wieder froh. Wenn er juchzte und quietschte vor Wonne, ging mir das Herz auf. Aber noch immer kamen nachts die Sorgen und oft auch noch die Tränen.

»Ich kann allein für mich und mein Kind sorgen, und ich bin nicht gewillt, das, was einmal ein großes Gefühl war, zum Gegenstand von finanziellem Hickhack zu machen.« Das sagte ich Rechtsanwalt Dr. Hass, als ich das erste Mal in Sachen Scheidung bei ihm war.

Ich war mittlerweile selbst zu dem Schluß gekommen, daß ich keine Ruhe finden würde, solange der Schwebezustand andauerte, und daß ein Zurück utopisch war. Dabei war es eine schmerzliche Erfahrung besonderer Art, daß sogar eine für ewig gehaltene Liebe bei zu großen Verletzungen dahinsiechen und schließlich sterben kann.

Dr. Hass schüttelte nur den Kopf, weil ich keinerlei Ansprüche stellen wollte. Er belehrte mich, daß ein Kind in jedem Falle juristische Ansprüche an seinen Vater habe. Falls ich mich nicht in der Lage sähe, diese wahrzunehmen und zu verteidigen, würde ich unweigerlich einen amtlichen Vormund vor die Nase gesetzt bekommen. Ich erschrak. Das denn nun doch nicht!

Dr. Hass setzte einen Scheidungsvertrag auf, der die Ansprüche des Kindes sichern sollte, und ohne den er nicht scheiden würde. Gerhard schrieb: »Mit ›Hass‹ erreichst du bei mir gar nichts.« Selbst in dieser Situation noch kabarettistische Wortpielereien! Das machte mich aufs neue krank.

Doch es half mir immerhin bei dem langwierigen inneren Prozeß, meine wenigen, vermeintlich so glücklichen Jahre mit Gerhard ad acta zu legen. Eine Zeitlang versuchte ich mir einzureden, er lasse diese Kränkungen vom Stapel, damit ich leichter von ihm loskomme – wie ich überhaupt verzweifelt nach Entschuldigungen für ihn suchte. Und natürlich fahndete ich auch nach meiner »Schuld«. Ich habe wohl zu hingebungsvoll geliebt – und damit einen guten Teil meiner Selbständigkeit eingebüßt, die ihn anfangs so fasziniert hatte.

Es gab noch beträchtliches Hin und Her bis zur endgültigen Scheidung, das mir aber Dr. Hass Gott sei Dank weitgehend fernhielt. Eine Zeitlang hoffte ich, es könne »in Freundschaft ausarten«, wie Gerhard es nannte. Aber leider stand dem von mir aus zuviel entgegen. Für Freundschaft gelten besondere Kriterien. Nicht das »Daß« – gegen das man wohl letztlich machtlos ist – war es, was ich nie verstehen und verkraften konnte, sondern das »Wie«, das der eigene Wille sehr wohl bestimmen kann. Für wirkliche Freundschaft war also keine echte Basis vorhanden.

Schließlich wurden wir eines Tages im Münchner Justizpalast voneinander losgesprochen. Ich war nur noch dem Namen nach eine Weile Frau Bronner, und das war gut so.

Felix schickte ich mit einer Begleitung in allen Ferien, außer Weihnachten, zu Gerhard in das Haus nach Breitenfurt, das laut Vertrag eines Tages Felix' Haus hätte sein sollen – oder zur neuen Bronner-Familie mit den hinzugekommenen zwei Halbgeschwistern an den Neusiedler See. Ich wollte, daß der Kontakt aufrechterhalten bliebe und die Kinder aus einem Erwachsenenkonflikt herausgehalten würden. Wie gern hätte ich Felix in den schulfreien Zeiten auch selbst einmal bei mir gehabt!

Gott sei Dank liefen die beruflichen Angebote zunächst weiter wie gehabt, wenn ich nun auch viel genauer rechnen mußte. Vorläufig war mir die Spezies Mann nur zuwider, und wenn mir jemand andeutete, daß ich ja noch jung genug für einen Neuanfang mit einem anderen Partner sei, konnte ich nur verächtlich lachen. Der Möglichkeit einer solchen Verletzung würde ich mich nie wieder aussetzen. Dieses eine Mal hatte mir für mein ganzes Leben gereicht.

Freilich, als Nonne wollte ich auch nicht sterben. Meine diesbezüglichen Überlegungen waren pragmatisch, ja zynisch – und überhaupt nicht zu mir passend. Aber ich würde es schon lernen, dachte ich, mir einen zu nehmen, wenn ich ihn gerade mochte und er mich auch – für eine kurze Zeit vielleicht. Aber bloß nicht mit »Liebe« und »for ever«! Wo hatte ich denn so was schon gehört?!

Diese ganze schmerzliche »Episode« habe ich mit der Zeit verdrängen können. Sie ist abgesunken in die Tiefe wie Abfall in den Schlamm eines Tümpels. Das ist so weit gegangen, daß ich mich selbst heute noch an ganze Zeitspannen von damals nicht mehr im Detail erinnern kann, selbst wenn man mir Fotos oder ähnliche Beweise vor die Nase hält. Was ich auf solchen Bildern sehe, sieht aus wie ich; aber ich kann es dennoch nicht gewesen sein. Es ist gelöscht in meinem Gedächtnisspeicher.

Gerhard Bronner scheint es in mancher Beziehung ähnlich ergangen zu sein. Kürzlich erschien ein Buch von ihm, in dem er unter anderem ein Kortner-Zitat aus der *Was ihr wollt*-Inszenierung anführt, mit dem Hinweis, er habe es »authentisch« von »einer Dame«, mit der er damals zufällig »gerade liiert« gewesen sei. Ihm ist wahrscheinlich auch entschwunden, daß er zu dieser Zeit mit dieser Dame zufällig gerade verheiratet war. – Übrigens: Das »authentische« Kortner-Zitat stimmte auch nicht.

Mein Topfdeckel

Ende Oktober wurde mir die Hauptrolle in der Synchronisation einer amerikanischen Kurzserie, *Susie* angeboten. Ich sollte der Darstellerin der Mittelpunktsrolle, Joan Blondell, die deutsche Stimme geben. Welch eine Aussicht! Sowohl künstlerisch, als auch im Hinblick auf eine neue Verdienstquelle: die Synchronisation! Ich war tief betrübt, daß ich absagen mußte; denn genau in der Zeit der vorgesehenen Aufnahmen hatte ich Haupt- und Generalproben und Premiere von *Dame Kobold*.

Aber Wunder Nummer eins geschah: Man war bereit, die Synchronisation um eine Woche zu verschieben. Wunder Nummer zwei war, daß der Sprecher, der für die männliche Hauptrolle vorgesehen war, sich mit dieser Verschiebung einverstanden erklären konnte. Er hieß Holger Hagen. Mit ihm »kam ein neuer Gott gegangen« wie Hofmannsthal die Zerbinetta in *Ariadne auf Naxos* sagen läßt.

Meine Leistung in dieser Synchronisation war reichlich ungenügend. Ich war zermürbt von einem Jahr voller schlafloser Nächte und vieler herber Nackenschläge, und – was das Schlimmste war – ich wollte unbedingt gut sein, mich in dieser Branche bewähren. Also war ich total verkrampft und nervös, und am ersten der sechs Synchrontage »hingen« wir schon ganz beträchtlich mit dem vorgegebenen Pensum – meinetwegen! Je mehr ich vermasselte, desto mehr kroch Panik in mir hoch. Der Regisseur, mein ehemaliger Filmpartner, John Pauls-Harding, war von jener Engelsgeduld, die man hat, wenn man weiß, daß man mit Rügen oder gar Schreien alles nur schlimmer macht. Und das spürte ich natürlich. Meine Unsicherheit eskalierte.

Da kommt in einer Pause mein Partner auf mich zu und – nimmt Anteil, rät mir zu einem Mittel, Abasin, das beruhige, aber nicht müde mache. Ja, das würde ich mir besorgen, danke. – Wir hatten einander vor reichlich drei Jahren bei einer Geburtstagsfeier in Hamburg flüchtig kennengelernt; ich war zu der Zeit hochschwanger und strahlend gewesen. Holger hat mir später erzählt, daß er einer von denen war, die erschraken, mich jetzt so verändert und vergrämt zu sehen.

Die Arbeit ging zunächst mit mir allein weiter. Und plötzlich steht

dieser Holger Hagen vor mir, mit fürsorglichem Blick – in der einen Hand ein Glas Wasser und in der anderen eine Rolle Abasin. »Hier, nehmen Sie gleich eine«, sagt er, »ich hab sie Ihnen schnell in der Apotheke besorgt.« Mir passierte etwas, was ich schon seit einiger Zeit überwunden glaubte: Mir stieg es naß in die Augen. Da kümmert sich jemand um mich! Jemand, der sieht, daß ich Hilfe brauche!
»Dich gibt's ja gar nicht«, sagte ich und gab ihm spontan einen Kuß. Ich habe mir nichts weiter dabei gedacht, als ein ganz großes Dankeschön. Aber bei Holger schlug offenbar ein kleiner Blitz ein. Daß wir ohne Übergang beim »Du« waren, schien selbstverständlich. Und Holger half mir weiter. Er bot an, mich anzustubsen, wenn mein Einsatz käme. Das ging gut. Aber wenn er meine Hand bei einer solchen Stelle drückte, ging es noch besser. Bei jeder Schwierigkeit, die ich auf mich zukommen sah, rief ich: »Holger, ich brauche deine Hand.«
Er hatte eine wundervolle, schlanke, gotische Hand – mit feinen schwarzen Härchen bedeckt. Und am kleinen Finger trug er einen Siegelring mit einem Löwen. »Da ist ja ein kleiner Löbel drauf«, bemerkte ich scherzend beim näheren Betrachten ...
Holger war in all den Tagen immer zur Stelle, immer da. Einmal, als wieder gar nichts klappen wollte, sagte ich: »Holger, ich habe Angst.« Er nahm mich ganz behutsam in die Arme, sagte nichts, aber die Angst verschwand. Das große Pensum wurde schließlich doch zeitgerecht geschafft – durch seine Hilfestellung ...
Ich mochte ihn – und er mochte mich. Und nach der Abschlußfeier wurde ich wie selbstverständlich vom weggeworfenen Lappen wieder zur begehrten Frau. Ich blühte auf wie eine Blume in der Wüste nach dem ersten, viele Monate entbehrten, gesunden Regen.
»Hingegeben war ich, stumm« – wie Zerbinetta weiß ...

»Ich liebe dich«, hatte er gesagt – und ich ein wenig erschrocken gefragt: »Weißt du eigentlich, was du da sagst?« – »O ja«, antwortete er, »ich weiß es sehr genau.« – Was *denn* hätte er sagen sollen? Als ich ihn in aller Frühe zum Flughafen Riem fuhr, wußte ich noch nichts von ihm. Sicher war er verheiratet und hatte Kinder. Solche Männer hatten offenbar einen Magneten an sich, der mich anzog – immer wieder einmal ... Ich wollte auch gar nichts wissen, denn es sollte ja nur eine Episode gewesen sein, eine traumhaft schöne, und nun war sie zu Ende. »Oh what a beautiful mooorning« sangen wir während der Autofahrt. Ich war bedingungslos glücklich. »Ich fürchte, ich werde bald wiederkommen müssen«, sagte Holger ernst beim Abschied. Das ist kaum anzunehmen, dachte ich, aber wie lieb von ihm. »Betrüg mich nicht zu oft«, sagte ich noch mit dem Versuch eines Lachens, als er schon die ersten Schritte in Richtung Abflughalle machte.

»So. Punkt. Das war ein wunderschönes Erlebnis«, erzählte ich mir selbst auf dem Heimweg. »Und nun nehmen Sie mal Ihr Herz an die Leine, Frau Löbel, aber ganz schnell!«

Nach der Abendvorstellung mochte ich nicht allein sein und ging mit ein paar Kollegen in Frau Knabs »Atelier«, ein hübsches, intimes Lokal ganz in der Nähe des Theaters. Gestern abend erst hatte ich mit Holger hier gesessen. Ich spürte noch seinen Blick, der mich festhielt, fühlte seine Nähe. Mir war wohl.

Grethe Weiser tauchte auf und ging begrüßend von einem zum anderen: »Wie jeht's dir?« Als sie zu mir kam, blieb sie stehen, stutzte und grinste: »Dich brauch ich jar nich zu fragen, dir jeht's jut. Det sieht ma.« – »Wirklich?« staunte ich und lächelte in mich hinein.

Am nächsten Tag bekam ich von der Synchronfirma Holgers Anschrift und schickte ihm per Lippenstiftabdruck einen dankbaren anonymen Abschiedskuß. Er würde schon wissen...

Er wußte nicht. Zu viele schöne Damen umschwirrten ihn damals, und er selbst schwirrte auch, wie er mir viel später erzählte. Also wanderte mein erster »Liebesbrief« an ihn leider in den Papierkorb. Die vielen weiteren, wechselseitigen freilich sind vollzählig erhalten – eine Traumlektüre, wann immer wir sie hie und da hervorholen.

Holgers erster Brief an mich ging ans Cuvilliés-Theater, die einzige Adresse, die er wußte. Ich saß als Isabella, fertig angezogen, frisiert und geschminkt, in der Damengarderobe und hatte noch etwas Zeit bis zu meinem Auftritt. Fast gelangweilt sah ich die Autogrammbriefe durch, die mir vom Sekretariat wieder einmal heruntergeschickt worden waren und die ich damals immer ungeöffnet meinem Vater zur Erledigung weiterschickte. Die Namen der Absender waren manchmal interessant. Ich las die Rückseiten der Kuverts – und plötzlich traf es mich heiß: In wunderschöner, gestochener Schrift las ich HOLGER HAGEN, und der Brief kam aus Hamburg.

Mein Herz schlug wie verrückt. An die Leine! mahnte ich es noch. Dann tönte es aus dem Lautsprecher:»Frau Löbel zum Auftritt bitte.«

Ich steckte den Brief, ungelesen und klein zusammengefaltet, in mein Dekolleté und trug mein verstecktes Geheimnis durch die kommende Szene.»Du spielst heute unglaublich beschwingt«, sagte Luise Cleve zu mir.

Es wäre schon peinlich gewesen, wenn mein Vater diesen»Autogrammbrief« geöffnet hätte! Er enthielt natürlich unter anderem auch Holgers Telefonnummer. Die halbe Nacht führten wir Dauergespräche. Kaum hatte ich eingehängt, klingelte es fünf Minuten später schon wieder. Und umgekehrt. Unser beider Telefonrechnungen in diesem November waren astronomisch.

Mein harter Vorsatz»nie wieder« wurde durch viele Telefonate und Briefe ziemlich aufgeweicht. Anfang Dezember besuchte ich Holger für einige Tage in Hamburg. Mit meinem alten Ford, dem »grünen Heinrich«, konnte ich unmöglich eine so weite Reise antreten. Er war schon altersschwach. Ich entschloß mich, ihn loszuwerden und einen nagelneuen zu erstehen. Damit stieß ich auch den letzten Teil meines früheren Lebens ab, das mir um so schneller und weiter entrückte, je mehr Holgers hinreißende Liebesbezeugungen mich überwältigten.

ABER nein, nein, nein! Immer schön innere Distanz halten! Ein kleines bißchen wenigstens. Manchmal. Nur nicht das Mißtrauen verlieren!

Holger konnte nicht wissen, daß es der Vorabend zu meinem achtunddreißigsten Geburtstag war, als er mich am 19. Dezember spätabends anrief. Jetzt wird er mir mein schönstes Geschenk machen und sagen, daß er zu Weihnachten nach München kommt, dachte ich. Aber es war etwas ganz anderes.

Holger hatte seit vielen Jahren eine Lebensgefährtin, mit der er zwar seit langem nicht mehr im eigentlichen Sinne zusammen war, wie er sagte, mit der ihn aber tiefe menschliche Zusammengehörigkeit, Respekt und großes Verantwortungsgefühl verbanden. Zu Weihnachten sei er immer bei ihr, erklärte er. Man konnte seiner beklommenen Stimme anhören, welche Überwindung ihn dieses Geständnis gekostet hatte.»Verstehst du das?« fragte er.

»Ja. Selbstverständlich«, hörte ich mich sagen, »dann wünsche ich dir fröhliche Weihnachten«, und hängte ein. Ich saß eine Weile wie paralysiert. Herrgott noch mal! Ich war sehr böse und streng mit mir: »Kannst du denn nicht einmal einen Entschluß fassen und dich dann auch daran halten?! Und fang jetzt bloß nicht an zu jammern, blöde Gans!«

Mein »Zwillingsbruder« Peter Herald war bei mir. Als er später am Abend weg war, telefonierten Holger und ich noch einmal. Er hatte gespürt, daß ich vorher nicht allein gewesen war, weil ich nicht unbefangen reden konnte. Eigentlich gab es auch gar nichts mehr zu reden. »Ich respektiere deine Bindung«, sagte ich ihm, »und im übrigen...«

Im übrigen blieb zwischen uns alles beim alten. Nein, es wurde immer enger, wir kamen nicht mehr voneinander los. Ich hatte aufgehört, mit mir zu rechten. Das war nun einmal mein Schicksal – immer und immer wieder... Meine Portion vom Glück war eben aufgebraucht, dachte ich.

Ich spielte noch immer *Dame Kobold*. Nach der Silvestervorstellung waren meine Kolleginnen im Nu abgeschminkt und weg. Sie hatten alle, im Gegensatz zu mir, irgend etwas Aufregendes vor zum Jahreswechsel. Ich ließ mir also Zeit. Die Garderobiere fragte mich: »Na, gehen Sie heute abend nicht aus?« – »Mir ist nicht nach Ausgehen zumute«, antwortete ich, »ich geh nach Hause und leg mich mit Schopenhauer ins Bett.« – »Recht haben S', gnä' Frau«, erwiderte sie, »man ist nur einmal jung.«

Im Januar zog Holger in der Immergrünstraße als mein »Untermieter« in die Gästekammer im Obergeschoß ein. Ich stand, mit Felix an der Hand, an der Wohnungstür, um ihn zu empfangen. »Bist du der Onkel Holger?« fragte mein Sohn und musterte ihn mit großen, neugierigen Augen. Holger sagte später, zwischen ihm und Felix sei es Liebe auf den ersten Blick gewesen, was ihn sehr verwirrt habe, der bis dahin mit Kindern nie viel hätte anfangen können.

Das schien unglaublich, wenn man ihn mit Felix am Boden liegen, ihm die Schuko-Autobahn aufbauen und mit den kleinen Autos spielen sah. Und noch ein schönes Spiel wurde erfunden: In einem Bilderbuch gab es zwei hochinteressante Gespenster: Husch, das gute, das immerzu »HuHuuu« machte, und Pimpi, das böse, das stets »RaRaaa« von sich gab. Holger und Felix identifizierten sich total mit diesen beiden und waren abwechselnd Husch-Papi und -Kind, und Pimpi-Papi und -Kind. So tobten sie wild durch die ganze Wohnung und krochen mit »HuHuuu« und »RaRaaa« unter Tischen und Stühlen herum. Manchmal wurde auch ich mit einbezogen als Husch- oder Pimpi-Mami. Felix krähte vor Wonne, Holger und ich lachten uns außer Puste. Ich genoß das Spektakel unendlich.

»Haben wir uns den Onkel Holger ausgesucht, weil er auch solche Haarecken an der Stirne hat?« fragte mich Felix. Ganz offenbar suchte er einen Papi-Ersatz... Aus »Onkel Holger« wurde bald der »Husch-Papi«, und kurz darauf »Onkel Papi.«

Dann dauerte es nicht mehr lange, bis Felix mich eines Tages fragte: »Warum muß ich denn Onkel Papi sagen?« – »Mußt du doch gar nicht«, antwortete ich, »was möchtest du denn lieber sagen?« – »Er ist ja wie ein ›nommaler‹ Papi für mich. Warum kann ich denn dann nicht einfach Papi zu ihm sagen?« Ich schluckte. »Wie ist denn ein normaler Papi?« wollte ich von ihm wissen. Seine Definition war umwerfend: »Er spielt mit mir, er schimpft mit mir (!), er macht mit mir Herrenpartien, und wenn er fortgeht, kommt er immer wieder.«

Er wollte einen Papi, und er hat ihn sich gebacken – und Holger sich seinen Sohn. Er war auch der vorher Erwähnte, der dem oft zu »artigen« Felix – neben vielem anderen – beibrachte, wie man sich gegen größere Raufbolde erfolgreich zur Wehr setzen konnte. – Wir drei zusammen haben eine Familie aus uns gemacht.

Es wäre weiter zu berichten von bisher siebenunddreißig vorwiegend glücklichen Jahren. Aber der hier zur Verfügung stehende Platz reicht dafür nicht aus; ich müßte ein neues Buch schreiben, wollte ich alles detailliert schildern. Hier kann ich nur von einigen Höhepunkten berichten.

Daß eine Frau von Ende Dreißig doch noch ihren »Topfdeckel« findet, ist vielleicht nichts ganz Außergewöhnliches; auch nicht, daß ein Kind aus erster Ehe mit »in Kauf« genommen wird. Aber daß sich, wie bei uns, Mann und Kind, völlig unabhängig von einer dritten Person – mir –, bis auf den heutigen Tag so unerschütterlich zugetan sind, das ist die ganz große Portion Superglück in meinem

Leben, die ich mir bei aller Phantasie nicht habe vorstellen, geschweige denn erhoffen können.

Holger, der außer einem Schauspiel- auch ein Musikstudium absolviert hatte, war in seinem Elternhaus mit Musik aufgewachsen. Sein Vater, Oskar Hagen, hatte im Jahre 1920 die Händel-Opern nach zweihundertjährigem Dornröschenschlaf zu neuem Leben erweckt und zusammen mit Holgers Mutter, Thyra Leisner, die Göttinger Händelfestspiele gegründet. Oskar Hagen folgte 1925 einem Ruf als Professor an die University of Wisconsin und siedelte dorthin mit der Familie, zu der mittlerweile noch Holgers kleine Schwester Uta gehörte, über. So war es gekommen, daß Holger zwanzig Jahre später als amerikanischer Offizier zurückkam nach Deutschland – und dablieb, was einem ersten Mosaiksteinchen zum Bild unseres Glücks gleichkam.

Holger führte mich, ohne daß ich es zuerst groß registrierte, allmählich zu einer besseren Kenntnis und zu tieferem Verständnis von Musik. Er machte mir viele Türen auf, durch die ich mir lange vergeblich Einlaß gewünscht hatte. Und für Felix, der heute ein exzellenter Musikpädagoge und Pianist ist, war er der ideale Lehrer von klein auf. Ich hätte ihm unmöglich all die vielen Fragen in bezug auf Musik beantworten können, die er schon sehr früh stellte. Ohne Holger hätte er wahrscheinlich viele Umwege gehen müssen, um an sein Ziel zu kommen. Wenn die beiden sich heute angeregt und gelehrt über dieses und jenes musikalische Problem unterhalten, steh ich natürlich »draußen«. Aber es ist schön, ihnen zuzuhören, auch wenn ich nur die Hälfte verstehe. Immerhin kann mir heute mein Sohn, dem ich einst Noten und die ersten Fingerübungen auf dem Klavier beigebracht hatte, sogar komplizierte Dinge – zum Beispiel den Aufbau einer Sonate – so erklären, daß ich sie verstehe – und noch mehr genießen kann. Eine weitere Facette meines Glücks!

Nur Glück ist in keinem Leben zu erwarten. Es wäre sicher auch langweilig. So blieb auch unser Anfang bei aller großen Liebe nicht immer ganz und gar ungetrübt. Beide waren wir in einem Alter, in dem man seinen Lebensstil für gewöhnlich gefunden hat. Wir mußten uns halt zusammenraufen. Da wir beide ziemliche Dickschädel haben, schien unsere Gemeinsamkeit ein paarmal auf der

Kippe zu schwanken. Aber ein ums andere Mal haben wir gemerkt, immer deutlicher, daß wir partout nicht mehr zu trennen waren, daß wir einander, ob wir's wollten oder nicht, liebten – und brauchten. Unsere Kräche – natürlich fast immer wegen einer lächerlichen Lappalie – waren alles andere als komisch, während sie dauerten. Immer brach alles zusammen. Aber schon sehr bald nach so einem Weltuntergang, wenn wir gemeinsam begannen zu analysieren, kugelten wir uns vor Lachen über unsere wechselseitige Sturheit. Nicht nur der Humor hat uns immer wieder zusammengebracht, sondern auch die Erkenntnis, daß man einen Menschen nicht nach den eigenen Wünschen umbauen kann, sondern ihn nehmen soll wie er ist, mit all seinen eventuellen Macken und Mätzchen. Beide haben wir sehr schnell unsere verschiedenen Püngeleien akzeptiert; und das ging mit der Zeit immer leichter, wohl auch, weil die Vorzüge, die einer im anderen sah, weit überwogen. In all den Jahren haben wir beide, ohne viel darüber nachzudenken, mit großer Selbstverständlichkeit so viel voneinander angenommen, daß Kräche immer seltener wurden. Eigentlich schade! Denn die Versöhnungen waren jedesmal besonders schön.

Mit Holger habe ich gelernt, was ich früher nie konnte: mich zu streiten, mich auseinanderzusetzen. Kein Hinunterschlucken mehr, sondern lieber ein reinigendes Gewitter. Und immer brachte uns das ein wenig näher zueinander.

Peter Frankenfeld hatte uns beide einmal zu einem Ehepaare-Quiz eingeladen. Einer der Partner wurde ausgesperrt, auch akustisch. Der andere mußte unterdessen die Beschreibung eines Ehestreits geben. Gemeinsam mit Frankenfeld wurde ein Stichwort ausgewählt, anhand dessen der Ausgesperrte dann erkennen mußte, um welchen Streit es sich gehandelt hatte.

Holger war ausgesperrt. Ich erzählte, wie wir uns einmal völlig sinnlos in die Haare gekriegt hatten über die Frage, ob Schauspieler Künstler oder Handwerker seien. Holger plädierte leidenschaftlich für Handwerker. Ein Schauspieler, der sein Handwerk nicht beherrsche, sei ein Möchtegern-Künstler. Ich bestand darauf, daß ich ihm Schauspieler nachweisen könne, die handwerklich alles ganz richtig machten – und dennoch keinerlei Wirkung erzielten, weil sie keine Ausstrahlung hätten.

Es war Föhn. Wir waren beide überarbeitet, hatten vielleicht ein

Gläschen zuviel getrunken. Auf die Idee, daß ein Schauspieler beides besitzen sollte, Handwerk *und* Ausstrahlung, sind wir nicht gekommen. Unser idiotischer Streit eskalierte und setzte sich im Schlafzimmer noch fort. Er ging so weit, daß Holger ein Kopfkissen nach mir warf, das mich – von ihm so nicht beabsichtigt – mit voller Wucht mitten ins Gesicht traf. –»So! Das war's dann wohl«, sagte ich mit tragischem Ton, stand auf und wollte ihn auf der Stelle verlassen, in Pyjama, Mantel, Kopftuch, Wanderstiefeln (!) und geschulterter Handtasche... Saukomischer kann man wohl nicht »Schluß machen« wollen.

Es schwelte noch eine Weile. Beim Frühstück artete es in übertriebene Höflichkeit aus: »Würdest du bitte so freundlich sein, mir die Milch herüberzureichen, vielen Dank.« – Dann kam mir eine Idee: Ich kaufte einen rotseidenen Bezug für ein kleines Kissen und bestickte ihn, in meiner Handschrift, mit: »Der Herr von Welt schmeißt nur mit Seidenkissen!« Auf diesem servierte ich ihm beim Kaffeetrinken die Keksschale. Wir mußten sehr achtgeben, daß wir uns nicht verschluckten vor Lachen.

Peter Frankenfeld gab also das ausgewählte Stichwort in Holgers schalldichte Kabine: »Künstler oder Handwerker?« – Holger drückte, ohne eine Sekunde zu zögern auf das Antwortknöpfchen und meldete: »Der Herr von Welt schmeißt nur mit Seidenkissen!« – Das Publikum jubelte. Wir bekamen den ersten Preis. Und nun haben wir nur noch ein Streitthema: Wer darf wann in die Küche. Aber das ist nicht allzu ergiebig. Holger als Chefkoch gewinnt immer. Ab und zu spielen wir noch aus Jux »Krach«. Dann sagt unsere treue Haushilfe Rosi »I' brauch koa Fernsehen, i' hab ja Eahna.«

Nun, da Holger sein Domizil permanent in München aufgeschlagen hatte, fühlte ich mich schon durch seine bloße Gegenwart wieder um Jahre jünger. Und auch bei Holger war nichts von seiner Mini-Midlife-crisis zurückgeblieben, die ihn – wie er mir gestand – drei Jahre zuvor an seinem vierzigsten Geburtstag heimgesucht hatte. Er war des Herumschwirrens von einer Blume zur anderen überdrüssig geworden und glücklich in unserer harmonischen Zweisamkeit. Es erstaunte und reizte ihn, daß ich nicht – wie viele seiner Eroberungen – sofort mit Heiratsplänen aufwartete, die ihn früher unweigerlich immer zum Rennen gebracht hatten, sondern daß ich im Gegenteil diesbezüglich sehr zurückhaltend war. All seine Zärtlichkeit und sein Verwöhnen ließen mich zwar schmelzen. Aber ich hatte mein Herz dennoch an der Leine, wenn auch zugegebenermaßen an einer sehr langen. Wir turtelten, wie nur ein junges Paar turteln kann, gingen oft aus, fuhren, zusammen mit Felix, im Wagen singend in die weitere bayerische Umgebung und freuten uns an jedem gemeinsamen Tag. Gerhard versuchte einmal bei einem gelegentlichen Besuch, mir Holger madig zu machen – unter dem fadenscheinigen Vorwand, mir Kummer ersparen zu wollen. Ausgerechnet er! Ich glaube, er war auf die seltsame Weise eifersüchtig wie ein Hund, der einen liegengelassenen Knochen auch keinem anderen gönnen will. Es verfing nicht.

Im Sommer 1959 machten Holger und ich noch getrennt Ferien. Ich war ja nicht allein, sondern zog mit meinem kleinen »Spatzi« los zum Starnberger See. Ein aufblasbarer Gummireifen mit Sitz und Pferdekopf war sein »Seeferdjen«, in das er zuerst nicht hinein- und aus dem er dann nicht mehr herauswollte, als er den Spaß im Wasser erst einmal mitgekriegt hatte. Er wurde mit der Zeit eine richtige Wasserratte, und es war eine Lust, ihm zuzuschauen, wenn er unter Wasser wie ein Fisch herumschwänzelte.

Die Theaterarbeit nahm mich weiterhin in Anspruch. Zusätzlich kam mehr und mehr das Fernsehen hinzu, das langsam meine Aktivitäten beim Film ablöste.
So manches wurde nun, gemeinsam mit – und durch – Holger um vieles leichter. Er kümmerte sich zum Beispiel mit Spaß und Phantasie um seinen kleinen neuen Freund, wenn ich nicht zu Hause sein konnte. Mit Vorliebe machten die beiden »Herrenpartien«, bei denen »keine Weiber« zugelassen waren, höchstens später unsere Dackelin. Holger erzählte, wie er mit Felix durch den Englischen Garten spazierte und der Knirps alle Passanten zum Schmunzeln brachte, wenn er ihnen erzählte: »Wir machen eine Herrenpartie. Er ist der alte Herr, und ich bin der junge Herr!«
Als ich im »Resi«, dem Münchner Residenztheater, die Smeraldina in *König Hirsch* von Carlo Gozzi spielte, besuchten mich der »alte

und der junge Herr« einmal in der Pause zwischen zwei Vorstellungen. Ich kam ihnen beim Pförtner entgegen, und mein Sohn rannte fröhlich auf mich zu. Aber plötzlich stoppte er abrupt und sah mich mit großen, erstaunten Augen an. Konnte diese Frau mit den langen roten Haaren seine Mami sein? – In der Seitengasse durfte er dann auf dem Schoß des Feuerwehrmannes sitzen und von da aus – zum ersten Mal in seinem jungen Leben! – dem Bühnengeschehen zusehen. Als Wolfried Lier als Brighella mich in einer Szene ziemlich grob herumschleudern mußte, schrie Felix Zeter und Mordio. Er brauchte noch ein paar Jährchen, bis er zwischen Spiel und Wirklichkeit unterscheiden konnte.

Ein Jahr war seit unserem Kennenlernen beim Synchronisieren vergangen, und Holger wollte aus diesem Anlaß eine »wilde Hochzeitsreise« mit mir machen – einmal wenigstens zwei Wochen lang ohne berufliche Verpflichtungen und dadurch bedingte Trennungen ganz allein mit mir sein. Felix hatte sich inzwischen an die neue Kinderfrau gewöhnt, und ich schickte die beiden in dieser Zeit zu Gerhard nach Breitenfurt bei Wien. Wir konnten also beruhigt wegfahren.

Teneriffa, heute allgemein als Ferienziel bekannt, war damals noch so etwas wie ein Geheimtip. Am 20. November flogen wir mit einer zweimotorigen Vickers-Maschine, einem kuriosen, kleinen Flugzeug, in dem die Sitze gegen die Flugrichtung installiert waren. Sie besaß keine Druckkabine und flog daher auch nicht sehr hoch, so daß wir – als wir über die Alpen kamen – einen unvergeßlich majestätischen Eindruck bekamen. Heute jettet man in ein paar Stunden nach Teneriffa. Wir benötigten damals knapp zwei Tage und vier Zwischenlandungen, um schließlich unser Ziel zu erreichen.

Landschaft, Meer und Hotel im alten Stil waren von überwältigender Schönheit. Aber nach ein paar Tagen gab es Regen, und damit sank auch Holgers Stimmungsbarometer beträchtlich. Ich wollte ihn aufheitern und gab zu bedenken, daß man ja nicht nur im Freien, sondern auch im Hotel Spaß haben könnte, und schlug – zum Beispiel – Canasta vor. Holger fand Kartenspiele uninteressant, kannte auch keine Regeln, kaufte aber trotzdem gleich zwei neue Sätze Karten. Wir spielten dreimal offen, mit Erklären und Hinweisen auf Fehler und Vorteile – und Holger gewann. Also war das

»ein sehr schöner Zeitvertreib«. Und nun verdeckt bitte! – Beim zweiten Mal Verlieren war es jetzt »eine ganz idiotische Zeitvergeudung!« Er hatte ja vollkommen recht, und draußen schien mittlerweile auch wieder die Sonne am blauen Postkarten-Himmel. Holger raffte also die Karten zusammen und steckte sie lose in seine Jackentasche. Ein kleines bißchen war er noch immer vergrätzt, als wir wieder ins Freie gingen, in den märchenhaften, parkähnlichen Hotelgarten mit klarblauem Swimmingpool und exotisch blühenden Pflanzen – eine Hollywood-Filmszenerie! Wir standen am Mäuerchen, das den Park begrenzte, und atmeten beide tief und wohlig durch, und Holger – um nun auch den letzten Rest des überflüssigen Ärgers loszuwerden – griff in seine Jackentasche und schleuderte alle Karten mit Aplomb in den Abgrund hinunter – dachte er... Aber was tat der Meeresgott? Er schickte just in diesem Augenblick eine leichte Brise herauf. Die hob die fallenden Karten wie Herbstblätter hoch und schleuderte sie zurück, alle 104 Stück, klack-klack-klack-klack... und eine ansehnliche Zahl davon direkt in Holgers Gesicht. Es war das unglaublichste und komischste »Windspiel«, das ich je gesehen habe.

Holger allerdings war weniger belustigt. Aber er fing sich doch rasch wieder, sagte nur einige unanständige Schimpfwörter über das Kartenspielen im allgemeinen und diesen Satz Karten im besonderen – und war schon wieder am Lachen, als ein Hotel-Boy durch den Park ging. Er trug ein Tablett, offenbar mit einer Nachricht, und rief den mutmaßlichen Empfänger aus: »Señora Lo-eewell, Señora Lo-eewell!« – »Du«, sagte Holger alarmiert, »das klingt wie ein verballhorntes Löbel.« Wie recht er hatte.

Rudolf Noelte telegraphierte mir, ob ich am Montag mit Proben für die Fanny in der *Kassette* von Sternheim unter seiner Regie an der Berliner Freien Volksbühne beginnen könne. Montag?! Heute hatten wir Donnerstag, und bis Urlaubsende waren es noch zehn Tage! – Holger explodierte: »Herrgott noch mal! So weit weg kann man ja mit dir gar nicht reisen, daß sie dich nicht aufspüren!« Er nahm die Sache sofort energisch in die Hand und erreichte, daß ich erst unmittelbar nach Ende unseres Urlaubs mit den Proben beginnen mußte. Die telefonischen Verhandlungen, die Holger glänzend führte, indem er mir eine Traumgage aushandelte, waren abenteuerlich. Halb Europa schien mit seinem Sprachengewirr in

der Verbindung zu stecken, dazu alle möglichen Äther- und Mor-
segeräusche. Rudolf Noeltes Verhandlungsbeauftragter Carlé sagte
später, er habe nur ein Wort von Holger verstanden:»Gaaage?«

Daß ich noch vor wenigen Tagen in südlicher Sonne geschmort
hatte, war kaum mehr vorstellbar, als ich im Schneetreiben auf dem
Weg nach Berlin im Fichtelgebirge einmal scheußlich ins Schleu-
dern kam. Rosa saß im Wagen neben mir, den kleinen Felix auf
dem Schoß. Mir schlotterten die Knie, und mein Söhnlein – nach
diesem ersten Achterbahn-Erlebnis – jubelte:»Noch amaal!«
Dank meiner Schutzengel kamen wir nach elf Stunden Fahrt in
Berlin an, wo uns Holger schon in der Pension erwartete. Er hatte
dort gerade seine erste Berliner Synchronarbeit absolviert und damit den Grundstein zu vielen weiteren solchen Engagements in
Berlin gelegt.
Meine Proben für die *Kassette* begannen erst drei Tage später. So
hatte ich Zeit, eine hübsche möblierte Wohnung in Wilmersdorf
für die Dauer meines Berliner Engagements zu finden. In diese
Zeit fielen auch mein neununddreißigster Geburtstag und Weihnachten.
Die Kassette war eine ganz neue, sehr reizvolle künstlerische Herausforderung für mich: Zum ersten Mal Carl Sternheim, dessen
Stenogramm-Dialoge beim bloßen Lesen zuerst künstlich, gewollt
abgehackt, schienen. Dank Rudolf Noeltes Konzeption gewann
dieser spröde Text eine fast naturalistische Lebendigkeit. Die Pres-
se bejubelte nach der Premiere einen ganz neuartig erschlossenen
Sternheim und damit natürlich die Regieleistung Noeltes, dessen
wahrscheinlich größter Wurf diese Inszenierung war.
Rudolf Noelte ist ein sehr ernsthafter, strikt auf Genauigkeit und
Recht eingeschworener Mann. Böse Zungen karikierten ihn als
ständig mit dem Gesetzbuch unterm Arm herumlaufenden Pingel.
Das mag übertrieben sein, aber»pingelig«war er tatsächlich.
Ein Beispiel: Theo Lingen als Heinrich Krull bot die hinreißende
Charakterisierung eines geldgierigen, opportunistischen Spießers.
Zur ersten Kostümprobe erschien er vorschriftsmäßig mit der
strahlend-weißen gestärkten Hemdbrust der Jahrhundertwende.
Rudolf Noelte orientierte sich bei diesem Anblick offenbar an den
Aufschreien von Filmkameramännern, denen reines Weiß stets zu

bildsprengend war. Er rief ungeduldig nach dem Garderobier, der außer Atem ankam. Und nun Noeltes Anweisung: »Kennen Sie englischen Tee?« – »Jaa.« – »Ich meine, wissen Sie, wie er auszusehen hat? Dunkel. Beinahe wie Kaffee.« – »Jaja.« – »Gut. Davon bereiten Sie eine Tasse. – Halt! Warten Sie doch! – Die Hälfte davon gießen Sie weg und füllen sie wieder auf mit klarem Wasser. In dieser Mischung färben Sie dann bitte dieses Hemd von Herrn Lingen. Klar?«

Wir schauten einander an – und dann gleich wieder weg, weil wir es in den Augen des Gegenübers gefährlich irrlichtern, um die Mundwinkel zucken sahen und die angespannte Situation nicht noch mit dümmlichem Gepruste anheizen wollten. – Lingen hingegen war eher wütend, gab aber schließlich nach. Seinen Ärger hat er dann auf den Notizzetteln abreagiert, die er im Stück zu schreiben hatte. Ich habe noch einen davon. Es war zusätzlich komisch, mit welch vulgärem Text sich der sonst so überkorrekte Lingen Luft verschafft hatte.

Mit ihm als Partner in diesem Stück gespielt zu haben, ist eine meiner schönsten Theatererinnerungen. Der näselnde Komiker, bekannt aus unzähligen Klamottenfilmen, verschwand hinter der fast furchterregenden Charakterstudie eines verspießerten Haustyrannen.

Die gesamte *Kassette*-Besetzung war erstklassig: Die Wiener Schauspielerin Elisabeth Markus, mit der mich bis zu ihrem Tode eine enge Freundschaft verband, als verbittert-bösartige Tante Elsbeth; Hans Putz, als Seidenschnur in höchster Form; die hochintelligente Regine Lutz, von Brechts Berliner Ensemble kommend, spielte ihre doofe Unschuld Lydia so glaubwürdig, daß sogar der Kritikerpapst Joachim Kaiser sich davon offenbar irreführen ließ: Er schrieb – dem Sinne nach –, es sei abwegig, eine dumme Person von einer dummen Person spielen zu lassen. – Es war eine runde, durchweg stimmige Aufführung, die wir außer in Berlin auch in Hamburg, am Münchner Residenztheater und auf Tournee immer mit großem Erfolg spielten und die zum Glück in Baden-Baden in fernsehgerechter Nachinszenierung durch Noelte aufgezeichnet wurde.

Anfang der siebziger Jahre: Das war noch die schöne Zeit der Fernsehspiele, die zeitlich genügend lange im vorhinein geplant und innerhalb von maximal sechs Wochen produziert wurden. Meine freie Zeit konnte ich – beruflich oder privat – nach eigenem Gutdünken verplanen. Ich allein bestimmte über mich und meine Aktivitäten. Serien waren noch die Ausnahme und für gewöhnlich von vornherein auf sechs, maximal dreizehn Folgen begrenzt. Ohne größere Schwierigkeiten war es möglich, zwischen Theater und Fernsehen hin- und herzuwechseln. Ich denke nostalgisch an diese Ära zurück. Damals allerdings, war ich so überbeschäftigt, daß ich hier gar nicht erst beginnen kann, all meine Mitwirkungen beim Fernsehen und im Theater aufzuzählen.

Außer mit der enormen Quantität meiner Aufgaben kann ich nicht unbedingt mit allem prahlen: Die Qualität der Angebote war nicht immer die, die man sich wünschte. Ich nahm dennoch viele davon an, einfach, weil der Schornstein weiter rauchen mußte. Aber an manches denke ich doch gern – und nicht ohne ein wenig Stolz – zurück.

Als Heinz Rühmann mich Anfang November 1977 für sein Special nach Irland rief, um seine Partnerin in der *Kuckucksuhr* zu spielen, war damit unsere längst verjährte Entfremdung endgültig beseitigt. Nach dem rührenden Wiedersehen bei meiner Ankunft ergab sich eine wunderbare Arbeit. Das Drehbuch stammte von Lida Winiewicz, einer Wiener Autorin, und bestach durch seinen ausgefeilten Dialog, an den man sich nur streng zu halten brauchte. Der Wiener Regisseur Wolfgang Glück inszenierte. Er holte die subtilsten Nuancen aus einem heraus. Ich habe diese Produktion in ganz besonders guter Erinnerung.

Am 12. November gab es daheim ein stürmisches Wiedersehen mit Holger, der nach fünf Monaten Dreharbeiten an einer australischen Serie am gleichen Tag zurückgekommen war wie ich von Irland. – Die feuchte Hitze Malaysias hatte ihm sehr zugesetzt. Nun rieselten die ersten Schneeflocken des Jahres vom Himmel herunter. Verklärt wie ein kleiner Junge stand Holger am breiten Fenster zum Garten und sagte strahlend: »Schneee! Schöööön!« –

Im August 1979 kam eine überraschende Anfrage aus Wien, ob ich Anfang September eine sehr schöne Rolle in einer Zwei-Personen-Episode spielen würde. Es handelte sich um ein Special für Paula

Wessely. Regisseur war wiederum Wolfgang Glück, der mich offenbar seit der *Kuckucksuhr* in ebenso guter Erinnerung behalten hatte wie ich ihn. Ich freute mich schrecklich auf die erneute Zusammenarbeit und fuhr beglückt los. Wenn der Begriff Grande Dame auf irgend jemanden zutrifft, dann auf die Wessely. Sie erschien im Atelier wie eine Fürstin – gnädig oder ungnädig, je nachdem. Alle begegneten ihr auch entsprechend devot, was sie huldvoll entgegennahm. – Ihre Arbeitsweise und die Zeit, die Wolfgang Glück ihr feinfühlig dafür ließ, faszinierten mich. Obwohl sie schon seit Monaten an der Rolle gearbeitet hatte, wie mir Glück sagte, probierte sie im Atelier noch einmal alle denkbaren Betonungen, Stimmlagen und Lautstärken aus, bis sie endlich mit der schlichten Version zufrieden war, die sie gleich als erstes versucht hatte. Auch was Make-up und Frisur betraf, war sie unglaublich penibel – und trieb die Maskenbildnerin mit ihren dauernd sich ändernden Anordnungen an den Rand der Verzweiflung. Als diese eines Tages, fast den Tränen nahe, sagte:»Also, gnä' Frau, ich weiß jetzt wirklich nicht mehr, *wie* ich es Ihnen recht machen soll«, zog die Frau Burgschauspielerin erstaunt die Augenbrauen hoch und fragte ganz sanft:»Das Mausi ist nervööös?«

Als die fertige Produktion über den Bildschirm lief, waren all solche kleinen Intermezzi vergessen. Das zu Herzen gehende Dramolett zwischen einer Ehefrau (Wessely) und der Geliebten ihres soeben verstorbenen Mannes (ich) hieß *Teestunde*; und wieder hatte – wie bei der *Kuckucksuhr* – Lida Winiewicz mit ihrem untrüglichen Gefühl für psychologische Zusammenhänge das Drehbuch geschrieben.

Meine besondere Liebe hat immer dem Theater gegolten. Aber ich habe darüber nicht vergessen, daß auch der Film und das Fernsehen mir viele lohnende Aufgaben gestellt haben. Zu den Fernsehspielen, die mir besondere Freude gemacht haben, gehören – um wenigstens einige zu erwähnen – *Jane*, *Die Oma aus Leipzig* und *Gretchens Faust*.

Bei *Jane*, das im Frühjahr 1979 in Berlin unter Wolfgang Liebeneiners Regie gedreht wurde, gefiel mir vor allem die amüsante Verwandlung von einer kleinbürgerlichen, ewig strickenden Frau aus Liverpool zu einer begehrten, mondänen Dame der Londoner Gesellschaft. Ihre großstädtische Verwandtschaft geniert sich zunächst für die altmodische Provinzlerin, die nie ein Blatt vor den Mund nimmt und in jeder Situation ihre kritische, oft als beleidigend empfundene Meinung kundtut. Das ändert sich, als ein junger Architekt Gefallen an der skurrilen Alten findet, nicht nur ihr Haus, sondern auch sie selbst völlig »umbaut« und überdies ihr Liebhaber wird. Auf einmal ist die einstige Provinztante die Attraktion jeder Party. Ihre Offenheit gilt nun als »phantastisch souverän«, »witzig und charmant« und der junge Liebhaber als »originelle Marotte«. Aber Jane verändert sich, wenn man vom Äußeren absieht, überhaupt nicht. Die feine Gesellschaft hingegen, nur an Äußerlichkeiten orientiert, ändert sich gewaltig. Diese Demaskierung vermeintlicher Moral reizte mich – neben den Verwandlungseffekten – enorm. Es war eine herrliche Rolle, die ich später auch mit großem Erfolg in München im Theater in der Brienner Straße spielte.

Die Oma aus Leipzig, die Hauptrolle in einer Serienfolge, machte mir ganz besonders Spaß, weil sie – wie der Titel schon ahnen läßt – eine Sächsin sein mußte, eine einfache Frau, die »im Westen« eine Erbschaft gemacht hat und nun aus der DDR in das Land kommt, in dem Milch und Honig fließen sollen.

Bei meinen Vorbereitungen für die Dreharbeiten im Sommer 1983 hatte ich mich nach typischen Ausdrücken von »drüben« erkundigt, zum Beispiel »das fetzt« oder das bei jedem Anlaß verwendete »ein-wand-frei!« Diese baute ich in meine Dialoge ein; denn bei denen hatte ich natürlich völlig freie Hand. Es gab oft Situationen, in denen das Team sich kugelte vor Lachen; wie zum Beispiel in einer Szene, die in einem geerbten Waldstück gedreht wurde, das die Oma besichtigte. Der Kameramann ging, von seinem Assistenten geleitet, rückwärts vor uns Schauspielern her über das holprige Waldgelände und mußte die Szene, mit der schweren Kamera auf der Schulter, quasi freihändig drehen. Im Drehbuch stand folgender Text für die Oma: »Ach, ein Hochsitz! Gibt es hier auch Rehe?« – Das hieß in meiner »Übersetzung«: »Ei guggen Se maa: ä Schäschersitz! (=Jägersitz) Äs'n hier ooch Rehe?« Unser Kameramann brach ab. Wenn's einen schüttelt vor Lachen, kann man mit der Handkamera keine Bilder machen, die nicht verwackelt sind.

Gretchens Faust wurde 1985 produziert. Der Titel hatte nichts mit Goethes Drama zu tun, sondern mit einer Frau namens Gretchen,

die widrigen Umständen, mit denen sie zu tun bekommt, die Faust zeigen will. Es handelte sich um ein aktuelles Thema, das der Regisseur und Autor Joachim Roering sehr gewissenhaft recherchiert hatte:
Eine Witwe, die mit ihrem verstorbenen Mann ein Leben lang auf alles verzichtet hat, um mit dem Bau eines kleinen Hauses ein Kapital zur Sicherung ihres Alters zu schaffen, sieht sich von leeren Versprechungen der Makler und Baufinanzierer getäuscht – das Haus erweist sich als unverkäuflich. Sie steht verzweifelt und verbittert vor dem Nichts – und landet im Krankenhaus. Der anklägerische soziale Aspekt des Drehbuchs bewegte mich sehr. Ich bemühte mich, eine einfache Frau und ihre verständliche zunehmende Verbitterung glaubhaft darzustellen.
Nach sechswöchiger Arbeit meinten Kollegen, Regisseur und der zuständige Fernsehredakteur in einhelliger Begeisterung, daß ich mich mit dieser Leistung endgültig im Charakterfach etabliert hätte. Ich war stolz und glücklich. – Nur war der Redakteur zum Zeitpunkt der Sendung »nicht mehr zuständig«. Vom Abendprogramm wurde *Gretchens Faust* ins Spätabend-Programm verschoben – und erreichte so nur eine sehr viel kleinere Zuschauerzahl. Schade – sehr schade! (Ob es wohl eine Lobby der Makler und Bausparkassen gibt?)

1977 drehte ich die erste einer langen Reihe von Fernseh-Serien, ohne noch zu ahnen, welche Konsequenzen das auf die Dauer für mich haben sollte.
Es handelte sich um die Geschichte von *Spannagl & Sohn*, in der ein Ehepaar, Besitzer eines Tante-Emma-Ladens, verzweifelt versucht, sich trotz der mächtigen Konkurrenz eines neu eröffneten Großmarkts zu behaupten. Walter Sedlmayr und ich waren ein gutes Gespann.
Er war zwar ein »Schwieriger«; ab und zu *suchte* er förmlich Reibung. Einmal kam er morgens in den Schminkraum mit düsterer Miene: »Heit' gibt's noch an Krrach.« Ich: »Um Gottes willen, Walter, was ist geschehen?« Er: »Derweil no nix. Aber des brauch' i heit'!«
Ich bin immer gut mit ihm ausgekommen, weil ich seine plötzlichen Ausbrüche von Grantigkeit sofort zu parieren verstand. Wenn

ich ihm zurückgezahlt hatte, war er fast verstört und sagte einlenkend:»Mei, Bruni, sei doch net aso!« Dann kam von mir:»Sei du halt net aso, dann bin i aa net aso.« Und dann lachten wir, und es war vergessen.

Er konnte zwar oft sehr ungerecht werden, aber meist hatte er recht, wenn er Nachlässigkeiten in der Arbeit oder Nichtstimmendes in manchen Drehbüchern entdeckte. Er überarbeitete fast jedes Drehbuch komplett, vor allem auch auf den bayerischen Dialekt hin. Ich habe diesbezüglich viel von ihm gelernt, obwohl ich für bajuwarische Ohren natürlich nie als eine ganz waschechte Bayerin durchgehen werde.

Ich habe sehr gezögert, nach den *Spannagls* die Rolle der Frau Schöninger in *Polizeiinspektion I* anzunehmen. Daß es interessant sein könnte, als Polizistengattin dauernd daheim im Kochtopf zu rühren und auf die wegen eines Polizei-Einsatzes verspätete Rückkehr des Gatten zu warten, konnte ich mir nicht vorstellen. Walter Sedlmayr redete mir so inständig zu, daß ich schließlich doch nachgab. Die Rolle brachte dann auch wirklich mehr als Kochtopfrühren und hat mir viel Spaß gemacht. Zudem war ich nicht in jeder Folge vertreten, und die Drehzeiten pro Jahr waren sehr genau limitiert. So konnte ich zusätzlich noch andere Angebote annehmen und vor allem auch weiter Theater spielen.

Als Walter 1988, nach zehn Jahren *Polizeiinspektion*, Schluß mit dem Fernsehen machte, um sich der Gastronomie zuzuwenden, war ich recht traurig.»Mei, Bruni, jetzt woanst, und z'erscht hast net mögn«, sagte Walter. Es war fast das letzte, was er in seinem Leben zu mir sagte. Daß er auf so grausame Weise umkommen mußte, hat mich tief erschüttert.

1978 hatte ich – neben der Arbeit an *Polizeiinspektion I* – in Stuttgart *Der Engel mit dem Blumentopf* von Miguel Mihura gespielt, eine Nonne, die unwissentlich eine kleine Gangsterbande in Aufruhr versetzt. Es war die erste Nonne meiner Laufbahn – und prompt folgte die zweite.

Der phantasievolle Regisseur Sigi Rothemund holte mich für die Nonne Agatha in der im wahren Sinne zauber-haften Serie *Timm Thaler*. Es war eine Geschichte, die sich über zwölf Folgen erstreckte, und damit war sie zu Ende – wenn schon Serie, gefällt's mir so am besten. Die rigorose Art, mit der die streitbare Agatha selbst gegen den Leibhaftigen kämpfte, der mit List und teuflischen Verführungskünsten Timms Lachen geraubt hatte, löste viele komische Situationen aus. – Stefan Behrens, der später auch in *Jane* den jungen Architekten spielte, war als trocken-komischer Schiffskoch ein herrlicher Partner; Horst Frank als aalglatter, unterkühlter Baron Lefeut, ein gruselig-zynischer Teufel; und Thomas Ohrner, damals noch ein Junge von ungefähr zwölf Jahren, wie geschaffen für die Rolle des verführten Timm. Die Aufnahmen fanden auf einem Schiff und auf der damals noch wenig besuchten Insel Lanzarote statt. Meine Nonnentracht war in der dortigen Sommerhitze oft eine Qual. Zudem schien sie mich so zu verändern, daß selbst der Kameramann mich nicht erkannte, als ich einmal in Zivil den Aufenthaltsraum des Teams betrat.»Hier können Sie nicht sitzen«, sagte er,»das ist für die Filmleute reserviert.«

Mit fast nichts wird man heute so bekannt wie mit Serienrollen. Schon 1977 ging das los. Einmal, als ich privat in einem Großmarkt war, fragte mich jemand:»Naa, Frau Spannagl, weiß Ihr Mann, daß Sie hier einkaufen?!« – Mit der Frau Schöninger war es nicht viel anders. Als Walter Sedlmayr in einer anderen Serie Veronika Fitz als Ehepartnerin hatte, empörten sich doch tatsächlich manche:»Er ist aber doch mit Ihnen verheiratet!« – Nach der *Timm Thaler*-Produktion kam ich beim Skilaufen eines sonnigen Tages auf eine Senke zu, in der man gerade den Geburtstag eines jungen Mannes mit»Skiwasser« begoß. Jeder Skipassant wurde für dieses Ritual angehalten, so auch ich. Die Aufforderung erreichte mich schon von weitem:»Aaah, da kommt ja die Mutter Teresa (!), die muß auch einen mittrinken.« Nach mehreren Gläsern Skiwasser läßt eben das Unterscheidungsvermögen nach: Nonne ist gleich Nonne, ob Teresa oder Agatha.

Wenn's auch manchmal der falsche Name ist – wie in diesem Fall –, so ist man doch häufig eben nur unter dem Namen der Rolle bekannt, in der man gerade zu sehen ist. Über die Frau Raabe in *Ich heirate eine Familie* – und Frau Abramski in *Lorentz & Söhne* bin ich mittlerweile die Oma Herta vom *Forsthaus Falkenau* geworden.»Wer eine Serie macht, kommt darin um.« Über diesen Schnack habe ich am Anfang der Serien-Serie gelacht. Jetzt nicht mehr; denn ich bin auf dem besten Wege, zu versinken in dieser»Endlosserie«. Ich bin nicht mehr – wie früher – Herr meiner Zeit, sondern wie verhaftet im *Forsthaus*. Die Oma Herta scheint eine Lebensstellung zu sein.

Von Altersmuße oder gar von Theaterspielen kann schon seit Jahren keine Rede mehr sein. Dabei bin ich sehr wohl dankbar, in einer Zeit vollbeschäftigt zu sein, in der sich das Fernsehen vorwiegend auf Serienproduktionen umgestellt hat. Viele namhafte, erstklassige Schauspieler, die früher regelmäßig in Fernsehspielen zu sehen waren und heute nicht zufällig in eine Serie integriert sind, sind wahrscheinlich schlechter dran.

Ich hoffe weiter, daß mein Theaterglück mich nicht ganz verlassen hat und mir irgendwann doch wieder eine schöne Bühnenrolle beschert, die dann vor allem auch zeitlich unterzubringen ist.

Holger und ich haben immer sehr gut zusammen arbeiten können; wir sind einander – auch im Beruf – die liebsten Partner. Das wußten wir schon von unserer ersten gemeinsamen Bühnenarbeit an: 1961 zur Faschingszeit spielten wir im Düsseldorfer Theater an der Berliner Allee *Das Lied der Taube* von John van Druten. Es war ein rührend-lustiges Boulevardstück, an dem wir viel Freude hatten. Ursula Herking führte zum ersten Mal Regie und hatte viele originelle Einfälle, Lust und Spaß an der Sache. Die Aufführung wurde denn auch ein großer Erfolg.

Bei einer Vorstellung passierte etwas so Außergewöhnliches, daß die Düsseldorfer ihren eigenen Rekord im Lachen brachen:

Auf der winzigen Bühne war sehr geschickt ein kleines Apartment mit allem Drum und Dran aufgebaut, auch mit einer Kitchenette, in der ein hängender Wandschrank für Gläser und Geschirr angebracht war. Aus diesem mußte Sally in einer Szene ein Wasserglas für ihren Übernachtgast Bill holen – so auch an besagtem Abend. Der Lacher nach der letzten Pointe war noch am Abebben, da geschah es: Als ich die Türen des Wandschranks öffnete, spürte ich, daß er sehr »entgegenkommend« reagierte. Die Halterung löste sich aus der Kulissenwand, und gaaanz langsam neigte sich der Schrank, mit offenen Türen, mir zu. Ich stemmte was ich konnte, damit er nicht ganz herunterfiel, während Gläser, Teller, Tassen mir links und rechts um die Ohren flogen. Wie durch ein Wunder wurde ich von keiner der fliegenden Untertassen getroffen.

Ich hörte die Zuschauer mit einem Schreckenslaut die Luft einziehen. Dann herrschte atemlose Stille, auch Glas und Porzellan hatten sich am Boden ausgeklirrt. Ich stand, noch immer tapfer stemmend, und Friedrich Ebelings erste Theaterinstruktion war mir wieder blitzartig gegenwärtig:»Egal, was auf der Bühne geschieht – weiterspielen, als ob's dazugehört!« Also rief ich inmitten des Scherbelmarktes um mich herum fröhlich zu Bill, der sich hinter der Kulisse im Nebenzimmer befand:»Das – bringt – Glück!!« Szenenapplaus und schallendes Gelächter. Noch immer hielt ich den Wandschrank – was sollte ich auch machen? – und spielte weiter im vorgeschriebenen Dialog:»Brauchen Sie noch etwas?«, worauf Holger seinen Kopf zur Tür hereinstreckte und improvisierte:»Ist denn noch was da??« Wieder Szenenapplaus und noch mehr Gelächter. Auch ich kriegte das Lachen und war froh, als Holger mir nun, ganz und gar aus der Rolle fallend, zu Hilfe kam, den Schrank abnahm und ihn zwischen den Scherben absetzte. Es war gottlob ohnehin das Ende der Szene und der Vorhang fiel.

Eigentlich hätte er nach wenigen Sekunden wieder hochgehen, und wir weiterspielen sollen. Aber da galt es ja erst einmal das Tohuwabohu auf der Bühne zu beseitigen. Jemand mußte also rausgehen und die Leute um Geduld bitten. Von der Direktion war niemand da. Kurz entschlossen trat ich also aus dem Vorhangspalt und sagte:»Bitte seien Sie geduldig. Wir haben die Handwerker.« Wieder Applaus!

Die Stimmung im Zuschauerraum war durch den Zwischenfall derartig angeheizt, daß das Stück, wegen der unentwegten, anhaltenden Lacher bei der kleinsten Pointe, mindestens fünf Minuten länger dauerte als sonst. Es wurde die lustigste Vorstellung unseres Düsseldorfer Gastspiels.

Ein Jahr später waren wir zum ersten Mal Partner in einem Fernsehspiel: *Das Fräulein an der Kasse*, in dem ich mich mit der Rolle eines einsamen späten Mädchens langsam an ein neues, bald fälliges Rollenfach heranarbeitete.

Wieder ein Jahr darauf waren wir ein nun schon etwas reiferes Ehepaar auf der Bühne der Kleinen Komödie in München. In dem Noel-Coward-Stück *Gefallene Engel* hatte ich mit Gundel Thormann eine große Schwipsszene, in der alle Tonvariationen auf der Stimmskala fällig waren: singen, schreien, kreischen vor allem. – In dieser

Situation bahnte sich eine Erkältung bei mir an! Eines Tages kam nur noch heiße Luft aus meinem Hals, und ich mußte mühsam die Vorstellung zu Ende krächzen. Der Arzt verordnete mir striktes Auftrittsverbot für drei Tage, für das Theater eine Katastrophe: Drei ausverkaufte Vorstellungen mußten abgesagt werden. Bis zu diesem Zeitpunkt war ich, wenn auch in Maßen, Raucherin gewesen. Von heute auf morgen war das für mich tabu. Ich habe seither Gott sei Dank nie mehr geraucht und kriege Hustenanfälle beim bloßen Gedanken, daß ich es müßte.

Im Jahr 1966 erhielten Holger und ich vom Hamburger Fernsehen das Angebot, in *Gesellschaftsspiele* von Leo Lehman mitzuwirken. Es handelte sich um zwei Ehepaare, von denen eines aus Langeweile auf die böse Idee kommt, das andere zum Partnertausch zu verleiten. Holger mußte in diesem Spiel versuchen, mich zu verführen. Bei den einschlägigen Szenen war das Team nahezu vollzählig am Drehort. Es gab keine »Entdeckungen« zu machen – aber viel Spaß! Holger wurde während der Drehzeit einundfünfzig Jahre alt, ich war fünfundvierzig. Beide wirkten wir mindestens zehn Jahre jünger, aber mir konnte man durch viele Interviews meine Jahre nachrechnen und äußerte Bedenken, ob ich für die Rolle noch geeignet sei. Die wurden nach dem Sichten der ersten Aufnahmen zwar rasch zerstreut; aber für mich war es trotzdem ein kleiner Schock – das erste Anzeichen, daß der sogenannte Übergang nun wirklich auf mich zukam, eine Phase, die jede Schauspielerin fürchtet, die nicht nur ihre Jugend, sondern ihr ganzes Leben dem Schauspieler-beruf verschrieben hat. Nun hieß es sorgfältig achtgeben und vor allem nicht etwa reifere Rollen aus Eitelkeit ablehnen.

Ich habe Gott sei Dank keinerlei Schwierigkeiten mit dem Wechseln vom jungen Mädchen zur reiferen Frau gehabt. Und ich fand die reiferen Rollen auch in zunehmendem Maße interessanter als die Jungen, Kecken, Niedlichen.

Was war zum Beispiel die Trude in Martin Walsers *Zimmerschlacht* für eine Aufgabe! Als Holger und ich 1969 dieses Zweipersonen-stück vom Bremer Theater angeboten bekamen, haben wir gejubelt. Felix und Trude: Groteskes neben tragischer Entfremdung, Boshaftigkeit neben verzweifelter Suche nach Konsens, Beleidigung neben Liebe, und bei alledem: untrennbar. Ein herrliches

Stück! Nicht ohne Stolz hörten wir aus Martin Walsers Munde, als er unserer Generalprobe beiwohnte:»Ich habe das Stück schon oft gesehen. *Mein* Stück sah ich heute zum ersten Mal.« Die Widmungen, die er uns in unsere Rollenbücher schrieb, lassen sich auch vorzeigen. Für Holger:»... hat aus seinem und meinem Felix unser aller Felix gemacht.« – Für mich:»... die aus der Trude eine Trudissima machte.«

Durch die Arbeit an diesem Stück entdeckten wir auch unseren absoluten Lieblingsregisseur, Heinz Wilhelm Schwarz, unter seinen Freunden besser bekannt als»Dusie«, weil er sich als junger Regieassistent nie recht zwischen»Du« und»Sie« gegenüber seinen Mitarbeitern entscheiden konnte. Es war die intensivste und produktivste Probenarbeit, die wir beide bis dahin erlebt hatten. Berufsgenuß total! Wegen solcher Aufgaben waren wir Schauspieler geworden.

Wir haben das Stück dann nicht nur in Bremen lange mit Riesenerfolg gespielt, sondern auch in Bad Godesberg und vor allem fünf Monate lang auf einer Tournee durch Südafrika und Namibia. Die Apartheid war zu dieser Zeit, 1970, noch in voller»Blüte«, und wir wollten uns, unter anderem, selbst ein Bild von dem machen, was wir bis dahin nur aus Zeitungsberichten kannten. – Hier über unsere vielen guten und schlechten Erfahrungen zu berichten, würde den Rahmen dieses Buches sprengen. Nur so viel: Das Problem war nicht ganz so simpel, wie oft beschrieben.

Die Tourneeleitung hatte uns aus Ersparnisgründen in fast jedem der vielen Orte, in denen wir spielten, bei Privatfamilien untergebracht. Das stellte sich als großer Glücksfall für uns heraus. Abgesehen davon, daß wir in den teils wunderschönen Privathäusern weit bequemer wohnten als in einem noch so guten Hotel, waren alle unsere Gastgeber Apartheidgegner, so daß es keine Meinungsprobleme gab. Man zeigte uns von diesem herrlichen Land, was für gewöhnlich nicht jeder Tourist, auch nicht jeder Journalist, zu sehen bekommt. Einige Freundschaften sind dort entstanden, die sich als so echt und dauerhaft erwiesen wie das Johannisburger Gold.

Neben der *Zimmerschlacht* spielten wir auf dieser Tournee noch die *Physiker* von Dürrenmatt und den *Zerbrochenen Krug* von Kleist, letzterer von unserem Dusie inszeniert. Die Marthe Rull unter seiner Führung zu erarbeiten, war wiederum hohe Beglückung.

Daß wir die Schönheiten des südlichen Afrika so lange und intensiv erleben konnten, ist ein Geschenk fürs ganze Leben gewesen. Und es ist vielleicht nicht von ungefähr, daß ich mich auch in dieser Zeit verlobte. Es war gegen Ende Oktober in einem Hotel in Durban. Ich saß auf dem Bettrand und feilte meine Nägel; Holger schrieb einen Brief. Plötzlich drehte er sich zu mir um und sagte unvermittelt:»Fröhliche Weihnachten.« Ich wünschte ihm dasselbe, ohne recht einordnen zu können, was das denn gerade hier im heißen Südafrika bedeuten sollte. Aber meine Verwunderung dauerte nicht lange. »Das nächste Weihnachtsfest feiern wir zusammen, und geheiratet wird jetzt auch!« sagte Holger bestimmt, und in der letzten Ankündigung steckte sogar so etwas wie eine lustige Drohung.

Ich brauchte eine Weile, um zu kapieren, was Holger wirklich gemeint hatte. Zwölf Jahre lebten wir nun schon zusammen wie Mann und Frau, Holger hatte meinen Sohn zu unserem Sohn gemacht, und die meisten unserer Freunde und Bekannten ahnten nicht einmal, daß wir keinen Trauschein besaßen. Es hatte mir zwar alle Jahre wieder Kummer gemacht, am Heiligabend mit Felix allein zu sein, und Holger litt genauso unter der ungeklärten Situation. Trotzdem hätte ich es nie im Leben fertiggebracht, einen Keil zu treiben zwischen Holger und Coba, die Weggefährtin seiner ersten Nachkriegsjahre in Deutschland. Aber nun war plötzlich ein schwer zu beschreibendes Durcheinander in mir: Einerseits spürte ich, wie eine Last von mir abglitt, die ich eigentlich jahrelang gar nicht mehr wahrgenommen hatte. Andererseits fürchtete ich nun für Coba, die ich zwar noch nie gesehen hatte, die mir aber durch Holgers Erzählungen sehr nahegekommen war. Ich erinnerte mich nur noch allzugut an meinen eigenen Kummer. Der sollte keinem Menschen durch mich angetan werden!

Aber es dauerte nicht sehr lange, bis wir alle drei vernünftig, wie erwachsene Menschen, über unsere Situation sprechen konnten. Coba war ein wunderbarer Mensch. Wir gingen beide, ein wenig zögernd zuerst, aufeinander zu, bis wir uns schon nach kurzer Zeit in den Armen lagen. Wir haben zusammen geweint, aber noch viel mehr miteinander gelacht – wie man es sonst nur mit einer Schwester kann. Ah, sie konnte so herrlich lachen! Sie ist mir zur lieben Freundin geworden, und Weihnachten wurde nach unserer Heirat im November 1971 nie mehr ohne Coba gefeiert. 1985 starb sie, gerade sechsundsiebzig Jahre alt. Wir vermissen sie noch immer. Aber so vieles in unserem Haus erinnert uns an sie. Das Zimmerchen, das sie immer bewohnte, wenn sie bei uns war, heißt noch heute Coba-Kammer.

Kaum waren wir verheiratet, wurde Holger vom Gewerkschafts-Floh gebissen und betrog mich mit der BFF, der Interessengemeinschaft für Bühne, Film und Fernsehen. Er war von der DAG gebeten worden, in London den Anschluß an die FIA, die Internationale Schauspieler-Gewerkschaft, auf den Weg zu bringen. Das gelang ihm fast mühelos, und nun hatte es ihn erwischt.

Wir hatten einige Zeit zuvor voller Eifer begonnen, Stücke herauszusuchen, mit denen wir gemeinsam auftreten und auf Tournee gehen könnten. Aber all das mußte zunächst einmal zurückstehen. Zehn Jahre lang, von 1972 bis 1982 war Holger ehrenamtlich neben seiner beruflichen Arbeit unermüdlich für die BFF tätig, reiste zu FIA-Tagungen nach Schweden, Kanada, USA, Ungarn, Usbekistan und was weiß ich wohin. Selbst daheim waren seine Wochenenden so oft von BFF-Terminen in anderen Städten blockiert, daß wir nicht annähernd soviel voneinander hatten, wie wir es uns gewünscht hätten. Unsere gemeinsamen beruflichen Pläne waren durchkreuzt und schienen ein für allemal ad acta gelegt.

Gedankt hat Holger diesen enormen Einsatz niemand. Manchmal traf er sogar auf liebe Kollegen, die ihm vorrechnen wollten, daß er mit ihren Beiträgen (!) sich »schöne Weltreisen« leiste. Das reichte! Es war so deprimierend, daß Holger eines Tages – Gott sei Dank! – dieses Ehrenamt unter Protest niederlegte. Auch das Bundesverdienstkreuz, das ihm für seinen Einsatz für die sozialen Belange der Schauspieler verliehen worden war, gab er an den Bundespräsidenten zurück, weil er es nicht zugleich mit manchen anderen tragen wollte, die alles andere als Ruhm am Stecken hatten.

Für unsere gemeinsamen Pläne waren es wohl zehn verlorene Jahre. Aber noch war es nicht zu spät. Auch – und gerade – für ältere Paare gibt es interessante Stücke, wenn man sie auch sorgfältiger suchen muß.

Als 1989 das Hotel Axelmannstein in Bad Reichenhall uns bat, doch einmal im Rahmen der »Reichenhaller Kulturtage« aufzutreten, die einige Jahre lang jeden Herbst veranstaltet wurden, erinnerten wir uns daran, daß wir uns schon lange gewünscht hatten, einmal gemeinsam *Geliebter Lügner* zu spielen, den Briefwechsel zwischen George Bernard Shaw und seiner lebenslangen Freundin, der damals sehr berühmten Schauspielerin, Beatrice Stella Patrick Campbell. Wieder inszenierte unser Dusie, und es wurde – was wir kaum für möglich gehalten hätten – eine noch schönere Arbeit als bei *Zimmerschlacht*. Da *Geliebter Lügner* einen intimen Rahmen haben muß, war der kleine Theatersaal im Hotel sehr gut geeignet für die leisen Töne, die oft anzuschlagen sind.

Wir spielten das Stück unter anderem auch als Benefiz-Vorstellungen, zum Beispiel für die Johanniter in Bonn und für das »SOS-Kinderdorf Sachsen« in Chemnitz.

Die Aufführungen in Chemnitz waren für mich tief bewegend. Chemnitz – meine Geburtsstadt, in der ich vor mehr als einem halben Jahrhundert meine allerersten Schritte auf der Bühne ausprobiert hatte – bereitete mir und Holger einen Empfang, wie man ihn sich schöner kaum erträumen kann. – Wann immer ich in DDR-Zeiten dort gewesen war, hatte ich mich als Westdeutsche, außer bei meinen Freunden und Verwandten, unerwünscht gefühlt. Ich kam nicht mehr nach Hause, sondern in ein fremdes, fast feindlich gesonnenes Land. Mir war ein wenig bange, wie es denn nun jetzt werden würde. Mehr als Höflichkeit erwartete ich nicht.

Aber schon die Verhandlungen mit dem Theater waren äußerst freundlich und positiv. Man rollte uneretwegen wirklich den roten Teppich aus. Und als wir dann auch noch im Hotel Chemnitzer Hof wohnten, an dem ich als kleines Mädchen oft ehrfürchtig vorbeigegangen war – »hier wohnen die feinen Leute« –, da schien auch für mich ein böser Spuk vorbei, der so lange über dieser Stadt, über dem ganzen Land, gelegen hatte.

Dr. Karl-Hans Möller, der Dramaturg des Theaters, holte uns zur eigens anberaumten Autogrammstunde ab. Wir gingen die kurze Strecke zu Fuß und sahen von weitem einen Menschenauflauf. Da muß etwas passiert sein, dachten wir. Aber es waren die vielen Leute, die sich bereits für ein Autogramm angestellt hatten. Die Kinder der Schule von Altendorf, dem Vorort, in dem ich geboren wurde, sangen mir ein Ständchen. So war ich noch nie geehrt worden, und ich hatte Mühe, meine Tränen zurückzuhalten. Alte Schulkameradinnen tauchten auf – brachten mir Poesie-Alben mit meinen damals hineingeschriebenen Versen und den selbstgemalten Blümchen, zeigten mir Fotos von gemeinsamen Schulausflügen – so viele Erinnerungen, die mich fast erdrückten! Und ich hatte für keine dieser lieben, ehemaligen Wegbegleiterinnen Zeit. Die Stunden waren gezählt und streng eingeteilt. Aber ich werde diesen rührenden Empfang nie vergessen.

Noch mehr zu Herzen gingen dann die Aufführungen. Holger und ich fühlten uns getragen von einer Welle von Sympathie, die uns vom Zuschauerraum entgegenkam. – Die in *Geliebter Lügner* eingebaute kurze Dialektpassage aus Shaws *Pygmalion* brachte ich auf sächsisch. Ich hatte mir schon vorgestellt, daß darüber sehr gelacht werden würde; aber als ich dann einen typischen Chemnitzer Ausdruck des Erstaunens verwendete – »Ascha!« –, brach ein solches Gelächter los, daß wir eine ganze Weile warten mußten, bis wir weiterspielen konnten.

Am Schluß begann mächtiger Applaus. Aber ich bekam einen gelinden Schreck, als ich die Leute in den hinteren Reihen plötzlich aufstehen sah. Hatte es ihnen so wenig gefallen, daß sie gleich gehen wollten? Aber schon standen sie alle auf, eine Reihe nach der anderen – und hörten nicht auf zu applaudieren. Eine »standing ovation«! Auch das hatte ich noch nie erlebt. Meine kleine Dankesrede konnte ich nicht ohne Mühe – und nicht ohne feuchte Augen – halten. Ein Kreis hatte sich für mich geschlossen von 1936 bis 1993. Nach fast sechzig Jahren fühlte ich mich wieder dazugehörig. – Aber gänzlich ohne Schatten war dieses Glück nicht. Meine Ev, mein Derbsel, liebste Freundin aus den Kindertagen bis in unser hohes Alter hinein, Ev – die sich so sehr auf mein Auftreten in Chemnitz gefreut hatte –, war nur wenige Monate vor unserem Gastspiel gestorben. Wieder ein Mensch weniger, mit dem ich viele Weißt-du-Nochs hatte austauschen können.

Auch an meine Eltern dachte ich viel: Wie stolz Mutti gewesen wäre und wie geschwollen Vati und Ruthchen, meine »Zwillingsschwester« von klein auf, auch mein großer Bruder Rudolf... Sie alle sind nicht mehr am Leben. Nur meine »kleine Schwester« Margot und ich sind noch da von der einstigen großen Familie. So ein ganz richtiges Wieder-zu-Hause-Sein kann es in Chemnitz nicht mehr geben.

Mein wirkliches und endgültiges Zuhause ist schon lange Holger geworden, die größte Portion vom Glück, die mir das Leben zugedacht hat. Ich bin besonders froh, daß wir gerade diese Tage beruflich und privat gemeinsam erleben konnten.

Die gemeinsamen Interessen und Aktivitäten, die mich mit Holger verbinden, beschränken sich nicht nur auf Berufliches. Wir stellten sehr bald fest, daß wir auch auf vielen anderen Gebieten ähnliche Wunschvorstellungen hatten.

Als wir entdeckten, daß es uns beide sehr reizte, große Wanderungen zu unternehmen, wurden sofort Nägel mit Köpfen gemacht: Wir kauften Wanderstiefel, Bundhosen und Rucksäcke, packten sie voll Proviant und stapften los, ohne jegliche Kondition – und über lange Strecken auf asphaltierter Landstraße.

Bei der ersten Rast in einem großen Lokal in der Nähe des Sylvenstein-Stausees hatten wir bereits derartigen Muskelkater, daß wir darum knobelten, wer aufstehen und daheim anrufen müsse, daß wir die erste Etappe »heil« überstanden hatten. Es traf mich. Ich humpelte zum Telefon wie eine Knusperhexe. Nach dieser ersten Tour kamen wir total groggy, mit Blasen an den Füßen heim.

Aber wir hatten unser Abenteuer gehabt: in einem einsamen Forsthaus übernachtet; auf einer sonnenbeschienenen Waldlichtung gelegen – weit weg von der übrigen Welt – und in die Wolken geschaut; einen nicht enden wollenden Bergrücken im Schweiße unseres Angesichts bezwungen; hatten tollkühn und mutig ein paar Firnstellen überquert und während einer kleinen Rast beim Abstieg einen Hirsch beobachtet, der mit hinreißender Leichtigkeit in kraftvollen, langen Sprüngen den Bergwald hinaufjagte. »Schau mal, dem macht das überhaupt nichts aus«, meinte Holger neidisch, während er sich die Füße mit Kräuterbalsam einrieb. Wir hatten unsere Seelen vollgetankt mit Schönheit. Es stand fest, so etwas wollten wir nun öfter unternehmen.

Felix, damals gerade fünf Jahre alt, wurde ganz aufgeregt bei unseren begeisterten Erzählungen und wollte unbedingt auch wandern. Also bekam er ebenfalls eine Wanderausrüstung, und ich versprach ihm, daß wir beide bald auch eine große Tour machen würden.

Über den Spitzingsee an der roten Valepp entlang marschierten wir hinunter ins Inntal. Felix hopste dauernd aufgeregt und neugierig vom Weg ab in den Wald hinein – wegen eines Farnkrauts, eines kleinen Tümpels, einer Blume. Mein Herz ging auf: Ich erkannte gerührt in seiner Begeisterung für den Wald meine eigene als kleines Kind wieder.

In der Hütte, in der wir übernachteten, kamen wir bei strömendem Regen und trotz Regenhaut patschnaß an, als es schon dunkelte. Felix holte noch seine trockene Wäsche aus dem Rucksack. Aber er schaffte es nicht mehr, sich nach dem Ausziehen der nassen Sachen wieder trocken anzuziehen. Kaum hatte ich mich umgedreht, lag er schon in seinem Bett in tiefem Schlaf.

Am nächsten Tag im Inntal hielten immer wieder Fuhrwerke und Autos an, die uns zur Bahnstation mitnehmen wollten. Ich wäre schon gern eingestiegen, aber Felix protestierte jedesmal: »Wir sind doch Wandersleute!« – Holger und ich sind noch oft mit ihm gewandert, und jedesmal war es eine Freude und ein großes Abenteuer.

Wir kauften die Wanderbücher von Walter Pause, mit dem und dessen Frau wir später schöne Touren machten, auch in tiefem Schnee. Wir hatten viel Spaß mit den beiden. Unvergeßlich der von Pause empfohlene dreitägige Rundgang, den Holger und ich unternahmen, von Interlaken aus über das Faulhorn und Grindelwald, am Fuß der Eiger-Nordwand entlang zur kleinen Scheidegg, dann über das Lauberhorn nach Wengen und zurück nach Interlaken. Den ganzen ersten Wandertag hatten wir die von Jungfrau und Mönch flankierte, gigantische Eiger-Nordwand als Gegenüber. Überwältigt, mit in den Nacken gelegten Köpfen, standen wir am nächsten Tag unmittelbar vor diesem mächtigen wahren Wolkenkratzer und suchten ehrfurchtsvoll mit dem Fernglas die berühmte Nordwand-Route ab. Unvorstellbar, welche Kondition und welcher Mut dazu gehören müssen, dieses gewaltige, steile Massiv zu bezwingen!

Solange Felix noch unser Hausgenosse war, richteten wir uns mit dem Urlaub immer nach seinen Schulferien und seinen Besuchen in Breitenfurt. Für Holger und mich war das oft beruflich nicht ganz einfach. Um es durchzuhalten, haben wir so manches Angebot abgelehnt und beide wahrscheinlich einige schöne Rollen nicht gespielt, dafür aber eine große Sammlung gemeinsamer Erinnerungen.

Mit Felix, unserer langjährigen treuen Haustochter Ingrid, der Dackeline und – aus Holgers Sicht immer mit zuviel Gepäck – ging es jahrelang jeden Sommer zur Fraueninsel im Chiemsee. Wenn nach zwei Stunden Autofahrt von der Anhöhe über Gstadt vor unseren Blicken die malerische kleine Bilderbuchinsel mit dem alten Klosterkirchturm auftauchte, brach jedesmal großer Jubel aus. Am Landesteg wartete oft schon Martha oder einer ihrer drei Buben mit dem zweirädrigen Gepäckkärrchen, und bereits auf dem kurzen Weg zu ihrem schönen Haus mit den vielen roten Geranien an der Front erzählten wir mehrstimmig von allem Berichtenswerten des vergangenen Jahres. Beim Bootsbauer Franz Huber und seiner Frau Martha waren wir jahrelang obligatorische Sommergäste. Schon nach kurzem hatten wir mit diesen liebenswerten Menschen Freundschaft geschlossen, die bis heute besteht. Franz, das Familienoberhaupt, ist leider nicht mehr am Leben. Er war ein unvergeßlicher, gerader, humorvoller Mensch – und ein Bootsbauer, der sein Handwerk verstand und liebte.

Für Felix baute er ein kleines Kinder-Segelboot, einen sogenannten Optimisten. Der wurde »Moby Dick« getauft, und ich malte einen wunderschönen weißen Walfisch auf jede Außenbordwand. Felix segelte in dieser stabilen Nußschale bald so geschickt auf dem See herum, daß Franz ihn ganz begeistert als künftiges Segel-As lobte. Ich war natürlich auch stolz auf mein Kind, lief aber dennoch so manches Mal voller Unruhe am Strand entlang, wenn der Knabe, vorzugsweise bei starkem Wind und hohem Wellengang, vor der Insel umherkreuzte.

Wir hatten nicht nur Sommer-Sonnenschein auf der Insel. Einmal, als es wieder schüttete, ging ich zum Georg Klampfleuthner, dem Insel-Töpfer, und fragte, ob ich nicht mithelfen könnte, seine Rohgefäße anzumalen. Er schaute mich prüfend, mit schiefgelegtem Kopf an und meinte, ich könne es ja mal probieren. Dann gab er mir einen Mini-Aschenbecher, bei dem ich wahrscheinlich nicht allzuviel verderben konnte. Auf mein Erstlingswerk hin wurde ich akzeptiert und saß nun oft mit den anderen professionellen Anmalerinnen zusammen, mit farbbekleckstem Kittel nicht gerade so anzusehen, wie man sich landläufig eine Filmschauspielerin vorstellt. In der Werkstatt herrschte ständiges Kommen und Gehen von vielen neugierigen und kauflustigen Schiffspassagieren, die

ihren Inselrundgang absolvierten. Oft spürte ich, wie mich erstaunte und auch zweifelnde Blicke trafen. »Sie sind doch Bruni Löbel?«
fragte mich einmal eine Frau ganz direkt, und als ich nickte, kam
wohlwollend: »Ach, betätigen Sie sich in Ihrer Freizeit auch mal
künstlerisch?« Viel Zeit für erstaunte Betroffenheit hatte ich nicht.
Meine Umgebung brach in schallendes Gelächter aus.

Nachdem ich mich eine Zeitlang malend und zuschauend in der
Töpferwerkstatt herumgetrieben hatte, drückte mir »Klampfi«
eines Tages ein Eimerchen in die Hand, in dem ein feuchter Klumpen Ton lag. »So, jetzt machst mal selber was«, sagte er. »Ja was
denn?« fragte ich verblüfft. Was mir halt einfiele, meinte er.
Es war ein aufregendes Gefühl für mich – und ist es nach wie vor –,
aus einem Klumpen Erde, also aus einem Nichts, ein Etwas zu formen! Rolli, unsere Dackelin, schlief zusammengeringelt in einem
Korbstuhl neben mir. Das inspirierte mich dazu, sie als Modell zu
nehmen. Die kleine Dackelplastik gelang mir auf Anhieb so gut,
daß sogar Professor Kirchner von der Münchner Akademie, der
gerade auf der Insel war, mich lobte. – Rolli lebt schon lange nicht
mehr, aber noch immer schläft sie nun als Briefbeschwerer auf Holgers Schreibtisch. So fing meine Liebe zum Modellieren an.
Wenn ein Tag auf der Fraueninsel am Ausklingen war, und wenn
die vielen Menschen, die jedes anlegende Schiff ausspuckte, wieder
an Land gebracht worden waren, dann kehrte genußvolle Ruhe ein.
In den lauen Sommernächten saßen wir lange auf dem Balkon und
Holger las vor. Einen der besten Sprecher Deutschlands als Privat-
vorleser zu haben, ist natürlich ein Luxus sondergleichen. An diesem nahmen auch schmarotzenderweise die Bewohner der Nach-
barzimmer teil, die oft ebenfalls auf ihren Balkons saßen – aber
meist mit den Ohren an der trennenden Bretterwand. Bei lustigen
Passagen hörten wir verhaltenes Kichern von nebenan und hatten
unseren zusätzlichen Spaß. Vor allem Michael Endes Jim-Knopf-
Geschichten begeisterten alt und jung und heizten die eigene
Phantasie gewaltig an.
Ich kann nicht alles aufzählen, was Holger im Laufe der Jahre –
natürlich nicht nur im Urlaub – vorgelesen hat, teils mir allein, teils
Felix und mir, und sonstigen Zuhörern; es käme eine kleine Bibliothek zusammen. Die gesamten Romane von Thomas Mann zwei-
mal vorgelesen zu haben (einmal mir allein und später noch einmal

Felix und mir zusammen!), ist Holgers Meisterleistung. Das Nachdenken und Diskutieren über das Vorgelesene gehört zu den faszinierendsten geistigen Anregungen, die Holger uns vermittelt hat. Im Sommer zog es uns also immer zur Fraueninsel. Aber wir hatten auch für die alljährlichen Winterferien einen Ort, dem wir treu blieben: Obergurgl im Tiroler Ötztal.

Obergurgl lernten wir zuerst durchs Skilaufen kennen. In vielen Wintern sind wir mit dem Josef Santer gelaufen, unserem liebsten Skilehrer, der uns ein Freund geworden ist. Wir haben viel gelacht miteinander. Beim Unterricht allerdings wurde es Ernst. Dabei hatte er nicht immer unbedingt Samthandschuhe an, eher Skifäustlinge. »Von niemandem sonst würden wir uns freiwillig so anfauchen lassen wie von dir«, sagten wir ihm einmal an der Hotelbar nach dem Laufen, »und dich zahlen wir auch noch dafür.« Sein breites Grinsen war die Antwort; und später einmal, als er fand, eine Abfahrt sei *ganz* gut gewesen: »Gell, jetzt hascht kei' Angscht mehr vor mir.«
Wahrscheinlich haben wir es wegen Josefs Strenge beim Skilaufen schließlich, obwohl damals schon nicht mehr die Jüngsten, doch noch so weit gebracht, daß wir fast alle Abfahrten in dem Gebiet mit ihm gelaufen sind, und später sogar auch allein, ohne ihn als Glucke. Was für eine herrliche Zeit das war! Ich trauere ihr manchmal schon ein wenig nach...
Felix, der als Skiküken – mit kleinen Vorkenntnissen aus Arosa – in Obergurgl anfing, brauste nach wenigen Jahren in Josefs Meisterklasse mit Juchhuuu und Gejodle die Hänge hinunter – an uns glücklich staunenden »älteren Herrschaften« vorbei.
Aber auch als Wandergebiet entdeckten wir Obergurgl. Die absolute Krönung war für uns die erste Eistour mit Josef über den Gurgler Ferner zur Hochwilde. – Am Abend vorher hatten wir – nach Überquerung eines »lebensgefährlich« schwankenden Steges, über schäumendem Wildwasser in einer tiefen Schlucht, und nach Überwindung eines sehr hohen, steilen Hanges – das Hochwilde-Haus am Rande des Gletschers erreicht, von wo aus wir am nächsten Tag gegen fünf Uhr früh aufbrachen. Ein traumhafter Weg, wie in einer glitzernden Märchenlandschaft führte uns in der Morgensonne über die riesige, ansteigende weiße Fläche. Am Ende dieses endlos schei-

nenden Eisfeldes erhob sich die Hochwilde, auf deren Gipfel man nur über einen langgezogenen Firngrat gelangen konnte. Jetzt hieß es, zum ersten Mal die Steigeisen an die Bergstiefel schnallen, und dann stapften wir los, in gespanntem Seil miteinander verbunden: voran Josef, in der Mitte ich und als Nachhut Holger. Der Grat war nicht sehr breit. Links fiel das weiße Gelände ziemlich steil ab, rechts etwas sanfter. Erst einige hundert Meter weiter unten ging es in einen Abbruch über. Wir gingen, mit Josef als Vorbild, langsam und konzentriert bergan und achteten darauf, daß bei jedem Schritt alle zehn Eisenzacken im festen Firn einschlugen. Das war ganz schön schweißtreibend, und die ungewohnte dünne Höhenluft machte uns ein wenig zu schaffen – Holger mehr als mir. Ihm wurde übel, und Josef fragte nur kurz: »Hascht Brechreiz?« Holger bejahte. »Umkehren!« kam Josefs strenges Kommando. Umkehren? Aber wie? Zu sehr an die Skier gewöhnt, machte ich einen Riesenfehler: Ich kantete, so daß nur die Hälfte der Steigeisenzacken im Firn steckten. Und das hielt nicht. Der Untergrund gab nach, im Nu saß ich auf dem Hosenboden und rutschte die Flanke hinunter – in Richtung Abbruch. Welch verrückte Reaktionen man bei einem großen Schrecken hat: Ich lachte – im Abrutschen! Von oben hörte ich Josef ein intensives »Scheiße!« ausrufen. Gleichzeitig schlug er mit zwei kurzen hackenden Tritten seine Steigeisen tiefer in den Firn und hielt das Seil fest mit beiden Händen. Holger tat es ihm automatisch gleich. So wurde meine kurze »Rodelfahrt« auf den Abgrund zu Gott sei Dank plötzlich gestoppt. So schnell und so richtig, mit allen zwanzig Zacken eingegraben, wie ich wieder auf den Beinen war, konnte ich es mir selbst später nicht mehr vorstellen. Mit einigen konzentrierten Schritten war ich wieder oben auf dem Grat. Josef schimpfte nicht. Holger konnte sich vor Schreck momentan nicht seiner Höhenkrankheit widmen. Und ich hatte keine Zeit zum Zittern.

Erst danach, als wir wieder unten waren, begriff ich so richtig, in welcher Gefahr ich, wir alle drei, gewesen waren, und daß ich es nur Josef und Holger zu verdanken hatte, daß ich jetzt heil – wenn auch nun doch ein wenig zitternd – in der Hütte sitzen und einen Obstler auf den Schreck trinken konnte. Holger schwor Stein und Bein, er würde diese Tour wiederholen.

Dazu ist es leider nie mehr gekommen. Aber eine ähnliche haben wir später mit dem damals 13jährigen Felix auf den Annakogel gemacht. Josef zeigte uns, wie man mit dem Pickel Stufen in steiles Eis schlägt, und Felix war dieser Anforderung sofort gewachsen. Für Holger und mich war das die letzte derartige Tour. Dafür braucht man eiserne Kondition und sehr junge Kräfte. Aber daran, daß wir es einmal versucht haben, denken wir stolz und vergnügt zurück.

In unserem gemeinsamen Leben gab es natürlich nicht nur Vergnügen und Freuden, sondern auch (wie überall) hin und wieder dunkle Wolken und Sorgen. Vor allem, wenn einer von uns ernsthaft krank wurde, war die damit einhergehende Bedrückung schwer unter einen Hut zu bringen mit der häufig im Beruf erwarteten Heiterkeit.

Holger machte 1963 den Anfang mit einer Gallenblasen-Operation. Der Chirurg, Professor Dr. Maurer, prophezeite eine schnelle Wiederherstellung, da nicht in akutem Zustand operiert wurde. Trotzdem war ich natürlich beunruhigt und atmete erst wieder richtig auf, als Holger aus seiner Narkose aufwachte und mich, wenn auch noch matt, anlächelte. – Nach einem schweren Eingriff als erstes das Gesicht und die Stimme des vertrautesten Menschen wahrzunehmen, macht alles gleich erträglicher. Es ist ein Muß geworden in unserer Familie.

Viele schlaflose Nächte hatte ich Anfang 1989 wegen eines kleinen Knotens, den ich in meiner linken Brust wahrgenommen hatte. Als ich kurz darauf bei einem befreundeten Ehepaar in Schweinfurt zu einer Geburtstagsfeier eingeladen war, hielt ich die Ungewißheit nicht länger aus. Der Mann ist Chirurg, und ich bat ihn um seinen freundschaftlichen Rat. Er nahm mich sofort mit zu einem Kollegen. Das Röntgenbild brachte es an den Tag: Krebsverdacht.

Die lustige Geburtstagsfeier durchlebte ich wie in Trance. Mich quälte nach meinem persönlichen Erschrecken nur noch die Frage: Wie sage ich es Holger? Wie?

Holger strahlte, daß er mich schon nach zwei Tagen wiederhatte. Ich aber fiel mit der Tür ins Haus. Nachdem ich ihn eingeweiht hatte, saßen wir eine Weile stumm. Dann sagte Holger, seinen Schock überwindend, mit großer Bestimmtheit: »Das stehen wir zwei durch.« Ich kann nicht beschreiben, welchen Mut mir dieser kurze Satz gab, obwohl er sich auf keinerlei reale Erkenntnis gründete. Ich – wir *haben* es durchgestanden. Und Holger war der erste, der bei mir war, als ich aus der Narkose erwachte.

Sechs Jahre sind seither vergangen, und ich denke nur noch selten daran. Aber ich danke dem Schicksal, daß ich an Professor Eiermann geriet, der nicht nur glänzend und schonend operierte, sondern mir auch so viel Mut machte, daß ich schon bald die quälenden Zweifel aufgab. In der Zeit der Ungewißheit hatte ich begonnen, an das »Nachmir« zu denken. Was alles wußte Felix nicht von meinem Leben? So fing ich – noch im Krankenbett – spontan mit der Niederschrift meiner Erinnerungen an. Aber ich führte sie nicht konsequent genug weiter, je gesünder ich wurde. Erst der Verlagsvertrag für dieses Buch hat mich gottlob moralisch gezwungen, mich für lange Zeit von fast allem nicht unbedingt Nötigen abzukapseln. Ich hätte es dennoch wahrscheinlich nie zeitgerecht geschafft, wenn nicht Holger, der mir auch in dieser Situation unersetzlich war, mit Liebe und mit seiner journalistischen Erfahrung – den Rotstift schwingend – geholfen hätte –, und wenn mir nicht meine liebe Ina Geßler, die Tochter meines Derbsels, Ordnung in das Tohuwabohu meiner Fotosammlung gebracht hätte.

Auch Holger hatte inzwischen eine Krebs-Operation und hat sie ebenfalls gut überstanden. Und auch ich wartete, wie ein paar Jahre zuvor Holger, lange und bange auf das Ende der Operation – und konnte in der Genesungszeit dank des liebevollen Verständnisses der Nonnen-Schwestern immer bei ihm sein.

Dunkle Wolken in unserem Leben haben uns immer noch fester aneinandergebunden und unsere Liebe wachsen lassen, und wir genießen dankbar jeden Tag, an dem wir zusammen sein können. Wie unser Freund, Professor Eiermann, zu sagen pflegt: »Eine harmonische Gemeinsamkeit ist die halbe Miete.«

Eine schwere, bedrückende Wolke allerdings wird wohl über meinem weiteren Leben hängenbleiben. Sie verdunkelt mein Häuschen im geliebten Biesern. Ich sage noch immer »mein« Häuschen, obwohl es mir nicht mehr gehört. Die DDR hat es mir enteignet, und die BRD hat das sanktioniert. Diese Wegnahme, durch nichts gerechtfertigt, empfinde ich als ungeheuerlichen Raub.

Eines Tages schrieb mir eine Freundin aus der dortigen Gegend, nun hätte ich mein Haus ja verkauft und sei sicher eine Sorge los. So habe ich es erfahren. Nicht etwa durch eine Behörde. Rechtliche Unterlagen erhielt ich erst nach der Wende und nur auf Verlangen. Die vierzehn Tage Einspruchsfrist, die mir darin zugestanden wurden, war natürlich längst verstrichen. Als »Ausgleich« für mein Sperrkonto erhielt ich nach der Wende ganze 1000 DM – ohne Abrechnung! – auf mein Westkonto überwiesen. Die lächerliche Kaufsumme für mein Haus liegt noch immer bei irgendeiner Berliner Behörde.

Vom Sperrkonto, so war ich zu DDR-Zeiten informiert worden, sollten alle anfallenden Steuern und auch Reparaturen beglichen werden. Aber man ließ das Haus, wohl nicht ohne Absicht, verkommen. Ich konnte keinen Einfluß nehmen; das sei alles Sache der Gebäudeverwaltung, hieß es.

Als meine zuverlässigen Pächter wegen Alter und Krankheit in eine Stadtwohnung gezogen waren, bin ich – so schwierig es auch für mich zeitlich war – in die DDR gereist, um für einen neuen Pächter zu sorgen. Aber ich hätte ebensogut hinfahren können, um mit der bloßen Hand Aale zu fangen. – Beklommen stand ich vor meinem Haus, ausgesperrt – auch aus den unbelasteten Erinnerungen meiner Kindheit.

Nun sitzt ein mir total fremdes Ehepaar drinnen. Die Frau arbeitete bei – der Gebäudewirtschaft, saß also an der Quelle. Daß ich noch einen Grundbuchauszug habe, der mich als Besitzerin ausweist, interessiert anscheinend niemanden.

Es ist nicht so sehr der materielle wie der ideelle Wert, dem ich schmerzlich nachtrauere. Wenn mein Haus mir schon nicht bleiben durfte, so hätte ich gern selbst bestimmt, wer es haben soll. Für das »SOS-Kinderdorf Sachsen« zum Beispiel hätte ich es liebend gern gespendet, zusammen mit dem Stück unbebauten Landes, das mir gnädigerweise gelassen wurde und für das ich nach wie vor Grundsteuer zahlen darf, das aber zur Hälfte ohne meine Einwilligung oder irgendwelche Entschädigung genutzt wird. Es hätte ein ideales Mütter-Ferienheim werden können, und vielleicht hätte auch ich hie und da dort kurz als Gast noch meine Freude daran gehabt.

Nun erinnere ich mich an Großeltern und Eltern, wie sie sich abmühten – für wen?? – und kann nie mehr dorthin gehen, und auch nicht mehr dorthin denken – ohne beklemmenden Kummer... Das also ist die lastende, dunkle Wolke, die ich mich bemühe wegzuschieben – und dabei trotzdem meine Erinnerung an die glücklichsten Tage meiner Kindheit zu bewahren... Ob mir das eines Tages gelingen wird?

Im Herbst 1961 waren wir über ein Wochenende bei Hamburger Freunden eingeladen, die sich in der Heide eine strohgedeckte Kate als Wochenendhaus eingerichtet hatten. Die Ruhe und Ungestörtheit in freier Natur tat uns so unglaublich wohl, daß wir beschlossen, etwas ähnliches auf bayerisch in der weiteren Umgebung von München zu suchen.

Wir fanden es schneller als erwartet: Im März 1962 wurde der Kaufvertrag für ein altes Bauernhaus unterzeichnet; es hatte auch einen Hofnamen, aber wir unwissenden »Zuag'roasten« hatten keine blasse Ahnung, daß sich ein solcher Name normalerweise nicht ändert, höchstens der Besitzer des Hofes. Wie also sollte unser Hof heißen? Wir nannten ihn HABEL-Hof, zusammengesetzt aus HA-gen und Lö-BEL. Mittlerweile ist dieser Name in der ganzen Gegend akzeptiert.

Wie wir diesen Hof suchten und fanden, und wie er langsam wuchs und immer schöner wurde; wie wir ihn schließlich zum festen Wohnsitz, unserem Zuhause, machten; was er in den letzten rund fünfunddreißig Jahren alles sah und erlebte, zusätzlich zu den reichlich zweihundertfünfzig Jahren, die er sowieso schon auf dem Dach hatte – all das und noch vieles mehr kann ich hier nicht erzählen. Es gäbe ein neues Buch. Aber soviel soll doch berichtet werden, daß wir in diesem Refugium die Ruhe und Muße haben, die in der Großstadt nie zu finden sein kann.

Alle unsere Münchner Freunde schrien zunächst Zeter und Mordio wegen unserer »Auswanderung«. Aber das Zusammensein mit ihnen ist seither noch viel schöner geworden, mit Übernachtung und abends am Kamin sitzen, ohne die letzte U-Bahn erreichen zu müssen.

1983, als wir endgültig aufs Land zogen, war unser Sohn schon längst aus dem Nest geflogen und selbständig. Wir wollten nun endlich Ernst machen mit den vielen Dingen, die wir uns immer vorgenommen und wegen fehlender Zeit nie durchgeführt hatten. Daß der Zeitmangel uns allerdings erhalten bleiben wird, wahrscheinlich bis an unser Lebensende, ist eine andere Geschichte. – Immerhin haben wir uns hier schon eine Menge Uralt-Wünsche erfüllen können. Holger hat sich in einem Teil des ehemaligen Heubodens eine kleine Schreinerwerkstatt eingerichtet. Ich begann mit Kachelmalerei und befreite alte Möbel von traurig abblätternden Farbschichten. Wenn wir genug haben vom Werkeln, gehen wir vor die Tür, und die Seele atmet tief mit uns ein beim Anblick von soviel landschaftlicher Schönheit.

Nach dieser Hymne ist gewiß jedem klar, daß uns keine zehn Ackergäule von hier jemals wieder fortziehen können.

Ende 1992 beschloß ich, mich endlich wieder ans Modellieren zu machen und so wenigstens eine meiner Ideen auszuführen, die ich schon lange mit mir herumtrug. Eine kleine Werkstatt wurde eingerichtet und ein Brennofen angeschafft, eine Starkstromleitung dafür angelegt und Ton besorgt. Gleich Anfang 1993 wollte ich in meiner freien Zeit an die Arbeit gehen.

Jetzt, zwei Jahre später, steht der Brennofen noch immer unausgepackt in der nach wie vor ungenutzten Werkstatt! »Schuld« daran sind, wenn man's genau betrachtet, die mit uns befreundeten jungen Verleger Roland Astor und Claus Obalski. Sie waren es, die Dr. Bernhard Struckmeyer vom Herbig Verlag von einem meiner vielen Zukunftspläne erzählten, meine Erinnerungen zu Papier zu bringen. Ein Vertrag wurde abgeschlossen, und alle anderen Pläne mußten erst einmal zurückgestellt werden. Wer weiß, ob ich ohne dieses Muß im Rücken je die Durchhaltekraft aufgebracht hätte, meine fünfundsiebzig Jahre zu schildern, die ich bisher in unserem – im Guten wie im Schlechten – extremen Jahrhundert da bin!

Ich weiß – und das gehört auch zu meiner Glücks-Portion –, daß viele Menschen mich kennen und manche mich sogar lieben. Aber ebenso weiß ich, daß diese Liebe mehr oder weniger den Personen gilt, die ich dargestellt habe. Wer ich wirklich bin, wissen auch nach unzähligen, teils entstellenden Interviews die wenigsten. Eine Episode fällt mir dabei ein, die sich vor einiger Zeit zutrug:

Mein Mann, als Chefkoch der Familie, hatte Fleisch beim Metzger Lang am Münchner Viktualienmarkt bestellt und bereits bezahlt. Es sollte noch präpariert und am nächsten Tag abgeholt werden. Da ich ohnehin in der Stadt zu tun hatte, übernahm ich diese Aufgabe. Als ich den Laden betrat, begrüßte mich der Metzger freundlich und lauthals mit »Grüß Gott, Frau Hagen!« Eine lange Schlange stand am Tresen. An der mußte ich nun vorbei, was peinlich nach Vordrängen aussah. Ich ging mutig nach vorn, aber mit gesenktem Kopf, um den mißbilligenden Blicken zu entgehen. Eine Dame, die als nächste an der Reihe sein sollte, musterte mich, wie mir schien, besonders streng von oben bis unten. Ich glaubte, eine Erklärung schuldig zu sein, und es entwickelte sich folgender Dialog: »Verzeihen Sie bitte, ich will mich nicht vordrängen. Nur, die Ware liegt schon zum Abholen bereit. Aber wenn Sie eilig sind...« Weiter kam ich nicht. »Neinein«, beschwichtigte sie. »Das ist es nicht. Ich schaue Sie nur so an, weil Sie der Bruni Löbel so ähnlich sehen.« Für solche Fälle habe ich einen – nicht im mindesten gelogenen! – Satz parat: »Ja, das sagt man mir häufig.« – »Das denk ich mir«, erwiderte die Dame gönnerhaft, »ich kenne die Bruni Löbel nämlich persönlich.«

Metzger Lang gab einen kurzen Grunzlaut von sich und verschwand unter dem Ladentisch – dafür, daß die Ware griffbereit sein sollte, sehr lange, bis er endlich mit meinem Fleischpaket wieder nach oben tauchte und mühsam gefaßt sagte: »Bitte sehr, Frau Hagen, hier ist Ihr Päckchen. Und einen schönen Gruß an den Herrn Gemahl.« –

Ich ärgere mich noch heute, daß ich nicht geistesgegenwärtig genug war, eine Replik zu riskieren: »Ach, das ist interessant. Erzählen Sie mal: Wie ist die denn so?« – Sie, liebe Leserinnen und Leser, die Sie bis zu diesem Punkt durchgehalten haben, wissen nun wesentlich besser als die kluge Dame beim Metzger, »wie ich so bin«.

Ich schließe mit der Hoffnung, daß alle, die nun wirklich ein bißchen mehr von mir kennen, ab jetzt nicht nur meine Rollen, sondern vielleicht sogar mich selbst ein wenig mögen.

Rollenverzeichnis Theater

(Abkürzungen: BL = Bruni Löbel, ÜN = Übernahme, WA = Wiederaufnahme,
DE = Deutsche Erstaufführung)

Städtische Bühnen Chemnitz

1936
Frühjahr

Molière
Der eingebildete Kranke
R: Konrad Mayerhoff
BL (Louison), Gustav Wehrle, Sonja Karzau

1937
Dezember

Sigmund Graff
Die Primanerin
R: Axel Kreuzinger
BL (Inge Lorenz), Maria Rouvel, Axel Kreuzinger, Konrad Mayerhoff, Paul Milbradt, Horst Beck, Sonja Karzau

1937/38

Kinderrollen und Statisterie

1939
Sommer
Marburger Festspiele

William Shakespeare
Ein Sommernachtstraum
Musik: Edvard Grieg
R: Walter Maria Holetzko
BL (Hermia), Josef Meermann, Karl Bockx, Hans Cossy, Martin Held, Lilo Dietrich, Gert Fröbe, Wolfgang Golisch, Helmut Peine, Günther Hess

Schauspielhaus der Residenzstadt Potsdam

Dezember

Der gestiefelte Kater
R: Bernd Lürgen
BL (Munz, der gestiefelte Kater), Manfred Heitmann, Helga Hesse

1940
20.1.

Henrik Ibsen
Die Stützen der Gesellschaft
BL (Olaf), Helga Hesse, Gerhild Kirchhofer-Mende

Dezember

Hänsel und Gretel
R: Alfred Richter-Anschütz
BL (Hänsel), Helga Hesse, Fritz Kalmann, Kunibert Gensichen

25.12.

William Shakespeare
Ein Sommernachtstraum
Musik: Carl Maria von Weber
R: Alfred Richter-Anschütz
BL (Hermia), Curt Goetz-Pflug

1941
Februar
Theater in der
Behrenstraße, Berlin,
anschließend Tournee
(Vorstellungen z. T.
vor Wehrmachts-
angehörigen)

Just Scheu und Peter A. Stiller
Heimlichkeiten
R: Philipp Lothar Mayring
BL (Edith Langenbach), Heinz Welzel, Christel Lerche,
Erich Stelmecke

April bis Spätherbst
Ufa-Tourneen durch
Ostpreußen, Italien,
Rumänien

Bunte Abende
Tournee-Leitung: Horst und Irene van Diemen
BL, Trude Hesterberg, Ursula Herking, Fritz Genschow,
Hermann Speelmans, Rotraut Richter, Hansi Wendler,
Bobby Iller

25. 10.
Theater der Jugend,
Berlin

August Hinrichs
Wenn der Hahn kräht
R: Wulf Rittscher
BL (Lena), Wulf Rittscher, Gerda Vorfahr, Harry Gondi,
Leo Siedler

1942
Juni   ÜN
Tournee durch
Thüringen

Dario Niccodemi
Scampolo
R: Alexander Richter
BL (Scampolo), Walter Ladengast, Stella Texter, Kurt
Lang

1943
Kabarett der Komiker,
Berlin

Peter Kreuder
Märchenrevue
BL (Sterntalermädchen)

1945/46
Salzburg und
Bad Wildungen

U.S.-Shows
Show-Nummern bei der 3rd Division
BL, Margot Hielscher, Paul Dahlke, Doris Dahlke, Fritz
Odemar

1946
Juli
Leipzig, anschließend
Tournee durch Sachsen
und Thüringen

Avery Hopwood
Der Mustergatte
R: Helmut Weiss/ Heinz Rühmann
BL (Doddy), Heinz Rühmann, Hertha Feiler, Werner
Fuetterer, Harald Sawade

1946/47
Ende Dezember bis
Mitte Mai Filmbühne
Wien/Berlin, anschließend
Tourneen (insgesamt
zwischen 1947 und 1950
in Deutschland und der
Schweiz rund 600mal)

Avery Hopwood
Der Mustergatte
R: Helmut Weiss/ Heinz Rühmann
BL (Doddy), Heinz Rühmann, Carola Höhn,
Hildegard Behrens, Werner Fuetterer,
Harald Sawade

1947

24. 5.
Komödie, Berlin

Dodie Smith
Der erste Frühlingstag
R: Helmut Weiss
BL (Anne), Käthe Haack, Hubert von Meyerinck, Heinz Lausch, Erich Fiedler, Brigitte Mira, Ursula Diestel, Else Ehser, Karin Evans, Loni Heuser, Ingrid Lutz, Ruth von Riedel, Fritz Genschow

Dezember
Cabaret Ulenspiegel,
Berlin

Günter Neumann
Schwarzer Jahrmarkt
R: Carl-Heinz Schroth
BL (Druckfehlerteufel, Wunderkind u. a.), Tatjana Sais, Georgia Lind, Ann Höling, Hubert von Meyerinck, Hans Deppe, Hans Nielsen, Herbert Weißbach, Werner Oelschläger

1948

4. 3.
Schloßpark-Theater,
Berlin

Gotthold Ephraim Lessing
Minna von Barnhelm
R: Willi Schmidt
BL (Franziska), Gudrun Genest, Erich Schellow, Erwin Biegel, Franz Nicklisch, Clemens Hasse, Ralph Lothar, Albert Bessler

Kleine Komödie, München

1949

8. 2.   ÜN

John Boynton Priestley
Seit Adam und Eva
R: Beate von Molo
BL (Rosemary), Luise Ullrich, Martin Peter Urtel, Ulrich Beiger

1949/50

25. 12./ WA 1. 3.,
anschließend Tournee
Westdeutschland

Avery Hopwood
Der Mustergatte
Regie: Heinz Rühmann
BL (Doddy), Heinz Rühmann, Hertha Feiler, Eva l'Arronge, Ruth Killer, Werner Fuetterer, Leo Siedler, Gustl Datz

1951

24. 3.

Dodie Smith
Der erste Frühlingstag
R: Paul Verhoeven
BL (Anne), Käthe Haack, Paul Dahlke, Elfie Beyer, Gunnar Möller, Karl Schönböck, Ruth von Riedel, Liesl Karlstadt, Ursula Grabley, Lies van Essen (= Lis Verhoeven), Isebil Sturm, Herta Saal, Leo Siedler

30. 5.

Louis Verneuil
Es bleibt in der Familie
R: Gerhard Metzner
BL (Christine Chantrel), Bum Krüger, Fritz Odemar, Ursula Grabley

410

4. 10.	DE	F. Hugh Herbert

4. 10. DE
Münchner
Kammerspiele,
Schauspielhaus

F. Hugh Herbert
Wolken sind überall
R: Axel von Ambesser
BL (Patty), Hardy Krüger, Ernst Fritz Fürbringer

1952
25. 1. DE
Theater der Stadt
Baden-Baden

Peter Blackmore
Kleine Fische für Miranda
R: Viktor Warsitz
BL (Nixe Miranda), Marisa Gaffron, Annette Roland,
Götz von Langheim, Paul Dättel

21. 3.
Die kleine Freiheit,
München

Oliver Hassencamp, Erich Kästner, Peer Schwenzen u. a.
Ihre Sorgen ...
Regie: Trude Kolman
BL, Karl Schönböck, Helen Vita, Bobby Todd, Oliver
Hassencamp, Rainer Penkert, Inge Scheck

September
Düsseldorfer
Schauspielhaus

F. Hugh Herbert
Wolken sind überall
R: Günther Lüders
BL (Patty), Peer Schmidt, Günther Lüders

Kleine Komödie, München

15. 11.

Franz Molnár
Die Fee
R: Helmut Weiss
BL (Fee), Bruno Hübner, Adolf Gondrell, Leo Siedler,
Barbara Gallauner, Ulrich Beiger, Dieter Wieland

1953
22. 1.

Jean Giltène
Der Engel vom Montparnasse
R: Gerhard Metzner
BL (Yvette Malnat), Dieter Borsche, Bum
Krüger, Ernst Kuhr, Dieter Wieland, Isebil Sturm, Leo
Siedler, Barbara Gallauner, Walter Janssen, Werner Lie-
ven, Ursula Kube, Hannelore Schützler

12. 9.

Alfred Gehri
Im sechsten Stock
R: Gerhard Metzner
BL (Thérèse), Walter Janssen/Bruno Hübner, Robert
Freytag, Trude Hesterberg, Isebil Sturm, Dieter Wieland,
Barbara Gallauner, Hannelore Schützler, Margot Leonard,
Willem Holsboer, Leo Siedler, Dieter Wieland

Deutsches Schauspielhaus, Hamburg

31. 12.

Armin L. Robinson (nach Viktor Skubetzky und
M. Deutsch-Brady) und Herbert Orth
Laß die Leute reden
R: Peter Hamel. Choreographie: Ernst Matray
BL (Marie), Peter Schütte, Joseph Offenbach, Annie Rosar,
Alf Pankarter, Annemarie Holtz, Ilse Bally, Ursula Erber

1955

19. 3.   Jacques Offenbach (Bearbeitung: Gerhard
                     Bronner)
                     Pariser Leben
                     R und Choreographie: Ernst Matray und Maria Solveg
                     BL (Gabriele), Peter Schütte, Alf Pankarter, Elisabeth de
                     Freitas, Benno Gellenbeck, Hans Irle, Ursula Erber, Die-
                     ter Brammer, Max Walter Sieg

1956

Mitte Januar   Ralph Benatzky
Komödie im   **Meine Schwester und ich**
Marquardt, Stuttgart   R: Willem Holsboer
                     BL (Dolly), Johannes Heesters, Willem Holsboer, Jonny
                     Goertz

30. 7.   Jean Anouilh
Theater in der   **Ornifle oder Der erzürnte Himmel**
Josefstadt, Wien   R: Willi Schmidt
(Gastspiel des   BL (Mlle. Supo), Victor de Kowa, Hilde Weissner, Hilde
Renaissance-Theaters, Sessak, Eckart Dux, Alexander Engel, Anette Grau, Wal-
Berlin), anschließend ter Gross, Dietrich Frauboes, Kurt v. Ruffin
Tournee

1957

27. 2.   (Bearbeitung: Gerhard Bronner)
Intimes Theater in der **Ich und der Teufel**
Liliengasse, Wien   R: Gerhard Bronner
                     BL (Grete), Bruno Dallansky, Bruce Low, Louise Martini

Münchner Kammerspiele, Schauspielhaus

27. 5.   Curt Goetz
                     Der Lampenschirm
                     R: Hans Schweikart
                     BL (Frau von Wysow), Karl Schönböck, Ernst Fritz Für-
                     bringer, Robert Graf, Otto Brüggemann, Gunnar Möller,
                     Brigitte Rau, Else Quecke, Heini Göbel

20. 7.   William Shakespeare
                     Was ihr wollt
                     R: Fritz Kortner
                     BL (Maria), Peter Arens/Wolfgang Kieling, Marianne
                     Wischmann, Eva-Ingeborg Scholz, Curt Bois, Karl
                     Paryla, Rudolf Rhomberg, Karl Lieffen, Anton Reimer,
                     Erwin Faber, Erik Jelde

1958

17. 1.   W. Somerset Maugham
Kleine Komödie,   **Der Kreis**
München   Regie: Gerhard Metzner
                     BL (Elizabeth), Erika von Thellmann, Herta Worell,
                     Walter Rilla, Thomas Reiner, Hans Leibelt, Helmuth
                     Schneider, Leo Siedler

13. 3. Bayerisches Staats- schauspiel, München - Residenztheater	Lope de Vega **Tumult im Narrenhaus** R: Axel von Ambesser BL (Doña Fedra), Peter Arens, Dieter Kirchlechner, Fritz Rasp, Agnes Fink, Wolfried Lier, Rudolf Rhomberg, Hans Herrmann-Schaufuß, Annemarie Wernicke
7. 7. WA Münchner Kammerspiele, Schauspielhaus	William Shakespeare **Was ihr wollt**
1. 8. Kleine Komödie, München	Noel Coward **Intimitäten** Regie: Peter Hamel BL (Sibyl Chase), Gundel Thormann, Karl Schönböck, Erwin Strahl
4. 11. Bayerisches Staats- schauspiel, München – Altes Residenztheater (Cuvilliés-Theater)	Pedro Calderón de la Barca **Dame Kobold** R: Günther Lüders BL (Isabella), Elfriede Kuzmany, Hans Clarin, Luise Cleve, Dieter Kirchlechner, Peter Arens
1959 15. 3. Bayerisches Staats- schauspiel, München - Residenztheater	Carlo Gozzi (Bearbeitung: Otto Zoff) **König Hirsch** R: Axel von Ambesser BL (Smeraldina), Wolfried Lier, Jürgen Goslar, Ernst Ginsberg, Kathrin Ackermann, Erwin Faber, Hans Zan- der, Kyra Mladeck, Dieter Kirchlechner
1960 Februar Freie Volksbühne im Theater am Kurfür- stendamm, Berlin, anschließend Tourneen (»Der grüne Wagen«) und Thalia Theater, Hamburg	Carl Sternheim **Die Kassette** R: Rudolf Noelte BL (Fanny Krull), Theo Lingen, Elisabeth Markus, Regine Lutz, Hans Putz (auf Tournee: Robert Dietl), Käte Jaenicke, Egon Brosig
Frühjahr Theater an der Berliner Allee, Düsseldorf	John van Druten **Das Lied der Taube** R: Ursula Herking BL (Sally), Holger Hagen, Anne Bergold
1961 29. 6. Bayerisches Staats- schauspiel, München - Residenztheater	Carl Sternheim **Die Kassette** R: Rudolf Noelte BL (Fanny Krull), Theo Lingen, Regine Lutz, Anne Ker- sten, Harry Fuss, Annemarie Wernicke, Kurt Stieler

413

Kleine Komödie, München

1963
16.8.   Gwen Davenport
                                         Belvedere
                                         R: Peter Hamel
                                         BL (Tacey King), Carl-Heinz Schroth, Ulrich Beiger,
                                         Pierre Franckh, Ursula Grabley, Leo Siedler, Gustl Datz

1964
27.10.   Noel Coward
                                         Gefallene Engel
                                         R: Fritz André Kracht
                                         BL (Julia Sterrol), Gundel Thormann, Jochen Schröder,
                                         Holger Hagen, Jan Hendriks, Monika John, Hermann
                                         Nehlsen

1967
Schaubühne, München,   Marc Camoletti
im Theater in der   **Boeing-Boeing**
Leopoldstraße,   R: Ilo von Janko
München   BL (Berthe), Gerd Vespermann, Elisabeth Volkmann,
                                         Michael Cramer, Heidi Fischer, Lisa Ravel

1969
Januar   Martin Walser
Kammerspiele in der   **Die Zimmerschlacht**
Böttcherstraße,   R: Heinz Wilhelm Schwarz
Bremen, und   BL (Trude), Holger Hagen
Kleines Theater im
Park, Bad Godesberg

Juli   Molière
Landesbühne   **Der eingebildete Kranke**
Hannover im   R: Reinhold Rüdiger
Gartentheater Herren-   BL (Toinette)
hausen

1970
April   Harold Brighouse
Volkstheater im   **Herr im Haus bin ich**
Sonnenhof, München   R: Alexander May
                                         BL (Maggie Hobbson), Veronika Faber, Erik Jelde, Gerd
                                         Potyka

Juli–Oktober   Heinrich von Kleist
Südafrika-Tournee   **Der zerbrochene Krug**
                                         R: Heinz Wilhelm Schwarz
                                         BL (Marthe Rull), Gaby Dohm, Irmgard Först, Michael
                                         Thomas, Wolfram A. Guenther, Walter Jokisch, Holger
                                         Hagen

414

Martin Walser
Die Zimmerschlacht
R: Heinz Wilhelm Schwarz
BL (Trude), Holger Hagen

Friedrich Dürrenmatt
Die Physiker
R: Heinz Schimmelpfennig
BL (Missionarin), Irmgard Först, Gaby Dohm, Holger
Hagen, Walter Jokisch, Alois Garg

Kleine Komödie, München

4. 12.

Marc-Gilbert Sauvajon
Tchao
R: Wolfgang Spier
BL (Mme. Martinay), Thomas Fritsch, Corinna Genest,
Willy Semmelrogge, Karl Schönböck, Helga Anders

1972

William Douglas Home
Sein bester Freund
R: Heinz Wilhelm Schwarz
BL (Lady Hilbury), Eva-Ingeborg Scholz, Erik Schumann,
Günter Mack

Rheinisches Landestheater, Neuss

1974

Jean Giraudoux
Die Irre von Chaillot
R: Hermann Wetzke
BL (Aurélie, die »Irre«), Werner Sindermann, Heide
Klemm, Enno Schnell, Jens Eggert

1976
Februar

Felicity Douglas
Die liebe Familie
R: Holger Hagen
BL (Laura), Waltraut Theek, Linde Strube, Stephan Wald

1977
Mai
Theater in der
Brienner Straße,
München

Samuel Nathaniel Behrman (nach einer Novelle
von W. Somerset Maugham)
Jane
R: Ilo von Janko
BL (Jane), Eva-Ingeborg Scholz, Horst Jüssen, Achim
Strietzel, Lukas Ammann

1978
März
Komödie im
Marquardt, Stuttgart

Miguel Mihura
Der Engel mit dem Blumentopf
R: Helmut Froschauer
BL (Schwester Maria), Walter Gross, Lilo von Plüskow,
Peter Bertram

415

Juli Luisenburg-Festspiele, Wunsiedel	William Shakespeare **Die lustigen Weiber von Windsor** R: Joachim Fontheim BL (Frau Fluth), Herta Staal, Petra Ulich, Erich Aberle, Hartmut Reck, Wolfram A. Guenther
1979 Juli Kreuzgangspiele, Feuchtwangen	Max Frisch **Don Juan oder Die Liebe zur Geometrie** R: Helge Thomas BL (Celestina), Hertha Martin, Hartmut Reck, Edda Pastor
1981 29. 1. Kleine Komödie im Bayerischen Hof, München	Maria Pacôme **Bring's mir bei, Céline!** R: Axel von Ambesser BL (Anna), Luise Ullrich, Heidi Stroh, Erich Schleyer, Werner Schulenberg
8. 10. Kleine Komödie am Max-II-Denkmal, München	Curt Goetz **Das Haus in Montevideo** R: Peter Frank BL (Marianne, die Frau Professor), Gunther Philipp, Tracy Schönbach, Wilfried Blasberg, Hansi Zacher, Peter Zeiller, Jitka Frantova, Thorwald Lössl
1982 23.4. DE Bayerisches Staats- schauspiel, München - Altes Residenztheater (Cuvilliés-Theater)	Simon Gray **Ende des Spiels** R: Martin Benrath BL (Daisy), Kurt Meisel, Klaus Guth, Andrea-Maria Wildner, Gerd Anthoff, Birgit Doll, Lisa Ravel, Michael Heuberger
1984 9. 2. Kleine Komödie im Bayerischen Hof, München	Oscar Wilde **Bunbury** R: Axel von Ambesser BL (Miss Prism), Amadeus August, Sky Dumont, Anne- liese Fleyenschmidt, Tracy Schönbach, Simone Rethel, Ulrich Beiger
Seit 1989 Gelegentliche Gastspiele (Hameln, Bad Reichenhall, Badenweiler, Chemnitz, Bonn u. a.)	Jerome Kilty (nach dem Briefwechsel G. B. Shaws mit Stella Patrick Campbell) **Geliebter Lügner** R: Heinz Wilhelm Schwarz BL (Stella Patrick Campbell), Holger Hagen

Filmographie

(Kinofilme – soweit feststellbar)
Zusammengestellt von Peter Spiegel

Die Filme sind chronologisch nach den Jahren ihrer Kinostarts aufgeführt; das Produktionsjahr ist vermerkt, wenn zwischen diesem und dem Uraufführungsdatum zwei oder mehr Jahre liegen – bei Filmen, die in den letzten Kriegsjahren gedreht wurden, war das häufig der Fall. Wenn es sich nicht um eine (ausschließlich) deutsche/BRD-Produktion handelt, werden Herstellungsland sowie Original- bzw. Alternativtitel genannt. Dabei steht der Originaltitel, d. h. der Titel des Ursprungslandes, an erster Stelle. AT=Alternativ- oder Reprisentitel, BL=Bruni Löbel (dahinter ihre jeweilige Rolle), D=Deutschland bzw. BRD, M=Musik, Ö=Österreich, PJ=Produktionsjahr, R=Regie, T=Titel

1939
Heimatland
R: Ernst Martin, nach der Operette »Monika« von Nico Dostal
BL (Mariele), Hansi Knoteck, Wolf Albach-Retty, Ursula Herking, Christian Gollong, Hans Ulrich, Karl Klüsner, Josefine Dora, Roma Bahn

1941
Jungens
R: Robert A. Stemmle, nach dem Roman »Die 13 Jungens von Dünendorf« von Horst Kerutt
BL (Anne-Lise), Albert Hehn, Hilde Sessak, Georg Thomalla, Wolfgang Staudte, Eduard Wandrey

1942
Fronttheater
R: Arthur Maria Rabenalt
BL (Lena), Heli Finkenzeller, René Deltgen, Wilhelm Strienz, Rudolf Schündler, Willi Rose, Lothar Firmans, Hedi und Margot Höpfner

1943
Wenn die Sonne wieder scheint
R: Boleslaw Barlog, nach dem flämischen Roman »De vlaschaard« (»Der Flachsacker«) von Stijn Streuvels
BL (Schellebelle), Paul Wegener, Paul Klinger, Maria Koppenhöfer, Ernst Waldow, Albert Florath, Jeanette Bethge, Fritz Hoopts, Max Gülstorff, Sigrid Becker

1944
Liebesbriefe
R: Hans H. Zerlett, nach der Komödie »Liebesbriefe« von Felix Lützkendorf
BL (Inge), Hermann Thimig, Käthe Haack, Paul Hubschmid, Suse Graf, Hans Brausewetter

Meine vier Jungens
(AT: »Die Stadings«/»Heimat des Herzens«)
R: Günther Rittau
BL (Marie), Käthe Haack, John Pauls-Harding, Gunnar Möller, Hermann Speelmans, Fritz Hoopts

Der große Preis
R: Karl Anton, nach dem Roman »Werkmeister Berthold Kramp« von Rudolf Hoepner
BL (Anneliese), Gustav Fröhlich, Carola Höhn, O.E. Hasse, Georg Thomalla, Otto Wernicke, Franz Schafheitlin

1947
Kein Platz für Liebe (DDR)
R: Hans Deppe
BL (Monika), Heinz Lausch, Ernst Legal, Elsa Wagner, Margarete Kupfer, Wilhelm Bendow, Eva-Ingeborg Scholz

1948
Leckerbissen
Kompilationsfilm (Szenen aus 18 Kinofilmen)
R: Werner Malbran
BL (Bruni Löbel) in Rahmenhandlung mit Adi Appelt

1949
Dreimal Komödie
(Ö-T: »Wettlauf um Liebe«; AT: »Liebeswirbel«; PJ: 1945)
R: Victor Tourjansky
BL (Ulla Brand), Ferdinand Marian, Margot Hielscher, Paul Dahlke, Mady Rahl, Inge Köstler, Beppo Brem, Margit Symo, Margarete Haagen

Krach im Hinterhaus
(Ö-T: »Wer zuletzt lacht«)
R: Erich Kobler, nach dem gleichnamigen Volksstück von Maximilian Böttcher
BL (Edeltraut Panse), Traute Rose, Gisela von Jagen, Paul Dahlke, Ursula Herking, Fita Benkhoff, Carl Kuhlmann, Franz Schafheitlin

Man spielt nicht mit der Liebe
R: Hans Deppe, nach der Komödie »Die glücklichste Ehe der Welt«
von Gustav Kampendonk
BL (Benvenuta Caroly/Friedel), Lil Dagover, Albrecht Schoenhals, Paul Klinger, Petra Peters, Georg Thomalla

1950
Absender unbekannt
R: Akos von Ratonyi
BL (Magda Lehmann, Schülerin), Henny Porten, Paul Kemp, Cornell Borchers, Ursula Herking, Marina Ried, Käthe Haack, Volker von Collande, Rudolf Platte

The Big Lift (USA)
(D- und Ö-T: »Es begann mit einem Kuß«; dt. EA: 1953)
R: George Seaton
BL (Gerda), Paul Douglas, Montgomery Clift, Cornell Borchers, O.E. Hasse, Danny Davenport

Mädchen mit Beziehungen
R: Akos von Ratonyi, M: Michael Jary
BL (Magda), Rudolf Prack, Willy Fritsch, Rudolf Platte, Ursula Herking, Paul Kemp, Friedel Hensch und die Cypris

Die Nacht ohne Sünde
R: Karl Georg Külb; M: Peter Igelhoff
BL (Monika Göbel), Grethe Weiser, Charlott Daudert, Paul Klinger, Paul Kemp, Karl Schönböck, Fritz Kampers, Trude Hesterberg, Liesl Karlstadt, Beppo Brem

418

1951
Engel im Abendkleid
R: Akos von Ratonyi; M: Michael Jary
BL (Ingrid Engel), Rudolf Prack, Paul Kemp, Rudolf Platte, Hubert von Meyerinck, Inge Meysel, Ursula Herking, Joseph Offenbach

Gangsterpremiere (Österreich)
(D-T: »So ein Theater«)
R: Curd Jürgens
BL (Hanni), Curd Jürgens, Grethe Weiser, Michael Janisch, Peter Preses, Rudolf Carl, Harry Fuss, Hans Putz, Kurt Sowinetz, Fritz Muliar

1952
Vater braucht eine Frau
R: Harald Braun, M: Franz Grothe
BL (Lotti Hellwig), Dieter Borsche, Ruth Leuwerik, Günther Lüders, Therese Giehse, Charlott Daudert, Oliver Grimm

1953
Quax in Afrika
(Ö-T: »Quax in Fahrt«; PJ: 1944)
R: Helmut Weiss
BL (Flugschülerin Julchen), Heinz Rühmann, Hertha Feiler, Karin Himboldt, Beppo Brem, Robert Tessen, Walter Gross
(Der Film wurde von der NS-Zensur 1944 zur Vorführung freigegeben, gelangte jedoch erst 1953 zum Kinoeinsatz.)

Irene in Nöten/Irena v Stisci (Österreich/Jugoslawien)
(D-T: »Wirbel um Irene«)
R: E.W. Emo, nach der Novelle »Verwirrung um Inge« von Hans Nüchtern
BL (Bruni Löbel), Friedl Czepa, Walter Giller, Hans Olden, Susi Nicoletti, Ernst Waldbrunn, Maso Slocec, Erle Ganbac

Glück muß man haben (Österreich)
(D-T: »Drei, von denen man spricht«)
R: Axel von Ambesser, nach dem Lustspiel »Hau-Ruck«
von Paul Vulpius und Ralph Arthur Roberts
BL (Franzi Schlee), Wolfgang Lukschy, Paul Kemp, Paul Hörbiger, Axel von Ambesser, Peter Alexander, Helmut Qualtinger

1954
Die Stadt ist voller Geheimnisse
R: Fritz Kortner, nach dem gleichnamigen Theaterstück von Curt Johannes Braun
BL (Susi Ecker, Korrespondentin), Carl Ludwig Diehl, Annemarie Düringer, Angelika Hauff, Paul Hörbiger, Adrian Hoven, Lucie Mannheim, Charles Regnier, Georg Thomalla, Karl Schönböck, Grethe Weiser, Susi Nicoletti, Carl-Heinz Schroth

1955
Geliebte Feindin
R: Rolf Hansen, nach dem gleichnamigen Roman von Maria von Kirchbach
BL (Aimée, Kabarettistin), Ruth Leuwerik, Thomas Holtzmann, Werner Hinz, Gustav Knuth, Rolf Henniger, Hans Quest, Erika Remberg, Hilde Weissner, Lina Carstens, Leonard Steckel

Vom Himmel gefallen/Special delivery (D/USA)
R: John Brahm
BL (Lilli), Joseph Cotten, Eva Bartok, René Deltgen, Nial McGinnis, Gert Fröbe, Lexford Richards, Robert Cunningham, Ursula Herking
(Dieser Film wurde in einer deutschen und in einer amerikanischen Version gedreht.)

1956
Das Liebesleben des schönen Franz (Österreich)
R: Max Nosseck, M und Lieder: Gerhard Bronner/Peter Wehle
BL (Tilla Höchsmann, Vertreterin), Walter Müller, Wolfgang Wahl, Rudolf Carl, Fritz Imhoff, Theo Lingen, Jester Naefe, Nicole Heesters, Erika von Thellmann, Ruth Stephan, Angelika Hauff, Adrienne Gessner, Gusti Wolf

1958
Der Pauker
R: Axel von Ambesser
BL (Frl. Dr.Selinski), Heinz Rühmann, Wera Frydtberg, Gert Fröbe, Peter Kraus, Michael Verhoeven, Peter Vogel, Klaus Löwitsch, Ernst Fritz Fürbringer, Hans Leibelt, Walter Sedlmayr

1959
Das schöne Abenteuer
R: Kurt Hoffmann
BL (Françoise), Liselotte Pulver, Robert Graf, Oliver Grimm, Eva-Maria Meineke, Horst Tappert, Heinrich Schweiger, Hans Clarin, Karl Lieffen, Paul Esser, Ralf Wolter, Rudolf Rhomberg

1962
Almost angels (USA)
(AT: »Born to sing«)
(D-T/Ö-T: »Ein Gruß aus Wien«)
R: Steven Previn, nach einer Story von Robert A. Stemmle
BL (Frau Fiala), Peter Weck, Hans Holt, Fritz Eckhardt, Gunther Philipp, Vincent Winter, Sean Scully, Denis Gilmore, Hans Christian, Walter Regelsberger, Walter Varndel, Rose Renée Roth, Die Wiener Sängerknaben

1967
Kurzer Prozeß
R: Michael Kehlmann
BL (Fräulein Schebesta), Helmut Qualtinger, Alexander Kerst, Otto Tausig, Walter Kohut, Gustl Weishappel, Guido Wieland, Jutta Schwarz, Fritz Eckhardt, Willy Harlander
(Der ursprünglich fürs Fernsehen gedrehte Streifen wurde zwei Jahre vor seiner TV-EA im Kino gestartet.)

Fernsehen

(Eine Auswahl der Fernsehspielfilme von Bruni Löbel, geordnet
nach ihren EA/Erstausstrahlungsdaten)
Zusammengestellt von Peter Spiegel

1940
Verstaubtes Herz im Pulverschnee
R: John Olden
BL (Skihaserl)

Hofloge 6.3.1954
Musikalische Komödie von Karl Farkas nach J. M. Crawford NDR
R: John Olden
BL (Hortense), Hermann Lenschau, Fritz Wagner

Jedem die Seine 28.5.1954
Lustspiel »Marguerite: 3« von Fritz Schwiefert NDR
R: Michael Kehlmann
BL (Marguerite), Hilde Krahl, Heini Göbel, Karl John

Vater braucht eine Frau 26.9.1954
R: Fritz Schröder-Jahn NDR
BL (Frl.Hellwig), Inge Meysel, Hans Paetsch

Der kleine Napoleon 12.3.1955
Musikalisches Lustspiel von Paul Sarauw NDR
R: Hans Richter
BL (Josefine), Heini Göbel

Die Heiratsvermittlerin 15.12.1955
BL: Fernsehbearbeitung der Komödie »The Matchmaker« ARD/ORF
von Thornton Wilder
Inge Meysel, Boy Gobert, Gusti Wolf
(BL übernahm keine Rolle)

Die zwei Herren aus Verona 22.3.1956
Komödie »The two Gentlemen of Verona« von William Shakespeare SWF 1
R: Harald Benesch
BL (Lucetta), Leopold Biberti, Lothar Berg, Jürgen Kloth

Die Fee 1957 ORF
Komödie von Franz Molnár
R: Hermann Lanske
BL (Lu), Louis Soldan

Der Kreis 6.9.1958
Komödie »The Circle« von W. Somerset Maugham ARD
Aufzeichnung aus der Kleinen Komödie, München
R: Gerhard Metzner
BL (Elizabeth), Erika von Thellmann, Walter Rilla, Thomas Reiner

Dame Kobold 21.6.1959
Komödie »La dama duende« von Pedro Calderón de la Barca ARD
Aufzeichnung aus dem Cuvilliés-Theater, München
R: Günther Lüders
BL (Isabel), Elfriede Kuzmany, Hans Clarin

Intimitäten
Komödie »Privat Lives« von Noel Coward
Aufzeichnung aus der Kleinen Komödie, München
R: Peter Hamel
BL (Sibyl Chase), Karl Schönböck, Erwin Strahl

8. 10. 1959
SWF 1

Kurze Begegnung
Theaterstück »Brief Encounter« von Noel Coward
R: Erich Neuberg
BL (Sie), Ed Stavjanek

25. 10. 1959
ORF

Venus im Licht
Komödie »Venus observed« von Christopher Fry
R: Peter Beauvais
BL (Jessie Dill), Adolf Wohlbrück, Martin Berliner

4. 10. 1960
ARD

Die Kassette
Komödie von Carl Sternheim
R: Rudolf Noelte
BL (Fanny Krull), Theo Lingen, Hans Putz, Elisabeth Markus,
Regine Lutz

23. 2. 1961
SWF 1

Die Nackten kleiden
Schauspiel »Vestire gli ignudi« von Luigi Pirandello
R: Hans-Reinhard Müller
BL (Signora Onoria), Hertha Martin, Herbert Fleischmann

1. 8. 1963
BR 1

Das Fräulein an der Kasse
von Wladimir Semitjow
R: Eberhard Itzenplitz
BL (Eva Wiberg), Holger Hagen

8.1.1964
ZDF

Onkelchens Traum
Nach der Novelle von Fedor Dostojewski
R: Günter Gräwert
BL (Nastasia), Rosel Schaefer, Rudolf Vogel

15. 1. 1965
ZDF

Boeing-Boeing
Lustspiel von Marc Camoletti
R: Hans Quest
BL (Berthe), Harald Leipnitz, Gerlinde Locker

1. 3. 1965
WDR

Tag für Tag
Stück »Roots« von Arnold Wesker
R: Peter Beauvais
BL (Jenny Beales), Hannelore Hoger, Dirk Dautzenberg

2.6.1965
ZDF

Familientreffen
R: Harald Benesch
BL (Frances), Ida Krottendorf, Hans Caninenberg, Willy Maertens

23. 7. 1965
ZDF

Schelme im Paradies
Stück »Les gueux au paradis« von G.M. Marten und André Obey
R: Wolfgang Liebeneiner
BL (Flavie), Wolfgang Reichmann, Johanna Liebeneiner

2. 12. 1965
ZDF

Porträt eines Helden
Nach einem Roman von Pierre Boulle
R: Michael Kehlmann
BL (Miss Rhoda Grant), Robert Graf, Rolf Boysen, Gerlinde Locker

17.5.1966
BR 1

Caroline
Komödie von W. Somerset Maugham
R: Fritz Umgelter
BL (Isabella Trench), Sigrid Marquandt, Alice Treff

7.7.1966
WDR

Erinnerung an zwei Montage
Schauspiel »A Memory of two Mondays« von Arthur Miller
R: Karl Fruchtmann
BL (Agnes), Norbert Kappen, Paul Dahlke

13.9.1966
ARD/ORF 1

Gesellschaftsspiele
Stück »Surface of Innocence« von Leo Lehman nach
»Les liaisons dangereuses« von Choderlos de Laclos
R: Peter Schulze-Rohr
BL (Susanne), Holger Hagen, Luitgard Im

9.11.1966
NDR/SFB/
RB III

Biedermann und die Brandstifter
Bühnenstück von Max Frisch
R: Rainer Wolffhardt
BL (Babette), Siegfried Lowitz, Herbert Bötticher

16.4.1967
ARD

Hochzeitsnacht
R: Ludwig Cremer
BL (Brautmutter), Wolfgang Wahl, Willi Rose

30.5.1967
ARD

Nathan der Weise
Dramatisches Gedicht von Gotthold Ephraim Lessing
R: Franz Peter Wirth
BL (Daja), Kurt Ehrhardt, Siegfried Wischnewski

17.9.1967
ZDF

Philadelphia, ich bin da!
Schauspiel »Philadelphia, Here I Come« von Brian Friel
R: Karl Fruchtmann
BL (Lizzy Sweeney), Berta Drews, Peter Striebeck, Wolfgang Büttner

26.9.1967
ARD

Sich selbst der Nächste
R: Michael Kehlmann
BL (Charlotte), Adrienne Gessner, Alexander Kerst

3.11.1968
ARD

Was ihr wollt
Komödie »Twelfth Night or What You Will« von William Shakespeare
R: Ludwig Cremer
BL (Maria), Johanna von Koczian, Erika Pluhar, Theo Lingen,
Siegfried Lowitz

31.12.1968
ZDF

Eine Frau ohne Bedeutung
Bühnenstück »A Woman of No Importance« von Oscar Wilde
R: Georg Wildhagen
BL (Lady Stutfield), Doris Schade, Erik Schumann

13.4.1969
ZDF

Tod in Miami
Episode 2 aus »Kündigungen«
R: Ludwig Cremer
BL (Mrs.Prendergast), Wolfgang Wahl

25.10.1969
SDR 3

Vorortzug 6. 11. 1969
Nach »Dream of a Summer Night« von Ted Willis ARD
R: Oswald Döpke
BL (Edith Gebhard), Alexander May

Der Hausfreund 18. 12. 1969
R: Hellmuth Matiasek ARD
BL (Herta Flum), Dirk Dautzenberg, Walter Jokisch

Juno und der Pfau 14. 12. 1969
Schauspiel »Juno and the Peacock« von Sean O'Casey ORF 1
R: Karl Fruchtmann
BL (Mrs. Maisie Madigan), Klaus Maria Brandauer, Walter Richter

Ach, so eine nette Person 8. 3. 1970
R: Peter Schulze-Rohr ARD
BL (Frau Bell), Gunnar Möller, Elisabeth Schwarz

Love-In 17. 7. 1971
Komödie von Carl Borro Schwerla ZDF
Aufzeichnung aus dem Theater in der Brienner Straße, München
R: Karlheinz Bieber
BL (Johanna Zeller, Zimmervermieterin), Harry Fuss

Blüten der Gesellschaft 6. 5. 1972
R: Werner Schlechte ZDF
BL (Caroline Bollmann), Heinz Baumann, Horst Tappert,
Margot Trooger

Fisch zu viert 15. 6. 1972
R: Ulrich Lauterbach HR
BL (Clementine Heckendorf), Dagmar Altrichter, Käthe Lindenberg

Wurm im Bau 22. 9. 1973
Klamödie von Dieter Hildebrandt ARD
R: Joachim Roering
BL (Frau Kröner), Dieter Hildebrandt, Walter Jokisch, H. J. Diedrich

Sommerpension (Reihe: »Der Kommissar«) 2. 11. 1973
R: Jürgen Goslar ZDF
BL (Paula Thalmann) Marianne Hoppe, Erik Ode, Götz George

Geschichten zu zweit: Die Heldin 19. 11. 1974
R: Wolfgang Liebeneiner ORF
BL (Heldin), Fritz Eckhardt

Mitternachtsbus (Serie: »Derrick«) 7. 1. 1975
R: Theodor Grädler SRG
BL (Frau Jahn), Horst Tappert, Rudolf Platte, Werner Kreindl

Tristan 6. 6. 1975
Nach der gleichnamigen Novelle von Thomas Mann ZDF
R: Herbert Ballmann
BL (Rätin Spatz), Gerd Baltus, Günter Strack, Rosemarie Fendel,
Barbara Valentin

Taxi 4012 28. 9. 1976
R: Theodor Grädler ZDF
BL (Frau Moser), Thekla Carola Wied, Harald Leipnitz

424

David und Goliath   11.4.1977
Komödie von Georg Kaiser   ZDF
R: Ilo von Janko
BL (Tante Juel), Horst Bollmann

Diener und andere Herren – Geschichten aus Irland   5.2.1978
Episode: »Die Kuckucksuhr« von Lida Winiewicz nach P.G. Wodehouse ZDF
R: Wolfgang Glück
BL, Heinz Rühmann

Kleine Geschichten mit großen Tieren   5.3.1978
R: Hartmut Griesmayr   ZDF
BL (Zeichenlehrerin), Heinz Bennent, Theo Lingen

Jane   3.10.1979
Komödie von Samuel Nathaniel Behrman nach einer Erzählung von   ORF 1
W. Somerset Maugham
R: Wolfgang Liebeneiner
BL (Jane), Karl Schönböck, Peter Pasetti, Anaid Iplcjian

Augenblicke   27.12.1979
Episode: »Teestunde« von Lida Winiewicz   ORF 2
R: Wolfgang Glück
BL, Paula Wessely

Schußfahrt (Reihe: »Tatort«)   1.6.1980
R: Wolfgang Staudte   ARD/ORF
BL (Gerda Scholz), Hansjörg Felmy, Heinz Baumann, Doris Kunst-
mann, Volkert Kraeft, Burkhard Driest, Diana Körner

Mord nach Plan (Reihe: »Der Alte«)   2.6.1980
R: Theodor Grädler   SRG
BL (Gerda Scholz), Siegfried Lowitz, Cornelia Froboess, Charles Regnier

Herkulespillen   31.7.1980
Komödie von Paul Bilhaud und Maurice Hennequin   ZDF
R: Michael Günther
BL (Madame Bicot), Siegfried Kernen, Gaby Gasser, Horst Naumann,
Klaus Höhne

Ein Zug nach Manhattan   8.3.1981
Fernsehspiel »Holiday Song« von Paddy Chayefsky   ZDF
R: Rolf von Sydow
BL (Nachbarin Sylvia Hardy), Heinz Rühmann

Bring's mir bei, Céline!   27.10.1981
Komödie »Apprends-moi, Céline!« von Maria Pacôme   ZDF
Aufzeichnung aus der Kleinen Komödie, München
R: Axel von Ambesser
BL (Anna), Luise Ullrich, Erich Schleyer, Heidi Stroh,
Werner Schulenberg

Wer den Schaden hat (2 Teile)   7./10.11.
R. Dieter Wedel   1981
BL (Evas Mutter), Hannelore Elsner, Hans Korte   ZDF

Sein letzter Wille (Episode aus »Keine Angst vor Verwandten!«) 14.11.1981
R: Rolf von Sydow   SRG
BL (Witwe Inge Hasler), Peter Schiff, Sascha Hehn, Maria Sebaldt

Die Präsidentin 7.6.1982
Schwank »La présidente« von Maurice Hennequin, Pierre Veber ZDF
R: Michael Günther
BL (Aglae), Heinz Schubert, Claus Biederstaedt

Der Delphin und das Meer (Episode aus »Liebe hat ihre Zeit«) 17.6.1982
R: Alfred Vohrer SRG
BL (Mutter), Dietlinde Turban, Sascha Hehn

Ein Teufelskerl (Episode aus »Väter – Freud und Leid erzählt in vier 19.12.1982
Geschichten« von Herbert Reinecker) ZDF
R: Alfred Vohrer
BL (Frau Ehrlich), Horst Bollmann

Wie es geschah 5.1.1983
R: Thomas Engel HR 1
BL (Frau Schneider), Jutta Speidel, Hartmut Reck, Liane Hielscher,
Reinhild Solf

Die fröhlichen Witwen (Episode aus »Geschichten aus der Heimat II«) 26.4.1984
R: Volker Lechtenbrink ARD
BL (Pensionistin), Christa Siems, Günther Jerschke

Das Mädchen im Apfelbaum (Aus der Reihe »So ein Theater«) 11.2.1986
R: Harald Schäfer
BL (Zimmerwirtin), Günter Pfitzmann, Marion Kracht,
Friedrich-Karl Praetorius

Gretchens Faust – Eigener Herd, Goldes wert?
R: Joachim Roering 23.2.1986
BL (Gretchen), Hans Korte ZDF

Aus familiären Gründen
R: Axel von Ambesser 6.4.1986
BL (Hilde), Hans Christian Blech, Horst Niendorf ZDF

Auf gute Nachbarschaft (Episode aus TV-Reihe »Berliner Weiße
mit Schuß«) 16.2.1989
R: Ralf Gregan ZDF
BL (Wilhelma Droll), Günter Pfitzmann

So ein Theater (2 Teile: »Ärger mit Harry«, »Ab heute wird
alles anders«) 3./10.1.
R: Wolfgang Luderer 1991
BL (Herta Matz, Souffleuse), Robert Atzorn, Edith Hancke, ZDF
Harald Leipnitz

Mallorca – Liebe inbegriffen 7.3.1993
R: Wolfgang Luderer ZDF
BL (Frauke), Pierre Brice, Alexander Wussow, Wolfgang Wahl

In dieser Stadt daheim – Regensburger Geschichten 10.4.1994
(Episode »Zurück aus Manhattan«) ZDF
R: Eberhard Itzenplitz
BL (Clara), Rolf Illig, Hannes Jaenicke

426

Seit 1966 (**Familie Hansen**) war bzw. ist Bruni Löbel auch »Stammspielerin« vieler Serien wie Frau Spannagl in **Spannagl & Sohn** (ZDF, 1975/76), Frau Schöninger in **Polizeiinspektion 1** (ARD, 1977 ff), Nonne Agatha in **Timm Thaler** (ZDF, 1978), die Haushälterin Frau Rabe in **Ich heirate eine Familie...** (ZDF, 1982 ff), Frau Abramski in **Lorentz & Söhne** (ZDF, 1988 ff), Frau Herta Stolze in **Forsthaus Falkenau** (ZDF, 1989 ff) oder hat Gastrollen, z.b. als Oma Lore in der Folge »Die Oma aus Leipzig« der Serie **Zwei schwarze Schafe – Geschichten aus Kalmüsel** (ZDF, 1984), und in den Serien **Hallo – Hotel Sacher ... Portier, Die Wicherts von nebenan, Das Traumschiff, Die Schwarzwaldklinik** etc. innegehabt.

Personenregister